中華古籍保護計劃

ZHONG HUA GU JI BAO HU JI HUA CHENG GUO

·成果·

安徽省皖北地區二十六家收藏單位古籍普查登記目録

全國古籍普查登記目録

國家圖書館出版社
National Library of China Publishing House

圖書在版編目(CIP)數據

安徽省皖北地區二十六家收藏單位古籍普查登記目録/《安徽省皖北地區二十六家收藏單位古籍普查登記目録》編委會編. — 北京:國家圖書館出版社,2021.10
(全國古籍普查登記目録)
ISBN 978-7-5013-7194-5

Ⅰ.①安… Ⅱ.①安… Ⅲ.①古籍—圖書目録—彙編—安徽 Ⅳ.①Z838

中國版本圖書館 CIP 數據核字(2020)第 268773 號

書　　名	安徽省皖北地區二十六家收藏單位古籍普查登記目録
著　　者	《安徽省皖北地區二十六家收藏單位古籍普查登記目録》編委會　編
責任編輯	景　晶

出版發行	國家圖書館出版社(北京市西城區文津街 7 號　100034) (原書目文獻出版社 北京圖書館出版社) 010-66114536　63802249　nlcpress@nlc.cn(郵購)
網　　址	http://www.nlcpress.com
排　　版	京荷(北京)科技有限公司
印　　裝	河北三河弘翰印務有限公司
版次印次	2021 年 10 月第 1 版　2021 年 10 月第 1 次印刷

開　　本	787×1092　1/16
印　　張	46.75
字　　數	890 千字
書　　號	ISBN 978-7-5013-7194-5
定　　價	450.00 圓

《全國古籍普查登記目録》

工作委員會

主　任： 周和平

副主任： 張永新　詹福瑞　劉小琴　李致忠　張志清

委　員（按姓氏筆畫排序）：

于立仁　王水喬　王　沛　王紅蕾　王筱雯
方自今　尹壽松　包菊香　任　競　全　勤
李西寧　李　彤　李忠昊　李春來　李　培
李曉秋　吴建中　宋志英　努　木　林世田
易向軍　周建文　洪　琰　倪曉建　徐欣禄
徐　蜀　高文華　郭向東　陳荔京　陳紅彦
張　勇　湯旭岩　楊　揚　賈貴榮　趙　嫄
鄭智明　劉洪輝　歷　力　鮑盛華　韓　彬
魏存慶　鍾海珍　謝冬榮　謝　林　應長興

《全國古籍普查登記目録》

序　言

全國古籍普查登記工作是“中華古籍保護計劃”的首要任務，是全面開展古籍搶救、保護和利用工作的基礎，也是有史以來第一次由政府組織、參加收藏單位最多的全國性古籍普查登記工作。

2007 年國務院辦公廳發布《關於進一步加强古籍保護工作的意見》（國辦發［2007］6 號），明確了古籍保護工作的首要任務是對全國公共圖書館、博物館和教育、宗教、民族、文物等系統的古籍收藏和保護狀況進行全面普查，建立中華古籍聯合目録和古籍數字資源庫。2011 年 12 月，文化部下發《文化部辦公廳關於加快推進全國古籍普查登記工作的通知》（文辦發［2011］518 號），進一步落實了全國古籍普查登記工作。根據文化部 2011 年 518 號文件精神，國家古籍保護中心擬訂了《全國古籍普查登記工作方案》，進一步規範了古籍普查登記工作的範圍、内容、原則、步驟、辦法、成果和經費。目前進行的全國古籍普查登記工作的中心任務是通過每部古籍的身份證——“古籍普查登記編號”和相關信息，建立古籍總臺賬，全面瞭解全國古籍存藏情况，開展全國古籍保護的基礎性工作，加强各級政府對古籍的管理、保護和利用。

《全國古籍普查登記工作方案》規定了全國古籍普查登記工作的三個主要步驟：一、開展古籍普查登記工作；二、在古籍普查登記基礎上，編纂出版館藏古籍普查登記目録，形成《全國古籍普查登記目録》；三、在古籍普查登記工作基本完成的前提下，由省級古籍保護中心負責編纂出版本省古籍分類聯合目録《中華古籍總目》分省卷，由國家古籍保護中心負責編纂出版《中華古籍總目》統編卷。

在黨和政府領導下，在各地區、各有關部門和全社會共同努力下，古籍普查登記工作得以扎實推進。古籍普查已在除臺、港、澳之外的全國各省級行政區域開展，普查内容除漢文古籍外，還包括各少數民族文字古籍，特别是於 2010 年分别啓動了新疆古籍保護和西藏古籍保護專項，因地制宜，開展古籍普查登記工作；國家古籍保護中心研製的“全國古籍普查登記平臺”已覆蓋到全國各省級古籍保護中心，并進一步研發了“中華古籍索引庫”，爲及時展現古籍普查成果提供有力支持；截至目前，已有 11375 部古籍進入《國家珍貴古籍名録》，浙江、江蘇、山東、河北等省公布了省級《珍貴古籍名録》,古籍分級保護機制初步形成。

《全國古籍普查登記目録》是古籍普查工作的階段性成果,旨在摸清家底,揭示館藏,反映古籍的基本信息。原則上每申報單位獨立成册,館藏量少不能獨立成册者,則在本省範圍内幾個館目合并成册。無論獨立成册還是合并成册,均編製獨立的書名筆畫索引附於書後。著録的必填基本項目有:古籍普查登記編號、索書號、題名卷數、著者(含著作方式)、版本、册數及存缺卷數。其他擴展項目有:分類、批校題跋、版式、裝幀形式、叢書子目、書影、破損狀况等。有條件的收藏單位多著録的一些擴展項目,也反映在《全國古籍普查登記目録》上。目録編排按古籍普查登記編號排序,内在順序給予各古籍收藏單位較大自由度,可按分類排列古籍普查登記編號,也可按排架號、按同書名等排列古籍普查登記編號,以反映各館特色。

此次全國古籍普查登記工作,克服了古籍數量多、普查人員少、普查難度大等各種困難,也得到了全國古籍保護工作者的極大支持。在古籍普查登記過程中,國家古籍保護中心、各省古籍保護中心爲此舉辦了多期古籍普查、古籍鑒定、古籍普查目録審校等培訓班,全國共1600餘家單位參加了培訓,爲古籍普查登記工作培養了大量人才。同時在古籍普查登記工作中,也鍛煉了普查員的實踐能力,爲將來古籍保護事業發展奠定了良好的基礎。

《全國古籍普查登記目録》的出版,將摸清我國古籍家底,爲古籍保護和利用工作提供依據,也將是古籍保護長期工作的一個里程碑。

國家古籍保護中心
2013年10月

#《全國古籍普查登記目録》

編纂凡例

一、收録範圍爲我國境内各收藏機構或個人所藏，産生於 1912 年以前，具有文物價值、學術價值和藝術價值的文獻典籍，包括漢文古籍和少數民族文字古籍以及甲骨、簡帛、敦煌遺書、碑帖拓本、古地圖等文獻。其中，部分文獻的收録年限適當延伸。

二、以各收藏機構爲分册依據，篇幅較小者，適當合并出版。

三、一部古籍一條款目，複本亦單獨著録。

四、著録基本要求爲客觀登記、規範描述。

五、著録款目包括古籍普查登記編號、索書號、題名卷數、著者、版本、册數、存缺卷等。古籍普查登記編號的組成方式是：省級行政區劃代碼—單位代碼—古籍普查登記順序號。

六、以古籍普查登記編號順序排序。

目　録

安徽中醫藥大學圖書館古籍普查登記目録

全國古籍普查登記目録

國家圖書館出版社
National Library of China Publishing House

《安徽中醫藥大學圖書館古籍普查登記目録》

編委會

主　　編：方向明　程　新

副 主 編：鄧　勇　汪滬雙

編　　委：方向明　程　新　鄧　勇　汪滬雙

　　　　　茆可人　盧虹宇　裘　旎　周家宏

審　　校：彭　紅

《安徽中醫藥大學圖書館古籍普查登記目録》

前　言

安徽中醫藥大學具有悠久的辦學歷史，學校創建於1959年，其前身爲1952年創立的安徽省中醫進修班（學校）。1959年，安徽省政府正式批准成立安徽中醫學院，郭沫若先生題寫校名。1970年，安徽中醫學院并入安徽醫學院。1975年，國家教育部批准恢復安徽中醫學院。2000年，安徽省醫藥學校并入安徽中醫學院。2011年，省政府批准在安徽中醫學院的基礎上組建成立安徽省中醫藥科學院。2013年，教育部同意安徽中醫學院更名爲安徽中醫藥大學。在60年的辦學歷程中，逐漸形成了以“至精至誠、惟是惟新”爲校訓的優良傳統。

安徽中醫藥大學圖書館是“全國古籍重點保護單位”，自建校起，圖書館古籍部建制始終存在，并有專門人員從事古籍管理工作。通過單位轉交、民間收集、個人捐贈等方式，安徽中醫藥大學圖書館積纍了豐富的古籍文獻資源，目前已收藏古籍3.3萬餘册。據《中國中醫古籍總目》統計，安徽中醫藥大學圖書館館藏中醫古籍在全國中醫院校及研究機構中居第八位，在華東居第三位。安徽中醫藥大學圖書館成爲安徽省最具收藏特色的高校圖書館之一，其中不乏中醫古籍的珍本善本，如：明嘉靖二十三年（1544）顧定芳刻本《醫説》十卷，爲國内所見的較早版本之一；明萬曆孫泰來、孫朋來刻本《赤水玄珠》三十卷，由新安醫家孫一奎後人整理而出，爲早期刻本；明嘉靖二十二年（1543）喬世定小丘山房刻本《孫真人備急千金要方》九十三卷首二卷、明嘉靖二十三年陳與音刻本《嬰童百問》十卷等均屬重要版本。

安徽中醫藥大學圖書館對館藏古籍的整理代代相傳。自建立以來，圖書館對古籍進行了家底清查，逐步實現財産登記。1999年，首次編印出版了《安徽中醫學院圖書館館藏圖書目録（綫裝書）》，收録古籍2183部2.2萬册；2008年，《安徽中醫學院館藏古籍目録》首次編撰成册，其中所著録的中醫古籍版本信息，極大地滿足了中醫文獻研究的需要；直至2018年《安徽中醫藥大學圖書館館藏古籍目録》《安徽中醫藥大學圖書館館藏善本目録》《安徽中醫藥大學圖書館館藏新安醫籍目録》等的完成，期間歷經數次的增補修訂和完善，現已成爲中醫文獻研究者必不可少的查詢檢索工具。

2007年，“中華古籍保護計劃”啓動，根據國家古籍保護中心《全國古籍普查工作方案》部署和要求，安徽中醫藥大學圖書館制訂了“一書二號三目録”的登記原則，完成了館藏古籍的普查工作。“一書”爲館藏古籍，“二號”係索書號和財産號的登記確認，“三目録”則爲卡片目録、機讀目録、館藏目録（即上文《安徽中醫學院館藏古籍目録》）的核對。卡片目録歷史最爲久遠，自建館以來一直保存至今。2000 年，在已有的卡片目録基礎上，開始建立古籍文獻機讀目録，至 2005 年全部録入完成，并同步實現古籍文獻目録的網上檢索。與此同時，我們不斷地更新修訂館藏目録。

2013 年伊始，根據國家古籍保護中心和安徽省古籍保護中心的要求，圖書館安排專職人員根據二審、三審專家的審核意見修改普查數據，着手編纂《安徽中醫藥大學圖書館古籍普查登記目録》，於 2016 年 5 月提交數據。

在普查過程中，我們積極配合國家古籍保護中心和安徽省古籍保護中心的工作，認真進行申報。2010 年 6 月，安徽中醫藥大學通過了國家古籍保護中心專家的檢查和審核，獲得國務院批准，在全國中醫藥院校中，成爲繼中國中醫科學院圖書館、南京中醫藥大學圖書館、上海中醫藥大學圖書信息中心之後的第四家“全國古籍重點保護單位”。先後計有 4 部古籍分别入選第一至三批《國家珍貴古籍名録》，5 部古籍入選首批《安徽省珍貴古籍名録》；從普通古籍中發現了部分價值較高的稿抄本，如：清咸豐元年（1851）劉祉純抄本《婺源余先生醫案》不分卷、清王少峰稿本《傷寒從新》十六卷等，這些成果的取得均離不開國家古籍保護中心和安徽省古籍保護中心近年來所開展的全方位、多層次的古籍普查工作。此外，安徽中醫藥大學的專家和學者利用館藏古籍整理出版了《新安醫籍叢刊》和《新安醫學名著叢書》等系列叢書，其他相關的研究工作也一直在進行中。

成稿之際，感慨良多，既有欣慰，又甚惶恐。古籍保護工作任重而道遠，龐大而繁雜，不可一語而全。單以普查言之，論工作内容的系統性、基礎性與全面性，論工作者的文獻功底、專業情感與奉獻精神，均非易事，二者不可缺其一。我們于日常工作之際，亦常以此自勉，然亦恐有遺漏訛誤，懇請方家批評指正。

中醫藥學一直在貫徹落實新時代中國特色社會主義思想，在提高人民健康水準、全面建設小康社會等方面發揮着重要作用。中醫藥古代文獻典籍是我國優秀的文化遺産，除極具文物價值和研究價值外，尚具有極强的實用價值。中醫古籍保護工作不僅具有實踐性、服務性，同時具有較强的學術性與研究性，很多是開創性、探索性工作，對我們的中醫古籍保護工作的内容和方式提出了新的要求和挑戰。因此，在工作實踐中，我們仍需繼續努力。一方面，要引進具有專業學科背景的人才，重點加强專業力量，尤其在中醫古籍版本鑒定、文獻細節考訂和具體編目等方面，不斷優化人員結構；另一方面，要争取外部環境支持（包括學校、上級主管部門），并不斷尋找新辦法、新途徑，以解决古籍保護工作中的各項難題，從而爲我國優秀傳統文化的傳承、爲中華古籍保護事業的不斷發展做出貢獻！

本館編輯組

2019 年 6 月

340000－1842－0000001　B222.02/m2
六經圖十二卷　(清)鄭之僑輯　清乾隆八年(1743)述堂刻本　五冊　存十卷(一至十)

340000－1842－0000002　B952/m2
道言内外六卷　(明)彭好古輯　明萬曆吳勉學刻黃之寀重修清康熙文錦堂印本　十二冊

340000－1842－0000003　B992/m2/1
河洛精蘊九卷　(清)江永著　清乾隆三十九年(1774)刻本　四冊

340000－1842－0000004　B992/m2/2
河洛精蘊九卷　(清)江永著　清乾隆三十九年(1774)刻本　四冊

340000－1842－0000005　B992/m2/3
河洛精蘊九卷　(清)江永著　清乾隆三十九年(1774)刻本　四冊

340000－1842－0000006　B992/m2/4
河洛精蘊九卷　(清)江永著　清乾隆三十九年(1774)刻本　四冊

340000－1842－0000007　G254.332/m1
孫氏祠堂書目内編四卷外編三卷　(清)孫星衍撰　清嘉慶十五年(1810)孫氏祠堂刻本　一冊

340000－1842－0000008　G254.332/m2
欽定四庫全書簡明目錄二十卷首一卷　(清)紀昀等編　清乾隆四十九年(1784)刻本　十二冊

340000－1842－0000009　H131.2/m5
爾雅翼三十二卷　(宋)羅願撰　明天啟刻本　六冊

340000－1842－0000010　H131.2/m6
拾雅二十卷　(清)夏味堂撰　清嘉慶二十四年(1819)夏氏遂園刻本　十冊

340000－1842－0000011　H131.7/m1
匡謬正俗八卷　(唐)顔師古撰　清乾隆二十一年(1756)刻本　一冊

340000－1842－0000012　H161/m2－5
說文解字十五卷　(漢)許慎撰　清毛氏汲古閣刻本　十六冊

340000－1842－0000013　H163/m1－4
康熙字典十二集三十六卷檢字一卷辨似一卷等韻一卷補遺一卷備考一卷　(清)張玉書等編　清刻本　四十冊

340000－1842－0000014　I052/m1
我法集二卷　(清)紀昀撰　清乾隆六十年(1795)河間紀氏閱微草堂刻本　二冊

340000－1842－0000015　I207.2/m1
信稿領略不分卷　(清)程聲遠撰　清抄本　一冊

340000－1842－0000016　I222.849/m13
詞科掌錄十七卷餘話七卷　(清)杭世駿輯　清乾隆道吉堂刻本　四冊

340000－1842－0000017　I262.49/m3
煙霞萬古樓文集六卷　(清)王曇撰　清道光二十年(1840)刻本　二冊

340000－1842－0000018　K204.1/m1(1)
史記一百三十卷　(漢)司馬遷撰　(南朝宋)裴駰集解　(唐)司馬貞索引　(唐)張守節正義　清乾隆四年至四十九年(1739－1784)武英殿刻二十四史本　二十冊

340000－1842－0000019　K204.1/m1(10)
魏書一百十四卷　(北齊)魏收撰　清乾隆四年至四十九年(1739－1784)武英殿刻二十四史本　二十四冊

340000－1842－0000020　K204.1/m1(11)
北齊書五十卷　(唐)李白藥撰　清乾隆四年至四十九年(1739－1784)武英殿刻二十四史本　八冊

340000－1842－0000021　K204.1/m1(12)
周書五十卷　(唐)令狐德棻撰　清乾隆四年至四十九年(1739－1784)武英殿刻二十四史本　八冊

340000－1842－0000022　K204.1/m1(13)
隋書八十五卷　(唐)魏徵撰　清乾隆四年至四十九年(1739－1784)武英殿刻二十四史本

二十冊

340000－1842－0000023　K204.1/m1(14)
南史八十卷　(唐)李延壽撰　清乾隆四年至四十九年(1739－1784)武英殿刻二十四史本　二十冊

340000－1842－0000024　K204.1/m1(15)
北史一百卷　(唐)李延壽撰　清乾隆四年至四十九年(1739－1784)武英殿刻二十四史本　三十冊

340000－1842－0000025　K204.1/m1(16)
舊唐書二百卷　(後晉)劉昫等撰　清道光二十三年(1843)揚州懼盈齋刻本　六十冊

340000－1842－0000026　K204.1/m1(17)
唐書二百二十五卷　(宋)歐陽修等撰　**釋音二十五卷**　(宋)董衝釋音　清乾隆四年至四十九年(1739－1784)武英殿刻二十四史本　四十四冊

340000－1842－0000027　K204.1/m1(18)
舊五代史一百五十卷　(宋)薛居正等撰　清乾隆四年至四十九年(1739－1784)武英殿刻二十四史本　十二冊

340000－1842－0000028　K204.1/m1(19)
五代史七十四卷　(宋)歐陽修撰　(宋)徐無黨注　清乾隆四年至四十九年(1739－1784)武英殿刻二十四史本　八冊

340000－1842－0000029　K204.1/m1(2)
前漢書一百卷　(漢)班固撰　(唐)顏師古注　清乾隆四年至四十九年(1739－1784)武英殿刻二十四史本　二十四冊

340000－1842－0000030　K204.1/m1(20)
宋史四百九十六卷　(元)脱脱等撰　清乾隆四年至四十九年(1739－1784)武英殿刻二十四史本　一百冊

340000－1842－0000031　K204.1/m1(21)
遼史一百十六卷　(元)脱脱等撰　清乾隆四年至四十九年(1739－1784)武英殿刻二十四史本　八冊

340000－1842－0000032　K204.1/m1(22)
金史一百三十五卷　(元)脱脱等撰　清乾隆四年至四十九年(1739－1784)武英殿刻二十四史本　二十冊

340000－1842－0000033　K204.1/m1(23)
元史二百十卷　(明)宋濂等撰　清乾隆四年至四十九年(1739－1784)武英殿刻二十四史本　五十冊

340000－1842－0000034　K204.1/m1(24)
明史三百三十二卷　(清)張廷玉等撰　清乾隆四年至四十九年(1739－1784)武英殿刻二十四史本　九十六冊

340000－1842－0000035　K204.1/m1(3)
後漢書一百二十卷　(南朝宋)范曄撰　(唐)李賢注　清乾隆四年至四十九年(1739－1784)武英殿刻二十四史本　二十冊

340000－1842－0000036　K204.1/m1(4)
三國志六十五卷　(晉)陳壽撰　(南朝宋)裴松之注　清乾隆四年至四十九年(1739－1784)武英殿刻二十四史本　十二冊

340000－1842－0000037　K204.1/m1(5)
晉書一百三十卷　(唐)房玄齡等撰　**音義三卷**　(唐)何超音義　清乾隆四年至四十九年(1739－1784)武英殿刻二十四史本　三十八冊

340000－1842－0000038　K204.1/m1(6)
宋書一百卷　(南朝梁)沈約撰　清乾隆四年至四十九年(1739－1784)武英殿刻二十四史本　二十四冊

340000－1842－0000039　K204.1/m1(7)
南齊書五十九卷　(南朝梁)蕭子顯撰　清乾隆四年至四十九年(1739－1784)武英殿刻二十四史本　十六冊

340000－1842－0000040　K204.1/m1(8)
梁書五十六卷　(唐)姚思廉撰　清乾隆四年至四十九年(1739－1784)武英殿刻二十四史本　八冊

340000－1842－0000041　K204.1/m1(9)
陳書五十六卷　(唐)姚思廉撰　清乾隆四年至四十九年(1739－1784)武英殿刻二十四史本　六冊

340000－1842－0000042　K204.2/m10
史記鈔四卷　(清)高塘集評　清乾隆五十三年(1788)刻本　四冊

340000－1842－0000043　R092/m1
醫說十卷　(宋)張杲撰　明嘉靖二十三年(1544)顧定芳刻本　十二冊

340000－1842－0000044　R2/m2
羅氏會約醫鏡二十卷　(清)羅國綱輯　清乾隆五十四年(1789)刻本　十四冊

340000－1842－0000045　R22/m1
醫宗集要不分卷　(清)鄭泰來錄　清鄭泰來抄本　一冊

340000－1842－0000046　R22/m2
醫中捷徑六卷　(清)李若愚訂　清抄本　六冊

340000－1842－0000047　R22/m24
元和紀用經一卷　(唐)王冰撰　清乾隆五十九年(1794)修敬堂刻本　一冊

340000－1842－0000048　R22/m3
醫學心悟六卷　(清)程國彭撰　清乾隆五十六年(1791)經綸堂刻本　六冊

340000－1842－0000049　R22/m3－10
醫學心悟五卷外科十法一卷　(清)程國彭撰　清乾隆五十六年(1791)務本堂刻本　四冊

340000－1842－0000050　R22/m3－2/1
醫學心悟五卷外科十法一卷　(清)程國彭撰　清乾隆五十六年(1791)書粟軒刻本　四冊

340000－1842－0000051　R22/m3－2/2
醫學心悟五卷外科十法一卷　(清)程國彭撰　清乾隆五十六年(1791)書粟軒刻本　四冊

340000－1842－0000052　R22/m3－2/3
醫學心悟五卷外科十法一卷　(清)程國彭撰　清乾隆五十六年(1791)書粟軒刻本　四冊

340000－1842－0000053　R22/m3－2/4
醫學心悟五卷外科十法一卷　(清)程國彭撰　清乾隆五十六年(1791)書粟軒刻本　五冊　缺一卷(醫學心悟一)

340000－1842－0000054　R22/m5
增補醫方一盤珠全集十卷首一卷　(清)洪金鼎撰　清屬西什邑富興堂刻本　五冊

340000－1842－0000055　R22/m51
醫旨緒餘二卷　(明)孫一奎輯　明孫泰來、孫朋來刻本　一冊　存一卷(上)

340000－1842－0000056　R22/m5－1
增補醫方一盤珠全集十卷首一卷　(清)洪金鼎撰　清乾隆十四年(1749)錦盛堂刻本　六冊

340000－1842－0000057　R22/m54
程敬通先生心法歌訣一卷　(清)程敬通撰　清程六如抄本　一冊

340000－1842－0000058　R221.1/m1－1
重廣補注黃帝内經素問二十四卷　(唐)王冰注　(宋)林億等校正　(宋)孫兆改誤　明嘉靖二十九年(1550)顧從德影宋刻本　十三冊

340000－1842－0000059　R221.2/m1
黃帝素問靈樞經十二卷　(宋)史崧音釋　明新安吳勉學校刻本　六冊

340000－1842－0000060　R221.2/m2
新刊黃帝内經靈樞二十四卷　(宋)史崧音釋　明刻本　八冊

340000－1842－0000061　R221.2/m3－6
黃帝素問靈樞經十二卷　(唐)王冰注　清光緒十年(1884)刻本　五冊

340000－1842－0000062　R221.3/m1
類經三十二卷圖翼十一卷附翼四卷　(明)張介賓注　明天啟四年(1624)刻本　二十冊

340000－1842－0000063　R221.3/m17
内經必讀二卷　(清)鄭道煌輯　清康熙四十九年(1710)伊文光竹梧軒抄本　四冊

340000－1842－0000064　R221.3/m2

素問靈樞類纂約注三卷　(清)汪昂撰　清康熙二十八年(1689)刻本　三册

340000－1842－0000065　R221.3/m21
靈素合抄十五卷　(明)林瀾編　清康熙二十年(1681)刻本　八册

340000－1842－0000066　R221.3/m2－6
素問靈樞類纂約注三卷　(清)汪昂撰　清乾隆四十四年(1779)書業堂刻本　四册

340000－1842－0000067　R221.3/m3
醫經原旨六卷　(清)薛雪集注　清乾隆十九年(1754)薛氏刻本　四册

340000－1842－0000068　R221.3/m3－3
醫經原旨六卷　(清)薛雪集注　清乾隆十九年(1754)薛氏刻本　六册

340000－1842－0000069　R221/m1
内經知要二卷　(明)李中梓撰　明崇禎十六年(1643)刻本　二册

340000－1842－0000070　R221/m1－7
内經知要二卷　(明)李中梓撰　清乾隆二十九年(1764)刻本　二册

340000－1842－0000071　R222.13/m1
傷寒從新十六卷　(清)王少峰抄　清王少峰稿本　二十册

340000－1842－0000072　R222.22/m1
張仲景傷寒論辯證廣注十四卷首一卷　(清)汪琥撰　清康熙刻本　四册

340000－1842－0000073　R222/m1－10
圖注八十一難經辨真四卷　(戰國)秦越人(扁鵲)撰　(明)張世賢注　清愛日堂刻本　二册

340000－1842－0000074　R222/m1－4
圖注八十一難經辨真四卷圖注脈訣辨真四卷奇經八脈考一卷　(明)張世賢注　明刻本　四册　缺二卷(圖注脈訣辨真一至二)

340000－1842－0000075　R222/m1－6
圖注八十一難經辨真四卷脈訣規正二卷　(明)張世賢注　清康熙三十二年(1693)刻本　四册

340000－1842－0000076　R223/m2/1
全體通考十八卷圖二卷　(英國)德貞譯　清光緒十二年(1886)鉛印本　九册

340000－1842－0000077　R226/m2/2
醫原圖說二卷　(清)金理著　清乾隆二十六年(1761)刻本　二册

340000－1842－0000078　R24/m1
醫宗必讀十卷　(明)李中梓著　明吳肇廣刻本　十册

340000－1842－0000079　R24/m126
古今醫訣二卷　(清)丘克孝編　清康熙刻本　一册　存一卷(一)

340000－1842－0000080　R24/m19－1
内外傷辨三卷　(金)李杲撰　明萬曆新安吳勉學刻本　二册

340000－1842－0000081　R24/m2
訂補明醫指掌十卷　(明)皇甫中撰　明天啟二年(1622)刻本　五册

340000－1842－0000082　R24/m20
蒼生司命八卷首一卷　(明)虞摶輯　清康熙十六年(1677)刻本　六册

340000－1842－0000083　R24/m23－2
醫貫六卷　(明)趙獻可撰　明萬曆四十五年(1617)步月樓刻本　六册

340000－1842－0000084　R24/m28－4
醫宗說約六卷　(清)蔣示吉纂述　清乾隆四十九年(1784)三畏堂刻本　二册

340000－1842－0000085　R24/m3
醫學正傳八卷　(明)虞摶編　明萬曆六年(1578)邊有猷刻本　八册

340000－1842－0000086　R24/m30－1
此事難知二卷附錄一卷　(元)王好古撰　明萬曆二十九年(1601)刻本　一册

340000－1842－0000087　R24/m39－3
石室秘籙六卷　(清)陳士鐸輯　清雍正八年

(1730)萱永堂刻本　六冊

340000－1842－0000088　R24/m4
醫林纂要探源十卷附録一卷　(清)汪紱輯　清道光十九年(1839)刻本　十冊

340000－1842－0000089　R24/m43－2
增補百病辨證録十四卷洞垣全書脈訣闡微一卷　(清)陳士鐸撰　清乾隆三十八年(1773)刻本　十二冊

340000－1842－0000090　R24/m47
靜明軒明醫清鑒集一卷　(清)張憲輝著　清抄本　一冊

340000－1842－0000091　R24/m5
黃帝素問宣明論方十五卷　(金)劉完素撰　明萬曆二十九年(1601)新安吳勉學刻本　三冊

340000－1842－0000092　R24/m5－2
黃帝素問宣明論方十五卷　(金)劉完素撰　明萬曆十三年(1585)同德堂刻本　三冊

340000－1842－0000093　R24/m7
正治合參十八卷　(清)葉盛輯　清雍正七年(1729)刻本　八冊

340000－1842－0000094　R24/m78－1
新刊增補萬病回春原本八卷　(明)龔廷賢撰　清刻本　二冊

340000－1842－0000095　R24/m8
醫林繩墨大全九卷　(明)方穀撰　(清)周京輯　清康熙四十九年(1710)周氏向山堂刻本　十冊

340000－1842－0000096　R24/m9
儒門事親十五卷　(金)張從正撰　明嘉靖二十年(1541)刻本　五冊

340000－1842－0000097　R24/m9－2
儒門事親十五卷　(金)張從正撰　明刻本　三冊

340000－1842－0000098　R24/m94
雜症會心録二卷　(清)汪文綺著　清乾隆二十年(1755)率川自餘堂刻本　一冊

340000－1842－0000099　R24/m94－2
雜症會心録二卷　(清)汪文綺著　清刻本　二冊

340000－1842－0000100　R24/m9－6
儒門事親十五卷　(金)張從正撰　明步月樓刻本　五冊

340000－1842－0000101　R241.1/m1
瀕湖脈學一卷奇經八脈考一卷脈訣考證一卷　(明)李時珍撰　明萬曆刻本　一冊

340000－1842－0000102　R241.1/m13
脈訣考證一卷　(明)李時珍輯　清康熙芥子園刻本　一冊

340000－1842－0000103　R241.12/m1
脈理會參三卷　(清)佘之儁撰　清抄本　一冊

340000－1842－0000104　R241.12/m2
診家正眼二卷　(明)李中梓撰　清刻本　二冊

340000－1842－0000105　R241.12/m4－3
家傳太素脈秘訣二卷　(明)張太素撰　明致和堂刻本　二冊

340000－1842－0000106　R241.12/m8
石頑老人診宗三昧一卷　(清)張璐撰　清康熙二十八年(1689)刻本　一冊

340000－1842－0000107　R241.13/m5－2/1
刪注脈訣規正二卷　(清)沈鏡刪注　清康熙三十年(1691)刻本　二冊

340000－1842－0000108　R241.13/m5－2/2
刪注脈訣規正二卷　(清)沈鏡刪注　清康熙三十年(1691)刻本　一冊

340000－1842－0000109　R241.13/m5－2/3
刪注脈訣規正二卷　(清)沈鏡刪注　清康熙三十年(1691)刻本　二冊

340000－1842－0000110　R241.13/m5－2/4
刪注脈訣規正二卷　(清)沈鏡刪注　清康熙三十年(1691)刻本　二冊

340000－1842－0000111　R241.13/m5－2/5
刪注脈訣規正二卷　(清)沈鏡刪注　清康熙三十年(1691)刻本　一冊　存一卷(下)

340000－1842－0000112　R241.13/m5－2/6
刪注脈訣規正二卷　(清)沈鏡刪注　清康熙三十年(1691)刻本　二冊

340000－1842－0000113　R241.13/m5－2/7
刪注脈訣規正二卷　(清)沈鏡刪注　清康熙三十年(1691)刻本　二冊

340000－1842－0000114　R241/m1
寶顏堂訂正脈望八卷　(明)趙臺鼎撰　明寶顏堂刻本　二冊

340000－1842－0000115　R242/m1－1
醫便二卷　(明)王三才等輯　明崇禎九年(1636)康莊修竹盧刻本　四冊

340000－1842－0000116　R244.1/m4
推拿秘書五卷　(清)駱如龍著　清乾隆五十年(1785)金陵四教堂刻本　二冊

340000－1842－0000117　R244.1/m4－2
推拿秘書五卷　(清)駱如龍著　清雍正三年(1725)經綸堂刻本　一冊

340000－1842－0000118　R244.1/m6
新刻小兒推拿方脈活嬰秘旨全書三卷　(明)龔雲林撰　(明)姚國楨補輯　清松盛堂刻本　一冊

340000－1842－0000119　R245/m2－10
針灸大成十卷　(明)楊繼洲撰　清康熙十九年(1680)李月桂刻本　七冊　存九卷(一至八、十)

340000－1842－0000120　R245/m2－4
針灸大成十卷　(明)楊繼洲撰　清順治十四年(1657)山西平陽李月桂刻本　十冊

340000－1842－0000121　R245/m2－5
針灸大成十卷　(明)楊繼洲撰　清康熙十九年(1680)李月桂刻本　十冊

340000－1842－0000122　R245/m2－7
針灸大成十卷　(明)楊繼洲撰　清乾隆五十九年(1794)同文堂刻本　五冊

340000－1842－0000123　R245/m2－8
針灸大成十卷　(明)楊繼洲撰　清順治十四年(1657)山西平陽李月桂刻本　十冊

340000－1842－0000124　R245/m5
針灸逢源六卷　(清)李學川撰　清同治十年(1871)刻本　六冊

340000－1842－0000125　R24－51/m1－4
御纂醫宗金鑑九十卷　(清)吳謙等輯　清乾隆武英殿聚珍本　四十八冊　存五十九卷(訂正仲景全書傷寒論注十七卷、訂正金匱要略注八卷、刪補名醫方論八卷、四診心法要訣一卷、運氣要訣一卷、傷寒心法要訣三卷、雜病心法要訣五卷、婦科心法要訣六卷、幼科雜病心法要訣六卷、痘疹心法要訣四卷)

340000－1842－0000126　R24－51/m1－5
御纂醫宗金鑑外科十六卷　(清)吳謙等輯　清乾隆武英殿聚珍本　十二冊

340000－1842－0000127　R24－51/m1－7
御纂醫宗金鑑内科六十卷　(清)吳謙等輯　清乾隆刻本　二十六冊

340000－1842－0000128　R24－51/m2
證治準繩四十四卷　(明)王肯堂撰　清康熙三十八年(1699)刻本　六十八冊　存三十八卷(雜證準繩八卷、傷寒準繩八卷、女科準繩五卷、幼科準繩九卷、類方準繩八卷)

340000－1842－0000129　R24－51/m2－2
證治準繩四十四卷　(明)王肯堂撰　清乾隆五十八年(1793)刻本　二十七冊　存二十九卷(雜證準繩一至五、七至八，傷寒準繩八卷，類方準繩一至七，女科準繩一至二、四，外科準繩一至四)

340000－1842－0000130　R24－51/m3－2/1
醫門法律二十四卷　(清)喻昌著　清乾隆三十年(1765)集思堂刻本　八冊

340000－1842－0000131　R24－51/m3－2/2
醫門法律二十四卷　(清)喻昌著　清乾隆三

十年(1765)集思堂刻本　六冊

340000－1842－0000132　R24－51/m3－5
醫門法律六卷　(清)喻昌著　清康熙五十三年(1714)刻本　四冊

340000－1842－0000133　R246.4/m1
全嬰捷方一卷　題(清)堅白道人撰　清光緒十六年(1890)江西天祿閣刻本　一冊

340000－1842－0000134　R247.2/m11
弦雪居重訂遵生八箋十九卷　(明)高濂編　明刻本　八冊

340000－1842－0000135　R247.2/m3
衛生要旨一卷　(美國)嘉約翰譯　清光緒九年(1883)益智書會刻本　一冊

340000－1842－0000136　R247.2/m5
萬氏家傳養生四要五卷　(明)萬全撰　清乾隆四十三年(1778)刻本　二冊

340000－1842－0000137　R247.4/m1
性命雙修萬神圭旨四卷　題(明)尹真人撰　明萬曆四十三年(1615)刻本　四冊

340000－1842－0000138　R247.4/m8
易筋經一卷　(唐)釋般刺密諦譯　清抄本　二冊

340000－1842－0000139　R249.1/m10
徐氏醫案不分卷　(清)徐大椿撰　清王少峰抄本　一冊

340000－1842－0000140　R249.1/m5－1
名醫類案十二卷　(明)江瓘撰　(明)江應宿增補　清乾隆三十五年(1770)新安鮑氏知不足齋刻本　十二冊

340000－1842－0000141　R249.2/m1－1
程氏醫案八卷　(清)程六如著　清抄本　八冊

340000－1842－0000142　R249.2/m4
推求師意二卷　(明)戴原禮撰　(明)汪機編　明嘉靖十三年(1534)陳桷刻本　一冊

340000－1842－0000143　R249.2/m5
醫學三書論不分卷　(清)沈棣懷輯　清雍正三年(1725)刻本　四冊

340000－1842－0000144　R249.2/m6
林氏醫案二卷　(清)林珮琴撰　清王少峰抄本　二冊

340000－1842－0000145　R249.48/m1
石山醫案三卷　(明)汪機撰　清抄本　三冊

340000－1842－0000146　R249.48/m2
薛氏醫案二十四種　(明)薛己撰　(明)吳琯輯　清嘉慶十四年(1809)書業堂刻本　三十九冊　存九十六卷(十四經發揮三卷,難經本義二卷,本草發揮四卷,平治薈萃三卷,內科摘要二卷,明醫雜著六卷,原機啟微二卷、附一卷,保嬰撮要二十卷,錢氏小兒藥證直訣四卷,陳氏小兒痘疹方論一卷,婦人良方二十四卷,女科撮要二卷,外科發揮八卷,外科心法七卷,外科樞要四卷,外科精要二卷,外科經驗方一卷)

340000－1842－0000147　R249.49/m1－6
臨證指南醫案十卷　(清)葉桂撰　清刻本　九冊　存九卷(二至十)

340000－1842－0000148　R249.49/m1－7
臨證指南醫案總括四卷　(清)王念祖輯　清抄本　四冊

340000－1842－0000149　R249.49/m1－9
臨證指南醫案十卷　(清)葉桂撰　清乾隆三十三年(1768)刻本　十冊

340000－1842－0000150　R249.49/m2
婺源余先生醫案不分卷　(清)余國佩撰　清咸豐元年(1851)劉祉純抄本　一冊

340000－1842－0000151　R249.49/m24
九峰醫案四卷　(清)王九峰撰　清光緒二十年(1894)抄本　四冊

340000－1842－0000152　R249.49/m36－2
醫貫砭二卷　(清)徐大椿撰　清乾隆回溪草堂刻本　二冊

340000－1842－0000153　R249.49/m4

寓意草一卷　(清)喻昌撰　清刻本　二册

340000－1842－0000154　R249.49/m4－1
寓意草一卷　(清)喻昌撰　清乾隆二十八年(1763)刻本　二册

340000－1842－0000155　R249.49/m57
丁受堂夫子醫案一卷　(清)丁受堂著　清王少峰抄本　一册

340000－1842－0000156　R249.49/m58
唐氏醫案一卷　(清)唐宗海撰　清王少峰抄本　一册

340000－1842－0000157　R249.49/m59
醫案選讀不分卷　(清)王少峰輯　清王少峰抄本　一册

340000－1842－0000158　R249.49/m60
困學隨筆二卷　(清)王子雄輯　清王子雄抄本　一册　存一卷(上)

340000－1842－0000159　R249.49/m61
李棟材夫子醫案　(清)李棟材撰　清同治五年(1866)錢逸泉抄本　四册

340000－1842－0000160　R249/m1
静香樓醫案四卷　(□)□□撰　清抄本　四册

340000－1842－0000161　R249/m14
醫衡四卷　(清)沈時譽撰　清康熙六十年(1721)刻本　二册

340000－1842－0000162　R25/m6
症因脈治四卷　(明)秦昌遇撰　(清)秦之楨編　清康熙五十四年(1715)攸寧堂刻本　八册

340000－1842－0000163　R251.2/m2
中寒論辯廣注三卷　(清)汪琥撰　清康熙吴郡汪氏刻本　一册

340000－1842－0000164　R251.2/m3
金匱心典三卷　(漢)張機撰　(清)尤怡集注　清雍正十年(1732)刻本　三册

340000－1842－0000165　R2－51/m1/1
徐氏醫書六種十八卷　(清)徐大椿撰　清雍正五年至乾隆二十九年(1727－1764)刻本　十册

340000－1842－0000166　R2－51/m1/2
徐氏醫書六種十八卷　(清)徐大椿撰　清雍正五年至乾隆二十九年(1727－1764)刻本　十二册

340000－1842－0000167　R2－51/m14－4/1
劉河間傷寒三書二十卷　(金)劉完素等撰　明刻本　四册

340000－1842－0000168　R2－51/m14－4/2
劉河間傷寒六書二十五卷　(金)劉完素等撰　明刻本　四册

340000－1842－0000169　R2－51/m18－13
陳修園醫書十八種九十四卷　(清)陳念祖撰　清光緒元年(1875)刻本　二十九册

340000－1842－0000170　R2－51/m25
馮氏錦囊秘錄八種四十九卷　(清)馮兆張撰　清康熙四十一年(1702)刻本　二十六册

340000－1842－0000171　R2－51/m25－1
馮氏錦囊秘錄八種四十九卷　(清)馮兆張撰　清康熙四十一年(1702)刻本　二十九册

340000－1842－0000172　R2－51/m35－2
醫林指月十二種二十三卷　(清)王琦輯　清乾隆刻本　八册　存九卷(本草崇原三卷、侶山堂類辯二卷、學古診則四卷)

340000－1842－0000173　R2－51/m3－6
張氏醫通十六卷　(清)張璐撰　清康熙四十八年(1709)寶翰樓刻本　十二册　存十二卷(一至七、十二至十六)

340000－1842－0000174　R2－51/m39
東垣十書十種三十二卷　(金)李杲等撰　明崇禎九年(1636)刻本　二十四册

340000－1842－0000175　R2－51/m40－3
赤水玄珠三十卷醫案五卷醫旨緒餘二卷　(明)孫一奎撰　明萬曆孫泰來、孫朋來刻本　三十册

340000－1842－0000176　R2－51/m51
醫學匯函十三卷首一卷　(明)聶尚恆撰　明帶月樓刻本　十六冊

340000－1842－0000177　R2－51/m58
聿修堂醫學叢書十三種附錄七卷　(日本)丹波元簡等撰　(清)楊守敬輯　日本文化三年至天保十年(1806－1839)刻清光緒十年(1884)楊守敬匯印本　四十四冊

340000－1842－0000178　R2－51/m7
士材三書三種六卷　(明)李中梓著　清乾隆三十四年(1769)刻本　六冊

340000－1842－0000179　R2－51/m9－1
六醴齋醫書十種五十五卷　(清)程永培撰　清乾隆五十九年(1794)修敬堂刻本　二十冊

340000－1842－0000180　R252.2/m17－2
傷寒論條辨八卷本草抄一卷或問一卷痓書一卷　(明)方有執撰　清康熙刻本　二冊

340000－1842－0000181　R252.2/m17－3
傷寒論條辨八卷本草抄一卷或問一卷痓書一卷　(明)方有執撰　清康熙刻本　四冊

340000－1842－0000182　R252.2/m20－3
注解傷寒論十卷傷寒明理論四卷　(漢)張機述　(晉)王叔和撰次　(金)成無已注　明刻本　四冊

340000－1842－0000183　R252.2/m26
沈氏尊生書十六卷首二卷　(清)沈金鰲撰　清乾隆三十九年(1774)刻本　七冊

340000－1842－0000184　R252.2/m29－1
張仲景傷寒論貫珠集八卷　(清)尤怡注　清蘇州綠蔭堂刻本　四冊

340000－1842－0000185　R252.2/m3
傷寒論本義十八卷首一卷末一卷　(清)魏荔彤撰　清雍正二年(1724)寶綸堂刻本　六冊

340000－1842－0000186　R252.2/m30
尚論張仲景傷寒論重編三百九十七法四卷首一卷尚論後編四卷　(清)喻昌撰　清乾隆二十八年(1763)刻本　三冊　存四卷(尚論後編四卷)

340000－1842－0000187　R252.2/m30－1/1
尚論張仲景傷寒論重編三百九十七法四卷首一卷尚論後編四卷　(清)喻昌撰　清乾隆三十年(1765)刻本　四冊

340000－1842－0000188　R252.2/m30－1/2
尚論張仲景傷寒論重編三百九十七法四卷首一卷尚論後編四卷　(清)喻昌撰　清乾隆三十年(1765)刻本　四冊

340000－1842－0000189　R252.2/m30－1/3
尚論張仲景傷寒論重編三百九十七法四卷首一卷尚論後編四卷　(清)喻昌撰　清乾隆三十年(1765)刻本　四冊

340000－1842－0000190　R252.2/m30－1/4
尚論張仲景傷寒論重編三百九十七法四卷首一卷尚論後編四卷　(清)喻昌撰　清乾隆三十年(1765)刻本　八冊

340000－1842－0000191　R252.2/m30－2
尚論張仲景傷寒論重編三百九十七法四卷首一卷尚論後編四卷　(清)喻昌撰　清乾隆五年(1740)三讓堂刻本　四冊

340000－1842－0000192　R252.2/m30－3
尚論篇四卷首一卷後篇四卷　(清)喻昌撰　清乾隆五年(1740)刻本　二冊

340000－1842－0000193　R252.2/m31－2
傷寒論直解六卷傷寒附餘一卷　(清)張錫駒注　清康熙五十一年(1712)錢塘張氏三餘堂刻本　四冊

340000－1842－0000194　R252.2/m36－2
傷寒論三注十六卷　(清)周楊俊編注　清康熙二十二年(1683)刻本　六冊

340000－1842－0000195　R252.2/m36－4
傷寒論三注十六卷　(清)周楊俊編注　清乾隆四十五年(1780)刻本　六冊

340000－1842－0000196　R252.2/m4
傷寒論後條辨十五卷原本編次一卷條辨編次一卷尚論篇編次一卷　(清)程應旄撰　清乾

隆九年(1744)文明閣刻本　八册

340000－1842－0000197　R252.2/m4－1
傷寒論後條辨十五卷原本編次一卷條辨編次一卷尚論篇編次一卷贅餘一卷　(清)程應旄撰　清康熙十年(1671)式好堂刻本　六册

340000－1842－0000198　R252.2/m46
傷寒論注四卷論翼二卷附翼二卷　(清)柯琴編　清乾隆二十年(1755)刻本　六册

340000－1842－0000199　R252.3/m1
傷寒六書六卷　(明)陶華撰　明步月樓刻本　六册

340000－1842－0000200　R252.3/m1－1
傷寒六書六卷　(明)陶華撰　明萬曆四十年(1612)李存濟刻本　二册

340000－1842－0000201　R252.3/m1－3
傷寒六書六卷　(明)陶華撰　明尊德堂刻本　四册

340000－1842－0000202　R252.3/m1－6
傷寒六書六卷　(明)陶華撰　清抄本　四册

340000－1842－0000203　R252.3/m20
傷寒一鑒不分卷　(清)張鏡庵撰　清康熙三十八年(1699)抄本　一册

340000－1842－0000204　R252.3/m22
傷寒得心錄不分卷　(□)□□撰　清抄本　一册

340000－1842－0000205　R252.3/m23
傷寒專論不分卷　(清)章成達輯　清抄本　四册

340000－1842－0000206　R252.3/m24
述齡公傷寒論　(□)□□撰　清抄本　二册

340000－1842－0000207　R252.3/m26
傷寒指南十五卷　(漢)張機著　清抄本　三册　存十一卷(一至三、八至十五)

340000－1842－0000208　R252.3/m28－2
傷寒附翼二卷　(清)柯琴撰　清刻本　二册

340000－1842－0000209　R252.3/m28－3
傷寒論翼二卷　(清)柯琴撰　清康熙二十年(1681)刻本　一册

340000－1842－0000210　R252.3/m29－3
傷寒論注四卷論翼二卷附翼二卷　(清)柯琴編注　清乾隆二十年(1755)刻本　七册

340000－1842－0000211　R252.3/m30－2
再重訂傷寒集注十卷附錄五卷　(清)舒詔著　清乾隆三十五年(1770)刻本　三册

340000－1842－0000212　R252.3/m30－3
再重訂傷寒集注十卷附錄五卷　(清)舒詔著　清乾隆三十五年(1770)刻本　六册

340000－1842－0000213　R252.3/m4
傷寒大白四卷總論一卷　(清)秦之楨撰　清康熙五十三年(1714)陳懋憲其順堂刻本　四册

340000－1842－0000214　R252.3/m40－1
傷寒辨證四卷　(清)陳堯道撰　清康熙顧青刻本　六册

340000－1842－0000215　R252.5/m4
感證集說二卷　(清)嘉言子錄　清抄本　一册

340000－1842－0000216　R252.5/m5
感症精義約編二卷　(□)□□撰　清咸豐七年(1857)刻本　一册

340000－1842－0000217　R252.6/m4
辨傷寒脈症論不分卷　(清)程麗棻注　清程承濂抄本　一册

340000－1842－0000218　R252.9/m1
傷寒緒論二卷　(清)張璐撰　清康熙六年(1667)刻本　三册

340000－1842－0000219　R252.9/m1－2
傷寒緒論二卷　(清)張璐撰　清康熙六年(1667)刻本　六册

340000－1842－0000220　R252.9/m2
傷寒緒論二卷　(清)張璐撰　清康熙六年(1667)刻本　四册

340000－1842－0000221　R252.9/m2－2
傷寒緒論二卷　(清)張璐撰　清康熙六年(1667)刻本　二册

340000－1842－0000222　R2－52/m1－10
景岳全書六十四卷　(明)張介賓撰　清康熙四十九年(1710)刻本　三十六册

340000－1842－0000223　R2－52/m12
奇效醫述二卷活幼心法九卷　(明)聶尚恒撰　清乾隆三十一年(1766)刻本　二册

340000－1842－0000224　R2－52/m1－2
景岳全書六十四卷　(明)張介賓撰　清康熙四十九年(1710)刻本　二十四册

340000－1842－0000225　R2－52/m1－3
景岳全書六十四卷　(明)張介賓撰　清刻本　三十二册

340000－1842－0000226　R2－52/m1－9
景岳全書六十四卷　(明)張介賓撰　清乾隆二十三年(1758)刻本　三十二册

340000－1842－0000227　R2－52/m3
名醫匯纂不分卷　(□)□□撰　清抄本　八册

340000－1842－0000228　R252/m6/1
傷寒分經十卷　(漢)張機撰　(清)喻昌注　(清)吳儀洛訂　清乾隆三十一年(1766)刻本　八册

340000－1842－0000229　R252/m6/2
傷寒分經十卷　(漢)張機撰　(清)喻昌注　(清)吳儀洛訂　清乾隆三十一年(1766)刻本　六册　存四卷(一、三至四、七)

340000－1842－0000230　R2－52/m7
古今醫統正脈全書四十四種二百六卷　(明)王肯堂輯　明萬曆二十九年(1601)刻本　六十四册

340000－1842－0000231　R253.2/m1
張仲景金匱要略論注二十四卷　(清)徐彬撰　清康熙十年(1671)刻本　二册

340000－1842－0000232　R253.2/m1
張仲景金匱要略論注二十四卷　(清)徐彬撰　清康熙十年(1671)刻本　六册

340000－1842－0000233　R253.2/m1－5
張仲景金匱要略論注二十四卷　(清)徐彬撰　清康熙三十一年(1692)刻本　六册

340000－1842－0000234　R2－53/m1
質疑錄二卷　(明)張介賓撰　清乾隆二十九年(1764)刻本　二册

340000－1842－0000235　R2－53/m2
周慎齋先生醫案不分卷　(明)周之干撰　清洪學精抄本　一册

340000－1842－0000236　R2－53/m20
北辰稿集不分卷　(□)□□撰　稿本　一册

340000－1842－0000237　R2－53/m25－3
吳醫匯講十一卷　(清)唐大烈輯　清乾隆五十七年(1792)刻本　四册

340000－1842－0000238　R2－53/m30
醫理不分卷　(清)余國珮撰　清宣統二年(1910)蔣希元抄本　一册

340000－1842－0000239　R2－53/m36
侶山塘類辨二卷　(清)張志聰撰　清乾隆刻本　二册

340000－1842－0000240　R254.2/m1－1
溫病方論四卷　(清)周揚俊編　清乾隆十九年(1754)刻本　二册

340000－1842－0000241　R254.6/m1－3
痢疾論四卷　(清)孔毓禮撰　清乾隆三十七年(1772)刻本　一册

340000－1842－0000242　R254.7/m12－2
痧脹玉衡書三卷後一卷　(清)郭志邃撰　清康熙十四年(1675)刻本　四册

340000－1842－0000243　R254/m16
廣瘟疫論四卷末一卷　(清)戴天章撰　清道光十四年(1834)刻本　四册

340000－1842－0000244　R254/m4－4
傷寒瘟疫條辨六卷　(清)楊璿撰　清乾隆五

十年(1785)刻本　六冊

340000－1842－0000245　R254/m45
傳症彙編三種二十卷　(清)熊立品編　清乾隆刻本　八冊

340000－1842－0000246　R254/m6
溫疫論二卷　(清)吳有性撰　明崇禎謙益堂刻本　二冊

340000－1842－0000247　R254/m6－1
溫疫論二卷　(清)吳有性撰　清刻本　二冊

340000－1842－0000248　R254/m6－2
溫疫論二卷　(清)吳有性撰　清乾隆六十年(1795)刻本　二冊

340000－1842－0000249　R254/m6－3
瘟疫論二卷　(清)吳有性撰　清康熙三十三年(1694)刻本　二冊

340000－1842－0000250　R255/m10
活法機要一卷　(元)朱震亨撰　明新安吳勉學刻本　一冊

340000－1842－0000251　R256.3/m1
醫學發明一卷　(金)李杲撰　明新安吳勉學刻本　二冊

340000－1842－0000252　R26/m1
外科理例七卷附方一卷　(明)汪機輯　明嘉靖十六年(1537)刻本　四冊

340000－1842－0000253　R26/m12－1
瘍科選粹八卷　(明)陳文治輯　(明)繆希雍校　明崇禎元年(1628)刻本　六冊

340000－1842－0000254　R26/m17
外科金針二卷　(□)□□撰　清抄本　二冊

340000－1842－0000255　R26/m2
靈藥秘方二卷　(清)師成子撰　清方成培抄本　一冊

340000－1842－0000256　R26/m20
外科精要三卷　(宋)陳自明輯　(明)薛己注　清刻本　一冊

340000－1842－0000257　R26/m21
洞天奧旨十六卷　(清)陳士鐸撰　清康熙三十三年(1694)陳鳳輝刻本　六冊

340000－1842－0000258　R26/m3
瘡瘍經驗全書十三卷　(宋)竇傑撰　(明)竇夢麟續增　清康熙五十六年(1717)刻本　六冊

340000－1842－0000259　R26/m3－1/1
瘡瘍經驗全書十三卷　(宋)竇傑撰　(明)竇夢麟續增　清康熙五十六年(1717)刻本　八冊

340000－1842－0000260　R26/m3－1/2
瘡瘍經驗全書十三卷　(宋)竇傑撰　(明)竇夢麟續增　清乾隆三十二年(1767)養元堂刻本　五冊　存五卷(一至五)

340000－1842－0000261　R26/m32
外科樞要四卷　(明)薛己撰　明隆慶五年(1571)刻本　二冊

340000－1842－0000262　R26/m33
外科精義二卷　(明)齊德之撰　明萬曆二十九年(1601)新安吳勉學刻本　二冊

340000－1842－0000263　R26/m39
癧瘍機要三卷　(明)薛己撰　明刻本　一冊

340000－1842－0000264　R264/m1
秘傳經驗傷科不分卷　黄教師授　清抄本　一冊

340000－1842－0000265　R271.4/m1
胎產輯萃四卷　(清)汪嘉謨撰　清乾隆十七年(1752)刻本　四冊

340000－1842－0000266　R271.4/m19
胎產至寶三卷末一卷　(清)蔡璘輯　清乾隆五十四年(1789)刻本　一冊

340000－1842－0000267　R271.43/m1
倪氏產寶一卷　(清)倪枝維撰　清雍正刻本　二冊

340000－1842－0000268　R271/m1
女科切要八卷　(清)吳道源撰　清乾隆三十八年(1773)刻本　四冊

340000－1842－0000269　R271/m11
寧坤秘笈三卷　(清)竹林寺僧撰　**經驗神方一卷**　(□)□□撰　清乾隆六十年(1795)刻本　二册

340000－1842－0000270　R271/m13
女科百問二卷產寶雜錄一卷　(宋)齊仲甫撰　清乾隆六十年(1795)刻本　一册

340000－1842－0000271　R271/m3
女科經綸八卷　(清)蕭壎撰　清燕貽堂刻本　四册

340000－1842－0000272　R271/m3－1
女科經綸八卷　(清)蕭壎撰　清乾隆四十六年(1781)有鴻齋刻本　四册

340000－1842－0000273　R272.2/m1/1
救偏瑣言五卷備用良方一卷　(清)費啟泰撰　清順治十六年(1659)刻本　四册

340000－1842－0000274　R272.2/m1/2
救偏瑣言五卷備用良方一卷　(清)費啟泰撰　清順治十六年(1659)刻本　三册

340000－1842－0000275　R272.2/m11－3
增補痘疹玉髓金鏡錄真本一卷　(明)翁仲仁撰　(明)仇天一校訂　清康熙二十九年(1690)養素草堂刻本　四册

340000－1842－0000276　R272.2/m1－2
救偏瑣言十卷備用良方一卷　(清)費啟泰撰　清康熙二十七年(1688)惠迪堂刻本　四册

340000－1842－0000277　R272.2/m1－3/1
救偏瑣言十卷備用良方一卷　(清)費啟泰撰　清康熙二十七年(1688)文盛堂刻本　六册

340000－1842－0000278　R272.2/m1－3/2
救偏瑣言十卷備用良方一卷　(清)費啟泰撰　清康熙二十七年(1688)文盛堂刻本　二册

340000－1842－0000279　R272.2/m15
痘疹定論四卷　(清)朱純嘏編　清乾隆三十四年(1769)文富堂刻本　一册

340000－1842－0000280　R272.2/m15－1
痘疹定論四卷　(清)朱純嘏編　清康熙五十二年(1713)刻本　一册

340000－1842－0000281　R272.2/m16－2
痘症指南不分卷　(□)□□撰　清抄本　一册

340000－1842－0000282　R272.2/m2/1
痧科一卷　(明)孔弘擢撰　明萬曆三十二年(1604)王繼濂刻本　一册

340000－1842－0000283　R272.2/m2/2
痧科一卷　(明)孔弘擢撰　明萬曆三十二年(1604)王繼濂刻本　一册

340000－1842－0000284　R272.2/m2/3
增訂保赤金丹四卷補遺一卷　(清)呂紹先輯　(清)黄邦寧增訂　清乾隆三十四年(1769)二如堂刻本　二册　存二卷(一至二)

340000－1842－0000285　R272.2/m3
痘科秘傳四卷　(清)秦希白撰　清乾隆三十三年(1768)刻本　二册

340000－1842－0000286　R272.2/m34
秘授仙傳痘疹奇書三卷　(□)□□撰　清抄本　一册

340000－1842－0000287　R272.2/m37
痘疹前編十四卷後編四卷　(清)張潮青撰　清嘉慶十三年(1808)牧堂刻本　六册

340000－1842－0000288　R272.2/m45
小紫丸不分卷　(明)朱巽撰　清抄本　一册

340000－1842－0000289　R272.2/m46
萬氏家傳痘疹心法二十三卷　(明)萬全撰　清祝履堂刻本　四册

340000－1842－0000290　R272.2/m47
痘科扼要一卷　(清)陳奇生撰　清乾隆三十二年(1767)京都刻本　四册

340000－1842－0000291　R272.2/m48－2
活幼心法大全八卷末一卷　(明)聶尚恆著　清乾隆四十六年(1781)三樂堂刻本　二册

340000－1842－0000292　R272.2/m49
痘科扼要一卷　(清)陳奇生撰　清乾隆五十

三年(1788)刻本　一冊

340000－1842－0000293　R272.2/m50
痘疹正宗二卷　(清)宋麟祥著　清乾隆八年(1743)刻本　二冊

340000－1842－0000294　R272.2/m50－3
痘疹正宗二卷　(清)宋麟祥著　清乾隆四十六年(1781)文盛堂刻本　四冊

340000－1842－0000295　R272.2/m53
痘疹傳心錄十九卷　(明)朱惠明著　清修敬堂刻本　六冊

340000－1842－0000296　R272.2/m56
建松堂簡易痘疹良書七卷　(清)李文煌撰　清建松堂刻本　一冊

340000－1842－0000297　R272.2/m58
麻科活人全書四卷　(清)謝玉瓊輯　清乾隆五十七年(1792)刻本　四冊

340000－1842－0000298　R272.2/m6
黃帝逸典痘疹精義四卷經驗秘方一卷　(唐)藍采和注　(清)虞霖校　清雍正五年(1727)抄本　四冊

340000－1842－0000299　R272.2/m81
毓麟芝室痘科秘傳玉髓經金鏡錄全書四卷　(清)費啟泰撰　清康熙二年(1663)刻本　二冊

340000－1842－0000300　R272.2/m82
痘疹研精錄三卷　(清)張潮青訂　清抄本　一冊

340000－1842－0000301　R272/m1
嬰童百問十卷　(明)魯伯嗣撰　明嘉靖二十三年(1544)陳與音刻本　四冊

340000－1842－0000302　R272/m16
慈幼新書十二卷首一卷　(清)程雲鵬輯　清嘉慶十一年(1806)刻本　四冊

340000－1842－0000303　R272/m2
濟陰綱目十四卷　(明)武之望撰　(清)汪淇箋釋　**保生碎事一卷**　(清)汪淇撰　清金閶書業堂刻本　八冊

340000－1842－0000304　R272/m2－1/1
錢氏小兒藥證直訣三卷附方二卷　(宋)錢乙撰　(宋)閻孝忠輯　清康熙起秀堂刻本　一冊

340000－1842－0000305　R272/m2－1/2
錢氏小兒藥證直訣三卷附方二卷　(宋)錢乙撰　(宋)閻孝忠輯　清康熙起秀堂刻本　二冊

340000－1842－0000306　R272/m2－2
濟陰綱目十四卷　(明)武之望撰　(清)汪淇箋釋　**保生碎事一卷**　(清)汪淇撰　清經綸堂刻本　十冊

340000－1842－0000307　R272/m23
萬氏秘傳片玉心書五卷　(明)萬全撰　清同人堂刻本　二冊

340000－1842－0000308　R272/m23－1
萬氏秘傳片玉心書五卷新刻羅田萬氏秘藏婦人秘科三卷　(明)萬全撰　清順治十一年(1654)山東泰安州李氏刻本　三冊

340000－1842－0000309　R272/m24－10
鼎鍥幼幼集成六卷　(清)陳復正輯　清刻本　六冊

340000－1842－0000310　R272/m24－7
鼎鍥幼幼集成六卷　(清)陳復正輯　清乾隆刻本　三冊

340000－1842－0000311　R272/m2－8
濟陰綱目十四卷保生碎事一卷　(明)武之望輯　清康熙四年(1665)刻本　八冊

340000－1842－0000312　R272/m32
幼科秘要一卷　(□)□□撰　清抄本　一冊

340000－1842－0000313　R272/m4－8
幼科鐵鏡六卷　(清)夏鼎撰　清兩儀堂刻本　二冊

340000－1842－0000314　R272/m6
萬氏家傳育嬰四卷　(明)萬全撰　清敷文堂刻本　二冊

340000－1842－0000315　R276.1/m1

喉症全科紫珍集方本二卷　(清)竇氏撰　(清)朱翔宇輯　清嘉慶九年(1804)刻本　二冊

340000－1842－0000316　R276.1/m1－4
喉症全科紫珍集二卷補遺一卷　(清)朱翔宇輯　清嘉慶十七年(1812)刻本　六冊

340000－1842－0000317　R276.1/m23
宋神通長老秘授咽喉脈訣癥治通論不分卷　(□)□□撰　清道光九年(1829)刻本　一冊

340000－1842－0000318　R276.7/m1/1
葆光道人秘傳眼科十卷首一卷　題(明)葆光道人撰　明萬曆三年(1575)刻本　二冊

340000－1842－0000319　R276.7/m1/2
秘傳眼科龍木醫書總論十卷首一卷　題(明)葆光道人撰　清刻本　四冊

340000－1842－0000320　R276.7/m10
洪氏壽春室世傳眼科歷代經驗方藥不分卷　題(清)洪氏家傳　清洪熙遠抄本　一冊

340000－1842－0000321　R276.7/m12
眼科秘旨一卷　(□)□□撰　清紅杏山房刻本　一冊

340000－1842－0000322　R276.7/m13
莊氏眼科全書二卷　(□)□□撰　清抄本　二冊

340000－1842－0000323　R276.7/m17－6
傅氏眼科審視瑤函六卷首一卷　(明)傅仁宇纂輯　明崇禎十七年(1644)刻本　六冊

340000－1842－0000324　R276.7/m5
目科正宗十六卷首一卷末一卷　(清)鄧學禮輯　清嘉慶十六年(1811)皮足山人刻本　十六冊

340000－1842－0000325　R291.1/m3
本草崇原集說三卷附錄一卷　(清)張志聰注　(清)高世栻纂　清宣統二年(1910)錢塘仲氏刻本　四冊

340000－1842－0000326　R291.2/m1
經史證類大觀本草三十一卷　(宋)唐慎微纂　清光緒三十年(1904)刻本　十六冊

340000－1842－0000327　R291.2/m15
湯液本草三卷　(元)王好古輯　明吳勉學刻本　二冊

340000－1842－0000328　R291.2/m19－1
本草醫方合編六卷　(清)汪昂輯　清乾隆四十三年(1778)澹雅書局刻本　六冊

340000－1842－0000329　R291.2/m4
東皋握靈本草十卷　(清)王翃輯　清康熙二十二年(1683)刻本　五冊

340000－1842－0000330　R291.2/m7
新刻藥鑒二卷　(明)杜文燮編　清抄本　一冊

340000－1842－0000331　R291.2/m9
本草新編五卷　(清)陳士鐸撰　清康熙三十年(1691)本澄堂刻本　五冊

340000－1842－0000332　R291.3/m1
食物本草會纂十二卷　(清)沈李龍纂　清乾隆四十八年(1783)刻本　八冊

340000－1842－0000333　R291.3/m1－3
食物本草會纂十二卷　(清)沈李龍纂　清康熙三十年(1691)刻本　五冊

340000－1842－0000334　R291.5/m5
太醫院增補青囊藥性賦直解二卷　(明)羅必煒訂　清楊能儒刻本　二冊

340000－1842－0000335　R291.8/m2
二如亭群芳譜二十八卷首一卷　(明)王象晉輯　清刻本　二十四冊

340000－1842－0000336　R291.8/m2－1/1
二如亭群芳譜二十八卷首一卷　(明)王象晉輯　明萬曆刻本　十六冊

340000－1842－0000337　R291.8/m2－1/2
二如亭群芳譜二十八卷首一卷　(明)王象晉輯　明萬曆刻本　二十四冊

340000－1842－0000338　R291.8/m5
秘傳花鏡六卷　(清)陳淏子輯　清康熙二十

七年(1688)刻本　二册

340000－1842－0000339　R292.1/m1
孫真人備急千金要方九十三卷首二卷　(唐)孫思邈撰　明嘉靖二十二年(1543)喬世定小丘山房刻本　三十二册

340000－1842－0000340　R292.1/m1－2
千金翼方三十卷　(唐)孫思邈撰　(宋)林億校　(明)王肯堂重校　清乾隆二十八年(1763)華希閎刻本　十二册

340000－1842－0000341　R292.1/m3
醫方考六卷脈語二卷　(明)吳崑撰　明萬曆十三年(1585)刻本　八册

340000－1842－0000342　R292.1/m3－1
醫方考六卷　(明)吳崑撰　明萬曆十二年(1584)刻本　四册

340000－1842－0000343　R292.1/m44
經驗廣集四卷　(清)李文炳纂　清乾隆四十三年(1778)刻本　四册

340000－1842－0000344　R292.1/m45
惠直堂經驗方四卷　(清)陶成熹　(清)王承勛輯　清乾隆四十九年(1784)步雲閣刻本　八册

340000－1842－0000345　R292.1/m59
汪廣期先生擬方一卷　(清)汪廣期撰　清光緒二十六年(1900)刻本　一册

340000－1842－0000346　R292.1/m7
類症普濟本事方十卷　(宋)許淑微著　清乾隆四十二年(1777)雲間王氏刻本　四册

340000－1842－0000347　R292.1/m82
證治要訣類方四卷　(明)戴思恭撰　明新安吳勉學刻本　三册

340000－1842－0000348　R292.1/m90
古方選注一卷　(清)王子接注　清王少峰抄本　一册

340000－1842－0000349　R292.1m39
絳囊撮要不分卷　題(清)雲川道人輯　清集善堂刻本　一册

340000－1842－0000350　R292.2/m1
絳雪園古方選注四卷　(清)王子接注　清掃葉山房刻本　四册

340000－1842－0000351　R292.2/m18
成方切用十二卷首一卷末一卷　(清)吳儀洛輯　清乾隆二十六年(1761)吳氏利濟堂刻本　八册

340000－1842－0000352　R292.2/m5
衛生易簡方十二卷附錄一卷　(明)胡濙撰　清乾隆四十六年(1781)刻本　十二册

340000－1842－0000353　R292.2/m5－2
衛生易簡方十二卷附錄一卷　(明)胡濙撰　明刻本　二册

340000－1842－0000354　R292.4/m8
怪疾奇方一卷　(清)汪汲編　清嘉慶六年(1801)刻本　一册

340000－1842－0000355　R292.5/m12
文堂集驗方四卷　(清)何京輯　清乾隆四十年(1775)刻本　二册

340000－1842－0000356　R292.5/m13
甘露堂丸散膏丹全集不分卷　(清)程六如編　清程六如稿本　一册

340000－1842－0000357　R89/m1
重刊補注洗冤錄集證六卷　(宋)宋慈撰　(清)王又槐增輯　清道光二十七年(1847)刻三色套印本　五册

340000－1842－0000358　R89/m1－2
重刊補注洗冤錄集證六卷　(宋)宋慈撰　(清)王又槐增輯　清光緒三年(1877)浙江書局刻三色套印本　五册

340000－1842－0000359　R932.2/m20
本草綱目易知錄八卷　(清)戴葆元輯　清光緒十三年(1887)婺源思補山房刻本　八册

340000－1842－0000360　R932.2/m5
神農本草經百種錄一卷　(清)徐靈胎著　清乾隆元年(1736)吳江徐氏刻本　一册

340000－1842－0000361　R932.2/m5－2

神農本草經百種録一卷　(清)徐靈胎著　清乾隆元年(1736)刻本　一册

340000－1842－0000362　R932.3/m1
本草從新十八卷　(清)吳儀洛輯　清乾隆二十二年(1757)刻本　六册

340000－1842－0000363　R932.3/m18
本草萬方針線八卷　(清)蔡烈先輯　清康熙五十八年(1719)刻本　二册

340000－1842－0000364　R932.3/m18－1
本草萬方針線八卷　(清)蔡烈先輯　清乾隆四十九年(1784)金閶書業堂刻本　二册

340000－1842－0000365　R932.3/m21－2
本草求真九卷脈理求真二卷首一卷　(清)黄宫繡著　清乾隆三十八年(1773)文奎堂刻本　十二册

340000－1842－0000366　R932.3/m5－9
增訂本草備要四卷湯頭歌括一卷　(清)汪昂撰　清康熙三十三年(1694)成裕堂刻本　五册

340000－1842－0000367　R932.3/m6
本草原始十二卷　(明)李中立輯　清善成堂刻本　八册

340000－1842－0000368　R932.3/m6－1
本草原始十二卷　(明)李中立輯　清刻本　三册　存八卷(一至四、九至十二)

340000－1842－0000369　R932.3/m9－1
本草綱目五十二卷首一卷圖三卷　(明)李時珍撰　**本草萬方針線八卷**　(清)蔡烈先輯　清乾隆四十九年(1784)書業堂刻本　五十一册

340000－1842－0000370　R932.3/m9－6
本草綱目五十二卷首一卷脈訣考證一卷　(明)李時珍撰　**本草萬方針線八卷**　(清)蔡烈先輯　清光緒文盛堂刻本　四十七册

340000－1842－0000371　R932.4/m2－1
合訂本草備要一卷醫方集解六卷醫方湯頭歌括一卷經絡歌訣一卷續增日食菜物一卷　(清)汪昂輯　清乾隆四十二年(1777)刻本　六册

340000－1842－0000372　R932.8/m3－2
攝生衆妙方十一卷　(清)張時徹輯　明隆慶三年(1569)刻本　四册

340000－1842－0000373　R932.91/m1/1
名醫方論四卷　(清)羅英輯　清康熙十四年(1675)古懷堂刻本　四册

340000－1842－0000374　R932.91/m1/2
名醫方論四卷　(清)羅英輯　清康熙十四年(1675)古懷堂刻本　三册

340000－1842－0000375　R272.2/m12－2
痘症精言四卷　(清)袁句著　清乾隆十八年(1753)匯源堂刻本　四册

340000－1842－0000376　R272.2/m55
新刻痘疹金鏡玉髓全書二卷圖一卷　(明)翁仲仁輯　清康熙十一年(1672)刻本　一册　缺十一張(圖十二至二十二)

340000－1842－0000377　B992.3/m4
註釋心相全篇一卷　(宋)希夷先生　(宋)痲衣道人編　清道光十三年(1833)珠江光裕堂刻本　一册

340000－1842－0000378　H162/m1－3
康熙字典十二集三十六卷附總目一卷檢字一卷辨似一卷等韻一卷補遺一卷備考一卷　(清)張廷玉等編　清道光七年(1827)刻本　三十三册　存三十二卷(子集上中下、丑集上下、寅集上中下、卯集上中、辰集上中下、巳集上下、午集上中下、未集上中下、申集中下、酉集上中下、戌集上中下、亥集上中下)

340000－1842－0000379　I207.23/m1
浣雪詞鈔二卷　(清)毛際可撰　清刻本　一册

340000－1842－0000380　I222.7/m3
裘文達公詩集十八卷　(清)裘白修撰　清嘉慶七年(1802)刻本　三册

340000－1842－0000381　I269.6－51/m1

應酬名聯匯選一卷應酬貼式一卷應酬詩文匯選一卷　(清)陸九如輯　清刻本　三冊

340000－1842－0000382　R－013/m1
西醫五種九卷　(英國)合信著　清咸豐元年至八年(1851－1858)刻本　五冊

340000－1842－0000383　R－013/m1
西醫五種九卷　(英國)合信著　清咸豐元年至八年(1851－1858)刻本　五冊　存二卷(全體新論一卷、婦嬰新說一卷)

340000－1842－0000384　R－013/m1－1
西醫五種九卷　(英國)合信著　清鉛印本　一冊　存一卷(全體闡微笑一卷)

340000－1842－0000385　R－092/m1－2
醫說十卷　(宋)張杲撰　續醫說十卷　(明)俞弁撰　清宣統三年(1911)上海文明書局鉛印本　六冊

340000－1842－0000386　R－092/m12－1
醫賸三卷附錄一卷醫略抄一卷　(日本)丹波元簡編　清光緒刻本　二冊

340000－1842－0000387　R2/m1
醫理略述二卷　(清)尹端模譯　清光緒十八年(1892)羊城博濟醫局刻本　二冊

340000－1842－0000388　R2/m3
醫學入門七卷首一卷　(明)李梴編　清同治九年(1870)紅杏山房刻本　五冊

340000－1842－0000389　R2/m3－2
醫學入門七卷首一卷　(明)李梴編　清咸豐六年(1856)廣城五雲樓刻本　十六冊

340000－1842－0000390　R2/m7
古今名醫薈萃八卷　(清)羅美編　清道光三年(1823)嘉興盛新甫刻本　八冊

340000－1842－0000391　R2＝53/m37－1
醫經溯洄集一卷　(元)王履撰　清文奎堂刻本　一冊

340000－1842－0000392　R22/m10
醫學啟蒙彙編六卷　(明)翟良撰　清文盛堂刻本　五冊

340000－1842－0000393　R22/m14－2
醫學指歸二卷　(清)趙術堂編　清咸豐元年(1851)高郵刻本　二冊

340000－1842－0000394　R22/m15
醫醇賸義四卷　(清)費伯雄撰　清光緒二十七年(1901)上海書局刻本　一冊

340000－1842－0000395　R22/m15－2
醫醇賸義四卷　(清)費伯雄撰　清光緒十四年(1888)上海掃葉山房刻本　四冊

340000－1842－0000396　R22/m15－3
醫醇賸義四卷　(清)費伯雄撰　清刻本　四冊

340000－1842－0000397　R22/m15－5
醫醇賸義四卷　(清)費伯雄撰　清石印本　一冊

340000－1842－0000398　R22/m16
新纂中西醫書八種十一卷　(□)□□撰　清光緒三十三年(1907)石印本　八冊

340000－1842－0000399　R22/m17
醫學輯要八卷　(清)謝甘澍撰　清光緒二十六年(1900)滸灣舊學山房刻本　八冊

340000－1842－0000400　R22/m17－2
醫學輯要四卷　(清)吳燡編　清同治七年(1868)山陰陳氏刻本　一冊

340000－1842－0000401　R22/m20
醫學實在易八卷　(清)陳念祖撰　清南雅堂刻本　四冊

340000－1842－0000402　R22/m20－3
醫學實在易八卷　(清)陳念祖撰　清光緒十八年(1892)上海圖書集成印書局鉛印本　一冊　存四卷(一至四)

340000－1842－0000403　R22/m24－1
元和紀用經一卷　(唐)王冰撰　清刻本　一冊

340000－1842－0000404　R22/m24－2
元和紀用經一卷　(唐)王冰撰　清刻本　一冊

340000－1842－0000405　R22/m26－2/1
筆花醫鏡四卷　(清)江涵暾撰　清光緒十七年(1891)京都龍光齋刻本　二册

340000－1842－0000406　R22/m26－2/2
筆花醫鏡四卷　(清)江涵暾撰　清光緒十七年(1891)京都龍光齋刻本　二册

340000－1842－0000407　R22/m26－3/1
筆花醫鏡四卷　(清)江涵暾撰　清刻本　一册

340000－1842－0000408　R22/m26－3/2
筆花醫鏡四卷　(清)江涵暾撰　清光緒三十年(1904)上海書局石印本　一册

340000－1842－0000409　R22/m26－4
筆花醫鏡四卷　(清)江涵暾撰　清光緒九年(1883)豫汴朱聚文齋刻本　一册

340000－1842－0000410　R22/m29
醫學雜録一卷　(□)□□撰　清抄本　一册

340000－1842－0000411　R22/m30
得心應手二卷　(清)劉澹如撰　清抄本　二册

340000－1842－0000412　R22/m3－11
醫學心悟五卷　(清)程國彭撰　清光緒三十四年(1908)渝城善成書莊刻本　四册

340000－1842－0000413　R22/m3－3/1
醫學心悟六卷　(清)程國彭撰　清光緒二十一年(1895)學庫山房刻本　四册

340000－1842－0000414　R22/m3－3/2
醫學心悟六卷　(清)程國彭撰　清光緒二十一年(1895)學庫山房刻本　四册

340000－1842－0000415　R22/m34
注禮堂醫學舉要四卷　(清)徐鏞撰　清光緒十五年(1889)刻本　四册

340000－1842－0000416　R22/m3－7
醫學心悟六卷　(清)程國彭撰　清刻本　三册　存三卷(一至二、六)

340000－1842－0000417　R22/m37－2
中西匯通醫經精義二卷　(清)唐宗海撰　清光緒三十四年(1908)千頃堂書局石印本　二册

340000－1842－0000418　R22/m37－3
中西匯通醫經精義二卷　(清)唐宗海撰　清光緒十八年(1892)石印本　一册

340000－1842－0000419　R22/m3－8
醫學心悟六卷　(清)程國彭撰　清宣統三年(1911)上海會文堂石印本　一册

340000－1842－0000420　R22/m47
醫林改錯二卷　(清)王清任撰　清光緒十年(1884)刻本　二册

340000－1842－0000421　R22/m47－2
醫林改錯二卷　(清)王清任撰　清光緒三十三年(1907)上海集成圖書公司石印本　一册

340000－1842－0000422　R22/m47－4/1
醫林改錯二卷　(清)王清任撰　清同治七年(1868)廣州萃芳樓刻本　二册

340000－1842－0000423　R22/m47－4/2
醫林改錯二卷　(清)王清任撰　清光緒十七年(1891)常熟三峰寺刻本　一册

340000－1842－0000424　R22/m47－5/1
醫林改錯二卷　(清)王清任撰　清光緒二十六年(1900)善成堂刻本　二册

340000－1842－0000425　R22/m47－5/2
醫林改錯二卷　(清)王清任撰　清光緒二十六年(1900)善成堂刻本　二册

340000－1842－0000426　R22/m47－6
醫林改錯二卷　(清)王清任撰　清宣統元年(1909)仁記書莊刻本　一册

340000－1842－0000427　R22/m49/1
中藏經八卷華佗内照法一卷　(漢)華佗撰　清光緒六年(1880)上虞蘭蘭山房刻本　二册

340000－1842－0000428　R22/m49/2
中藏經八卷華佗内照法一卷　(漢)華佗撰　清光緒六年(1880)上虞蘭蘭山房刻本　二册

340000－1842－0000429　R22/m49/3
中藏經八卷華佗内照法一卷　(漢)華佗撰　清光緒六年(1880)上虞蘭蘭山房刻本　二冊

340000－1842－0000430　R22/m49/4
中藏經八卷華佗内照法一卷　(漢)華佗撰　清光緒六年(1880)上虞蘭蘭山房刻本　二冊

340000－1842－0000431　R22/m49/5
中藏經八卷華佗内照法一卷　(漢)華佗撰　清刻本　一冊　缺四卷(一至四)

340000－1842－0000432　R22/m50
醫易通説一卷詳解一卷　(清)唐宗海撰　清瀛洲書屋刻本　一冊

340000－1842－0000433　R22/m51－1
醫醇賸義四卷　(清)費伯雄撰　清同治二年(1863)耕心堂刻本　四冊

340000－1842－0000434　R22/m5－2
增補醫方一盤珠全集十卷　(清)洪金鼎撰　清尚德堂刻本　二冊

340000－1842－0000435　R22/m5－3
增補醫方一盤珠全集十卷　(清)洪金鼎撰　清刻本　一冊　存三卷(六至八)

340000－1842－0000436　R22/m7
醫方藥性初學要訣九卷首一卷　(明)羅必煒參訂　清光緒三十年(1904)寶慶維新書舍刻本　四冊

340000－1842－0000437　R22/m7－1/1
醫門初學萬金一統要訣分類八卷首一卷末一卷　(明)羅必煒參訂　清光緒十四年(1888)南京李光明莊刻本　四冊

340000－1842－0000438　R22/m7－1/2
醫門初學萬金一統要訣分類八卷首一卷末一卷　(明)羅必煒參訂　清光緒十四年(1888)南京李光明莊刻本　四冊

340000－1842－0000439　R22/m8
簡易醫訣四卷　(清)周雲章撰　清宣統元年(1909)新都周祖佑刻本　四冊

340000－1842－0000440　R22/m9
醫宗備要三卷　(清)曾鼎撰　清同治八年(1869)李光明莊刻本　一冊

340000－1842－0000441　R22/m9－2/1
醫宗備要三卷　(清)曾鼎撰　清同治八年(1869)湖北崇文書局刻本　一冊

340000－1842－0000442　R22/m9－2/2
醫宗備要三卷　(清)曾鼎撰　清同治八年(1869)湖北崇文書局刻本　一冊

340000－1842－0000443　R22/m9－2/3
醫宗備要三卷　(清)曾鼎撰　清同治八年(1869)湖北崇文書局刻本　一冊

340000－1842－0000444　R221.1/9
醫津一筏一卷　(清)江之蘭撰　清抄本　一冊

340000－1842－0000445　R221.1/m10
素問病機氣宜保命集三卷　(金)劉完素撰　清懷德堂刻本　三冊

340000－1842－0000446　R221.1/m12/1
黃帝内經素問九卷　(清)高世栻註解　清光緒十三年(1887)浙江書局刻本　八冊

340000－1842－0000447　R221.1/m12/2
黃帝内經素問九卷　(清)高世栻註解　清光緒十三年(1887)浙江書局刻本　八冊

340000－1842－0000448　R221.1/m1－2/1
補註黃帝内經素問二十四卷靈樞經十二卷　(唐)王冰注　(宋)林億等校正　(宋)孫兆改誤　**黃帝内經素問遺篇一卷**　(宋)劉溫舒注　清光緒三年(1877)浙江書局刻本　十冊

340000－1842－0000449　R221.1/m1－2/2
補註黃帝内經素問二十四卷靈樞經十二卷　(唐)王冰注　(宋)林億等校正　(宋)孫兆改誤　**黃帝内經素問遺篇一卷**　(宋)劉溫舒注　清光緒三年(1877)浙江書局刻本　十冊

340000－1842－0000450　R221.1/m1－2/3
補註黃帝内經素問二十四卷靈樞經十二卷　(唐)王冰注　(宋)林億等校正　(宋)孫兆改誤　**黃帝内經素問遺篇一卷**　(宋)劉溫舒

注　清光緒三年(1877)浙江書局刻本　十册

340000－1842－0000451　R221.1/m1－2/4
補註黄帝内經素問二十四卷靈樞經十二卷　(唐)王冰注　(宋)林億等校正　(宋)孫兆改誤　**黄帝内經素問遺篇一卷**　(宋)劉溫舒注　清光緒三年(1877)浙江書局刻本　十册

340000－1842－0000452　R221.1/m16
纂述素問十卷　(清)薛本宗撰　清刻本　一册　存一卷(八)

340000－1842－0000453　R221.1/m3－2
黄帝内經素問注二十四卷　(明)吴崐注　清光緒二十五年(1899)績谿程氏刻本　八册

340000－1842－0000454　R221.1/m3－3/1
黄帝内經素問注二十四卷　(明)吴崐注　清刻本　六册

340000－1842－0000455　R221.1/m3－3/2
黄帝内經素問注二十四卷　(明)吴琨注　清刻本　八册

340000－1842－0000456　R221.1/m3－4
黄帝内經素問注二十四卷　(明)吴崐注　清光緒二十四年(1898)刻本　四册

340000－1842－0000457　R221.1/m3－5
黄帝内經素問注二十四卷　(明)吴崐注　清宏道堂刻本　六册

340000－1842－0000458　R221.2/m3
黄帝内經靈樞十二卷素問遺編一卷　(清)王太僕注　清光緒十年(1884)刻本　三册

340000－1842－0000459　R221.2/m3－2/1
靈樞經九卷　(清)張志聰注　清光緒十六年(1890)浙江書局刻本　八册

340000－1842－0000460　R221.2/m3－2/2
靈樞經九卷　(清)張志聰注　清光緒十六年(1890)浙江書局刻本　八册

340000－1842－0000461　R221.2/m3－3/1
黄帝内經靈樞十二卷　(宋)史崧音譯　清刻本　二册

340000－1842－0000462　R221.2/m3－3/2
黄帝内經靈樞十二卷　(宋)史崧音譯　清刻本　三册

340000－1842－0000463　R221.2/m3－4
靈樞經九卷　(清)張志聰注　清刻本　十册　存九卷

340000－1842－0000464　R221.2/m4
黄帝内經靈樞注證發微九卷　(明)馬蒔注　清光緒大文堂刻本　八册

340000－1842－0000465　R221.2/m4－2
黄帝内經靈樞注證發微九卷　(明)馬蒔注　清刻本　八册

340000－1842－0000466　R221.2/m4－3
黄帝内經靈樞注證發微九卷補遺一卷　(明)馬蒔注　清嘉慶十年(1805)古歙鮑氏慎餘堂刻本　五册

340000－1842－0000467　R221.2/m4－4
黄帝内經靈樞注證發微九卷補遺一卷　(明)馬蒔注　清藝林堂刻本　十册　缺二卷(九、補遺一卷)

340000－1842－0000468　R221.2/m4－5
黄帝内經靈樞注證發微九卷黄帝内經素問注證發微九卷　(明)馬蒔注　清光緒十四年(1888)廣陵丘氏刻本　二十册

340000－1842－0000469　R221.2/m4－6
黄帝内經靈樞注證發微九卷黄帝内經素問注證發微九卷　(明)馬蒔注　清光緒五年(1879)善成堂刻本　十四册

340000－1842－0000470　R221.3/m12/1
内經評文三十六卷　(清)周學海注　清光緒二十四年(1898)皖南建德周氏刻本　十册

340000－1842－0000471　R221.3/m12/2
内經評文三十六卷　(清)周學海注　清光緒二十四年(1898)皖南建德周氏刻本　八册

340000－1842－0000472　R221.3/m13
素問内經六卷　(□)□□撰　清末抄本　六册

340000－1842－0000473　R221.3/m15
類經纂要三卷　(清)虞庠輯　(清)王延俊增注　清同治六年(1867)浙江翰墨齋刻本　三册

340000－1842－0000474　R221.3/m18/1
靈素提要淺注十二卷　(清)陳念祖著　清敦原堂刻本　四册

340000－1842－0000475　R221.3/m18/2
靈素提要淺注十二卷　(清)陳念祖著　清敦原堂刻本　四册

340000－1842－0000476　R221.3/m19
黄帝内經素問遺篇一卷　(宋)劉溫舒撰　清刻本　一册

340000－1842－0000477　R221.3/m2－10/1
素問靈樞類纂約注三卷　(清)汪昂輯　清光緒十三年(1887)掃葉山房刻本　三册

340000－1842－0000478　R221.3/m2－10/2
素問靈樞類纂約注三卷　(清)汪昂輯　清光緒十三年(1887)掃葉山房刻本　三册

340000－1842－0000479　R221.3/m2－2
素問靈樞類纂約注三卷　(清)汪昂輯　清光緒六年(1880)上海江左書林刻本　三册

340000－1842－0000480　R221.3/m2－3
素問靈樞類纂約注三卷　(清)汪昂輯　清嘉慶二十二年(1817)巽記刻本　三册

340000－1842－0000481　R221.3/m2－4
素問靈樞類纂約注三卷　(清)汪昂輯　清同治六年(1867)又新山房刻本　四册

340000－1842－0000482　R221.3/m2－7
素問靈樞類纂約注三卷　(清)汪昂輯　清刻本　三册

340000－1842－0000483　R221.3/m3－2/1
醫經原旨六卷　(清)薛雪集注　清刻本　六册

340000－1842－0000484　R221.3/m3－2/2
醫經原旨六卷　(清)薛雪集注　清刻本　六册

340000－1842－0000485　R221.3/m3－2/3
醫經原旨六卷　(清)薛雪集注　清刻本　二册

340000－1842－0000486　R221.3/m3－5/1
醫經原旨六卷　(清)薛雪集注　清同治至光緒掃葉山房刻本　五册　存五卷(一至五)

340000－1842－0000487　R221.3/m3－5/2
醫經原旨六卷　(清)薛雪集注　清同治至光緒掃葉山房刻本　六册

340000－1842－0000488　R221.3/m6
素問微蘊四卷　(清)黄元御撰　清咸豐十年(1860)長沙徐樹銘火變和精舍刻黄氏醫書八種本　二册

340000－1842－0000489　R221.3/m8/1
黄帝内經太素三十卷　(唐)楊上善撰　清光緒二十三年(1897)通隱堂刻漸西村舍匯刊本　六册

340000－1842－0000490　R221.3/m8/2
黄帝内經太素三十卷明堂一卷附録一卷　(唐)楊上善撰　清光緒二十三年(1897)通隱堂刻漸西村舍匯刊本　六册　缺七卷(一、四、七、十六、十八、二十至二十一)

340000－1842－0000491　R221.3/m8/3
黄帝内經太素三十卷　(唐)楊上善撰　清光緒二十三年(1897)通隱堂刻漸西村舍匯刊本　十二册

340000－1842－0000492　R221/m1－2/1
内經知要二卷　(清)李中梓輯　清光緒九年(1883)上洋江左書林刻本　二册

340000－1842－0000493　R221/m1－2/2
内經知要二卷　(清)李中梓輯　清光緒九年(1883)上洋江左書林刻本　二册

340000－1842－0000494　R221/m3
黄帝内經素問九卷靈樞經九卷　(清)張志聰集注　清刻本　二十四册

340000－1842－0000495　R221/m3－2
黄帝内經素問九卷　(清)張志聰集注　清光

緒十六年(1890)浙江書局刻本　五冊

340000－1842－0000496　R221/m3－2
黄帝内經素問九卷　(清)張志聰集注　清光緒十六年(1890)浙江書局刻本　六冊

340000－1842－0000497　R221/m3－2
黄帝内經素問九卷　(清)張志聰集注　清光緒十六年(1890)浙江書局刻本　六冊

340000－1842－0000498　R222.1/m1
重廣補註黄帝内經素問二十四卷　(唐)王冰注　清同治九年(1870)無錫薛福辰刻本　八冊

340000－1842－0000499　R222.1/m1
重廣補註黄帝内經素問二十四卷　(唐)王冰注　清同治九年(1870)無錫薛福辰刻本　八冊

340000－1842－0000500　R222.1/m1－5
補註黄帝内經素問二十四卷遺編一卷　(唐)王冰注　清刻本　十冊

340000－1842－0000501　R222.1/m1－7
補註黄帝内經素問二十四卷遺編一卷　(唐)王冰注　清光緒十年(1884)刻本　七冊

340000－1842－0000502　R222/m1
圖注八十一難經八卷　題(戰國)秦越人(扁鵲)撰　(明)張世賢注　清光緒五年(1879)掃葉山房刻本　二冊

340000－1842－0000503　R222/m1－2
圖注八十一難經辨真四卷　題(戰國)秦越人(扁鵲)撰　(明)張世賢注　清光緒十五年(1889)刻本　二冊

340000－1842－0000504　R222/m1－5
圖注難經八十一種二卷　題(戰國)秦越人(扁鵲)撰　(明)張世賢圖注　清刻本　一冊　存一卷(下)

340000－1842－0000505　R222/m1－7
圖注八十一難經辨真四卷　題(戰國)秦越人(扁鵲)撰　(明)張世賢注　清大文堂刻本　一冊

340000－1842－0000506　R222/m1－8
圖注八十一難經辨真四卷　題(戰國)秦越人(扁鵲)撰　(明)張世賢注　清刻本　四冊

340000－1842－0000507　R222/m3
難經經釋二卷　(清)徐大椿注　清刻本　一冊

340000－1842－0000508　R222/m3－1
難經經釋二卷　(清)徐大椿注　清同治吴江半松齋刻本　一冊

340000－1842－0000509　R222/m3－2
難經經釋二卷　(清)徐大椿注　清松風書屋刻本　一冊

340000－1842－0000510　R222/m3－3
難經經釋二卷　(清)徐大椿注　清經綸堂刻本　二冊

340000－1842－0000511　R222/m7
醫林改錯二卷　(清)王清任撰　清道光二十九年(1849)刻本　二冊

340000－1842－0000512　R222/m7－3
難經集註五卷　(宋)王惟一等編　清刻本　二冊　存二卷(二、四)

340000－1842－0000513　R224/m3
新刊補註銅人腧穴針灸圖經五卷　(宋)王惟一撰　清宣統元年(1909)貴池劉氏玉海堂影印本　二冊

340000－1842－0000514　R224/m3
新刊補註銅人腧穴針灸圖經五卷　(宋)王惟一撰　清宣統元年(1909)貴池劉氏玉海堂影印本　二冊

340000－1842－0000515　R224－64/m1/1
簡明中西匯參醫學圖説二卷　(清)王有忠撰　清光緒三十二年(1906)上海廣益書局石印本　四冊

340000－1842－0000516　R224－64/m1/2
簡明中西匯參醫學圖説二卷　(清)王有忠撰　清光緒三十二年(1906)上海廣益書局石印本　四冊

340000－1842－0000517　R224－64/m1/2
簡明中西匯參醫學圖説二卷　(清)王有忠撰　清光緒三十二年(1906)上海廣益書局石印本　四冊

340000－1842－0000518　R224－64/m1/4
簡明中西匯參醫學圖説二卷　(清)王有忠撰　清光緒三十二年(1906)上海廣益書局石印本　四冊

340000－1842－0000519　R24/m1
醫宗必讀十卷　(明)李中梓著　清善成堂刻本　五冊

340000－1842－0000520　R24/m104
壽世彙編五種十二卷　(清)祝韻梅編　清光緒十九年(1893)金陵楊氏刻本　一冊　存一種四卷(普濟應驗良方一至四)

340000－1842－0000521　R24/m1－2
詳校醫宗必讀十卷　(明)李中梓著　清蘇州緑蔭堂刻本　五冊　存八卷(一至八)

340000－1842－0000522　R24/m121
醫學五則五卷　(清)廖雲溪編　清光緒十五年(1889)宏道堂刻本　二冊

340000－1842－0000523　R24/m121－2/1
醫學五則五卷　(清)廖雲溪編　清光緒十三年(1887)刻本　五冊

340000－1842－0000524　R24/m121－2/2
醫學五則五卷　(清)廖雲溪編　清光緒十三年(1887)刻本　五冊

340000－1842－0000525　R24/m12－2
重刊巢氏諸病源候總論五十卷　(隋)巢元方等撰　清光緒十二年(1886)湖北官書處刻本　八冊

340000－1842－0000526　R24/m137
醫門補藥三卷附一卷　(清)趙濂撰　清光緒九年(1883)刻本　一冊　存一卷(上)

340000－1842－0000527　R24/m1－4
三益堂詳校醫宗必讀十卷　(明)李中梓撰　清嘉慶二十三年(1818)刻本　二冊

340000－1842－0000528　R24/m15
瑯嬛青囊要四卷　(清)陳太初編　清嘉慶九年(1804)抱蘭軒刻本　四冊

340000－1842－0000529　R24/m1－5
醫宗必讀十卷　(明)李中梓撰　清光緒三十三年(1907)崇實書局刻本　六冊

340000－1842－0000530　R24/m1－3
掃葉山房重校醫宗必讀十卷　(明)李中梓著　清光緒十四年(1888)掃葉山房刻本　五冊

340000－1842－0000531　R24/m1－7
詳校醫宗必讀十卷　(明)李中梓著　清光緒六年(1880)掃葉山房刻本　六冊

340000－1842－0000532　R24/m1－6/1
醫宗必讀五卷首一卷　(明)李忠梓著　清文秀堂刻本　五冊

340000－1842－0000533　R24/m1－6/2
醫宗必讀五卷首一卷　(明)李忠梓著　清文秀堂刻本　五冊

340000－1842－0000534　R24/m17－1/1
醫學編四卷　(清)曾懿著　清光緒三十三年(1907)刻本　二冊

340000－1842－0000535　R24/m17－1/2
醫學編四卷　(清)曾懿著　清光緒三十三年(1907)刻本　二冊

340000－1842－0000536　R24/m2
訂補明醫指掌十卷　(明)皇甫中撰　**診家樞要一卷**　(元)滑壽編　清石印本　五冊　存三卷(訂補明醫指掌三至五)

340000－1842－0000537　R24/m21
弄丸心法八卷　(清)楊鳳庭著　清宣統三年(1911)成都張興龍刻本　八冊

340000－1842－0000538　R24/m22/1
新鍥雲林神彀四卷　(明)龔延賢著　清道光二十七年(1847)聚奎堂刻本　四冊

340000－1842－0000539　R24/m22/2
引經證醫四卷　(清)程樑著　清光緒八年(1882)刻本　二冊

340000－1842－0000540　R24/m2－2
訂補明醫指掌十卷　(明)皇甫中撰　**診家樞要一卷**　(元)滑壽編　清宣統三年(1911)上海掃葉山房石印本　四冊

340000－1842－0000541　R24/m23－1
醫貫六卷　(明)趙獻可著　清同治五年(1866)文英堂刻本　一冊　存一卷(一)

340000－1842－0000542　R24/m2－4/1
訂補明醫指掌十卷　(明)皇甫中撰　**診家樞要一卷**　(元)滑壽編　清咸豐八年(1858)刻本　六冊

340000－1842－0000543　R24/m2－4/2
訂補明醫指掌十卷　(明)皇甫中撰　**診家樞要一卷**　(元)滑壽編　清咸豐八年(1858)維揚文富堂刻本　六冊

340000－1842－0000544　R24/m27
引經證醫四卷　(清)程櫟著　清光緒八年(1882)刻本　四冊

340000－1842－0000545　R24/m28
醫宗說約五卷首一卷　(清)古吳蔣撰　清刻本　一冊　存一卷(二)

340000－1842－0000546　R24/m28－5
醫宗說約五卷首一卷　(清)古吳蔣撰　清刻本　一冊

340000－1842－0000547　R24/m29－2
宋陳無擇三因司天方二卷圖說一卷　(宋)陳無擇(陳言)撰　(清)繆問釋　清嘉慶二年(1797)刻本　二冊

340000－1842－0000548　R24/m30/1
此事難知二卷　(金)李杲著　清江陰朱氏刻本　一冊

340000－1842－0000549　R24/m30/2
東垣先生此事難知集二卷　(金)李杲著　(明)吳勉學校　清刻本　一冊

340000－1842－0000550　R24/m31
證治理會十卷　(清)葉應昌撰　清抄本　八冊　存八卷(一、三至四、六至十)

340000－1842－0000551　R24/m32
醫學考辨十二卷　(清)羅紹芳撰　清咸豐五年(1855)方亭羅氏刻本　四冊

340000－1842－0000552　R24/m34
活人錄一卷　(清)雷真君撰　清刻本　一冊

340000－1842－0000553　R24/m36/1
新刊醫林狀元壽世保元十卷　(明)龔延賢編　清三槐堂刻本　十冊

340000－1842－0000554　R24/m36/2
新刊醫林狀元壽世保元十卷　(明)龔延賢編　清光緒三十一年(1905)掃葉山房刻本　十冊

340000－1842－0000555　R24/m36－3
新刊醫林狀元壽世保元十卷　(明)龔延賢編　清光緒十二年(1886)上洋江左書林刻本　十冊

340000－1842－0000556　R24/m36－4
新刊醫林狀元壽世保元十卷　(明)龔延賢編　清同治二年(1863)姑蘇裕文祥刻本　十冊

340000－1842－0000557　R24/m36－5
新刊醫林狀元壽世保元十卷　(明)龔延賢編　清刻本　五冊　存五卷(二、四、六至七、九)

340000－1842－0000558　R24/m37/1
醫效秘傳三卷　(清)葉桂述　(清)吳金壽校　清道光十一年(1831)刻本　一冊

340000－1842－0000559　R24/m37/2
醫效秘傳三卷　(清)葉桂述　(清)吳金壽校　清道光十一年(1831)刻本　一冊

340000－1842－0000560　R24/m37/3
醫效秘傳三卷　(清)葉桂述　(清)吳金壽校　清道光十一年(1831)刻本　一冊　存一卷(一)

340000－1842－0000561　R24/m37－2/1
醫效秘傳三卷　(清)葉桂述　(清)吳金壽校　清道光十一年(1831)刻本　三冊

340000－1842－0000562　R24/m37－2/2

醫效秘傳三卷 (清)葉桂述 (清)吳金壽校 清道光十一年(1831)刻本 三冊

340000－1842－0000563 R24/m37－3
醫效秘傳三卷 (清)葉桂述 **溫熱贅言一卷** (清)寄瓢子撰 清道光十一年(1831)刻本 二冊

340000－1842－0000564 R24/m37－5/1
醫效秘傳三卷 (清)葉桂述 (清)吳金壽校 清道光十一年(1831)刻本 三冊

340000－1842－0000565 R24/m37－5/2
醫效秘傳三卷 (清)葉桂述 (清)吳金壽校 清道光十一年(1831)刻本 三冊

340000－1842－0000566 R24/m38－1
類證治裁八卷首一卷附一卷 (清)林珮琴著 清光緒十年(1884)刻本 九冊

340000－1842－0000567 R24/m39
石室秘籙六卷 (清)陳士鐸撰 清三讓堂刻本 四冊

340000－1842－0000568 R24/m40
醫悟十二卷 (清)馬冠群述 清光緒十九年(1893)木活字印本 四冊

340000－1842－0000569 R24/m41
醫學集成四卷 (清)劉仕廉纂輯 清同治十二年(1873)醉吟山房刻本 四冊

340000－1842－0000570 R24/m4－1
醫林纂要探源十卷附錄一卷 (清)汪紱輯 清光緒二十三年(1897)江蘇書局刻本 十冊

340000－1842－0000571 R24/m42
醫師秘笈二卷 (清)李言恭撰 清嘉慶十七年(1812)刻本 二冊

340000－1842－0000572 R24/m42－2
醫師秘笈二卷 (清)李言恭撰 清光緒七年(1881)簡香齋刻本 二冊

340000－1842－0000573 R24/m43
洞垣全書脈訣闡徽十四卷 (清)陳士鐸述 清咸豐四年(1854)刻本 十二冊

340000－1842－0000574 R24/m43－3
約退齋辨癥錄二卷 (清)胡達繇輯 清抄本 一冊 存一卷(上)

340000－1842－0000575 R24/m43－5
臨証醫案傷寒辨證錄十三卷胎產秘書一卷 (清)陳士鐸著述 清光緒十年(1884)善成堂刻本 十二冊

340000－1842－0000576 R24/m46－2
蘭臺軌範八卷 (清)徐大椿著 清光緒四年(1878)刻本 一冊 存二卷(七至八)

340000－1842－0000577 R24/m49
醫書滙参輯成二十四卷 (清)蔡宗玉纂輯 清道光十九年(1839)刻本 十二冊

340000－1842－0000578 R24/m50
醫法圓通四卷 (清)鄭壽全輯 清光緒十七年(1891)宏道堂刻本 二冊

340000－1842－0000579 R24/m50－2
醫法圓通四卷 (清)鄭壽全輯 清光緒二十九年(1903)刻本 四冊

340000－1842－0000580 R24/m50－3/1
醫法圓通四卷 (清)鄭壽全輯 清同治十三年(1874)成都刻本 四冊

340000－1842－0000581 R24/m50－3/2
醫法圓通四卷 (清)鄭壽全輯 清同治十三年(1874)成都刻本 四冊

340000－1842－0000582 R24/m51
四聖心源十卷 (清)黃元御著 清咸豐十年(1860)長沙徐銘燮和精舍刻黃氏醫書八種本 二冊

340000－1842－0000583 R24/m51－1
四聖心源十卷 (清)黃元御著 清咸豐十年(1860)長沙徐銘燮和精舍刻黃氏醫書八種本 二冊

340000－1842－0000584 R24/m51－2
四聖心源不分卷 (清)黃元御著 清抄本 一冊

340000－1842－0000585 R24/m52

醫理真傳四卷 (清)鄭壽全著 清同治十三年(1874)成都刻本 四册

340000－1842－0000586 R24/m52－2/1
醫理真傳四卷 (清)鄭壽全著 清光緒二十九年(1903)七星會刻本 四册

340000－1842－0000587 R24/m52－2/2
醫理真傳四卷 (清)鄭壽全著 清光緒二十九年(1903)七星會刻本 四册

340000－1842－0000588 R24/m52－2/3
醫理真傳四卷 (清)鄭壽全著 清光緒二十九年(1903)七星會刻本 四册

340000－1842－0000589 R24/m55/1
醫略十三卷 (清)蔣寶素撰 清道光二十八年(1848)鎮江快志堂刻本 二册

340000－1842－0000590 R24/m55/2
醫略十三卷 (清)蔣寶素撰 清道光二十八年(1848)鎮江快志堂刻本 二册

340000－1842－0000591 R24/m55/3
醫略十三卷 (清)蔣寶素撰 清道光二十八年(1848)鎮江快志堂刻本 二册

340000－1842－0000592 R24/m56/1
醫綱提要八卷 (清)李宗源纂 清光緒二十三年(1897)李光明莊刻本 四册

340000－1842－0000593 R24/m56/2
醫綱提要八卷 (清)李宗源纂 清光緒二十三年(1897)李光明莊刻本 四册

340000－1842－0000594 R24/m57
醫家至寶不分卷 (□)□□撰 清抄本 一册

340000－1842－0000595 R24/m69－3
男科二卷經驗良方一卷十藥神農一卷 (清)傅山撰 清光緒三十年(1904)京師同人刻本 三册

340000－1842－0000596 R24/m79－1/1
扁鵲心書三卷神方一卷 (戰國)扁鵲撰 (宋)竇材集 清光緒七年(1881)上海王氏刻本 二册

340000－1842－0000597 R24/m79－1/2
扁鵲心書三卷神方一卷 (戰國)扁鵲撰 (宋)竇材集 清光緒七年(1881)上海王氏刻本 二册

340000－1842－0000598 R24/m9－3/1
儒門事親十五卷 (金)張從正著 清宣統二年(1910)上海千頃堂石印本 六册

340000－1842－0000599 R24/m9－3/2
儒門事親十五卷 (金)張從正著 清宣統二年(1910)上海千頃堂石印本 六册

340000－1842－0000600 R24/m9－4
儒門事親十五卷 (金)張從正著 清宣統二年(1910)寧波汲綆齋石印本 六册

340000－1842－0000601 R241.1/m1
脈因證治四卷 (元)朱震亨撰 清光緒十七年(1891)池陽周氏福慧雙修館刻周氏醫學叢書本 二册

340000－1842－0000602 R241.11/m1－4
叔和脈訣真本十卷 (晉)王叔和撰 清光緒十六年(1890)刻本 四册

340000－1842－0000603 R241.11/m2
脈訣秘錄不分卷 (□)□□撰 清抄本 一册

340000－1842－0000604 R241.12/m12
診家直訣二卷 (清)周學海撰 清光緒十七年至宣統三年(1891－1911)池陽周氏福慧雙修館刻周氏醫學叢書本 一册

340000－1842－0000605 R241.12/m5－3
瀕湖脈學一卷脈訣考證一卷奇經八脈考一卷 (明)李時珍撰 清光緒五年(1879)姑蘇掃葉山房刻本 二册

340000－1842－0000606 R241.12/m5－4
瀕湖脈學一卷脈訣考證一卷 (明)李時珍撰 清刻本 一册

340000－1842－0000607 R241.12/m7
三指禪三卷 (清)夢覺道人(周學霆)著 清道光十二年(1832)刻本 三册

340000－1842－0000608　R241.12/m7－2
三指禪三卷　(清)夢覺道人(周學霆)著　清道光三十年(1850)刻本　二册

340000－1842－0000609　R241.12/m7－3
三指禪三卷　(清)夢覺道人(周學霆)著　清光緒二十一年(1895)澹雅書局刻本　二册

340000－1842－0000610　R241.12/m8－1
石頑老人診宗三味一卷　(清)張璐撰　清刻本　一册

340000－1842－0000611　R241.12/m8－3
石頑老人診宗三味一卷　(清)張璐撰　清光緒二十年(1894)上海圖書集成印書局鉛印張氏醫書七種本　一册

340000－1842－0000612　R241.12/m11/1
脈簡補義二卷　(清)周學海著　清光緒十七年至宣統三年(1891－1911)池陽周氏福慧雙修館刻周氏醫學叢書本　二册

340000－1842－0000613　R241.12/m11/2
脈簡補義二卷　(清)周學海著　清光緒十七年至宣統三年(1891－1911)池陽周氏福慧雙修館刻周氏醫學叢書本　二册

340000－1842－0000614　R241.13/3－1/1
圖注脈訣辨真四卷　(晉)王叔和撰　清掃葉山房刻本　二册

340000－1842－0000615　R241.13/3－1/2
圖注脈訣辨真四卷　(晉)王叔和撰　清掃葉山房刻本　二册

340000－1842－0000616　R241.13/m11
脈訣考證一卷　(明)李時珍撰　清刻本　一册

340000－1842－0000617　R241.13/m12
脈訣刊誤集解二卷　(元)戴起宗撰　(明)汪機補　清石印本　一册　存一卷(下)

340000－1842－0000618　R241.13/m13
脈訣匯纂二卷　(清)屠道和纂　清書業堂刻本　一册

340000－1842－0000619　R241.13/m6
脈訣刊誤集解二卷附錄一卷　(元)戴起宗撰　(明)汪機補　清光緒二十年(1894)上海圖書集成印書局鉛印本　二册

340000－1842－0000620　R241.13/m6－2
脈訣刊誤集解二卷附錄一卷　(元)戴起宗撰　(明)汪機補　清光緒十七年(1891)池陽周學海刻本　一册

340000－1842－0000621　R241.13/m6－2
脈訣刊誤集解二卷附錄一卷　(元)戴起宗撰　(明)汪機補　清光緒十七年(1891)池陽周學海刻本　一册

340000－1842－0000622　R241.13/m6－3
脈訣刊誤集解二卷附錄一卷　(元)戴起宗撰　(明)汪機補　清光緒二十二年(1896)勵志齋刻本　二册

340000－1842－0000623　R241.13/m7
圖注脈訣辨真四卷　(晉)王叔和撰　(明)張世賢注　清刻本　二册

340000－1842－0000624　R241.2/m3
四診約言不分卷　(□)□□撰　清抄本　一册

340000－1842－0000625　R241/m4
醫家四要四卷　(清)程曦等撰　清光緒無錫日升山房刻本　四册

340000－1842－0000626　R242.1/m43－1
便易經驗集一卷　(清)毛世洪輯　清光緒二十年(1894)刻本　一册

340000－1842－0000627　R242.1/m43－2
養生經驗合集四卷　(清)毛世洪輯　清咸豐元年(1851)刻本　一册

340000－1842－0000628　R242.1/m43－3
養生經驗合集四卷　(清)毛世洪輯　清道光二年(1822)刻本　一册

340000－1842－0000629　R244.1/m1
推拿廣益三卷　(清)熊應雄輯　清石印本　二册

340000－1842－0000630　R244.1/m1－2/1

推拿廣益三卷 (清)熊應雄輯 清澹雅居刻本 二册

340000－1842－0000631 R244.1/m1－3
推拿廣益三卷 (清)熊應雄輯 清刻本 一册

340000－1842－0000632 R244.1/m5
兒科推拿驚法不分卷 (□)□□撰 清抄本 一册

340000－1842－0000633 R244.9/m1/1
理論駢文不分卷 (清)吳師機撰 清光緒七年(1881)刻本 四册

340000－1842－0000634 R244.9/m1/2
理論駢文不分卷 (清)吳師機撰 清光緒七年(1881)刻本 四册

340000－1842－0000635 R244.9/m1－1/1
理論駢文不分卷 (清)吳師機撰 清同治三年(1864)刻本 二册

340000－1842－0000636 R244.9/m1－1/2
理論駢文不分卷 (清)吳師機撰 清同治三年(1864)刻本 四册

340000－1842－0000637 R244.9/m2/1
理論駢文二十一種膏藥一卷應驗諸方一卷 (清)吳師機撰 清光緒元年(1875)江蘇書局刻本 二册

340000－1842－0000638 R244.9/m2/2
理論駢文二十一種膏藥一卷應驗諸方一卷 (清)吳師機撰 清光緒元年(1875)江蘇書局刻本 二册

340000－1842－0000639 R244.9/m2－1
理論駢文二十一種膏藥一卷應驗諸方一卷 (清)吳師機撰 清光緒三年(1877)吳縣潘敏德堂刻本 二册

340000－1842－0000640 R244/m1
二十一膏良方不分卷 (清)吳師機撰 清同治九年(1870)刻本 一册

340000－1842－0000641 R244.1/m1－2/2
推拿廣意三卷 (明)熊應雄輯 清刻本 二册

340000－1842－0000642 R245.5/m1
經驗痢疾良方一卷 (清)倪涵初撰 清光緒二十年(1894)黟山程樂生刻本 一册

340000－1842－0000643 R245/m10
太乙神鍼方一卷 (清)范毓裿編 清光緒四年(1878)洞庭小補軒刻本 一册

340000－1842－0000644 R245/m10－1
太乙神鍼方一卷 (清)范毓裿編 清光緒四年(1878)南陽氏刻本 一册

340000－1842－0000645 R245/m13
針灸擇日編集一卷 (明)全循義 (明)金義孫編 **備急灸法一卷** 題(宋)聞人耆年撰 清光緒十七年(1891)江寧藩署刻本 二册

340000－1842－0000646 R245/m13－1
針灸擇日編集一卷 (明)全循義 (明)金義孫編 **備急灸法一卷** 題(宋)聞人耆年撰 清光緒十七年(1891)江寧藩署刻本 二册

340000－1842－0000647 R245/m2－1
針灸大成十卷 (明)楊濟時撰 清刻本 十册

340000－1842－0000648 R245/m2－2
針灸大成十卷 (明)楊濟時撰 清光緒二十二年(1896)上海文瑞樓石印本 四册

340000－1842－0000649 R245/m2－6
針灸大成十卷 (明)楊濟時撰 清道光十三年(1833)崇德書院刻本 十册

340000－1842－0000650 R245/m2－9
針灸大成十卷 (明)楊濟時撰 清宣統元年(1909)京都榮祿堂刻本 十册

340000－1842－0000651 R245/m9－1
針灸甲乙經十二卷 (晉)皇甫謐撰 清刻本 一册

340000－1842－0000652 R245/m9－2
針灸甲乙經十二卷 (晉)皇甫謐撰 清光緒十一年(1885)四明存存軒刻本 四册

340000－1842－0000653　R245/m9－3
針灸甲乙經十二卷　(晉)皇甫謐撰　清光緒十三年(1887)刻本　三冊

340000－1842－0000654　R245/m9－5
針灸甲乙經十二卷　(晉)皇甫謐撰　清光緒十一年(1885)刻本　一冊　存二卷(一至二)

340000－1842－0000655　R24－51/m3－4
醫門法律六卷　(清)喻昌撰　清經綸堂刻本　六冊

340000－1842－0000656　R246.2/m1
外治壽世方初編四卷　(清)鄒存淦輯　清光緒三年(1877)杭州勤藝堂刻本　二冊

340000－1842－0000657　R246.2/m1
外治壽世方初編四卷　(清)鄒存淦輯　清光緒三年(1877)杭州勤藝堂刻本　二冊

340000－1842－0000658　R247.2/m1
人壽金鑒二十二卷　(清)程得齡撰　清嘉慶二十五年(1820)刻本　十冊

340000－1842－0000659　R247.4/m6
中外衛生要旨二卷　(清)鄭官應編　清鉛印本　一冊　存一卷(二)

340000－1842－0000660　R247.4/m7
元和篇十二卷附錄一卷　(清)因覺生編　清光緒二十六年(1900)鉛印本　二冊

340000－1842－0000661　R247.4/m9
衛生雜錄一卷　題(清)澹然居士審定　清光緒九年(1883)新安余氏刻本　一冊

340000－1842－0000662　R249.1/m1/1
三家醫案合刻三卷　(清)吳金壽輯　清光緒三十三年(1907)石印本　一冊

340000－1842－0000663　R249.1/m1/2
三家醫案合刻三卷　(清)吳金壽輯　**醫效秘傳三卷**　(清)葉桂撰　**溫熱贅言一卷**　(清)寄瓢子撰　清道光八年(1828)刻本　四冊

340000－1842－0000664　R249.1/m1/3
三家醫案合刻三卷　(清)吳金壽輯　清光緒三十三年(1907)石印本　一冊

340000－1842－0000665　R249.1/m1－2/1
三家醫案合刻三卷　(清)吳金壽輯　清光緒十二年(1886)刻本　二冊

340000－1842－0000666　R249.1/m1－2/2
三家醫案合刻三卷　(清)吳金壽輯　清光緒三十三年(1907)石印本　一冊

340000－1842－0000667　R249.1/m1－3
三家醫案合刻三卷　(清)吳金壽輯　**醫效秘傳三卷**　(清)葉桂撰　**溫熱贅言一卷**　(清)寄瓢子撰　清道光十二年(1832)刻本　六冊

340000－1842－0000668　R249.1/m1－5
三家醫案合刻三卷　(清)吳金壽輯　**醫效秘傳三卷**　(清)葉桂撰　**溫熱贅言一卷**　(清)寄瓢子撰　清光緒三十三年(1907)上洋江左書局石印本　一冊

340000－1842－0000669　R249.1/m1－6
三家醫案合刻三卷　(清)吳金壽輯　清光緒二十五年(1899)上海書局石印本　一冊

340000－1842－0000670　R249.1/m3
古今醫案按十卷　(清)余震輯　清宣統元年(1909)上海會文堂書局石印本　十冊

340000－1842－0000671　R249.1/m3
古今醫案按十卷　(清)余震輯　清宣統元年(1909)上海會文堂書局石印本　十冊

340000－1842－0000672　R249.1/m3
古今醫案按十卷　(清)余震輯　清光緒九年(1883)吳江李氏刻本　十冊　存二卷(一、三)

340000－1842－0000673　R249.1/m3－2
古今醫案按十卷　(清)余震輯　清光緒九年(1883)吳江李氏刻本　十冊

340000－1842－0000674　R249.1/m5－2
名醫類案十二卷　(明)江瓘撰　清同治十年(1871)藏修堂刻本　十二冊

340000－1842－0000675　R249.1/m7
柳選四家醫案八卷　(清)柳寶詒編　清光緒三十年(1904)惜餘小舍刻本　六冊

340000－1842－0000676　R249.1/m7－2
柳選四家醫案八卷　(清)柳寶詒編　清光緒三十年(1904)刻本　三冊　存六卷(評選靜香樓醫案二卷、評選愛廬醫案一卷、評選環溪草堂醫案三卷)

340000－1842－0000677　R249.2/m2/1
醫案一卷　(□)□□撰　清抄本　一冊

340000－1842－0000678　R249.2/m2/2
醫案一卷　(□)□□撰　清抄本　一冊

340000－1842－0000679　R249.2/m3/1
絳雪園古方選註一卷　(清)王子接註　清刻本　一冊

340000－1842－0000680　R249.2/m3/2
絳雪園古方選註一卷　(清)王子接註　清刻本　一冊

340000－1842－0000681　R249.48/m2－3
薛氏醫案二十四種一百七卷　(明)薛己撰　清上海煥文書局石印本　二十四冊

340000－1842－0000682　R249.49/m10/1
四聖懸樞五卷　(清)黄元御撰　清咸豐十年(1860)長沙徐氏燮和精舍刻本　一冊

340000－1842－0000683　R249.49/m10/2
四聖懸樞五卷　(清)黄元御撰　清咸豐十年(1860)長沙徐氏燮和精舍刻本　一冊

340000－1842－0000684　R249.49/m10/3
四聖懸樞五卷　(清)黄元御撰　清咸豐十年(1860)長沙徐氏燮和精舍刻本　一冊

340000－1842－0000685　R249.49/m1－1
臨證指南醫案十卷　(清)葉桂撰　清光緒十八年(1892)上海圖書集成印書局鉛印本　十二冊

340000－1842－0000686　R249.49/m12
齊氏醫案六卷　(清)齊秉慧撰　清道光十三年(1833)刻本　六冊

340000－1842－0000687　R249.49/m12－2
齊氏醫案六卷　(清)齊秉慧撰　清宏道堂刻本　六冊

340000－1842－0000688　R249.49/m1－3
種福堂公選濕熱論醫案四卷　(清)葉桂撰　清刻本　二冊　存一卷(三)

340000－1842－0000689　R249.49/m1－7
臨證指南醫案十卷　(清)葉桂撰　清同治三年(1864)刻本　十二冊

340000－1842－0000690　R249.49/m19/1
存存齋醫話稿二卷　(清)趙彦暉撰　清光緒七年(1881)刻本　一冊

340000－1842－0000691　R249.49/m19/1
存存齋醫話稿二卷　(清)趙彦暉撰　清光緒七年(1881)刻本　一冊

340000－1842－0000692　R249.49/m19/3
存存齋醫話稿二卷　(清)趙彦暉撰　清光緒七年(1881)刻本　一冊

340000－1842－0000693　R249.49/m23－2
生生子醫案五卷　(明)孫一奎撰　清刻本　四冊

340000－1842－0000694　R249.49/m3
種福堂公選溫熱論醫案四卷　(清)葉桂撰　清萬友喜齋刻本　二冊

340000－1842－0000695　R249.49/m30－5
王氏醫案二卷續編八卷　(清)王士雄撰　清光緒二十二年(1896)上海圖書集成印書局鉛印本　二冊　存八卷(續編八卷)

340000－1842－0000696　R249.49/m30－6
回春錄二卷　(清)王士雄撰　清道光二十三年(1843)刻本　一冊

340000－1842－0000697　R249.49/m38
蘭臺軌範八卷　(清)徐靈胎(徐大椿)著　清光緒十五年(1889)江左書林槐廬主人刻本　三冊

340000－1842－0000698　R249.49/m42/1
徐批葉天士先生方案真本二卷　(清)葉桂撰　(清)徐大椿評　清光緒十五年(1889)蘇城六潤齋刻本　一冊

340000－1842－0000699　R249.49/m42/2

徐批葉天士先生方案真本二卷　(清)葉桂撰　(清)徐大椿評　清光緒十五年(1889)蘇城六潤齋刻本　二册

340000－1842－0000700　R249.49/m42/3
徐批葉天士先生方案真本二卷　(清)葉桂撰　(清)徐大椿評　清光緒十五年(1889)蘇城六潤齋刻本　一册

340000－1842－0000701　R249.49/m4－2/1
寓意草一卷　(清)喻昌撰　清三讓堂刻本　二册

340000－1842－0000702　R249.49/m4－2/2
寓意草一卷　(清)喻昌撰　清三讓堂刻本　二册

340000－1842－0000703　R249.49/m45
評點葉案存真類編二卷　(清)葉桂撰　清光緒十九年(1893)刻本　二册

340000－1842－0000704　R249.49/m6－1
問齋醫案五卷　(清)蔣寶素撰　清道光三十年(1850)鎮江蔣氏快志堂刻本　二册　存二卷(一至二)

340000－1842－0000705　R249/m20
三世醫驗四卷　(明)陸岳　(明)陸桂　(明)陸士龍撰　清刻本　一册　存二卷(三至四)

340000－1842－0000706　R25/m15
三消論一卷　(金)劉完素撰　(清)周學海注　清刻本　一册

340000－1842－0000707　R25/m3
證治匯補八卷　(清)李用粹撰　清光緒九年(1883)刻本　八册

340000－1842－0000708　R25/m3－2/1
證治匯補八卷　(清)李用粹撰　清光緒十八年(1892)簡玉山房刻本　六册

340000－1842－0000709　R25/m3－2/2
證治匯補八卷　(清)李用粹撰　清光緒十八年(1892)簡玉山房刻本　八册

340000－1842－0000710　R25/m4
内科新説二卷　(英國)合信　(清)管茂林撰　清咸豐八年(1858)江蘇上海仁濟醫館刻本　一册

340000－1842－0000711　R25/m5
内科摘要二卷　(明)薛已撰　清抄本　一册

340000－1842－0000712　R25/m7
内科理法前編六卷内科理法後編十卷附一卷　(英國)虎伯撰　(清)舒高第□譯　(清)趙元益筆　清光緒江南製造總局刻本　十二册

340000－1842－0000713　R25/m7－2
内科理法前編六卷内科理法後編十卷附一卷　(英國)虎伯撰　(清)舒高第□譯　(清)趙元益筆　清光緒江南製造總局刻本　十二册

340000－1842－0000714　R25/m8
西醫内科全書六卷　(英國)嘉氏士著　(清)孔慶高譯　清刻本　三册

340000－1842－0000715　R251.3/m6
食貨書不分卷　(□)□□撰　清同治刻本　一册

340000－1842－0000716　R251.7/m2－1
金匱歌括三卷　(清)陳元犀編　清崇英堂刻本　三册

340000－1842－0000717　R2－51/m11
醫學源流論二卷　(清)徐大椿撰　清同治十二年(1873)湖北崇文書局刻本　二册

340000－1842－0000718　R2－51/m1－10
徐氏醫書八種十八卷　(清)徐大椿撰　清光緒四年(1878)掃葉山房刻本　十三册

340000－1842－0000719　R2－51/m1－2
徐氏醫書六種十六卷　(清)徐大椿撰　清同治十二年(1873)湖北崇文書局刻本　十册

340000－1842－0000720　R2－51/m1－3
徐氏醫書八種十八卷　(清)徐大椿撰　清光緒十九年(1893)上海圖書集成印書局鉛印本　八册

340000－1842－0000721　R2－51/m1－5
徐靈胎醫學全書前集八種十八卷後集八種十三卷　(清)徐大椿撰　清光緒三十三年(1907)上海六藝書局石印本　十二册

340000－1842－0000722　R2－51/m1－6/1
徐氏醫書十三種三十五卷　(清)徐大椿撰　清光緒二十二年(1896)鉛印本　八册

340000－1842－0000723　R2－51/m1－6/2
徐氏醫書十三種三十五卷　(清)徐大椿撰　清光緒十九年(1893)上海集成書局石印本　八册

340000－1842－0000724　R2－51/m16－2
欽定古今圖書集成醫部全錄五百二十卷　(清)蔣廷錫等撰　清光緒二十三年(1897)影印本　六十册

340000－1842－0000725　R2－51/m1－7
徐靈胎醫學全書前集八種十八卷後集八種十三卷　(清)徐大椿撰　清光緒三十三年(1907)上海章福記書局石印本　十六册

340000－1842－0000726　R2－51/m1－7
徐靈胎醫學全書前集八種十八卷後集八種十三卷　(清)徐大椿撰　清光緒三十三年(1907)上海章福記書局石印本　十六册

340000－1842－0000727　R2－51/m18－1
陳修園醫書三十二種一百七卷　(清)陳念祖著　清宣統元年(1909)善成堂刻本　十册　存五種二十二卷(醫學從眾錄八卷、金匱方歌括六卷、時方歌括二卷、時方妙用四卷、金匱要畧淺注九至十)

340000－1842－0000728　R2－51/m18－11
南雅堂醫書全集三十一種一百八卷　(清)陳念祖著　清光緒三十二年(1906)上海經香閣莊石印本　十九册

340000－1842－0000729　R2－51/m18－12
南雅堂醫書全集十六種九十一卷　(清)陳念祖著　清光緒三年(1877)漁古山房刻本　三十二册

340000－1842－0000730　R2－51/m18－3
南雅堂醫書全集十六種九十一卷　(清)陳念祖著　清同治四年(1865)文奎堂刻本　四十册

340000－1842－0000731　R2－51/m18－4/1
陳修園醫書七十種一百二十七卷　(清)陳念祖著　清光緒三十四年(1908)上海張福記石印本　二十六册

340000－1842－0000732　R2－51/m18－4/2
陳修園醫書七十種一百二十七卷　(清)陳念祖著　清光緒三十四年(1908)上海張福記石印本　二十五册

340000－1842－0000733　R2－51/m18－6
陳修園公餘六種二十二卷　(清)陳念祖著　清善成堂刻本　十二册

340000－1842－0000734　R2－51/m18－9
南雅堂醫書全集十六種九十一卷　(清)陳念祖著　清光緒十八年(1892)上海圖書集成印書局鉛印本　二十册

340000－1842－0000735　R2－51/m1－9
徐氏醫書十三種三十五卷　(清)徐大椿撰　清光緒十九年(1893)上海集成書局石印本　十一册　缺四種四卷(道德經一卷、洄溪道情一卷、陰符經一卷、樂府傳聲一卷)

340000－1842－0000736　R2－51/m22－2
醫門棒喝初集四卷　(清)章楠著　清宣統元年(1909)蠡城三友齋石印本　四册

340000－1842－0000737　R2－51/m25
馮氏錦囊秘録雜症痘疹藥性主治合參十二卷首一卷　(清)馮兆張撰　清刻本　二册

340000－1842－0000738　R2－51/m25－2
馮氏錦囊秘録雜癥大小合參二十卷首二卷痘疹藥性主治合參十二卷首一卷痘疹全集十五卷　(清)馮兆張撰　清嘉慶二十三年(1818)大文堂刻本　二十四册

340000－1842－0000739　R2－51/m27
衛生寶鑒二十五卷補遺一卷　(元)羅天益撰

清道光二十六年(1846)三元李錫齡刻本　八册　缺一卷(補遺一卷)

340000－1842－0000740　R2－51/m28/1
醫宗已任編八卷　(清)高鼓峰　(清)楊乘六輯　清光緒十七年(1891)刻本　四册

340000－1842－0000741　R2－51/m28/2
醫宗已任編八卷　(清)高鼓峰　(清)楊乘六輯　清光緒十七年(1891)刻本　四册

340000－1842－0000742　R2－51/m29
豫醫雙壁二種三十五卷　(清)吳重熹輯　清宣統元年(1909)海豐吳氏梁園節署鉛印本　八册

340000－1842－0000743　R2－51/m30
當歸草堂醫學叢書初編十種四十卷　(清)丁丙輯　清光緒四年(1878)錢塘丁氏當歸草堂刻本　十册

340000－1842－0000744　R2－51/m32
壽氏編不分卷　(□)□□撰　清光緒十七年(1891)羅溪聚芳齋刻本　一册

340000－1842－0000745　R2－51/m33
張氏醫參七種十二卷　(清)張節撰　清刻本　三册

340000－1842－0000746　R2－51/m3－3
張氏醫通十六卷傷寒纘論二卷傷寒緒論二卷石頑老人診宗三昧一卷本經逢原四卷　(清)張璐撰　**傷寒兼證析義一卷**　(清)張倬撰　**傷寒舌鑑一卷**　(清)張登輯　清光緒二十年(1894)上海圖書集成印書局鉛印本　十册

340000－1842－0000747　R2－51/m35
醫林指月十二種二十三卷　(清)王琦輯　清光緒二十二年(1896)上海圖書集成印書局鉛印本　八册

340000－1842－0000748　R2－51/m36/1
沈氏尊生書五種七十二卷　(清)沈金鰲輯　清同治十三年(1874)湖北崇文書局刻本　十六册

340000－1842－0000749　R2－51/m36/2
沈氏尊生書五種七十二卷　(清)沈金鰲輯　清同治十三年(1874)湖北崇文書局刻本　十六册

340000－1842－0000750　R2－51/m36/3
沈氏尊生書五種七十二卷　(清)沈金鰲輯　清同治十三年(1874)湖北崇文書局刻本　十六册

340000－1842－0000751　R2－51/m36－2
沈氏尊生書五種七十二卷　(清)沈金鰲輯　清宣統元年(1909)石印本　十六册

340000－1842－0000752　R2－51/m36－3/1
沈氏尊生書五種七十二卷　(清)沈金鰲輯　清宣統元年(1909)石印本　二十册

340000－1842－0000753　R2－51/m36－3/2
沈氏尊生書五種七十二卷　(清)沈金鰲輯　清光緒二十一年(1895)上海圖書集成印書局鉛印本　十六册

340000－1842－0000754　R2－51/m37
周氏醫學叢書三十二種　(清)周學海輯　清光緒十七年至宣統三年(1891－1911)池陽周氏福慧雙修館刻本　七十二册

340000－1842－0000755　R2－51/m39－2/1
東垣十書二十二卷　(金)李杲等撰　清文奎堂刻本　十册　存七種十一卷(脈訣一卷、局方發揮一卷、脾胃三卷、格致餘論一卷、蘭室秘藏三卷、醫壘元戎一卷、瘢論萃英一卷)

340000－1842－0000756　R2－51/m39－2/2
東垣十書二十二卷　(金)李杲等撰　清文奎堂刻本　十四册

340000－1842－0000757　R2－51/m39－2/3
東垣十書二十二卷　(金)李杲等撰　清文奎堂刻本　一册　存二種二卷(脈訣一卷、局方發揮一卷)

340000－1842－0000758　R2－51/m39－2/4
東垣十書二十二卷　(金)李杲等撰　明新安吳勉學校文奎堂刻本　十六册

340000－1842－0000759　R2－51/m39－5/1

東垣十書二十二卷　(金)李杲等撰　清光緒上海文盛書局石印本　一冊　存四卷(格致餘論一卷、局方發揮一卷、外科精義二卷)

340000－1842－0000760　R2－51/m39－5/2
東垣十書二十二卷　(金)李杲等撰　清光緒上海文盛書局石印本　六冊

340000－1842－0000761　R2－51/m40
赤水玄珠二十五卷　(明)孫一奎撰　清抄本　十冊

340000－1842－0000762　R2－51/m4－2/1
世補齋醫書前集六種三十三卷　(清)陸懋修撰　清光緒十年(1884)刻十二年(1886)山左書局印本　八冊

340000－1842－0000763　R2－51/m4－2/2
世補齋醫書後集四種二十五卷　(清)陸懋修撰　清宣統二年(1910)陸潤庠刻本　十冊

340000－1842－0000764　R2－51/m43
中西醫學群書國粹部第一集十種十七卷　(清)陳俠君編　清光緒三十三年(1907)南洋醫學社刻本　十二冊

340000－1842－0000765　R2－51/m46
述古齋醫書三種六卷　(清)張振鋆編　清光緒二十年(1894)蘭州臬署刻本　六冊

340000－1842－0000766　R2－51/m47
丹溪心法二十四卷首一卷　(明)方廣編　清宣統元年(1909)上海文瑞樓石印本　六冊

340000－1842－0000767　R2－51/m47－3
丹溪附餘□□種□□卷　(元)朱震亨撰　清二酉堂刻本　十二冊　存七種二十七卷(丹溪先生心法五卷、脈訣指掌一卷、證治要訣類方四卷、秘傳證治要訣十二卷、丹溪先生金匱鉤玄三卷、醫學發明一卷、活法機要一卷)

340000－1842－0000768　R2－51/m57
壽世彙編五種十二卷　(清)祝韻梅撰　清刻本　一冊　存八卷(增輯普濟應驗良方五至八、達生編一卷、福幼編一卷、遂生編一卷、時疫白喉捷要一卷)

340000－1842－0000769　R2－51/m6
醫學金針八卷　(清)陳念祖撰　(清)潘霨增輯　清刻本　三冊　存四卷(三至六)

340000－1842－0000770　R2－51/m60
喻氏醫書三種三十四卷　(清)喻昌撰　清光緒上海掃葉山房石印本　六冊

340000－1842－0000771　R2－51/m7－4/1
士材三書四種九卷　(明)李中梓撰　(清)尤乘增輯　清光緒十三年(1887)上海江左書林刻本　六冊

340000－1842－0000772　R2－51/m7－4/2
士材三書四種九卷　(明)李中梓撰　(清)尤乘增輯　清三餘堂刻本　四冊　存一卷(上)

340000－1842－0000773　R2－51/m7－5
士材三書四種九卷　(明)李中梓撰　(清)尤乘增輯　清光緒三十一年(1905)善成堂刻本　六冊

340000－1842－0000774　R2－51/m8
徐靈胎醫略六書三十五卷　(清)徐大椿撰　清光緒二十九年(1903)上海趙翰香居鉛印本　十八冊

340000－1842－0000775　R252.2/m15
傷寒辯證集解八卷　(清)黄鈺編　清光緒六年(1880)璧邑朱子榮刻本　七冊

340000－1842－0000776　R252.2/m16
醫學五則五卷　(清)廖雲溪編　清光緒十五年(1889)宏道堂刻本　五冊

340000－1842－0000777　R252.2/m18
傷寒論六卷　(清)張志聰注　(清)高世栻纂輯　清刻本　六冊

340000－1842－0000778　R252.2/m18－2
傷寒論六卷　(清)張志聰注　(清)高世栻纂輯　清刻本　六冊

340000－1842－0000779　R252.2/m18－5
傷寒論集註四卷　(清)熊壽試編　清同治三年(1864)刻本　四冊

340000－1842－0000780　R252.2/m18－6

傷寒論六卷 （清）張志聰注 （清）高世栻纂輯 清光緒二十五年（1899）石印本 四册

340000－1842－0000781 R252.2/m18－7
傷寒論六卷 （清）張志聰注 （清）高世栻纂輯 清石印本 四册

340000－1842－0000782 R252.2/m20－2/1
注解傷寒論十卷 （漢）張仲景（張機）述 （晉）王叔和撰次 （金）成無己注解 **傷寒明理論四卷** （金）成無己撰 清同治九年（1870）常郡雙白燕堂陸氏刻本 六册

340000－1842－0000783 R252.2/m20－2/2
注解傷寒論十卷 （漢）張仲景（張機）述 （晉）王叔和撰次 （金）成無己注解 **傷寒明理論四卷** （金）成無己撰 清同治九年（1870）常郡雙白燕堂陸氏刻本 四册

340000－1842－0000784 R252.2/m20－2/3
注解傷寒論十卷 （漢）張仲景（張機）述 （晉）王叔和撰次 （金）成無己注解 **傷寒明理論四卷** （金）成無己撰 清同治九年（1870）常郡雙白燕堂陸氏刻本 四册

340000－1842－0000785 R252.2/m20－4
注解傷寒論十卷 （漢）張仲景（張機）述 （晉）王叔和撰次 （金）成無己注解 **傷寒明理論四卷** （金）成無己撰 清光緒二十二年（1896）湖南書局刻本 六册

340000－1842－0000786 R252.2/m20－9
注解傷寒論十卷 （漢）張仲景（張機）述 （晉）王叔和撰次 （金）成無己注解 **傷寒明理論四卷** （金）成無己撰 清光緒六年（1880）掃葉山房刻本 四册

340000－1842－0000787 R252.2/m21/1
張仲景傷寒論原文淺註六卷 （清）陳念祖集注 清光緒十五年（1889）江左書林刻本 六册

340000－1842－0000788 R252.2/m21/2
張仲景傷寒論原文淺註六卷 （清）陳念祖集注 清光緒十五年（1889）江左書林刻本 五册

340000－1842－0000789 R252.2/m24
傷寒懸解十四卷首一卷末一卷 （清）黄元御著 清長沙徐氏變和精舍刻本 三册

340000－1842－0000790 R252.2/m24－2
傷寒懸解十四卷首一卷末一卷 （清）黄元御著 清同治元年（1862）望雲草廬刻本 四册

340000－1842－0000791 R252.2/m24－3
傷寒懸解十四卷首一卷末一卷 （清）黄元御著 清咸豐十年（1860）長沙徐氏燮龢精舍刻本 四册

340000－1842－0000792 R252.2/m25
傷寒正解四卷 （清）戴燿墀編著 清同治十年（1871）刻本 四册

340000－1842－0000793 R252.2/m27
傷寒說意十卷首一卷 （清）黄元御著 清長沙徐氏變和精舍刻本 一册

340000－1842－0000794 R252.2/m27－2/1
傷寒說意十卷首一卷 （清）黄元御著 清咸豐十年（1860）長沙徐氏燮龢精舍刻本 一册

340000－1842－0000795 R252.2/m27－2/2
傷寒說意十卷首一卷 （清）黄元御著 清咸豐十年（1860）長沙徐氏燮龢精舍刻本 一册

340000－1842－0000796 R252.2/m29－2
張仲景傷寒論貫珠集八卷 （清）尤怡注 清蘇州綠潤堂刻本 四册

340000－1842－0000797 R252.2/m30－3
尚論篇四卷首一卷後篇四卷 （清）喻昌撰 清光緒三十三年（1907）上海簡青書局石印本 二册

340000－1842－0000798 R252.2/m30－6/1
尚論張仲景傷寒論重編三百九十七法二卷首一卷後四卷 （清）喻昌撰 清竹秀山房刻本 二册 存三卷（尚論張仲景傷寒論重編三百九十七法上、後三至四）

340000－1842－0000799 R252.2/m30－6/2
尚論張仲景傷寒論重編三百九十七法二卷首一卷後四卷 （清）喻昌撰 清竹秀山房刻本

一冊　存二卷(後一至二)

340000－1842－0000800　R252.2/m30－6/3
尚論張仲景傷寒論重編三百九十七法二卷首一卷後四卷　(清)喻昌撰　清竹秀山房刻本　三冊

340000－1842－0000801　R252.2/m30－7
尚論張仲景傷寒論重編三百九十七法二卷首一卷後四卷　(清)喻昌撰　清同文堂刻本　四冊

340000－1842－0000802　R252.2/m31
傷寒論直解六卷　(清)張錫駒注解　清光緒十一年(1885)福州醉經閣刻本　六冊

340000－1842－0000803　R252.2/m32
注解傷寒論十卷　(漢)張仲景(張機)述　(晉)王叔和撰次　(金)成無己注解　**傷寒明理論四卷**　(金)成無己撰　清同治九年(1870)常郡雙白燕堂陸氏刻本　四冊

340000－1842－0000804　R252.2/m36
傷寒論三注十八卷　(清)周揚俊編　(清)劉宏壁删補　清刻本　十冊

340000－1842－0000805　R252.2/m36－3
傷寒論三注十六卷　(清)周揚俊編　(清)劉宏壁删補　清光緒十三年(1887)味經堂刻本　七冊

340000－1842－0000806　R252.2/m37
訂正仲景傷寒論釋義不分卷　(清)李纘文注　清宣統元年(1909)上海文瑞樓刻本　六冊

340000－1842－0000807　R252.2/m42/1
傷寒論淺注補正七卷首一卷　(漢)張仲景(張機)撰　(清)陳念祖注　(清)唐宗海補正　清光緒三十四年(1908)上海千頃堂書局石印本　四冊

340000－1842－0000808　R252.2/m42/2
傷寒論淺注補正七卷首一卷　(漢)張仲景(張機)撰　(清)陳念祖注　(清)唐宗海補正　清光緒三十四年(1908)上海千頃堂書局石印本　四冊

340000－1842－0000809　R252.2/m42/3
傷寒論淺注補正七卷首一卷　(漢)張仲景(張機)撰　(清)陳念祖注　(清)唐宗海補正　清光緒三十四年(1908)上海千頃堂書局石印本　四冊

340000－1842－0000810　R252.2/m42/4
傷寒論淺注補正七卷首一卷　(漢)張仲景(張機)撰　(清)陳念祖注　(清)唐宗海補正　清光緒三十四年(1908)上海千頃堂書局石印本　四冊

340000－1842－0000811　R252.2/m42/5
傷寒論淺注補正七卷首一卷　(漢)張仲景(張機)撰　(清)陳念祖注　(清)唐宗海補正　清光緒三十四年(1908)上海千頃堂書局石印本　四冊

340000－1842－0000812　R252.2/m42－1
傷寒論淺注補正七卷首一卷　(漢)張仲景(張機)撰　(清)陳念祖注　(清)唐宗海補正　清光緒二十年(1894)刻本　四冊

340000－1842－0000813　R252.2/m5/1
張仲景傷寒雜病論合編十六卷　(清)汪宗沂編　清光緒十四年(1888)刻本　一冊

340000－1842－0000814　R252.2/m5/2
張仲景傷寒雜病論合編十六卷　(清)汪宗沂編　清光緒十四年(1888)刻本　一冊

340000－1842－0000815　R252.2/m5/3
張仲景傷寒雜病論合編十六卷　(清)汪宗沂編　清光緒十四年(1888)刻本　一冊

340000－1842－0000816　R252.2/m5/4
張仲景傷寒雜病論合編十六卷　(清)汪宗沂編　清光緒十四年(1888)刻本　一冊

340000－1842－0000817　R252.2/m8
傷寒節錄不分卷　(清)王華文輯　清道光九年(1829)沈陽達三松崖氏刻本　一冊

340000－1842－0000818　R252.3/28－2
余注傷寒論翼四卷　(清)柯琴著　清光緒十九年(1893)會稽掃閑居士刻本　二冊

340000－1842－0000819　R252.3/28－3
余注傷寒論翼四卷　(清)柯琴著　清光緒十九年(1893)會稽掃閑居士刻本　二册

340000－1842－0000820　R252.3/ml－2
新刻陶節庵家藏秘授傷寒六書六卷　(明)陶華著　清三讓堂刻本　二册

340000－1842－0000821　R252.3/m13/1
增注類證活人書二十二卷　(宋)朱肱撰　清光緒十二年(1886)刻本　四册

340000－1842－0000822　R252.3/m13/2
增注類證活人書二十二卷　(宋)朱肱撰　清刻本　四册

340000－1842－0000823　R252.3/m13/3
增注類證活人書二十二卷　(宋)朱肱撰　清光緒十二年(1886)刻本　四册

340000－1842－0000824　R252.3/m13－2
傷寒類證活人書二十卷　(宋)朱肱撰　清光緒二十三年(1897)儒林堂刻本　四册

340000－1842－0000825　R252.3/ml－4
傷寒六書六卷　(明)陶華著　清江陰朱氏刻本　六册

340000－1842－0000826　R252.3/ml－5
新刻陶節庵家藏秘授傷寒六書六卷　(明)陶華著　清鳴盛堂刻本　四册

340000－1842－0000827　R252.3/ml－7
傷寒六書六卷　(明)陶華著　清裕元堂刻本　三册

340000－1842－0000828　R252.3/m19
傷寒舌鑑一卷　(清)張登編　清光緒四年(1878)刻本　一册

340000－1842－0000829　R252.3/m19－1
傷寒舌鑑一卷　(清)張登編　清同治九年(1870)上洋大魁楨記刻本　一册

340000－1842－0000830　R252.3/m26
修補傷寒金鏡錄辨舌世驗精法八卷　(清)張吾仁纂　清嘉慶二十二年(1817)宜陽杜氏思誠堂刻本　六册

340000－1842－0000831　R252.3/m27
傷寒緒論遙問□□卷　(清)徐行編　清抄本　六册　存二卷(二至三)

340000－1842－0000832　R252.3/m28/1
傷寒論翼二卷附翼二卷　(清)柯琴編　清古香室刻本　四册

340000－1842－0000833　R252.3/m28/2
傷寒論翼二卷附翼二卷　(清)柯琴編　清古香室刻本　四册

340000－1842－0000834　R252.3/m28－4
傷寒論翼二卷　(清)柯琴編　清刻本　一册

340000－1842－0000835　R252.3/m29－1
傷寒論注四卷　(清)柯琴編　清刻本　四册

340000－1842－0000836　R252.3/m29－2
傷寒論注四卷附翼二卷　(清)柯琴編　清刻本　六册

340000－1842－0000837　R252.3/m29－4
傷寒論注四卷論翼二卷附翼二卷　(清)柯琴編　清古香室刻本　六册

340000－1842－0000838　R252.3/m29－5
傷寒論注四卷論翼二卷附翼二卷　(清)柯琴編　清刻本　六册

340000－1842－0000839　R252.3/m29－6
傷寒論注四卷附翼二卷　(清)柯琴編　清務本堂刻本　六册

340000－1842－0000840　R252.3/m29－7
傷寒論注四卷附翼二卷　(清)柯琴編　清宣統元年(1909)同文會刻本　一册

340000－1842－0000841　R252.3/m29－8
傷寒論注四卷論翼二卷附翼二卷　(清)柯琴編　清刻本　八册

340000－1842－0000842　R252.3/m3/1
傷寒明理論四卷　(金)成無己撰　清刻本　二册

340000－1842－0000843　R252.3/m3/2
傷寒明理論四卷　(金)成無己撰　清刻本

二册

340000－1842－0000844　R252.3/m3/3
傷寒明理論四卷　(金)成無已撰　清刻本　二册

340000－1842－0000845　R252.3/m30
再重訂傷寒集註十卷　(清)舒詔著　清刻本　四册

340000－1842－0000846　R252.3/m30－5
再重訂傷寒集註十卷　(清)舒詔著　清刻本　一册　存三卷(八至十)

340000－1842－0000847　R252.3/m3－1
傷寒明理輪三卷　(金)成無已撰　清光緒二十二年(1896)問升閣刻本　二册

340000－1842－0000848　R252.3/m3－2/1
傷寒明理輪三卷藥方論一卷　(金)成無已撰　清刻本　四册

340000－1842－0000849　R252.3/m3－2/2
傷寒明理輪三卷藥方論一卷　(金)成無已撰　清刻本　四册

340000－1842－0000850　R252.3/m36
傷寒標本心法類萃二卷　(金)劉完素輯　**河間傷寒心要一卷**　(金)鎦洪編　**張子和心鏡別集一卷**　(金)常德編　清刻本　二册

340000－1842－0000851　R252.3/m37
傷寒兼證析義一卷　(清)張倬著　清刻本　一册

340000－1842－0000852　R252.3/m4－5/1
傷寒大白四卷　(清)秦之楨撰　清光緒十年(1884)還讀樓刻本　六册

340000－1842－0000853　R252.3/m4－5/2
傷寒大白四卷　(清)秦之楨撰　清光緒十年(1884)還讀樓刻本　一册　存一卷(三)

340000－1842－0000854　R252.3/m5/1
陶節庵傷寒全生集四卷　(明)陶華撰　清嘉慶眉壽堂刻本　四册

340000－1842－0000855　R252.3/m5/2
陶節庵傷寒全生集四卷　(明)陶華撰　清嘉慶眉壽堂刻本　四册

340000－1842－0000856　R252.3/m7
傷寒補天石二卷續二卷　(明)戈維城著　清木活字印本　二册

340000－1842－0000857　R252.3/m7－2
傷寒補天石二卷續二卷　(明)戈維城著　清汲綆齋刻本　一册

340000－1842－0000858　R252.3/m7－2
傷寒補天石二卷續二卷　(明)戈維城著　清汲綆齋刻本　四册

340000－1842－0000859　R252.3/m7－3
傷寒補天石二卷續二卷　(明)戈維城著　清刻本　二册

340000－1842－0000860　R252.3/m7－4
活人精言四卷　(明)戈維城著　清席樹馨刻本　四册

340000－1842－0000861　R252.3/m8
傷寒審證表一卷　(清)包誠輯　清光緒十年(1884)湖北崇文書局刻本　一册

340000－1842－0000862　R252.5/m6
新科傷寒活人指掌補註辨疑三卷　(明)童養學撰　清乾隆二十一年(1756)新安汪永錫抄本　一册

340000－1842－0000863　R252.6/m1/1
長沙方歌括一卷　(清)陳念祖撰　(清)潘霨　(清)蕭庭滋增輯　**傷寒論類方四卷**　(清)徐大椿輯　(清)潘霨增輯　清同治五年(1866)古美潘氏刻本　二册

340000－1842－0000864　R252.6/m1/2
長沙方歌括一卷　(清)陳念祖撰　(清)潘霨　(清)蕭庭滋增輯　**傷寒論類方四卷**　(清)徐大椿輯　(清)潘霨增輯　清同治五年(1866)古美潘氏刻本　四册

340000－1842－0000865　R252.6/m1/3
長沙方歌括一卷　(清)陳念祖撰　(清)潘霨　(清)蕭庭滋增輯　**傷寒論類方四卷**　(清)

徐大椿輯　(清)潘霨增輯　清同治五年(1866)古美潘氏刻本　四冊

340000－1842－0000866　R252.6/m1/4
長沙方歌括一卷　(清)陳念祖撰　(清)潘霨　(清)蕭庭滋增輯　**傷寒論類方四卷**　(清)徐大椿輯　(清)潘霨增輯　清同治五年(1866)古美潘氏刻本　四冊

340000－1842－0000867　R252.6/m1－1
傷寒論類方四卷　(清)徐大椿編　清光緒三十三年(1907)上海六藝書局石印本　一冊

340000－1842－0000868　R252.6/m2/1
傷寒古方通六卷　(清)王子接注　清雍正九年(1731)刻光緒上海樂善堂補刻本　二冊

340000－1842－0000869　R252.6/m2/2
傷寒古方通六卷　(清)王子接注　清雍正九年(1731)刻光緒上海樂善堂補刻本　二冊

340000－1842－0000870　R252.7/m3
傷寒真方歌括六卷　(清)陳念祖著　清敦厚堂刻本　一冊

340000－1842－0000871　R2－52/m1－6
景岳全書六十四卷　(明)張介賓著　清刻本　一冊　存二卷(本草二卷)

340000－1842－0000872　R2－52/m1－7
景岳全書六十四卷　(明)張介賓著　清刻本　三十四冊

340000－1842－0000873　R2－52/m2－4
校正增圖東醫寶鑑二十三卷目錄二卷　(朝鮮)許浚輯　清光緒上海校經山房石印本　二冊　存三卷(七至八、目錄上)

340000－1842－0000874　R2－52/m4/1
景岳全書發揮四卷　(清)葉桂撰　清光緒五年(1879)吳氏醉六堂刻本　四冊

340000－1842－0000875　R2－52/m4/2
景岳全書發揮四卷　(清)葉桂撰　清光緒五年(1879)吳氏醉六堂刻本　四冊

340000－1842－0000876　R2－52/m5－2
嵩厓尊生書十五卷　(清)景日昣著　清刻本　八冊

340000－1842－0000877　R2－52/m5－4
嵩厓尊生書十九卷　(清)景日昣著　清刻本　六冊

340000－1842－0000878　R252/m6
傷寒分經十卷　(漢)張機撰　(清)喻昌增注　(清)吳儀洛訂　清刻本　八冊

340000－1842－0000879　R2－52/m6－2/1
仲景全書五種二十卷　(漢)張機著　清光緒二十年(1894)成都鄧氏崇文齋刻本　十冊

340000－1842－0000880　R2－52/m6－2/2
仲景全書五種二十卷　(漢)張機著　清光緒二十年(1894)成都鄧氏崇文齋刻本　十二冊

340000－1842－0000881　R253.2/m11－3
金匱心典三卷　(漢)張機撰　(清)尤怡注　清書業堂刻本　四冊

340000－1842－0000882　R253.2/m11－4/1
金匱心典三卷　(漢)張機撰　(清)尤怡注　清光緒七年(1881)刻本　三冊

340000－1842－0000883　R253.2/m11－4/2
金匱心典三卷　(漢)張機撰　(清)尤怡注　清刻本　三冊

340000－1842－0000884　R253.2/m11－4/3
金匱心典三卷　(漢)張機撰　(清)尤怡注　清同治八年(1869)刻本　三冊

340000－1842－0000885　R253.2/m1－2/1
張仲景金匱要略論注二十四卷　(清)徐彬注　清光緒五年(1879)掃葉山房刻本　六冊

340000－1842－0000886　R253.2/m1－2/2
張仲景金匱要略論注二十四卷　(清)徐彬注　清光緒五年(1879)掃葉山房刻本　六冊

340000－1842－0000887　R253.2/m2－2
金匱要略淺注十卷　(清)陳念祖注　清光緒二十六年(1900)兩儀堂刻本　二冊

340000－1842－0000888　R253.2/m4－2
金匱要略淺註補正九卷　(清)陳念祖注　清

光緒三十四年(1908)上海千頃堂書局石印本　三冊

340000－1842－0000889　R253.2/m5/1
金匱玉函經二注二十二卷補方一卷十藥神書一卷　(元)趙以德衍義　(清)周楊俊補註　清同治二年(1863)刻本　六冊

340000－1842－0000890　R253.2/m5/2
金匱玉函經二注二十二卷補方一卷十藥神書一卷　(元)趙以德衍義　(清)周楊俊補註　清同治二年(1863)刻本　六冊

340000－1842－0000891　R253.2/m5/3
金匱玉函經二注二十二卷補方一卷十藥神書一卷　(元)趙以德衍義　(清)周楊俊補註　清同治二年(1863)刻本　六冊

340000－1842－0000892　R253.2/m5/4
金匱玉函經二注二十二卷補方一卷十藥神書一卷　(元)趙以德衍義　(清)周楊俊補註　清同治二年(1863)刻本　六冊

340000－1842－0000893　R253.2/m5－1
金匱玉函經二注二十二卷補方一卷十藥神書一卷　(元)趙以德衍義　(清)周楊俊補註　清道光十二年(1832)刻本　六冊

340000－1842－0000894　R253.2/m7－2/1
金匱翼八卷　(清)尤怡編　清嘉慶十八年(1813)趙亮彩刻本　四冊

340000－1842－0000895　R253.2/m7－2/2
金匱翼八卷　(清)尤怡編　清嘉慶十八年(1813)趙亮彩刻本　八冊

340000－1842－0000896　R253.2/m7－2/3
金匱翼八卷　(清)尤怡編　清嘉慶十八年(1813)趙亮彩刻本　八冊

340000－1842－0000897　R253.2/m8
金匱懸解二十二卷　(清)黃元御著　清湘鄉左繼明刻本　四冊

340000－1842－0000898　R253.2/m9
金匱鉤玄三卷　(元)朱震亨撰　(清)周學海評注　(明)戴元禮補錄　清刻本　一冊

340000－1842－0000899　R2－53/m19
醫林掌故錄一卷　(清)袁枚撰　清宣統二年(1910)抄本　一冊

340000－1842－0000900　R2－53/m23
王氏醫存十七卷　(清)王燕昌撰　清同治十三年(1874)皖城黃竹友齋刻本　四冊

340000－1842－0000901　R2－53/m24
西星世篇一卷　(清)包巖撰　清刻本　一冊

340000－1842－0000902　R2－53/m25
吳醫彙講十一卷　(清)唐大烈編　清宣統二年(1910)上海掃葉山房石印本　一冊

340000－1842－0000903　R2－53/m25－2/1
吳醫彙講十一卷　(清)唐大烈編　清乾隆五十七年(1792)刻本　四冊

340000－1842－0000904　R2－53/m25－2/2
吳醫彙講十一卷　(清)唐大烈編　清乾隆五十七年(1792)刻本　四冊

340000－1842－0000905　R2－53/m29
慎疾芻言不分卷醫貫砭二卷　(清)徐大椿撰　清道光二十八年(1848)半松書屋刻本　一冊

340000－1842－0000906　R2－53/m29－1
慎疾芻言不分卷　(清)徐大椿撰　清道光元年(1821)烏程汪日楨刻本　一冊

340000－1842－0000907　R2－53/m29－2
慎疾芻言不分卷　(清)徐大椿撰　清道光四年(1824)刻本　二冊

340000－1842－0000908　R2－53/m29－3
慎疾芻言不分卷道德經二卷　(清)徐大椿撰　清道光二十八年(1848)刻本　一冊

340000－1842－0000909　R2－53/m37
醫經溯洄集一卷　(元)王履撰　清光緒七年(1881)廣州雲林閣刻本　一冊

340000－1842－0000910　R2－53/m38
醫經正本書一卷　(宋)程迥撰　清光緒三年(1877)歸安陸氏刻十萬卷樓叢書本　一冊

340000－1842－0000911　R2－53/m40
醫原二卷　(清)石壽棠撰　清咸豐十一年(1861)刻本　四冊

340000－1842－0000912　R2－53/m40－1
醫原三卷　(清)石壽棠撰　**醫學舉要六卷**　(清)徐鏞玉撰　清光緒十七年(1891)鉛印本　四冊

340000－1842－0000913　R2－53/m43
六種新編十八卷　(清)文晟輯　清同治四年(1865)萍鄉文氏延慶堂刻本　六冊

340000－1842－0000914　R2－53/m8
醫時六言六卷　(清)翁傳照撰　清光緒二十年(1894)刻本　二冊

340000－1842－0000915　R2－53/m9
醫學讀書記三卷續記一卷靜香樓醫案三十一條一卷　(清)尤怡撰　清光緒十四年(1888)古吳謝氏刻本　二冊

340000－1842－0000916　R254.2/m1
溫病方論四卷　(清)周揚俊編　清道光二十年(1840)寶善堂刻本　二冊

340000－1842－0000917　R254.5/m2－3
痎瘧論疏一卷　(明)盧之頤撰　清光緒四年(1878)丁氏當歸草堂刻本　一冊

340000－1842－0000918　R254.6/m1
痢疾論四卷　(清)孔毓禮編　清道光二十七年(1847)謙益堂刻本　二冊

340000－1842－0000919　R254.6/m3
痢證匯參十卷　(清)吳道源編　清光緒十七年(1891)富記莊刻本　三冊

340000－1842－0000920　R254.6/m3－3
痢證匯參十卷　(清)吳道源編　清三讓堂刻本　二冊

340000－1842－0000921　R254.6/m4/1
治瘧奇方一卷　(清)倪涵初撰　清同治二年(1863)刻本　一冊

340000－1842－0000922　R254.6/m4/2
治瘧奇方一卷　(清)倪涵初撰　清同治二年(1863)刻本　一冊

340000－1842－0000923　R254.7/m10
神授急救異痧奇方不分卷經驗良方一卷　(清)覺因道人撰　清光緒十四年(1888)淮南韓式刻本　一冊

340000－1842－0000924　R254.7/m11
急救痧症全集三卷　(清)費山壽輯　清光緒九年(1883)笠澤三省書屋刻本　一冊

340000－1842－0000925　R254.7/m14
霍亂論二卷　(清)王世雄撰　清道光十九年(1839)錢塘趙氏刻本　二冊

340000－1842－0000926　R254.7/m14－2
霍亂論二卷　(清)王世雄撰　清道光十九年(1839)錢塘趙氏刻本　一冊

340000－1842－0000927　R254.7/m16
醫寄伏陰論二卷　(清)田宗漢撰　清光緒十四年(1888)刻本　二冊

340000－1842－0000928　R254.7/m16－2
醫寄伏陰論二卷　(清)田宗漢撰　清光緒三十三年(1907)江寧府署鉛印本　一冊

340000－1842－0000929　R254.7/m17
養生鏡一卷　(清)陸樂山撰　清抄本　一冊

340000－1842－0000930　R254.7/m2/1
興化寶濟局霍亂論一卷　(清)江曲春撰　**興化實濟局霍亂麻痧辨証一卷**　(清)趙履鰲纂　清光緒十四年(1888)興化四聖觀刻本　一冊

340000－1842－0000931　R254.7/m2/2
興化寶濟局霍亂論一卷　(清)江曲春撰　**興化實濟局霍亂麻痧辨証一卷**　(清)趙履鰲纂　清光緒十四年(1888)興化四聖觀刻本　一冊

340000－1842－0000932　R254.7/m21
痧疹輯要四卷　(清)葉霖撰　清光緒十六年(1890)石林書屋刻本　四冊

340000－1842－0000933　R254.7/m4
痧症全書三卷　(清)林森撰　(清)王凱編輯

清道光二年(1822)上海三槐堂刻本　一冊

340000－1842－0000934　R254.7/m5

痧證彙要四卷　(清)孫玘輯　清光緒五年(1879)刻本　二冊

340000－1842－0000935　R254.7/m6

痧證指微一卷　(清)釋普淨撰　清光緒二十二年(1896)鎮江文成堂刻本　一冊

340000－1842－0000936　R254.7/m6－2

痧證指微一卷　(清)釋普淨撰　清光緒六年(1880)刻本　一冊

340000－1842－0000937　R254.7/m6－3

痧證指微一卷　(清)釋普淨撰　清光緒三十四年(1908)刻本　一冊

340000－1842－0000938　R254.7/m7－2

隨息居重訂霍亂論四卷　(清)王士雄撰　清光緒三十年(1904)石印本　二冊

340000－1842－0000939　R254.7/m7－3

隨息居重訂霍亂論四卷　(清)王士雄撰　清光緒十三年(1887)四明林延春室刻本　二冊

340000－1842－0000940　R254.7/m8

吊脚痧方論一卷　(清)徐子默撰　清同治六年(1867)刻本　一冊

340000－1842－0000941　R254.8/m1

鼠疫良方彙編一卷　(清)沈敦和輯　清宣統二年(1910)上海中國公立醫院鉛印本　一冊

340000－1842－0000942　R254.8/m2

鼠疫彙編一卷　(清)吳宣崇撰　(清)羅汝蘭增輯　清光緒二十六年(1900)南安縣署刻本　一冊

340000－1842－0000943　R254.8/m3

鼠疫約編一卷中西防疫新論説一卷　(清)吳宣崇編　清宣統二年(1910)安徽官書局鉛印本　一冊

340000－1842－0000944　R254.8/m4

鼠疫抉微一卷　(清)余德壎撰　清宣統二年(1910)刻本　一冊

340000－1842－0000945　R254/m10

説疫全書十五卷　(清)劉奎等撰　清光緒十七年(1891)善成堂刻本　八冊

340000－1842－0000946　R254/m10－3

説疫全書十五卷　(清)劉奎等撰　清道光二十六年(1846)廣安九皇宮刻本　八冊

340000－1842－0000947　R254/m13

六氣感證要義一卷　(清)周巖撰　清光緒二十四年(1898)古越存濟堂石印本　一冊

340000－1842－0000948　R254/m15

瘟疫明辨四卷末一卷　(清)鄭奠一撰　清同治四年(1865)漢口華齋善書局刻本　二冊

340000－1842－0000949　R254/m15－2

瘟疫明辨四卷末一卷　(清)鄭奠一撰　清光緒三十三年(1907)瑟齋鉛印本　一冊

340000－1842－0000950　R254/m15－3

瘟疫明辨四卷末一卷　(清)鄭奠一撰　清南京李光明莊刻本　一冊

340000－1842－0000951　R254/m16－2

廣瘟疫論四卷末一卷　(清)戴天章撰　清道光八年(1828)掃葉山房刻本　二冊

340000－1842－0000952　R254/m17

疫疹一得二卷　(清)余霖撰　清光緒十年(1884)敬直堂刻本　二冊

340000－1842－0000953　R254/m18

瘟疫合璧二卷　(明)吳有性撰　(清)王嘉謨編　清光緒十三年(1887)尊古堂刻本　二冊

340000－1842－0000954　R254/m19

溫熱贅言一卷　(清)寄瓢子撰　清道光十一年(1831)吳氏貯春仙館刻本　一冊

340000－1842－0000955　R254/m21

韓逡霄瘟痧要編四卷　(清)韓逡霄撰　清光緒七年(1881)永盛京報局刻本　四冊

340000－1842－0000956　R254/m22

溫毒病論一卷　(清)邵登瀛輯　清刻本　一冊

340000－1842－0000957　R254/m23
文昌大洞治瘟寶籙二卷　(清)劉體恕輯　清同治七年(1868)同善堂刻本　一冊

340000－1842－0000958　R254/m24
羊毛瘟疫新論不分卷　(清)撫松隱者著　清刻本　一冊

340000－1842－0000959　R254/m26
温癥痧疹辨症一卷　(清)許汝楫著　清光緒十八年(1892)韓文齋刻本　一冊

340000－1842－0000960　R254/m31
温病條辨症方歌括三卷　(清)錢文驥撰　清光緒三十年(1904)皖垣刻本　一冊

340000－1842－0000961　R254/m3－2
時病論八卷　(清)雷豐撰　清光緒九年(1883)汗蓮書屋刻本　一冊　存四卷(一至四)

340000－1842－0000962　R254/m34/1
疫證集説四卷　(清)余德壎編　清宣統三年(1911)素庵鉛印本　四冊

340000－1842－0000963　R254/m34/2
疫證集説四卷補遺一卷　(清)余德壎編　清宣統三年(1911)素庵鉛印本　四冊

340000－1842－0000964　R254/m34/3
疫證集説四卷　(清)余德壎編　清宣統三年(1911)素庵鉛印本　三冊　存三卷(一至三)

340000－1842－0000965　R254/m36
問心堂温病條辨六卷首一卷　(清)吳瑭撰　清光緒二十一年(1895)學庫山房刻本　三冊

340000－1842－0000966　R254/m36－2
温病條辨六卷首一卷　(清)吳瑭撰　清光緒三十二年(1906)上海千頃堂石印本　四冊

340000－1842－0000967　R254/m36－4
問心堂温病條辨六卷首一卷　(清)吳瑭撰　清道光二十三年(1843)刻本　五冊　存六卷(一至五、首一卷)

340000－1842－0000968　R254/m36－5
温病條辨六卷首一卷　(清)吳瑭撰　清宣統三年(1911)揚州刻本　六冊

340000－1842－0000969　R254/m36－7
温病條辨六卷首一卷　(清)吳瑭撰　清嘉慶十八年(1813)問心堂刻本　六冊

340000－1842－0000970　R254/m36－8
問心堂温病條辨六卷首一卷　(清)吳瑭撰　清同治九年(1870)六安求我齋刻本　四冊

340000－1842－0000971　R254/m40
四時病機十四卷　(清)卲登瀛編　清光緒四年(1878)刻本　六冊

340000－1842－0000972　R254/m4－1
寒温條辨七卷　(清)楊璿撰　清光緒二十三年(1897)湖南書局刻本　五冊

340000－1842－0000973　R254/m4－3
傷寒温病條辨六卷　(清)楊璿撰　清光緒元年(1875)湘潭黎氏貝岡黔陽藩署刻本　六冊

340000－1842－0000974　R254/m44
醫門普度六卷　(清)龔紹林評閲　清道光十三年(1833)謙益堂刻本　三冊　存四卷(痢疾論四卷)

340000－1842－0000975　R254/m47/1
瘟疫論類編五卷　(明)吳有性撰　清嘉慶四年(1799)刻本　二冊

340000－1842－0000976　R254/m47/2
瘟疫論類編五卷　(明)吳有性撰　清嘉慶四年(1799)刻本　二冊

340000－1842－0000977　R254/m50
辨症治瘟速效二卷　(清)劉奎撰　清光緒二十一年(1895)寶城鄒氏刻本　一冊

340000－1842－0000978　R254/m55
傷寒瘟疫條辨六卷　(清)楊璿撰　清光緒十五年(1889)刻本　六冊

340000－1842－0000979　R254/m6－4
瘟疫論補註二卷　(明)吳有性撰　(清)鄭重光補注　清同治三年(1864)刻本　二冊

340000－1842－0000980　R254/m6－5

瘟疫論二卷　(明)吳有性撰　清蘇州綠蔭堂刻本　二册

340000－1842－0000981　R254/m6－6
瘟疫論補注二卷　(明)吳有性撰　(清)鄭重光補注　清光緒六年(1880)掃葉山房刻本　一册

340000－1842－0000982　R254/m6－9
瘟疫論補註二卷　(明)吳有性撰　(清)鄭重光補註　清光緒二十一年(1895)刻本　二册

340000－1842－0000983　R254/m8－1
溫熱經緯五卷　(清)王士雄撰　清光緒十一年(1885)松韻閣刻本　四册

340000－1842－0000984　R254/m8－3
溫熱經緯五卷　(清)王士雄編　清同治十三年(1874)湖北崇文書局刻本　四册

340000－1842－0000985　R254/m8－6
溫熱經緯五卷　(清)王士雄編　清同治二年(1863)湖北崇文書局刻本　四册

340000－1842－0000986　R255.5/m1－2
血證論八卷　(清)唐宗海撰　清光緒三十二年(1906)善成堂刻本　一册

340000－1842－0000987　R255/m9
理虚元鑑二卷　(明)汪綺石撰　清光緒二十二年(1896)蕭山陳氏刻本　一册

340000－1842－0000988　R256.4/m1
脚氣芻言一卷　(清)曾超然撰　清光緒三十四年(1908)兩廣督練公所鉛印本　一册

340000－1842－0000989　R26/m10－1
外科正宗十二卷　(明)陳實功撰　(清)徐大椿評注　**附錄一卷**　(清)許槤撰　清光緒十九年(1893)上海圖書集成書局鉛印本　四册

340000－1842－0000990　R26/m10－10
重訂外科正宗十二卷　(明)陳實功撰　清光緒三十一年(1905)經元書室刻本　六册

340000－1842－0000991　R26/m10－11
外科正宗十二卷　(明)陳實功撰　清刻本　四册

340000－1842－0000992　R26/m10－11
外科正宗十二卷　(明)陳實功撰　清刻本　四册　缺四卷(一至二、五至六)

340000－1842－0000993　R26/m10－4
外科正宗十二卷　(明)陳實功撰　(清)徐大椿評注　**附錄一卷**　(清)許槤撰　清咸豐十年(1860)海寧許氏刻本　八册

340000－1842－0000994　R26/m10－6
重訂外科正宗十二卷　(明)陳實功撰　清光緒十四年(1888)掃葉山房刻本　六册

340000－1842－0000995　R26/m10－8
外科正宗十二卷　(明)陳實功撰　清光緒三十一年(1905)上洋海左書局石印本　四册

340000－1842－0000996　R26/m11
瘍科臨證心得集三卷瘍科心得集方彙一卷　(清)高秉鈞纂　清嘉慶十一年(1806)刻本　四册

340000－1842－0000997　R26/m11－3
瘍科臨證心得集三卷瘍科心得集方彙一卷景岳新方歌一卷　(清)高秉鈞纂　清光緒三十二年(1906)上海文瑞樓石印本　二册

340000－1842－0000998　R26/m13
外證醫案彙編四卷　(清)余景和輯　清光緒二十年(1894)刻本　四册

340000－1842－0000999　R26/m13
外證醫案彙編四卷　(清)余景和輯　清光緒二十年(1894)刻本　四册

340000－1842－0001000　R26/m13
外證醫案彙編四卷　(清)余景和輯　清光緒二十年(1894)刻本　四册

340000－1842－0001001　R26/m14
新刊秘授外科百效全書六卷　(明)龔居中編　清刻本　二册

340000－1842－0001002　R26/m16
外科真詮二卷　(清)鄒岳撰　清同治十一年(1872)刻本　四册

340000－1842－0001003　R26/m16－2

外科真詮二卷　(清)鄒岳撰　清刻本　一册　存一卷(上)

340000－1842－0001004　R26/m16－2
外科真詮二卷　(清)鄒岳撰　清同治十一年(1872)刻本　二册

340000－1842－0001005　R26/m18
御纂醫宗金鑑九十卷　(清)吳謙纂修　清刻本　四册　存七卷(八十四至九十)

340000－1842－0001006　R26/m21－2
洞天奥旨十六卷　(清)陳士鐸著　清光緒刻本　六册

340000－1842－0001007　R26/m22
外科証治全書五卷末一卷　(清)許克昌　(清)畢法輯　清道光十一年(1831)雲夢程氏刻本　八册

340000－1842－0001008　R26/m22－2
外科証治全書五卷末一卷　(清)許克昌　(清)畢法輯　清光緒八年(1882)河南聚文齋刻本　五册

340000－1842－0001009　R26/m25
瘍醫指南不分卷　(□)□□撰　清光緒十年(1884)袁用和抄本　一册

340000－1842－0001010　R26/m26
指學迷津不分卷　(清)汪鶴亭撰　清光緒十年(1884)抄本　一册

340000－1842－0001011　R26/m3－2
瘡瘍經驗全書六卷　(宋)竇漢卿撰　(明)竇夢麟續增　清刻本　五册　缺一卷(五)

340000－1842－0001012　R26/m3－2
瘡瘍經驗全書六卷　(宋)竇漢卿撰　(明)竇夢麟續增　清刻本　一册　存一卷(六)

340000－1842－0001013　R26/m4
瘍醫大全四十卷　(清)顧世澄輯　清同治九年(1870)敦仁堂刻本　三十九册　缺一卷(三十)

340000－1842－0001014　R26/m43
御纂醫宗金鑑外科十六卷　(清)吳謙撰　清宣統元年(1909)上海簡青齋書局石印本　一册

340000－1842－0001015　R26/m43
醫宗金鑒外科十卷　(清)吳謙撰　清宣統元年(1909)上海簡青齋書局石印本　一册

340000－1842－0001016　R26/m5－6
外科症治全生集四卷　(清)王維德編　清光緒十三年(1887)刻本　二册

340000－1842－0001017　R26/m5－7
症治全生二卷　(清)王維德編　清光緒十六年(1890)刻本　二册

340000－1842－0001018　R26/m5－8
外科症治全生集四卷　(清)王維德編　清光緒四年(1878)潘敏德堂刻本　二册

340000－1842－0001019　R26/m7－3
外科大成四卷　(清)祁坤撰　清善成堂刻本　八册

340000－1842－0001020　R262/m1－3
增訂治療彙要三卷近診醫案一卷　(清)過鑄著　清光緒二十四年(1898)武林刻本　五册

340000－1842－0001021　R262/m4
刺療捷法不分卷　(清)張鏡著　清光緒松江占星堂唐氏刻本　一册

340000－1842－0001022　R267/m2
增訂花柳指迷一卷　(美國)嘉約翰輯　清光緒二年(1876)石印本　一册

340000－1842－0001023　R269/m1
傷科秘方一卷　(□)□□撰　清抄本　一册

340000－1842－0001024　R269/m2
傷科補要四卷　(清)錢秀昌著　清嘉慶二十三年(1818)刻本　四册

340000－1842－0001025　R269/m3
拾慧集十卷　(清)何德藻輯　清光緒二十二年(1896)吉林東興印書館鉛印本　六册　存六卷(一至六)

340000－1842－0001026　R269/m3

拾慧集十卷續集十卷　（清）何德藻輯　清光緒二十二年（1896）吉林東興印書館鉛印本　十四冊　缺四卷（拾慧集八至十、續集十）

340000－1842－0001027　R269/m5
加減回生第一仙丹經驗良方一卷　（清）彭竹樓撰　清光緒二十三年（1897）刻本　一冊

340000－1842－0001028　R269/m6
金瘡鐵扇散藥方不分卷　（清）沈平輯　清光緒三十四年（1908）揚州務本堂刻本　一冊

340000－1842－0001029　R271.4/m10
保產金丹四卷　（清）劉文華編　清光緒十二年（1886）仁壽堂刻本　四冊

340000－1842－0001030　R271.4/m11
胎產新書三種二十卷　題（清）竹林寺僧撰（清）静光禪師考輯　（清）吳煜茶垞校訂　清光緒十二年（1886）成媄堂刻本　四冊

340000－1842－0001031　R271.4/m12/1
難產神驗繡閣保產良方一卷　（清）姚文田撰　清光緒十九年（1893）碑硯齋刻本　一冊

340000－1842－0001032　R271.4/m12/2
難產神驗繡閣保產良方一卷　（清）姚文田撰　清光緒十九年（1893）碑硯齋刻本　一冊

340000－1842－0001033　R271.4/m12/3
難產神驗繡閣保產良方一卷　（清）姚文田撰　清光緒十九年（1893）碑硯齋刻本　一冊

340000－1842－0001034　R271.4/m12/4
難產神驗繡閣保產良方一卷　（清）姚文田撰　清光緒十九年（1893）碑硯齋刻本　一冊

340000－1842－0001035　R271.4/m12/5
難產神驗繡閣保產良方一卷　（清）姚文田撰　清光緒十九年（1893）碑硯齋刻本　一冊

340000－1842－0001036　R271.4/m14
胎產合璧三卷　（清）永思堂主人編　清宣統元年（1909）古歙永思堂刻本　一冊

340000－1842－0001037　R271.4/m15
種子心法三卷　（清）王實穎撰　清新安永思堂刻本　一冊

340000－1842－0001038　R271.4/m15－2/1
產孕集二卷　（清）張耀孫撰　清光緒二十四年（1898）刻本　一冊

340000－1842－0001039　R271.4/m15－2/2
產孕集二卷　（清）張耀孫撰　清光緒二十四年（1898）刻本　一冊

340000－1842－0001040　R271.4/m15－2/3
產孕集二卷　（清）張耀孫撰　清同治七年（1868）刻本　一冊

340000－1842－0001041　R271.4/m16
胎產心法三卷　（清）閻純璽撰　清光緒九年（1883）敬慎堂刻本　六冊

340000－1842－0001042　R271.4/m16
胎產心法三卷　（清）閻純璽撰　清光緒九年（1883）敬慎堂刻本　六冊

340000－1842－0001043　R271.4/m16
胎產心法三卷　（清）閻純璽撰　清光緒九年（1883）敬慎堂刻本　六冊

340000－1842－0001044　R271.4/m16－1
胎產心法三卷　（清）閻純璽撰　清光緒二十一年（1895）上海文瑞樓刻本　六冊

340000－1842－0001045　R271.4/m16－2
胎產心法三卷　（清）閻純璽撰　清道光二十八年（1848）維經堂刻本　五冊

340000－1842－0001046　R271.4/m16－3
胎產心法三卷　（清）閻純璽撰　清刻本　六冊

340000－1842－0001047　R271.4/m16－4
胎產心法三卷　（清）閻純璽撰　清光緒四年（1878）長沙刻本　六冊

340000－1842－0001048　R271.4/m17
胎產金針三卷　（清）陳笏庵撰　清光緒七年（1881）上海劉氏刻本　二冊

340000－1842－0001049　R271.4/m18
詳要胎產問答一卷　（清）亟齋居士編　（清）三農老人附註　清光緒十八年（1892）上海管可壽齋鉛印本　一冊

340000－1842－0001050　R271.4/m2
胎產秘書三卷　(清)陳笏庵傳　(清)何榮編　清光緒十八年(1892)永盛齋刻本　一册

340000－1842－0001051　R271.4/m2
胎產秘書三卷　(清)陳笏庵傳　(清)何榮編　清光緒十八年(1892)永盛齋刻本　二册

340000－1842－0001052　R271.4/m20－2/1
增廣大生要旨五卷　(清)唐千頃撰　清光緒十年(1884)掃葉山房刻本　一册

340000－1842－0001053　R271.4/m20－2/2
增廣大生要旨五卷　(清)唐千頃撰　清光緒十年(1884)掃葉山房刻本　二册

340000－1842－0001054　R271.4/m20－3
大生要旨五卷　(清)唐千頃撰　清同治八年(1869)世美堂刻本　二册

340000－1842－0001055　R271.4/m20－4
大生要旨五卷　(清)唐千頃撰　清道光二十三年(1843)刻本　二册

340000－1842－0001056　R271.4/m20－5
大生要旨五卷急救篇一卷經驗良方一卷　(清)唐千頃撰　清光緒三年(1877)河口朱大全店刻本　二册

340000－1842－0001057　R271.4/m20－6
大生要旨五卷　(清)唐千頃撰　清善鑑堂刻本　一册　存二卷(一至二)

340000－1842－0001058　R271.4/m21
保產全書二卷　(明)曹弼臣撰　(清)張坦重訂　清刻本　一册

340000－1842－0001059　R271.4/m23
廣嗣五種備要五卷　(清)王實穎輯　清道光元年(1821)耕苗主人刻本　一册　存三卷(種子心法一卷、保胎方論一卷、達生真訣一卷)

340000－1842－0001060　R271.4/m24
達生胎產心法驗方合編三卷　(□)□□撰　清光緒五年(1879)三省書屋刻本　一册

340000－1842－0001061　R271.4/m25
達生全集二卷　(□)□□撰　清刻本　一册

340000－1842－0001062　R271.4/m28
產育寶慶集二卷　(宋)郭軿中纂　清刻本　一册

340000－1842－0001063　R271.4/m29
達生篇不分卷產寶家傳二卷　題(清)亟齋居士編　清咸豐元年(1851)南毓文齋刻本　一册

340000－1842－0001064　R271.4/m31
衛生家寶產科備要八卷　(宋)朱端章編　清刻本　二册

340000－1842－0001065　R271.4/m5/1
產科心法二卷　(清)汪喆著　清光緒元年(1875)刻本　一册

340000－1842－0001066　R271.4/m5/2
產科心法二卷　(清)汪喆著　清光緒元年(1875)刻本　二册

340000－1842－0001067　R271.4/m5－2/1
重刻產科心法二卷　(清)汪喆著　**福幼編摘刻一卷**　(清)莊一夔撰　清同治八年(1869)刻本　一册

340000－1842－0001068　R271.4/m5－2/2
重刻產科心法二卷　(清)汪喆著　**福幼編摘刻一卷**　(清)莊一夔撰　清同治八年(1869)刻本　一册

340000－1842－0001069　R271.4/m6
衛生寶笈六卷　(清)亟齋居士編　清光緒二十五年(1899)刻本　一册

340000－1842－0001070　R271.4/m8
增補達生編一卷　(清)亟齋居士編　清同治十一年(1872)王乃琛刻本　一册

340000－1842－0001071　R271.4/m9
達生編一卷　(清)亟齋居士編　**調經至言一卷**　(□)□□撰　**慈幼編一卷**　(□)□□撰　**遂生編一卷福幼編一卷**　(清)莊一夔撰　清光緒四年(1878)刻本　一册

340000－1842－0001072　R271.4/m9－11

達生保嬰編一卷保嬰集要一卷 (清)亟齋居士編 清光緒六年(1880)刻本 一册

340000－1842－0001073 R271.4/m9－13/1
達生編一卷 (清)亟齋居士編 清光緒二十三年(1897)刻本 一册

340000－1842－0001074 R271.4/m9－13/2
達生編一卷 (清)亟齋居士編 清光緒二十三年(1897)石印本 一册

340000－1842－0001075 R271.4/m9－4
達生編二卷 (清)亟齋居士編 清光緒三十三年(1907)思補居刻本 一册

340000－1842－0001076 R271.4/m9－7/1
達生編一卷 (清)亟齋居士編 清光緒十九年(1893)李光明莊刻本 一册

340000－1842－0001077 R271.4/m9－7/2
達生編一卷 (清)亟齋居士編 清光緒十九年(1893)李光明莊刻本 一册

340000－1842－0001078 R271.4/m9－8
達生編二卷痘證經驗遂生編一卷福幼編一卷 (清)亟齋居士編 清道光三十年(1850)刻本 一册

340000－1842－0001079 R271.42/m1
臨產須知不分卷 (清)周憬編 清光緒三十二年(1906)石印本 一册

340000－1842－0001080 R271.43/m2
產寶一卷 (清)倪枝維撰 清光緒十七年(1891)醉經山房刻本 一册

340000－1842－0001081 R271.43/m2－2
產寶一卷 (清)倪枝維撰 清同治十年(1871)三自反齋刻本 一册

340000－1842－0001082 R271.7/m6
校刊目經大成三卷首一卷 (清)黄庭鏡撰 清賓城述古堂刻本 三册

340000－1842－0001083 R2－51/m18－14
陳修園醫書四十種 (清)陳念祖著 清石印本 一册 存二十一卷(女科要旨四卷、長沙方歌括六卷、急救異痧奇方一卷、傷寒醫訣串解六卷、傷寒真方歌括一至四)

340000－1842－0001084 R271/m11－2
寧坤秘笈三卷 題(清)竹林寺僧撰 袁光裕校 清同治七年(1868)毛致和堂刻本 一册

340000－1842－0001085 R271/m12
男科二卷女科二卷產後編二卷 (清)傅山著 清光緒十二年(1886)晉義堂刻本 二册 存二卷(男科二卷)

340000－1842－0001086 R271/m12－1
男科二卷女科二卷產後編二卷 (清)傅山著 清刻本 二册 缺二卷(男科二卷)

340000－1842－0001087 R271/m12－3
傅青主男科二卷女科二卷產後編二卷 (清)傅山著 清光緒三十三年(1907)成都肇經堂刻本 一册

340000－1842－0001088 R271/m12－4
傅青主男科二卷女科二卷產後編二卷 (清)傅山著 清宣統元年(1909)上海鑄記書局石印本 一册

340000－1842－0001089 R271/m15
婦人良方二十四卷 (宋)陳自明輯 (明)薛己注 清刻本 十二册

340000－1842－0001090 R271/m17
萬氏婦科三卷 (明)萬全撰 清味經堂刻本 一册

340000－1842－0001091 R271/m17－1
萬氏婦人科三卷首一卷達生編一卷 (明)萬全撰 清三讓信記刻本 一册 存二卷(一至二)

340000－1842－0001092 R271/m18
婦科玉尺六卷 (清)沈金鰲撰 清同治元年(1862)刻本 二册

340000－1842－0001093 R271/m19
女科仙方三卷 (清)傅山著 清光緒十七年(1891)刻本 三册

340000－1842－0001094 R271/m20
秘傳女科二卷 (清)周震著 清光緒四年

(1878)木活字印本　二冊

340000－1842－0001095　R271/m2－3
濟陰綱目十四卷　(明)武之望著　清光緒二十九年(1903)越中墨潤堂石印本　六冊　存十一卷(一至十一)

340000－1842－0001096　R271/m2－5
濟陰綱目十四卷　(明)武之望著　清光緒三十三年(1907)上海文瑞樓石印本　六冊

340000－1842－0001097　R271/m26/1
竹林女科證治四卷　(清)竹林寺僧撰　清光緒十七年(1891)皖江節署刻本　四冊

340000－1842－0001098　R271/m26/2
竹林女科證治四卷　(清)竹林寺僧撰　清光緒十七年(1891)皖江節署刻本　八冊

340000－1842－0001099　R271/m27/1
新編女科指掌五卷　(清)葉其蓁輯　清光緒上海海左書局石印本　二冊

340000－1842－0001100　R271/m27/2
新編女科指掌五卷　(清)葉其蓁輯　清光緒上海海左書局石印本　二冊

340000－1842－0001101　R271/m27/3
新編女科指掌五卷　(清)葉其蓁輯　清光緒上海海左書局石印本　一冊

340000－1842－0001102　R271/m27/4
新編女科指掌五卷　(清)葉其蓁輯　清光緒上海海左書局石印本　一冊

340000－1842－0001103　R271/m2－7
濟陰綱目十四卷　(明)武之望著　清裕德堂刻本　六冊

340000－1842－0001104　R271/m27－1
新編女科指掌五卷　(清)葉其蓁輯　清刻本　一冊　存二卷(三至四)

340000－1842－0001105　R271/m27－3
新編女科指掌五卷　(清)葉其蓁輯　清光緒十五年(1889)刻本　四冊

340000－1842－0001106　R271/m28/1
女科歌訣六卷經驗方一卷　(清)邵登瀛編　清刻本　一冊

340000－1842－0001107　R271/m28/2
女科歌訣六卷經驗方一卷　(清)邵登瀛編　清光緒五年(1879)刻本　一冊

340000－1842－0001108　R271/m28/3
女科歌訣六卷經驗方一卷　(清)邵登瀛編　清光緒五年(1879)刻本　一冊

340000－1842－0001109　R271/m2－8
濟陰綱目十四卷　(明)武之望著　清康熙四年(1665)刻本　十冊

340000－1842－0001110　R271/m30
邯鄲遺稿三卷　(明)趙獻可撰　清抄本　一冊

340000－1842－0001111　R271/m3－3
女科經綸八卷　(清)蕭壎著　清光緒十六年(1890)掃葉山房刻本　四冊

340000－1842－0001112　R271/m6
婦嬰新說一卷　(英國)合信　(清)管茂材撰　清咸豐八年(1858)江蘇上架仁濟醫館刻本　一冊

340000－1842－0001113　R271/m7
女科輯要八卷單養賢胎產全書一卷　(清)周紀常輯　清同治四年(1865)奎照樓刻本　五冊

340000－1842－0001114　R271/m7－2
女科輯要八卷單養賢胎產全書一卷　(清)周紀常輯　清宣統二年(1910)上海千頃堂書局石印本　二冊

340000－1842－0001115　R271/m7－3
女科輯要八卷單養賢胎產全書一卷　(清)周紀常輯　清同治四年(1865)奎照樓刻本　四冊

340000－1842－0001116　R271/m7－4
女科輯要八卷單養賢胎產全書一卷　(清)周紀常輯　清刻本　一冊　存四卷(女科輯要三至六)

340000－1842－0001117　R271/m8
女科輯要二卷　（清）沈堯封輯　清刻本　二冊

340000－1842－0001118　R271/m8－1
女科輯要二卷　（清）沈堯封輯　清刻本　二冊

340000－1842－0001119　R271/m82
女科輯要二卷　（清）沈堯封輯　清同治元年（1862）刻本　一冊　存一卷（上）

340000－1842－0001120　R272./m94
遂生編一卷福幼編一卷　（清）莊一夔撰　清同治九年（1870）蘇城陶升甫刻本　一冊

340000－1842－0001121　R272.1/m3
育嬰彙講一卷　（清）陳宗彝編　清光緒三十一年（1905）松郡育嬰堂刻本　一冊

340000－1842－0001122　R272.2/m10
仙傳宋杏莊痘科秘旨一卷　（清）鄭鵬飛錄　清抄本　一冊

340000－1842－0001123　R272.2/m11
增補秘傳痘疹玉髓金鏡錄真本四卷　（明）翁仲仁著　清嘉慶二十一年（1816）姑蘇講德堂刻本　二冊

340000－1842－0001124　R272.2/m11－2
增補秘傳痘疹玉髓金鏡錄真本四卷圖一卷　（明）翁仲仁著　清道光二十年（1840）掃葉山房刻本　二冊

340000－1842－0001125　R272.2/m11－4
翁仲仁先生痘疹金鏡錄三卷　（明）翁仲仁著　（清）許豫和注釋　清刻本　二冊

340000－1842－0001126　R272.2/m11－5
增補秘傳痘疹玉髓金鏡錄真本四卷首一卷　（明）翁仲仁著　清宣統二年（1910）文元書莊石印本　一冊

340000－1842－0001127　R272.2/m11－6
增補痘疹玉髓金鏡錄真本四卷圖像一卷首一卷　（明）翁仲仁著　清道光七年（1827）大酉堂刻本　一冊

340000－1842－0001128　R272.2/m12
痘疹精言七卷　（清）袁句著　清宣統二年（1910）刻本　四冊

340000－1842－0001129　R272.2/m12－3/1
天花精言六卷　（清）袁句著　（清）吳燡校　清同治七年（1868）山陰陳氏刻本　二冊

340000－1842－0001130　R272.2/m12－3/2
天花精言六卷　（清）袁句著　（清）吳燡校　清同治七年（1868）山陰陳氏刻本　二冊

340000－1842－0001131　R272.2/m12－4
天花精言六卷　（清）雙梧主人（袁句）撰　清嘉慶十年（1805）刻本　二冊

340000－1842－0001132　R272.2/m13
痘疹匯通五卷　（清）曾鼎纂述　清咸豐四年（1854）刻本　四冊

340000－1842－0001133　R272.2/m14－2
葆毓齋痘疹心法一卷　（清）金德符集　清抄本　一冊

340000－1842－0001134　R272.2/m15－2
痘疹定論四卷　（清）朱純嘏輯　清咸豐二年（1852）刻本　二冊

340000－1842－0001135　R272.2/m15－3
痘疹定論四卷　（清）朱純嘏輯　清光緒九年（1883）靜遠山房刻本　二冊

340000－1842－0001136　R272.2/m15－4
痘疹定論四卷　（清）朱純嘏輯　清抄本　二冊

340000－1842－0001137　R272.2/m15－5
痘疹定論四卷　（清）朱純嘏輯　清刻本　四冊

340000－1842－0001138　R272.2/m16
痘疹指南四卷　（清）宋麟祥撰　清道光元年（1821）刻本　四冊

340000－1842－0001139　R272.2/m20
鄭氏瘄畧一卷　（清）鄭啟壽撰　（清）謝玉瓊輯　清刻本　一冊

340000－1842－0001140　R272.2/m19
鄭氏瘄科保赤金丹四卷　(清)謝玉瓊撰　(清)鄭啟壽傳　(清)鄭行彰傳　清光緒二十六年(1900)刻本　四册

340000－1842－0001141　R272.2/m19
鄭氏瘄科保赤金丹四卷　(清)謝玉瓊撰　(清)鄭啟壽傳　(清)鄭行彰傳　清光緒二十六年(1900)刻本　四册

340000－1842－0001142　R272.2/m21
引痘略一卷　(清)邱熺編　清光緒二十年(1894)江西書局刻本　一册

340000－1842－0001143　R272.2/m21－2
牛痘新書濟世一卷　(清)邱熺撰　(清)王惇甫增補　清光緒十九年(1893)揚州集賢堂刻本　一册

340000－1842－0001144　R272.2/m21－3
引痘略一卷　(清)邱熺輯　清同治七年(1868)刻本　一册

340000－1842－0001145　R272.2/m22
痘治附方不分卷　(明)汪機編　清刻本　一册

340000－1842－0001146　R272.2/m23
引痘略合編一卷　(清)邱熺編　清道光十一年(1831)刻本　一册

340000－1842－0001147　R272.2/m24
增注痘疹不求人一卷　(明)朱棟隆著　清道光八年(1828)堅白齋刻本　一册

340000－1842－0001148　R272.2/m25
治疹全書三卷首一卷尾一卷　(清)夏禹鑄撰　(清)錢沛增補　清咸豐八年(1858)遺經堂刻本　二册

340000－1842－0001149　R272.2/m25－1
治疹全書三卷首一卷尾一卷　(清)夏禹鑄撰　(清)錢沛增補　清光緒二十六年(1900)東陽長衢里方氏刻本　二册

340000－1842－0001150　R272.2/m26
種痘新書十二卷　(清)張琰編　清經文堂刻本　四册

340000－1842－0001151　R272.2/m26－2
種痘新書十二卷　(清)張琰編　清同治十年(1871)重慶善成堂刻本　六册

340000－1842－0001152　R272.2/m27
遂生編一卷福幼編一卷　(清)莊一夔撰　清咸豐四年(1854)刻本　一册

340000－1842－0001153　R272.2/m28
楊氏家傳保赤痘疹真經不分卷　(□)□□撰　清抄本　一册

340000－1842－0001154　R272.2/m29
痘科類編釋意三卷　(明)翟良撰　清刻本　四册

340000－1842－0001155　R272.2/m29－2
痘科類編釋意三卷　(明)翟良撰　清融心齋刻本　四册

340000－1842－0001156　R272.2/m30
痘疹慈航二卷　(明)聶尚恒撰　清嘉慶二十四年(1819)刻本　一册

340000－1842－0001157　R272.2/m31
痲痘新編二卷　(清)俞世球撰　清光緒十年(1884)刻本　一册

340000－1842－0001158　R272.2/m33/1
引痘集要二卷　(清)查道倫撰　清同治八年(1869)刻本　一册

340000－1842－0001159　R272.2/m33/2
引痘集要二卷　(清)查道倫撰　清同治八年(1869)刻本　一册

340000－1842－0001160　R272.2/m34－2
仙傳痘疹奇書二卷　(明)高我岡傳　(明)包堯臣撰　清嘉慶十年(1805)刻本　四册

340000－1842－0001161　R272.2/m36
痘證寶筏六卷　(清)強健纂　清嘉慶十一年(1806)刻本　二册

340000－1842－0001162　R272.2/m36－1
痘證寶筏六卷　(清)強健纂　清同治元年

(1862)上海寶賢堂刻本　二册

340000－1842－0001163　R272.2/m38/1
翁仲仁先生痘科金鏡賦六卷　(清)俞茂鯤集解　清光緒二年(1876)刻本　二册　存三卷(一至三)

340000－1842－0001164　R272.2/m38/2
翁仲仁先生痘科金鏡賦六卷　(清)俞茂鯤集解　清光緒二年(1876)刻本　二册　存三卷(一至三)

340000－1842－0001165　R272.2/m38/3
翁仲仁先生痘科金鏡賦六卷　(清)俞茂鯤集解　清光緒二年(1876)刻本　四册

340000－1842－0001166　R272.2/m38/4
翁仲仁先生痘科金鏡賦六卷　(清)俞茂鯤集解　清光緒二年(1876)刻本　四册

340000－1842－0001167　R272.2/m38/5
翁仲仁先生痘科金鏡賦六卷　(清)俞茂鯤集解　清光緒二年(1876)刻本　四册

340000－1842－0001168　R272.2/m4
圖注痘疹秘書二卷　(清)王榮清撰　清同治八年(1869)刻本　二册

340000－1842－0001169　R272.2/m40
小兒痘疹備方二卷　(清)任壽昌撰　清光緒五年(1879)廣東藩署西齋刻本　一册

340000－1842－0001170　R272.2/m41/1
摘星樓治痘全書十八卷　(明)朱一麟撰　清道光六年(1826)上海耕樂堂刻本　十册

340000－1842－0001171　R272.2/m41/2
摘星樓治痘全書十八卷　(明)朱一麟撰　清道光六年(1826)上海耕樂堂刻本　十二册

340000－1842－0001172　R272.2/m44
痘科集要一卷　(清)李代棨撰　清光緒二十年(1894)刻本　一册

340000－1842－0001173　R272.2/m5
痘科指迷不分卷　(□)□□撰　清嘉慶十七年(1812)刻本　一册

340000－1842－0001174　R272.2/m50－4
痘疹正宗二卷　(清)宋麟祥著　清光緒三十二年(1906)善成堂刻本　二册

340000－1842－0001175　R272.2/m51
痘疹玉髓不分卷　(明)萬全編　清抄本　一册

340000－1842－0001176　R272.2/m52
痘學真傳十一卷　(清)葉大椿著　清嘉慶二十五年(1820)刻本　六册

340000－1842－0001177　R272.2/m58－1
麻科活人全書四卷　(清)謝玉瓊輯　清道光二十年(1840)梅文會堂刻本　一册　存二卷(一至二)

340000－1842－0001178　R272.2/m59
痘疹集成四卷　(清)朱楚芬編　清道光十七年(1837)刻本　四册

340000－1842－0001179　R272.2/m61
麻痘捷要四卷　(□)□□撰　清抄本　四册

340000－1842－0001180　R272.2/m64
家傳劉氏痘疹論治不分卷　(□)□□撰　清抄本　一册

340000－1842－0001181　R272.2/m65
黃帝逸典評注十四卷　(清)沈闇注　清道光四年(1824)楔湖陳氏刻本　二册

340000－1842－0001182　R272.2/m72
綠槐堂痘疹方論不分卷　(清)鄞西老圃伯子訂　清光緒九年(1883)四明茹古齋鉛印本　一册

340000－1842－0001183　R272.2/m75
痲疹彙要二卷福幼編一卷　(清)呂新甫編　清光緒二十六年(1900)東陽長衢方氏刻本　二册

340000－1842－0001184　R272.2/m76
經驗痲疹真傳五卷　(清)張璐(張石頑)　(清)俞中和著　清光緒二十七年(1901)刻本　一册

340000－1842－0001185　R272.2/m77

痘疹專門二卷　(清)董維岳撰　清光緒二十六年(1900)南陵管率直堂刻本　二冊

340000－1842－0001186　R272.2/m79
痧痘集解六卷　(清)俞茂鯤輯　清刻本　一冊　存二卷(四至五)

340000－1842－0001187　R272.2/m89
痘證慈航一卷　(明)歐陽調律撰　(清)郭士珩編　清同治四年(1865)三讓堂刻本　一冊

340000－1842－0001188　R272.2/m9
中西痘科合璧十二卷　(清)張琰編　清光緒三十二年(1906)上海書局石印本　六冊

340000－1842－0001189　R272.2/m90
引痘題詠一卷　(清)邱熺編　清道光十一年(1831)刻本　一冊

340000－1842－0001190　R272.3/m50－2
痘疹正宗二卷　(清)宋麟祥撰　清道光五年(1825)寶華樓刻本　四冊

340000－1842－0001191　R272/m31－2
幼科醫學指南四卷　(清)周震著　清常州益新書社刻本　四冊

340000－1842－0001192　R272/m31－2
幼科醫學指南四卷　(清)周震著　清常州益新書社刻本　四冊

340000－1842－0001193　R272/m11
福幼編一卷　(清)莊一夔撰　清嘉慶二十二年(1817)文會堂英華齋刻本　一冊

340000－1842－0001194　R272/m12
遂生編一卷福幼編一卷　(清)莊一夔撰　清嘉慶六年(1801)刻本　一冊

340000－1842－0001195　R272/m12－1
遂生編一卷福幼編一卷　(清)莊一夔撰　清光緒八年(1882)碧山堂刻本　一冊

340000－1842－0001196　R272/m13
幼科折衷六卷　(明)秦昌遇集　清抄本　六冊

340000－1842－0001197　R272/m17
新刊萬氏家傳幼科發揮二卷　(明)萬全撰　清同人堂刻本　一冊　存一卷(上)

340000－1842－0001198　R272/m18－1
保赤彙編七種十六卷　(清)朱之榛輯　清光緒四年至五年(1878－1879)蘇州刻本　四冊

340000－1842－0001199　R272/m19
保赤五種合編五卷　(清)牛樹梅輯　清同治六年(1867)陝甘公所刻本　二冊

340000－1842－0001200　R272/m19－2
保赤五種合編五卷　(清)牛樹梅輯　清同治六年(1867)陝甘公所刻本　一冊

340000－1842－0001201　R272/m21
保嬰輯要一卷　(清)朱惟沅輯　清同治八年(1869)金陵興善堂刻本　一冊

340000－1842－0001202　R272/m22/1
保赤新編二卷　(清)任贊纂　清光緒十年(1884)新會伍氏安懷堂刻本　一冊　存一卷(上)

340000－1842－0001203　R272/m22/2
保赤新編二卷　(清)任贊纂　清光緒十年(1884)新會伍氏安懷堂刻本　二冊

340000－1842－0001204　R272/m2－2
小兒藥證真訣三卷　(宋)錢乙著　清刻惜陰軒叢書本　二冊

340000－1842－0001205　R272/m22－1
保赤新編二卷補遺一卷　(清)任贊撰　清光緒十九年(1893)聚奎堂刻本　二冊

340000－1842－0001206　R272/m2－3
錢氏小兒藥證直訣三卷附方一卷　(宋)錢乙著　(宋)閻孝忠輯　清光緒十八年(1892)姚江黃氏五桂樓刻本　二冊

340000－1842－0001207　R272/m24
鼎鍥幼幼集成六卷　(清)陳復正輯　清光緒三十四年(1908)月漢文堂刻本　六冊

340000－1842－0001208　R272/m24－2
鼎鍥幼幼集成六卷　(清)陳復正輯　清元茂堂刻本　六冊

340000－1842－0001209　R272/m24－3
鼎鍥幼幼集成六卷　(清)陳復正輯　清吳三讓信記刻本　六冊

340000－1842－0001210　R272/m24－4
鼎鍥幼幼集成六卷　(清)陳復正輯　清徑元堂刻本　六冊

340000－1842－0001211　R272/m24－5
鼎鍥幼幼集成六卷　(清)陳復正輯　清刻本　六冊

340000－1842－0001212　R272/m24－8
鼎鍥幼幼集成六卷　(清)陳復正輯　清石印本　一冊　存三卷(四至六)

340000－1842－0001213　R272/m24－9
鼎鍥幼幼集成六卷　(清)陳復正輯　清光緒十二年(1886)刻本　四冊　存四卷(一至四)

340000－1842－0001214　R272/m25
兒科醒十二卷　題(清)芝嶼樵客著　清上海千頃堂書局刻本　二冊

340000－1842－0001215　R272/m26
幼科三種　(□)□□撰　清光緒三十年(1904)上海書局石印本　六冊

340000－1842－0001216　R272/m26－3
推拿廣意三卷　(清)熊應雄輯　(清)陳世凱重訂　清文元書莊石印本　一冊

340000－1842－0001217　R272/m3
保嬰要言八卷首一卷　(清)王德森編　清宣統二年(1910)刻本　一冊

340000－1842－0001218　R272/m37/1
著石堂新刻幼科直言六卷　(清)孟河著　清嘉慶三年(1798)刻本　二冊

340000－1842－0001219　R272/m37/2
著石堂新刻幼科直言六卷　(清)孟河著　清嘉慶三年(1798)刻本　四冊

340000－1842－0001220　R272/m4
幼科鐵鏡六卷　(清)夏鼎著　清刻本　一冊

340000－1842－0001221　R272/m41
述古齋幼科新書三種六卷　(清)張振鋆輯　清光緒十九年(1893)四川資州刻本　五冊

340000－1842－0001222　R272/m4－1
幼科鐵鏡六卷　(清)夏鼎著　清刻本　一冊

340000－1842－0001223　R272/m4－2
幼科鐵鏡六卷　(清)夏鼎著　清光緒二十九年(1903)經元書室刻本　一冊

340000－1842－0001224　R272/m43
幼科鐵鏡二卷　(清)夏鼎著　清光緒三十年(1904)上海書局石印本　一冊

340000－1842－0001225　R272/m4－3/1
幼科鐵鏡二卷　(清)夏鼎著　清宣統元年(1909)文元書莊石印本　一冊

340000－1842－0001226　R272/m4－3/2
幼科鐵鏡二卷　(清)夏鼎著　清宣統元年(1909)文元書莊石印本　一冊

340000－1842－0001227　R272/m4－4
幼科鐵鏡六卷　(清)夏鼎著　清兩儀堂刻本　一冊

340000－1842－0001228　R272/m4－5
幼科鐵鏡六卷　(清)夏鼎著　清三益堂刻本　一冊　存三卷(一至三)

340000－1842－0001229　R272/m4－6
幼科鐵鏡六卷　(清)夏鼎著　清道光二十九年(1849)同善堂刻本　二冊

340000－1842－0001230　R272/m46－2
痘疹世醫心法十二卷　(明)萬全撰　清刻本　一冊　存四卷(九至十二)

340000－1842－0001231　R272/m5/1
保赤要言五卷首一卷　(清)王德森編　清宣統二年(1910)蘇城笪錦和刻本　一冊

340000－1842－0001232　R272/m5/2
保赤要言五卷首一卷　(清)王德森編　清宣統二年(1910)蘇城笪錦和刻本　一冊

340000－1842－0001233　R272/m8
萬氏醫貫三卷　(明)萬寧撰　清同治十年

(1871)鷺門徵瑞堂葉氏刻本　六冊

340000－1842－0001234　R276.1/m1－2
重錄增補經驗喉科紫珍集二卷　題(清)竇氏撰　(清)朱翔宇編　清同治十一年(1872)周蓮馨刻本　二冊

340000－1842－0001235　R276.1/m22
咽喉總論不分卷　(□)□□撰　清抄本　一冊

340000－1842－0001236　R276.1/m22
咽喉總論不分卷　(□)□□撰　清抄本　一冊

340000－1842－0001237　R276.11/m3
白喉全生集一卷　(清)李紀方撰　清宣統元年(1909)金陵惜善堂刻本　一冊

340000－1842－0001238　R276.11/m3
白喉全生集一卷　(清)李紀方撰　清宣統元年(1909)金陵惜善堂刻本　一冊

340000－1842－0001239　R276.11/m5
時疫白喉捷要一卷　(清)張紹修撰　清光緒十一年(1885)刻本　一冊

340000－1842－0001240　R276.12/m6
雲間朱鐵山痧喉論一卷　(清)朱鐵山撰　(清)袁光裕增輯　清光緒三年(1877)慎餘堂刻本　一冊

340000－1842－0001241　R276.7/m11
眼科治法要畧一卷　(□)□□撰　清抄本　二冊

340000－1842－0001242　R276.7/m12－1
眼科秘旨五卷　(□)□□撰　清光緒十七年(1891)寶慶益元堂刻本　二冊　缺三卷(感應眼科問答論一至三)

340000－1842－0001243　R276.7/m15
林氏眼科簡便驗方一卷　(清)林士綸著　清光緒十九年(1893)錫山林敬堂刻本　一冊

340000－1842－0001244　R276.7/m16
古歙槐堂程松崖眼科一卷　(明)程玠撰　清刻本　一冊

340000－1842－0001245　R276.7/m17
傳氏眼科審視瑤函六卷首一卷　(明)傅仁宇輯　(明)林長生校補　清小酉堂刻本　六冊

340000－1842－0001246　R276.7/m17－1
傳氏眼科審視瑤函六卷首一卷　(明)傅仁宇輯　(明)林長生校補　清掃葉山房刻本　二冊　存三卷(一至二、首一卷)

340000－1842－0001247　R276.7/m17－2
傳氏眼科審視瑤函六卷首一卷　(明)傅仁宇輯　(明)林長生校補　清三溢堂刻本　六冊

340000－1842－0001248　R276.7/m6－2
校刊目經大成三卷首一卷　(清)黄庭鏡撰　清黄玉峰刻本　二冊　存一卷(二)

340000－1842－0001249　R276.7/m6－3
校刊目經大成三卷首一卷　(清)黄庭鏡撰　清嘉慶兩儀堂刻本　六冊

340000－1842－0001250　R276.7/m7
七十二種眼癥全科一卷　(□)□□撰　清抄本　三冊

340000－1842－0001251　R282.5/m3－2
葉種德堂丸散膏丹全錄一卷　題(清)葉種德堂主人編　清同治五年(1866)刻本　一冊

340000－1842－0001252　R289.5/m4/1
各種經驗良方一卷　(清)李觀慶記　清抄本　一冊

340000－1842－0001253　R289.5/m4/2
各種經驗良方一卷　(□)□□撰　清抄本　一冊

340000－1842－0001254　R291.1/m12/1
神農本草經讀四卷　(清)陳念祖撰　清敦厚堂刻本　二冊

340000－1842－0001255　R291.1/m12/2
神農本草經讀四卷　(清)陳念祖撰　清敦厚堂刻本　一冊　存二卷(一至二)

340000－1842－0001256　R291.1/m12－2
神農本草經讀四卷　(清)陳念祖撰　清光緒二十八年(1902)上海文瀾書局石印本　一冊

340000 - 1842 - 0001257　R291.1/m13
神農本經三卷　(清)莫文泉校注　清光緒二十六年(1900)歸安月河莫氏刻本　一册

340000 - 1842 - 0001258　R291.1/m5
本經逢原四卷　(清)張璐撰　清光緒二十年(1894)上海圖書集成印書局鉛印本　三册　存三卷(一至二、四)

340000 - 1842 - 0001259　R291.1/m8 - 2/1
本經逢原四卷　(清)張璐撰　清同德堂刻本　三册　存三卷(一至二、四)

340000 - 1842 - 0001260　R291.1/m8 - 2/2
本經逢原四卷　(清)張璐撰　清同德堂刻本　四册

340000 - 1842 - 0001261　R291.2/m19
合訂本草備要一卷醫方集解六卷醫方湯頭歌括一卷經絡歌訣一卷續增日食菜物一卷　(清)汪昂編　清裕德堂刻本　六册

340000 - 1842 - 0001262　R291.3/m3
濟荒必備三卷　(清)陳僅纂集　清道光二十九年(1849)安康縣刻本　一册

340000 - 1842 - 0001263　R291.3/m4
食物本草二卷　(清)李文培著　清光緒十三年(1887)大成堂刻本　二册

340000 - 1842 - 0001264　R291.3/m5
隨息居飲食譜七卷　(清)王士雄撰　清光緒十八年(1892)上海醉六堂刻本　二册

340000 - 1842 - 0001265　R291.5/m4 - 11
雷公炮製藥性解六卷　(明)李中梓輯　(清)王子接重訂　清光緒三十四年(1908)上海朱氏煥文書局石印本　一册

340000 - 1842 - 0001266　R291.5/m4 - 11
雷公炮製藥性解六卷　(明)李中梓輯　(清)王子接重訂　清光緒三十四年(1908)上海朱氏煥文書局石印本　一册

340000 - 1842 - 0001267　R291.9/m1
本草問答二卷　(清)唐宗海著　清光緒二十年(1894)上海順成書局石印本　一册

340000 - 1842 - 0001268　R291.9/m3
注禮堂醫學舉要四卷　(清)戴緒安輯　清刻本　一册　存一卷(四)

340000 - 1842 - 0001269　R292.1/m18
幾希錄一卷集古方一卷　(清)瑞五堂主人編　清光緒十四年(1888)邵城許大房廣記刻本　一册

340000 - 1842 - 0001270　R292.1/m23
平易方四卷　(清)葉香侶編　清道光十二年(1832)刻本　四册

340000 - 1842 - 0001271　R292.1/m24
普濟應驗良方八卷末一卷補遺一卷　(清)德軒氏纂輯　清嘉慶二十四年(1819)江寧救生局刻本　一册

340000 - 1842 - 0001272　R292.1/m24 - 1
普濟應驗良方八卷　(清)德軒氏纂輯　清嘉慶二十四年(1819)江寧救生局刻道光十九年(1839)印本　一册

340000 - 1842 - 0001273　R292.1/m24 - 2
普濟應驗良方八卷補遺一卷　(清)德軒氏纂輯　清刻本　一册

340000 - 1842 - 0001274　R292.1/m25
衛濟餘編十八卷　(清)王纕堂編　清淩雲閣刻本　四册

340000 - 1842 - 0001275　R292.1/m26
萬方類纂八卷　(清)宋穆編　清光緒二十五年(1899)桂林毓蘭書屋刻本　六册

340000 - 1842 - 0001276　R292.1/m27
古方彙精五卷　(清)愛虛老人編　清嘉慶九年(1804)京江尊仁堂刻本　四册

340000 - 1842 - 0001277　R292.1/m28
濟世養生集一卷　(清)毛世洪編　清嘉慶十五年(1810)刻本　一册

340000 - 1842 - 0001278　R292.1/m33/1
萬國藥方八卷　(美國)洪士提譯　清光緒三十年(1904)美華書館鉛印本　五册

340000 - 1842 - 0001279　R292.1/m33/2

萬國藥方八卷 （美國）洪士提譯 清光緒三十年(1904)美華書館鉛印本 八冊

340000－1842－0001280 R292.1/m34
不藥良方二卷續集十卷奇癥並家常宜知方一卷 （清）王玷桂編 清光緒七年(1881)京都邵衣堂刻本 十二冊

340000－1842－0001281 R292.1/m35
利濟培元一卷 （□）□□撰 清同治十年(1871)刻本 一冊

340000－1842－0001282 R292.1/m36
小蓬萊山館方鈔二卷 題(清)竹林寺僧傳 清刻本 一冊

340000－1842－0001283 R292.1/m38
葛祖回生集二卷 （清）陳傑輯 清刻本 二冊

340000－1842－0001284 R292.1/m43
便易經驗集一卷濟世養生集一卷養生經驗補遺一卷 （清）毛世洪輯 **續刻經驗集一卷** （清）鮑國儁撰 **續刻經驗集一卷** （清）孫復初輯 **續刊經驗集痦痧選要一卷** （清）王松泉增訂 清同治二年(1863)陳明德善書店刻本 二冊

340000－1842－0001285 R292.1/m49－1
種福堂公選良方四卷 （清）葉桂輯 清刻本 一冊 存二卷(三至四)

340000－1842－0001286 R292.1/m49－2
種福堂續選醫案四卷 （清）葉桂輯 清文盛堂刻本 二冊

340000－1842－0001287 R292.1/m49－3
種福堂公選良方四卷 （清）葉桂輯 清刻本 一冊 存二卷(一至二)

340000－1842－0001288 R292.1/m50
葉天士先生經驗奇方不分卷 （清）葉桂輯 （清）蔣承榍錄 清光緒二十年(1894)蔣承榍抄本 一冊

340000－1842－0001289 R292.1/m52/1
濟世良方六卷首一卷補遺四卷 （清）周其芬編 清同治四年(1865)武昌節署刻本 八冊

340000－1842－0001290 R292.1/m52/2
濟世良方六卷首一卷補遺四卷 （清）周其芬編 清同治四年(1865)武昌節署刻本 八冊

340000－1842－0001291 R292.1/m53
藥方集不分卷 （□）□□撰 清抄本 二冊

340000－1842－0001292 R292.1/m55
賽金丹提綱二卷 （清）徐半峰編 清刻本 一冊

340000－1842－0001293 R292.1/m56
本草萬方癥宗八卷 （清）誠濟堂輯 清光緒四年(1878)抄本 一冊

340000－1842－0001294 R292.1/m57
新刊良朋彙集十卷 （清）孫偉輯 清嘉慶二年(1797)漢鎮同盛堂刻本 十冊

340000－1842－0001295 R292.1/m57－2
新刊良朋匯集五卷補遺一卷 （清）孫偉輯 清光緒九年(1883)上海掃葉山房刻本 六冊

340000－1842－0001296 R292.1/m61
嚞齋彙選簡要良方一卷 （清）徐寶謙編 清光緒五年(1879)刻本 一冊

340000－1842－0001297 R292.1/m62
青囊立效秘方二卷 （清）李彭年撰 清光緒九年(1883)刻本 一冊

340000－1842－0001298 R292.1/m63/1
經驗方二卷 （清）沈善兼輯 清光緒二十二年(1896)柞溪沈氏擇古齋刻本 一冊

340000－1842－0001299 R292.1/m63/2
經驗方二卷 （清）沈善兼輯 清光緒二十二年(1896)柞溪沈氏擇古齋刻本 一冊

340000－1842－0001300 R292.1/m64
經驗選秘六卷 （清）胡增彬輯訂 清同治十年(1871)杭州翰文齋刻本 一冊

340000－1842－0001301 R292.1/m66
增訂醫方易簡十卷 （清）龔自璋編 （清）黃統校補 清光緒九年(1883)刻本 十冊

340000－1842－0001302　R292.1/m7/1
類證普濟本事方十卷　(宋)許叔微著　(清)葉桂釋義　清嘉慶十九年(1814)掃葉山房刻本　六冊　缺一卷(一)

340000－1842－0001303　R292.1/m7/2
類證普濟本事方十卷　(宋)許叔微著　(清)葉桂釋義　清嘉慶十九年(1814)掃葉山房刻本　六冊

340000－1842－0001304　R292.1/m7/3
類證普濟本事方十卷　(宋)許叔微著　(清)葉桂釋義　清嘉慶十九年(1814)掃葉山房刻本　六冊

340000－1842－0001305　R292.1/m8
活人方七卷　(清)林開燧編　清同治八年(1869)刻本　七冊

340000－1842－0001306　R292.1/m87/1
專治外口應驗良方不分卷　(□)□□撰　清抄本　一冊

340000－1842－0001307　R292.1/m87/2
應驗良方不分卷　(□)□□撰　清抄本　一冊

340000－1842－0001308　R292.2/m10
史載之方二卷　(宋)史堪撰　清光緒二年(1876)陸心源刻十萬卷樓叢書本　一冊

340000－1842－0001309　R292.2/m12
十藥神書注解一卷　(元)葛可久撰　(清)陳念祖注　清兩儀堂刻本　一冊

340000－1842－0001310　R292.2/m14/1
景岳新方詩括注明四卷首一卷　(清)陳念祖纂　清道光二十四年(1844)刻本　四冊

340000－1842－0001311　R292.2/m14/2
景岳新方詩括注明四卷首一卷　(清)陳念祖纂　清道光二十四年(1844)刻本　四冊

340000－1842－0001312　R292.2/m15
景岳新方砭四卷　(清)陳念祖著　清光緒三年(1877)刻本　二冊

340000－1842－0001313　R292.2/m16
醫方集解不分卷　(清)汪昂撰　清道光二十五年(1845)瓶花書屋刻本　四冊

340000－1842－0001314　R292.2/m16－1
醫方集解二十一卷附一卷　(清)汪昂撰　清光緒九年(1883)刻本　五冊　缺五卷(十八至二十一、附一卷)

340000－1842－0001315　R292.2/m16－2/1
醫方集解二十一卷救急良方一卷勿藥元詮一卷　(清)汪昂撰　清光緒十六年(1890)上洋江左書林刻本　六冊

340000－1842－0001316　R292.2/m16－2/2
醫方集解二十一卷救急良方一卷勿藥元詮一卷　(清)汪昂撰　清光緒十六年(1890)上洋江左書林刻本　六冊

340000－1842－0001317　R292.2/m16－3
醫方集解二十一卷　(清)汪昂撰　清光緒十三年(1887)蘇州掃葉山房刻本　六冊

340000－1842－0001318　R292.2/m16－5
醫方集解二十一卷　(清)汪昂撰　清光緒五年(1879)掃葉山房刻本　六冊

340000－1842－0001319　R292.2/m18－1
成方切用二十六卷　(清)吳儀洛編　清刻本　二冊　存十卷(十二至十四、二十至二十六)

340000－1842－0001320　R292.2/m19/1
醫方論四卷　(清)費伯雄著　清光緒三年(1877)刻本　二冊

340000－1842－0001321　R292.2/m19/2
醫方論四卷　(清)費伯雄著　清光緒三年(1877)刻本　一冊

340000－1842－0001322　R292.2/m19/3
醫方論四卷　(清)費伯雄著　清光緒三年(1877)刻本　一冊　存二卷(一至二)

340000－1842－0001323　R292.2/m19－2
醫方論四卷　(清)費伯雄著　清同治五年(1866)耕心堂刻本　四冊

340000－1842－0001324　R292.2/m19－3

醫方論四卷 (清)費伯雄著 清光緒十四年(1888)上海掃葉山房刻本 一册 存二卷(一至二)

340000－1842－0001325 R292.2/m21
三朝名醫方論二十三卷 (宋)駱龍吉 (金)劉完素撰 (清)羅美編 清宣統三年(1911)寧波四明汲綆齋石印本 四册

340000－1842－0001326 R292.2/m21
三朝名醫方論二十三卷 (宋)駱龍吉 (金)劉完素撰 (清)羅美編 清光緒上海千頃堂書局石印本 六册

340000－1842－0001327 R292.2/m6
蘇沈内翰良方十卷 (宋)蘇軾 (宋)沈括等撰 清光緒二十三年(1897)武強賀氏刻本 四册

340000－1842－0001328 R292.2/m6－1
蘇沈内翰良方十卷 (宋)蘇軾 (宋)沈括等撰 清於然室刻本 一册 存六卷(五至十)

340000－1842－0001329 R292.2/m66
兒科痘疹不分卷 (□)□□撰 清同治八年(1869)樊洵章抄本 一册

340000－1842－0001330 R292.2/m9
傳信適用方四卷 (宋)吴彦夔撰 清道光八年(1828)棠樾鮑氏刻本 二册

340000－1842－0001331 R292.3/m1
記憶方詩十二卷 (清)孔廣福撰 清光緒三十年(1904)桐鄉徐氏頤園鉛印本 二册

340000－1842－0001332 R292.4/m11
串雅内編四卷 (清)趙學敏編 清光緒十四年(1888)榆園刻本 二册

340000－1842－0001333 R292.4/m13
急救良方一卷 (清)瑃嵒撰 清道光十三年(1833)刻本 一册

340000－1842－0001334 R292.4/m4
療飢良方一卷 (□)□□撰 清光緒二十二年(1896)渝城刻本 一册

340000－1842－0001335 R292.4/m6
方書三種二卷 (清)汪汲撰 清光緒三十三年(1907)江陵鄧氏刻本 二册

340000－1842－0001336 R292.5/m11
濟世養生集一卷便易經驗集一卷 (清)毛世洪輯 **續刻經驗集瘖疹選要一卷** (清)孫復初輯 清嘉慶八年(1803)刻本 一册

340000－1842－0001337 R292.5/m3
葉種德堂丸散膏丹全錄一卷 (清)葉種德堂主人編 清光緒十三年(1887)杭州葉種德堂刻本 一册

340000－1842－0001338 R292.5/m5/1
萬承志堂丸散膏丹全集一卷 (清)萬承志堂主人編 清光緒十一年(1885)杭州萬承志堂刻本 一册

340000－1842－0001339 R292.5/m5/2
萬承志堂丸散膏丹全集一卷 (清)萬承志堂主人編 清光緒十一年(1885)杭州萬承志堂刻本 一册

340000－1842－0001340 R292.5/m6
趙翰香居丸散膏丹錄一卷 (清)趙文通編 清光緒十年(1884)趙翰香居石印本 一册

340000－1842－0001341 R292.5/m9/1
胡慶餘堂丸散膏丹全集一卷 (清)胡光墉編 清光緒三年(1877)杭州胡慶餘堂刻本 一册

340000－1842－0001342 R292.5/m9/2
胡慶餘堂丸散膏丹全集一卷 (清)胡光墉編 清光緒三年(1877)杭州胡慶餘堂刻本 一册

340000－1842－0001343 R292.5/m9/3
胡慶餘堂丸散膏丹全集一卷 (清)胡光墉編 清光緒三年(1877)杭州胡慶餘堂刻本 一册

340000－1842－0001344 R292.5/m9/4
胡慶餘堂丸散膏丹全集一卷 (清)胡光墉編 清光緒三年(1877)杭州胡慶餘堂刻本 一册

340000 - 1842 - 0001345　R292.5/m9/5
胡慶餘堂丸散膏丹全集一卷　(清)胡光墉編　清光緒三年(1877)杭州胡慶餘堂刻本　一册

340000 - 1842 - 0001346　R292.5/m9/6
胡慶餘堂丸散膏丹全集一卷　(清)胡光墉編　清光緒三年(1877)杭州胡慶餘堂刻本　一册

340000 - 1842 - 0001347　R292.5/m9/7
胡慶餘堂丸散膏丹全集一卷　(清)胡光墉編　清光緒三年(1877)杭州胡慶餘堂刻本　一册

340000 - 1842 - 0001348　R - 51/m22
醫門棒喝四卷傷寒本旨九卷　(清)章楠著　清同治六年(1867)聚文堂刻本　十四册

340000 - 1842 - 0001349　R89/m1 - 3
補注洗冤録集證四卷　(宋)宋慈撰　(清)王又槐集證　(清)阮其新補注　清道光二十三年(1843)刻三色套印本　四册

340000 - 1842 - 0001350　R89/m1 - 4
重刊補註洗冤録集證六卷　(清)王又槐增輯　(清)李觀瀾補輯　(清)阮其新補注　(清)張錫蕃重訂　清光緒三年(1877)浙江書局刻四色套印本　四册　存五卷(二至六)

340000 - 1842 - 0001351　R89/m1 - 5/1
洗冤録詳義四卷　(清)許槤編　清光緒四年(1878)刻本　一册　存一卷(一)

340000 - 1842 - 0001352　R89/m1 - 5/2
洗冤録詳義四卷　(清)許槤編　清光緒四年(1878)刻本　一册　存一卷(一)

340000 - 1842 - 0001353　R931.5/m1
藥材别名一卷　(□)□□撰　清抄本　一册

340000 - 1842 - 0001354　R931.5/m2
各藥出處一卷　(□)□□撰　清抄本　一册

340000 - 1842 - 0001355　R931.5/m3
各藥别法不分卷　(清)均甫抄録　清抄本　一册

340000 - 1842 - 0001356　R932.2/m1
本經疏證十二卷續疏六卷序疏要八卷　(清)鄒澍撰　清咸豐八年(1858)刻本　十二册

340000 - 1842 - 0001357　R932.2/m11
本草經解要四卷　(清)葉桂注　清刻本　一册　存一卷(三)

340000 - 1842 - 0001358　R932.2/m1 - 1
本經疏證十二卷續疏六卷序疏要八卷　(清)鄒澍撰　清咸豐八年(1858)日開山房刻本　十二册

340000 - 1842 - 0001359　R932.2/m1 - 2
本經疏證十二卷續疏六卷　(清)鄒澍撰　清咸豐八年(1858)刻本　四册　存九卷(本經疏證一至二、七至十,續疏四至六)

340000 - 1842 - 0001360　R932.2/m1 - 3
本經疏證十二卷續疏六卷　(清)鄒澍撰　清咸豐八年(1858)刻本　六册　存十二卷(本經疏證一至四、七至十二,續疏五至六)

340000 - 1842 - 0001361　R932.2/m2 - 1/1
本草經疏三十卷　(明)繆希雍著　清光緒十七年(1891)池陽周氏刻周氏醫學叢書本　十二册

340000 - 1842 - 0001362　R932.2/m2 - 1/2
本草經疏三十卷　(明)繆希雍著　清光緒十七年(1891)池陽周氏刻周氏醫學叢書本　十册

340000 - 1842 - 0001363　R932.2/m7
本經續疏六卷　(清)鄒澍撰　清刻本　一册　存二卷(二至三)

340000 - 1842 - 0001364　R932.2/m8 - 3
本經逢源四卷　(清)張璐編　清刻本　四册

340000 - 1842 - 0001365　R932.3/5 - 6
本草備要四卷湯頭歌訣一卷經絡歌訣一卷　(清)汪昂撰　清光緒二十四年(1898)京都泰山堂刻本　三册　存四卷(本草備要四卷)

340000 - 1842 - 0001366　R932.3/m1
本草從新十八卷　(清)吴儀洛撰　清乾隆二

十二年(1757)刻本　六冊

340000－1842－0001367　R932.3/m1－10
本草從新六卷　(清)吳儀洛撰　清嘉慶二十二年(1817)山淵堂刻本　一冊　存二卷(十一至十二)

340000－1842－0001368　R932.3/m1－11
本草從新十八卷　(清)吳儀洛撰　清刻本　一冊

340000－1842－0001369　R932.3/m1－2
本草從新二卷　(清)吳儀洛撰　清刻本　六冊

340000－1842－0001370　R932.3/m1－3
本草從新十八卷　(清)吳儀洛撰　清刻本　三冊　存八卷(一至二、十三至十八)

340000－1842－0001371　R932.3/m1－4
本草從新十八卷　(清)吳儀洛撰　清光緒二十年(1894)學庫山房刻本　六冊

340000－1842－0001372　R932.3/m1－6
本草從新十八卷　(清)吳儀洛撰　清刻本　一冊　存一卷(八)

340000－1842－0001373　R932.3/m1－7
本草從新十八卷　(清)吳儀洛撰　清刻本　四冊　存十三卷(三至十二、十六至十八)

340000－1842－0001374　R932.3/m1－9
本草從新十八卷　(清)吳儀洛撰　清刻本　一冊　存四卷(三至六)

340000－1842－0001375　R932.3/m2/1
本草思辨錄四卷首一卷　(清)周巖著　清光緒三十年(1904)山陰周氏微尚室刻本　四冊

340000－1842－0001376　R932.3/m2/2
本草思辨錄四卷首一卷　(清)周巖著　清光緒三十年(1904)山陰周氏微尚室刻本　二冊

340000－1842－0001377　R932.3/m2/3
本草思辨錄四卷首一卷　(清)周巖著　清光緒三十年(1904)山陰周氏微尚室刻本　三冊

340000－1842－0001378　R932.3/m2/4
本草思辨錄四卷首一卷　(清)周巖著　清光緒三十年(1904)山陰周氏微尚室刻本　四冊

340000－1842－0001379　R932.3/m3/1
本草便讀二卷　(清)張秉成編　清光緒二十二年(1896)刻本　四冊

340000－1842－0001380　R932.3/m3/2
本草便讀二卷　(清)張秉成編　清光緒二十二年(1896)刻本　四冊

340000－1842－0001381　R932.3/m3－1/1
本草便讀四卷　(清)張秉成編　清光緒二十二年(1896)張氏刻本　二冊

340000－1842－0001382　R932.3/m3－1/2
本草經三卷　(三國魏)吳普等述　(清)孫星衍　(清)孫馮翼輯　清光緒十七年(1891)池陽周氏刻周氏醫學叢書本　二冊

340000－1842－0001383　R932.3/m3－2
本草便讀二卷　(清)張秉成編　清光緒十三年(1887)刻本　一冊　存一卷(二)

340000－1842－0001384　R932.3/m5－1/1
增訂本草備要四卷湯頭歌訣一卷經絡歌訣一卷　(清)汪昂輯　清同治三年(1864)刻本　五冊

340000－1842－0001385　R932.3/m5－1/2
增訂本草備要四卷湯頭歌訣一卷經絡歌訣一卷　(清)汪昂輯　清同治三年(1864)刻本　五冊

340000－1842－0001386　R932.3/m5－10
增訂本草備要四卷　(清)汪昂輯　清光緒十二年(1886)掃葉山房刻本　四冊

340000－1842－0001387　R932.3/m5－4
增訂本草備要四卷　(清)汪昂輯　清光緒三十三年(1907)三益堂刻本　四冊

340000－1842－0001388　R932.3/m5－5
增訂本草備要四卷　(清)汪昂輯　清光緒十二年(1886)刻本　二冊

340000－1842－0001389　R932.3/m5－7
增訂本草備要四卷　(清)汪昂輯　清光緒十

二年(1886)掃葉山房刻本　三冊

340000－1842－0001390　R932.3/m5－8

本草備要四卷　(清)汪昂輯　清刻本　三冊

340000－1842－0001391　R932.3/m6

本草原始合雷公炮製十二卷　(明)李中立纂輯　清道光二十八年(1848)刻本　四冊

340000－1842－0001392　R932.3/m9

本草綱目五十二卷首一卷　(明)李時珍撰　清光緒十一年(1885)合肥張紹堂刻本　二十七冊

340000－1842－0001393　R932.3/m9－2

本草綱目五十二卷圖二卷　(明)李時珍撰　明萬曆三十一年(1603)江西刻本　三十九冊

340000－1842－0001394　R932.3/m9－6

本草綱目五十二卷圖三卷脉訣攷證一卷瀕湖脉學一卷奇經八脉攷一卷　(明)李時珍撰

本草萬方針線八卷　(清)蔡烈先撰　清同治十一年(1872)芥子園刻本　四十七冊　缺三卷(本草綱目九、四十九至五十)

340000－1842－0001395　R932.849/m8－1

景岳新方砭四卷　(清)陳念祖著　清石印本　一冊

340000－1842－0001396　S932/m1

海錯百一錄五卷　(清)郭柏蒼撰　清光緒十二年(1886)刻本　二冊

合肥工業大學圖書館古籍普查登記目録

全國古籍普查登記目録

國家圖書館出版社
National Library of China Publishing House

《合肥工業大學圖書館古籍普查登記目録》

編委會

主　　編：田　傑　陳　科　孫　祥

副 主 編：劉榮清　彭　原

編　　委：田　傑　陳　科　孫　祥　劉榮清　彭　原　劉鳳英

王偉麗　倪　燕　孫偉偉　閆興周

審　　校：鍾姝娟

《合肥工業大學圖書館古籍普查登記目録》

前 言

合肥工業大學圖書館有着悠久的歷史，其前身爲安徽省立工業專科學校圖書組，1950年更名爲淮南煤礦工業專科學校圖書館，1955年更名爲合肥礦業學院圖書館，并遷址合肥，1958年，正式更名爲合肥工業大學圖書館。合肥工業大學圖書館通過民間收集和書店采購等途徑，積纍了3928册的古籍。合肥工業大學圖書館的古籍藏書，主要是孫宗溶校長在1953年至1961年間，派專人前往皖南和上海地區的書店采購而來。此後圖書館還進行過零星的古籍采購和收集。

2007年"中華古籍保護計劃"啓動，合肥工業大學圖書館以此爲契機，根據國家古籍保護中心《全國古籍普查工作方案》部署要求，從2009年逐步開展古籍清點、整理工作，整理出綫裝文獻1051部，去除民國文獻，共有古籍書目218部，并編輯了簡目，實現古籍文獻網上檢索。截至2014年完成了218部古籍普查六項數據的登記工作，基本摸清館藏古籍的家底。在古籍普查中，我館積極申報國家級和省級珍貴古籍名録，有4部古籍入選第三批《國家珍貴古籍名録》、13部古籍入選首批《安徽省珍貴古籍名録》。這些成果的取得集中體現了開展古籍普查工作的重要性與必要性。

合肥工業大學圖書館的古籍庋藏之所，條件一直比較簡陋。2014年起，學校加大資金投入，按照國家古籍保護中心指定的標準，對特藏書庫保護設施進行維護和修整，安裝恒温恒濕系統，并全部采用樟木書櫃。2017年底，特藏書庫保存環境得到較大改善，珍貴古籍有了更安逸的家。古籍整理是連接歷史與現實的橋梁，現在《合肥工業大學圖書館古籍普查登記目録》即將出版，標志着我們的古籍保護和整理工作進入了一個新的階段。

合肥工業大學圖書館

2020年3月

340000－1852－0000001　13.112/4094
御纂周易折中二十二卷首一卷　(清)李光地等撰　清同治六年(1867)浙江書局刻御纂七經本　十册

340000－1852－0000002　13.117/7455
河洛理數七卷　(宋)陳摶著　(宋)邵雍述　(明)史應選重訂　清英德堂刻本　六册

340000－1852－0000003　13.1212/4714
四書疏註撮言大全三十七卷　(清)胡蓉芝輯　清乾隆二十八年(1763)刻本　二十册

340000－1852－0000004　13.1215/7428
增補四書精繡圖像人物備考十二卷　(明)薛應旂輯　(明)陳仁錫增訂　清乾隆五十一年(1786)刻本　八册

340000－1852－0000005　13.1217/5532
四書摭餘說七卷　(清)曹之升輯　清嘉慶十九年(1814)蕭山曹氏家塾刻本　六册

340000－1852－0000006　13.1257/4022
大學衍義四十三卷　(宋)眞德秀彙輯　(明)陳仁錫評閱　明崇禎五年(1632)刻本　十册

340000－1852－0000007　13.127/4437
蘇老泉批點孟子二卷　(宋)蘇洵批點　明萬曆四十二年(1614)刻本　二册

340000－1852－0000008　13.133/0077
莊子郭註十卷　(晉)郭象註　(唐)陸德明音義　明萬曆鄒之嶧刻本　十册

340000－1852－0000009　13.139/4437
文子纘義十二卷　(宋)杜道堅撰　清光緒三年(1877)浙江書局刻二十二子本　二册

340000－1852－0000010　13.162/0045.3
商君書五卷附攷一卷　(戰國)商鞅撰　(清)嚴萬里校　清光緒二年(1876)浙江書局刻二十二子本　一册

340000－1852－0000011　13.167/4411.3
韓非子二十卷　(戰國)韓非撰　明萬曆十年(1582)趙用賢刻管韓合刻本　四册

340000－1852－0000012　13.167/4411.6
韓非子二十卷　(戰國)韓非撰　**識誤三卷**　(清)顧廣圻撰　清光緒元年(1875)浙江書局刻二十二子本　六册

340000－1852－0000013　13.183/6014
呂氏春秋二十六卷　(戰國)呂不韋撰　(明)黃甫龍　(明)唐琳訂　明末黃甫龍匯評本　八册

340000－1852－0000014　13.221/1003
新書十卷　(漢)賈誼撰　(清)盧文弨校　清光緒元年(1875)浙江書局刻二十二子本　二册

340000－1852－0000015　13.222/0230.2
淮南子二十一卷　(漢)劉安撰　(漢)高誘注　清光緒二年(1876)浙江書局刻二十二子本　六册

340000－1852－0000016　13.229/5640
揚子法言十三卷　(漢)揚雄撰　(晉)李軌注　**音義一卷**　(宋)□□撰　清光緒二年(1876)浙江書局刻二十二子本　一册

340000－1852－0000017　13.238/2810
中論二卷　(漢)徐幹撰　明刻本　一册

340000－1852－0000018　13.311/1037.2
文中子中說十卷　(隋)王通撰　(宋)阮逸注　清光緒二年(1876)浙江書局刻二十二子本　二册

340000－1852－0000019　13.41/4438
宋元學案一百卷首一卷　(清)黃宗羲撰　(清)黃百家纂輯　(清)全祖望修訂　清末民國上海文瑞樓石印本　三十二册

340000－1852－0000020　13.43/2540
二程全書七種　(宋)程顥　(宋)程頤撰　(宋)朱熹輯　清康熙中石門呂氏寶誥堂刻本　十六册

340000－1852－0000021　13.5/4438
明儒學案六十二卷　(清)黃宗羲撰　清末民國上海文瑞樓石印本　十六册

340000－1852－0000022　13.53/4400

薛子庸語十二卷　（明）薛應旂撰　（明）向程釋　明隆慶刻本　六冊

340000－1852－0000023　13.6/0044
學案小識十四卷首一卷末一卷　（清）唐鑑撰　清光緒十年（1884）刻本　六冊

340000－1852－0000024　13.6/3144
國朝漢學師承記八卷國朝經師經義一卷國朝宋學淵源記二卷附錄一卷　（清）江藩撰　清刻本　六冊

340000－1852－0000025　13.61/0088
學案小識十四卷首一卷　（清）唐鑑撰　清光緒十年（1884）刻本　十二冊

340000－1852－0000026　15.1163/4233.2
羣學一卷　（英國）斯賓塞爾撰　嚴復譯　清光緒二十八年（1902）杭州譯印局鉛印本　一冊

340000－1852－0000027　17.039/7430
在官法戒錄摘鈔四卷　（清）陳弘謀編　清同治七年（1868）楚北崇文書局刻本　二冊

340000－1852－0000028　17.039/7430.2
五種遺規　（清）陳弘謀編　清同治七年（1868）楚北崇文書局刻本　八冊　存五種十二卷（養正遺規一卷、訓俗遺規四卷、從政遺規二卷、教女遺規一卷、在官法戒遺規四卷）

340000－1852－0000029　22.03/3427
史記評林一百三十卷　（明）淩稚隆輯　明刻本　三十冊

340000－1852－0000030　22.03/3427.2
漢書評林一百卷　（明）淩稚隆輯　明萬曆淩稚隆刻本　十八冊　存七十九卷（一至二十一、二十四至二十七、三十一至三十九、四十八至八十六、九十五至一百）

340000－1852－0000031　22.03/6066
史記論文一百三十卷　（清）吳見思評點　（清）吳興祚參訂　清康熙刻本　十六冊

340000－1852－0000032　22.121/2800
竹書紀年統箋十二卷　（清）徐文靖撰　清光緒三年（1877）浙江書局刻二十二子本　四冊

340000－1852－0000033　22.123/1779
甲子會紀五卷　（明）薛應旂編　（明）陳仁錫評閱　明末刻本　二冊　存二卷（一至二）

340000－1852－0000034　22.123/1779.2
資治通鑑考異三十卷　（宋）司馬光編集　明嘉靖二十三年至二十四年（1544－1545）孔天胤刻本　八冊

340000－1852－0000035　22.123/1779.4
資治通鑑二百九十四卷　（宋）司馬光編集　明嘉靖二十三年至二十四年（1544－1545）刻本　八十冊

340000－1852－0000036　22.124/2391
御批歷代通鑑輯覽一百二十卷　（清）傅恒編　清同治十三年（1874）刻朱墨套印本　六十冊

340000－1852－0000037　22.124/2540
資治通鑑綱目五十九卷　（宋）朱熹撰　明嘉靖三十五年（1556）趙府居敬堂刻本　三十冊

340000－1852－0000038　22.124/2540.2
資治通鑑綱目五十九卷前編二十五卷續編二十七卷　（宋）朱熹撰　（明）陳仁錫評閱　清嘉慶八年（1803）敬書堂刻本　一百六十冊

340000－1852－0000039　22.16/1778
江南通志二百卷首四卷　（清）尹繼善等修　清刻本　八十冊

340000－1852－0000040　22.17/3100
刻歷朝捷錄大成二卷　（明）顧充輯　明萬曆十二年（1584）刻本　四冊

340000－1852－0000041　22.2122/1012
欽定書經傳說彙纂二十一卷　（清）王頊齡等撰　清同治七年（1868）浙江書局刻御纂七經本　十二冊

340000－1852－0000042　22.2125/1931
欽定書經圖說五十卷　（清）孫家鼐等纂輯　清光緒三十一年（1905）石印本　十六冊

340000－1852－0000043　22.2162/0000

春秋四傳三十八卷綱領一卷提要一卷東坡圖說一卷春秋二十國年表一卷諸國興廢說一卷 (明)陳允升校　明陳允升刻本　十四册

340000－1852－0000044　22.21637/4076
春秋左傳十五卷　(明)孫月峰批點　明萬曆四十四年(1616)吳興閔齊伋刻朱墨套印本　十二册

340000－1852－0000045　22.2165/1059
欽定春秋傳說彙纂三十八卷首二卷　(清)王掞等纂　清同治九年(1870)刻本　二十册

340000－1852－0000046　22.2165/1106
春秋屬辭辨例編六十卷首二卷　(清)張應昌撰　清同治江蘇書局刻本　三十二册

340000－1852－0000047　22.21652/4428
董子春秋繁露十七卷　(漢)董仲舒撰　清光緒二年(1876)浙江書局刻二十二子本　二册

340000－1852－0000048　22.2171/2722
戰國策十卷　(宋)鮑彪校注　(元)吳師道重校　明刻本　八册

340000－1852－0000049　22.2171/7474
戰國策去毒二卷　(清)陸隴其評選　清同治九年(1870)刻本　二册

340000－1852－0000050　22.222/1160
漢書一百卷　(漢)班固撰　(唐)顔師古注　明崇禎十五年(1642)琴川毛氏汲古閣刻清順治十二年(1655)補緝十七史本　三十册

340000－1852－0000051　22.223/4464
後漢書一百二十卷　(南朝宋)范曄撰　(唐)李賢注　明崇禎十六年(1643)琴川毛氏汲古閣刻清順治十二年(1655)補緝十七史本　二十册　存九十卷(帝紀十卷、列傳八十卷)

340000－1852－0000052　22.2481/7878
遼史一百十六卷　(元)脱脱等撰　(明)張邦奇校　明嘉靖八年(1529)南京國子監刻二十一史本　十二册

340000－1852－0000053　22.2482/7878
金史一百三十五卷目録二卷　(元)脱脱等撰　(明)張邦奇　(明)江汝璧校　明嘉靖八年(1529)南京國子監刻二十一史本　二十八册

340000－1852－0000054　22.26/1020
九朝東華錄四百二十五卷　王先謙撰　清光緒十三年(1887)石印本　六十四册　存三百八十八卷(天命四卷、天聰十一卷、崇德七卷、康熙朝一百十卷、雍正朝二十六卷、乾隆朝一百二十卷、嘉慶朝五十卷、道光朝六十卷)

340000－1852－0000055　22.263/0010
硃批諭旨不分卷　(清)鄂爾泰　(清)張廷玉編次　(清)劉統勳　(清)楊炳等校對　清光緒十三年(1887)上海點石齋石印本　六十册　存五十九册(一至二十三、二十五至六十)

340000－1852－0000056　22.264/0010
南巡盛典一百二十卷　(清)高晉等纂　清光緒八年(1882)上海點石齋石印本　八册

340000－1852－0000057　22.273/1032
湘軍志十六卷　王闓運撰　清宣統元年(1909)東洲刻湘綺樓全書本　四册

340000－1852－0000058　22.273/4039
左文襄公奏疏初編三十八卷續編七十六卷三編六卷　(清)左宗棠撰　清光緒十六年(1890)上海圖書集成局鉛印本　二十册

340000－1852－0000059　22.6/2250
太平寰宇記二百卷目録二卷　(宋)樂史撰　清光緒八年(1882)金陵書局刻本　二十四册

340000－1852－0000060　22.6224/1223
闕里文獻考一百卷首一卷末一卷　(清)孔繼汾纂輯　清乾隆刻本　八册

340000－1852－0000061　22.6521/073
[光緒]重修安徽通志三百五十卷補遺十卷　(清)沈葆楨等纂修　清光緒四年(1878)刻本　一百二十册

340000－1852－0000062　22.6522/0030.073
[光緒]續編廬州府志一百卷首一卷末一卷　(清)黄雲撰　清光緒十一年(1885)刻本　四十八册

340000－1852－0000063　22.6522/2830.046
[淳熙]新安志十卷　(宋)羅願撰　清光緒十四年(1888)黟邑李氏刻本　四册

340000－1852－0000064　22.6522/2830.066
[道光]徽州府志十六卷首一卷　(清)馬步蟾纂修　清道光七年(1827)刻本　三十册

340000－1852－0000065　22.6523/0077.073
[光緒]亳州志二十卷首一卷　(清)宗能徽纂修　清光緒二十年(1894)刻本　十四册

340000－1852－0000066　22.6523/1027.073
[宣統]建德縣志二十卷首一卷　(清)周學銘等纂　清宣統二年(1910)湖北官刷印局鉛印本　十册

340000－1852－0000067　22.6523/2307
[乾隆]大清一統志五百卷　(清)和珅等纂修　清光緒二十八年(1902)上海寶善齋石印本　六十册

340000－1852－0000068　22.123/1779.3
資治通鑑二百九十四卷　(宋)司馬光編集　(元)胡三省音註　**通鑑釋文辯誤十二卷**　(元)胡三省撰　明天啟五年(1625)長洲陳仁錫刻本　八十四册

340000－1852－0000069　22.6523/3177.065
[嘉慶]涇縣志三十二卷涇縣續志九卷首一卷末二卷　(清)李德淦主修　(清)洪亮吉總修　清嘉慶十一年(1806)刻本　十六册

340000－1852－0000070　22.6523/3877.073
[光緒]滁州志十二卷首一卷末一卷　(清)熊祖詒纂　清光緒二十三年(1897)刻本　十册

340000－1852－0000071　22.6523/4631
[光緒]泰興縣志二十六卷圖一卷志餘一卷　(清)楊激雲主修　清光緒十二年(1886)刻本　十册

340000－1852－0000072　22.6523/5723
[光緒]重修五河縣志二十卷首一卷　(清)賴同宴等修　清光緒二十年(1894)刻本　八册

340000－1852－0000073　22.6523/7777.064
[光緒]鳳陽縣志十五卷首一卷附續志一卷　(清)于萬培等纂修　清光緒十三年(1887)刻本　八册

340000－1852－0000074　22.6711/1032
閩都記三十三卷　(明)王應山纂輯　清道光十一年(1831)刻本　六册

340000－1852－0000075　22.6731/4454
桂海虞衡志一卷　(宋)范成大紀　(明)吳琯校　清刻本　一册

340000－1852－0000076　22.7522/1089
泰山道里記一卷　(清)聶鈫撰　清道光六年(1826)刻本　一册

340000－1852－0000077　22.7523/6066
説嵩三十二卷　(清)景日昣撰　清康熙六十年(1721)嶽生堂刻本　十册

340000－1852－0000078　22.7531/4043
[道光]華嶽志八卷首一卷　(清)李榕纂輯　清道光十一年(1831)刻本　四册

340000－1852－0000079　22.7531/4043＝2
[道光]華嶽志八卷首一卷　(清)李榕纂輯　清道光十一年(1831)刻光緒三十年(1904)補刻本　四册

340000－1852－0000080　22.7551/2168
[乾隆]金山志十卷　(清)盧見曾錄　清乾隆二十七年(1762)雅雨堂刻本　四册

340000－1852－0000081　22.7551/2168.2
[乾隆]焦山志十二卷　(清)盧見曾錄　清乾隆二十七年(1762)雅雨堂刻本　四册

340000－1852－0000082　22.7552/0426
[光緒]九華山志十卷末一卷　(清)謝維喈重修　清光緒二十六年(1900)刻本　七册

340000－1852－0000083　22.7554/2021
[康熙]廬山志十五卷　(清)毛德琦重訂　清康熙五十九年(1720)刻乾隆、同治重修本　十六册

340000－1852－0000084　22.7554/9034
[道光]龍虎山志十六卷　(清)婁近垣輯　清

道光十二年(1832)刻本　六册

340000－1852－0000085　22.7556/7465
南嶽總勝集三卷　(宋)陳田夫撰　清光緒三十二年(1906)葉德輝刻本　三册

340000－1852－0000086　22.7571/4411
[康熙]武夷山志二十四卷　(清)董天工編集　清康熙刻本　十册

340000－1852－0000087　22.76/0074
水道提綱二十八卷　(清)齊召南編錄　清光緒二十四年(1898)刻本　八册

340000－1852－0000088　22.76/4647
水經注匯校四十卷首一卷　(北魏)酈道元撰　清光緒七年(1881)福州刻本　十九册

340000－1852－0000089　22.76/7203
揚州水道記四卷　(清)劉文淇撰　清道光二十五年(1845)刻本　四册

340000－1852－0000090　22.769/2333
行水金鑑一百七十五卷首一卷　(清)傅澤洪撰　清刻本　四十八册

340000－1852－0000091　22.7698/4017
西湖志四十八卷　(清)李衛等修　(清)傅王露等纂　清刻本　二十册

340000－1852－0000092　22.7698/6035
西湖遊覽志二十四卷志餘二十六卷　(明)田汝成撰　清光緒二十二年(1896)錢塘丁氏嘉惠堂刻本　十二册

340000－1852－0000093　22.76988/7146
莫愁湖志六卷首一卷　(清)馬士圖撰　清光緒八年至十七年(1882－1891)刻本　二册

340000－1852－0000094　22.79152/6024
廬陽名勝便覽六卷　(清)吳步林編　清刻本　一册

340000－1852－0000095　26.1105/0014
歷代帝王年表十四表　(清)齊召南編　清道光四年(1824)刻本　四册

340000－1852－0000096　26.12102/0077
尚友錄二十二卷　(明)廖用賢編纂　(清)張伯琮補輯　清乾隆刻本　十二册

340000－1852－0000097　26.12616
晏子春秋七卷　(周)晏嬰撰　**音義二卷**　(清)孫星衍撰　**校勘二卷**　(清)黄以周記　清光緒元年(1875)浙江書局刻二十二子本　四册

340000－1852－0000098　26.12666/0900
凝香室鴻雪因緣圖記三集　(清)麟慶撰　(清)汪春泉繪圖　清道光二十七年(1847)刻本　八册　存二集(二至三)

340000－1852－0000099　26.329
金石苑不分卷　(清)劉喜海撰　清道光二十六年(1846)刻本　五册

340000－1852－0000100　26.329/1000
金石萃編補略二卷　(清)王言撰　清光緒八年(1882)刻本　四册

340000－1852－0000101　26.329/1146
重定金石契一卷首一卷　(清)張燕昌撰　清光緒二十二年(1896)貴池劉氏聚學軒刻本　四册

340000－1852－0000102　26.329/2423
金石圖不分卷　(清)褚峻摹　(清)牛運震説　清乾隆八年至十年(1743－1745)刻本　四册

340000－1852－0000103　26.329/3117
金石索十二卷首一卷　(清)馮雲鵬輯　清道光元年(1821)刻本　十二册

340000－1852－0000104　26.32933/1017
泊如齋重修宣和博古圖錄三十卷　(宋)王黼等撰　明萬曆十六年(1588)泊如齋刻本　十六册　存二十八卷(一至二十八)

340000－1852－0000105　26.32935/4027
古泉匯六十四卷　(清)李佐賢編　清同治三年(1864)刻本　二十册

340000－1852－0000106　26.3294/0200
匋齋臧石記四十四卷首一卷附匋齋臧甎記二

卷 （清）端方撰　清宣統元年（1909）石印本　十二冊

340000－1852－0000107　26.3294/6469
語石十卷　葉昌熾撰　清宣統元年（1909）刻本　四冊

340000－1852－0000108　26.70912/4877
欽定儀禮義疏四十八卷首二卷　（清）鄂爾泰等纂　清刻本　二十八冊

340000－1852－0000109　22.6523/2733
［同治］祁門縣志三十六卷首一卷　（清）周溶主修　清同治十二年（1873）刻本　十二冊

340000－1852－0000110　26.709283/3100
月令廣義二十四卷首一卷附錄一卷　（明）馮應京纂輯　（明）戴任增釋　（明）李登參訂　明刻本　八冊

340000－1852－0000111　26.76/2544
文廟通考六卷首一卷　（清）牛樹梅撰　清同治十一年（1872）浙江書局刻本　二冊

340000－1852－0000112　26.76/3131
聖廟祀典圖攷五卷首一卷附聖蹟圖二卷　（清）顧沅輯　清道光吳門賜硯堂顧氏刻本　六冊

340000－1852－0000113　27.44/4231
原富三十二卷　（英國）斯密亞丹撰　嚴復譯　清光緒南洋公學譯書院鉛印本　八冊

340000－1852－0000114　29.37/1021
二如亭群芳譜三十卷首一卷　（明）王象晉纂輯　明天啓元年（1621）刻本　十六冊

340000－1852－0000115　29.37/3131
佩文齋廣羣芳譜一百卷　（清）汪灝等撰　清末民初上海錦章圖書局石印本　二十四冊

340000－1852－0000116　29.7253/4032
淮鹺備要十卷　（清）李澄撰　清道光三年（1823）刻本　四冊

340000－1852－0000117　32.17/4338
列國政要一百三十二卷首一卷　（清）戴鴻慈輯　清光緒三十三年（1907）石印本　三十二冊

340000－1852－0000118　32.291/7107
文獻通考三百四十八卷　（元）馬端臨撰　清刻本　九十六冊　存三百三十五卷（一至八十七、九十七至三百三、三百八至三百四十八）

340000－1852－0000119　32.29115/4877
欽定周官義疏四十八卷首一卷　（清）鄂爾泰等撰　清同治七年（1868）刻本　二十四冊

340000－1852－0000120　35.296/4237
大清律例增修通纂集成四十卷附二卷　（清）姚雨薌原纂　（清）章畏之增修　清道光二十二年（1842）刻本　二十三冊　存四十卷（大清律例增修通纂集成四十卷）

340000－1852－0000121　37.64/1983
藏書記要一卷　（清）孫從添撰　清光緒九年（1883）刻本　一冊

340000－1852－0000122　37.685/4444
宋元舊本書經眼錄三卷附錄二卷　（清）莫友芝撰　清同治十二年（1873）莫氏刻本　三冊

340000－1852－0000123　37.686/4411.2
士禮居藏書題跋記六卷　（清）黄丕烈撰　清光緒八年（1882）刻本　四冊

340000－1852－0000124　37.6861/7451
直齋書錄解題二十四卷　（宋）陳振孫撰　清光緒九年（1883）江蘇書局刻本　六冊

340000－1852－0000125　37.687/0044
新學僞經考十四卷　康有為撰　清光緒十七年（1891）武林望雲樓石印本　八冊

340000－1852－0000126　37.687/4279
古今僞書攷一卷　（清）姚際恒撰　清光緒三年（1877）刻本　二冊

340000－1852－0000127　37.688/1081
讀書雜志八十二卷餘編二卷　（清）王念孫撰　清同治九年（1870）金陵書局刻本　二十四冊

340000－1852－0000128　41.213/2738

唐韻考五卷 (清)紀容舒撰 清光緒六年(1880)定州王氏栢齋刻畿輔叢書本 二冊

340000－1852－0000129 41.2256/0028
通雅五十二卷首三卷 (明)方以智輯 (清)姚文爕校勘 清康熙浮山此藏軒刻本 二十冊

340000－1852－0000130 41.226/2574
經史答問四卷 (清)朱駿聲撰 清光緒二十年(1894)金陵刻本 四冊

340000－1852－0000131 41.2421/0894
說文解字十五卷 (漢)許慎撰 (宋)徐鉉校 清刻本 六冊

340000－1852－0000132 41.24356/0033
說文古籀疏證六卷 (清)莊述祖撰 清光緒二十年(1894)刻本 四冊

340000－1852－0000133 41.2461/4494
廣金石韻府五卷 (清)林尚葵輯 (清)李根較正 清康熙朱墨套印本 六冊

340000－1852－0000134 43.2/0246
楊升菴先生批點文心雕龍十卷 (南朝梁)劉勰撰 (明)楊慎批點 (明)梅慶生音註 明萬曆三十七年(1609)刻本 二冊

340000－1852－0000135 43.2/1053
王船山經史論八種七十三卷 (清)王夫之撰 清光緒二十五年(1899)公記書莊石印本 十六冊

340000－1852－0000136 43.2/6440
攷古質疑六卷 (宋)葉大慶撰 清光緒四年(1878)刻本 二冊

340000－1852－0000137 43.23545/4727
漁隱叢話一百卷 (宋)胡仔撰 清道光二十六年(1846)刻本 十二冊

340000－1852－0000138 43.2356/4048
隨園詩話十六卷補遺八卷 (清)袁枚撰 清刻本 六冊

340000－1852－0000139 43.23561/1043
带經堂詩話三十卷首一卷 (清)王士禛撰 (清)張宗柟纂 清乾隆二十五年(1760)刻本 八冊

340000－1852－0000140 43.23716/4403
詩律校勘記二十卷 (清)杜文瀾撰 清咸豐十一年(1861)刻本 二冊

340000－1852－0000141 43.237166/2850
詞律拾遺八卷 (清)徐本立纂 清同治十二年(1873)刻本 六冊

340000－1852－0000142 43.237573/7419
白雨齋詞話八卷白雨齋詞存一卷白雨齋詞抄一卷 (清)陳廷焯撰 清光緒二十年(1894)刻本 四冊

340000－1852－0000143 43.26/3191
日知錄集釋三十二卷附日知錄刊誤二卷 (清)顧炎武撰 (清)黃汝成集釋 清道光十四年(1834)刻本 十二冊

340000－1852－0000144 44.1283/4420
六臣註文選六十卷補遺一卷 (南朝梁)蕭統撰 (唐)李善等註 明萬曆刻本 三十冊

340000－1852－0000145 44.132/4280
重校正唐文粹一百卷 (宋)姚鉉纂 明嘉靖刻本 四十冊

340000－1852－0000146 44.132/4404
欽定全唐文一千卷目錄三卷 (清)董誥等編 清嘉慶十九年(1814)刻本 三百二十冊

340000－1852－0000147 44.141/5047
蘇門六君子文粹五種七十卷 (宋)陳亮輯 明崇禎六年(1633)新安胡氏武林刻本 十冊

340000－1852－0000148 44.15/4762
名世文宗三十卷 (明)胡時化選輯 (明)陳仁錫訂正 明崇禎元年(1628)刻本 十六冊

340000－1852－0000149 44.16/2136
國朝文匯二百卷 (清)上海國學扶輪社編 清宣統元年(1909)上海國學扶輪社石印本 一百冊

340000－1852－0000150 44.2242/0440
諸葛丞相集四卷附錄一卷 (三國蜀)諸葛亮

撰　(清)朱璘輯　清康熙三十七年(1698)萬卷堂刻本　四册

340000－1852－0000151　44.242/1031
王臨川全集一百卷　(宋)王安石撰　清光緒九年(1883)刻本　二十册

340000－1852－0000152　44.242/1779
司馬溫公文集八十二卷　(宋)司馬光撰　清康熙四十七年(1708)刻本　二十四册

340000－1852－0000153　44.242/4422
范忠宣公集二十卷奏議二卷遺文一卷附錄一卷補編一卷　(宋)范純仁撰　清道光十年(1830)歲寒堂刻本　六册

340000－1852－0000154　44.242/4453
坡仙集十六卷　(宋)蘇軾撰　(明)李贄評輯　明萬曆二十八年(1600)刻本　六册

340000－1852－0000155　44.25/2749
震川先生全集三十卷別集十卷　(明)歸有光撰　清光緒六年(1880)常熟歸氏刻本　十六册

340000－1852－0000156　44.25/4033
錦帆集四卷去吴七牘一卷　(明)袁宏道撰　明萬曆三十七年(1609)袁叔度書種堂刻本　四册

340000－1852－0000157　44.25/4033.2
瓶花齋集十卷廣莊一卷　(明)袁宏道撰　明萬曆三十六年(1608)袁叔度書種堂刻本　四册

340000－1852－0000158　44.25/4621
楊忠愍公集四卷　(明)楊繼盛撰　清康熙十二年(1673)楊聰福刻本　六册

340000－1852－0000159　44.26/4310
戴東原集十二卷　(清)戴震撰　清宣統二年(1910)渭南嚴氏孝義家塾成都刻本　六册

340000－1852－0000160　44.262/3113
堯峰文鈔四十卷　(清)汪琬撰　(清)林佶編　清康熙三十二年(1693)刻本　六册

340000－1852－0000161　44.265/4217
惜抱軒文集十六卷附後集十卷　(清)姚鼐撰　清光緒九年(1883)桐城徐氏刻本　四册

340000－1852－0000162　44.31/2540.2
詩經六卷　(宋)朱熹注　清同治十年(1871)刻本　四册

340000－1852－0000163　44.32/4418
楚辭燈四卷　(清)林雲銘論述　清刻本　二册

340000－1852－0000164　44.3432/3431
宋洪魏公進萬首唐人絶句四十卷目錄四卷　(宋)洪邁輯　(明)趙宧光　(明)黄習遠補　明萬曆三十五年(1607)趙宧光刻本　七册

340000－1852－0000165　44.3432/4047
御定全唐詩錄一百卷　(清)徐倬　(清)徐元正輯　清康熙四十五年(1706)刻本　二十册

340000－1852－0000166　44.3442/4453
蘇文忠公詩編註集成九十七卷首六卷　(宋)蘇軾撰　(清)王文浩注　清光緒十四年(1888)浙江書局刻本　二十四册

340000－1852－0000167　44.345/8296
古詩歸十五卷　(明)鍾惺　(明)譚元春選定　明末刻本　四册

340000－1852－0000168　44.345/8296.2
唐詩歸三十六卷　(明)鍾惺　(明)譚元春選定　明末刻本　八册

340000－1852－0000169　44.346/4214
國朝詩選十四卷　(清)彭廷梅選　(清)張大法　(清)雷方曉輯　清乾隆十二年(1747)金陵書坊刻本　十册　存十二卷(一至十二)

340000－1852－0000170　44.3462/3148
近光集二十八卷　(清)汪士鋐編纂　(清)徐修仁条注　清康熙五十八年(1719)刻本　八册

340000－1852－0000171　44.3532/2676
白香山詩長慶集二十卷後集十七卷別集一卷補遺二卷　(唐)白居易撰　(清)汪立名編訂　清康熙四十一年至四十二年(1702－1703)

汪立名一隅草堂刻本　十冊

340000－1852－0000172　44.3532/4026
皇清經解續編一千四百三十卷　王先謙輯　清光緒十五年(1889)蜚英館石印本　三十二冊

340000－1852－0000173　44.3532/4026.2
分類補註李太白詩二十五卷分類編次李太白文五卷　(唐)李白撰　(宋)楊齊賢集注　(元)蕭士贇補注　明嘉靖霏玉齋刻本　二十冊

340000－1852－0000174　44.3532/4026.3
分類補註李太白詩二十五卷　(唐)李白撰　(宋)楊齊賢集注　(元)蕭士贇補注　明萬曆三十四年(1606)許自昌刻本　十六冊

340000－1852－0000175　44.3532/4453
杜詩鏡銓二十卷　(唐)杜甫撰　(清)楊倫編　清乾隆五十七年(1792)九柏山房刻本　二十四冊

340000－1852－0000176　44.3532/4480
韓昌黎詩集一卷　(唐)韓愈撰　清摛藻堂抄本　一冊

340000－1852－0000177　44.3532/4480.2
昌黎先生詩集注十一卷　(唐)韓愈撰　(清)顧嗣立刪補　清康熙三十八年(1699)顧氏秀野草堂刻本　十冊

340000－1852－0000178　44.3535/4443.2
杜工部集二十卷首一卷　(唐)杜甫撰　清刻本　十冊

340000－1852－0000179　44.3541/1700
宋邵康節先生伊川擊壤集十卷　(宋)邵雍撰　(明)吳瀚摘註　(明)吳泰增註　明萬曆三十四年(1606)吳元維刻本　八冊　存八卷(一至八)

340000－1852－0000180　44.3542/4453
施註蘇詩四十二卷總目二卷　(宋)蘇軾撰　(宋)施元之注　(清)邵長衡　(清)顧嗣立　(清)宋至刪補　**續補遺二卷**　(清)馮景補注　清康熙三十八年(1699)宋犖刻本　十冊

340000－1852－0000181　44.3542/4453.3
蘇東坡詩集注三十二卷　(宋)呂祖謙分編　(宋)王十朋纂輯　清康熙三十七年(1698)文蔚堂刻本　十二冊

340000－1852－0000182　44.3574/1073
湘綺樓詩集八卷夜雪集序一卷夜雪後集一卷　王闓運撰　清光緒二十六年(1900)東州講舍刻本　四冊

340000－1852－0000183　44.3576/6022
缶廬詩四卷別存一卷　(清)吳俊卿撰　清光緒十九年(1893)安吉吳氏刻本　一冊

340000－1852－0000184　44.37141/6015
宋名家詞九十卷　(明)毛晉輯　明崇禎毛氏汲古閣刻本　四十冊

340000－1852－0000185　44.37173/4403
國朝詞綜續編二十四卷　(清)黃燮清編纂　清同治十二年(1873)鄂垣刻本　八冊

340000－1852－0000186　44.37173/5330
唐五代詞選三卷　(清)成肇麐編　清光緒十三年(1887)刻本　一冊

340000－1852－0000187　44.4115/2010
六十種曲十二集一百二十卷　(明)毛晉輯　明末清初毛氏汲古閣刻本　一百二十冊

340000－1852－0000188　44.4115/3124
類選箋釋草堂詩餘六卷　(明)顧從敬類選　(明)陳仁錫參訂　明萬曆四十二年(1614)刻本　六冊

340000－1852－0000189　44.41526/4448
雪中人一卷　(清)李士珠正譜　(清)蔣士銓填詞　(清)錢世錫評點　清刻本　一冊

340000－1852－0000190　44.53281/0240
世說新語三卷　(南朝宋)劉義慶撰　(南朝梁)劉孝標注　明嘉靖十四年(1535)袁褧嘉趣堂刻本　六冊

340000－1852－0000191　44.53281/0240＝3
世說新語八卷　(南朝宋)劉義慶撰　(南朝

梁)劉孝標注　(明)王世貞批點　(明)淩瀛初校　明萬曆十四年(1586)余碧泉刻本　三冊

340000－1852－0000192　44.5332/7754
酉陽雜俎二十卷續集十卷　(唐)段成式撰　清道光二十九年(1849)小嫏嬛山館刻本　六冊

340000－1852－0000193　44.535/2802
玉芝堂談薈三十六卷　(明)徐應秋輯　明末徐應秋刻清康熙四十二年(1703)靳治荊重修本　十八冊

340000－1852－0000194　44.54/3318
聖諭像解二十卷　(清)梁延年編　清光緒二十九年(1903)安徽撫署刻本　九冊　存十八卷(一至十八)

340000－1852－0000195　44.54/5704.2
今古奇觀四十卷　題(明)抱甕老人輯　清初刻本　十五冊　缺三卷(四至六)

340000－1852－0000196　44.6141/4453
東坡題跋二卷　(宋)蘇軾撰　**山谷題跋三卷**　(宋)黃庭堅撰　清乾隆五十一年(1786)刻本　五冊

340000－1852－0000197　44.671/1042
尺牘清裁六十卷補遺一卷　(明)王世貞編　(明)王世懋校勘　明隆慶五年(1571)刻本　十三冊

340000－1852－0000198　48.23/6042
端溪硯史三卷　(清)吳蘭修撰　(清)鄭廷松校　清道光十七年(1837)嘉善周氏刻本　二冊

340000－1852－0000199　48.3/1117
清河書畫舫十二集　(明)張丑撰　清池北草堂刻本　十二冊

340000－1852－0000200　48.312/1130
國朝書徵錄三卷續錄二卷　(清)張庚撰　(清)蔣泰　(清)湯之昱校　清光緒十三年(1887)埽葉山房刻本　二冊

340000－1852－0000201　48.312/4014
甌缽羅室書畫過目攷四卷附錄一卷　(清)李玉棻編　清宣統三年(1911)北京晉華書局石印本　四冊

340000－1852－0000202　48.312/4027
書畫鑒影二十四卷　(清)李佐賢編　清同治十年(1871)刻本　八冊

340000－1852－0000203　48.3131/1017
清暉贈言十卷　(清)徐永宣編次　清宣統三年(1911)順德鄧氏風雨樓鉛印本　三冊

340000－1852－0000204　48.32/1087
國朝書人輯略十一卷首一卷　(清)震鈞撰　清光緒三十四年(1908)金陵刻本　八冊

340000－1852－0000205　48.33/5033
畫學心印八卷　(清)秦祖永評輯　清光緒四年(1878)刻朱墨套印本　八冊

340000－1852－0000206　48.35/1034
芥子園畫傳五卷　(清)王槩輯　清康熙十八年(1679)芥子園甥館刻四色套印本　五冊

340000－1852－0000207　48.35/1034.2
芥子園畫傳二集八卷　(清)王槩　(清)王蓍　(清)王臬輯　清乾隆四十七年(1782)金閶書業堂刻四色套印本　四冊

340000－1852－0000208　48.35/5033
桐陰論畫初編二卷首一卷續一卷桐陰畫訣一卷桐陰論畫二編二卷三編二卷　(清)秦祖永撰　清同治三年至光緒八年(1864－1882)刻朱墨套印本　八冊

340000－1852－0000209　48.371/4710
十竹齋書畫譜八卷　(明)胡正言輯　清光緒五年(1879)刻五色套印本　八冊

340000－1852－0000210　48.911/0077
御製律呂正義上編二卷下編二卷續編一卷　(清)允祉等撰　清雍正刻本　五冊

340000－1852－0000211　48.9121/5023
蕉庵琴譜四卷　(清)秦維翰編　(清)秦履亨輯　清光緒三年(1877)刻本　四冊

340000－1852－0000212　91.2131/0033
隋經籍志考證十三卷　(清)章宗源撰　清光緒三年(1877)湖北崇文書局刻本　四册

340000－1852－0000213　91.42/4624
海源閣藏書目一卷　(清)楊紹和編　清光緒十四年(1888)元和江氏師鄦室刻本　一册

340000－1852－0000214　91.51/1085
欽定天禄琳琅書目十卷　(清)余敏中等編　清抄本　十册

340000－1852－0000215　92.29/4422
管窺輯要八十卷　(清)黄鼎纂訂　清順治刻本　十八册　存五十九卷(一至十一、十八至十九、二十三至四十六、五十一至五十四、五十九至七十六)

340000－1852－0000216　97.3/2699
漢魏叢書　(明)程榮輯　明萬曆中新安程氏刻本　一百册

340000－1852－0000217　98.81/7110
皇清經解一千四百卷首一卷　(清)阮元輯　清道光九年(1829)學海堂刻本　三百六十四册

340000－1852－0000218　26.70922/4877
欽定禮記義疏八十二卷首一卷　(清)鄂爾泰等撰　清同治十年(1871)湖北崇文書局刻本　二十四册　存四十二卷(一至四十一、首一卷)

安徽省社會科學院圖書館古籍普查登記目録

全國古籍普查登記目録

國家圖書館出版社
National Library of China Publishing House

《安徽省社會科學院圖書館古籍普查登記目録》

編委會

主　　編：白　雲

副 主 編：汪　燦　徐　軍

編　　委：白　雲　汪　燦　徐　軍　張　力　王　衡
江　濤　鞠洪斌　吴大羽　陳　燕

審　　校：鍾姝娟

《安徽省社會科學院圖書館古籍普查登記目録》

前　言

安徽省社會科學院圖書館前身是安徽省哲學社會科學研究所資料室。1983年,安徽省社會科學院成立,圖書館同時正式建立,隸屬院情報研究所。1992年10月,圖書館與情報所分離,調整爲院直屬機構。2012年,搬入新館。古籍文獻一直爲安徽省社會科學院圖書館文獻資源的重要組成部分,現有的古籍文獻爲1983年建院之時,由安徽省圖書館移交而來,目前館藏古籍236部4849册。

2011年4月,爲配合《中華古籍總目·安徽卷》編纂工作的啓動,我館對館藏古籍進行摸底。由於我館爲單位内部圖書館,實力薄弱,當時的古籍存放在普通中文書庫内部一小室内。摸底工作中,我館組織工作人員對古籍庫房、書架進行全面清潔,然後將古籍從民國綫裝書中抽出,并對每册古籍進行除塵除菌,然後分類整序、逐册核對、補製標籤、重新排架并避光保護。5月,我館著手對古籍進行登記著録,登記過程中,工作人員嚴格按照普查標準進行著録,7月著録完畢,得出初步數據,并上交安徽省古籍保護中心。2012年,安徽省古籍普查登記工作啓動,我館於6月對2011年所得數據按照《全國古籍普查登記手册》要求,對索書號、題名卷數、著者、版本、册數、存(缺)卷數六項内容進行審校。2016年年初,我館與安徽省圖書館古籍部工作人員對2012年所得數據再次全部審校,最終修正59條記録。整理、著録、審核和校對工作歷時5年,古籍文獻整理工作與全國古籍普查登記整理工作同時進行。這期間,我館古籍搬入新館舍庫房,保存條件得到明顯改善,工作人員的古籍專業知識和整理技術也有質的提升,古籍工作和外界有更多聯繫。

我們深深體會到,古籍普查工作需要工作人員的耐心和真心。此耐心和真心,希望在以後的古籍工作中能夠長久保持,使我館古籍整理工作不斷呈現新的跨越。

《安徽省社會科學院圖書館古籍普查登記目録》編委會

2019年5月

340000－1861－0000001　經 11/5/0015251
周易兼義九卷附音義一卷　（三國魏）王弼（晉）韓康伯注　（唐）孔穎達正義　（唐）陸德明音義　**注疏校勘記九卷釋文校勘記一卷**　（清）阮元撰　（清）盧文弨摘錄　清光緒十三年（1887）上海脈望仙館石印重刊宋本十三經注疏附校勘記本　一冊

340000－1861－0000002　經 11/8/0015299－0015303
周易傳義合訂十二卷　（清）朱軾撰　清光緒二十三年（1897）刻本　五冊　存九卷（四至十二）

340000－1861－0000003　經 110/1/0008156－0008473
皇清經解續編一千四百三十卷　王先謙輯　清光緒十四年（1888）南菁書院刻本　三百十八冊　存一千四百二十九卷（一至一千七十一、一千七十三至一千四百三十）

340000－1861－0000004　經 110/10/0098260－0098261,0098263－0098268
御纂周易折中二十二卷首一卷　（清）李光地等撰　清刻本　八冊　存十一卷（十至十八、二十一至二十二）

340000－1861－0000005　經 110/11/0016622－0016644,0098245
增補五經備旨萃精四十九卷　（清）鄒聖脈輯　清光緒五年（1879）星沙韞玉山房刻本　二十四冊

340000－1861－0000006　經 110/12/0016645－0016648
皇清經解敬修堂編目十六卷　（清）陶治元編輯　清光緒十二年（1886）石印本　四冊

340000－1861－0000007　經 110/13/0016649－0016698
經義考三百卷　（清）朱彝尊撰　清光緒二十三年（1897）浙江書局刻本　五十冊　存二百九十八卷（一至二百九十八）

340000－1861－0000008　經 110/2/0016558－0016567
五經精義　（清）黃淦撰　清嘉慶十年至十二年（1805－1807）刻本　十冊　存五種二十五卷（周易精義一至四、首一卷，書經精義一至四、首一卷、末一卷，詩經精義一至四、首一卷、末一卷，周禮精義一至六、首一卷，儀禮精義一卷）

340000－1861－0000009　經 110/3/0016589
齋中讀書不分卷　（清）胡肇昕撰　清光緒二十五年（1899）績溪世澤樓刻本　一冊

340000－1861－0000010　經 110/7/0016590－0016591
十三經述要六卷　姚永樸撰　清末鉛印本　二冊

340000－1861－0000011　經 110/8/0016592－0016594
群經考略十六卷　姚永樸撰　清光緒鉛印本　三冊　存十二卷（一至十二）

340000－1861－0000012　經 110/8/0016595－0016598
群經考略十六卷　姚永樸撰　清光緒鉛印本　四冊　存十五卷（一至十二、十四至十六）

340000－1861－0000013　經 110/9/0016599－0016604
十三經札記二十二卷　（清）朱亦棟撰　清光緒四年（1878）武林竹簡齋刻本　六冊

340000－1861－0000014　經 110/9/0016605－0016610
十三經札記二十二卷　（清）朱亦棟撰　清光緒四年（1878）武林竹簡齋刻本　六冊

340000－1861－0000015　經 110/9/0016611－0016621
群經平議三十五卷　（清）俞樾撰　清刻本　十一冊

340000－1861－0000016　經 12/0/0015336
附釋音尚書注疏二十卷　（漢）孔安國傳（唐）陸德明音義　（唐）孔穎達疏　**尚書注疏校勘記二十卷**　（清）阮元撰　（清）盧文弨摘

錄　清光緒十三年(1887)上海脈望仙館石印重刊宋本十三經注疏附校勘記本　一冊　存十二卷(附釋音尚書注疏十一至二十、尚書注疏校勘記十一至二十)

340000－1861－0000017　經 12/2/0015347－0015350

書經集傳六卷首一卷末一卷　(宋)蔡沈撰　清光緒七年(1881)金陵書局刻本　四冊

340000－1861－0000018　經 12/5/0015361－0015363

禹貢會箋十二卷　(清)徐文靖撰　清乾隆十八年(1753)刻本　三冊

340000－1861－0000019　經 12/6/0016572－0016583

五經揭要五種二十六卷　(清)徐寶善輯　清刻本　十二冊

340000－1861－0000020　經 13/2/0015394－0015395

韓詩外傳十卷　(漢)韓嬰撰　(清)周廷寀校注　**校注拾遺一卷**　(清)周宗杬撰　**補逸一卷**　(清)趙懷玉輯　清光緒元年(1875)盱眙吳氏望三益齋刻本　二冊

340000－1861－0000021　經 13/7/0015386－0015393

毛詩稽古編三十卷　(清)陳啟源撰　**附考一卷**　(清)費雲倬輯　清光緒九年(1883)上海同文書局石印本　八冊

340000－1861－0000022　經 14/0/0015403－0015408

周禮故書疏證六卷　(清)宋世犖撰　清嘉慶十一年(1806)清芬閣刻本　六冊

340000－1861－0000023　經 14/0/0015409－0015411,0015534

周禮六卷　(漢)鄭玄注　清同治十三年(1874)刻本　四冊　存四卷(三至六)

340000－1861－0000024　經 14/1/0015431－0015434

周禮十二卷　(清)姜兆錫輯義　清寅清樓刻本　四冊

340000－1861－0000025　經 14/10/0015486－0015488

儀禮鄭注句讀十七卷監本正誤一卷石本正誤一卷附校刊記一卷　(清)張爾岐撰　清同治十一年(1872)山東書局刻十三經讀本附校刊記本　三冊　存九卷(儀禮鄭注句讀四至九、十三至十五)

340000－1861－0000026　經 14/15/0015527－0015533,0015535－0015537

禮記十卷附校刊記一卷　(元)陳澔集說　清同治十一年(1872)山東書局刻十三經讀本附校刊記本　十冊

340000－1861－0000027　經 14/15/0015538－0015847

禮記十卷　(元)陳澔集說　清光緒十九年(1893)江南書局刻本　十冊

340000－1861－0000028　經 14/16/0015558－0015567

禮記章句十卷　(清)汪紱撰　清光緒二十一年(1895)刻本　十冊

340000－1861－0000029　經 14/16/0015569－0015584

禮記章句四十九卷　(清)王夫之撰　清同治四年(1865)湘鄉曾氏金陵節署刻船山遺書本　十六冊

340000－1861－0000030　經 14/17/0015585－0015586

檀弓二卷　(清)孫濩孫評訂　清光緒七年(1881)常州狀元第莊刻本　二冊

340000－1861－0000031　經 14/17/0015587－0015588

檀弓二卷　(清)孫濩孫評訂　清光緒七年(1881)常州狀元第莊刻本　二冊

340000－1861－0000032　經 14/2/0015435

周禮故書疏證六卷　(清)宋世犖撰　清光緒六年(1880)津門徐士鑾補刻確山所著書本　一冊

340000－1861－0000033　經 14/2/0015468－0015474

欽定春秋左傳讀本三十卷　(清)英和等輯　清同治八年(1869)江蘇書局刻本　七册　存二十一卷(一至二十一)

340000－1861－0000034　經 14/20/0015595－0015678

欽定三禮義疏　(清)允祿等撰　清同治六年(1867)浙江書局刻御纂七經本　八十四册

340000－1861－0000035　經 14/24/0015724－0015822

五禮通考二百六十二卷首四卷　(清)秦蕙田編輯　清光緒六年(1880)江蘇書局刻本　一百册

340000－1861－0000036　經 14/6/0015456－0015467

儀禮經傳通解三十七卷　(宋)朱熹撰　**續二十九卷**　(清)黄榦撰　清乾隆刻本　十二册　存四十卷(禮儀經傳通解十至三十一,續二至十六、二十至二十二)

340000－1861－0000037　經 14/7/0015478

儀禮古今文疏證二卷　(清)宋世犖撰　清光緒六年(1880)徐士鑾補刻確山所著書本　一册

340000－1861－0000038　經 14/7/0015479

儀禮古今文疏證二卷　(清)宋世犖撰　清光緒六年(1880)徐士鑾補刻確山所著書本　一册

340000－1861－0000039　經 14/8/0015480－0015483

儀禮古今文疏義十七卷　(清)胡承珙撰　清光緒三年(1877)湖北崇文書局刻本　四册

340000－1861－0000040　經 16/0/0015835－0015842

春秋經傳集解三十卷　(晉)杜預撰　(唐)陸德明音釋　(宋)林堯叟附註　(清)馮李驊增訂　清嘉慶七年(1802)刻本　八册　存十七卷(十至二十六)

340000－1861－0000041　經 16/1/0015843－0015858

春秋左傳五十卷　(晉)杜預　(宋)林堯叟註釋　(唐)陸德明音義　(明)鍾惺　(明)孫鑛　(明)韓范評點　清光緒二十六年(1900)舊學山房刻本　十六册

340000－1861－0000042　經 16/10/0015944

春秋穀梁傳十二卷　(晉)范甯集解　清刻本　一册　存三卷(七至九)

340000－1861－0000043　經 16/11/0015955－0015956

春秋集解十二卷　(宋)蘇轍撰　清刻本　二册

340000－1861－0000044　經 16/22/011595－011606

春秋纂言十二卷總例二卷學言稿六卷葬書一卷　(元)吴澄撰　清道光十八年(1838)刻本　十二册

340000－1861－0000045　經 16/3/0018353－0018358

春秋左氏傳賈服注輯述二十卷　(清)李貽德撰　清光緒八年(1882)江南書局刻本　六册

340000－1861－0000046　經 16/4/0015475－0015477

欽定春秋左傳讀本三十卷　(清)英和輯　清刻本　三册　存九卷(二十二至三十)

340000－1861－0000047　經 16/4/0015878－0015892,0023369

欽定春秋左傳讀本三十卷　(清)英和等撰　清同治十一年(1872)山東書局刻十三經讀本附校刊記本　十六册

340000－1861－0000048　經 16/5/0015910－0015913

東萊博議四卷　(宋)呂祖謙撰　**增補虛字注釋一卷**　(清)馮泰松點定　清光緒二十八年(1902)刻本　四册

340000－1861－0000049　經 16/5/0015914－0015915

春秋左傳類纂六卷首一卷末一卷　(清)桂含

章編　清光緒七年(1881)敦厚堂刻本　二冊

340000－1861－0000050　經 16/6/0015924－0015926
春秋公羊傳十一卷　(漢)何休解詁　(唐)陸德明音義　清同治十一年(1872)山東書局刻十三經讀本附校刊記本　三冊　存八卷(一至八)

340000－1861－0000051　經 17/20/0016149
大學一卷中庸一卷　(明)朱熹集注　清光緒十八年(1892)浙江書局刻本　一冊

340000－1861－0000052　經 17/23/0016173－0016176
四書摭餘説七卷　(清)曹之升輯　清嘉慶三年(1798)蕭山曹氏家塾刻本　四冊

340000－1861－0000053　經 17/24/0016177－0016188
四書翼注論文三十八卷　(清)張甄陶撰　清嘉慶十五年(1810)淅湖竹下書堂刻本　十二冊

340000－1861－0000054　經 17/27/0016193
孔門師弟年表一卷孟子時事年表一卷孔子世家補訂一卷孟子列傳纂一卷　(清)林春溥撰　清嘉慶、咸豐間刻竹柏山房十五種附刻四種本　一冊

340000－1861－0000055　經 17/3/0016023
中庸直指不分卷　(明)史德清撰　清光緒十年(1884)金陵刻經處刻本　一冊

340000－1861－0000056　經 17/8/0016032－0016037
論語正義二十四卷　(清)劉寶楠撰　清同治五年(1866)刻本　六冊

340000－1861－0000057　經 19/1/0016194－0016201
廣雅疏證十卷博雅音十卷　(清)王念孫撰　清光緒五年(1879)淮南書局刻本　八冊

340000－1861－0000058　經 19/10/0090110
重訂古文釋義新編八卷　(清)余誠評注　清刻本　一冊　存二卷(五至六)

340000－1861－0000059　經 19/11/0016324－0016338
説文解字注三十卷六書音韻表二卷　(清)段玉裁撰　清同治六年(1867)蘇州保息局刻本　十五冊　缺三卷(説文解字注三至五)

340000－1861－0000060　經 19/12/0016339－0016340
説文新附考六卷續考一卷　(清)鈕樹玉撰　清同治十三年(1874)湖北崇文書局刻本　二冊

340000－1861－0000061　經 19/12/0016341－0016342
説文新附考六卷續考一卷　(清)鈕樹玉撰　清同治七年(1868)碧螺山館刻本　二冊

340000－1861－0000062　經 19/12/0016343－0016344
説文新附考六卷續考一卷　(清)鈕樹玉撰　清同治十三年(1874)湖北崇文書局刻本　二冊

340000－1861－0000063　經 19/12/0016359－0016362
説文審音十六卷　(清)張行孚撰　清光緒二十四年(1898)桐廬袁氏刻漸西村舍彙刊本　四冊

340000－1861－0000064　經 19/14/0016218－0016229
説文解字十五卷説文校字記一卷標目一卷　(漢)許慎記　(宋)徐鉉等校定　**説文通檢十四卷首一卷末一卷**　(清)黎永椿編　清光緒九年(1883)山西書局刻本(説文通檢十四卷首一卷末一卷,民國五年山西官書局刻本)　十二冊

340000－1861－0000065　經 19/18/0016363－0016365
説文外編十五卷補遺一卷　(清)雷浚撰　**劉氏碎金一卷**　(清)劉禧延撰　清光緒二年(1876)謝文翰齋刻本　三冊

340000－1861－0000066　經 19/2/0016203－0016205

爾雅三卷附校刊記一卷　（晉）郭璞注　（唐）陸德明音釋　清同治十一年（1872）山東書局刻十三經讀本附校刊記本　三冊

340000－1861－0000067　經 19/23/0016482－0016507

佩文韻府一百六卷拾遺一百六卷　（清）張玉書纂修　清光緒十二年（1886）上海同文書局石印本　二十七冊　存八十卷（佩文韻府一至七下、十一上至十二、十七至十八、二十三下至二十四上、二十六上下、三十一至四十二、四十九至五十一、六十至六十五、六十七上至七十、七十四至八十四、九十一至九十四、一百四至一百六，拾遺六至十五、三十一至四十三）

340000－1861－0000068　經 19/24/0016509－0016511,0016515

文選古字通補訓四卷拾遺一卷　（清）呂錦文訓　清光緒二十七年（1901）懷硯齋刻本　四冊

340000－1861－0000069　經 19/24/0016512－0014514

文選古字通補訓四卷拾遺一卷　（清）呂錦文訓　清光緒二十七年（1901）懷硯齋刻本　三冊　存三卷（一至二、拾遺一卷）

340000－1861－0000070　經 19/24/0016516

文選古字通補訓四卷拾遺一卷　（清）呂錦文訓　清光緒二十七年（1901）懷硯齋刻本　一冊　存一卷（拾遺一卷）

340000－1861－0000071　經 19/28/0016525

擇雅堂初集等韻學一卷　（清）許惠撰　清光緒八年（1882）刻本　一冊

340000－1861－0000072　經 19/30/0016527

韻法直圖一卷韻法横圖一卷　（明）梅膺祚撰　清刻本　一冊

340000－1861－0000073　經 19/38/0023444－0023472

經籍纂詁一百六卷　（清）阮元編　清刻本　二十九冊　存五十六卷（四十七至六十五、六十七至一百三）

340000－1861－0000074　經 19/40/0016551

說文逸字二卷　（清）鄭珍撰　**附錄一卷**　（清）鄭知同撰　清刻本　一冊　存二卷（下、附錄一卷）

340000－1861－0000075　經 19/44/0016557

群經音辨七卷　（宋）賈昌朝撰　清刻本　一冊　存三卷（五至七）

340000－1861－0000076　經 19/45/0016705－0016710

康熙字典十二集三十六卷附備考一卷補遺一卷考證一卷　（清）張玉書等編　清光緒十六年（1890）文盛堂石印本　六冊

340000－1861－0000077　經 19/45/0016711－0016716

康熙字典十二集三十六卷附備考一卷補遺一卷考證一卷　（清）張玉書等編　清光緒十三年（1887）積山書局石印本　六冊

340000－1861－0000078　經 19/45/0016717－0016721

康熙字典十二集三十六卷附備考一卷補遺一卷考證一卷　（清）張玉書等編　清光緒二十二年（1896）點石齋石印本　五冊　存十一集（子至戌）

340000－1861－0000079　經 19/7/0016241－0016264

說文解字注十五卷六書音韻表五卷　（清）段玉裁注　清光緒三年（1877）成都尊經書院刻本　二十四冊

340000－1861－0000080　經 19/9/0016295－0016318

說文通訓定聲十八卷古今韻準一卷　（清）朱駿聲撰　清咸豐元年（1851）刻本　二十四冊

340000－1861－0000081　史 21/0/0008474－0008770

十七史　（明）毛晉輯　明崇禎至清順治琴川

毛氏汲古閣刻本　三百十冊

340000－1861－0000082　史 21/10/0016790－0016792

唐書二百二十五卷　(宋)歐陽修　(宋)宋祁等撰　清刻本　三冊　存九卷(三十五至四十、七十三、二百二十四至二百二十五)

340000－1861－0000083　史 21/12/0017883－0017884

元史二百十卷　(明)宋濂　(明)王禕等撰　清刻本　二冊　存十三卷(一百四十五至一百五十、一百七十三至一百七十九)

340000－1861－0000084　史 21/16/0018286，0019753－0019763

廿二史劄記三十六卷　(清)趙翼著　清刻本　十二冊　存二十六卷(一至二、六至十、十四至三十二)

340000－1861－0000085　史 21/3/0018154－0018166

資治通鑑二百九十四卷　(宋)司馬光撰　清刻本　十三冊　存四十三卷(六至十一、二十一至三十七、八十一至一百)

340000－1861－0000086　史 21/4/0016752－0016766，0016773－0016786，0016793－0016832，0017833－0017882，0017944－0018023，0090007－0090013

二十四史　(□)□□撰　清同治、光緒間五省官書局據汲古閣本合刻光緒五年(1879)湖北官書局彙印本　二百九冊　存一千六十一卷(史記十四至四十五、南齊書五十九卷、梁書五十六卷、宋史四百九十六卷、陳書三十六卷、周書五十卷、明史三百三十二卷)

340000－1861－0000087　史 21/4/0016767－0016772

梁書五十六卷　(唐)姚思廉撰　清同治十三年(1874)金陵書局刻二十四史本　六冊

340000－1861－0000088　史 21/8/0016787

隋書八十五卷　(唐)魏徵　(唐)長孫無忌等撰　清刻本　一冊　存五卷(七至十一)

340000－1861－0000089　史 21/9/0016788－0016789

五代史七十四卷　(宋)歐陽修撰　(宋)徐無黨注　清刻本　二冊　存二十卷(二十四至四十三)

340000－1861－0000090　史 211/2/0018917，0018919

山海經十八卷　(晉)郭璞傳　(明)吳中珩校　清文光堂刻本　二冊

340000－1861－0000091　史 211/3/0018918，0018920

山海經圖五卷雜述一卷　(清)吳志伊註　清文光堂刻本　二冊

340000－1861－0000092　史 211/4/0019159

交涉約案摘要七卷附編一卷　(清)王鵬九編　清刻本　一冊　存一卷(附編一卷)

340000－1861－0000093　史 211/5/0019766

廿二史劄記三十六卷補遺一卷　(清)趙翼撰　清廣雅書局刻本　一冊　存四卷(十三至十六)

340000－1861－0000094　史 211/6/0019752，0019764－765

廿二史劄記三十六卷補遺一卷　(清)趙翼撰　清廣雅書局刻本　三冊　存七卷(三至五、三十三至三十六)

340000－1861－0000095　史 212/3/0019007

各國政治藝學通考□□卷　(清)陳輔相　(清)朱大文輯　清石印本　一冊　存一卷(十九)

340000－1861－0000096　史 212/4/0019002－0019005

萬國史記二十卷　(日本)岡本監輔著　清石印本　四冊

340000－1861－0000097　史 212/5/0018939－0018997

天下郡國利病書一百二十卷　(清)顧炎武輯　清敷文閣刻本　五十九冊　存一百卷(三至一百二)

340000 - 1861 - 0000098　史 214/14/0019440 - 0019442

增修籌餉事例條款二卷籌餉事例一卷增修現行常例一卷　(清)戶部纂　清同治五年(1866)刻本　三冊　存三卷(增修籌餉事例條款下、籌餉事例一卷、增修現行常例一卷)

340000 - 1861 - 0000099　史 214/15/0019573 - 0019579

同治中興京外奏議約編八卷　(清)陳弢輯　清光緒刻本　七冊　存七卷(一至六、八)

340000 - 1861 - 0000100　史 214/30/0023517 - 0023528

大清仁宗受天興運敷化綏猷崇文經武孝恭勤儉端敏英哲睿皇帝聖訓一百十卷　(清)宣宗旻寧撰　清刻本　十二冊　存三十三卷(七十至九十六、一百至一百五)

340000 - 1861 - 0000101　史 214/31/0023508 - 0023512

各國通商始末記二十卷　(清)王之春編　清光緒二十一年(1895)寶善書局石印本　五冊　存十七卷(一至三、七至二十)

340000 - 1861 - 0000102　史 214/75/0019503 - 0019560

硃批諭旨不分卷　(清)世宗胤禛批　清光緒十三年(1887)上海點石齋石印本　五十八冊　存五十八冊(三至六十)

340000 - 1861 - 0000103　史 217/1/0019697 - 0019728

史學叢書　(清)□□輯　清光緒二十八年(1902)上海煥文書局點石齋石印本　三十二冊

340000 - 1861 - 0000104　史 217/2/0019747 - 0019751

史論五種　(清)李祖陶撰　清同治十年(1871)敖陽李氏尚友樓刻本　五冊

340000 - 1861 - 0000105　史 217/6/0019769 - 0019770,0098256

新編分類史論大成十九卷　(清)行素生編　清石印本　三冊　存三卷(四、六、十四)

340000 - 1861 - 0000106　史 22/1/0013951 - 0014010

續資治通鑑二百二十卷　(清)畢沅編集　清同治八年(1869)江蘇書局刻本　六十冊

340000 - 1861 - 0000107　史 22/1/3/0018167 - 0018211,0018483 - 0018509,0018511 - 0018517,0090004

資治通鑑補二百九十四卷　(宋)司馬光編　(元)胡三省注　(明)嚴衍補　清光緒二年(1876)武進盛氏思補樓木活字印本　八十冊　存二百八十九卷(一至一百二十七、一百三十三至二百九十四)

340000 - 1861 - 0000108　史 22/2/0018212 - 0018283

御批資治通鑑綱目五十九卷首一卷　(宋)朱熹撰　**前編十八卷舉要三卷外紀一卷**　(元)金履祥撰　(明)陳仁錫集　**續編二十七卷**　(明)商輅等撰　清光緒二年至三年(1876 - 1877)刻本　七十二冊

340000 - 1861 - 0000109　史 22/2/3/0018284 - 0018285

御撰資治通鑑綱目三編二十卷　(清)張廷玉等輯　清刻本　二冊　存十卷(六至十五)

340000 - 1861 - 0000110　史 22/3/0018287 - 0018333

明通鑑九十卷目錄二十卷前編四卷附編六卷　(清)夏燮編　清光緒二年至三年(1876 - 1877)刻本　四十七冊

340000 - 1861 - 0000111　史 22/5/0018424 - 0018426

古史紀年十四卷　(清)林春溥撰　清道光十七年(1837)刻竹柏山房十五種附刻四種本　三冊

340000 - 1861 - 0000112　史 22/6/0018428

竹書紀年補證四卷本末一卷後案一卷　(清)林春溥撰　清道光二十年(1840)刻竹柏山房十五種附刻四種本　一冊

340000－1861－0000113　史22/7/0018429－0018431

戰國紀年六卷地輿一卷年表一卷　(清)林春溥撰　清道光十八年(1838)刻竹柏山房十五種附刻四種本　三冊

340000－1861－0000114　史22/8/0018432－0018435,0098255

東華錄一百九十四卷　王先謙編　清刻本　五冊　存十卷(順治朝一至七、康熙朝一、嘉慶朝三至四)

340000－1861－0000115　史22/8/0018436－0018453

東華續錄二百三十卷　王先謙編　清刻本　十八冊　存五十二卷(一至二十五、四十八至七十四)

340000－1861－0000116　史22/8/0023433－0023434

十朝東華錄□□卷　王先謙編　清光緒二十五年(1899)石印本　二冊　存十六卷(咸豐朝六十一至七十六)

340000－1861－0000117　史22/9/0018427

古史考年異同表二卷後說一卷武王克殷日記一卷　(清)林春溥撰　清道光十五年至十八年(1835－1838)刻竹柏山房十五種附刻四種本　一冊

340000－1861－0000118　史23/1/0018459－0018478

通鑑紀事本末二百三十九卷　(宋)袁樞編輯　清光緒二十五年(1899)慎記書莊石印本　二十冊　存一百九十六卷(一至四十二、八十五至二百三十八)

340000－1861－0000119　史24/4/0018598－0018605

尚史七十卷　(清)李鍇纂　清刻本　八冊　存二十二卷(諸侯年表三至十二、十八至十九、二十六至三十二、三十六至三十八)

340000－1861－0000120　史24/5/0019393－0019396,0019416－0019439

大清現行刑律案語不分卷附核訂現行刑律不分卷　沈家本等撰　清宣統元年(1909)法律館鉛印本　四十七冊

340000－1861－0000121　史24/6/0019561－0019572

諭摺彙存□□卷　(清)□□撰　清石印本　十二冊　存十二卷(十一至二十二)

340000－1861－0000122　史25/10/0018660－0018669

湘軍記二十卷　(清)王定安撰　清刻本　十冊　存十七卷(三至十七、十九至二十)

340000－1861－0000123　史25/4/0018606－0018611

明季稗史彙編二十七卷　(清)留雲居士輯　清光緒十三年(1887)上海圖書集成印書局石印本　六冊

340000－1861－0000124　史27/1/0018707－0018726

史略八十七卷　(清)朱堃輯　清同治六年(1867)刻本　二十冊

340000－1861－0000125　史27/2/0019151－0019158

各國交涉公法論十六卷　(英國)費利摩羅巴德撰　(英國)傅蘭雅口譯　(清)俞世爵筆述　**校勘記一卷中西紀年一卷**　(清)錢國祥撰　清光緒二十二年(1896)慎記書莊石印本　八冊

340000－1861－0000126　史29/1/0018738－0018748

楚寶四十五卷　(明)周聖楷輯纂　清刻本　十一冊　存十七卷(三、六至七、九至十六、十九至二十、二十五至二十六、二十九至三十)

340000－1861－0000127　史29/13/0018887

奉使紀勝不分卷　(清)陳階平撰　**讀史論略不分卷**　(清)杜詔撰　清刻本　一冊

340000－1861－0000128　史29/14/0018799－0018800,0018802－0018804

鄂國金佗續編三十卷　(南宋)岳珂編　清光

緒九年(1883)浙江書局刻本　五冊　存二十五卷(一至二十一、二十七至三十)

340000－1861－0000129　史29/15/0018801
鄂國金佗稡編二十八卷　(南宋)岳珂編　清光緒九年(1883)浙江書局刻本　一冊　存四卷(九至十二)

340000－1861－0000130　史29/2/0018776－7001898,0023505
歷代名臣言行錄二十四卷　(清)朱桓編輯　清光緒刻本　二十四冊　存十六卷(八至九、十一至二十四)

340000－1861－0000131　史29/3/0019036－0019043
文獻通考三百四十八卷　(元)馬端臨撰　清石印本　八冊　存七十五卷(三十八至一百十二)

340000－1861－0000132　史29/4/0019044－0019075
文獻通考三百四十八卷　(元)馬端臨撰　清刻本　三十二冊　存九十七卷(九十七至九十九、一百十六至一百十七、一百二十三至一百五十二、二百八十七至三百四十八)

340000－1861－0000133　史29/5/0019117－0019143,0090005
欽定大清會典一百卷　(清)□□編纂　清刻本　二十八冊　存五十六卷(八至四十四、六十二至八十)

340000－1861－0000134　史29/6/0019076－0019116
皇朝文獻通考三百卷　(清)張廷玉等撰　清石印本　四十一冊　存二百九十五卷(六至三百)

340000－1861－0000135　史29/7/0018741,0018749
楚寶四十五卷　(明)周聖楷輯纂　明刻本　二冊　存五卷(七至八、二十九至三十一)

340000－1861－0000136　史29/8/0018836－0018839
大清搢紳全書不分卷　(清)□□輯　清光緒十一年(1885)榮陞堂刻本　四冊

340000－1861－0000137　史29/8/0018844－0018847
大清搢紳全書不分卷　(清)□□輯　清光緒二十四年(1898)榮錄堂刻本　四冊

340000－1861－0000138　史29/8/0018851－0018853,0018856
大清搢紳全書不分卷　(清)□□輯　清光緒二十五年(1899)榮寶齋刻本　四冊

340000－1861－0000139　史29/8/0098246－0098249
大清搢紳全書不分卷　(清)□□輯　清光緒二十五年(1899)榮錄堂刻本　四冊

340000－1861－0000140　史29/8/0098250－0098254
大清搢紳全書不分卷　(清)□□輯　清光緒二十三年(1897)松竹齋、榮寶齋刻本　五冊

340000－1861－0000141　子31/1/0019933
孔子集語十七卷　(清)孫星衍輯　清光緒二十三年(1897)上海圖書集成局鉛印本　一冊　存八卷(十至十七)

340000－1861－0000142　子31/10/0019997－0020002
關帝全書四十卷　(清)黄啟曙彙輯　清刻本　六冊　存十七卷(二十三、二十五至四十)

340000－1861－0000143　子31/12/0020029－0020045
讀書雜志八十二卷餘編二卷　(清)王念孫撰　清刻本　十七冊　存五十二卷(志二之一至三、志三之一至六、志四之一至十三、志五之六至十二、志六之一至二、志七之一至六、志八之一至八、志八補、志九之一至四,餘編二卷)

340000－1861－0000144　子31/4/0019948
董子春秋繁露十七卷附錄一卷　(漢)董仲舒撰　清光緒二十三年(1897)上海圖書集成局鉛印子書二十二種本　一冊

340000－1861－0000145　子 31/5/0019949
賈子新書十卷　(漢)賈誼撰　(清)盧文弨校　清光緒二十三年(1897)上海圖書集成局鉛印子書二十二種本　一冊

340000－1861－0000146　子 31/7/0019951－0019955
張子全書十五卷　(宋)張載撰　清刻本　五冊　存十三卷(三至十五)

340000－1861－0000147　子 31/8/0019956
朱子語類日鈔五卷　(清)陳澧撰　清光緒二十六年(1900)廣雅書局刻民國九年(1920)番禺徐紹棨彙編重印廣雅書局叢書本　一冊

340000－1861－0000148　子 31/9/0019957－0019996
宋元學案一百卷首一卷　(明)黄宗羲撰　(清)黄百家纂輯　(清)全祖望修定　清光緒五年(1879)刻本　四十冊

340000－1861－0000149　子 313/4/0020248－0020263
讀史兵略四十六卷　(清)胡林翼纂　清咸豐十一年(1861)武昌節署刻本　十六冊

340000－1861－0000150　子 313/4/0020264－0020279
讀史兵略四十六卷　(清)胡林翼纂　清咸豐十一年(1861)武昌節署刻本　十六冊

340000－1861－0000151　子 314/2/0020293－0020294
衍元筆算今式二卷　(清)汪香祖撰　清光緒二十三年(1897)江蘇書局刻本　二冊

340000－1861－0000152　子 316/7/0020319
書畫跋跋三卷續三卷　(清)孫鑛撰　清刻本　一冊　存二卷(續二至三)

340000－1861－0000153　子 318/1/0020321－0020330
補注黄帝内經素問二十四卷靈樞十二卷遺篇一卷　(唐)王冰注　(宋)劉溫舒輯　清光緒三年(1877)浙江書局刻本　十冊

340000－1861－0000154　子 318/1/0020331－0020334
本草衍義二十卷　(宋)寇宗奭撰　清光緒三年(1877)歸安陸氏刻十萬卷樓叢書本　四冊

340000－1861－0000155　子 318/10/0090111
產科心法二卷　(清)汪喆撰　清光緒十八年(1892)輝棣舊廬刻本　一冊

340000－1861－0000156　子 318/2/0020338,0090006
麻痘新編兩卷附痘疾虚熱面部總歌一卷　(清)俞世球撰　清光緒十年(1884)刻本　二冊

340000－1861－0000157　子 318/4/0020336－0020337
理瀹駢文不分卷　(清)吳師機撰　清同治刻本　二冊

340000－1861－0000158　子 318/7/0020339
眼科秘方不分卷　(明)程玠輯　清光緒八年(1882)積善書舍刻本　一冊

340000－1861－0000159　子 318/8/0020340
軒轅碑記醫學祝由十三科二卷　(清)涵谷山人撰　清光緒三十二年(1906)西蜀城山空青洞天刻本　一冊　存一卷(一)

340000－1861－0000160　子 318/8/0020341
軒轅碑記醫學祝由十三科二卷　(清)涵谷山人撰　清光緒三十二年(1906)西蜀城山空青洞天刻本　一冊　存一卷(一)

340000－1861－0000161　子 318/9/0020342
牡生保赤輯要不分卷　(清)劉峰泰纂輯　清刻本　一冊

340000－1861－0000162　子 319/0098257－0098258
經濟學淛集成四十卷　(清)慶安瀾主人輯　清光緒二十七年(1901)涵碧軒石印本　二冊　存四卷(三至四、十七至十八)

340000－1861－0000163　子 319/16/0020409
原人論一卷　(唐)釋宗密撰　清同治十三年

(1874)雞園刻經處刻本　一冊

340000－1861－0000164　子 319/5/0020398
佛說四十二章經解一卷佛遺教經解一卷　(明)釋智旭撰　**八大人覺經略解一卷**　(漢)釋安清　(明)釋智旭解　清光緒十一年(1885)金陵刻經處刻本　一冊

340000－1861－0000165　子 319/6/0020399
佛說四十二章經解一卷　(明)釋智旭撰　清末民初鉛印本　一冊

340000－1861－0000166　子 319/8/0098262
時務通考續編三十一卷　(清)杞廬主人等輯　清光緒二十七年(1901)上海點石齋石印本　一冊　存一卷(二十三)

340000－1861－0000167　子 32/2/0020079
文子纘義十二卷　(宋)杜道堅撰　清光緒二十三年(1897)文瑞樓石印本　一冊

340000－1861－0000168　子 33/1/0020081
韓非子二十卷　(戰國)韓非撰　**識誤三卷**　(清)顧廣圻撰　清末石印本　一冊　存十三卷(韓非子十一至二十、識誤三卷)

340000－1861－0000169　子 37/1/0020099
淮南子二十一卷　(漢)劉安撰　(漢)高誘注　清光緒二十三年(1897)上海圖書集成局鉛印子書二十二種本　一冊　存五卷(十七至二十一)

340000－1861－0000170　子 37/8/0020127－0020136
通藝錄四十二卷　(清)程瑤田撰　清嘉慶刻本　十冊　存十五卷(禹貢三江考一至三,水地小記一,解字小記一,聲律小記一,九穀考一至四,讀書求解一,九勢碎事一,修辭餘鈔一,讓堂亦政錄一、嘉定贈別詩文附錄一)

340000－1861－0000171　集 41/10/0021067
止齋文集五十一卷附錄一卷　(宋)陳傅良撰　清瑞安孫氏貽善祠塾刻本　一冊　存三卷(一至三)

340000－1861－0000172　集 41/14/0020605－0020610
劉孟塗集四十四卷　(清)劉開撰　清道光六年(1826)姚氏檗山草堂刻本　六冊　存三十四卷(前集一至十、後集一至二十二、駢體文一至二)

340000－1861－0000173　集 41/16/0020612
周文忠公尺牘二卷雜文附錄一卷　(清)周天爵撰　清同治七年(1868)蕪松太道署刻本　一冊

340000－1861－0000174　集 41/18/0020623－0020628
海峰先生文十卷詩六卷　(清)劉大櫆撰　清同治十三年(1874)刻本　六冊

340000－1861－0000175　集 41/19/0020629－0020634
思綺堂文集十卷　(清)章藻功撰　清刻本　六冊　存六卷(二至七)

340000－1861－0000176　集 41/2/0021080－0021083
邁堂文略四卷　(清)李祖陶撰　清同治七年(1868)敖陽尚友樓刻本　四冊

340000－1861－0000177　集 41/21/0021079
邁堂文集略一卷　(清)李祖陶撰　清道光十五年(1835)鷺洲書院刻本　一冊

340000－1861－0000178　集 41/26/0021086
扉青詩鈔八卷　(清)呂永輝撰　清同治十年(1871)刻本　一冊　存四卷(五至八)

340000－1861－0000179　集 41/3/0020524－0020539
欒城集四十八卷後集二十四卷三集十卷　(宋)蘇轍撰　清道光十二年(1832)眉州三蘇祠刻本　十六冊　存七十八卷(欒城集五至四十八、後集二十四卷、三集十卷)

340000－1861－0000180　集 41/39/0021105－0021108
方望溪文鈔六卷　(清)方苞撰　清末民國振新書社石印本　四冊

340000－1861－0000181　集 41/40/0023516
寒支初集十卷　(清)李世熊撰　清刻本　一冊　存一卷(八)

340000－1861－0000182　集 41/43/0021508－0021509
開卷偶得十卷　(清)林春溥撰　清道光二十九年(1849)刻竹柏山房十五種附刻四種本　二冊

340000－1861－0000183　集 41/5/0020548－0020551
浮溪集三十二卷　(宋)汪藻撰　清光緒十九年(1893)刻本　四冊　存十七卷(六至十、十六至二十七)

340000－1861－0000184　集 41/6/0020542－0020547
浮溪集三十二卷　(宋)汪藻撰　清乾隆木活字印武英殿聚珍版書本　六冊　存二十四卷(一至十五、二十至二十八)

340000－1861－0000185　集 42/20/0021360－0021369
切問齋文鈔三十卷首一卷　(清)陸燿輯　清道光五年(1825)刻本　十冊

340000－1861－0000186　集 42/24/0021405－0021406
邃雅堂集十卷　(清)姚文田撰　清刻本　二冊　存六卷(五至十)

340000－1861－0000187　集 42/25/0021407
邃雅堂文集續編一卷　(清)姚文田撰　清道光八年(1828)刻本　一冊

340000－1861－0000188　集 42/26/0021382－0021401
皇朝經世文編續編一百二十卷　(清)葛士濬撰　清光緒二十二年(1896)寶善書局石印本　二十冊

340000－1861－0000189　集 42/29/0021568－0021583
御選唐宋文醇五十八卷　(清)允祿等編　清光緒三年(1877)浙江書局刻本　十六冊　存四十四卷(一至三十、三十八至四十、四十四至四十六、五十一至五十八)

340000－1861－0000190　集 42/30/0021541－0021545
當湖文系初編二十八卷　(清)朱壬林等輯　清光緒十五年(1889)刻本　五冊　存十一卷(一至七、十至十一、十六至十七)

340000－1861－0000191　集 42/32/0023473－0023502
涵芬樓古今文鈔一百卷　(清)吳曾祺編　清宣統鉛印本　三十冊　存三十卷(一至五、七至九、十一至二十四、三十至三十五、四十、八十九)

340000－1861－0000192　集 42/33/0023503－0023504,0021069
蛟川先正文存二十卷補遺一卷　(清)陳繼聰輯　清光緒刻本　三冊　存六卷(一至六)

340000－1861－0000193　集 42/34/0021513－0021517
項城袁氏家集六十五卷　丁振鐸輯　清宣統三年(1911)清芬閣鉛印本　五冊　存六卷(文誠公函牘二、文稿拾遺一、全詩稿拾遺一,閣學公書劄三、詩稿拾遺一、雪鴻吟社詩鐘二)

340000－1861－0000194　集 42/38/0021529－0021532
元文類七十卷目錄三卷　(元)蘇天爵編　清刻本　四冊　存二十三卷(四十至四十三、五十二至七十)

340000－1861－0000195　集 42/40/0021521－0021527
湖海文傳七十五卷　(清)王昶輯　清刻本　七冊　存三十二卷(三至六、十二至二十一、二十六至三十五、四十一至四十三、五十四至五十八)

340000－1861－0000196　集 42/6/0021133－0021134
元遺山詩集箋注十四卷首一卷末一卷　(金)

元好問撰　(元)張德輝類次　(清)施國祁箋　清道光二年(1822)南潯瑞松堂蔣氏刻本　二冊　存八卷(一至三、九至十二,首一卷)

340000－1861－0000197　集43/11/0021677－0021686

皇朝詞林典故六十四卷　(清)朱珪等修　清刻本　十冊　存二十卷(三至十六、二十三至二十四、三十三至三十四、五十五至五十六)

340000－1861－0000198　集44/1/0021917

樂府古題要解二卷　(唐)吳兢撰　清刻本　一冊

340000－1861－0000199　集44/1/0021918

樂府古題要解二卷　(唐)吳兢撰　清刻本　一冊

340000－1861－0000200　集44/1/0021919

樂府古題要解二卷　(唐)吳兢撰　清刻本　一冊

340000－1861－0000201　集44/3/0021925

聞式堂明文小題傳薪□□卷　(清)臧岳評釋　清刻本　一冊　存一卷(上論)

340000－1861－0000202　叢71/1/0013583－0013726

重刊宋本十三經注疏附校勘記　(清)阮元撰　(清)盧宜旬摘錄　清嘉慶二十年(1815)南昌府學刻本　一百四十四冊

340000－1861－0000203　叢71/1/0014145－0014341

重刊宋本十三經註疏附校勘記　(清)阮元撰　(清)盧宜旬摘錄　清同治十年(1871)廣東書局刻本　八十冊　缺二十卷(春秋穀梁注疏附考證二十卷)

340000－1861－0000204　叢71/1/0014152－0014153,0014158－0014214,0014235－0014253,0014266－0014273,0014282－0014287,0014294－0014302,0014312－0014321

十三經注疏附考證　(清)□□輯　清乾隆四年(1739)武英殿刻本　一百十一冊　缺二十二卷(周易注疏十三卷、尚書注疏一至九)

340000－1861－0000205　叢71/1/0021952－0021961,0014011－0014144

重刊宋本十三經注疏附校勘記　(清)阮元撰　(清)盧宜旬摘錄　清嘉慶二十年(1815)南昌府學刻本　一百四十五冊　缺五卷(禮記注疏四十六至五十)

340000－1861－0000206　叢71/1/0021990－0022037

十三經古注　(明)金蟠　(明)葛鼒校訂　明崇禎十二年(1639)序永懷堂刻清同治八年(1869)浙江書局校修印本　四十八冊

340000－1861－0000207　叢71/2/0012212－0012214,0012216－0012328,0012331－0012343,0012361－0012376,0012379－0012380,0012394－0012443,0012449,0012451,0012456－0012461,0012473,0012479－0012494,0012496,0012504－0012508,0012521－0012533,0012536－0012538,0012540,0012550－0012554,0021978－0021985

通志堂經解一千八百卷　(清)納蘭成德輯　清同治十二年(1873)粵東書局刻本　二百六十冊　存九百七十二卷(易類:子夏易傳五至十一,易數鉤隱圖三卷、遺論九事一卷,橫渠先生易說三卷,易學一卷,紫巖居士易傳十卷,漢上易傳十一卷、周易卦圖三卷、周易叢說一卷,易璿璣三卷,周易義海撮要十二卷,易小傳六卷,童溪王先生易傳三十卷,易裨傳一卷、外篇一卷,易圖說三卷,易學啟蒙通釋二卷、圖一卷,周易玩辭十六卷,東谷鄭先生易翼傳二卷,三易備遺十卷,丙子學易編一卷,易學啟蒙小傳一卷、古經傳一卷,水村易鏡一卷,晦庵先生朱文公易說二十三卷,大易緝說十卷,周易輯聞二至六、易雅一卷、筮宗一卷,周易傳義附錄十四卷、首一卷,周易經傳集程朱解附錄纂注十四卷、首一卷、附一卷,易圖通變五卷,易象圖說內篇三卷、外篇三卷,大易象數鉤深圖三卷,周易參義十二卷,合訂刪補大易集義粹言四至七十一、七十五至八十;書類:書古文訓四至十六,三山拙齋林先生尚書全解四十卷,程尚書禹貢論二卷,尚書說七卷,增修東萊書說三十五卷、首一卷;詩類:李迂仲黃實夫毛詩集解一至十

三、十七至二十七、三十二至四十二、首一卷，詩本義十一至十五、首一卷、鄭氏詩譜補亡一卷；春秋類：春秋尊王發微十二卷、附錄一卷，春秋皇綱論五卷，春秋權衡十七卷，春秋名號歸一圖二卷，春秋臣傳三十卷，木訥先生春秋經筌十六卷，石林先生春秋傳二十卷，止齋先生春秋後傳十二卷，春秋集解三十卷，左氏傳說二十卷，春秋左氏傳事類始末五卷、附錄一卷，春秋王霸列國世紀編三卷，春秋通說十三卷，春秋集注十一卷、綱領一卷，春秋類對賦一卷，春秋諸國統紀六卷，春秋或問十卷，清全齋讀春秋編一至七；三禮類：儀禮圖附儀禮本經十七卷，東巖周禮訂義八十卷、首一卷，禮記集說一百六十卷，儀禮集說十七卷，儀禮逸經傳一卷，經禮補逸九卷、附錄一卷；論語類：南軒先生論語解十卷，論語集說十卷）

340000－1861－0000208　叢 71/3/0022038－0022195，0022200－0022327

皇清經解一千四百十二卷　（清）阮元輯　清道光九年（1829）廣東學海堂刻咸豐十年至同治九年（1860－1870）補刻本（卷一千四百九至一千四百十二尚書札記為庚午補刻本，其餘都為庚申補刻本）　二百八十七冊　缺一百七十七卷（廣雅疏證十卷，讀書雜誌二卷，春秋公羊通義十二卷、敘一卷，禮學巵言六卷，大戴禮記補註十三卷，經學巵言六卷，溉亭述古錄二卷，群經識小八卷，經讀考異八卷，尚書今古文註疏三十九卷，問字堂集一卷，儀禮釋官九卷，禮經釋例十三卷，校禮堂文集一卷，劉氏遺書一卷，述學二卷，經義知新記一卷，大戴禮記正誤一卷，曾子註釋四卷，周易校勘記九卷、略例校勘記一卷、釋文校勘記一卷，尚書校勘記二十卷、釋文校勘記二卷，毛詩校勘記一至四）

340000－1861－0000209　叢 71/3/0022328－0022342，0098383－0098396

皇清經解續編一千四百三十卷　王先謙輯　清光緒十五年（1889）上海蜚英館石印本　二十九冊　存一千三百十三卷（九經誤字一卷，周易稗疏四卷，詩經稗疏四卷，春秋稗疏二卷，四書稗疏三卷，春秋占筮書三卷，續詩傳鳥名三卷、白鷺洲主客說詩一卷，郊社禘祫問一卷，大小宗通繹一卷，孝經問一卷，禮記偶箋三卷，尚書古文疏證九卷，易圖明辨十卷，春秋長歷十卷，儀禮釋宮增註一卷，儀禮釋例一卷，禮記訓義擇言八卷，春秋大事表六十六卷、輿圖一卷，天子肆獻祼饋食禮纂二卷，朝廟宮室攷並圖一卷附田賦攷、易例二卷，易漢學八卷，明堂大道錄八卷，禘說二卷，晚書訂疑三卷，卦氣解一卷，周官記五卷，周官說二卷，周官說補三卷，儀禮管見十七卷，爾雅補郭二卷，鄭氏儀禮目錄校證一卷，深衣釋例三卷，詩聲類十二卷、詩聲分例一卷，經傳小記一卷，國語補校一卷，逸周書雜誌四卷，爾雅古義二卷，爾雅釋地四篇註一卷，車制攷一卷，群經義證八卷，釋服二卷，孟子逸文考一卷、孟子異文考一卷、孟子古註考一卷、孟子出處時地考一卷，毛詩攷證四卷，毛詩周頌口義三卷，五經小學述二卷，詩書古訓十卷，春秋左傳詁二十卷，左通補釋三十二卷，周易述補五卷，易圖條辨一卷，虞氏易事二卷，虞氏易言二卷，虞氏易候一卷，儀禮圖六卷，讀儀禮記二卷、書序述聞一卷，尚書今古文集解三十卷、附校勘記一卷，卦本圖攷一卷，尚書大傳輯校三卷，禹貢鄭註釋二卷，群經宮室圖二卷，隸經文四卷，說文聲類十六卷，聲類出入表一卷，周易攷異二卷，尚書略說二卷，尚書譜一卷，大學古義說二卷，論語說義十卷，孟子趙註補正六卷，小爾雅訓纂六卷，過庭錄五卷，毛詩傳箋通釋三十二卷，毛詩後箋三十卷，儀禮古今文疏義十七卷，讀書叢錄一卷，爾雅匡名二十卷，周官故書攷四卷，儀禮今古文異同疏證五卷，論語魯讀攷一卷，頑石廬經說十卷，周禮學二卷，儀禮學一卷，易經異文釋六卷，詩經異文釋十六卷，春秋左傳異文釋十卷，春秋公羊傳異文釋一卷，春秋穀梁傳異文釋一，夏小正分箋四卷，夏小正異義二卷，春秋左氏古義六卷，春秋左氏傳補註十二卷，春秋左氏傳地名補註十二卷，儀禮經註疏正訛十七卷，周易虞氏略例一卷，論語孔註辨偽二卷，國語發正二十一卷，說文諧聲譜九卷，春秋穀梁傳時月日書法釋例四卷，求古錄禮說十五卷、補遺一卷，鄉黨正義一卷，說文解字音均表十七卷、首一卷，儀禮正義四十卷，禘祫問答一卷，實事求是齋經義二卷，十三經詁答問六卷，左傳舊疏攷正八卷，春秋朔閏異同二卷，春秋左傳賈服註輯述二十卷，喪禮經傳約一卷，詩毛氏傳疏三十卷，齊詩翼氏學四卷，公羊禮疏十一卷，公羊問答二卷，春秋繁露註十七卷，周易姚氏學十六卷，春秋公羊傳歷譜十一卷，論語古註集箋二十卷，虞氏易消息圖說一卷，大誓答問一卷，春秋決事比一卷，輪輿私箋二卷、圖一卷，儀禮私箋八卷，巢經巢經說一卷，禹貢圖一卷，東塾讀書記十卷，春秋古經說二卷，穀梁禮證二卷，說文聲讀表七卷，學禮管釋十八卷，開有益齋經說五卷，穀梁大義述三十卷，春秋釋一卷，攷工記攷辨八卷，逸周書集訓校釋十卷、逸文一卷，詩地理征七卷，喪服會通說四卷，讀儀禮錄一卷，論語正義二十四卷，釋穀四卷，今文尚書經說攷三十八卷，尚書歐陽夏侯遺說攷一卷，魯詩遺說攷二十卷、齊詩遺說攷十二卷、韓詩遺說攷十七卷，毛詩鄭箋改字說四卷，詩經四家異文攷五卷，齊詩翼氏學疏證二卷，禮堂經說二卷，禮記鄭讀攷六卷，爾雅經註集證三卷，公羊義疏一至四十九，禮經通論一卷，周易爻辰申鄭義一卷，禹貢鄭氏略例一卷，書古微十二卷，詩古微十七卷，讀書偶識十卷、附一卷，劉貴陽經說一卷，穀梁補註二十四卷，周易舊疏考正一卷，尚書舊疏考正一卷，讀易漢學私記一卷，孟子音義攷證二卷，達齋叢說一卷，周易互體征一卷，九族攷一卷，詩名物證古一卷，士昏禮對席圖一卷，禮記異文箋一卷，禮記鄭讀攷一卷，玉佩攷一卷，鄭君駁正三禮攷一卷，春秋名字解詁補義一卷，論語鄭義一卷，續論語駢枝一卷，周易平議二卷、尚書平議四卷、周書平議一卷、毛詩平議四卷、周禮平議二卷、攷工記世室重屋明堂攷一卷、儀禮平議二卷、大戴禮記平議二卷、小戴禮記平議一卷、春秋公羊傳平議一卷、春秋穀梁傳平議一卷、春秋左傳平議三卷、春秋外傳國語平議二卷、論語平議二卷、孟子平議二卷、爾雅平議一卷）

340000－1861－0000210　叢75/0/0013002－0013014，0023381　－　0023395，0023398　－0023408，0023412－0023420

常州先哲遺書　盛宣懷輯　清光緒中武進盛氏刻本　四十七冊　存三百三十八卷（第一集經類：詩傳旁通十五卷、三續千文注一卷；史類：崇禎朝記事四卷，秋園雜佩一卷、山陽錄一卷、書事七則一卷，吳中水利書一卷，遂初堂書目一卷，江陰李氏得月樓書目摘錄一卷；子類：景仰提撮書一卷、宜齋野乘一卷、梁谿漫志十卷、萬柳溪邊舊話一卷、陽羨茗壺系一卷、洞山岕茶系一卷、五行大義五卷、戒菴老人漫筆八卷；集類：梁昭明太子集五卷、補遺一卷，文選攷異一卷，蕭茂挺集一卷，文恭集卷一至三十、摛文堂集十五卷、附錄一卷，鴻慶居士文集四十二卷，宋孫仲益內簡尺牘十卷，丹陽集二十四卷，梁谿遺稾二卷、補遺一卷、附錄一卷，侍郎葛公歸愚集十卷、補遺一卷，信齋詞一卷，定齋集二十卷，牆東類稿二十卷、補遺一卷、附校勘記一卷，唐荊川先生文集十八卷、補遺一卷、附錄一卷，滄螺集六卷、補遺一卷，小辨齋偶存八卷、附錄一卷，從野堂存稿八卷、補遺一卷、附錄一卷；附落落齋遺集十卷、附錄一卷，韻語陽秋二十卷，存餘堂詩話一卷，留溪外傳十八卷）

340000－1861－0000211　叢75/15/0012652－0012756

正誼堂全書　（清）張伯行輯　（清）楊浚重輯　清同治五年(1866)福州正誼書院刻八年至九年(1869－1870)續刻本　一百五冊　存三百二十八卷（司馬溫公集十四卷，文山先生文集二卷，謝疊山先生文集二卷，方正學先生文集七卷，楊椒山先生文集二卷，二程粹言二卷，伊洛淵源錄十四卷，上蔡先生語錄三卷，程氏家塾讀書分年日程三卷，朱子學的二卷，陳清瀾先生學蔀通辯十二卷，薛文清公讀書錄八卷，胡靜齋先生居業錄八卷，道南源委六卷，羅整庵先生困知記四卷，陸桴亭思辨錄輯要二十二卷，王學質疑五卷、附錄一卷，讀禮志疑六卷，讀朱隨筆四卷，陸稼書先生問學錄四卷，陸稼書先生松陽鈔存一卷，石守道先生集二卷，高東溪先生遺集二卷，真西山先生集八卷，熊勿軒先生文集六卷，吳朝宗先生聞過齋集四卷，魏莊渠先生集二卷，羅整庵先生存稾二卷，陳剩夫先生集四卷，張陽和文選三卷，湯潛庵先生集二卷，陸稼書先生文集二卷，道統錄二卷、附錄一卷，二程語錄十八卷，朱子語類輯略八卷，濂洛關閩書十九卷，近思錄十四卷，廣近思錄十四卷，小學集解六卷，濂洛風雅九卷，學規類編二十七卷，養正類編十三卷，居濟一得八卷，正誼堂文集十二卷，正誼堂續集八卷）

340000－1861－0000212　叢 75/16/0011772－0011829,0098399

廣雅書局叢書　（清）廣雅書局輯　清光緒中廣雅書局刻民國九年（1920）番禺徐紹棨彙編重印本　五十九冊　存一百四卷（禹貢班義述三卷、附漢糜水入尚龍谿考一卷，尚書伸孔篇一卷，毛詩傳箋通釋三十二卷，毛詩後箋三十卷，毛詩天文考一卷，儀禮古今文異同疏證五卷，儀禮私箋八卷，輪輿私箋二卷、附圖一卷，禮記天算釋一卷，春秋規過考信三卷，春秋述義拾遺八卷、附河間劉氏書目考一卷，孟子趙注補正六卷，孟子劉注一卷）

340000－1861－0000213　叢 75/16/0023206－0023217

廣雅書局叢書　（清）廣雅書局輯　清光緒中廣雅書局刻民國九年（1920）番禺徐紹棨彙編重印本　十二冊　存三十一卷（尚書伸孔篇一卷、爾雅補註殘本一卷、毛詩天文考一卷、釋穀四卷、愈愚錄六卷、廣經室文鈔一卷、史表功比說一卷、史漢駢技一卷、宋州郡志校勘記一卷、三國志辨疑三卷、後漢書注又補一卷、晉書校勘記五卷、史記天官書補目一卷、補續漢書藝文志一卷、楚漢諸侯疆域志三卷）

340000－1861－0000214　叢 75/18/0012084－0012116,0012122－0012182,0012191－0012207,0012211,0012757－0012790

金華叢書　（清）胡鳳丹輯　清同治、光緒間永康胡氏退補齋刻本　一百五十一冊　存四百五十八卷（禹貢集解二卷，增修東萊書說三十五卷、首一卷，書疑九卷，尚書表注二卷，讀書叢書六卷，呂氏家塾讀詩記三十二卷，詩疑二卷，詩集傳名物鈔八卷，左氏傳說二十卷、首一卷，東萊先生左氏博議二十五卷，大學疏義一卷，論語集注考證十卷，孟子集注考證七卷、首一卷，讀四書叢說八卷；大事記十二卷、通釋三卷、解題十二卷，漢紀年三十卷，唐鑑二十四卷、附音註考異一卷，西征道里記一卷，涉史隨筆二卷，洪武聖政記二卷，明朝國初事蹟一卷，旌義編二卷，浦陽人物記二卷，蜀碑記十卷、首一卷、附辨譌考異二卷；少儀外傳二卷，楓山章先生語錄一卷、附考一卷、考異一卷，泊宅編三卷，臥遊錄一卷，螢雪叢說二卷；駱丞集四卷、附辨譌考異二卷，禪月集十二卷，忠簡公集七卷、附辨譌考異一卷，北山文集一至二、十九至三十、首一卷、末一卷，仁山先生金文安公文集五卷，呂東萊先生文集二十卷、首一卷，龍川文集三十卷、首一卷、附錄一卷、辨譌考異二卷，白雲集四卷、首一卷，純白齋類稾二十卷、首一卷、附錄二卷，九靈山房集一至十九，王忠文公集二十卷；月泉吟社三卷）

340000－1861－0000215　叢 75/20/0011870－0011928

古今說部叢書　國學扶輪社輯　清宣統至民國間上海國學扶輪社鉛印本　五十九冊　缺一卷（天祿識餘下）

340000－1861－0000216　叢 75/26/0012009－0012014

武英殿聚珍版書二千一百四十六卷　（清）高宗弘曆輯　清乾隆四十二年（1777）福建刻道光、同治遞修光緒二十一年（1895）增刻本　六冊　存八卷（澗泉日記三卷、歲寒堂詩話二卷、浩然齋雅談三卷）

340000－1861－0000217　叢 75/34/0012864－0012892

惜陰軒叢書　（清）李錫齡輯　清光緒十四年（1888）刻本　二十九冊　存七十一卷（古文周易參同契註八卷、小兒藥證真訣三卷、楚辭補註十七卷、事物記原十卷、書敘指南二十

卷、新增格古要論十三卷）

340000－1861－0000218　叢 75/35/0022900－0022910,0022913－0022945,0022877－0022899

武英殿聚珍版書二千一百四十六卷　（清）高宗弘曆輯　清乾隆四十二年（1777）福建刻道光、同治遞修光緒二十一年（1895）增刻本　六十七册　存一百九十九卷（輿地廣記一至十二、十八至三十四；嶺表錄異三卷；琉球國志略一至三、六至十三，首一卷；五代會要一至三十；春秋釋例十五卷、附校勘記二卷；春秋集注四十卷；春秋攷一至十四；春秋辨疑一至四；元和郡縣志四十卷；元豐九域志十卷）

340000－1861－0000219　叢 75/41/0023028－0023047

咫進齋叢書三集　（清）姚覲元輯　清光緒九年（1883）歸安姚氏刻本　二十册

340000－1861－0000220　叢 75/42/0023048－0023061

式訓堂叢書二集　（清）章壽康輯　清光緒會稽章氏刻本　十四册　存四十五卷（春秋夏正二卷，家語疏證六卷，鐘山札記四卷，龍城札記三卷，知聖道齋讀書跋二卷，平津館鑒藏記書籍三卷、補遺一卷、續編一卷，廉石居臧書記二卷，癖談六卷，疑年表一卷、太歲超辰表三卷，後甲集二卷，晚學集八卷，元魏熒陽鄭文公摩崖碑跋一卷）

340000－1861－0000221　叢 75/9/0011748－0011771

明辨齋叢書　（清）余肇鈞輯　清咸豐、同治間長沙余氏刻本　二十四册　缺二十八卷（李氏蒙求六卷，二十四詩品一卷，北溪先生四書字義二卷、首一卷、嚴陵講義一卷、道學二辨一卷、附錄一卷，石經考異二卷，諸史然疑一卷，漢書蒙拾一卷，後漢書蒙拾一卷，晉書補傳贊一卷，文選課虛四卷，續方言二卷，榕城詩話三卷）

340000－1861－0000222　叢 76/2/0012921－0013001

湖北叢書　（清）趙尚輔輯　清光緒十七年（1891）三餘草堂刻本　八十一册　缺六十三卷（御定易經通注三至四，周易集解纂疏六、八至九，毛詩原解十一至三十六，詩傳名物集覽三至四，春秋非左二卷，春秋楚地答問一卷，論語類考一至五，四書逸箋六卷，孔子家語疏證六至七、十，史懷七至九、十四至十六，江漢叢談二卷，雲杜故事一卷，導江三議一卷，胡承諾年譜一卷，平書七至八）

340000－1861－0000223　叢 76/6/0013187－0013229,0020999－0021027

春在堂全書　（清）俞樾撰　清光緒二十五年（1899）刻本　六十四册　存二百六卷（諸子平議三十五卷，第一樓叢書三十卷，曲園雜纂五十卷，俞樓雜纂五十卷，賓萌集六卷、外集四卷，春在堂集文二卷、續編五卷、三編四卷、四編八卷、五編八卷、六編一至四）

340000－1861－0000224　叢 78/11/0013267－0013288

船山遺書　（清）王夫之撰　清同治四年（1865）湘鄉曾氏金陵刻本　二十二册　存三十八卷（周易內傳六卷、周易內傳發例一卷、周易大象解一卷、周易稗疏四卷、周易考異一卷、周易外傳一至四、書經稗疏四卷、尚書引義六卷、詩經稗疏四卷、詩經攷異一卷、詩經叶韻辨一卷、詩廣傳五卷）

340000－1861－0000225　叢 78/21/0020502－0020521

歐陽文忠公全集　（宋）歐陽修撰　清嘉慶刻本　二十册　存一百四卷（居士集一至四十四、外集二十五卷，內制集四至八，表奏書啟四六集七卷，奏議十八卷，河東砉奏草二卷，河北奉使奏草二卷，首一卷）

340000－1861－0000226　叢 78/24/0020568－0020570

明張文忠公全集四十六卷附錄二卷　（明）張居正撰　清刻本　三册　存九卷（奏疏三至八、書牘二至四）

340000－1861－0000227　叢 78/25/0020694－0020762,0020764－0020819

曾文正公全集　(清)曾國藩撰　清同治、光緒間傳忠書局刻本　一百二十五册　存一百六十六卷(曾文正公奏稿一至三十,曾文正公詩集一至三、文集一至三,曾文正公書札三十三卷,經史百家簡編二卷,鳴原堂論文二卷,十八家詩鈔二十八卷,經史百家雜鈔二十六卷,曾文正公批牘六卷,曾文正公雜箸二卷,求闕齋日記類鈔二卷,孟子要略五卷、附錄一卷,求闕齋讀書錄十卷,曾文正公年譜十二卷,首一卷)

340000－1861－0000228　叢 78/27/0020651－0020654

胡文忠公遺集八十六卷首一卷　(清)胡林翼撰　清光緒元年(1875)湖北崇文書局刻本　四册　存十卷(一至九、首一卷)

340000－1861－0000229　叢 78/28/0021046－0021055

胡文忠公遺集十卷首一卷　(清)胡林翼撰　清刻本　十册

340000－1861－0000230　叢 78/29/0021036－0021042

龔定盦全集十八卷　(清)龔自珍撰　清宣統元年(1909)國學扶輪社鉛印本　七册

340000－1861－0000231　叢 78/6/0013155－0013186

春在堂全書　(清)俞樾撰　清光緒二十三年(1897)石印本　三十二册　缺六十七卷(春在堂雜文五編八卷、六編十卷、補遺六卷,春在堂詩編十六至二十三,茶香室叢鈔四鈔二十九卷,東海投桃集一卷,曲園墨戲一卷,曲園三耍一卷,春在堂傳奇二種二卷,春在堂輓言一卷)

340000－1861－0000232　叢 78/6/0013187－0013194

春在堂全書　(清)俞樾撰　清光緒二十五年(1899)刻本　八册　存三十三卷(詞錄三卷、隨筆一至八、雜文二卷、續編五卷、三編四卷、四書文一卷、太上感應篇纘義二卷、袖中書二卷、流藝錄六卷)

340000－1861－0000233　叢 78/7/0013230－0013237

王船山先生經史論　(清)王夫之撰　清光緒二十五年(1899)公記書莊石印本　八册

340000－1861－0000234　志 523/1/0009674－0009703

[光緒]重修安徽通志三百五十卷補遺十卷　(清)沈葆禎　(清)吳坤修等修　(清)何紹基　(清)楊沂孫等纂　清光緒四年(1878)刻本　三十册　存八十四卷(二百七十七至三百五十、補遺十卷)

340000－1861－0000235　志 523/19/0009948－0009959

[光緒]貴池縣志四十四卷首一卷　(清)陸延齡等修　(清)桂迓衡等纂　清光緒九年(1883)木活字印本　十二册　存十八卷(三至四、六至十四、三十五至三十八、四十二至四十四)

340000－1861－0000236　志 523/34/0010018

祁門縣鄉土地理誌稿本一卷　(清)李家驪編　清宣統鉛印本　一册

安徽農業大學圖書館古籍普查登記目録

全國古籍普查登記目録

國家圖書館出版社
National Library of China Publishing House

《安徽農業大學圖書館古籍普查登記目録》

編委會

主　　編：朱建軍

副 主 編：劉　峰

編　　委：朱建軍　劉　峰　程海燕　汪青雲

王繼英　朱旭芳

審　　校：鍾姝娟

《安徽農業大學圖書館古籍普查登記目録》

前　言

安徽農業大學圖書館前身爲1928年成立的安徽大學圖書館。1954年，根據全國高等院校院系調整計劃，原安徽大學所屬師範學院、農學院分别獨立爲安徽師範學院、安徽農學院。安徽農學院圖書館亦正式成立。

1954年4月，安徽省政府决定將安徽農學院遷往合肥辦學，安徽師範學院和安徽農學院經過多年發展，成爲現在的安徽師範大學（蕪湖）和安徽農業大學（合肥）。這也給我館留下一些珍貴的古籍。目前，我館共保存有古籍52種2257册。收録的大部分爲農業、林業方面的古籍。其中有《御制耕織圖》二卷，清光緒十二年（1886）上海點石齋石印本；《農學叢書》七集，上海農學會出版；《二如亭群芳譜》三十八卷《首》一卷，明崇禎二年（1629）刻本；《天下郡國利病書》一百二十卷，清刻本。我館還收藏了一些其他的珍貴古籍，如：《欽定古今圖書集成》一萬卷《目録》三十二卷，我館現存有其中的1626册，光緒十年（1884）上海圖書集成印書局鉛印本。

2017年12月21日至22日，安徽省古籍保護中心在我館舉辦古籍普查與保護培訓班，省館的領導和老師們對每位學員進行了精心的指導。2019年本館完成全部古籍著録工作。

《安徽農業大學圖書館古籍普查登記目錄》編委會

2019年6月

340000－1857－0000001　33.19/5320:01
論養蠶新法一卷　(法國)巴士德著　(法國)拔維宴麥登司譯述　清光緒二十八年(1902)浙江官書局刻本　一册

340000－1857－0000002　33.03/4010:02.01－02
棉業圖說八卷首一卷　(清)農工商部印刷科印　清宣統三年(1911)京師農工商部印刷科鉛印本　二册

340000－1857－0000003　33.12/3877:01.01
柳蠶新編二卷　許鵬翊撰　清宣統三年(1911)安徽勸業道署鉛印本　一册

340000－1857－0000004　33.10/3028:01
蠶桑簡法二卷　(清)安徽蠶業講習所編　清宣統二年(1910)同文書館鉛印本　一册

340000－1857－0000005　33.06/0230:01.01
釋穀四卷　(清)劉寶楠撰　清光緒十四年(1888)廣雅書局刻本　一册

340000－1857－0000006　33.26/1740:08.01－08
蠶桑萃編十五卷首一卷　(清)衛杰編　清光緒二十五年(1899)刻本　八册

340000－1857－0000007　43.01/4217:03.01－03
古文辭類纂十五卷　(清)姚鼐纂　清光緒二十四年(1898)慎記書莊石印本　三册

340000－1857－0000008　33.20/1010:02.01
野蠶録四卷首一卷　(清)王元綎輯　清宣統元年(1909)安慶同文官印書館鉛印本　一册　缺二卷(三至四)

340000－1857－0000009　24.25.4090:07.01－07
漢西域圖考七卷首一卷　(清)李光廷撰　清光緒十九年(1893)寶善書局石印本　七册

340000－1857－0000010　24.02/0977:03.01－03
鴻雪因緣圖記三集　(清)麟慶著　清光緒五年(1879)上海點石齋石印本　三册　存二集(第一集上,第三集上、下)

340000－1857－0000011　24.01/6048:04
三國郡縣表八卷附考證　(清)吳增僅學　清光緒二十二年(1896)木活字印本　四册

340000－1857－0000012　23.01/0037:16.01－16
校正尚友録統編二十四卷　題(清)錢湖釣徒編　清末民國上海鴻章書局石印本　十六册

340000－1857－0000013　25.01/3140:03.01－02
荒政輯要九卷首一卷　(清)汪志伊纂　清道光二十九年(1849)尚義堂刻本　二册　缺三卷(七至九)

340000－1857－0000014　21.04/7776:10.01－10
五代史七十四卷　(宋)歐陽修撰　(宋)徐無黨注　清光緒十年(1884)上海同文書局石印本　十册

340000－1857－0000015　22.01/6044:14.01－14
尺木堂綱鑑易知錄九十二卷明鑑易知録十五卷　(清)吳乘權等輯　清光緒十四年(1888)廣百宋齋徐潤鉛活字印本　十四册　缺十五卷(明鑑易知録十五卷)

340000－1857－0000016　21.07/4431:6.01－06
出使英法義比四國日記六卷　(清)薛福成著　清光緒十七年(1891)吳縣孫谿朱記榮校經堂刻本　六册

340000－1857－0000017　33.27/7410:01.01
裨農最要三卷附刊一卷　(清)陳開沚述　清光緒二十三年(1897)潼川永義和刻本　一册

340000－1857－0000018　33.04/4443:01.01
營田輯要内篇三卷外篇一卷首一卷　(清)黄輔辰述　清同治三年(1864)成都刻本　一册

340000－1857－0000019　23.04/4427:04.01－04
拿破崙本紀四卷　(英國)洛加德著　林紓魏易譯　清光緒三十一年(1905)京師學務處官書局鉛印本　四册

340000－1857－0000020　23.04/4427:04.01－08
華盛頓傳八卷　(清)黎汝謙　(清)蔡國昭譯　清光緒十二年(1886)鉛印本　八册

340000－1857－0000021　33.25/2380:01.01
意大利蠶書一卷　(意大利)丹吐魯著　(英國)傅蘭雅　(英國)傅紹蘭口譯　(清)汪振聲筆述　(清)趙元益校錄　清光緒二十四年

(1898)江南製造局刻本　一册

340000－1857－0000022　33.21/2837:01.01
安徽勸辦柞蠶案不分卷　(清)徐瀾編輯　清宣統二年(1910)鉛印本　一册

340000－1857－0000023　33.24/8040
蠶桑述要一卷　(清)俞墉纂輯　清刻本　一册

340000－1857－0000024　33.23/3160:01.01
湖蠶述四卷　(清)汪曰楨撰　清光緒六年(1880)刻本　一册

340000－1857－0000025　33.14/1740:02.01－02
農桑輯要七卷　(元)司農司撰　**蠶事要略一卷**　(清)張行孚撰　清光緒二十一年(1895)桐廬袁昶中江榷署刻漸西村舍彙刊本　二册

340000－1857－0000026　33.18/3425:01.01
蠶桑說一卷　(清)趙敬如撰　**廣蠶桑說輯補二卷**　(清)沈練撰　(清)仲學輅輯補　清光緒二十三年(1897)桐廬袁氏刻漸西村舍彙刊本　一册

340000－1857－0000027　33.17/3425:01.01
蠶桑說一卷　(清)沈練著　清光緒十四年(1888)溧陽沈氏歸安縣署刻本　一册

340000－1857－0000028　33.08/7494:04.01－04
農學纂要四卷　(清)陳恢吾輯　清光緒二十八年(1902)刻本　四册

340000－1857－0000029　33.22/6427:01.01
農林蠶說一卷　(清)葉向榮著　清宣統三年(1911)衢城正新書局石印本　一册

340000－1857－0000030　33.28/2020:02.02
御製耕織圖二卷　(清)焦秉貞繪　清光緒十二年(1886)上海點石齋石印本　二册

340000－1857－0000031　23.02/6044:10.01－10
歷代名人年譜十卷　(清)吳榮光撰　清光緒元年(1875)南海念初思滿齋刻本　十册

340000－1857－0000032　33.05/2138:20.01－20
農學叢書七集　(清)上海農學會譯　清光緒江南農學會石印本　二十册

340000－1857－0000033　48.04/2815:01.01
化學分原八卷　(英國)蒲陸山撰　(英國)傅蘭雅口譯　(清)徐建寅筆述　清光緒江南製造局刻江南製造局叢書本　一册

340000－1857－0000034　36.02/1027:16.01－04
二如亭群芳譜三十八卷首一卷　(明)王象晉纂輯　明崇禎二年(1629)刻本　四册　存六卷(天譜一至三、首一卷,歲譜一至二)

340000－1857－0000035　33.31/2740:05.01－05
農學報五十七卷　不著撰者　清光緒二十三年至二十四年(1897－1898)影印本　五册

340000－1857－0000036　35.04/1041:01－05
芥子園畫傳五卷　(清)王概輯摹　清刻本　五册

340000－1857－0000037　36.08/7436:06.01－06
秘傳花鏡六卷圖一卷　(清)陳淏子訂輯　清同人堂刻本　六册

340000－1857－0000038　32.09/2744:16.01－16
安吳四種三十六卷　(清)包世臣著　清光緒十四年(1888)刻本　十六册

340000－1857－0000039　24.11/0012:08.01－08
[光緒]泗虹合志十九卷　(清)方瑞蘭修　(清)江殿颺　(清)許湘甲纂　(清)許鴻遠繪圖　清光緒十四年(1888)刻本　八册

340000－1857－0000040　24.07/7137:32.01
讀史方輿紀要一百三十卷　(清)顧祖禹輯著　(清)彭元瑞校定　清光緒二十五年(1899)慎記書莊石印本　三十二册

340000－1857－0000041　33.11/2837:01
柞蠶簡法補遺一卷　(清)安徽勸業道署編印　清宣統二年(1910)安徽勸業道署鉛印本　一册

340000－1857－0000042　33.13/2737:01.01
蠶桑事宜一卷　(清)鄒祖堂輯　清道光二十六年(1846)安慶王德滏刻本　一册

340000－1857－0000043　39.07/7410:32.01－32
格致鏡原一百卷　(清)陳元龍輯　清雍正十

三年(1735)刻本　三十二册

340000－1857－0000044　32.06/4427:24.01－24
涇川叢書四十五種續六種　(清)趙紹祖(清)趙繩祖輯　清道光十二年(1832)涇縣趙氏古墨齋刻本　二十四册

340000－1857－0000045　42.10/2140:12.01－12
文選六十卷　(南朝梁)蕭統輯　(唐)李善注　(清)何焯評點　清同治十一年(1872)羊城翰墨園刻本　十二册

340000－1857－0000046　24.05/7190:60.01－60
天下郡國利病書一百二十卷　(清)顧炎武輯　清刻本　三十册　存六十卷(一至六十)

340000－1857－0000047　42.07/4443:48.01－48
蘇東坡全集一百十卷　(宋)蘇東坡撰　清光緒三十四年至宣統元年(1908－1909)寶華盦刻本　四十八册

340000－1857－0000048　21.03/3000:01－25
晉書一百三十卷　(唐)太宗李世民撰　**音義三卷**　(唐)何超撰　清光緒十年(1884)上海同文書局石印二十四史本　二十五册

340000－1857－0000049　32.05/2712:240.01－240
知不足齋叢書　(清)鮑廷博輯　清光緒八年(1882)嶺南芸林仙館刻本　二百四十册

340000－1857－0000050　39.04/7444:1628.01－1626
欽定古今圖書集成一萬卷目錄三十二卷　(清)陳夢雷等原輯　(清)蔣廷錫等重輯　清光緒十年(1884)上海圖書集成印書局鉛印本　一千六百二十六册　缺三十卷(字學典一百三十七至一百五十二、食貨典二百八十三至二百九十六)

340000－1857－0000051　33.21/2837:01.01
安徽勸辦柞蠶案不分卷　(清)徐瀾編輯　清宣統二年(1910)勸業道署鉛印本　一册

340000－1857－0000052　33.13/2737:01.02
蠶桑事宜一卷　(清)鄒祖堂輯　清抄本　一册

合肥師範學院圖書館古籍普查登記目録

全國古籍普查登記目録

國家圖書館出版社
National Library of China Publishing House

《合肥師範學院圖書館古籍普查登記目録》

編委會

《合肥師範學院圖書館古籍普查登記目録》

前　言

合肥師範學院坐落在“大湖名城、創新高地”——安徽省省會合肥市。學校前身是安徽教育學院，創建於 1955 年，2007 年改建爲省屬全日制普通本科院校。學校是全國首批“服務國家特殊需求專業學位研究生”培養試點單位、“國培計劃”示範性培訓項目實施單位、“卓越教師培養計劃”試點單位、“十三五”應用型本科産教融合工程實施高校，安徽省首批“地方應用型高水平大學”建設高校、“創業學院”立項單位。

合肥師範學院圖書館始建於 1955 年，經過半個多世紀的建設和發展，目前已建成爲具有一定規模的普通高等學校圖書館。本校圖書館古籍庫始建於 1989 年，從以前撤并的安徽勞動大學接收了一批古籍，加上自購的部分，使得館藏古籍初具規模。目前古籍庫藏書近千種，兩萬餘册。其中，善本古籍 215 種 2631 册，被《安徽省古籍善本書目》收録達 162 種。本館所藏古籍主要爲明清時期的各類刻本、抄本、影印本等，其中以清朝古籍爲主體，同時藏有民國綫裝書万餘册。館藏古籍種類多樣，内容豐富，包含經史子集叢各部。其中有精美繪本、孤本、名家批校點評本等，具有較高的學術價值、藝術價值和文物價值。

館藏古籍因其年代久遠，紙張易碎，本館已進行了兩期古籍修復工程，對館藏嘉靖本等破損嚴重的善本進行了專業修復。爲了更好地利用、保護古籍，本館古籍庫配備了專業工作人員進行整理、編目、維護，并購置了冷光掃描器等相關設備，力求將館藏古籍數字化、系統化，使其得到更好的保護和更大的利用。

此次恰逢國家古籍保護中心與安徽省古籍保護中心推進古籍普查項目，本館古籍普查目録得以付梓，幸甚至哉！

《合肥師範學院圖書館古籍普查登記目録》編委會

2021 年 7 月

340000－1856－0000001　1:001
文公家禮儀節八卷　(宋)朱熹編　(明)楊慎輯　清金陵藴古堂刻本　四册

340000－1856－0000002　1:002
廣雅疏證十卷　(清)王念孫撰　清乾隆五十六年(1791)刻本　佚名過録傳增湘題跋　八册

340000－1856－0000003　1:003
左繡五十八卷　(晉)杜預撰　清康熙五十九年(1720)刻大文堂印本　十二册

340000－1856－0000004　1:004
春秋大事表五十卷　(清)顧復初輯　(清)華半江撰　清乾隆十二年(1747)萬卷樓刻本　二十册

340000－1856－0000005　1:005
書經集傳六卷　(宋)蔡沈撰　清刻本　四册

340000－1856－0000006　1:006
尚書十三卷　(漢)孔安國撰　清乾隆四十八年(1783)刻本　二册

340000－1856－0000007　1:007
論語注疏二十卷　(三國魏)何晏集解　(唐)陸德明音義　(宋)邢昺疏　清乾隆四年(1739)刻本　四册

340000－1856－0000008　1:008
孝經注疏九卷　(唐)玄宗李隆基注　(唐)陸德明音義　(宋)邢昺校　清乾隆四年(1739)刻本　一册

340000－1856－0000009　1:009
説文辨字正俗四卷　(清)李富孫撰　清嘉慶二十一年(1816)刻本　二册

340000－1856－0000010　1:010
經籍纂詁一百六卷　(清)阮元撰　清嘉慶十七年(1812)揚州阮氏瑯嬛仙館刻本　六十四册

340000－1856－0000011　1:011
周易通義十六卷　(清)莊忠棫撰　清光緒六年(1880)冶城山館刻本　二册

340000－1856－0000012　1:012
讀禮通考一百二十卷　(清)徐乾學撰　清味經窩刻本　六十册

340000－1856－0000013　1:013
爾雅正義二十卷　(清)邵晉涵撰　**爾雅釋文三卷**　(唐)陸德明撰　清乾隆五十三年(1788)餘姚邵氏面水層軒刻本　八册

340000－1856－0000014　1:014
班馬字類五卷　(宋)婁機撰　清乾隆吳興倪氏經鋤堂刻本　四册

340000－1856－0000015　1:015
古經解匯函十六種　(清)鍾謙鈞等輯　清同治十二年(1873)粤東書局刻本　二册　存二種五卷(鄭氏周易注三卷、遺補一卷,陸氏周易述一卷)

340000－1856－0000016　1:016
六經圖二十四卷　(清)鄭之僑輯　清乾隆九年(1744)述堂刻本　十二册

340000－1856－0000017　1:017
左胡合傳不分卷　(明)徐師曾輯　清抄本　四册

340000－1856－0000018　1:018
五禮通考二百六十二卷首四卷目録二卷　(清)秦蕙田編輯　清乾隆味經窩刻本　一百四十册

340000－1856－0000019　1:020
字彙十二卷首一卷末一卷韻法直圖一卷　(清)梅膺祚音釋　清乾隆五十五年(1790)英德堂刻本　十四册

340000－1856－0000020　1:021
春秋公羊注疏二十八卷　(漢)何休撰　明崇禎七年(1634)虞山毛氏汲古閣刻十三經注疏本　四册

340000－1856－0000021　1:022
論語集説十卷　(宋)蔡節編　清康熙十九年(1680)刻通志堂經解本　四册

340000－1856－0000022　1:023

正字通十二卷首一卷 （清）廖文英輯 **字彙首一卷** （明）梅膺祚音釋 清康熙十年(1671)潭陽成萬村刻本 六十二册

340000－1856－0000023 1:024
說文解字十五卷 （漢）許慎撰 清虞山毛氏汲古閣刻本 六册

340000－1856－0000024 1:025
字鑒五卷 （元）李文仲撰 （清）許槤訂正 清道光五年(1825)許逖研經書塾刻本 二册

340000－1856－0000025 1:026
六書故三十三卷通釋一卷 （宋）戴侗撰 清乾隆四十九年(1784)李鼎元刻本 十六册

340000－1856－0000026 1:027
古經解鉤沉三十卷 （清）余蕭客撰 清乾隆六十年(1795)刻本 十六册

340000－1856－0000027 1:028
說文引經考二卷補遺一卷 （清）吳玉搢撰 清道光元年(1821)儀徵程贊詠刻本 二册

340000－1856－0000028 1:038
春秋左傳杜注三十卷首一卷 （清）姚培謙撰 清光緒十五年(1889)江南書局刻本 十册

340000－1856－0000029 1:050
齊詩翼氏學四卷 （清）迮鶴壽撰 清道光二年(1822)吳江張遇堯刻本 四册

340000－1856－0000030 1:054
詩考補注三卷 （宋）王應麟原輯 （清）丁晏撰 清道光三年(1823)山陽丁氏六藝堂刻頤志齋叢書本 四册

340000－1856－0000031 1:056
毛詩故訓傳鄭箋三十卷 （漢）鄭玄撰 清同治十一年(1872)五雲堂刻本 四册

340000－1856－0000032 1:058
十一經音訓 （清）楊國楨撰 清光緒三年(1877)湖北崇文書局刻本 二册 存易經音訓

340000－1856－0000033 1:00114
御製康熙字典不分卷 （清）張玉書等編 清道光七年(1827)刻本 四十册

340000－1856－0000034 1:00117
隸篇十五卷續十五卷 （清）翟雲升撰 清道光十七年至十八年(1837－1838)刻本 十册

340000－1856－0000035 1:00129
聲類四卷 （清）錢大昕述 清道光五年(1825)刻本 四册

340000－1856－0000036 1:00143
洪武正韻十六卷 （明）樂韶鳳等撰 **玉鍵一卷** （明）張士佩撰 明刻本 八册

340000－1856－0000037 1:00100
詩經圖六卷詩 （清）牟欽元輯 清雍正元年(1723)致用堂刻本 一册 存三卷(周易、詩、書)

340000－1856－0000038 1019
六書分類十三卷 （清）傅世垚撰 清乾隆五十四年(1789)聽松閣刻本 十三册

340000－1856－0000039 1029
說文解字義證五十卷 （清）桂馥撰 清同治九年(1870)湖北崇文書局刻本 三十二册

340000－1856－0000040 1030
漢魏二十一家易注三十三卷 （清）孫堂輯 清嘉慶四年(1799)平源孫氏映雪草堂刻本 八册

340000－1856－0000041 1031
重刊宋本十三經注疏附校勘記 （清）阮元撰 （清）盧宣旬摘錄 清嘉慶二十年(1815)江西南昌府學刻本 一百六十二册

340000－1856－0000042 1032
周禮政要二卷 （清）孫詒讓撰 清光緒二十八年(1902)瑞安普通學堂刻本 二册

340000－1856－0000043 1034
左傳舊疏考正八卷 （清）劉文淇撰 清光緒三年(1877)湖北崇文書局刻崇文書局彙刻書本 四册

340000－1856－0000044 1035
春秋繁露十七卷 （漢）董仲舒撰 清抱經堂

刻本　二冊

340000－1856－0000045　1036
易經十二卷　（宋）程頤撰　清光緒九年（1883）江南書局刻本　四冊

340000－1856－0000046　1039
如西所刻諸名家評點春秋綱目左傳句解彙雋六卷　（清）韓菼撰　清光緒四年（1878）有益堂刻本　六冊

340000－1856－0000047　1040
監本附音春秋穀梁注疏二十卷附校勘記二十卷　（晉）范甯集解　清嘉慶二十年（1815）江西南昌府學刻重刊宋本十三經注疏附校勘記本　六冊

340000－1856－0000048　1041
詩集傳八卷　（宋）朱熹撰　清宣統元年（1909）三義堂刻本　四冊

340000－1856－0000049　1042
春秋左傳五十卷　（晉）杜預注釋　（宋）林堯叟補注　（唐）陸德明音義　（明）孫鑛等評點　清光緒金陵李光明莊刻本　十六冊

340000－1856－0000050　1043
禮記集說十卷　（元）陳澔撰　清末文成堂刻本　十冊

340000－1856－0000051　1044
禮記集說十卷　（元）陳澔撰　清光緒十九年（1893）江南書局刻本　十冊

340000－1856－0000052　1045
毛詩古音考四卷附讀詩拙言一卷附和古音考一卷附錄一卷　（明）陳第編輯　清光緒六年（1880）嚴式誨刻本　四冊

340000－1856－0000053　1046
禮記集解六十一卷　（清）孫希旦撰　清咸豐十年（1860）瑞安孫氏盤谷草堂刻本　二十冊

340000－1856－0000054　1047
禮記集說十卷　（元）陳澔撰　清康熙十六年（1677）崇經堂刻本　十冊

340000－1856－0000055　1048
大戴禮記補注十三卷序錄一卷　（清）孔廣森撰　清同治十三年（1874）淮南書局刻本　四冊

340000－1856－0000056　1049
附釋音毛詩注疏七十卷附校勘記七十卷　（漢）毛亨撰　（漢）鄭玄箋　（唐）陸德明音義　（唐）孔穎達疏　清同治十二年（1873）江西書局刻重刊宋本十三經注疏附校勘記本　二十五冊

340000－1856－0000057　1051
周易注疏十三卷　（三國魏）王弼　（晉）韓康伯注　（唐）陸德明音義　（唐）孔穎達疏　清同治十年（1871）廣東書局刻本　五冊

340000－1856－0000058　1052
春秋大事表五十卷輿圖一卷附錄一卷　（清）顧棟高輯　清同治十二年（1873）山東尚志堂刻本　二十冊

340000－1856－0000059　1053
韓詩外傳十卷　（漢）韓嬰撰　清嘉慶四年（1799）味經堂刻本　四冊

340000－1856－0000060　1055
欽定詩經傳說彙纂二十一卷首一卷　（清）王鴻緒等編　清同治七年（1868）馬新貽刻本　十六冊

340000－1856－0000061　1057
御纂周易述義十卷　（清）傅恒等撰　清刻本　八冊

340000－1856－0000062　1059
書集傳六卷　（宋）蔡沈集傳　清同治十年（1871）金陵奎壁齋刻本　四冊

340000－1856－0000063　1060
御纂周易折中二十卷首一卷　（清）李光地等撰　清同治六年（1867）馬新貽刻本　十冊

340000－1856－0000064　1061
重刊宋本儀禮注疏五十卷　（漢）鄭玄注　（唐）賈公彥疏　（唐）陸德明音義　**附校勘記五十卷**　（清）阮元撰　（清）盧宣旬摘錄　清

嘉慶二十年(1815)江西南昌府學刻重刊宋本十三經注疏附校勘記本　十册

340000－1856－0000065　1062
駢雅訓纂十六卷首一卷　(清)魏茂林撰　清光緒十二年(1886)刻後知不足齋叢書本　八册

340000－1856－0000066　1064
論語話解十卷　(清)陳濬撰　清光緒三十年(1904)善成堂刻本　四册

340000－1856－0000067　1065
論語補注三卷　(清)劉開撰　清同治七年(1868)桐城劉氏刻本　一册

340000－1856－0000068　1068
白虎通德論四卷　(漢)班固撰　清光緒元年(1875)湖北崇文書局刻百子全書本　二册

340000－1856－0000069　1071
經傳釋詞十卷　(清)王引之撰　(清)江杏溪校　清蘇州文學山房刻本　四册

340000－1856－0000070　1072
經詞衍釋十卷遺補一卷　(清)吳昌瑩撰　清同治十二年(1873)成都書局刻本　四册

340000－1856－0000071　1073
論語集解義疏十卷　(三國魏)何晏集解　(南朝梁)皇侃義疏　清乾隆至道光間長塘鮑氏刻知不足齋叢書本　五册

340000－1856－0000072　1078
孟子師說七卷　(清)黄宗羲撰　清光緒八年(1882)慈谿醉經閣馮全琮刻本　一册

340000－1856－0000073　1079
四書摭餘說七卷　(清)曹之升輯　清嘉慶三年(1798)刻本　八册

340000－1856－0000074　1080
松陽講義十二卷　(清)陸隴其撰　清同治十年(1871)公善堂刻漚氏唐石經館叢書本　四册

340000－1856－0000075　1081
四書釋地一卷續一卷又續一卷三續一卷　(清)閻若璩撰　清刻本　三册

340000－1856－0000076　1082
四書集注不分卷　(宋)朱熹撰　清光緒八年(1882)金陵書局刻本　六册

340000－1856－0000077　1083
四書改錯二十二卷　(清)毛奇齡撰　清嘉慶十六年(1811)學圃刻本　六册

340000－1856－0000078　1084
新刻批點四書讀本不分卷　(宋)朱熹集注　清同治十三年(1874)聚盛堂刻本　六册

340000－1856－0000079　1085
文成字匯十二卷首一卷末一卷　(明)梅膺祚音釋　清乾隆七年(1742)世德堂刻本　十四册

340000－1856－0000080　1086
字學尋原一卷　題(清)峽山退士(吳錦章)撰　清光緒二十三年(1897)守愚齋刻本　一册

340000－1856－0000081　1087
重刊宋本說文解字不分卷　(漢)許慎撰　清蔣蒙雲抄本　一册

340000－1856－0000082　1088
說文字原韻表二卷　(清)胡重編　清嘉慶十六年(1811)刻本　一册

340000－1856－0000083　1089
大廣益會玉篇三十卷　(南朝梁)顧野王撰　(唐)孫強增字　(宋)陳彭年等重修　**附玉篇校刊札記一卷**　(清)鄧顯鶴撰　清道光三十年(1850)新化鄧氏東山刻本　三册

340000－1856－0000084　1091
澄衷蒙學堂字課圖說四卷首一卷　(清)劉樹屏編　(清)吳子城繪圖　清光緒二十七年(1901)澄衷蒙學堂石印本　八册

340000－1856－0000085　1092
四書記聞二卷　(清)管同撰　清光緒十八年(1892)翁氏心清平軒刻本　一册

340000－1856－0000086　1096
孟子字義疏證六卷　(清)戴震撰　清乾隆曲

皋孔氏刻微波榭叢書本　一冊

340000－1856－0000087　1099
皇清經解一千四百卷　(清)阮元輯　清光緒十三年(1887)上海書局石印本　六十四冊

340000－1856－0000088　1101
十三經韻語一卷　(清)王謨撰　清光緒二十七年(1901)莫江夏陳氏刻本　一冊

340000－1856－0000089　1102
經典釋文三十卷　(唐)陸德明撰　清同治八年(1869)崇文書局刻本　十二冊

340000－1856－0000090　1104
重校十三經不貳字不分卷　(清)李鴻藻編　清光緒元年(1875)三義堂刻本　一冊

340000－1856－0000091　1105
五經同異三卷　(清)顧炎武撰　清抄本　三冊

340000－1856－0000092　1106
六藝論疏證一卷魯禮禘祫義疏證一卷　(清)皮錫瑞撰　清光緒元年(1875)刻本　一冊

340000－1856－0000093　1107
經義述聞三十二卷　(清)王引之撰　清光緒七年(1881)上海文瑞樓鉛印本　十六冊

340000－1856－0000094　1108
東塾讀書記二十五卷　(清)陳澧撰　清光緒七年(1881)廣州刻本　六冊　存二十一卷(一至二十一)

340000－1856－0000095　1109
四書體注合講不分卷□□堂四書圖考一卷　(清)翁復編　清刻奎星閣印本　六冊

340000－1856－0000096　1110
皇朝五經匯解二百七十卷江氏經解入門一卷　題(清)抉經心室主人輯　清光緒二十二年(1896)上海書局石印本　三十二冊

340000－1856－0000097　1111
皇清經解續編二百九卷　王先謙輯　清光緒十五年(1889)上海蜚英館石印本　三十二冊

340000－1856－0000098　1112
四書總字釋義類編不分卷　(清)王士崧輯　清乾隆四十六年(1781)嘉會堂刻本　一冊

340000－1856－0000099　1113
四聲千字文不分卷　(清)張世光撰　清刻本　一冊

340000－1856－0000100　1114
文字蒙求廣義四卷　(清)王筠撰　(清)蒯光典注　清光緒二十七年(1901)江楚書局刻本　五冊

340000－1856－0000101　1115
助字辨略五卷　(清)劉淇撰　清咸豐五年(1855)聊城楊以增海源閣刻海源閣叢書本　五冊

340000－1856－0000102　1116
說文解字斠詮十四卷　(清)錢坫撰　清光緒九年(1883)淮南書局刻本　六冊

340000－1856－0000103　1117
澤存堂五種　(清)張士俊輯　清光緒十四年(1888)上海蜚英館影印本　八冊

340000－1856－0000104　1118
康熙字典十二集三十六卷　(清)張玉書等編　清光緒三十年(1904)上海文盛堂書局石印本　六冊

340000－1856－0000105　1120
說文解字句讀三十卷補正三十卷　(清)王筠撰　清同治四年(1865)王彥侗刻本　十六冊

340000－1856－0000106　1121
說文解字句讀三十卷　(清)王筠撰　清光緒八年(1882)朱逌然刻本　十六冊

340000－1856－0000107　1125
輶軒使者絕代語釋別國方言十三卷　(漢)揚雄撰　(晉)郭璞注　清刻本　六冊

340000－1856－0000108　1126
說文釋例二十卷　(清)王筠撰　清道光十七年(1837)刻本　十冊

340000－1856－0000109　1127

經韻集字析解二卷全韻字數一卷　（清）熊守謙參訂　（清）彭良敞集注　清刻本　二册

340000－1856－0000110　1128
急就篇一卷附補注四卷　（唐）顔師古注（宋）王應麟補注　清光緒九年（1883）浙江書局刻本　二册

340000－1856－0000111　1129
説文通訓定聲十八卷附東韻一卷説雅一卷古今韻準一卷　（清）朱駿聲編　清道光二十八年（1848）刻本　三十二册

340000－1856－0000112　1130
佩文廣韻匯編五卷　（清）李元祺輯　清同治十一年（1872）金陵書局刻本　二册

340000－1856－0000113　1131
江氏韻語三種　（清）江永撰　（清）戴震編　清乾隆五十六年（1791）沔陽陸建瀛木犀香館刻本　四册

340000－1856－0000114　1132
音韻闡微十八卷韻譜一卷　（清）李光地等編　清光緒七年（1881）淮南書局刻本　五册

340000－1856－0000115　1133
爾雅郭注義疏二十卷　（清）郝懿行撰　清光緒十三年（1887）湖北官書處刻本　八册

340000－1856－0000116　1135
山門新語二卷　（清）周贇撰　清光緒十九年（1893）六聲草堂刻本　二册

340000－1856－0000117　1136
爾雅蒙求二卷　（清）李拔式撰　清刻本　二册

340000－1856－0000118　1137
爾雅三卷　（晉）郭璞注　（唐）陸德明音義　清同治十三年（1874）湖南書局刻本　三册

340000－1856－0000119　1138
拾雅二十卷　（清）夏味堂撰　清嘉慶二十四年（1819）高郵夏氏遂園刻本　十二册

340000－1856－0000120　1139
廣韻五卷　（宋）陳彭年等撰　清康熙四十三年（1704）吴郡查山張士俊刻澤存堂五種本　五册

340000－1856－0000121　1141
苗氏説文四種四十六卷　（清）苗夔撰　清道光至咸豐壽陽祁氏漢磚亭刻本　八册

340000－1856－0000122　1142
弢園經學輯存三種九十六卷弢園尺牘續鈔四卷　（清）王韜撰　清光緒十五年（1889）排印本　五册　存七卷（春秋朔閏至日考三卷、春秋日食辯證一卷、弢園尺牘續鈔一至三）

340000－1856－0000123　1143
東萊先生左氏博議二十五卷　（宋）吕祖謙撰　**增補虚字注釋六卷**　（清）張文炳撰　清道光十九年（1839）錢唐瞿氏清吟閣刻本　六册

340000－1856－0000124　1143
問字堂集六卷　（清）孫星衍撰　清光緒十年（1884）四明是亦軒刻本　二册

340000－1856－0000125　1144
宋本十三經注疏附校勘記　（清）阮元撰　清光緒十三年（1887）脈望仙館石印本　三十二册

340000－1856－0000126　1146
説文釋例二十卷説文傳校録三十卷　（清）王筠撰　清同治四年（1865）刻本　十二册

340000－1856－0000127　2001
東萊先生音註唐鑑二十四卷　（宋）范祖禹撰　（宋）吕祖謙注　明刻本　四册

340000－1856－0000128　2002
南唐書十八卷　（宋）陸遊撰　**南唐書音釋一卷**　（明）戚繼光音釋　明崇禎三年（1630）虞山毛氏汲古閣刻本　二册

340000－1856－0000129　2003
弔伐録二卷　（金）□□撰　清抄本　二册

340000－1856－0000130　2004
蜀碧四卷附記一卷　（清）彭遵泗輯　清刻本　二册

340000－1856－0000131　2005

尚史七十卷　(清)李鍇纂　清嘉慶十九年(1814)刻晚香草堂印本　二十四册

340000－1856－0000132　2006
聖武記十四卷　(清)魏源撰　清道光二十四年(1844)古微堂刻本　八册

340000－1856－0000133　2007
王鳳洲先生綱鑑正史全編二十四卷　(明)王世貞撰　(明)陳仁錫評　**歷代輿地圖一卷**　(明)王光魯編　明崇禎十二年(1639)刻本　十三册

340000－1856－0000134　2008
十六國春秋一百卷　(北魏)崔鴻撰　(清)汪日桂考訂　清刻本　十二册

340000－1856－0000135　2009
重訂路史全本四十七卷　(宋)羅泌輯　(明)吳弘基考訂　清刻本　二十四册

340000－1856－0000136　2010
繹史一百六十卷世系圖一卷年表一卷　(清)馬驌撰　清刻本　四十八册

340000－1856－0000137　2011
歷代名儒傳八卷　(清)朱軾　(清)蔡世遠輯　清雍正七年(1729)刻朱文端公藏書本　四册

340000－1856－0000138　2012
安危注四卷　(明)吳甡輯　清刻本　六册

340000－1856－0000139　2013
鶴徵錄八卷首一卷　(清)李集輯　(清)李富孫　(清)李遇孫續輯　清刻本　二册

340000－1856－0000140　2014
史外三十二卷　(清)汪有典撰　清刻本　十册

340000－1856－0000141　2015
朱子年譜二卷前錄二卷後錄二卷　(宋)李晦方輯　清乾隆刻本　三册

340000－1856－0000142　2016
四禮翼四卷　(明)呂坤撰　清光緒元年(1875)刻本　一册

340000－1856－0000143　2017
伊洛淵源錄十四卷　(宋)朱熹撰　(清)張伯行考訂　清康熙四十八年(1709)正誼堂刻本　四册

340000－1856－0000144　2018
人壽金鑑二十二卷　(清)程得齡輯　清刻本　六册

340000－1856－0000145　2019
宋朱晦庵先生名臣言行錄前集十卷後集十四卷　(宋)朱熹輯　明崇禎刻清遞修本　六册

340000－1856－0000146　2020
宋名臣言行錄續集八卷別集十三卷外集十七卷　(明)李幼武輯　明崇禎刻清遞修本　十四册

340000－1856－0000147　2021
國語九卷戰國策十二卷　(明)閔齊伋注　清康熙四十二年(1703)學者堂刻本　十册

340000－1856－0000148　2022
東都事略一百三十卷　(宋)王偁撰　清影宋刻本　十六册

340000－1856－0000149　2023
文獻通考詳節二十四卷　(清)嚴虞惇錄　清乾隆二十九年(1764)嚴有禧繩武堂刻本　十二册

340000－1856－0000150　2024
宸垣識略十六卷　(清)吳長元輯　清乾隆五十三年(1788)池北草堂刻本　八册

340000－1856－0000151　2025
金山志十卷首一卷　(清)盧見曾撰　清乾隆二十七年(1762)雅雨堂刻本　四册

340000－1856－0000152　2026
續金山志二卷　(清)釋秋崖撰　清光緒二十六年(1900)刻本　二册

340000－1856－0000153　2027
三輔黃圖六卷補遺一卷　(漢)□□撰　(清)畢沅校　清乾隆四十九年(1784)畢沅刻經訓堂叢書本　一册

340000－1856－0000154　2028
金陵諸山形勢考一卷　(清)蔣繡岑撰　清道光十二年(1832)友恭堂刻津逮樓印本　一册

340000－1856－0000155　2029
太湖備考十六卷首一卷　(清)金友理撰　**湖程紀略一卷**　(清)吳曾撰　清乾隆十五年(1750)藝蘭圃刻本　八册

340000－1856－0000156　2030
東晉疆域識四卷　(清)洪亮吉撰　清嘉慶元年(1796)京師刻本　二册

340000－1856－0000157　2031
讀史方輿紀要九卷　(清)顧祖禹撰　清嘉慶十年(1805)刻友蘭堂印本　八册

340000－1856－0000158　2032
闕里文獻考一百卷首一卷末一卷　(清)孔繼汾撰　清乾隆二十七年(1762)刻本　八册

340000－1856－0000159　2033
武功縣志三卷首一卷　(明)康海撰　清乾隆二十六年(1761)長白瑪星阿刻本　一册

340000－1856－0000160　2034
皖志快觀前集二卷　(清)劉啟甲編　清光緒十六年(1890)愛蓮堂周溥抄本　二册

340000－1856－0000161　2035
[雍正]畿輔通志一百二十卷　(清)唐執玉　(清)陳儀撰　清雍正十三年(1735)刻本　四十八册

340000－1856－0000162　2036
隸釋二十七卷隸續二十一卷　(宋)洪適編　清乾隆四十二年至四十三年(1777－1778)汪日秀樓松書屋刻本　十二册

340000－1856－0000163　2037
江寧金石記八卷江寧金石待訪目二卷　(清)嚴觀輯　清嘉慶九年(1804)賜書堂刻本　六册

340000－1856－0000164　2038
金石萃編一百六十卷　(清)王昶撰　清嘉慶十年(1805)刻本　七十二册

340000－1856－0000165　2039
後漢書補注二十四卷　(清)惠棟撰　清嘉慶九年(1804)德裕堂刻本　四册

340000－1856－0000166　2040
史記一百三十卷　(漢)司馬遷撰　(南朝宋)裴駰集解　**索隱二卷**　(唐)司馬貞撰　**漢書一百卷**　(漢)班固撰　(唐)顔師古注　**後漢書一百二十卷**　(南朝宋)范曄撰　(唐)李賢注　**續志**　(晉)司馬彪撰　(南朝梁)劉昭注　**三國志六十五卷**　(晉)陳壽撰　(南朝宋)裴松之注　清光緒四年(1878)金陵書局刻湖北書局彙印二十四史本　一百四册

340000－1856－0000167　2041
新舊唐書互證二十卷目錄一卷　(清)趙紹祖撰　清光緒十七年(1891)廣雅書局刻本　四册

340000－1856－0000168　2042
遼史拾遺二十四卷　(清)厲鶚撰　清光緒元年(1875)江蘇書局刻本　十册

340000－1856－0000169　2043
御批資治通鑑綱目前編十八卷正編五十九卷續編二十七卷　(宋)朱熹編　清光緒十三年(1887)上海同文書局石印本　二十四册

340000－1856－0000170　2044
資治通鑑綱目前編二十五卷　(明)陳仁錫撰　清康熙四十年(1701)刻本　十册

340000－1856－0000171　2045
資治通鑑綱目五十九卷首一卷　(明)陳仁錫撰　清康熙四十年(1701)刻本　六十六册

340000－1856－0000172　2046
續資治通鑑綱目二十七卷末一卷　(明)商輅撰　清康熙四十年(1701)王公行刻本　二十二册

340000－1856－0000173　2047
鑑綱詠略八卷　(清)張應鼎撰　清同治十二年(1873)歸安張氏刻本　八册

340000－1856－0000174　2048

御批資治通鑑綱目前編十八卷正編五十九卷續編二十七卷　(宋)朱熹編　清光緒十三年(1887)上海同文書局石印本　二十四冊

340000－1856－0000175　2049
袁王綱鑑合編三十九卷首一卷明紀綱目八卷　(清)袁黄　(清)王世貞編　清光緒三十年(1904)上海商務印書館鉛印本　十六冊

340000－1856－0000176　2051
河海昆侖録四卷　裴景福撰　清宣統元年(1909)鉛印本　四冊

340000－1856－0000177　2052
小腆紀傳六十五卷　(清)徐鼒撰　**小腆紀傳補遺一卷考異一卷**　(清)徐承禮撰　清光緒十三年(1887)金陵刻本　十八冊

340000－1856－0000178　2053
九朝東華録一百二十卷　王先謙編　清光緒十年(1884)石印本　六十冊

340000－1856－0000179　2054
十一朝東華約録二百三十卷　(清)王祖顯節撰　清光緒石印本　二十四冊

340000－1856－0000180　2055
東華續録一百卷(同治朝)　王先謙編　清光緒十八年(1892)上海圖書集成印書局鉛印本　三十二冊

340000－1856－0000181　2058
資治通鑑二百九十四卷附通鑑釋文辯誤十二卷　(宋)司馬光撰　(元)胡三省音注　清嘉慶二十一年(1816)鄱陽胡氏刻同治八年(1869)江蘇書局補刻本　一百冊

340000－1856－0000182　2059
資治通鑑外紀十卷目録五卷　(宋)劉恕撰　(清)胡克家注補　清同治十年(1871)江蘇書局刻本　十冊

340000－1856－0000183　2060
明通鑑一百卷首一卷目録二十卷　(清)夏燮編　清同治十二年(1873)宜黄官廨刻本　四十八冊

340000－1856－0000184　2061
續資治通鑑二百二十卷　(清)畢沅編　清同治八年(1869)江蘇書局刻本　六十冊

340000－1856－0000185　2062
資治通鑑補二百九十四卷　(宋)司馬光編　(元)胡三省注　(明)嚴衍補　清光緒二年(1876)武進盛氏思補樓木活字印本　八十冊

340000－1856－0000186　2063
歷代名人年譜十卷存疑一卷無考一卷　(清)吴榮光撰　清光緒二年(1876)京都寶經書坊刻本　十冊

340000－1856－0000187　2064
曾文正公大事記四卷　(清)王定安撰　清光緒八年(1882)常熟抱芳閣刻本　四冊

340000－1856－0000188　2065
王船山先生年譜二卷　(清)劉毓崧編　清光緒十五年(1889)江南書局刻本　二冊

340000－1856－0000189　2066
孟子編年四卷　(清)狄子奇編　清光緒十三年(1887)浙江書局刻本　一冊

340000－1856－0000190　2067
孔子編年四卷　(清)狄子奇編　清光緒十三年(1887)浙江書局刻本　一冊

340000－1856－0000191　2068
孔子編年四卷　(清)狄子奇編　清同治九年(1870)京都墨文齋刻本　一冊

340000－1856－0000192　2069
船山公年譜二卷　(清)王之春編　清光緒十九年(1893)刻本　二冊

340000－1856－0000193　2070
朱子年譜四卷考異四卷附録二卷校勘記三卷校勘存疑一卷　(清)王懋竑纂　清同治武昌書局刻本　四冊

340000－1856－0000194　2071
四述奇十六卷　(清)張德彝撰　清光緒九年(1883)學易堂刻本　八冊

340000－1856－0000195　2072

客杭日記一卷　(元)郭畀撰　清乾隆三十七年(1772)歙縣鮑氏刻知不足齋叢書本　一冊

340000－1856－0000196　2073
適可齋記行六卷　(清)馬建忠撰　清石印本　一冊

340000－1856－0000197　2074
出使英法義比四國日記六卷　(清)薛福成撰　清光緒二十二年(1896)上海圖書集成印書局鉛印本　四冊

340000－1856－0000198　2075
救濟日記不分卷　(清)陸樹藩撰　清光緒二十六年(1900)上海石印本　一冊

340000－1856－0000199　2076
滇軺紀程一卷荷戈紀程一卷　(清)林則徐撰　清光緒三年(1877)三山林氏刻本　一冊

340000－1856－0000200　2077
曾文正公手書日記不分卷(清道光二十一年正月初一日至同治十一年二月初三日)　(清)曾國藩撰　清宣統元年(1909)中國圖書公司石印本　四十冊

340000－1856－0000201　2078
維新三傑三卷　(日本)北村紫山撰　(清)馬汝賢譯　清光緒二十七年(1901)勵學譯社鉛印本　一冊

340000－1856－0000202　2079
海上青樓圖記四卷　題(清)沁園主人繪　題(清)燕蘭沅主輯　清光緒十八年(1892)上海華雨小築木居石印本　一冊

340000－1856－0000203　2080
孔子門人考一卷補遺一卷存疑一卷正誤一卷　(清)費崇朱撰　清光緒二十二年(1896)長洲江澄刻本　一冊

340000－1856－0000204　2081
文獻徵存錄十卷　(清)錢林輯　(清)王藻編　清咸豐八年(1858)王氏有嘉樹軒刻本　十冊

340000－1856－0000205　2082
理學宗傳二十六卷　(清)孫奇逢輯　清光緒六年(1880)浙江書局刻本　十二冊

340000－1856－0000206　2083
杭女表微錄十六卷首一卷　(清)孫樹禮輯　清光緒三十二年(1906)刻本　八冊

340000－1856－0000207　2084
鄂國金陀稡編二十八卷續編三十卷　(宋)岳珂撰　清光緒九年(1883)浙江書局刻本　十二冊

340000－1856－0000208　2085
興學創聞一卷　(清)江鍾秀編　清末刻本　一冊

340000－1856－0000209　2086
湘軍志十六卷　王闓運撰　清光緒十二年(1886)成都墨香書屋刻本　四冊

340000－1856－0000210　2087
元朝秘史十五卷　(元)□□撰　(清)李文田注　清光緒二十九年(1903)上海文瑞樓石印本　四冊

340000－1856－0000211　2088
周書斠補四卷　(清)孫詒讓撰　清光緒二十六年(1900)瑞安孫氏刻本　一冊

340000－1856－0000212　2089
拳匪紀略八卷前編二卷後編二卷　(清)僑析生撰　清光緒二十九年(1903)上海書局石印本　六冊

340000－1856－0000213　2090
逆黨禍蜀記一卷　(清)汪堃撰　清刻本　一冊

340000－1856－0000214　2091
江南鐵淚圖一卷附編一卷　題(清)寄雲山人編　清同治九年(1870)刻本　二冊

340000－1856－0000215　2092
庭聞錄六卷　(清)劉健撰　清刻本　二冊

340000－1856－0000216　2093
荊駝逸史五十一種附平臺紀略　題(清)陳湖逸士編　清宣統三年(1911)中國圖書館石印

本　十六冊

340000－1856－0000217　2094
嘯亭雜錄十卷續錄三卷　(清)昭槤撰　清宣統元年(1909)中國圖書公司鉛印本　四冊

340000－1856－0000218　2095
歷代史論十二卷　(明)張溥撰　**左傳論二卷**　(清)高士奇撰　**明史論四卷**　(清)谷應泰撰　清光緒五年(1879)雙和堂刻本　十二冊

340000－1856－0000219　2096
歸方評點史記合筆六卷　(清)王拯撰　清光緒元年(1875)望三益齋刻本　四冊

340000－1856－0000220　2097
國朝史論萃編甲集四卷　(清)徐兆瑋輯　清光緒二十八年(1902)鉛印本　二冊

340000－1856－0000221　2098
增批輯註東萊博議四卷東萊先生傳略一卷　(宋)呂祖謙撰　(清)劉紫山輯注　清光緒三十一年(1905)上海寶善齋書莊鉛印本　一冊

340000－1856－0000222　2099
歷代史論十二卷　(明)張溥撰　**左傳史論二卷**　(清)高士奇撰　清光緒天津同文仁記石印本　八冊

340000－1856－0000223　2100
史論存稿不分卷　(清)秦粵生撰　清光緒三十四年(1908)刻本　一冊

340000－1856－0000224　2101
歷代史論二十卷宋史論三卷歷代史論一編四卷　(明)張溥撰　**左傳論二卷**　(清)高士奇　**明史論四卷**　(清)谷應泰撰　清光緒二十四年(1898)上海書局石印本　六冊

340000－1856－0000225　2102
平定粵匪紀略十八卷附記四卷　(清)杜文瀾撰　清同治十年(1871)京都聚珍齋木活字印本　八冊

340000－1856－0000226　2103
詳注東萊博議四卷東萊先生傳略一卷　(宋)呂祖謙撰　清光緒二十四年(1898)浙江紹興會文堂石印本　一件

340000－1856－0000227　2104
兩朝評鑒彙錄十二卷　(清)陸紹源撰　清光緒二十八年(1902)通志學社石印本　八冊

340000－1856－0000228　2105
廿二史考異一百卷　(清)錢大昕撰　清光緒二十年(1894)廣雅書局刻本　十八冊

340000－1856－0000229　2106
綱鑑擇語十卷　(清)司徒修輯　清刻本　八冊

340000－1856－0000230　2107
國史館金福曾列傳不分卷　(清)國史館編　清刻本　一冊

340000－1856－0000231　2108
安徽袖珍同官錄四卷　(清)安徽藩經歷司編　清宣統二年(1910)鉛印本　四冊

340000－1856－0000232　2109
歷代帝王世系圖一卷　(□)□□輯　清宣統二年(1910)陸軍部刷印處石印本　一冊

340000－1856－0000233　2110
史記菁華錄六卷　(漢)司馬遷撰　(清)姚苧田輯　清道光四年(1824)吳興姚氏扶荔山房刻朱墨套印本　六冊

340000－1856－0000234　2111
姑蘇名賢小記二卷　(明)文震孟撰　清光緒九年(1883)長洲蔣香生心矩齋刻本　一冊

340000－1856－0000235　2112
典故列女傳四卷　(明)解縉撰　清光緒九年(1883)掃葉山房刻本　四冊

340000－1856－0000236　2113
元秘史注續補一卷　(清)高寶銓撰　清刻本　一冊

340000－1856－0000237　2114
普法兵事記不分卷　(清)杜俞撰　清光緒十五年(1889)刻本　一冊

340000－1856－0000238　2115

牧令書二十三卷　(清)徐棟輯　清道光二十八年(1848)安肅李煒刻本　十八冊

340000－1856－0000239　2116
史記菁華錄六卷　(漢)司馬遷撰　(清)姚苧田輯　清道光四年(1824)吳興姚氏扶荔山房刻朱墨套印本　六冊

340000－1856－0000240　2117
駁案新編三十二卷續編七卷秋審比較彙案二卷　(清)金士潮等輯　清光緒九年(1883)上海圖書集成局鉛印本　十二冊

340000－1856－0000241　2118
樊山批判十四卷　樊增祥撰　清光緒二十三年(1897)刻本　八冊

340000－1856－0000242　2119
棠陰比事一卷　(宋)桂萬榮撰　清同治十三年(1874)朱氏刻本　一冊

340000－1856－0000243　2120
折獄龜鑒八卷　(宋)鄭克撰　清光緒八年(1882)刻本　二冊

340000－1856－0000244　2121
聽訟挈要不分卷　(清)阮祖棠撰　清光緒十八年(1892)刻本　一冊

340000－1856－0000245　2122
日本帝國憲法義解　(日本)伊藤博文撰　(清)沈紘譯　清光緒二十七年(1901)金粟齋鉛印本　一冊

340000－1856－0000246　2123
咎書一卷　何震彝編　清宣統三年(1911)揚州集賢齋鉛印本　一冊

340000－1856－0000247　2124
大清律例增修統纂集成四十卷督捕則例二卷　(清)姚潤輯　(清)陶駿　(清)陶念霖增修　清光緒三十四年(1908)上海文瑞樓石印本　二十四冊

340000－1856－0000248　2125
三湘從事錄一卷　(明)蒙正發撰　清光緒三十四年(1908)北新書局鉛印本　一冊

340000－1856－0000249　2126
武夷山志二十四卷首一卷　(清)董天工編　清道光二十六年(1846)籍溪羅良嵩五夫尺木軒刻本　八冊

340000－1856－0000250　2127
甌江小記一卷　(清)郭鍾岳撰　清光緒四年(1878)刻和天倪齋印本　一冊

340000－1856－0000251　2128
水經注四十卷首一卷　(漢)桑欽撰　(北魏)酈道元注　清光緒三年(1877)湖北崇文書局刻本　十二冊

340000－1856－0000252　2129
水道提綱二十八卷　(清)齊召南編　清光緒七年(1881)上海文瑞樓鉛印本　八冊

340000－1856－0000253　2145
莫愁湖志六卷首一卷　(清)馬士圖撰　清光緒八年(1882)刻本　三冊

340000－1856－0000254　2130
太湖備考十六卷首一卷　(清)金友理撰　**湖程紀略一卷**　(清)吳曾撰　清乾隆十五年(1750)藝蘭圃刻本　八冊

340000－1856－0000255　2131
朔方備乘六十八卷首十二卷　(清)何秋濤撰　清光緒七年(1881)石印本　八冊

340000－1856－0000256　2132
西天目祖山志八卷首一卷末一卷補遺一卷　(明)釋廣賓撰　(清)釋際界增訂　清光緒二年(1876)西天目禪源寺刻本　四冊

340000－1856－0000257　2133
華嶽志八卷首一卷　(清)李榕蔭輯　清道光十一年(1831)楊翼武清白別墅刻光緒九年(1883)楊昌濬補刻本　四冊

340000－1856－0000258　2134
白鹿書院志十九卷　(清)廖文英撰　(清)毛德琦輯　(清)周兆蘭修　清乾隆六十年(1795)刻同治十年(1871)補刻本　八冊

340000－1856－0000259　2135

東林書院志二十二卷　(清)高廷珍等輯　清光緒七年(1881)刻本　八冊

340000－1856－0000260　2136
平山堂圖志十卷首一卷名勝全圖一卷　(清)趙之壁撰　清光緒十四年(1888)刻本　七冊

340000－1856－0000261　2137
荊楚歲時記一卷　(晉)宗懔撰　清刻本　一冊

340000－1856－0000262　2138
大觀亭志六卷　(清)李國模輯　清宣統三年(1911)合肥李氏慎餘堂木活字印本　一冊

340000－1856－0000263　2139
東甌軼事隨筆二卷　(清)孟錦城撰　清同治十一年(1872)松風書屋刻本　二冊

340000－1856－0000264　2144
瀛壖雜誌六卷　(清)王韜輯　清光緒元年(1875)刻本　二冊

340000－1856－0000265　2140
北戶錄三卷　(唐)段公路撰　**校勘記一卷**　(清)陸心源撰　清光緒六年(1880)歸安陸心源刻十萬卷樓叢書本　一冊

340000－1856－0000266　2141
西子湖拾翠餘談三卷　(明)汪砢玉撰　清光緒十九年(1893)武林丁氏刻本　一冊

340000－1856－0000267　2142
吴中舊事一卷　(元)陸友仁撰　清光緒謝氏刻蘇州文學山房印望炊樓叢書本　一冊

340000－1856－0000268　2143
吴中舊事一卷　(元)陸友仁撰　清光緒謝氏刻蘇州文學山房印望炊樓叢書本　一冊

340000－1856－0000269　2146
欽定吏部則例六十六卷　(清)弘晝等撰　清刻本　二十七冊

340000－1856－0000270　2147
牧令書輯要十卷保甲書輯要四卷庸吏庸言一卷欽頒州縣事宜一卷　(清)徐棟撰　(清)丁日昌評　(清)田文鏡編　清同治十二年(1873)羊城書局刻本　十冊

340000－1856－0000271　2148
實政錄七卷　(明)吕坤撰　清同治十一年(1872)江蘇書局刻本　五冊　存六卷(一、三至七)

340000－1856－0000272　2149
欽定歷代職官表六卷　(清)黃本驥編　(清)王廷學輯　清光緒八年(1882)上海王氏刻本　三冊

340000－1856－0000273　2150
學治臆説二卷續説一卷　(清)汪輝祖撰　清光緒十六年(1890)刻本　一冊

340000－1856－0000274　2151
皇朝通志一百二十六卷　(清)嵇璜等撰　清光緒八年(1882)浙江書局刻本　四十冊

340000－1856－0000275　2152
臣鑒錄二十卷　(清)蔣伊編　清咸豐十一年(1861)會稽王加敏退思軒刻本　二十冊

340000－1856－0000276　2153
通志二百卷附考證三卷　(清)鄭樵撰　清光緒二十七年(1901)上海圖書集成局石印九通本　六十冊

340000－1856－0000277　2154
通志二百卷附考證三卷　(清)鄭樵撰　清光緒二十八年(1902)上海紅寶書局石印本　四十冊

340000－1856－0000278　2155
欽定續通志六百四十卷　(清)嵇璜等撰　清光緒二十八年(1902)上海紅寶書局石印本　四十冊

340000－1856－0000279　2156
欽定續通志六百四十卷　(清)嵇璜等撰　清光緒二十七年(1901)上海圖書集成局石印九通本　六十冊

340000－1856－0000280　2157
文獻通考三百四十八卷　(元)馬端臨撰　清咸豐九年(1859)崇仁謝氏刻本　一百十九冊

缺三卷(二百六十二至二百六十四)

340000－1856－0000281　2158
文獻通考三百四十八卷　(元)馬端臨撰　清光緒二十二年(1896)浙江書局刻本　一百五十冊

340000－1856－0000282　2159
文獻通考三百四十八卷附考證三卷　(元)馬端臨撰　清光緒二十八年(1902)上海紅寶書局石印本　三十二冊

340000－1856－0000283　2160
欽定續文獻通考二百五十卷　(清)嵇璜等撰　清光緒二十七年(1901)上海圖書集成局石印九通本　三十五冊

340000－1856－0000284　2161
皇朝文獻通考三百卷　(清)嵇璜等撰　清光緒二十七年(1901)上海圖書集成局石印九通本　四十八冊

340000－1856－0000285　2162
皇朝文獻通考三百卷　(清)嵇璜等撰　清光緒二十八年(1902)上海紅寶書局石印本　三十二冊

340000－1856－0000286　2163
硃批諭旨不分卷　(清)鄂爾泰等輯　清光緒十三年(1887)上海點石齋石印本　六十冊

340000－1856－0000287　2164
皇朝續文獻通考三百二十卷　(清)劉錦藻撰　清宣統二年(1910)堅匏盦排印本　八十八冊

340000－1856－0000288　2165
吾學錄初編二十四卷　(清)吳榮光撰　清同治九年(1870)江蘇書局刻本　六冊

340000－1856－0000289　2166
皇朝通典一百卷　(清)嵇璜等撰　清光緒二十七年(1901)上海圖書集成局石印九通本　十二冊

340000－1856－0000290　2167
皇朝通典一百卷　(清)嵇璜等撰　清光緒二十八年(1902)上海紅寶書局石印本　八冊

340000－1856－0000291　2168
通典二百卷　(唐)杜佑撰　**考證一卷**　清光緒二十八年(1902)上海紅寶書局石印本　十二冊

340000－1856－0000292　2169
通典二百卷　(唐)杜佑撰　**考證一卷**　清光緒二十七年(1901)上海圖書集成局石印九通本　十六冊

340000－1856－0000293　2170
皇朝通典一百二十六卷　(清)嵇璜等撰　清光緒二十七年(1901)上海圖書集成局石印九通本　十二冊

340000－1856－0000294　2171
欽定續通典一百五十卷　(清)嵇璜等撰　清光緒十二年(1886)浙江書局刻本　四十冊

340000－1856－0000295　2172
欽定續通典一百五十卷　(清)嵇璜等撰　清光緒二十八年(1902)上海紅寶書局石印本　八冊

340000－1856－0000296　2173
政治泛論四卷　(美國)威爾遜撰　清光緒二十九年(1903)上海商務印書館鉛印本　二冊

340000－1856－0000297　2174
東漢會要四十卷　(宋)徐天麟撰　清光緒十年(1884)江蘇書局刻武英殿聚珍版書本　八冊

340000－1856－0000298　2175
欽定大清會典一百卷　(清)允裪編　清光緒十九年(1893)上海圖書集成印書局石印本　八冊

340000－1856－0000299　2176
熙朝紀政六卷　(清)王慶雲撰　清光緒二十七年(1901)上海天章書局石印本　六冊

340000－1856－0000300　2177
宋朝事實二十卷　(宋)李攸撰　清乾隆武英殿木活字印本　八冊

340000－1856－0000301　2178
二十四史九通政典類要合編三百二十卷　(清)黄書霖輯　清光緒二十八年(1902)約雅堂石印本　六十册

340000－1856－0000302　2179
太湖備考續編四卷　(清)鄭言紹輯　清光緒二十九年(1903)憩園刻本　四册

340000－1856－0000303　2180
文廟通考六卷首一卷　(清)牛樹梅輯　清同治十一年(1872)浙江書局刻本　二册

340000－1856－0000304　3001
揚子法言一卷方言十三卷　(漢)揚雄撰　清光緒元年(1875)湖北崇文書局刻本　一册

340000－1856－0000305　3002
癸巳類稿十五卷　(清)俞正燮著　清光緒五年(1879)會稽章氏刻本　十二册

340000－1856－0000306　3003
儉德堂讀書隨筆二卷　(清)劉庠撰　清宣統元年(1909)黄山抄本　一册　存一卷(上)

340000－1856－0000307　3004
戮經筆記不分卷　(清)陳倬撰　清刻本　一册

340000－1856－0000308　3006
玉海附刻十三種六十三卷　(宋)王應麟撰　清光緒九年(1883)浙江書局刻本　二十二册

340000－1856－0000309　3007
淵鑑類函四百五十卷目録四卷　(清)張英等編　清康熙四十九年(1710)刻本　一百四十册

340000－1856－0000310　3008
玉海二百卷辭學指南四卷　(宋)王應麟撰　清光緒九年(1883)浙江書局刻本　一百册

340000－1856－0000311　3009
子史精華三十卷　(清)允禄等撰　清光緒九年(1883)上海點石齋石印本　二册

340000－1856－0000312　3010
書敘指南二十卷　(宋)任廣撰　清道光二十六年(1846)刻惜陰軒叢書本　四册

340000－1856－0000313　3011
北堂書鈔一百六十卷　(唐)虞世南撰　(清)孔廣陶校注　清光緒十四年(1888)南海孔氏三十三萬卷堂刻本　二十册

340000－1856－0000314　3012
增補事類統編九十三卷首一卷　(清)黄葆真輯　清光緒十二年(1886)上海廣百宋齋石印本　十二册

340000－1856－0000315　3013
依韻檢題八卷　題(清)數珍居士撰　清同治七年(1868)日益軒刻本　四册

340000－1856－0000316　3014
古事比五十二卷　(清)方中德撰　清光緒十八年(1892)上海點石齋石印本　六册

340000－1856－0000317　3015
角山樓增補類腋六十七卷　(清)姚培謙撰　清光緒十二年(1886)上海同文書局石印本　二册　存三十二卷(天部八卷、地部二十四卷)

340000－1856－0000318　3016
太平御覽一千卷　(宋)李昉等撰　清嘉慶十二年至十七年(1807－1812)歙縣鮑崇城刻本　一百二十册

340000－1856－0000319　3017
錦字箋四卷　(清)黄澐輯　清康熙二十八年(1689)刻本　二册

340000－1856－0000320　3018
佩文韻府一百六卷　(清)蔡升元等輯　**拾遺一百六卷**　(清)汪灝等輯　清嶺南潘氏海山仙館刻本　一百八十四册

340000－1856－0000321　3019
增廣留青新集二十四卷　(清)伊□□輯　清光緒二十五年(1899)石印本　十二册

340000－1856－0000322　3021
對類便讀六卷首一卷　(清)程錫類編輯　(清)汪熙珙　(清)項廷試音注　清綠慎堂刻

本　二册

340000－1856－0000323　3022
格言類纂二卷　(清)楊廷鑑輯　清同治十一年(1872)淮揚述古堂刻本　一册

340000－1856－0000324　3024
佩文韻府一百六卷　(清)張玉書等撰　清光緒十三年(1887)上海點石齋石印本　五十册

340000－1856－0000325　3025
韻海大全角山樓增補類腋五卷　(清)趙克宜增輯　清光緒上海鴻章書局石印本　六册

340000－1856－0000326　3026
讀書作文譜十二卷　(清)唐彪撰　清康熙四十七年(1708)刻本　二册

340000－1856－0000327　3030
莊子因六卷　(清)林雲銘撰　清光緒六年(1880)刻本　四册

340000－1856－0000328　3031
莊子内篇註四卷　(明)釋德清撰　清光緒十四年(1888)金陵刻經處刻本　二册

340000－1856－0000329　3034
南華真經正義内篇七卷外篇十五卷雜篇十一卷　(清)陳壽昌輯　清光緒十九年(1893)怡顏齋刻本　六册

340000－1856－0000330　3035
列子二卷　不著撰者　清光緒元年(1875)湖北崇文書局刻子書百家本　一册

340000－1856－0000331　3036
揚朱不分卷　題(明)潛菴子撰　清抄本　一册

340000－1856－0000332　3037
沖虛至德真經八卷　(晉)張湛注　清嘉慶九年(1804)姑蘇聚文堂刻本　一册

340000－1856－0000333　3038
老子道德經二卷　(三國魏)王弼注　(唐)陸德明音義　清光緒元年(1875)浙江書局刻本　一册

340000－1856－0000334　3041
相宗八要直解八卷　(明)釋智旭撰　清同治九年(1870)金陵刻經處刻本　二册

340000－1856－0000335　3042
衛生集三卷　題(清)梧栖老人輯　清同治八年(1869)釋客寰刻本　一册

340000－1856－0000336　3043
五祖黃梅寶卷二卷　不著撰者　清光緒元年(1875)刻本　一册

340000－1856－0000337　3044
陰隲果報圖注不分卷　(清)吳友如繪　清光緒十七年(1891)宏大善書局石印本　一册

340000－1856－0000338　3045
性命雙修萬神圭旨四卷　(明)尹真人撰　清刻本　四册

340000－1856－0000339　3046
太上感應篇不分卷　(清)惠棟箋注　清同治六年(1867)刻本　一册

340000－1856－0000340　3047
靈峰藕益大師宗論十卷首一卷　(明)釋智旭撰　清光緒元年(1875)江北刻經處刻本　十册

340000－1856－0000341　3053
靈峰藕益大師宗論十四卷首一卷　(明)釋智旭撰　清嘉慶六年(1801)裕豐刻本　十册

340000－1856－0000342　3048
佛説樊網經菩薩心地品合注七卷附玄義一卷　(後秦)釋鳩摩羅什譯　(明)釋智旭注　(明)道昉訂　清同治十三年(1874)金陵刻經處刻本　四册

340000－1856－0000343　3049
一切經音義二十五卷　(唐)釋玄應撰　清同治八年(1869)武林張氏寶晉齋刻本　四册

340000－1856－0000344　3050
金剛般若波羅蜜經一卷　(後秦)釋鳩摩羅什譯　清周翰元抄本　一册

340000－1856－0000345　3051

異方便淨土傳燈歸元鏡三祖實錄二卷　(清)釋智達撰　清宣統二年(1910)武林雲樓刻本　二册

340000－1856－0000346　3052
大般涅槃經三十六卷附後分品目二卷　(晉)釋曇無讖譯　清同治十三年(1874)西湖昭慶慧空經房刻本　十一册

340000－1856－0000347　3054
太平廣記五百卷　(宋)李昉等撰　清道光二十六年(1846)黄晟刻本　四十二册

340000－1856－0000348　3055
聞見異辭四卷　(清)許秋垞撰　清道光二十年(1840)刻本　二册

340000－1856－0000349　3056
對山書屋墨餘錄十六卷　(清)毛祥麟撰　清同治十年(1871)杭州文元堂楊氏刻本　六册

340000－1856－0000350　3057
如是我聞六卷　(清)紀昀撰　清刻本　六册

340000－1856－0000351　3058
熙朝新語十六卷　(清)余金輯　清道光十二年(1832)刻本　二册

340000－1856－0000352　3059
金壺七墨全集十八卷　(清)黄鈞宰撰　清同治十二年(1873)刻本　八册

340000－1856－0000353　3060
對山書屋墨餘錄十六卷　(清)毛祥麟撰　清同治九年(1870)亦可居毛氏刻本　四册

340000－1856－0000354　3061
雨窗寄所記四卷　(清)謝堃撰　清光緒六年(1880)刻本　一册　存一卷(一)

340000－1856－0000355　3062
鬼董五卷　(宋)沈□撰　清嘉慶三年(1798)歙縣鮑氏刻知不足齋叢書本　一册

340000－1856－0000356　3063
說部精華十二卷　(清)王士禛撰　清光緒五年(1879)刻本　三册

340000－1856－0000357　3064
閲微草堂筆記二十四卷　(清)紀昀撰　清光緒二十四年(1898)宏文閣鉛印本　六册

340000－1856－0000358　3065
雲仙雜記十卷　(唐)馮贄編　清光緒四年(1878)刻本　二册

340000－1856－0000359　3066
閲微草堂筆記二十四卷　(清)紀昀撰　清嘉慶北平盛氏望益書屋刻本　十册

340000－1856－0000360　3067
山海經箋疏十八卷圖讚一卷　(晉)郭璞傳　(清)郝懿行撰　清嘉慶揚州阮氏琅嬛僊館刻本　四册

340000－1856－0000361　3068
新刻古今玄屑八卷　(明)王家佐評　明萬曆二十三年(1595)金陵周氏嘉寶堂刻本　八册

340000－1856－0000362　3069
智囊補二十八卷　(明)馮夢龍輯　明崇禎刻本　十二册

340000－1856－0000363　3070
藝文類聚一百卷　(唐)歐陽詢輯　明嘉靖二十八年(1549)山西平陽府張子松刻本　三十二册

340000－1856－0000364　3071
慈溪黄氏日抄分類九十七卷　(宋)黄震撰　清乾隆三十二年(1767)雲輝閣刻本　二十四册

340000－1856－0000365　3072
子史精華一百六十卷　(清)允祿等撰　清雍正五年(1727)武英殿刻本　四十八册

340000－1856－0000366　3073
四書人物類典串珠四十卷　(清)臧志仁編　清嘉慶十三年(1808)同德堂刻本　八册

340000－1856－0000367　3074
格致鏡原一百卷　(清)陳元龍撰　清康熙五十六年(1717)刻雍正十三年(1735)補刻本　二十四册

340000－1856－0000368　3075
新增說文韻府群玉二十卷　(元)陰時夫輯　(元)陰中夫注　明萬曆十八年(1590)聚錦堂刻本　八冊

340000－1856－0000369　3076
讀書紀數略五十四卷　(清)宮夢仁編　清康熙刻本　八冊

340000－1856－0000370　3077
通俗編三十八卷　(清)翟灝輯　清乾隆十六年(1751)無不宜齋刻本　十二冊

340000－1856－0000371　3078
清異錄二卷　(宋)陶穀撰　清刻本　二冊

340000－1856－0000372　3079
類林新咏三十六卷　(清)姚之駰撰　清康熙四十六年(1707)刻本　十冊

340000－1856－0000373　3080
尚友錄二十二卷　(明)廖用贒編纂　(清)張伯琮補輯　清康熙五年(1666)浙蘭五鳳樓刻本　二十二冊

340000－1856－0000374　3081
省軒考古類編十二卷　(清)柴紹炳撰　(清)姚廷謙評　清雍正四年(1726)澹成堂刻本　四冊

340000－1856－0000375　3082
名句文身表異錄十四卷　(清)王志堅輯　清康熙四十七年(1708)漱六閣刻本　一冊

340000－1856－0000376　3083
事物異名錄四十卷　(清)厲荃輯　(清)關槐增編　清乾隆五十三年(1788)刻本　十六冊

340000－1856－0000377　3084
氏族博攷十四卷　(明)淩迪知撰　明刻本　二冊

340000－1856－0000378　3085
玉海二百卷辭學指南四卷　(宋)王應麟撰　清康熙二十六年(1687)刻本　六十冊

340000－1856－0000379　3086
世說新語六卷　(南朝宋)劉義慶撰　(南朝梁)劉孝標注　明嘉靖吳勉學刻本　六冊

340000－1856－0000380　3087
子書百家四百八十卷　(清)崇文書局輯　清光緒元年(1875)崇文書局刻本　一百十冊

340000－1856－0000381　3088
佩文齋書畫譜一百卷首一卷　(清)孫岳頒等輯　清康熙四十七年(1708)刻本　三十五冊

340000－1856－0000382　3089
癸辛雜識前集一卷後集一卷續集二卷別集二卷　(宋)周密撰　**山房隨筆一卷**　(元)蔣正子撰　清康熙刻本　四冊

340000－1856－0000383　3090
冷齋夜話十卷　(宋)釋惠洪輯　明崇禎毛氏汲古閣刻本　一冊

340000－1856－0000384　3091
博物要覽十二卷　(清)谷應泰撰　清乾隆綿州李氏萬卷樓刻函海本　二冊

340000－1856－0000385　3092
庚子銷夏記八卷　(清)孫承澤撰　清乾隆二十六年(1761)京都龍威閣刻本　四冊

340000－1856－0000386　3093
續齋諧記一卷　(南朝梁)吳均著　**別國洞冥記四卷**　(漢)郭憲著　明刻古今逸史本　一冊

340000－1856－0000387　3094
新刻博物志十卷　(晉)張華撰　(明)胡文煥校　清刻本　一冊

340000－1856－0000388　3095
翦勝野聞一卷　(明)徐禎卿撰　明刻五朝小說本　一冊

340000－1856－0000389　3096
海內十洲記一卷　(漢)東方朔撰　**述異記二卷**　(南朝梁)任昉著　明萬曆新安程氏刻漢魏叢書本　一冊

340000－1856－0000390　3097
笠翁偶集六卷　(清)李漁撰　清刻本　六冊

340000－1856－0000391　3098
通雅五十二卷首三卷　(明)方以智輯撰　清康熙五年(1666)浮山方氏此藏軒刻本　八册

340000－1856－0000392　3099
群書辨疑十二卷　(清)萬斯同撰　清嘉慶二十一年(1816)刻本　四册

340000－1856－0000393　3100
寶顔堂訂正傳疑錄一卷　(明)陸深撰　明萬曆繡水沈氏尚白齋刻寶顔堂秘籍本　一册

340000－1856－0000394　3101
寶顔堂訂正傳疑錄一卷春風堂隨筆一卷　(明)陸深撰　明萬曆繡水沈氏尚白齋刻寶顔堂秘籍本　一册

340000－1856－0000395　3102
夢溪筆談二十六卷補三卷續一卷　(宋)沈括撰　清照曠閣刻本　二册

340000－1856－0000396　3103
七修類藁五十一卷續藁七卷　(明)郎瑛撰　清乾隆四十年(1775)耕煙草堂刻本　十六册

340000－1856－0000397　3104
香祖筆記十二卷　(清)王士禛撰　清康熙四十四年(1705)刻本　四册

340000－1856－0000398　3105
小滄浪筆談四卷　(清)阮元撰　清嘉慶七年(1802)浙江節院刻本　二册

340000－1856－0000399　3106
漁洋説部精華十二卷漁洋書籍跋尾二卷　(清)王士禛撰　清刻本　七册

340000－1856－0000400　3107
説鈴二卷　(清)汪琬撰　清刻本　一册

340000－1856－0000401　3108
文房圖贊一卷　(宋)林洪撰　**文房圖贊續一卷**　(元)羅先登撰　明沈潤卿刻本　一册

340000－1856－0000402　3109
楓窗小牘二卷　(宋)袁褧撰　(宋)袁頤續　清刻本　一册

340000－1856－0000403　3110
述記不分卷　(清)任兆麟撰　清乾隆忠敏刻本　二册

340000－1856－0000404　3111
隨隱漫錄五卷　(宋)陳世崇撰　清刻本　一册

340000－1856－0000405　3112
桯史十五卷附錄一卷　(宋)岳珂撰　明萬曆商濬半埜堂刻稗海本　四册

340000－1856－0000406　3113
容齋隨筆十六卷續筆十六卷三筆十六卷四筆十六卷五筆十卷　(宋)洪邁撰　明崇禎三年(1630)馬元調刻本　十册

340000－1856－0000407　3114
日知錄三十二卷　(清)顧炎武撰　清經義齋刻本　十六册

340000－1856－0000408　3115
管窺輯要八十卷　(清)黄鼎纂定　清順治十年(1653)刻本　三十二册

340000－1856－0000409　3116
三才圖會不分卷　(明)王圻撰　清抄本　二册

340000－1856－0000410　3117
妙法蓮華經大成九卷首一卷懸談一卷法華大成科文一卷法華大成音義九卷　(後秦)釋鳩摩羅什譯　清康熙三十四年(1695)刻本　十二册

340000－1856－0000411　3118
妙法法華經通義六卷　(明)釋德清撰　明刻本　六册

340000－1856－0000412　3119
居士傳五十六卷　(清)彭紹升撰　清乾隆四十一年(1776)刻本　四册

340000－1856－0000413　3120
大方廣佛華嚴經普賢行願品疏科文一卷別行疏鈔六卷華嚴宗七祖一卷　(明)釋宗密撰　明崇禎十五年(1642)刻本　六册

340000－1856－0000414　3121
大方等大雲經四卷　(北凉)釋曇無讖譯　明刻本　一册

340000－1856－0000415　3122
揞黑豆集八卷　題(清)火蓮居士輯　清乾隆五十九年(1794)刻本　四册

340000－1856－0000416　3123
景岳全書六十四卷　(明)張介賓著　清康熙五十二年(1713)刻本　二十四册

340000－1856－0000417　3124
欽定授時通考七十八卷　(清)鄂爾泰等纂修　清乾隆七年(1742)江西巡撫刻本　二十册

340000－1856－0000418　3125
御纂醫宗金鑑九十卷首一卷　(清)吳謙等編　清乾隆七年(1742)刻本　六十册

340000－1856－0000419　3126
本草綱目五十二卷首一卷圖三卷　(明)李時珍撰　**萬方鍼線八卷**　(清)蔡烈先輯　清刻本　四十八册

340000－1856－0000420　3127
鍼灸大成十卷　(明)楊繼洲撰　(清)章廷珪重修　清江陰寶文堂刻本　十册

340000－1856－0000421　3128
説苑二十卷　(漢)劉向撰　(明)鍾惺評　明嘉靖二十六年(1547)刻本　二册

340000－1856－0000422　3129
莊子獨見内篇七篇外篇十五篇雜篇十一篇　(清)胡文英評釋　清乾隆十七年(1752)刻本　四册

340000－1856－0000423　3130
日知薈説四卷　(清)高宗弘曆撰　清乾隆元年(1736)江蘇刻本　四册

340000－1856－0000424　3131
御纂性理精義十二卷　(清)李光地等輯　清乾隆十六年至十七年(1751－1752)韓昌禹抄本　十册

340000－1856－0000425　3132
宋稗類鈔三十二卷　潘永因編　清宣統三年(1911)上海藜光社石印本　十二册

340000－1856－0000426　3133
涑水記聞六卷　(宋)司馬光撰　清光緒三年(1877)湖北崇文書局刻本　四册

340000－1856－0000427　3134
晏子春秋八卷　(周)晏嬰撰　清光緒元年(1875)湖北崇文書局刻子書百家本　二册

340000－1856－0000428　4253
述學内篇三卷外篇一卷補遺一卷别録一卷　(清)汪中撰　清同治八年(1869)刻本　二册

340000－1856－0000429　4001
述學内篇三卷外篇一卷補遺一卷别録一卷　(清)汪中撰　清淮南書局刻本　二册

340000－1856－0000430　4002
述學六卷附録一卷　(清)汪中撰　清同治成都志古堂刻本　四册

340000－1856－0000431　4003
漁洋山人詩集二十二卷　(清)王士禛撰　清康熙八年(1669)吳郡沂詠堂刻本　四册

340000－1856－0000432　4004
切問齋集十六卷　(清)陸耀撰　清嘉慶刻本　八册

340000－1856－0000433　4005
漁洋山人精華録訓纂二十卷目録二卷　(清)王士禛撰　**年譜二卷附箋注辯訛一卷**　(清)惠棟撰　清乾隆紅豆齋刻本　十二册

340000－1856－0000434　4006
曝書亭集八十卷附録一卷　(清)朱彝尊撰　清康熙刻本　十二册

340000－1856－0000435　4007
潛研堂文集五十卷　(清)錢大昕撰　清抄本　十二册

340000－1856－0000436　4008
小萬卷齋經進藳四卷　(清)朱琦撰　清道光六年(1826)江寧顧晴崖家寫刻本　十册

340000－1856－0000437　4009
歸愚詩鈔二十卷失音集四卷　(清)沈德潛撰　清乾隆十六年(1751)刻沈歸愚全集本　五冊　存十九卷(歸愚詩鈔一至十一、十七至二十,失音集四卷)

340000－1856－0000438　4010
鈐山堂集四十卷　(明)嚴嵩撰　明嘉靖刻本　十二冊

340000－1856－0000439　4011
懷岳堂詩八卷附一卷　(清)張繼曾著　(清)張錫德　(清)王鼎編　清乾隆二十六年(1761)張高矩抄本　四冊

340000－1856－0000440　4012
板橋詩鈔三卷詞鈔一卷小唱一卷題畫一卷家書一卷　(清)鄭燮著　清乾隆刻本　四冊

340000－1856－0000441　4013
板橋詩鈔三卷詞鈔一卷小唱一卷題畫一卷家書一卷　(清)鄭燮著　清乾隆刻本　二冊

340000－1856－0000442　4014
萬山拜下堂稿一卷　(清)釋海岳集　清康熙刻本　一冊

340000－1856－0000443　4015
繩庵外集四卷　(清)劉綸撰　清乾隆刻本　二冊

340000－1856－0000444　4016
吟窗小會□□卷　(明)沈周著　清乾隆三十四年(1769)抄本　一冊　存一卷(前)

340000－1856－0000445　4017
古文淵鑒六十四卷　(清)徐乾學編　清康熙四十九年(1710)武英殿刻五色套印本　二十八冊

340000－1856－0000446　4018
回文類聚四卷織錦回文圖一卷續編十卷　(宋)桑世昌撰　(清)朱象賢集　清康熙刻本　四冊

340000－1856－0000447　4019
讀古定本十七卷　(清)董漢策評　清康熙二十七年(1688)刻本　十四冊

340000－1856－0000448　4020
文苑英華選六十卷　(清)宮夢仁訂　清康熙思敬堂刻本　二十四冊

340000－1856－0000449　4021
文選補遺四十卷　(宋)陳仁子輯　(宋)譚紹烈編　清乾隆二年(1737)茶陵東山書院刻本　十二冊

340000－1856－0000450　4022
篋衍集十二卷　(清)陳維崧輯　清乾隆二十六年(1761)刻本　六冊

340000－1856－0000451　4023
咏物詩選八卷　(清)俞琰輯　清雍正二年(1724)寧儉堂刻本　四冊

340000－1856－0000452　4024
古文析義十六卷二編八卷　(清)林雲銘評注　清刻本　八冊

340000－1856－0000453　4025
斯文精萃不分卷　(清)尹繼善輯　清乾隆二十九年(1764)刻本　十冊

340000－1856－0000454　4026
帶經堂集九十二卷　(清)王士禛著　(清)程哲編　清乾隆七略書堂刻本　三十二冊

340000－1856－0000455　4027
蒿菴集三卷　(清)張爾岐撰　清乾隆三十八年(1773)聽泉齋刻本　一冊

340000－1856－0000456　4028
嚴太僕先生集十二卷　(清)嚴虞惇撰　清乾隆元年(1736)嚴氏刻本　二冊

340000－1856－0000457　4029
二曲集二十六卷　(清)李顒撰　清康熙刻本　八冊

340000－1856－0000458　4030
笠翁一家言十卷　(清)李漁撰　清芥子園刻本　八冊

340000－1856－0000459　4031

青門簏稾三十卷 （清）邵長蘅撰 （清）顧景星評 清康熙三十四年(1695)青門草堂刻邵子湘全集本 十二册

340000－1856－0000460 4033
太師誠意伯劉文成公集二十卷首一卷 （明）劉基撰 清乾隆刻本 十二册

340000－1856－0000461 4034
唐荊川先生文集十二卷 （明）唐順之撰 明萬曆唐國達文林閣刻本 十二册

340000－1856－0000462 4035
放翁遺稾二卷 （宋）陸游撰 明毛氏汲古閣刻本 一册

340000－1856－0000463 4036
白石道人歌曲四卷別集一卷 （宋）姜夔撰 清刻本 一册

340000－1856－0000464 4032
青邱高季迪先生詩集十八卷首一卷補遺一卷扣舷集一卷 （明）高啟撰 （清）金檀輯 清雍正六年(1728)金壇文瑞樓刻本 十二册

340000－1856－0000465 4037
青邱高季迪先生詩集十八卷首一卷補遺一卷扣舷集一卷 （明）高啟撰 （清）金壇輯 清雍正六年(1728)金壇文瑞樓刻本 二十册

340000－1856－0000466 4038
徐文長文集三十卷 （明）徐渭撰 （明）袁宏道評 明刻本 十一册

340000－1856－0000467 4039
徐文長文集三十卷 （明）徐渭撰 （明）袁宏道評 明刻本 八册

340000－1856－0000468 4040
松雪齋集十卷 （元）趙孟頫撰 清清德堂刻本 八册

340000－1856－0000469 4041
劍南詩稾八十五卷 （宋）陸游撰 明末汲古閣刻本 三十二册

340000－1856－0000470 4042
渭南文集五十卷 （宋）陸游撰 明末毛氏汲古閣刻陸放翁全集本 十三册

340000－1856－0000471 4043
朱文公校昌黎先生文集四十卷外集十卷遺文一卷集傳一卷遺詩一卷 （宋）朱熹撰 明萬曆天德堂刻本 十六册

340000－1856－0000472 4044
溫飛卿詩集七卷別集一卷集外詩一卷 （唐）溫庭筠撰 （清）曾益註 清康熙三十六年(1697)秀埜草堂刻本 二册

340000－1856－0000473 4045
重刊校正笠澤叢書四卷補遺一卷續補遺一卷 （唐）陸龜蒙撰 清大疊山房刻蘇州振新書社印本 二册

340000－1856－0000474 4046
韋蘇州集十卷拾遺一卷 （唐）韋應物撰 明何堪之刻本 二册

340000－1856－0000475 4047
元氏長慶集六十卷 （唐）元稹撰 明萬曆寶儉堂刻本 八册

340000－1856－0000476 4048
施注蘇詩四十二卷目錄二卷 （宋）蘇軾撰 （宋）施元之注 （清）顧嗣立 （清）邵長蘅 （清）宋至刪補 **續補遺二卷** （清）馮景注 **王注正譌一卷東坡先生年譜一卷** （宋）王宗稷撰 （清）邵長蘅重訂 清康熙三十九年(1700)刻本 十六册

340000－1856－0000477 4049
韓子粹言一卷 （唐）韓愈著 （清）李光地輯 清刻五峯閣印本 二册

340000－1856－0000478 4050
李義山詩集箋註三卷詩評一卷詩譜一卷 （唐）李商隱撰 （清）朱鶴齡箋注 清順治刻本 四册

340000－1856－0000479 4053
李義山詩集箋註三卷詩評一卷詩譜一卷 （唐）李商隱撰 （清）朱鶴齡箋注 清乾隆五十年(1785)懷德堂刻本 四册

340000－1856－0000480　4051
楚辭十七卷　(漢)王逸章句　清初虞山毛氏汲古閣刻本　六册

340000－1856－0000481　4052
楚辭十七卷　(漢)王逸章句　(宋)洪興祖補注　清刻本　六册

340000－1856－0000482　4054
楚辭燈四卷屈原列傳一卷事跡考一卷　(清)林雲銘論述　清康熙三十六年(1697)刻本　四册

340000－1856－0000483　4055
全唐詩九百卷目錄十二卷　(清)彭定求等輯　清康熙四十六年(1707)揚州詩局刻本　一百二十册

340000－1856－0000484　4057
明詩別裁集十二卷　(清)沈德潛　(清)周準輯　清乾隆四年(1739)刻本　四册

340000－1856－0000485　4058
續古文苑十二卷　(清)孫星衍輯　清嘉慶十七年(1812)冶城山館刻本　六册

340000－1856－0000486　4059
唐詩別裁集十卷　(清)沈德潛　(清)陳培脉輯　清康熙五十六年(1717)碧梧書屋刻本　十册

340000－1856－0000487　4060
唐人萬首絕句選七卷　(宋)洪邁輯　(清)王士禛選　清康熙刻本　二册

340000－1856－0000488　4061
瀛奎律髓四十九卷　(元)方回輯　清康熙五十二年(1713)刻本　十册

340000－1856－0000489　4062
宋律賦選不分卷　(清)浦銑輯評　(清)金長鎮箋注　清乾隆二十五年(1760)復小齋刻本　一册

340000－1856－0000490　4063
金詩選四卷　(清)顧奎光選輯　(清)陶玉禾參評　清乾隆十六年(1751)刻本　二册

340000－1856－0000491　4064
元詩選六卷附總論一卷補遺一卷　(清)顧奎光選輯　(清)陶瀚　(清)陶玉禾參評　清乾隆刻本　四册

340000－1856－0000492　4065
元詩選六卷附總論一卷補遺一卷　(清)顧奎光選輯　(清)陶瀚　(清)陶玉禾參評　清乾隆十六年(1751)刻本　四册

340000－1856－0000493　4066
漁隱叢話前集六十卷後集四十卷　(宋)胡仔纂集　清乾隆耘經樓刻本　十册

340000－1856－0000494　4067
南宋襍事詩七卷　(清)沈嘉轍等撰　清刻本　四册

340000－1856－0000495　4068
國秀集三卷　(唐)芮挺章集　明虞山毛氏汲古閣刻本　一册

340000－1856－0000496　4069
篋中集一卷　(唐)元結編　明虞山毛氏汲古閣刻本　一册

340000－1856－0000497　4070
御覽詩一卷　(唐)令狐楚纂　明虞山毛氏汲古閣刻本　一册

340000－1856－0000498　4071
明文鈔初編不分卷二編不分卷　(清)高塘輯評　清乾隆五十一年(1786)廣郡永邑培元堂楊氏刻本　六册

340000－1856－0000499　4072
歷代詩話二十八種　(清)何文煥輯　清乾隆三十五年(1770)刻嘉慶十三年(1808)印本　八册

340000－1856－0000500　4073
漁洋詩話三卷　(清)王士禛撰　清康熙四十九年(1710)刻雍正三年(1725)印本　三册

340000－1856－0000501　4074
御選歷代詩餘一百二十卷　(清)沈辰垣編　清康熙四十六年(1707)內府刻本　四十册

340000－1856－0000502　4075
西遊真詮一百回　(明)吳承恩著　(清)陳士斌詮解　清康熙三十五年(1696)刻本　二十四册

340000－1856－0000503　4076
芥子園繪像第七才子書六卷　(元)高明撰　清雍正十三年(1735)程氏芥子園刻本　六册

340000－1856－0000504　4077
詞律二十卷　(清)萬樹輯　清康熙二十六年(1687)萬氏堆絮園保滋堂刻本　十二册

340000－1856－0000505　4078
歌譜不分卷　題(清)曉邨彙錄　清抄本　一册

340000－1856－0000506　4079
紅樓夢散套十六卷　(清)吳鎬撰　(清)黃兆魁譜　清嘉慶二十年(1815)蟾波閣刻本　二册

340000－1856－0000507　4080
二十一史彈詞輯註十卷　(明)楊慎撰　(清)孫德威輯注　清康熙習是堂刻本　二册

340000－1856－0000508　4081
廿一史彈詞註十卷　(明)楊慎著　(清)張三異增定　**明史彈詞註一卷**　(清)張三異撰　(清)張仲璜註　清雍正五年(1727)樹玉堂刻本　七册　存九卷(廿一史彈詞註一至二、五至十,明史彈詞註一卷)

340000－1856－0000509　4082
藏園九種曲十四卷　(清)蔣士銓填詞　清乾隆刻本　十册

340000－1856－0000510　4083
桃花扇傳奇二卷　(清)孔尚任編　清康熙刻本　六册

340000－1856－0000511　4084
長生殿傳奇二卷　(清)洪昇填詞　清刻本　四册

340000－1856－0000512　4085
平妖傳八卷四十回　(明)羅貫中撰　(明)馮夢龍增補　明天啟至崇禎張無咎刻本　八册

340000－1856－0000513　4086
唐詩別裁集引典備註二十卷　(清)沈德潛選　清道光十八年(1838)刻本　十二册

340000－1856－0000514　4087
遼文萃七卷遼史藝文志補證一卷西夏文綴二卷西夏藝文志一卷　(清)王仁俊輯撰　清光緒三十年(1904)長沙程頌萬署無冰閣鉛印本　一册

340000－1856－0000515　4088
五湖漁莊圖題詞四卷　(清)葉承桂編　清咸豐三年(1853)石林園刻本　二册

340000－1856－0000516　4089
唐駢體文鈔十七卷　(清)陳均輯　清嘉慶刻本　四册

340000－1856－0000517　4090
南宋雜事詩七卷　(清)沈嘉轍等撰　清同治十一年(1872)淮南書局刻本　二册

340000－1856－0000518　4091
怡情悅性不分卷　(清)甑中居選　清抄本　一册

340000－1856－0000519　4092
歷科朝元卷一卷　清光緒十年(1884)刻本　一册

340000－1856－0000520　4093
古唐詩合解十二卷　(清)王堯衢注　清雍正大道堂刻本　六册

340000－1856－0000521　4094
湖海文傳七十五卷　(清)王昶輯　清道光十七年(1837)經訓堂刻同治五年(1866)印本　八册

340000－1856－0000522　4095
惜陰書院東齋課藝八卷　(清)孫鏘鳴輯選　清光緒二十二年(1896)刻本　八册

340000－1856－0000523　4096
管可壽齋尺牘二卷　(清)管斯駿輯　清光緒十二年(1886)管可壽齋刻本　二册

340000－1856－0000524　4097
南宋文録録二十四卷　(清)董兆熊輯　(清)費延釐選録　清光緒十七年(1891)蘇州書局刻本　六册

340000－1856－0000525　4098
尊經書院課藝四刻六卷　(清)薛時雨編　清光緒五年(1879)刻本　六册

340000－1856－0000526　4099
讀雪山房唐詩三十四卷　(清)管世銘輯　清光緒十二年(1886)湖北官書處刻本　十二册

340000－1856－0000527　4100
國朝名人書札二卷　(清)吳曾祺輯　清宣統元年(1909)商務印書館鉛印本　四册

340000－1856－0000528　4101
名賢手札不分卷　(清)□□輯　清光緒十一年(1885)上海同文書局石印本　四册

340000－1856－0000529　4102
湖海文傳七十五卷　(清)王昶輯　清上海文瑞樓石印本　十六册

340000－1856－0000530　4103
湖海文傳七十五卷　(清)王昶輯　清道光十七年(1837)經訓堂刻同治五年(1866)印本　十六册

340000－1856－0000531　4104
尊經書院課藝五刻不分卷　(清)薛時雨編　清光緒九年(1883)刻本　四册

340000－1856－0000532　4106
唐詩三百首註釋六卷　(清)孫洙編　(清)章燮註　清光緒二十七年(1901)善成堂刻本　八册

340000－1856－0000533　4107
東城精舍課藝四卷　(清)楊譽龍等輯　清刻本　三册

340000－1856－0000534　4108
詩夢鐘聲録一卷　(清)榮廷編　清光緒十九年(1893)刻本　一册

340000－1856－0000535　4109
濟上鴻泥圖題册録存一卷三石圖題詠一卷附録一卷　題(清)冶山居士編録　清宣統二年(1910)淞雲精舍木活字印本　一册

340000－1856－0000536　4110
古詩源四卷　(清)沈德潛選　清光緒十八年(1892)湘南文章書局刻本　四册

340000－1856－0000537　4111
漁洋山人古詩選五言詩十七卷七言詩十五卷　(清)王士禛選　清同治五年(1866)金陵書局刻本　八册

340000－1856－0000538　4112
王荊公唐百家詩選二十卷　(宋)王安石輯　清影印本　八册

340000－1856－0000539　4113
欽定朝考卷一卷　(清)□□編　清光緒松竹齋刻本　一册

340000－1856－0000540　4114
全上古三代秦漢三國六朝文七百六十四卷　(清)嚴可均輯　清光緒二十年(1894)刻本　一百册

340000－1856－0000541　4115
金陵名勝詩鈔四卷　(清)李鰲輯　清道光十二年(1832)寶仁堂刻本　二册

340000－1856－0000542　4116
秦淮詩鈔二卷　(清)李鰲輯　清道光十二年(1832)寶仁堂刻本　四册

340000－1856－0000543　4117
合肥三家詩録二卷　(清)譚廷獻選　清光緒十二年(1886)刻本　一册

340000－1856－0000544　4118
浙西六家詩鈔六卷　(清)吳應和　(清)馬洵選　清道光七年(1827)紫微山館刻本　六册

340000－1856－0000545　4119
嶺南三大家詩選二十四卷　(清)王隼譔　清同治八年(1869)刻本　五册

340000－1856－0000546　4120
浙江闈墨不分卷　王先謙等撰　清光緒二年

(1876)聚奎堂刻本　一册

340000－1856－0000547　4121
浙江闈墨不分卷　(清)朱惲鑒定　清道光二十四年(1844)聚奎堂刻本　一册

340000－1856－0000548　4122
浙江闈墨不分卷　(清)許朱鑒定　清光緒八年(1882)聚奎堂刻本　一册

340000－1856－0000549　4123
浙江闈墨不分卷　(清)烏惲鑒定　清光緒五年(1879)聚奎堂刻本　一册

340000－1856－0000550　4124
浙江闈墨不分卷　(清)錢吴鑒定　清光緒十四年(1888)聚奎堂刻本　一册

340000－1856－0000551　4125
鐘山課藝彙鈔不分卷　題(清)花雨邨人編　清同治十二年(1873)金陵惜陰書屋刻本　四册

340000－1856－0000552　4126
南宋雜事詩七卷　(清)沈嘉轍等撰　清抄本　四册

340000－1856－0000553　4127
時賢韻語一卷　(清)汪以誠撰　清光緒抄本　一册

340000－1856－0000554　4128
西湖楹聯四卷　(清)周慶祺編　清光緒二十二年(1896)知心軒刻本　四册

340000－1856－0000555　4129
四六叢話三十三卷選詩叢話一卷　(清)孫梅撰　清光緒七年(1881)刻本　十二册

340000－1856－0000556　4130
定香亭筆談四卷　(清)阮元記　(清)吴文溥録　清嘉慶五年(1800)刻本　四册

340000－1856－0000557　4131
文心雕龍十卷　(南朝梁)劉勰撰　(清)黄叔琳注　(清)紀昀評　清光緒二十二年(1896)新化三味堂刻本　四册

340000－1856－0000558　4132
金陵詩徵四十八卷　(清)朱緒曾編　清光緒十八年(1892)刻本　十一册

340000－1856－0000559　4133
江蘇詩徵一百八十三卷　(清)王豫輯　清道光元年(1821)焦山海西庵詩徵閣刻本　三十九册

340000－1856－0000560　4134
海虞文徵三十卷　(清)邵松年輯　清光緒三十一年(1905)鴻文書局石印本　十六册

340000－1856－0000561　4135
唐詩別裁集引典備註二十卷　(清)沈德潛選　(清)俞汝昌增注　清光緒二十一年(1895)文海書局石印本　四册

340000－1856－0000562　4056
欽定國朝詩別裁集三十二卷　(清)沈德潛纂評　清乾隆二十六年(1761)刻本　十二册

340000－1856－0000563　4105
欽定國朝詩別裁集三十二卷　(清)沈德潛纂評　清乾隆二十六年(1761)刻本　十册

340000－1856－0000564　4136
欽定國朝詩別裁集三十二卷　(清)沈德潛纂評　清乾隆刻本　二十四册

340000－1856－0000565　4137
國朝駢體正宗評本十二卷　(清)曾燠選　(清)姚燮評　(清)張壽榮參　清光緒二十四年(1898)刻朱墨套印本　六册

340000－1856－0000566　4138
皇朝蓄艾文編八十卷　(清)于寶軒輯　清光緒二十九年(1903)上海官書局鉛印本　四十册

340000－1856－0000567　4139
唐丞相曲江張文獻公集十二卷補遺一卷年譜一卷新唐書本傳一卷校勘三卷　(唐)張九齡撰　清光緒十六年(1890)鏡芙精舍刻本　八册

340000－1856－0000568　4140

昌黎先生詩集注十一卷舊唐書本傳一卷年譜一卷　(唐)韓愈撰　(清)顧嗣立删補　清道光應德堂刻本　六册

340000－1856－0000569　4141
陳伯玉文集三卷首一卷詩集二卷　(唐)陳子昂撰　清咸豐四年(1854)潼川鐵筆齋刻本　四册

340000－1856－0000570　4142
杜工部集二十卷首一卷　(唐)杜甫撰　(明)王世貞等評　清光緒二年(1876)粤東翰墨園刻六色套印本　十册

340000－1856－0000571　4143
杜工部集二十卷首一卷　(唐)杜甫撰　(明)王世貞等評　清光緒二年(1876)粤東翰墨園刻六色套印本　八册

340000－1856－0000572　4144
唐柳河東集四十五卷外集五卷諸家評語一卷新史本傳一卷附録一卷　(唐)柳宗元撰　(明)蔣之翹輯注　清嘉慶十三年(1808)雙梧居刻本　二十册

340000－1856－0000573　4145
唐皮日休文藪十卷　(唐)皮日休撰　清抄本　六册

340000－1856－0000574　4146
樊川文集二十卷　(唐)杜牧撰　清光緒二十二年(1896)景蘇園影宋刻本　四册

340000－1856－0000575　4147
唐丞相曲江張文獻公集十二卷　(唐)張九齡著　清光緒十八年(1892)刻本　六册

340000－1856－0000576　4148
昌黎先生集四十卷　(唐)韓愈撰　清同治八年(1869)江蘇書局刻本　十一册

340000－1856－0000577　4149
昌黎先生集四十卷　(唐)韓愈撰　**朱子校昌黎先生集傳一卷**　清宣統三年(1911)石印本　十册

340000－1856－0000578　4150

杜詩鏡銓二十卷本傳一卷年譜一卷墓誌銘一卷　(清)楊倫編輯　清同治十一年(1872)望三益齋刻本　十册

340000－1856－0000579　4151
李太白文集卷三十六卷　(唐)李白撰　(清)王琦輯注　清乾隆二十四年(1759)聚錦堂刻本　十二册

340000－1856－0000580　4152
定香亭筆談四卷　(清)阮元撰　(清)吳文溥録　清光緒二十五年(1899)浙江書局刻本　四册

340000－1856－0000581　4153
制義叢話二十四卷　(清)梁章鉅撰　清咸豐九年(1859)刻本　八册

340000－1856－0000582　4154
四六談薈一卷　(清)范濂録　清光緒二十五年(1899)刻本　一册

340000－1856－0000583　4155
隨園詩話十六卷　(清)袁枚著　清道光十三年(1833)學餘堂刻本　八册

340000－1856－0000584　4156
重訂全唐詩話八卷　(宋)尤袤輯　(清)孫濤訂　清宣統三年(1911)上海朝記書莊石印本　四册

340000－1856－0000585　4157
狀元閣初學玉玲瓏不分卷　(清)徐瑄選評　清刻本　四册

340000－1856－0000586　4158
司空詩品註釋一卷　(唐)司空圖撰　清刻本　一册

340000－1856－0000587　4159
春暉堂賦苑巵言二卷　(清)孫奎著　清道光十六年(1836)書有堂刻本　一册

340000－1856－0000588　4160
甾播檪論文二卷　(清)趙曾望纂　清石印本　一册　存一卷(下)

340000－1856－0000589　4161

文章緣起一卷 (南朝梁)任昉撰 (明)陳懋仁注 清康熙三十三年(1694)邵武徐氏刻本 一册

340000－1856－0000590 4162
煮藥漫抄二卷 (清)葉煒撰 清光緒十七年(1891)金陵刻本 一册

340000－1856－0000591 4163
閩川閨秀詩話四卷 (清)梁章鉅撰 清道光二十九年(1849)刻本 一册

340000－1856－0000592 4164
詩品三卷 (南朝梁)鍾嶸撰 清嘉慶十九年(1814)刻本 一册

340000－1856－0000593 4165
溫飛卿詩集九卷附錄一卷 (唐)溫庭筠撰 (明)曾益註 (清)顧予咸補註 (清)顧嗣立續註 清光緒八年(1882)萬軸山房刻本 二册

340000－1856－0000594 4166
昌黎先生詩增注證訛十一卷年譜一卷舊唐書本傳一卷 (唐)溫庭筠撰 (清)顧嗣立刪補 (清)黄鉞增注證訛 清道光二十八年(1848)黄中民刻咸豐七年(1857)四明鮑氏印本 四册

340000－1856－0000595 4167
陶淵明集八卷首一卷 (晉)陶淵明撰 清光緒五年(1879)廣州翰墨園刻朱墨套印本 一册

340000－1856－0000596 4168
陶淵明集八卷首一卷 (晉)陶淵明撰 清光緒五年(1879)廣州翰墨園刻朱墨套印本 二册

340000－1856－0000597 4169
庾子山集十六卷 (北周)庾信撰 (清)倪璠注釋 **年譜一卷本傳一卷** 清光緒十六年(1890)廣州經史閣刻本 十二册

340000－1856－0000598 4170
徐孝穆全集六卷本傳一卷 (南朝陳)徐陵撰 (清)吴兆宜箋注 清揚州藝古堂刻本 二册

340000－1856－0000599 4171
陶淵明詩一卷 (晉)陶潛撰 清光緒元年(1875)影宋刻本 一册

340000－1856－0000600 4172
謝康樂先生集二卷 (晉)謝靈運撰 **本傳一卷** (清)沈約撰 清同治六年(1867)陽夏謝文靖公祠刻本 一册

340000－1856－0000601 4173
諸葛忠武侯全集二十卷首三卷 (清)胡昇猷纂 清光緒十五年(1889)岐山縣署本刻本 十二册

340000－1856－0000602 4174
杜工部集二十卷首一卷 (唐)杜甫撰 (明)王世貞等評 清光緒二年(1876)粵東翰墨園刻六色套印本 十册

340000－1856－0000603 4175
杜工部集二十卷首一卷 (唐)杜甫撰 (明)王世貞等評 清光緒二年(1876)粵東翰墨園刻六色套印本 十册

340000－1856－0000604 4176
杜工部集二十卷首一卷 (唐)杜甫撰 (明)王世貞等評 清光緒二年(1876)粵東翰墨園刻六色套印本 十册

340000－1856－0000605 4177
後山詩十二卷 (宋)陳師道撰 清乾隆木活字印武英殿聚珍版書本 六册

340000－1856－0000606 4178
楊龜山先生集四十二卷首一卷 (宋)楊時撰 清光緒九年(1883)延平府古燕張國正刻本 十册

340000－1856－0000607 4179
山谷詩注内集二十卷 (宋)黄庭堅撰 (宋)任淵註 **外集十七卷** (宋)黄庭堅撰 (宋)史容註 **別集二卷** (宋)黄庭堅撰 (宋)史季溫註 **外集補四卷** (宋)黄庭堅撰 (清)

謝啓昆輯　清光緒二十年(1894)刻本　十六册

340000－1856－0000608　4180
止齋先生文集五十二卷　(宋)陳傅良撰　清光緒五年(1879)刻本　八册

340000－1856－0000609　4181
陸象山先生文集三十六卷年譜一卷附學前辯一卷　(宋)陸九淵撰　(清)李紱點次　清同治十年(1871)大儒家廟刻本　八册

340000－1856－0000610　4182
淮海集十七卷後集二卷詞一卷補遺一卷　(宋)秦觀著　清道光十七年(1837)刻本　六册

340000－1856－0000611　4183
王臨川全集一百卷首一卷目錄二卷　(宋)王安石撰　清光緒九年(1883)溧陽廖氏小涼山館刻本　二十册

340000－1856－0000612　4184
龍川文集三十卷首一卷　(宋)陳亮撰　清光緒元年(1875)湖北崇文書局刻本　十册

340000－1856－0000613　4185
衲蘇集二卷　(宋)蘇軾撰　清同治元年(1862)章門刻本　二册

340000－1856－0000614　4186
梁谿先生文集一百八十卷年譜一卷　(宋)李綱著　清刻本　三十六册

340000－1856－0000615　4187
司馬溫公文集八十二卷　(宋)司馬光撰　清同治四年(1865)戴儒珍刻本　二十四册

340000－1856－0000616　4188
安陽集十集五十卷首一卷　(宋)韓琦撰　清咸豐二年(1852)刻本　十册

340000－1856－0000617　4189
茶山集八卷　(宋)曾幾撰　清乾隆木活字印武英殿聚珍版書本　四册

340000－1856－0000618　4190
石林居士建康集八卷首一卷補遺一卷二鎮建康紀念略一卷　(宋)葉夢得著　清道光二十四年(1844)吳青霞齋刻本　二册

340000－1856－0000619　4191
文溪集二十卷首一卷　(宋)李昂英著　清道光二十年(1840)詩雪軒刻本　二册

340000－1856－0000620　4192
黎雲館類定袁中郎先生全集二十四卷　(明)袁宏道著　清道光九年(1829)刻本　十六册

340000－1856－0000621　4193
陶菴集二十二卷首一卷末一卷　(明)黃淳燿撰　清光緒八年(1882)刻本　八册

340000－1856－0000622　4194
滑疑集八卷　(明)韓錫胙著　清光緒十六年(1890)刻本　四册

340000－1856－0000623　4195
琅嬛文集六卷　(明)張岱著　清光緒三年(1877)刻本　一册　存一卷(一)

340000－1856－0000624　4196
金忠節公文集八卷　(明)金聲著　清光緒十四年(1888)黟邑李氏刻本　四册

340000－1856－0000625　4197
晚聞堂集十六卷　(明)余紹祉著　清道光十七年(1837)和源單氏刻本　五册

340000－1856－0000626　4198
熊襄愍公集十卷首一卷末一卷　(明)熊廷弼撰　清同治三年(1864)熊氏家祠刻本　十册

340000－1856－0000627　4199
從野堂存稿八卷補遺一卷年譜一卷附録一卷　(明)繆昌期撰　清光緒二十一年(1895)刻本　三册

340000－1856－0000628　4200
枝山文集四卷　(明)祝允明著　清光緒元年(1875)刻本　二册

340000－1856－0000629　4201
震川先生別集十卷　(明)歸有光撰　清光緒元年(1875)刻本　四册

340000－1856－0000630　4202
魏伯子文集十卷首一集　（明）魏祥撰　清道光二十五年（1845）刻本　六册

340000－1856－0000631　4203
毅齋查先生闡道集十卷末一卷　（明）查鐸撰　清光緒十六年（1890）刻本　四册

340000－1856－0000632　4204
養知書屋文集二十八卷　（清）郭嵩燾撰　清光緒十八年（1892）刻本　二十册

340000－1856－0000633　4205
復莊駢儷文榷八卷　（清）姚燮撰　清咸豐四年（1854）大梅山館刻本　二册

340000－1856－0000634　4206
西圃集二十卷　（清）潘遵祁撰　清光緒二十三年（1897）刻本　六册

340000－1856－0000635　4207
存悔齋集鈔存十二卷　（清）劉鳳誥撰　清道光二十七年（1847）刻本　六册

340000－1856－0000636　4208
戴東原集十二卷　（清）戴震撰　清光緒十年（1884）刻本　四册

340000－1856－0000637　4209
甘泉鄉人稿二十四卷　（清）錢泰吉撰　清同治十一年（1872）刻本　六册

340000－1856－0000638　4210
揭文安公文粹二卷首一卷　（元）揭傒斯撰　清咸豐元年（1851）南海伍氏刻本　一册

340000－1856－0000639　4211
廬陵宋丞相信國公文忠烈先生全集十六卷　（宋）文天祥撰　清乾隆二年（1737）刻本　十六册

340000－1856－0000640　4212
廬陵宋丞相信國公文忠烈先生全集十六卷　（宋）文天祥撰　清道光二十三年（1843）刻本　十二册

340000－1856－0000641　4213
剡源集三十卷　（元）戴表元撰　清道光二十年（1840）上海郁氏刻本　八册

340000－1856－0000642　4215
雁門集六卷　（元）薩都剌撰　清宣統二年（1910）刻本　三册

340000－1856－0000643　4216
湛然居士文集十四卷　（元）耶律楚材撰　清光緒二十一年（1895）刻本　四册

340000－1856－0000644　4217
元遺山先生集四十卷首一卷　（元）元好問撰　清光緒八年（1882）刻本　十六册

340000－1856－0000645　4218
靜修先生文集十二卷　（元）劉因著　清光緒五年（1879）謙德堂刻本　四册

340000－1856－0000646　4219
雁門集編注十四卷倡和錄一卷別錄一卷　（元）薩都剌著　（清）薩龍光編註　清光緒三年（1877）刻本　六册

340000－1856－0000647　4220
明張文忠公文集十一卷詩集六卷　（明）張居正撰　清宣統三年（1911）醉古堂石印本　四册

340000－1856－0000648　4222
空同詩集三十三卷　（明）李夢陽撰　清光緒十五年（1889）渭南嚴氏刻本　八册

340000－1856－0000649　4223
楊園先生全集五十四卷　（清）張履祥撰　（清）姚璉輯　**年譜一卷**　清同治十一年（1872）江蘇書局刻本　十六册

340000－1856－0000650　4224
湘綺樓全集三十卷　王闓運撰　清光緒三十三年（1907）墨莊劉氏刻本　十二册

340000－1856－0000651　4225
淮流一勺二卷　（清）范以煦撰　清道光二十八年（1848）刻本　一册

340000－1856－0000652　4226
御製避暑山莊圖詠一卷圓明園圖詠一卷　（清）聖祖玄燁　（清）高宗弘曆撰　（清）揆

敘　(清)鄂爾泰等註　清末大同書局石印本　二冊

340000－1856－0000653　4227
秋羅曲一卷月華山館本事詩一卷問蘽亭紀恨詩詞稿一卷　(清)華癡石著　清光緒三十一年(1905)刻本　一冊

340000－1856－0000654　4227
滄桑豔二卷　丁傳靖填詞　清光緒三十四年(1908)刻本　一冊

340000－1856－0000655　4228
桐華舸明季詠史詩鈔一卷　(清)鮑瑞駿撰　清同治二年(1863)刻本　一冊

340000－1856－0000656　4229
秣陵集六卷　(清)陳文述撰　清光緒十年(1884)淮南書局刻本　三冊

340000－1856－0000657　4230
孟塗先生遺詩二卷　(清)劉開撰　清光緒十二年(1886)刻本　一冊

340000－1856－0000658　4231
無雙譜排律一卷　(清)王言撰　清道光十七年(1837)食硯山房刻本　一冊

340000－1856－0000659　4232
意圖文略二卷　(清)楊鍾羲編　清宣統二年(1910)刻本　一冊

340000－1856－0000660　4233
北游草一卷　(清)江瀚撰　清光緒二十九年(1903)刻本　一冊

340000－1856－0000661　4234
恪靖侯盾鼻餘瀋一卷　(清)柳葆元　(清)易策謙錄刊　清光緒十三年(1887)刻本　一冊

340000－1856－0000662　4235
西泠仙詠三卷　(清)陳文述撰　清光緒八年(1882)丁氏翠螺仙館刻本　二冊

340000－1856－0000663　4236
龔定盦文集三卷文集補編四卷續集四卷文集補五卷拾遺一卷　(清)龔自珍撰　清宣統元年(1909)鉛印本　六冊

340000－1856－0000664　4237
塞垣集六卷　(清)王定安撰　清宣統三年(1911)鉛印本　一冊

340000－1856－0000665　4238
復堂類集二十一卷　(清)譚獻撰　清光緒十一年(1885)刻本　六冊

340000－1856－0000666　4239
集虛齋全稿不分卷　(清)方棨如撰　清光緒二十年(1894)浙江書局刻本　四冊

340000－1856－0000667　4240
藤香館小品二卷續二卷　(清)薛時雨撰　清光緒二十三年(1897)刻本　一冊

340000－1856－0000668　4241
鑑止水齋集二十卷　(清)許宗彥撰　清咸豐八年(1858)刻本　八冊

340000－1856－0000669　4242
孟塗駢體文鈔不分卷　(清)劉開撰　清刻本　一冊

340000－1856－0000670　4243
優盋羅室詩稾一卷月來軒詩集一卷　(清)李尚暲　(清)錢韞素撰　清宣統元年(1909)刻本　一冊

340000－1856－0000671　4244
李舍人遺集一卷　(清)李結撰　清光緒二十四年(1898)宗鄴堂刻本　一冊

340000－1856－0000672　4245
翠螺閣詩詞稾不分卷　(清)淩祉媛撰　清咸豐四年(1854)錢塘丁氏刻本　二冊

340000－1856－0000673　4246
東淘吴野人先生詩集十二卷　(清)吴嘉紀撰　清嘉慶十九年(1814)刻本　四冊

340000－1856－0000674　4247
明宫雜詠二十卷　(清)饒智元撰　清光緒刻本　六冊

340000－1856－0000675　4248
小謨觴館詩集八卷文集四卷　(清)彭兆蓀撰　清同治十三年(1874)刻本　十冊

340000－1856－0000676　4249
思適齋集十八卷　(清)顧廣圻撰　清道光二十九年(1849)上海徐氏刻本　四册

340000－1856－0000677　4250
復莊詩問三十四卷　(清)姚燮撰　清刻本　十三册

340000－1856－0000678　4251
二當軒集二十二卷　(清)黄景仁著　清光緒二年(1876)刻本　六册

340000－1856－0000679　4252
吳摯甫文集四卷附鈔深州風土記四篇一卷　(清)吳汝綸撰　清宣統二年(1910)國學扶輪社石印本　五册

340000－1856－0000680　4254
海峰先生文十卷詩六卷　(清)劉大魁撰　清同治十三年(1874)刻本　六册

340000－1856－0000681　4256
梅村詩集箋註十八卷　(清)吳偉業撰　(清)吳翌鳳註　清嘉慶十九年(1814)滄浪吟榭刻本　八册

340000－1856－0000682　4257
瓶水齋詩集十七卷别集二卷詩話一卷　(清)舒位撰　清光緒十二年(1886)刻本　八册

340000－1856－0000683　4258
鬱華閣遺集四卷　(清)盛昱撰　清光緒三十一年(1905)石印本　一册

340000－1856－0000684　4259
柏梘山房文集十六卷駢體文二卷　(清)梅曾亮撰　清光緒二十年(1894)刻本　四册

340000－1856－0000685　4260
脩月女史遺稿不分卷　(清)吳卯著　清光緒三十三年(1907)刻本　一册

340000－1856－0000686　4261
炳燭齋文集初刻一卷續刻一卷　(清)顧大韶著　清宣統元年(1909)鉛印本　二册

340000－1856－0000687　4262
汪梅村先生集十二卷　(清)汪士鐸撰　清光緒七年(1881)刻本　四册

340000－1856－0000688　4263
廣雅堂詩集不分卷　(清)張之洞撰　清鉛印本　三册

340000－1856－0000689　4264
話山草堂文鈔一卷　(清)沈道寬著　清光緒三年(1877)刻本　一册

340000－1856－0000690　4265
文貞公集十二卷首一卷　(清)張玉書著　清光緒二十七年(1901)刻本　十三册

340000－1856－0000691　4266
古微堂内集三卷外集七卷　(清)魏源著　清光緒四年(1878)淮南書局刻本　四册

340000－1856－0000692　4267
無近名齋文鈔四卷文鈔二編二卷雜著二卷雜著二編一卷　(清)彭翊著　清光緒十年(1884)刻本　四册

340000－1856－0000693　4268
漁洋山人精華錄訓纂十卷目錄二卷　(清)惠棟撰　清光緒十七年(1891)會稽徐氏述史樓刻本　十二册

340000－1856－0000694　4269
未灰齋文集八卷外集一卷　(清)徐鼒著　清咸豐福甯郡齋刻本　四册

340000－1856－0000695　4270
惺諟齋初稿十卷　(清)喻長霖撰　清宣統三年(1911)鉛印本　六册

340000－1856－0000696　4271
養一齋文集二十卷　(清)李兆洛撰　清光緒四年(1878)刻本　五册

340000－1856－0000697　4272
國朝金陵詩徵四十八卷　(清)朱緒曾編　清光緒十三年(1887)刻本　十五册　存四十五卷(一至四十五)

340000－1856－0000698　4273
續金陵詩徵六卷首一卷　(清)朱緒曾編　清光緒二十年(1894)刻本　六册

340000－1856－0000699　4274
金陵詩徵小傳一卷　(清)朱緒曾輯　清刻本　一册

340000－1856－0000700　4275
鄭板橋全集六編　(清)鄭燮著　清宣統元年(1909)掃葉山房石印本　四册

340000－1856－0000701　4276
胡文忠公遺集八十六卷首一卷　(清)胡林翼撰　清光緒二十七年(1901)上海圖書集成印書局鉛印本　八册

340000－1856－0000702　4278
庸庵文續編二卷　(清)薛福成撰　清光緒刻本　二册

340000－1856－0000703　4279
紉蘭室詩鈔三卷蝶硯廬詩鈔三卷　(清)嚴永華撰　清光緒十七年(1891)刻本　二册

340000－1856－0000704　4280
適可齋記言四卷　(清)馬建忠著　清光緒二十二年(1896)廣業書局刻本　一册

340000－1856－0000705　4281
魏默深先生文集三卷　(清)魏源撰　清光緒二十九年(1903)鉛印本　二册

340000－1856－0000706　4282
惜抱軒文集十六卷後集十卷　(清)姚鼐撰　清光緒九年(1883)桐城徐氏刻本　六册

340000－1856－0000707　4283
船山詩草二十卷　(清)張問陶撰　清道光元年(1821)刻本　六册

340000－1856－0000708　4284
二林居集二十四卷　(清)彭紹升著　清光緒七年(1881)刻本　六册

340000－1856－0000709　4285
小松圓閣雜著三卷　(清)程庭鷺撰　清同治二年(1863)刻本　一册

340000－1856－0000710　4286
六大家箋註袁文大成六卷　(清)袁枚著　(清)周輯熙彙註　清光緒八年(1882)碧梧山莊求古齋石印本　六册

340000－1856－0000711　4287
樫華館全集十二卷　(清)路德撰　清光緒七年(1881)刻本　十册

340000－1856－0000712　4288
餘辛集三卷　(清)何栻悔著　清同治元年(1862)刻本　一册

340000－1856－0000713　4289
袁文合箋十六卷　(清)袁枚著　(清)王廣業箋　清光緒八年(1882)刻本　六册

340000－1856－0000714　4290
芝庭先生集十八卷　(清)彭啓豐撰　清光緒二年(1876)刻本　六册

340000－1856－0000715　4291
樊榭山房集二十卷　(清)厲鶚撰　清光緒十年(1884)刻本　九册

340000－1856－0000716　4292
御製圓明園詩二卷　(清)聖祖玄燁撰　清光緒十三年(1887)天津石印書屋石印本　二册

340000－1856－0000717　4293
古微堂内集三卷外集七卷　(清)魏源撰　清光緒四年(1878)淮南書局刻本　四册

340000－1856－0000718　4295
花宜館詩鈔甲乙稿二卷　(清)吳振棫撰　清道光刻本　二册

340000－1856－0000719　4296
大雲山房文稿集八卷　(清)惲敬著　清光緒十四年(1888)官書處刻本　八册

340000－1856－0000720　4297
倚香閣詩鈔一卷　(清)俞鏡秋撰　**浣薇軒夢餘吟草一卷**　(清)李恒撰　清光緒三十一年(1905)石印本　一册

340000－1856－0000721　4299
石笥山房全集二十三卷　(清)胡天遊撰　清宣統二年(1910)國學扶輪社石印本　十册

340000－1856－0000722　4300

三魚堂文集十二卷　(清)陸隴其著　清宣統三年(1911)掃葉山房石印本　八冊

340000－1856－0000723　4301
經韻樓集十二卷　(清)段玉裁撰　清光緒十年(1884)秋樹根齋刻本　六冊

340000－1856－0000724　4302
儀顧堂集二十卷　(清)陸心源撰　清光緒二十四年(1898)刻本　六冊

340000－1856－0000725　4303
巢經巢詩鈔九卷後集一卷　(清)鄭珍撰　清咸豐刻本　四冊

340000－1856－0000726　4304
伏敔堂詩錄十五卷詩續錄四卷首一卷　(清)江湜撰　清同治元年(1862)刻本　四冊

340000－1856－0000727　4305
二家詠古詩一卷二家試帖一卷二家詞鈔五卷　(清)張之洞撰　清光緒刻本　二冊

340000－1856－0000728　4306
陶文毅公全集六十四卷首一卷　(清)陶澍撰　清道光二十年(1840)淮北士民公刻本　三十六冊

340000－1856－0000729　4307
惲子居文鈔四卷　(清)惲敬撰　清宣統二年(1910)國學扶輪社石印本　四冊

340000－1856－0000730　4308
柈湖文集十二卷　(清)吳敏樹撰　清光緒十九年(1893)思賢講舍刻本　四冊

340000－1856－0000731　4309
庸盦文別集六卷　(清)薛福成著　清光緒二十九年(1903)石印本　六冊

340000－1856－0000732　4310
庸庵文編四卷續編二卷外編四卷海外文編四卷籌洋芻議一卷英法義比日記六卷　(清)薛福成撰　清光緒二十三年(1897)上海醉六堂石印本　十二冊

340000－1856－0000733　4311
庸庵文編四卷續編二卷外編四卷海外文編四卷籌洋芻議一卷英法義比日記六卷　(清)薛福成撰　清光緒二十三年(1897)上海醉六堂石印本　十二冊

340000－1856－0000734　4312
庸庵文編四卷續編二卷外編四卷海外文編四卷籌洋芻議一卷英法義比日記六卷　(清)薛福成撰　清光緒二十三年(1897)上海醉六堂石印本　十二冊

340000－1856－0000735　4313
庸盦海外文編四卷　(清)薛福成撰　清光緒二十三年(1897)上海醉六堂石印本　二冊

340000－1856－0000736　4314
師鄭堂集六卷　(清)孫同康撰　清光緒十七年(1891)無錫文苑閣木活字印本　四冊

340000－1856－0000737　4315
萃錦唫七卷　(清)恭親王撰　清光緒刻本　四冊

340000－1856－0000738　4317
定盦文集三卷續集四卷補二卷補編四卷　(清)龔自珍撰　清同治七年(1868)刻本　八冊

340000－1856－0000739　4318
梅林詩草一卷　(清)蔡炳奎著　清光緒九年(1883)姑蘇刻本　一冊

340000－1856－0000740　4319
顯志堂稿十二卷　(清)馮桂芬撰　清光緒三年(1877)校邠廬刻本　八冊

340000－1856－0000741　4320
馬如飛先生南詞小引初集二卷　(清)馬如飛撰　清刻本　二冊

340000－1856－0000742　4321
庚子國變彈詞四十卷四十回　(清)世界繁華報館編　清光緒刻本　四冊

340000－1856－0000743　4322
漢口竹枝詞六卷　(清)葉調元撰　清道光三十年(1850)刻本　一冊

340000－1856－0000744　4323

藏園九種曲十三卷　(清)蔣士銓填詞　清乾隆刻本　十二冊

340000－1856－0000745　4324
絕妙好詞箋七卷續鈔一卷　(宋)周密輯　(清)查為仁　(清)厲鶚箋　清道光八年(1828)刻本　三冊

340000－1856－0000746　4325
廣州竹枝詞一卷　題(清)金牛湖人著　清道光二年(1822)鷗野草堂刻本　一冊

340000－1856－0000747　4326
瓊琈山房紅樓夢詞一卷　(清)何鏞撰　清光緒十一年(1885)上海木活字印本　一冊

340000－1856－0000748　4328
牡丹亭還魂記二卷　(明)湯顯祖編　清光緒三十四年(1908)石印本　二冊

340000－1856－0000749　4329
芙蓉碣傳奇二卷　(清)張雲驤填詞　清光緒九年(1883)刻本　一冊

340000－1856－0000750　4330
寫心劇傳奇不分卷　題(清)種緣子撰　清末抄本　四冊

340000－1856－0000751　4331
長生殿二卷　(清)洪昇填詞　清光緒元年(1875)刻本　二冊

340000－1856－0000752　4332
鶴歸來傳奇二卷　(清)瞿頡填詞　清湖北官書處刻本　二冊

340000－1856－0000753　4333
六如亭二卷　題(清)羅浮花農填詞　清刻本　四冊

340000－1856－0000754　4334
詞律二十卷　(清)萬樹編　清光緒二年(1876)吴下刻本　十六冊

340000－1856－0000755　4335
清綺軒詞選十三卷　(清)夏秉衡選　清光緒二十一年(1895)刻本　四冊

340000－1856－0000756　4336
花間集十卷　(五代)趙崇祚輯　清光緒十九年(1893)刻本　一冊

340000－1856－0000757　4337
白香詞譜不分卷　(清)舒夢蘭輯　清光緒十九年(1893)季祥抄本　一冊

340000－1856－0000758　4338
納蘭詞五卷補遺一卷　(清)納蘭性德著　清光緒六年(1880)娛園刻本　二冊

340000－1856－0000759　4339
小檀欒室彙刻閨秀詞十集閨秀詞鈔十六卷閨秀詞鈔續補遺四卷　徐乃昌輯　清光緒刻本　三十冊

340000－1856－0000760　4340
雙花記不分卷　(清)李涵秋撰　清末抄本　一冊

340000－1856－0000761　5001
屺雲樓集十卷二集四卷　(清)劉存仁撰　清同治元年(1862)刻本　四冊

合肥學院圖書館古籍普查登記目録

全國古籍普查登記目録

國家圖書館出版社
National Library of China Publishing House

《合肥學院圖書館古籍普查登記目録》

編委會

主　　編：肖厚榮　肖寶生　陳景林

副主編：劉　原　劉　麗

編　　委：肖厚榮　肖寶生　陳景林　劉　原　劉　麗
周蔚然　李建華　李世藴　吕　明　馬林山
劉　星　童　暉

審　　校：葛小禾

《合肥學院圖書館古籍普查登記目録》

前　言

合肥學院是一所在"改革中誕生,開放中成長,創新中發展"的省市共建,以市爲主的全日制、公辦本科院校。其前身是創辦於 1980 年的合肥聯合大學,建校伊始提出"適當收費、不包分配、按社會需求設置專業、後勤社會化"的辦學模式,引起《人民日報》《光明日報》等主流媒體的廣泛關注,學校被譽爲中國高等教育改革的"小崗村"。1985 年,安徽省和德國下薩克森州簽署了按照"德國應用科學大學辦學模式,共建一所示範性應用型本科院校"的協議,合肥學院(原合肥聯合大學)成爲德方在中國重點援建的兩所示範性應用型高校之一。2002 年 3 月,經教育部批准,原合肥聯合大學和合肥教育學院、合肥師範學校合并組建合肥學院。

合肥學院圖書館總建築面積 4.41 萬平方米,是一個功能齊全、布局緊湊、分區明確、流綫清晰便捷、可持續發展的開放的現代化圖書館。爲體現"以人爲本,服務爲先"的辦館理念,圖書館實行藏、借、閱一體化的開放式管理模式和人、機、書一體化的合理布局。現設有圖書借閱室 4 個(開放)、書刊閱覽室 3 個、學生自修室 8 個、120 座讀者培訓室 1 個,總閱覽座位 2700 多席。圖書館實行 4 通道門禁管理系統,統一的出入口管理制度。圖書館現設有辦公室、采編部、流通閱覽部、數字資源部和信息參考部。擁有工作人員 40 餘名,其中教授 1 名、研究館員 2 名、副研究館員 5 名。目前,我館是安徽省圖書館學會理事單位、安徽省高校圖書情報工作委員會常務委員單位、合肥市圖書館學會副理事長單位。

古籍見證了中華文明的傳承,維係着民族精神的根脉,是中華民族持續發展的寶貴資源。合肥學院現存中國傳統裝幀書籍來自原合肥師範專科學校(合肥教育學院前身),主要包括清代古籍和民國時期綫裝書,它們是我校珍貴的館藏文獻。雖然我校對古籍的保護做了一些工作,但也存在缺宏觀管理、缺技術設備、缺專業人才和缺資金支持等高校古籍管理的普遍問題。然而,在省古籍保護中心石梅主任、白宫主任和葛小禾老師的指導和幫助下,我們對古籍一一進行了核準、普查登記,爲發揮古籍的價值奠定了堅實的基礎。

在網絡化、數字化及智慧圖書館建設的過程中,如何充分利用先進的設施和現有的條件，進一步保護和利用好這些寶貴的精神財富，是我們圖書館下一步古籍文獻保護工作的重點所在。

合肥學院圖書館

2020年3月

340000－1859－0000001　001

重刊宋本十三經注疏附校勘記十三種四百十六卷　(清)阮元撰校勘記　(清)盧宣旬摘錄　清同治十二年(1873)江西書局刻本　一百三十六冊　缺二十卷(周易注疏一至十、附校勘記一至十)

340000－1859－0000002　002

九通二千三百十四卷　(清)□□輯　清光緒浙江書局刻本　二百三十九冊　存五百二十三卷(皇朝通典一至九十七、皇朝通志一至一百二十六、皇朝文獻通考一至三百)

340000－1859－0000003　003

佩文韻府一百六卷佩文韻府拾遺一百六卷　(清)張玉書等彙閱　(清)蔡升元等纂修兼校勘　(清)孫致彌等纂修　(清)汪士鋐等校勘　(清)鄭為龍等校録　(清)趙昌等監造　清光緒十三年(1887)上海點石齋石印本　三十三冊　存一百四十五卷(佩文韻府一至二十四、六十三至七十四、一百四至一百六,佩文韻府拾遺一百六卷)

340000－1859－0000004　004

漱芳軒合纂禮記體註四卷　(清)范翔參訂　(清)朱光許等校　清光緒三十一年(1905)經綸森寶書局刻本　四冊

340000－1859－0000005　005

文選六十卷　(南朝梁)蕭統撰　(唐)李善注　清萬卷樓覆刻汲古閣本(目錄為補配)　十六冊　存五十六卷(一至五十六)

340000－1859－0000006　006

說文解字十五卷標目一卷　(漢)許慎撰　(宋)徐鉉等校定　**說文校字記一卷**　(清)陳昌治撰　**說文通檢十四卷首一卷末一卷**　(清)黎永椿編　清同治十二年(1873)番禺陳昌治刻本　六冊

340000－1859－0000007　007

續古文辭類纂三十四卷　王先謙輯　清光緒八年(1882)王氏刻本　八冊

340000－1859－0000008　009

禮記十卷　(元)陳澔集說　清刻本　六冊　存六卷(三至八)

340000－1859－0000009　010

七十家賦鈔六卷　(清)張惠言輯　清光緒四年(1878)宏達堂刻本　四冊

340000－1859－0000010　011

康熙字典十二集三十六卷總目一卷檢字一卷辨似一卷等韻一卷備考一卷補遺一卷　(清)張玉書等纂　清道光七年(1827)刻本　四十三冊　缺一卷(巳集上)

340000－1859－0000011　012

康熙字典十二集三十六卷總目一卷檢字一卷辨似一卷等韻一卷備考一卷補遺一卷　(清)張玉書等纂　清刻本　二十三冊　存二十四卷(子集上下、丑集上中、寅集上中、卯集上、辰集上中下、巳集上、午集下、未集中、申集上中下、酉集上中下、戌集上中下,總目一卷,檢字一卷)

340000－1859－0000012　013

康熙字典十二集三十六卷總目一卷檢字一卷辨似一卷等韻一卷備考一卷補遺一卷　(清)張玉書等纂　清道光七年(1827)刻本　十四冊　存十卷(丑集下、寅集下、卯集中下、午集上中、未集上下、亥集中上)

340000－1859－0000013　016

古文辭類纂七十四卷　(清)姚鼐纂集　**續古文辭類纂三十四卷**　王先謙纂集　清光緒三十三年(1907)上海商務印書館鉛印本　十二冊

340000－1859－0000014　017

增廣尚友錄統編二十二卷　(清)應祖錫編輯　清光緒二十八年(1902)鴻賓齋石印本　十二冊

安徽省合肥市圖書館
古籍普查登記目録

全國古籍普查登記目録

國家圖書館出版社
National Library of China Publishing House

《安徽省合肥市圖書館古籍普查登記目録》

編委會

《安徽省合肥市圖書館古籍普查登記目録》

前　言

合肥市圖書館起源於合肥縣立中和圖書館，1958 年正式建制，現爲合肥地區書目文獻中心、信息中心和網絡資源中心。本館古籍主要來源於建館時入藏，少數古籍爲市場購買或市民捐贈。目前，收藏有古籍、民國綫裝書、中華再造善本等萬餘册。

館藏古籍由前輩老師進行過整理并配有書根卡，後爲每册古籍進行了 MAC 資料編目。2008 年安徽省啓動古籍普查工作，我館積極回應，安排工作人員參加培訓。目前，古籍資料均已上傳全國古籍普查平臺。

本次古籍普查内容爲本館所藏 1912 年之前的古籍，共計 1606 册 192 條數據。本館古籍多爲清刻本，有少量明刻本。其中一部清初汲古閣《説文解字》十五卷入選首批《安徽省珍貴古籍名録》。另藏有《孝肅包公奏議》十卷、《合肥相國七十賜壽圖附壽言》不分卷、《續修廬州府志》一百卷《首》一卷《末》一卷等地方文獻。2016 年本館整理出版了《合肥相國七十賜壽圖附壽言》。

《合肥市圖書館古籍普查登記目録》編委會

2019 年 11 月

340000－1839－0000001　B222.1/4
新訂四書補注備旨十卷　(明)鄧林撰　清光緒三十年(1904)刻本　八册

340000－1839－0000002　B222.1/5
新訂四書補注備旨十卷　(明)鄧林撰　清末刻本　二册　存三卷(下論三至四、下孟四)

340000－1839－0000003　B222.2/1
孔子集語十七卷　(清)孫星衍撰　清光緒三年(1877)浙江書局刻二十二子本　四册

340000－1839－0000004　B222.6/2
荀子二十卷校刊補遺二十卷　(唐)楊倞注　清光緒二年(1876)浙江書局刻二十二子本　六册

340000－1839－0000005　B222.9/1
晏子春秋七卷音義二卷校勘二卷　(清)孫星衍撰　清光緒元年(1875)浙江書局刻二十二子本　四册

340000－1839－0000006　B223.1/1
老子道德經二卷音義不分卷　(晉)王弼注　清光緒元年(1875)浙江書局刻本　一册

340000－1839－0000007　B223.2/1
列子八卷　(晉)張湛注　清光緒二年(1876)浙江書局刻二十二子本　二册

340000－1839－0000008　B223.5/1
莊子十卷　(晉)郭象注　(唐)陸德明音義　清光緒二年(1876)浙江書局刻二十二子本　四册

340000－1839－0000009　B223.9/2
文子纘義十二卷　(宋)杜道堅撰　清光緒三年(1877)浙江書局刻二十二子本　二册

340000－1839－0000010　B224/1
墨子十五卷　(清)畢沅撰　清光緒三年(1877)浙江書局刻二十二子本　四册

340000－1839－0000011　B226.1/1
管子二十四卷　(唐)房玄齡注　清光緒二年(1876)浙江書局刻二十二子本　六册

340000－1839－0000012　B226.2/1
商君書五卷　(清)嚴萬里校　清光緒二年(1876)浙江書局刻二十二子本　一册

340000－1839－0000013　B229.1/1
尸子二卷　(清)汪繼培輯　清光緒三年(1877)浙江書局刻二十二子本　一册

340000－1839－0000014　B229.2/1
呂氏春秋二十六卷附攷不分卷　(清)王詒壽校　清光緒元年(1875)浙江書局刻二十二子本　六册

340000－1839－0000015　B234.2/1
賈誼新書十卷　(南朝梁)賈誼撰　清光緒元年(1875)浙江書局刻二十二子本　二册

340000－1839－0000016　B234.4/1
淮南子二十一卷　(漢)高誘注　清光緒二年(1876)刻本　六册

340000－1839－0000017　B234.4/2
淮南子二十一卷　(清)莊逵吉校　清光緒二年(1876)浙江書局刻二十二子本　六册

340000－1839－0000018　B234.5/1
春秋繁露十七卷　(漢)董仲舒撰　清光緒二年(1876)浙江書局刻二十二子本　二册

340000－1839－0000019　B234.99/1
揚子法言十三卷　(□)李軌注　清光緒二年(1876)浙江書局刻二十二子本　一册

340000－1839－0000020　B241.1/1
文中子十卷　(宋)阮逸注　清光緒二年(1876)浙江書局刻二十二子本　二册

340000－1839－0000021　B244.7/1
近思錄十四卷考訂朱子世家不分卷近思錄集注校勘記不分卷　(宋)江永集注　清同治八年(1869)刻本　六册

340000－1839－0000022　B244/1
理學宗傳二十六卷　(清)孫奇逢輯　清光緒六年(1880)刻本　十二册

340000－1839－0000023　B823.1/1
顏氏家訓七卷考證一卷　(北齊)顏之推撰　清刻知不足齋叢書本　二册

340000－1839－0000024　B992.9/1
諏吉便覽寶鏡圖不分卷　(□)□□撰　清宣統二年(1910)石印本　一册

340000－1839－0000025　B992.9/2
竈君真經不分卷　(□)□□撰　清光緒四年(1878)刻本　一册

340000－1839－0000026　C91－03/1
群學肄言十五卷　(英國)斯賓塞若著　嚴復譯　清光緒二十九年(1903)石印本　四册

340000－1839－0000027　C91－03/1－1
群學肄言十五卷　(英國)斯賓塞若著　嚴復譯　清光緒二十九年(1903)石印本　四册

340000－1839－0000028　D691.42/1
歷代職官表六卷　(清)高宗弘曆撰　清光緒八年(1882)上海王氏刻本　三册

340000－1839－0000029　D691.5/1
續文獻通考纂要二卷　(明)洪洲著　清嘉慶二十四年(1819)刻本　一册

340000－1839－0000030　D691.5/2
文獻通考纂要二卷　(元)馬端臨著　清嘉慶二十四年(1819)刻本　一册

340000－1839－0000031　D691.5/3
馬氏文獻通考三百四十八卷　(元)馬端臨著　清光緒二十七年(1901)石印本　六册　存三十九卷(一至三十九)

340000－1839－0000032　D691.5/4
欽定大清會典一百卷　(清)文保等編纂修　清光緒十九年(1893)石印本　八册

340000－1839－0000033　D691.5/5
吾學錄二十四卷　(清)吳榮光撰　清刻本　六册

340000－1839－0000034　D691.5/6
皇朝文獻通考□□卷　(□)□□撰　清末石印本　十一册　存七十卷(一百九十五至二百三十八、二百五十一至二百七十六)

340000－1839－0000035　D929/1
律例便覽八卷　(清)蔡雲峰　(清)蔡硯農輯　清同治九年(1870)江蘇書局刻本　四册

340000－1839－0000036　D931.3/1
新譯日本法規大全二百八十一卷　(清)錢恂　(清)董鴻禕著　清光緒三十三年(1907)石印本　八十册

340000－1839－0000037　E89/1
洴澼百金方十四卷　(清)惠麓酒民編　清乾隆刻本　八册

340000－1839－0000038　E892/2
孫子敘錄一卷孫子十家注十三卷孫子十家注遺說不分卷　(清)畢以珣撰　清光緒三年(1877)浙江書局刻二十二子本　六册

340000－1839－0000039　G256.4/1
儀顧堂續跋十六卷　(清)陸心源撰　清光緒刻本　四册

340000－1839－0000040　G256.4/3
直齋書錄解題二十二卷　(宋)陳振孫撰　清光緒九年(1883)江蘇書局刻本　六册

340000－1839－0000041　G455/1
靈峽學則不分卷　(清)薛于瑛著　清光緒七年(1881)廣仁堂刻本　一册

340000－1839－0000042　G529/1
何夔清貴山書院試卷不分卷　(清)何夔清撰　清寫本　一册

340000－1839－0000043　G629.299/1
急就篇四卷　(漢)史遊撰　清福山王氏刻天壤閣叢書本　四册

340000－1839－0000044　H1/1
維揚大成堂新刻增訂釋義經書便用通考雜字二卷外卷不分卷　(清)徐三省輯　(清)戴啟達增訂　清刻本　二册

340000－1839－0000045　H11/1
古今韻略五卷　(清)邵長蘅撰　清康熙刻本　五册

340000－1839－0000046　H11/2
經韻集字析解二卷全韻字數不分卷　(□)□□撰　清刻本　四册

340000－1839－0000047　H114/1
初學檢韻袖珍十二卷佩文詩韻不分卷　(清)姚文登輯　姚炳章校　清嘉慶十三年(1808)刻本　四冊

340000－1839－0000048　H114/2
分類分韻小佩文韻府□卷　(□)□□撰　清石印本　一冊　存一卷(五)

340000－1839－0000049　H114/3
佩文韻府不分卷拾遺不分卷　(清)張玉書等編　清光緒八年(1882)石印本　十冊

340000－1839－0000050　H131.2/1
爾雅二卷　(晉)郭璞撰　(唐)陸德明音義　清嘉慶刻本　三冊

340000－1839－0000051　H131.2/2
爾雅郭注義疏二十卷　(清)郝懿行撰　清光緒刻本　八冊

340000－1839－0000052　H131/1
新增龍文鞭影二卷訓蒙四字經二卷　(清)楊臣諍增訂　清光緒刻本　四冊

340000－1839－0000053　H15/2
初學玉玲瓏不分卷　(□)□□撰　清刻本　一冊

340000－1839－0000054　H161/1
說文通訓定聲十八卷檢韻不分卷說雅不分卷古今韻準不分卷韻準補遺不分卷　(清)朱駿聲記錄　(清)朱鏡蓉參訂　清光緒十二年(1886)積山書局石印本　八冊

340000－1839－0000055　H161/2
說文解字十五卷　(漢)許慎記　(宋)徐鉉等校定　清初汲古閣刻本　六冊

340000－1839－0000056　H161/5
說文解字注三十二卷　(清)段玉裁注　清光緒十五年(1889)刻本　十五冊

340000－1839－0000057　H161/6
說文解字十五卷　(漢)許慎記　清末石印本　一冊　存八卷(八至十五)

340000－1839－0000058　H163/1
康熙字典三十六卷　(清)張玉書等編　清光緒十一年(1885)上海同文書局石印本　六冊

340000－1839－0000059　H163/1
康熙字典三十六卷　(清)張玉書等編　清宣統元年(1909)上海商務印書館石印本　六冊

340000－1839－0000060　H163/1
康熙字典三十六卷　(清)張玉書等　清末石印本　六冊

340000－1839－0000061　I207.2/3
韓昌黎詩集編年箋注十二卷　(清)方世舉考訂　清刻本　六冊

340000－1839－0000062　I207.22/11
毛詩注疏三十卷　(漢)鄭玄箋　(唐)陸德明音義　(唐)孔穎達疏　清同治十年(1871)刻本　十二冊

340000－1839－0000063　I207.22/3
隨園詩話十三卷補遺四卷　(清)袁枚著　清同治三年(1864)九經堂刻本　八冊

340000－1839－0000064　I207.22/4
漁洋山人精華錄箋注十二卷　(清)王士禎撰　金榮箋注　清刻本　四冊

340000－1839－0000065　I207.22/5
七家詩輯注匯鈔不分卷　(清)張熙宇輯評　(清)王植桂注　清光緒十六年(1890)刻本　八冊

340000－1839－0000066　I207.22/6
施注蘇詩四十二卷宋史本傳不分卷志銘不分卷年譜不分卷蘇詩續補遺二卷　(宋)蘇軾撰　(宋)施元之注　清刻本　十冊

340000－1839－0000067　I207.6/1
東萊先生左氏博議二十五卷增補虛字注釋六卷　(宋)呂祖謙撰　清光緒十四年(1888)雲陽義秀書屋刻本　六冊

340000－1839－0000068　I207.62/1
東萊博議四卷增補虛字注釋不分卷　(宋)呂祖謙撰　清刻本　四冊

340000－1839－0000069　I207.62/1

東萊博議四卷增補虛字注釋不分卷 （宋）呂祖謙撰　清李光明莊刻本　四册

340000－1839－0000070　I211/1
元明七大家文選十一卷 （清）劉肇虞選評（元）道園先生著　清步月樓刻本　八册

340000－1839－0000071　I211/5
合肥相國七十賜壽圖附壽言不分卷 （清）□□輯　清末石印本　六册

340000－1839－0000072　I212.1/1
經綸堂重訂古文釋義新編八卷 （清）余誠評注　清光緒二十二年(1896)學庫山房刻本　八册

340000－1839－0000073　I213.92/1
庾子山集十六卷庾集總釋十六卷 （北周）庾信撰（清）倪璠注釋　清刻本　十二册

340000－1839－0000074　I22/1
玉台新詠十卷 （南朝陳）徐陵編　清光緒五年(1879)宏達堂刻本　四册

340000－1839－0000075　I222.2/1
詩經□□卷 （□）□□撰　清李光明莊刻本　二册　存三卷(一至二、四)

340000－1839－0000076　I222.3/1
楚辭□□卷 （漢）王逸校　清刻本　一册　存八卷(五至十二)

340000－1839－0000077　I222.5/1
國朝駢體正宗十二卷 （清）曾燠輯　清同治十三年(1874)刻本　六册

340000－1839－0000078　I222.5/2
皇朝駢文類苑十四卷 （清）姚燮選（清）張壽榮校　清光緒刻本　二十册

340000－1839－0000079　I222.6/1
擬古樂府□□卷 （明）李東陽著（明）何孟春解　清刻本　一册　存一卷(下)

340000－1839－0000080　I222.7/15
孟東野集十卷 （唐）孟郊著　清宣統二年(1910)上海著易堂石印本　四册

340000－1839－0000081　I222/1
七家詩選注釋七卷 （□）□□撰　清刻本　一册

340000－1839－0000082　I237/5
桃花扇二卷 （清）孔尚任撰　清康熙刻本　四册

340000－1839－0000083　I237/7
文卯堂繪像第七才子書六卷 （元）高嘉東編　清刻本　一册

340000－1839－0000084　I242.1/1
六合内外鎖言二十卷 （清）屠紳撰　清宣統三年(1911)石印本　六册

340000－1839－0000085　I242.1/1－1
六合内外鎖言二十卷 （清）屠紳撰　清宣統三年(1911)石印本　六册

340000－1839－0000086　I242.4/2
繪圖增像第五才子書水滸全傳十卷 （清）金聖歎評釋　清光緒二十二年(1896)上海圖書集成書局石印本　十册

340000－1839－0000087　I242.4/5
繪圖增像西遊記一百回 （□）陳士斌詮解　清光緒十五年(1889)上海廣百宋齋石印本　十册

340000－1839－0000088　I264.4/1
容齋隨筆十六卷續筆十六卷三筆十六卷四筆十六卷五筆十卷 （宋）洪文敏撰　清光緒二十年(1894)皖南洪氏刻本　十六册

340000－1839－0000089　J292/1
欽定三希堂法貼不分卷 （晉）王羲之等書　清石印拓本　十五册

340000－1839－0000090　K204.1/1
十七史詳節一百七十五卷 （宋）呂祖謙輯　清光緒二十八年(1902)崇新書局石印本　三十二册

340000－1839－0000091　K204.1/2
廿一史約編不分卷 （明）鄭元慶撰　清刻本　八册

340000－1839－0000092　K204.2/3
欽定續通志六百四十卷　(清)紀昀撰　(清)陸錫熊總纂　清光緒二十七年(1901)上海圖書集成局石印本　三十九册　存四百五十四卷(一至二十四、三十三至九十二、一百十至一百五十一、一百七十四至一百八十、二百八十一至三百三十一、三百五十七至四百十六、四百三十一至六百四十)

340000－1839－0000093　K204.2/5
史記一百三十卷　(漢)司馬遷撰　清光緒十八年(1892)武林竹簡齋石印二十四史本　六册

340000－1839－0000094　K204.3/1
竹書紀年十二卷　(南朝梁)沈約注　(清)徐文靖統箋　清光緒三年(1877)浙江書局刻二十二子本　四册

340000－1839－0000095　K204.3/3
御批歷代通鑒輯覽一百二十卷　(清)傅恒等纂　清同治十一年(1872)湖北崇文書局刻本　六十册

340000－1839－0000096　K204.5/2
抄錄正史不分卷　(明)顧錫疇原編　(清)陳宏謀增訂　汪上遠手抄　清抄本　二册

340000－1839－0000097　K206.6/1
風俗通義十卷　(漢)應劭選　清光緒元年(1875)湖北崇文書局刻本　二册

340000－1839－0000098　K207/2
史通削繁四卷　(清)紀昀撰　清道光十三年(1833)兩廣節署朱墨兩色套印本　四册

340000－1839－0000099　K208/2
歷代史表五十九卷　(清)萬斯同撰　清光緒十五年(1889)廣雅書局刻本　三册　存二十九卷(一至六、三十七至五十九)

340000－1839－0000100　K208/3
歷代帝王年表不分卷　(清)齊召南編　清道光刻本　三册

340000－1839－0000101　K208/4
稽古錄二十卷　(宋)司馬光撰　清同治十一年(1872)湖北崇文書局刻本　四册

340000－1839－0000102　K221.04/2
書經增訂旁訓四卷　(□)□□輯　清匠門書屋刻本　二册

340000－1839－0000103　K225.04/3
評點春秋左傳綱目句解彙雋□□卷　(□)□□撰　清李光明莊刻本　四册　存五卷(二至六)

340000－1839－0000104　K225.04/4
左翼三十八卷　(清)周大璋輯　清同治五年(1866)刻本　十二册

340000－1839－0000105　K226.5/1
韓非子二十卷識誤三卷　(□)董慎行校　清光緒元年(1875)浙江書局刻二十二子本　六册

340000－1839－0000106　K231.04/1
戰國策三十三卷策劄三卷　(漢)劉向編訂　(漢)高誘注　清光緒三年(1877)刻本　五册

340000－1839－0000107　K234.1/4
前漢書一百卷　(漢)班固撰　清光緒十八年(1892)武林竹簡齋石印二十四史本　八册

340000－1839－0000108　K234.2/3
後漢書一百二十卷　(南朝宋)范曄撰　(唐)李賢注　清光緒十八年(1892)武林竹簡齋石印二十四史本　八册

340000－1839－0000109　K234.4/2
金史一百三十五卷　(元)脱脱撰　清光緒十八年(1892)武林竹簡齋石印二十四史本　八册

340000－1839－0000110　K236.1/1
魏志□□卷　(晉)陳壽撰　清刻本　一册　存三卷(十至十二)

340000－1839－0000111　K236/4
三國志六十五卷　(晉)陳壽撰　清光緒十八年(1892)武林竹簡齋石印二十四史本　四册

340000－1839－0000112　K237/3

晉書一百三十卷　(唐)房玄齡等撰　清光緒十八年(1892)武林竹簡齋石印二十四史本　八册

340000－1839－0000113　K239.1/2
南史八十卷　(唐)李延壽撰　清光緒十八年(1892)武林竹簡齋石印二十四史本　六册

340000－1839－0000114　K239.11/1
宋書一百卷　(南朝梁)沈約撰　清光緒十八年(1892)武林竹簡齋石印二十四史本　六册

340000－1839－0000115　K239.12/2
南齊書五十九卷　(南朝梁)蕭子顯撰　清光緒十八年(1892)武林竹簡齋石印二十四史本　二册

340000－1839－0000116　K239.13/2
梁書五十六卷　(唐)姚思廉撰　清光緒十八年(1892)武林竹簡齋石印二十四史本　二册

340000－1839－0000117　K239.14/2
陳書三十六卷　(唐)姚思廉撰　清光緒十八年(1892)武林竹簡齋石印二十四史本　一册

340000－1839－0000118　K239.2/4
北史一百卷　(唐)李延壽撰　清光緒十八年(1892)武林竹簡齋石印二十四史本　八册

340000－1839－0000119　K239.2/5
魏書一百十四卷　(北齊)魏收撰　清光緒十八年(1892)武林竹簡齋石印二十四史本　八册

340000－1839－0000120　K239.24/2
北齊書五十卷　(唐)李百藥撰　清光緒十八年(1892)武林竹簡齋石印二十四史本　二册

340000－1839－0000121　K239.25/2
周書五十卷　(唐)令狐德棻等撰　清光緒十八年(1892)武林竹簡齋石印二十四史本　二册

340000－1839－0000122　K241/2
隋書八十五卷　(唐)魏徵撰　清光緒十八年(1892)武林竹簡齋石印二十四史本　六册

340000－1839－0000123　K242/4
新唐書二百二十五卷　(宋)歐陽修撰　清光緒十八年(1892)武林竹簡齋石印二十四史本　十六册

340000－1839－0000124　K242/5
舊唐書二百卷　(後晉)劉昫撰　清光緒十八年(1892)武林竹簡齋石印二十四史本　十六册

340000－1839－0000125　K243/3
舊五代史一百五十卷　(宋)薛居正撰　清光緒十八年(1892)武林竹簡齋石印二十四史本　六册

340000－1839－0000126　K243/4
新五代史七十四卷　(宋)歐陽修撰　清光緒十八年(1892)武林竹簡齋石印二十四史本　二册

340000－1839－0000127　K244.06/1
孝肅包公奏議十卷　(清)張純修輯　清天祿閣刻本　一册　存三卷(八至十)

340000－1839－0000128　K244/2
宋史四百九十六卷　(元)脱脱等修　清光緒十八年(1892)武林竹簡齋石印二十四史本　三十二册

340000－1839－0000129　K246.1/2
遼史一百十六卷　(元)脱脱等修　清光緒十八年(1892)武林竹簡齋石印二十四史本　三册

340000－1839－0000130　K247/2
元史二百十卷　(明)宋濂等修　清光緒十八年(1892)武林竹簡齋石印二十四史本　十四册

340000－1839－0000131　K248.05/1
明季稗史彙編二十七卷　(□)□□撰　清光緒二十二年(1896)上海圖書集成書局石印本　六册

340000－1839－0000132　K248/2
明史紀事本末八十卷　(清)谷應泰輯　清光緒十三年(1887)廣雅書局刻本　十六册

340000－1839－0000133　K248/3
明史三百三十二卷　(清)張廷玉等修　清光緒十八年(1892)武林竹簡齋石印二十四史本　二十四册

340000－1839－0000134　K249.06/3
皇朝經世文續編一百二十卷　(清)康旭人輯　清光緒二十三年(1897)刻本　八十册

340000－1839－0000135　K29/1－1
續修廬州府志一百卷首一卷末一卷　(清)黃雲總修　清光緒十一年(1885)刻本　二十八册　存六十卷(三至六、十三至十六、十八至十九、二十七至二十九、三十六至四十六、五十至五十二、六十至六十一、六十三至六十八、七十、七十四、七十六至八十四、八十六至九十七、九十九至一百)

340000－1839－0000136　K29/1
續修廬州府志一百卷首一卷末一卷　(清)黃雲總修　清光緒十一年(1885)刻本　七十五册

340000－1839－0000137　K313/1
東洋史要二卷　(日本)桑原騭藏著　樊炳清譯　清光緒二十五年(1899)石印本　二册

340000－1839－0000138　K313/2
日本新史攬要七卷地圖一張　(日本)石村貞一輯　游瀛主人譯　清光緒二十七年(1901)時學廬石印本　六册

340000－1839－0000139　K313/2
日本國志四十卷首一卷　(清)黃遵恙編纂　清光緒十六年(1890)刻本　十四册

340000－1839－0000140　K820.49/2
國朝先正事略六十卷　(清)李元度撰　清刻本　二十四册

340000－1839－0000141　K820.9/2
闕里文獻考一百卷首一卷末一卷　(清)孔繼汾撰　清刻本　八册

340000－1839－0000142　K820.9/3
[安徽合肥]王氏宗譜十卷　(□)□□撰　清宣統元年(1909)刻本　十册

340000－1839－0000143　K820.9/6
[安徽合肥]李氏宗譜四卷　(□)□□撰　清光緒三十一年(1905)刻本　十一册

340000－1839－0000144　K916/1
瀛寰志略十卷　(清)徐繼畬輯　清光緒刻本　六册

340000－1839－0000145　K919/2
環遊地球新錄四卷　(清)李圭著　清光緒四年(1878)刻本　四册

340000－1839－0000146　K928.3/1
山海經十八卷　(晉)郭璞撰　(清)畢沅校　清光緒三年(1877)浙江書局刻二十二子本　三册

340000－1839－0000147　K928.3/2
山海經廣注十八卷　(清)吳任臣注　清康熙刻本　六册

340000－1839－0000148　K928.4/4
水道提綱二十八卷　(清)齊召南著　清光緒四年(1878)刻本　八册

340000－1839－0000149　K928.6/4
讀史方輿紀要一百三十卷　(清)顧祖禹輯　清光緒二十五年(1899)慎記書莊石印本　三十二册

340000－1839－0000150　K928.6/5
天下郡國利病書一百二十卷　(清)顧炎武輯　清光緒慎紀書莊石印本　二十四册

340000－1839－0000151　K928.9/1
遊記十卷補編一卷　(清)徐宏祖著　清刻本　八册　存八卷(遊記二至四、六至十)

340000－1839－0000152　O11/1
中西算學集要八卷算學各法引蒙一卷遠西奇器圖說重解一卷　(清)周毓英撰　清光緒七年(1881)刻本　六册

340000－1839－0000153　O112/2
周髀算經二卷九章算術音義一卷孫子算經三卷海島算經一卷　(唐)李淳風釋　清刻本

三册

340000－1839－0000154　O112/4
御製數理精蘊四十五卷表八卷　（清）梅啟照等纂　清光緒慎記書局石印本　二十四册

340000－1839－0000155　O112/5
五經算術疏義二卷　（清）劉嶽雲撰　清光緒二十五年（1899）刻本　二册

340000－1839－0000156　P193/1
月令粹編二十四卷　（清）秦味芸輯　清嘉慶十七年（1812）刻本　八册

340000－1839－0000157　P195.2/1
御定萬年書不分卷　（□）□□撰　清同治刻本　二册

340000－1839－0000158　R221.9/1
圖注八十一難經辯真四卷　（春秋）扁鵲著（清）張世賢圖注　（清）沈鏡校　清刻本　二册

340000－1839－0000159　R221/1
補注黄帝内經素問二十四卷黄帝内經素問遺篇一卷黄帝内經靈樞十二卷　（唐）王冰注（宋）林億等校正　清光緒三年（1877）浙江書局刻二十二子本　十册

340000－1839－0000160　R221/2
黄帝素問靈樞十二卷　（明）吴勉學校　（明）徐鎔閲　明萬曆刻本　二册

340000－1839－0000161　R221/3
黄帝内經素問九卷　（清）高世栻注解　清光緒十三年（1887）浙江書局刻本　八册

340000－1839－0000162　R2－52/1
新刊醫林狀元壽世保元五卷　（清）龔雲林著　清嘉慶九年（1804）集成堂刻本　五册

340000－1839－0000163　R2－52/2
瀛經堂詳校醫宗必讀十卷　（清）吴肇廣撰　清刻本　六册

340000－1839－0000164　R26/1
瘍醫大全四十卷　（清）顧世澄輯　清同治九年（1870）刻本　四十册

340000－1839－0000165　R272.2/1
痘疹專門二卷　（清）董維嶽纂　清刻本　一册

340000－1839－0000166　R28/1
新刻校正大字本李東垣先生珍珠囊藥性賦二卷　（元）李東垣撰　明刻本　一册

340000－1839－0000167　R289.5/1
方書三種二卷　（清）竹林主人輯　清光緒三十三年（1907）刻本　一册　存一卷（上）

340000－1839－0000168　R289.5/2
本經逢原四卷　（清）張璐撰　清石印本　一册

340000－1839－0000169　Z126.1/1
五經合纂大成易經四卷詩經八卷書經六卷禮記十卷春秋十一卷　（宋）朱熹纂　清光緒十一年（1885）石印本　二十册

340000－1839－0000170　Z126.1/2
小臧室四書五經義十八卷　（□）□□撰　清光緒二十七年（1901）上海慎記石印本　十六册

340000－1839－0000171　Z126.1/4（1）
周易四卷　（宋）朱熹本義　清同治七年（1868）湖北崇文書局刻本　二册

340000－1839－0000172　Z126.1/4（10）
春秋穀梁傳十二卷　（晉）范甯集解　（唐）陸德明音義　清同治七年（1868）湖北崇文書局刻本　四册

340000－1839－0000173　Z126.1/4（11）
孟子三卷　（□）□□撰　清同治七年（1868）湖北崇文書局刻本　三册

340000－1839－0000174　Z126.1/4（11）
疑字辨不分卷四書句辨不分卷大學章句不分卷中庸章句不分卷　（□）□□撰　清同治六年（1867）湖北崇文書局刻本　一册

340000－1839－0000175　Z126.1/4（11）
論語二卷　（□）□□撰　清同治六年（1867）湖北崇文書局刻本　二册

340000－1839－0000176　Z126.1/4(12)
孝經不分卷　(唐)玄宗李隆基注　(唐)陸德明音義　清同治七年(1868)湖北崇文書局刻本　一册

340000－1839－0000177　Z126.1/4(12)
爾雅三卷　(晉)郭璞注　(唐)陸德明音義　清同治七年(1868)湖北崇文書局刻本　三册

340000－1839－0000178　Z126.1/4(2)
書經六卷　(宋)蔡沈集傳　清同治七年(1868)湖北崇文書局刻本　四册

340000－1839－0000179　I222.2/1
詩經八卷　(宋)朱熹集傳　清同治七年(1868)湖北崇文書局刻本　四册

340000－1839－0000180　Z126.1/4(4)
周禮十二卷　(漢)鄭氏注　(唐)陸德明音義　清同治七年(1868)湖北崇文書局刻本　六册

340000－1839－0000181　Z126.1/4(5)
儀禮十七卷　(漢)鄭氏注　(唐)陸德明音義　清同治七年(1868)湖北崇文書局刻本　四册

340000－1839－0000182　Z126.1/4(6)
禮記十卷　(宋)陳澔集說　清同治七年(1868)湖北崇文書局刻本　十册

340000－1839－0000183　Z126.1/4(7)
杜氏春秋左傳三十卷春秋名號歸一圖二卷春秋年表不分卷　(□)□□撰　清同治八年(1869)湖北崇文書局刻本　十二册

340000－1839－0000184　Z126.1/4(9)
春秋公羊傳十一卷　(漢)何休學　(唐)陸德明音義　清同治七年(1868)湖北崇文書局刻本　四册

340000－1839－0000185　Z126.2/2
十三經劄記二十卷　(清)朱亦棟撰　清光緒四年(1878)武林竹簡齋刻本　六册

340000－1839－0000186　Z126.27/1
群書劄記十六卷　(清)朱亦棟著　清光緒四年(1878)武林竹簡齋刻本　六册

340000－1839－0000187　Z222/1
太平御覽一千卷　(宋)李昉等輯　清光緒二十六年(1900)上海積山書局石印本　三十二册

340000－1839－0000188　Z225/4
增補事類統編九十三卷　(宋)吳淑撰　(清)黄葆真增輯　清光緒十四年(1888)石印本　十二册

340000－1839－0000189　Z225/5
廣事類賦四十卷　(清)華希閔著　清刻本　十册

340000－1839－0000190　Z225/6
子史精華一百六十卷　(清)允祿撰　清光緒十二年(1886)上海同文書局石印本　八册

340000－1839－0000191　Z424.4/1
困學紀聞二十卷　(宋)王應麟撰　清同治九年(1870)揚州書局刻本　四册

340000－1839－0000192　Z821.49/1
欽定四庫全書附存目錄十卷　(□)□□編　清刻本　六册

安徽省合肥市巢湖市圖書館古籍普查登記目録

全國古籍普查登記目録

國家圖書館出版社
National Library of China Publishing House

《安徽省合肥市巢湖市圖書館古籍普查登記目録》

編委會

主　　編：吴曉舵

副 主 編：王　勇　胡衛文　郭　津

編　　委：李慶文

審　　校：彭　紅

《安徽省合肥市巢湖市圖書館古籍普查登記目録》

前　言

2007年"中華古籍保護計劃"正式啓動。這次普查登記是全面開展古籍搶救、保護和利用的重要内容。2009年9月國家古籍保護中心在省館舉辦了第十期全國古籍普查培訓班。我館雖然古籍收藏很少,但也派員參加了此次培訓。

巢湖市圖書館自1956年建館以來,古籍收藏數量不多。但我館在古籍收藏、保護方面也做了自己力所能及的工作。2007年起,在全市範圍内廣泛徵集古籍及地方文獻。没有專項經費,我們就走街串巷積極宣傳,動員單位、個人積極捐獻。同時購置了古籍收藏專用書櫃。2017年5月,省古籍保護中心彭紅老師帶隊來館就古籍普查登記工作現場指導,并專門安排安徽師範大學的志願者駐館幫助我們逐册進行版本鑒定、分類排序、書影拍攝,爲我們順利完成古籍普查登記工作打下了堅實的基礎。在此對她們的辛勤付出表示感謝。

通過本次普查,我館不僅摸清了家底,同時也學到了不少古籍專業知識,爲今後的古籍徵集、整理工作打下了堅實的基礎。

巢湖市圖書館編輯組

2019年6月

340000－1832－0000001　000001－000016
二如亭群芳譜三十八卷首一卷　(明)王象晉纂輯　明刻本　十六册

340000－1832－0000002　000025－000043
金石索十二卷首一卷　(清)馮雲鵬　(清)馮雲鵷輯　清光緒十九年(1893)上海積山書局石印本　十九册

340000－1832－0000003　000044－000049
康熙字典十二集三十六卷總目一卷檢字一卷辨似一卷等韻一卷補遺一卷備考一卷　(清)張玉書　(清)陳廷敬　(清)凌紹雯等纂修　清光緒三十二年(1906)上海澄衷學堂石印本　六册

340000－1832－0000004　000131－000144
增評加批歷史綱鑑補三十九卷首一卷　(宋)司馬光通鑒　(宋)朱熹綱目　(明)王世貞　(明)袁黄編纂　(清)袁俊德　(清)葉震校閱　清光緒二十八年(1902)上海富強齋石印本　十四册

340000－1832－0000005　000050－000057
三國志六十五卷　(晉)陳壽著　(南朝宋)裴松之注　清同治九年(1870)金陵書局刻二十四史本　八册

340000－1832－0000006　000101－000103
飲冰室文集十六卷　梁啟超著　清光緒二十八年(1902)上海廣智書局鉛印本　三册

340000－1832－0000007　000104－000121
西清古鑑四十卷錢錄十六卷　(清)梁詩正等輯　清石印本　十八册

340000－1832－0000008　000128－000130
紅樓夢圖詠不分卷　(清)改琦繪　清光緒五年(1879)淮浦居士刻朱墨套印本　三册

340000－1832－0000009　000145
御選資治通鑒綱目三編六卷　(清)張廷玉等編　清上海富強齋石印本　一册　存三卷(四至六)

340000－1832－0000010　000146
[安徽涇縣]龍坦胡氏統宗譜□□卷　(□)□□撰　清木活字印本　一册

340000－1832－0000011　000147
[安徽巢湖]陳氏族譜□□卷　(□)□□撰　清木活字印本　一册　存三卷(十一至十三)

340000－1832－0000012　000148－000151
[安徽巢湖]陶氏族譜□□卷　(清)陶瑞卿　(清)陶瑞鴻等編纂　清光緒二十六年(1900)五柳堂木活字印本　四册　存四卷(一至四)

340000－1832－0000013　000157－000162
春秋左傳十八卷　(晉)杜預　(宋)林堯叟注釋　(唐)陸德明音義　(明)鍾惺　(明)孫鑛　(明)韓范友評點　清石印本　六册　存八卷(二至三、九至十、十二至十三、十七至十八)

340000－1832－0000014　000188－000195
尺木堂加批綱鑑易知錄九十二卷　(清)周之炯　(清)吳乘權　(清)周之燦輯　(清)徐渭重校　清石印本　八册　存八卷(六至七、十二、十五、二十至二十二、三十三)

340000－1832－0000015　000196
重訂王鳳洲先生綱鑑會纂四十六卷　(明)王世貞纂　(明)陳仁錫訂　(明)呂一經較　清石印本　一册　存十二卷(十二至二十三)

340000－1832－0000016　000197
杜詩集說二十卷末一卷　(清)江浩然纂輯　(清)江壎聲校　清刻本　一册　存二卷(三至四)

340000－1832－0000017　000198－000202
新刊纂圖元亨療馬集六卷　(明)喻本元　(明)喻本亨著　清刻本　五册　存五卷(一至五)

340000－1832－0000018　000206
新訂四書補註備旨十卷　(明)鄧林著　(清)祁文友重校　(清)杜定基增訂　(清)孫煜編次　清石印本　一册　存二卷(孟子一至二)

340000－1832－0000019　000207

廿二史考異一百卷　(清)錢大昕撰　清刻本　一册　存五卷(十四至十八)

340000－1832－0000020　000208

御撰資治通鑑綱目三編六卷　(清)張廷玉等編次　清光緒二十八年(1902)江西太古羲記石印本　一册　存三卷(一至三)

340000－1832－0000021　000209

評點春秋左傳綱目句解彙雋六卷　(清)韓菼重訂　清勤學書舍刻本　一册　存一卷(一)

340000－1832－0000022　000210

御撰資治通鑑綱目三編二十卷　(清)張廷玉等編　清刻本　一册　存五卷(一至五)

340000－1832－0000023　000213

康熙字典十二集三十六卷總目一卷檢字一卷辨似一卷備考一卷補遺一卷等韻一卷　(清)張玉書等纂　清石印本　一册　存四卷(亥集上下、備考一卷、補遺一卷)

340000－1832－0000024　000216－000245

重刊宋本十三經註疏附校勘記四百十六卷　(清)阮元撰校勘記　(清)盧宣旬摘錄　清同治十二年(1873)江西書局刻本　十六册　存七種六十卷(周易兼義上經附校勘記一、六至九,附釋音周禮註疏附校勘記二至三、九至十八、三十九至四十二,孟子註疏解經附校勘記八至九,附釋音禮記註疏附校勘記四至五、十、十八至十九、四十至四十四、四十七至五十三、六十至六十三,附釋音春秋左傳註疏附校勘記四十五至四十六、五十三至五十八,附釋音毛詩注疏附校勘記三至四、十一至十二、十五,監本附音釋春秋公羊注疏三至五)

340000－1832－0000025　000289－000328

歷朝綱鑑會纂三十九卷首一卷　(明)王世貞編　清光緒二十九年(1903)善成堂刻本　四十册

340000－1832－0000026　000360－000378

欽定詩經傳説會纂二十一卷首二卷詩序二卷　(清)王鴻緒　(清)揆敘總裁　(清)張廷玉　(清)蔣廷錫等校對　清雍正五年(1727)刻本　十九册

340000－1832－0000027　000379－000400

昭代名人尺牘小傳二十四卷　(清)吳修輯

昭代名人尺牘二十四卷　(清)吳修審定　清光緒三十四年(1908)上海集古齋石印本　二十二册

340000－1832－0000028　000401－000418

史記一百三十卷　(漢)司馬遷撰　(南朝宋)裴駰集解　(唐)司馬貞索隱　(唐)張守節正義　清同治五年至九年(1866－1870)金陵書局刻本　十八册

340000－1832－0000029　000419－000458

康熙字典十二集三十六卷總目一卷檢字一卷辨似一卷等韻一卷備考一卷補遺一卷　(清)張玉書　(清)陳廷敬等纂　(清)奕繪　(清)阿爾邦阿重刊總理　(清)史評　(清)侯桐等總纂　(清)陳憲會　(清)李儒郊等纂修　清道光七年(1827)刻本　四十册

340000－1832－0000030　000463－000472

南史八十卷　(唐)李延壽撰　清光緒十四年(1888)上海圖書集成印書局石印二十四史本　十册　存六十七卷(一至六十七)

340000－1832－0000031　000473－000480

國朝先正事略六十卷　(清)李元度纂　(清)孔廣心　(清)蔣恭鎰　(清)楊存蔚校訂　清光緒十三年(1887)上海點石齋石印本　八册

340000－1832－0000032　000483

淵鑑類函四百五十卷　(清)張英等纂　清石印本　一册　存七十四卷(人部二百四十二至三百十五)

340000－1832－0000033　000484

音注曾滌生文三卷　(清)曾國藩著　王先謙選本　清上海文明書局石印本　一册

340000－1832－0000034　000485

文公家禮四卷　(清)潘文先輯　(清)姚時勉註　(清)沈樹藻　(清)凌誼參訂　(清)閔肇發校閲　清刻本　一册　存一卷(四)

340000－1832－0000035　000486
皇朝經世文續新編二十一卷　(清)甘韓輯　(清)楊鳳藻校正　清石印本　一冊　存二卷(十九至二十)

340000－1832－0000036　000487
評註唐宋八家古文三十卷　(宋)蘇軾著　(清)沈德潛評點　(清)雷瑨註釋　清掃葉山房石印本　一冊　存三卷(二十一至二十三)

340000－1832－0000037　000491－000496
隨園詩話十六卷補遺十卷　(清)袁枚著　清上海文明書局石印本　六冊

340000－1832－0000038　000497
隨園詩話十六卷補遺十卷　(清)袁枚著　清刻本　一冊　存三卷(隨園詩話十四至十六)

340000－1832－0000039　000498
隨園詩話十六卷補遺十卷　(清)袁枚著　清刻本　一冊　存四卷(隨園詩話五至八)

340000－1832－0000040　000499
儀禮疏五十卷　(漢)鄭玄註　(唐)陸德明音義　(唐)賈公彥疏　**校勘記五十卷**　(清)阮元撰　(清)盧宣旬摘錄　清光緒十三年(1887)上海脈望仙館石印重刊宋本十三經註疏附校勘記本　一冊　存四十八卷(儀禮疏一至二十四、校勘記一至二十四)

340000－1832－0000041　000505
明史三百三十二卷　(清)張廷玉等撰　清石印本　一冊　存二卷(三百四至三百五)

340000－1832－0000042　000506
御撰資治通鑑綱目三編四卷　(清)張廷玉編　清石印本　一冊

安徽省合肥市肥西縣圖書館古籍普查登記目録

全國古籍普查登記目録

國家圖書館出版社
National Library of China Publishing House

《安徽省合肥市肥西縣圖書館古籍普查登記目録》

編委會

《安徽省合肥市肥西縣圖書館古籍普查登記目録》

前　言

肥西縣位於安徽省中部，合肥市西南部，素有“淮軍故里、改革首縣、花木之鄉、巢湖明珠”之美譽，地跨江淮流域，臨淝水之南，濱巢湖西岸。肥西縣圖書館位於上派鎮巢湖中路51號，始建於1979年，是肥西縣文化和旅游局下屬事業單位。1994年圖書館和文化館、文物所合建辦公樓，後將辦公樓全部調整給圖書館。現有館舍面積2000平方米，共分五層；内設：期刊閲覽室、電子文獻閲覽室、視障閲覽室、少兒閲覽室、外借室、古籍閲覽室等。古籍閲覽室位於圖書館5樓，現有專人負責管理。

2017年，根據國家古籍保護中心和安徽省古籍保護中心的工作部署要求，安徽省圖書館派駐專家組到我館進行古籍普查指導工作。同時，我館組織人員對古籍普查工作進行學習，并會同省館專家組對古籍進行整理。期間，根據《全國古籍普查工作方案》的要求，認真填寫了《古籍普查檔案表》并上傳至全國古籍普查平臺。此次普查，確定我館共有109部390册古籍。其中包括具有代表性的醫書數册，如《血盆經》一卷、《陳修園醫書》四十八種、《外科大成》六卷等。此外，還有一些受捐贈保存的家書，極具地方特色。

目前，我館已完成了古籍的普查工作并對清點出的古籍進行了專門保存，與此同時，也暴露出一些無法忽視的問題。如保存環境相對簡陋，管理人員不具備專業知識，古籍得不到及時修復等。針對暴露出的問題，我館將在今後的工作中逐步修正，争取爲古籍保存提供更專業、更優質的條件。

肥西縣編輯組

2020年2月

340000－1815－0000001　0102－0141
康熙字典十二集三十六卷總目一卷檢字一卷辨似一卷等韻二卷備考一卷補遺一卷　(清)張玉書等總閲　(清)凌紹雯等纂修　清道光七年(1827)刻本　四十冊

340000－1815－0000002　0007－0014
春秋左傳杜注三十卷首一卷　(清)姚培謙學　清同治五年(1866)金陵書局刻十三經讀本本　八冊　缺一卷(首一卷)

340000－1815－0000003　0020－0023
禮記省度四卷　(清)彭頤纂　清嘉慶十二年(1807)金閶大業堂刻朱墨套印本　四冊

340000－1815－0000004　0150
春秋體註四卷　(宋)胡安國傳　**漱芳軒合纂春秋體註四卷**　(清)范翔參訂　(清)吳有文等校　清刻本　一冊　存四卷(春秋體註二至三、漱芳軒合纂春秋體註二至三)

340000－1815－0000005　0201－0204
帝王表不分卷　(清)齊召南編　(清)阮福續編　(清)阮祜　(清)阮孔厚校字　清道光四年(1824)儀徵阮氏小琅嬛僊館刻文選樓叢書本　四冊

340000－1815－0000006　0001－0002
易經十二卷首一卷末一卷　(宋)朱熹本義　**音訓十二卷**　(宋)呂祖謙著　清同治四年(1865)金陵書局刻十三經讀本本　二冊

340000－1815－0000007　0015－0017
書經六卷首一卷末一卷　(宋)蔡沈集傳　清同治五年(1866)金陵書局刻十三經讀本本　三冊　缺一卷(四)

340000－1815－0000008　0082－0090
禮記十卷　(元)陳澔集說　清同治五年(1866)金陵書局刻十三經讀本本　九冊　缺一卷(二)

340000－1815－0000009　0056－0062
春秋左傳五十卷綱目一卷提要一卷　(晉)杜預　(宋)林堯叟註釋　(唐)陸德明音義　(明)鍾惺　(明)孫鑛　(明)韓范評點　**春秋列國圖說一卷**　(宋)蘇軾著　清刻本　七冊　缺七卷(十五至二十一)

340000－1815－0000010　0018－0019
尚書離句六卷　(清)錢在培輯解　(清)劉梅垞鑒定　清兩儀堂刻本　二冊

340000－1815－0000011　0005－0006
春秋穀梁傳十二卷　(晉)范甯集解　清光緒二十一年(1895)金陵書局刻本　二冊

340000－1815－0000012　0047
新增字學舉隅一卷　(清)龍光甸　(清)龍啟瑞輯　清同治七年(1868)刻本　一冊

340000－1815－0000013　0246
聽黃鸝館詩賦讀本一卷　(清)吳錫麟等撰　(清)宓如椿輯　清刻本　一冊

340000－1815－0000014　0024－0027
文公家禮儀節八卷　(宋)朱熹編　(明)楊慎輯　清大文堂刻本　四冊

340000－1815－0000015　0063－0064
龍文鞭影四卷　(明)蕭良有纂輯　(明)楊臣諍增訂　(清)李恩綬校補　清光緒刻本　二冊

340000－1815－0000016　0065－0066
詩八卷　(宋)朱熹集傳　清文富堂刻本　二冊　存五卷(一至二、六至八)

340000－1815－0000017　0067
裏如堂四書□□卷　(宋)朱熹集註　清兩儀堂刻本　一冊　存二卷(大學一、中庸一)

340000－1815－0000018　0068－0073
四書人物類典串珠四十卷　(清)臧志仁編輯　(清)臧銘　(清)臧錕校字　清嘉慶六年(1801)刻本　六冊

340000－1815－0000019　0079－0081
書六卷　(宋)蔡沈集傳　清同治十年(1871)萬源堂記刻本　三冊　缺二卷(二至三)

340000－1815－0000020　0091－0093
禮記十卷　(元)陳澔集說　清刻本　三冊　存三卷(二、五至六)

340000－1815－0000021　0094－0097
詩經八卷　(宋)朱熹集傳　清刻本　四册

340000－1815－0000022　0098－0101
古文析義十四卷　(清)林雲銘評註　清刻本　四册

340000－1815－0000023　0148－0149
詩八卷　(宋)朱熹集傳　清刻本　二册　存四卷(五至八)

340000－1815－0000024　0151－0152
左傳三十卷　(晉)杜預注　清五雲樓刻本　二册　存三卷(二至四)

340000－1815－0000025　0209－0214
續資治通鑒綱目二十七卷　(明)商輅等撰　(明)陳仁錫評閲　清刻本　六册　存五卷(十四至十七、二十)

340000－1815－0000026　0216－0241
尺木堂綱鑑易知錄九十二卷　(清)周之炯　(清)吴乘權　(清)周之燦輯　清光緒十四年(1888)上海廣百宋齋鉛印本　十六册

340000－1815－0000027　0259
胭脂牡丹六卷　(□)□□撰　清刻本　一册　存二卷(五至六)

340000－1815－0000028　0266－0268
分類詩腋八卷　(清)黄理齋鑒定　(清)李楨編　(清)李煒雲　(清)李煒廣校　清嘉慶二十二年(1817)英德堂刻本　三册　缺二卷(五至六)

340000－1815－0000029　0287－0290
桃花扇傳奇四卷　(清)孔尚任編　清道光十三年(1833)刻本　四册

340000－1815－0000030　0291－0294
七言詩歌行鈔十五卷　(清)王士禛選　清刻本　四册

340000－1815－0000031　0154－0200
綱鑑易知錄九十二卷　(清)周之炯　(清)吴乘權　(清)周之燦輯　清南山堂刻本　四十七册　缺二卷(四十七至四十八)

340000－1815－0000032　0301－0302/2
重訂古文釋義新編八卷　(清)余誠評註　清刻本　三册　存三卷(三、五、八)

340000－1815－0000033　0295－0300
詩法入門四卷首一卷新鐫詩韻五卷　(清)譚元春　(清)游藝輯　(清)毛奇齡論定　清文會堂刻本　六册

340000－1815－0000034　0303－0305
隨園詩話補遺十卷　(清)袁枚撰　清刻本　三册　存八卷(三至十)

340000－1815－0000035　0308
古文淵鑒六十四卷　(清)徐乾學等編注　清刻本　一册　存一卷(五)

340000－1815－0000036　0309
詳註聊齋誌異圖詠十六卷　(清)蒲松齡著　(清)吕湛恩註　清石印本　一册　存二卷(十一至十二)

340000－1815－0000037　0312
唐詩三百首註釋六卷　(清)蘅塘退士編　(清)子墨校正　(清)章燮注　(清)張孝根校　清刻本　一册　存一卷(三)

340000－1815－0000038　0329
金剛般若波羅蜜經一卷　(後秦)釋鳩摩羅什譯　清刻本　一册

340000－1815－0000039　0505－0506
籤二卷　(清)汪志節書　清光緒抄本　二册

340000－1815－0000040　0247－0250
楚辭十七卷　(漢)劉向集　(漢)王逸章句　(宋)洪興祖補注　清同治十一年(1872)金陵書局刻本　四册

340000－1815－0000041　0251－0256
重訂唐詩別裁集二十卷　(清)沈德潛選　清刻本　六册　存十卷(一至三、六至八、十三至十四、十七至十八)

340000－1815－0000042　0358－0363
白香山詩長慶集二十卷後集十七卷別集一卷補遺二卷　(唐)白居易撰　(清)汪立名編訂

本傳一卷 （□）□□撰 **白香山年譜舊本一卷** （宋）陳振孫撰 **白香山年譜一卷** （清）汪立名撰 清康熙古歙汪氏一隅草堂刻本 六冊 存二十九卷（白香山詩長慶集二十卷、後集五至十、本傳一卷、白香山年譜舊本一卷、白香山年譜一卷）

340000－1815－0000043 0262－0265
五言詩十七卷 （清）王士禎選 清同治五年（1866）金陵書局刻本 四冊

340000－1815－0000044 0277
隨園詩話十六卷 （清）袁枚著 清上海鴻文書局石印本 一冊 存七卷（十至十六）

340000－1815－0000045 0310
本朝科舉文行遠集不分卷 （□）□□撰 清刻本 一冊

340000－1815－0000046 0311
古文觀止十二卷 （清）吳留村鑒定 （清）吳乘權 （清）吳大職手錄 清刻本 一冊

340000－1815－0000047 0313－0325
文選六十卷 （南朝梁）蕭統撰 （唐）李善注 清刻本 十三冊 缺十三卷（五至九、十八、二十二至二十四、三十八、五十八至六十）

340000－1815－0000048 0328
玉皇本行集經一卷 （□）□□撰 清刻本 一冊

340000－1815－0000049 0493－0494
性理三解七卷 （明）韓邦奇撰 清乾隆十六年（1751）刻本 二冊 存二卷（一、七）

340000－1815－0000050 0347
痘證慈航一卷補遺一卷 （明）鷗陽調律撰 （清）郭士珩編輯 清同治四年（1865）資陽經綸堂刻本 一冊

340000－1815－0000051 0349－0350
增訂本草備要四卷 （清）汪昂著 清兩儀堂刻本 二冊 存二卷（一至二）

340000－1815－0000052 0354－0356
重鐫神峰通考命理正宗六卷 （清）張楠集 （清）杜春芳校正 清兩儀堂刻本 三冊

340000－1815－0000053 0353
海防新論節要一卷 （德國）希里哈著 清光緒十一年（1885）金陵刻本 一冊

340000－1815－0000054 0306－0307
山谷外集詩注十七卷山谷詩別集注二卷 （宋）黃庭堅撰 （宋）史容注 清刻本 二冊 存三卷（山谷外集詩注十一至十二、山谷詩別集注二）

340000－1815－0000055 0346
金剛般若波羅蜜經一卷 （後秦）釋鳩摩羅什譯 清光緒二十八年（1902）永州府三一堂刻本 一冊

340000－1815－0000056 0365
關聖帝君濟世救急文一卷 （□）□□撰 清光緒十九年（1893）萱蔭堂刻本 一冊

340000－1815－0000057 0367
軍隊內務條例三十章 （清）北洋陸軍編譯局編 清光緒三十二年（1906）北洋陸軍編譯局鉛印本 一冊

340000－1815－0000058 0378
小學集註六卷 （宋）朱熹撰 清光緒三十二年（1906）鴻寶齋石印本 一冊 存三卷（一至三）

340000－1815－0000059 0351
金剛直解一卷 （清）守雲道人輯 （清）同善居士梓 清上海翼化堂善書局刻本 一冊

340000－1815－0000060 0366
陸軍行營禮節敬繕清單一卷 （清）奕劻等編 清光緒三十一年（1905）木活字印本 一冊

340000－1815－0000061 0417
觀音濟渡本願真經二卷 （□）□□撰 清刻本 一冊

340000－1815－0000062 0373－0375－2
小學集解六卷 （清）張伯行輯注 清光緒二十年（1894）澹雅局刻本 四冊

340000－1815－0000063 0431－0446

皇朝經世文三編八十卷　(清)陳忠倚輯　清光緒二十四年(1898)寶文書局石印本　十六冊

340000－1815－0000064　0447－0449

皇朝經世文新編二十一卷　(清)麥仲華輯　清石印本　三冊　存四卷(一至四)

340000－1815－0000065　0454

血盆經一卷　(□)□□撰　清刻本　一冊

340000－1815－0000066　0456－0457

女科二卷　(清)傅山著　清刻本　二冊

340000－1815－0000067　0467－0468

新增應酬彙選五卷　(清)陸九如撰　清石印本　二冊　存三卷(三至五)

340000－1815－0000068　0478－0479

道書一貫真機易簡錄十二卷　(清)傅金銓彙集　清上海江左書林石印本　二冊　存九卷(四至十二)

340000－1815－0000069　0491－0492

外科大成六卷　(清)祁坤輯著　清古雪堂刻本　二冊　存二卷(一、三)

340000－1815－0000070　0418

觀音濟渡本願真經二卷　(□)□□撰　清刻本　一冊

340000－1815－0000071　0419

正宗科儀三卷　(清)釋普治　(清)釋普惠修輯　(清)釋普儀　(清)釋普古等校　清光緒二十年(1894)杭州聚賢堂刻本　一冊

340000－1815－0000072　0453

達生編二卷　(清)亟齋居士撰　(清)何鐘台參訂　清同治五年(1866)存誠堂刻本　一冊

340000－1815－0000073　0460－0463

新鐫雜錦群芳尺牘八卷新鐫雜錦群芳對聯三卷　(清)隴西居士著　清兩儀堂刻本　四冊　缺二卷(新鐫雜錦群芳尺牘一至二)

340000－1815－0000074　0465

佛說三世因果經一卷　(□)□□撰　清同治二年(1863)刻本　一冊

340000－1815－0000075　0490

素問靈樞類纂約註三卷　(清)汪昂纂輯　(清)汪端　(清)汪桓合參　(清)汪惟寵較訂　清刻本　一冊　存一卷(下)

340000－1815－0000076　0484－0486

高上玉皇本行集經三卷　(□)□□撰　清刻本　三冊

340000－1815－0000077　0495

法事科不分卷　(□)□□撰　清抄本　一冊

340000－1815－0000078　0390－0398

聊齋誌異新評十六卷　(清)蒲松齡著　(清)王士正評　(清)但明倫新評　清刻本　九冊　存九卷(五至六、九至十二、十四至十六)

340000－1815－0000079　0003－0004

易經八卷　(宋)程頤傳　清同治五年(1866)金陵書局刻十三經讀本本　二冊

340000－1815－0000080　0402

增補諸家選擇萬全玉匣記二卷　(晉)許真人註　清光緒四年(1878)刻本　一冊

340000－1815－0000081　0450

富貴榮華如夢誌不分卷　(□)□□撰　清抄本　一冊

340000－1815－0000082　0452

增評加批金玉緣圖說十六卷首一卷一百二十回　(清)曹雪撰　(清)蝶鄉仙史評訂　清石印本　一冊　存一卷(十三)

340000－1815－0000083　0458－0459

醫宗說約六卷　(清)蔣示吉纂述　(清)計廉能条　(清)嚴煜較訂　清大文堂刻本　二冊　存二卷(一至二)

340000－1815－0000084　0455

太上感應篇直講一卷　(□)□□撰　清金陵湯明林聚珍擺印書局刻本　一冊

340000－1815－0000085　0476

卜筮正宗十四卷　(清)王維德著　(清)王需　(清)鍾英　(清)蔡監訂　(清)謝朝柱　(清)任用淵等較　清刻本　一冊　存二卷

（三至四）

340000－1815－0000086　0481－0483
高上玉皇本行集經三卷　（□）□□撰　清刻本　三冊

340000－1815－0000087　0422－0427
新鐫名公釋義全備墨莊白眉故事六卷　（清）呰窳子彙輯　（清）萬君甫繡梓　（清）許貫日註釋　清嘉慶十年(1805)同德堂刻本　六冊

340000－1815－0000088　0466
血盆經一卷　（□）□□撰　清刻本　一冊

340000－1815－0000089　0480
上天梯至理說一卷　（□）□□撰　清光緒十六年(1890)刻本　一冊

340000－1815－0000090　0496
梅花韻全傳十卷四十二回　（□）□□撰　清刻本　一冊　存一卷(六)

340000－1815－0000091　0497
安鎮游唱不分卷　（□）□□撰　清抄本　一冊

340000－1815－0000092　0508－0520
古經解彙函十六種一百三十卷小學彙函十四種一百五十三卷　（清）鍾謙鈞輯　清石印本　十三冊　存二百八卷(周易集解八至十七，周易口訣義六卷，易緯八種十二卷，尚書大傳三卷、附序錄一卷、辨譌一卷，韓詩外傳十卷，毛詩草木鳥獸蟲魚疏二卷，春秋繁露十七卷，春秋釋例十五卷，輶軒使者絕代語釋別國方言十三卷、校正補遺一卷，釋名八卷，廣雅十卷，說文解字六至十五，說文繫傳通釋四十卷、說文解字繫傳校勘記三卷，玉篇一，干祿字書一卷，五經文字三卷，九經字樣一卷，廣韻張氏澤存堂本五卷，五經異義疏證三卷，古文尚書十卷，尚書逸文二卷，魯詩故三卷，齊詩傳二卷，韓詩故二卷，薛君韓詩章句二卷，月令問答一卷，字林考逸八卷，倉頡篇一至二)

340000－1815－0000093　0042－0046
慎詒堂四書十八卷圖說一卷　（宋）朱熹章句　清慎詒堂刻本　五冊

340000－1815－0000094　0451
羅經略解層次不分卷　（清）方秀水撰　清抄本　一冊

340000－1815－0000095　0464
女科二卷　（清）傅山著　清道光刻本　一冊

340000－1815－0000096　0477
重訂外科正宗十二卷　（明）陳實功撰　清刻本　一冊　存三卷(十至十二)

340000－1815－0000097　0487－0489
高上玉皇本行集經三卷　（□）□□撰　清刻本　三冊

340000－1815－0000098　0529
三茅應化真君寶卷二卷　（□）□□撰　清刻本　一冊

340000－1815－0000099　0530
聞式堂明文小題傳薪八卷　（清）臧岳評釋　清刻本　一冊　存二卷(七至八)

340000－1815－0000100　0534
清授修職郎候選訓導族高祖吉儒府君行狀不分卷　（□）□□撰　清抄本　一冊

340000－1815－0000101　0498－0504
陳修園醫書四十八種　（清）陳念祖撰集　清石印本　七冊　存五種二十七卷(醫學三字經四卷、醫學實在易八卷、女科要旨四卷、張仲景傷寒論原文淺註六卷、金匱要略淺註六至十)

340000－1815－0000102　0527
三昧局增定鑑略妥註善本五卷　（明）李廷機著　（明）張瑞圖校正　（清）鄒聖脈訂　清刻本　一冊　存三卷(三至五)

340000－1815－0000103　0528
儀禮註疏十七卷　（漢）鄭玄注　明崇禎九年(1636)汲古閣刻十三經注疏本　一冊　存二卷(一至二)

340000－1815－0000104　0537
刪註脈訣規正二卷　（清）沈鏡刪註　清刻本

一册

340000－1815－0000105　0538

四書典林三十卷　(清)江永編　清刻本　一冊　存二卷(四至五)

340000－1815－0000106　0539－0540

新訂四書補註備旨十卷　(明)鄧林著　(清)祁文友重校　(清)杜定基增訂　(清)鄧煜編次　清刻本　二冊　存三卷(下論三至四、下孟四)

340000－1815－0000107　0535

玉皇心印妙經真解一卷　(清)覺真子註　清刻本　一冊

340000－1815－0000108　0536

闕里文獻考一百卷首一卷末一卷　(清)孔繼汾述　清刻本　一冊　存二十卷(八十二至一百、末一卷)

340000－1815－0000109　0208

修好條規一卷通商章程一卷大清國海關税則一卷　(□)□□撰　清刻本　一冊

安徽省合肥市廬江縣圖書館古籍普查登記目録

全國古籍普查登記目録

國家圖書館出版社
National Library of China Publishing House

《安徽省合肥市廬江縣圖書館古籍普查登記目録》

編委會

主　　編：程振玲

編　　委：許金玲　徐　强

審　　校：彭　紅

《安徽省合肥市廬江縣圖書館古籍普查登記目録》

前　言

廬江縣圖書館成立於1979年，現位於廬江縣城東新區（經四路與晨光路交叉口），目前館藏文獻12萬多册，古今中外文獻并匯，學科門類齊全，文獻種類多樣，尤以廬江地方文獻最富特色。

爲了解我國古籍保護現狀，加强對古籍的保護和管理，2007年“中華古籍保護計劃”啓動。在“中華古籍保護計劃”啓動之後，根據國家古籍保護中心和安徽省古籍保護中心的工作部署與要求，以《全國古籍普查工作方案》爲指針，我們於2017年10月安排專職人員，對館藏古籍逐册清點、整理并登記録入全國古籍普查平臺，統計館藏古籍數據共15部118册。

通過本次普查，我館摸清了家底，雖然館藏古籍少，但也涵蓋了經、史、集部諸類。總之，普查爲下階段古籍保護工作打下了基礎，爲後續的古籍收藏指明了方向。

廬江縣圖書館編輯組

2019年6月

340000－1833－0000001　002001/002006
四書教子尊經求通錄六卷　(清)楊一崑著　(清)楊恒占編次　(清)楊雲棟校梓　清津門楊氏刻本　六冊

340000－1833－0000002　001001/001016
[光緒]廬江縣志十六卷首一卷　(清)錢鑅主修　(清)洪紹朋　(清)程元愷協修　清光緒十一年(1885)刻本　十六冊

340000－1833－0000003　003001/003004
周易註疏十三卷附考證　(三國魏)王弼注　(唐)陸德明音義　(唐)孔穎達疏　清同治十年(1871)廣東書局刻十三經註疏附考證本　四冊

340000－1833－0000004　003005/003012
尚書註疏十九卷附考證　(漢)孔安國撰　(唐)陸德明音義　(唐)孔穎達疏　清同治十年(1871)廣東書局刻十三經註疏附考證本　八冊

340000－1833－0000005　003013/003023
毛詩註疏三十卷附考證　(漢)毛亨傳　(漢)鄭玄注　(唐)陸德明音義　(唐)孔穎達疏　清同治十年(1871)廣東書局刻十三經註疏附考證本　十一冊

340000－1833－0000006　003024/003033
周禮註疏四十二卷附考證　(漢)鄭玄注　(唐)陸德明音義　(唐)賈公彥疏　清同治十年(1871)廣東書局刻十三經註疏附考證本　十冊

340000－1833－0000007　003034/003040
儀禮註疏十七卷附考證　(漢)鄭玄注　(唐)陸德明音義　(唐)賈公彥疏　清同治十年(1871)廣東書局刻十三經註疏附考證本　七冊

340000－1833－0000008　003041/003060
禮記註疏六十三卷附考證　(漢)鄭玄注　(唐)陸德明音義　(唐)孔穎達疏　清同治十年(1871)廣東書局刻十三經註疏附考證本　二十冊

340000－1833－0000009　003061/003079
春秋左傳註疏六十卷附考證　(晉)杜預注　(唐)陸德明音義　(唐)孔穎達疏　清同治十年(1871)廣東書局刻十三經註疏附考證本　七冊

340000－1833－0000010　003080/003087
春秋公羊傳註疏二十八卷附考證　(漢)何休撰　(唐)陸德明音義　清同治十年(1871)廣東書局刻十三經註疏附考證本　八冊

340000－1833－0000011　003088/003093
春秋穀梁傳註疏二十卷附考證　(晉)范甯撰　(唐)陸德明音義　(唐)楊士勛疏　清同治十年(1871)廣東書局刻十三經註疏附考證本　六冊

340000－1833－0000012　003094/003097
論語註疏二十卷附考證　(三國魏)何晏撰　(唐)陸德明音義　(宋)邢昺疏　清同治十年(1871)廣東書局刻十三經註疏附考證本　四冊

340000－1833－0000013　003098
孝經註疏九卷附考證　(唐)玄宗李隆基注　(唐)陸德明音義　(宋)邢昺校　清同治十年(1871)廣東書局刻十三經註疏附考證本　一冊

340000－1833－0000014　003099/003102
爾雅註疏十一卷附考證　(晉)郭璞注　(唐)陸德明音義　(宋)邢昺疏　清同治十年(1871)廣東書局刻十三經註疏附考證本　四冊

340000－1833－0000015　003103/003108
孟子註疏十四卷附考證　(漢)趙岐注　(宋)孫奭音義　(宋)孫奭疏　清同治十年(1871)廣東書局刻十三經註疏附考證本　六冊

皖西學院圖書館古籍普查登記目録

全國古籍普查登記目録

國家圖書館出版社
National Library of China Publishing House

《皖西學院圖書館古籍普查登記目録》

主　編：舒和新

審　校：石　梅

《皖西學院圖書館古籍普查登記目録》

前　言

2018 年底,皖西學院在安徽省高校中首家舉辦了百年校慶。在一個世紀的辦學歷程中,學校圖書館積纍了 2.2 萬册綫裝書。

皖西學院圖書館的古籍收藏,彙集了中華人民共和國成立前六安城區的安徽省立第三甲種農業學校、六安縣立初級中學、安徽省六安中學以及建國後六安師範學校的古籍藏書,這些古籍構成了現今古籍館藏的主體,其中包括 1938 年 3 月安徽省立圖書館携書隨省政府先遷六安、旋遷立煌縣(今六安市金寨縣)過程中散失的部分古籍和民國綫裝書。1958 年,六安師範專科學校成立時,主持工作的韋上伊副校長和學校教務處派教師專門前往上海古籍書店,采購了一百多種一千多册古籍,這批古籍全都是價值較高的善本。此後六安師專圖書館還進行過零星的古籍采購和收集。

皖西學院圖書館的古籍藏書具有善本比例高、名家舊藏多的特點,其中包括 3 種宋元刻本。到目前爲止,有 11 部古籍入選《國家珍貴古籍名録》、23 部古籍入選首批《安徽省珍貴古籍名録》,在全省古籍收藏機構中居於前列。皖西學院圖書館的名家古籍舊藏相當多,這些古籍過去的收藏者多爲省外,尤其是浙江、江蘇、上海、湖北、北京等地的古籍收藏名家和歷史文化名人,包括富察昌齡、沈廷芳、汪士鐘、劉履芬、葉名灃、袁芳瑛、熊希齡、莫棠、葉德輝、傅增湘、廖仲愷、徐乃昌、沈知方、沈仲濤、秦更年、温廷敬、趙尊岳、傅熹年等。

原六安師專圖書館對於館藏古籍十分重視,但限於專業人員的不足,直到 20 世紀九十年代中期,纔整理出部分古籍藏書的卡片式目録,館藏古籍珍本也没能進入 20 世紀七十年代末、八十年代初編輯出版的《中國古籍善本書目》,因而皖西學院圖書館的古籍收藏始終不爲外界所知。

皖西學院成立後,學校圖書館開始對館藏古籍進行系統整理。2000 年編印成書本式的《皖西學院圖書館古籍善本書目録》,2006 年編印出包括全部古籍、民國文獻、大型叢書在内的《皖西學院圖書館特藏書目録》兩册,其中上册是古籍和綫裝書目録,使得館藏古籍第一次可以進行檢索。

2007 年,"中華古籍保護計劃"開始在全國實施。2008 年,皖西學院圖書館參加第二批《國家珍貴古籍名録》的申報;在 2009 年 5 月公布的第二批《名録》中,我校圖書館有 8 部珍本入選,在文化主管部門、古籍界和媒體上引起强烈反響。當時的文化部社會文化司司長張旭在回答記者提問時説:“在第二批《國家珍貴古籍名録》評審中,有一些未見於以前著録的善本出現,如,安徽皖西學院的古籍收藏向不爲人所知,但這次申報數量較大,而且有八部入選,其中一部宋衢州州學刻元明遞修的《三國志》六十五卷,在《中國古籍善本總目》中未見著録此家收藏。”同年6月,我館應邀赴北京參加文化部主辦、國家圖書館承辦的“國家珍貴古籍特展”,上述宋刻元明遞修本《三國志》六十五卷展出;時任國家古籍保護中心辦公室主任的陳紅彦研究館員曾專門著文,重點介紹參加本次展覽的9部古籍珍本,其中就包括對本館這部《三國志》的介紹。

2010年,皖西學院圖書館又有3部古籍入選第三批《國家珍貴古籍名録》。2013年12月,前述《三國志》與元至正元年(1341)集慶路儒學刻明修本《樂府詩集》一百卷兩部珍本作爲古籍普查的重大發現,再次應邀參加當時的文化部和國家文物局主辦、國家圖書館承辦的“國家珍貴古籍特展”,皖西學院圖書館成爲當年安徽省唯一獲邀參加展覽的單位并在展廳裏被專板介紹。

2012年,國家古籍保護中心在全國開展古籍普查登記,皖西學院圖書館在全國高校圖書館中第一個完成古籍普查登記并完整提交古籍普查登記數據,先後兩次登上國家古籍保護中心的光榮榜。

2013年,學校按照國家古籍保護中心制定的標準,建起新的、保護設施齊全的古籍書庫。

2014年,皖西學院圖書館被文化部命名爲“全國古籍保護工作先進單位”。

2015年,經安徽省人民政府批准,皖西學院圖書館成爲首批“安徽省古籍重點保護單位”,23部古籍入選首批《安徽省珍貴古籍名録》。

2016年,經國務院批準,皖西學院圖書館被文化部公布爲第五批“全國古籍重點保護單位”。

現在,《皖西學院圖書館古籍普查登記目録》即將出版,標志着我們的古籍保護和整理工作進入了新階段,足以告慰保護和傳承這批珍貴文化遺産的歷代先賢。

舒和新

2019年6月

340000－1847－0000001　132
周易正義八卷附校勘記一卷　(三國魏)王弼注　(唐)孔穎達正義　清同治十二年(1873)江西書局重刊宋本十三經注疏附校勘記本　八册

340000－1847－0000002　133
周易正義八卷附校勘記一卷　(三國魏)王弼注　(唐)孔穎達正義　清光緒十八年(1892)務本書局重刊宋本十三經注疏附校勘記本　五册

340000－1847－0000003　138
易經八卷附校勘記一卷　(宋)程頤注　清同治五年(1866)金陵書局刻本　三册

340000－1847－0000004　139
易經八卷　(宋)程頤注　清光緒九年(1883)江南書局刻本　三册

340000－1847－0000005　140
伊川易傳四卷　(宋)程頤注　清刻本　四册

340000－1847－0000006　1
周易四卷　(宋)朱熹注　(清)胡蓉芝輯　清康熙九年(1670)學源堂刻本　二册

340000－1847－0000007　136
易經十二卷首一卷末一卷附音訓　(宋)朱熹注　(清)胡蓉芝輯　清同治四年(1865)金陵書局刻本　二册

340000－1847－0000008　131
周易四卷　(宋)朱熹本義　清光緒十一年(1885)八杉齋刻本　二册

340000－1847－0000009　130
周易四卷　清嘉慶十年(1805)刻本　二册

340000－1847－0000010　135
周易□□卷　清兩宜堂刻本　一册　存一卷(一)

340000－1847－0000011　4
周易八卷附王輔嗣論易一卷　(宋)蘇軾注　明萬曆閔齊伋刻朱墨套印本　八册

340000－1847－0000012　142
易憲四卷　(明)沈泓疏　清乾隆八年(1743)刻本　二册

340000－1847－0000013　137
新刻來瞿唐先生易註十五卷首一卷末一卷　(明)來知德注　清同治九年(1870)刻本　八册

340000－1847－0000014　5
周易傳義合訂十二卷　(清)朱軾輯　清乾隆二年(1737)刻本　六册

340000－1847－0000015　3
經言拾遺易部十四卷　(清)徐文靖輯　清乾隆二十一年(1756)志寧堂刻本　二册

340000－1847－0000016　2
易經讀本三卷　(清)周樽眉訂　清乾隆五十八年(1793)刻本　一册

340000－1847－0000017　143
御纂周易折中二十二卷首一卷　(清)李光地等撰　清刻本　十六册

340000－1847－0000018　144
御纂周易折中二十二卷首一卷　(清)李光地等撰　清同治六年(1867)馬新貽刻本　十册

340000－1847－0000019　141
易學宗要十一卷　題(清)兩一士人著　清咸豐九年(1859)尚中草堂刻本　八册

340000－1847－0000020　145
槎溪學易三卷　(清)陳鼒撰　清同治十三年(1874)刻本　二册

340000－1847－0000021　146
周易初學快觀六卷　(清)高賢輯注　清光緒二十七年(1901)家塾刻本　六册

340000－1847－0000022　153
附釋音尚書註疏二十卷附校勘記　(漢)孔安國傳　(唐)孔穎達疏　(清)阮元校勘記　清同治十二年(1873)江西書局刻重刊宋本十三經注疏附校勘記本　十册

340000－1847－0000023　154
附釋音尚書註疏□□卷　(漢)孔安國傳

(唐)孔穎達疏　(清)阮元校勘記　清同治十二年(1873)江西書局重刊宋本十三經注疏附校勘記本　六冊　存十五卷(六至二十)

340000－1847－0000024　155
尚書要義二十卷　(宋)魏了翁纂　清光緒十年(1884)江蘇書局刻本　六冊

340000－1847－0000025　148
書經六卷　(宋)蔡沈集傳　清大文堂刻本　四冊　存五卷(一至五)

340000－1847－0000026　149
書經六卷　(宋)蔡沈集傳　清同治十一年(1872)山東書局刻本　四冊

340000－1847－0000027　150
欽定書經傳説匯纂二十一卷首二卷末一卷　(清)王項齡等撰　清刻本　八冊

340000－1847－0000028　151
欽定書經傳説匯纂二十一卷首二卷末一卷　(清)王項齡等撰　清刻本　十二冊

340000－1847－0000029　152
欽定書經傳説匯纂二十卷首二卷末一卷　(清)王項齡等撰　清同治七年(1868)馬新貽、李翰章刻本　十二冊

340000－1847－0000030　161
附釋音毛詩註疏二十卷附校勘記　(漢)毛亨傳　(漢)鄭玄箋　(唐)陸德明音義　(唐)孔穎達疏　(清)阮元校勘記　清嘉慶二十年(1815)刻本　十九冊

340000－1847－0000031　162
附釋音毛詩註疏二十卷首一卷附校勘記　(漢)毛亨傳　(漢)鄭玄箋　(唐)陸德明音義　(唐)孔穎達疏　(清)阮元校勘記　清同治十二年(1873)江西書局刻重刊宋本十三經注疏附校勘記本　二十四冊

340000－1847－0000032　159
詩經六卷　(宋)朱熹集傳　清道光十五年(1835)刻本　四冊

340000－1847－0000033　158
詩經八卷　(宋)朱熹集傳　清嘉慶十年(1805)刻本　四冊

340000－1847－0000034　165
欽定詩經傳説匯纂二十一卷首二卷序二卷　(清)王鴻緒等纂　清尊經閣刻本　十二冊

340000－1847－0000035　164
欽定詩經傳説匯纂二十一卷首二卷序二卷　(清)王鴻緒等纂　清同治七年(1868)馬新貽摹刻本　十六冊

340000－1847－0000036　168
詩考一卷　(宋)王應麟纂　清浙江書局刻本　一冊

340000－1847－0000037　169
詩地理考六卷　(宋)王應麟纂　清浙江書局刻本　一冊

340000－1847－0000038　170
周禮六卷　(漢)鄭康成注　(唐)陸德明音義　清光緒二十年(1894)金陵書局刻本　六冊

340000－1847－0000039　171
附釋音周禮註疏四十二卷附校勘記　(唐)賈公彥等疏　(唐)陸德明釋文　(清)阮元校勘記　清同治十二年(1873)江西書局重刊宋本十三經注疏附校勘記本　二十冊

340000－1847－0000040　172
周官精義十二卷　(清)連斗山輯　清嘉慶十八年(1813)經餘堂刻本　六冊

340000－1847－0000041　173
周禮精華五卷　(清)陳龍標編輯　清咸豐十年(1860)漁古山房刻本　五冊

340000－1847－0000042　175
儀禮疏五十卷附校勘記　(漢)鄭玄注　(唐)賈公彥疏　清同治十二年(1873)江西書局刻重刊宋本十三經注疏附校勘記本　十六冊

340000－1847－0000043　6
儀禮節略二十卷　(清)朱軾輯　清康熙五十八年(1719)浙署刻本　十四冊　缺三卷(十八至二十)

340000－1847－0000044　176
欽定儀禮義疏四十八卷首二卷　題（清）乾隆朝官撰　清翻刻本　二十四册

340000－1847－0000045　177
儀禮圖二十卷　清刻本　二册　存三卷（十八至二十）

340000－1847－0000046　7
大戴禮記十三卷　（漢）戴德撰　清康熙五十七年（1718）刻本　二册

340000－1847－0000047　1326
大戴禮記十三卷　（漢）戴德撰　清乾隆二十一年（1756）雅雨堂刻本　二册

340000－1847－0000048　182
附釋音禮記註疏六十三卷附校勘記　（漢）鄭玄注　（唐）孔穎達疏　（唐）陸德明釋文　（清）阮元校勘記　清同治十二年（1873）江西書局刻重刊宋本十三經注疏附校勘記本　二十四册　缺十二卷（一至十二）

340000－1847－0000049　181
附釋音禮記註疏六十三卷附校勘記　（漢）鄭玄注　（唐）孔穎達疏　（唐）陸德明釋文　（清）阮元校勘記　清光緒十八年（1892）務本書局刻本　二十八册　缺四卷（十四至十七）

340000－1847－0000050　178
禮記十卷　（元）陳澔集説　清同治五年（1866）金陵書局刻本　十册

340000－1847－0000051　179
禮記十卷　（元）陳澔集説　清光緒十七年（1891）三餘堂刻本　十册

340000－1847－0000052　180
禮記十卷　（元）陳澔集説　清刻本　十册

340000－1847－0000053　183
禮記旁訓辨體合訂六卷　（清）徐立綱輯　清裕文堂刻本　六册

340000－1847－0000054　186
春秋十六卷首一卷附陸氏三傳釋文音義十六卷　（唐）陸德明音義　（清）佚名輯　清嘉慶刻本　十六册

340000－1847－0000055　187
春秋鈔十卷首一卷　（清）朱軾輯　清初刻本　四册

340000－1847－0000056　188
春秋左傳杜注三十卷首一卷　（周）左丘明傳　（晉）杜預注　（清）姚培謙補注　清同治五年（1866）金陵書局刻本　一册　存二卷（一至二）

340000－1847－0000057　190
曲江書屋新訂批註左傳快讀十八卷首一卷　（清）李紹崧選訂　清乾隆刻本　二册　存二卷（十六至十七）

340000－1847－0000058　8
公羊穀梁春秋合編附註疏纂十二卷　（漢）何休注　（晉）范寧集解　（唐）楊士勛疏　（明）朱泰禎纂述　清初刻本　六册

340000－1847－0000059　1325
春秋公羊傳讀本四卷　（清）周樽眉輯　清乾隆五十八年（1793）刻本　二册

340000－1847－0000060　192
監本附音春秋公羊註疏二十八卷　（周）公羊高撰　（漢）何休注　（唐）徐彦疏　（唐）陸德明音義　（清）阮元校勘　**附校勘記二十八卷**　（清）阮元撰　清同治十二年（1873）江西書局刻重刊宋本十三經注疏附校勘記本　十册

340000－1847－0000061　193
監本附音春秋穀梁註疏二十卷　（晉）范寧集解　（唐）楊士勛疏　（唐）陸德明音義　（清）阮元校勘　**附校勘記二十卷**　（清）阮元撰　清同治十二年（1873）江西書局刻重刊宋本十三經注疏附校勘記本　六册

340000－1847－0000062　1305
春秋穀梁傳讀本四卷　（清）周樽眉輯　清乾隆五十八年（1793）刻本　二册

340000－1847－0000063　194

春秋穀梁傳讀本四卷　（清）周樽眉輯　清乾隆五十八年（1793）刻本　二册

340000－1847－0000064　195
春秋經傳集解三十卷　（晉）杜預注　（唐）陸德明音釋　（宋）林堯叟附註　清李光明莊刻本　十五册　缺三卷（一至三）

340000－1847－0000065　196
欽定春秋傳説匯纂三十八卷首二卷　（清）王掞等撰　清尊經閣刻本　十六册

340000－1847－0000066　197
春秋比事參議十六卷　（清）桂含章輯　清光緒八年（1882）務本堂刻本　十六册

340000－1847－0000067　198
孝經註疏九卷附校勘記　（唐）玄宗注　（唐）陸德明音義　（宋）邢昺疏　（清）阮元校勘記　清同治十二年（1873）江西書局刻重刊宋本十三經注疏附校勘記本　二册

340000－1847－0000068　9
孝經不分卷　（清）朱軾注　**孝經三本管窺不分卷**　（清）吴隆元注　清康熙五十九年（1720）刻本　一册

340000－1847－0000069　10
孝經讀本一卷　（清）周樽眉輯　**爾雅讀本四卷**　（清）周樽眉輯　清乾隆五十八年（1793）留餘堂刻本　一册

340000－1847－0000070　199
古經解匯函　（清）鍾謙鈞等輯　清同治十三年（1874）粵東書局刻本　四十册　存二十六種二百十二卷

340000－1847－0000071　200
皇朝五經彙解二百七十卷　（清）擇經心室纂　清光緒十四年（1888）鴻文書局石印本　三十二册

340000－1847－0000072　1277
十三經注疏附考證三百四十六卷　（宋）佚名編　清同治十年（1871）廣東書局刻本　一百二十册

340000－1847－0000073　1278
皇清經解一千四百卷續刻八卷　（清）阮元輯　清道光九年（1829）刻咸豐十一年（1861）補刻本　三百四十册　缺六十九卷（四百三十九至四百四十二、四百五十五至四百六十一、四百六十八至四百七十三、四百七十九至四百八十七、四百九十一至五百三、六百四十一、八百四十至八百四十一、八百五十至八百五十六、八百六十四至八百七十一、八百七十五至八百八十一、一千三百三十一至一千三百三十五）

340000－1847－0000074　201
十三經注疏校勘記語識四卷　（清）汪文臺撰　清光緒三年（1877）江西書局刻本　二册

340000－1847－0000075　202
九經古義十六卷　（清）惠棟撰　清潮陽縣署刻本　一册

340000－1847－0000076　204
五經典林五十三卷　清刻本　九册　存四十四卷（九至五十二）

340000－1847－0000077　205
欽定篆文六經四書　清光緒九年（1883）同文書局石印本　十册

340000－1847－0000078　206
經文戛造不分卷　（清）朱鏡清輯　清光緒十七年（1891）上海鴻寶齋石印本　二十册

340000－1847－0000079　11
四書集註三十卷　（宋）朱熹注　明司禮監刻本　十册

340000－1847－0000080　12
四書朱子本義匯參四十七卷　（宋）朱熹集注　（清）王步青輯　清乾隆敦復堂刻本　二十九册　缺四卷（中庸三至六）

340000－1847－0000081　213
四書或問三十九卷　（宋）朱熹撰　清同治十二年（1873）霍山劉氏五忠堂刻本　六册

340000－1847－0000082　216

四書疏注撮言大全不分卷　(宋)朱熹注　(清)胡蓉芝輯　清刻本　十五冊　缺大學疏注

340000－1847－0000083　13
增補四書精繡圖像人物備攷十二卷　(明)陳仁錫增定　清康熙三十四年(1695)刻本　八冊

340000－1847－0000084　207
四書講義十二卷　(清)陸隴其著　清光緒二十七年(1901)上海圖書集成印書局石印本　四冊

340000－1847－0000085　210
四書味根錄不分卷　(清)金澂輯　清光緒八年(1882)文淵堂刻本　十二冊

340000－1847－0000086　211
四書圖考十三卷　(清)杜炳撰　清光緒十三年(1887)鴻文書局石印本　二冊　存六卷(一至二、七至十)

340000－1847－0000087　212
四書益智錄二十卷　(清)桂含章輯　清光緒八年(1882)金陵務本堂刻本　二十冊

340000－1847－0000088　215
四書摭餘説七卷　(清)曹之升輯　清嘉慶十九年(1814)蕭山曹氏家塾刻本　六冊

340000－1847－0000089　217
四書人物類典串珠四十卷　(清)臧志仁編　清刻本　八冊　存三十二卷(五至三十六)

340000－1847－0000090　218
四書古人典林十二卷　(清)江永編　清同治刻本　五冊

340000－1847－0000091　219
增補四書類典賦二十四卷　(清)甘紱著　清龍江書屋刻本　四冊　存二十卷(一至二十)

340000－1847－0000092　220
制義偶鈔不分卷　(明)洪鼎選輯　清同治三年(1864)芋香小圃刻本　六冊

340000－1847－0000093　15
論語註疏解經二十卷　(三國魏)何晏集解　(宋)邢昺疏　明崇禎十年(1637)汲古閣刻本　四冊

340000－1847－0000094　222
孟子註疏解經十四卷附校勘記　(漢)趙岐注　(宋)孫奭疏　(清)阮元校勘記　清同治十二年(1873)江西書局刻重刊宋本十三經注疏附校勘記本　八冊

340000－1847－0000095　226
國朝諸老先生論孟精義二十四卷　(宋)程顥　(宋)程頤等述　(宋)朱熹撰　清同治十三年(1874)公善堂刻本　八冊

340000－1847－0000096　16
孟子二卷　(宋)蘇洵批點　明萬曆四十五年(1617)閔齊伋刻三色套印本　四冊

340000－1847－0000097　221
孟子五卷　(宋)朱熹集註　清味經堂刻本　二冊

340000－1847－0000098　223
孟子集注大全十四卷　(清)汪份輯　清大中堂刻本　十冊　缺二卷(一至二)

340000－1847－0000099　224
四書朱子大全經傳蘊萃四十卷　(清)朱良玉纂輯　(清)朱槐等編　清三多堂刻本　二冊　存二卷(孟子一至二)

340000－1847－0000100　225
孟子字義疏證三卷　(清)戴震撰　清光緒三十一年(1905)鉛印本　二冊

340000－1847－0000101　227
論語註疏解經二十卷附校勘記　(三國魏)何晏集解　(宋)邢昺疏　(清)阮元校勘記　清同治十二年(1873)江西書局刻重刊宋本十三經注疏附校勘記本　六冊

340000－1847－0000102　228
論語註疏解經二十卷附校勘記　(三國魏)何晏集解　(宋)邢昺疏　(清)阮元校勘記　清光緒十八年(1892)湖南務本書局刻重刊宋本

十三經注疏附校勘記本　六冊

340000－1847－0000103　230
論語話解□□卷　(清)陳濬述　清廣仁堂刻本　一冊　存五卷(六至十)

340000－1847－0000104　229
論語集注大全二十卷　(清)汪份輯　清刻本　十三冊

340000－1847－0000105　231
中庸或問不分卷　清刻本　一冊

340000－1847－0000106　232
朱柏廬先生中庸講義□□卷　(清)朱用純撰　清光緒二年(1876)江蘇書局刻本　一冊　存一卷(上)

340000－1847－0000107　233
大學章句大全二卷　(清)汪份輯　清刻本　二冊

340000－1847－0000108　234
朱柏廬先生大學講義不分卷　(清)朱用純撰　清光緒二年(1876)江蘇書局刻本　一冊

340000－1847－0000109　1306
朱柏廬先生大學講義不分卷　(清)朱用純撰　清光緒二年(1876)江蘇書局刻本　一冊

340000－1847－0000110　236
爾雅三卷　(晉)郭璞註　(唐)陸德明音釋　清同治十一年(1872)山東書局刻本　三冊

340000－1847－0000111　235
爾雅疏十卷　(宋)邢昺疏　(清)阮元校勘　**附校勘記十卷**　(清)阮元撰　清同治十二年(1873)江西書局刻重刊宋本十三經注疏附校勘記本　六冊

340000－1847－0000112　237
爾雅古註斠三卷　(清)葉蕙心撰　清光緒二年(1876)李氏半畝園刻本　二冊

340000－1847－0000113　239
駢雅七卷　(明)朱謀瑋撰　清刻本　六冊　缺二卷(一、四)

340000－1847－0000114　245
說文解字通釋四十卷　(南唐)徐鍇撰　(南唐)朱翱反切　清光緒元年(1875)刻本　八冊

340000－1847－0000115　17
重刊許氏說文解字五音韻譜十二卷　(宋)李燾撰　明刻本　十二冊

340000－1847－0000116　240
說文解字三十二卷　(清)段玉裁注　清同治六年(1867)蘇州保息局刻本　十六冊

340000－1847－0000117　242
說文通訊定聲十八卷柬韻一卷　(清)朱駿聲撰　清咸豐元年(1851)臨嘯閣刻本　二十四冊

340000－1847－0000118　243
說文通訊定聲十八卷柬韻一卷　(清)朱駿聲撰　清同治九年(1870)臨嘯閣刻本　二十四冊

340000－1847－0000119　244
說文通訊定聲補遺不分卷　(清)朱駿聲撰　清光緒八年(1882)臨嘯閣刻本　二冊

340000－1847－0000120　248
說文廣義□□卷　(清)王夫之撰　清同治四年(1865)曾國藩刻本　一冊　存一卷(一)

340000－1847－0000121　246
說文通檢十四卷首一卷末一卷　(清)黎永椿編　清光緒二年(1876)崇文書局刻本　二冊

340000－1847－0000122　18
三台館仰止子考古詳訂遵韻海篇正宗二十卷　(明)余象斗撰　明萬曆二十六年(1598)刻本　八冊

340000－1847－0000123　254
康熙字典四十二卷　(清)張玉書等編纂　清道光七年(1827)刻本　四十冊

340000－1847－0000124　255
康熙字典四十二卷　(清)張玉書等編纂　清道光七年(1827)刻本　四十冊

340000－1847－0000125　258
康熙字典四十二卷　(清)張玉書等編纂　清刻本　四十册

340000－1847－0000126　260
康熙字典四十二卷　(清)張玉書等編纂　清末上海鴻寶書局石印本　六册

340000－1847－0000127　264
小學類編三十五卷　清咸豐元年至二年(1851－1852)江都李氏半畝園刻本　八册

340000－1847－0000128　269
廣韻五卷附校札　(宋)陳彭年等重修　清光緒遵義黎氏影刻本　三册

340000－1847－0000129　272
佩文廣韻匯編五卷　(清)李元祺編　清道光十年(1830)江寧鄧廷楨半塔草堂刻本　二册

340000－1847－0000130　271
佩文廣韻匯編五卷　(清)李元祺編　清同治十一年(1872)金陵書局刻本　二册

340000－1847－0000131　276
佩文詩韻釋要五卷　(清)朱重輯　清同治三年(1864)刻本　一册

340000－1847－0000132　277
詩韻集成□□卷　(清)余照春輯　清刻本　一册　存三卷(八至十)

340000－1847－0000133　279
詩韻含英六卷　(清)劉文蔚輯　清松盛堂刻本　二册

340000－1847－0000134　280
詩韻全璧五卷虚字韻藪一卷　(清)潘維城輯　**初學檢韻十二卷**　(清)姚文登輯　清光緒石印本　六册

340000－1847－0000135　281
八矢注字圖説一卷鐘律陳數一卷　(清)顧陳垿撰　清味菜盧木活字印本　一册

340000－1847－0000136　19
史記一百三十卷　(漢)司馬遷撰　(南朝宋)裴駰集解　(唐)司馬貞索隱　(唐)張守節正義　明嘉靖六年(1527)王延喆刻本(卷十九至一百三十以明嘉靖十三年秦藩刻本補配)　三十二册

340000－1847－0000137　283
史記一百三十卷　(漢)司馬遷撰　(南朝宋)裴駰集解　(唐)司馬貞索隱　(唐)張守節正義　(明)陳子龍　(明)徐孚遠測議　清嘉慶十一年(1806)同人堂刻本　三十二册

340000－1847－0000138　284
史記一百三十卷　(漢)司馬遷撰　(南朝宋)裴駰集解　清光緒四年(1878)金陵書局刻本　二十四册

340000－1847－0000139　285
史記一百三十卷附補史記三皇本紀　(漢)司馬遷撰　(南朝宋)裴駰集解　(唐)司馬貞索隱　(唐)張守節正義　清光緒十年(1884)上海同文書局石印本　二十六册

340000－1847－0000140　286
史記一百三十卷　(漢)司馬遷撰　(南朝宋)裴駰集解　(唐)司馬貞索隱　(唐)張守節正義　清光緒十八年(1892)武林竹簡齋石印本　八册

340000－1847－0000141　20
史記評林一百三十卷首一卷　(明)凌稚隆輯校　明萬曆五年(1577)刻本　四十册

340000－1847－0000142　21
史記評林一百三十卷首一卷　(明)凌稚隆輯校　明萬曆五年(1577)刻本　三十册

340000－1847－0000143　22
史記評林一百三十卷首一卷　(明)凌稚隆輯校　明萬曆五年(1577)刻本　二十四册

340000－1847－0000144　287
史記菁華録五卷　(清)姚苧田選　清同治十二年(1873)紅杏山房刻朱墨套印本　五册

340000－1847－0000145　288
史記菁華録六卷　(清)姚苧田選　清光緒二十二年(1896)上海書局石印本　六册

340000－1847－0000146　23
漢書一百卷　（漢）班固撰　（唐）顔師古註　明嘉靖汪文盛等刻本　二十册

340000－1847－0000147　24
漢書一百卷　（漢）班固撰　（唐）顔師古註　明崇禎十五年（1642）汲古閣刻本　十五册　缺十四卷（二十至三十三）

340000－1847－0000148　290
漢書一百卷　（漢）班固撰　（唐）顔師古註　清金陵書局据汲古閣本刻本　十四册　缺七卷（一至七）

340000－1847－0000149　291
前漢書一百二十卷　（漢）班固撰　（唐）顔師古註　清光緒十年（1884）上海同文書局石印本　二十八册　缺十七卷（四十一至四十六、五十一至五十四、六十四至七十）

340000－1847－0000150　1307
前漢書一百二十卷　（漢）班固撰　（唐）顔師古註　清光緒十年（1884）上海同文書局石印本　三册　存二十三卷（二十七下之下至四十、五十八至六十六）

340000－1847－0000151　292
前漢書一百卷　（漢）班固撰　（唐）顔師古註　清光緒十八年（1892）武林竹簡齋石印本　八册

340000－1847－0000152　296
續漢書八志三十卷　（南朝梁）劉昭補註　清金陵書局仿汲古閣本刻印本　二册

340000－1847－0000153　25
後漢書一百二十卷　（南朝宋）范曄撰　（唐）李賢註　明嘉靖汪文盛等刻本　二十册

340000－1847－0000154　297
後漢書九十卷　（南朝宋）范曄撰　（唐）李賢註　清金陵書局仿汲古閣本刻印本　十四册　缺四卷（一至四）

340000－1847－0000155　298
後漢書一百二十卷　（南朝宋）范曄撰　（唐）李賢註　清光緒十年（1884）上海同文書局石印本　十九册　缺四十八卷（一至四十八）

340000－1847－0000156　299
後漢書一百二十卷　（南朝宋）范曄撰　（唐）李賢註　清光緒十四年（1888）上海蜚英館石印本　十二册

340000－1847－0000157　300
後漢書一百二十卷　（南朝宋）范曄撰　（唐）李賢註　清光緒二十八年（1902）武林竹簡齋石印本　八册

340000－1847－0000158　26
三國志六十五卷　（晋）陳壽撰　（南朝宋）裴松之註　宋衢州州學刻元明遞修本　三十二册

340000－1847－0000159　302
三國志六十五卷　（晋）陳壽撰　（南朝宋）裴松之註　清同治九年（1870）金陵書局仿汲古閣本刻印本　七册　缺十五卷（三十一至四十五）

340000－1847－0000160　303
三國志六十五卷　（晋）陳壽撰　（南朝宋）裴松之註　清光緒十年（1884）上海同文書局石印本　六册　缺六卷（魏志三至八）

340000－1847－0000161　304
三國志六十五卷　（晋）陳壽撰　（南朝宋）裴松之註　清光緒十三年（1887）江南書局刻本　八册

340000－1847－0000162　305
三國志六十五卷　（晋）陳壽撰　（南朝宋）裴松之註　清光緒二十八年（1902）武林竹簡齋石印本　四册

340000－1847－0000163　27
晋書一百三十卷　（唐）房玄齡等撰　明嘉靖南京國子監刻萬曆十年（1582）刻本　十二册　存三十六卷（一至二十五、一百二十至一百三十）

340000－1847－0000164　306

晉書一百三十卷音義三卷　(唐)房玄齡等撰　清光緒十年(1884)上海同文書局石印本　二十四册

340000－1847－0000165　1308
晉書一百三十卷音義三卷　(唐)房玄齡等撰　清光緒十年(1884)上海同文書局石印本　二十四册　存十二卷(八十三至九十四)

340000－1847－0000166　307
晉書一百三十卷音義三卷　(唐)房玄齡等撰　清光緒二十八年(1902)武林竹簡齋石印本　七册　缺十六卷(四十九至六十四)

340000－1847－0000167　308
宋書一百卷　(南朝梁)沈約撰　清光緒十年(1884)上海同文書局石印本　二十四册

340000－1847－0000168　309
宋書一百卷　(南朝梁)沈約撰　清光緒二十八年(1902)武林竹簡齋石印本　六册

340000－1847－0000169　310
南齊書五十九卷　(南朝梁)蕭子顯撰　清光緒十年(1884)上海同文書局石印本　八册

340000－1847－0000170　311
南齊書五十九卷　(南朝梁)蕭子顯撰　清光緒二十八年(1902)武林竹簡齋石印本　二册

340000－1847－0000171　312
梁書五十六卷　(唐)姚思廉撰　清光緒十年(1884)上海同文書局石印本　八册

340000－1847－0000172　313
梁書五十六卷　(唐)姚思廉撰　清光緒二十八年(1902)武林竹簡齋石印本　二册

340000－1847－0000173　314
陳書三十六卷　(唐)姚思廉撰　清光緒十年(1884)上海同文書局石印本　六册

340000－1847－0000174　315
陳書三十六卷　(唐)姚思廉撰　清光緒二十八年(1902)武林竹簡齋石印本　一册

340000－1847－0000175　316
魏書一百三十卷　(北齊)魏收撰　清光緒十年(1884)上海同文書局石印本　二十四册

340000－1847－0000176　317
魏書一百三十卷　(北齊)魏收撰　清光緒二十八年(1902)武林竹簡齋石印本　八册

340000－1847－0000177　318
北齊書五十卷　(隋)李百藥撰　清光緒十年(1884)上海同文書局石印本　八册

340000－1847－0000178　319
北齊書五十卷　(隋)李百藥撰　清光緒二十八年(1902)武林竹簡齋石印本　二册

340000－1847－0000179　320
周書五十卷　(唐)令狐德棻撰　清光緒十年(1884)上海同文書局石印本　八册

340000－1847－0000180　321
周書五十卷　(唐)令狐德棻撰　清光緒二十八年(1902)武林竹簡齋石印本　二册

340000－1847－0000181　322
隋書八十五卷　(唐)魏徵等撰　清光緒十年(1884)上海同文書局石印本　九册　缺六十卷(三至六、十六至十九、三十四至八十五)

340000－1847－0000182　28
南史八十卷　(唐)李延壽撰　明萬曆十八年至十九年(1590－1591)南京國子監刻本　十册　缺三十八卷(一至三十八)

340000－1847－0000183　323
南史八十卷　(唐)李延壽撰　清光緒十年(1884)上海同文書局石印本　二十册

340000－1847－0000184　324
南史八十卷　(唐)李延壽撰　清光緒二十八年(1902)武林竹簡齋石印本　六册

340000－1847－0000185　325
北史一百卷　(唐)李延壽撰　清光緒十年(1884)上海同文書局石印本　十六册　缺四十四卷(五十七至一百)

340000－1847－0000186　326
北史一百卷　(唐)李延壽撰　清光緒二十八年(1902)武林竹簡齋石印本　八册

340000－1847－0000187　327
舊唐書二百卷　(後晉)劉昫等撰　(清)沈德潛等攷證　清刻本　八册　存三十五卷(七十七至一百十一)

340000－1847－0000188　328
舊唐書二百卷　(後晉)劉昫等撰　清光緒十年(1884)上海同文書局石印本　四十七册　缺三卷(一百七十五至一百七十七)

340000－1847－0000189　329
舊唐書二百卷　(後晉)劉昫等撰　清光緒二十八年(1902)武林竹簡齋石印本　十六册

340000－1847－0000190　330
新唐書二百二十五卷附考證釋音二十五卷　(宋)歐陽修　(宋)宋祁等撰　(宋)董衝進釋音　(清)沈德潛等考證　清光緒十年(1884)上海同文書局石印本　五十册

340000－1847－0000191　1309
新唐書二百二十五卷附考證釋音二十五卷　(宋)歐陽修　(宋)宋祁等撰　(宋)董衝進釋音　(清)沈德潛等考證　清光緒十年(1884)上海同文書局石印本　四册　存二十卷(七十、一百七十九至一百九十七)

340000－1847－0000192　331
舊五代史一百五十卷目錄二卷　(宋)薛居正等撰　清光緒十年(1884)上海同文書局石印本　二十四册

340000－1847－0000193　332
舊五代史一百五十卷目錄二卷　(宋)薛居正等撰　清光緒二十八年(1902)武林竹簡齋石印本　六册

340000－1847－0000194　333
新五代史七十四卷　(宋)歐陽修撰　清光緒十年(1884)上海同文書局石印本　十册

340000－1847－0000195　334
新五代史七十四卷　(宋)歐陽修撰　清光緒二十八年(1902)武林竹簡齋石印本　二册

340000－1847－0000196　31
宋史四百九十六卷目錄三卷　(元)脱脱等撰　明嘉靖南京國子監刻萬曆至清順治遞修本　八册　存十四卷(十九至三十二)

340000－1847－0000197　336
宋史四百九十六卷目錄三卷　(元)脱脱等撰　清光緒十年(1884)上海同文書局石印本　七十六册　缺二百二十三卷(七十七至二百九十九)

340000－1847－0000198　337
宋史四百九十六卷目錄三卷　(元)脱脱等撰　清光緒二十八年(1902)武林竹簡齋石印本　三十二册

340000－1847－0000199　29
遼史一百十六卷　(元)脱脱等撰　明嘉靖南京國子監刻萬曆、清順治遞修本　八册

340000－1847－0000200　338
遼史一百十六卷　(元)脱脱等撰　清光緒十年(1884)上海同文書局石印本　八册

340000－1847－0000201　339
遼史一百十六卷　(元)脱脱等撰　清光緒二十八年(1902)武林竹簡齋石印本　三册

340000－1847－0000202　30
金史一百三十五卷目錄二卷　(元)脱脱等撰　明嘉靖八年(1529)南京國子監刻萬曆遞修本　二十册

340000－1847－0000203　340
金史一百三十五卷目錄二卷　(元)脱脱等撰　清光緒十年(1884)上海同文書局石印本　二十四册

340000－1847－0000204　341
金史一百三十五卷目錄二卷　(元)脱脱等撰　清光緒二十八年(1902)武林竹簡齋石印本　七册　存一百二十三卷(一至五十、六十三至一百三十五)

340000－1847－0000205　342
元史二百十卷　(明)宋濂等撰　清同治十三年(1874)江蘇書局刻本　四十六册

340000－1847－0000206　343
元史二百十卷　(明)宋濂等撰　清光緒十年(1884)上海同文書局石印本　四十三冊　缺四十三卷(一百六十八至二百十)

340000－1847－0000207　344
元史二百十卷　(明)宋濂等撰　清光緒二十八年(1902)武林竹簡齋石印本　十四冊

340000－1847－0000208　345
元史藝文志四卷元史氏族表三卷　(清)錢大昕撰　清嘉慶五年(1800)江蘇書局刻本　二冊

340000－1847－0000209　346
元書一百二卷首一卷　(清)曾廉撰　清宣統三年(1911)層漪堂刻本　二十冊

340000－1847－0000210　347
明史三百三十二卷目錄四卷　(清)張廷玉等撰　清刻本　五十冊　缺八十八卷(一至三十七、六十四至六十八、一百十三至一百五十二、一百八十四、二百六十,目錄四卷)

340000－1847－0000211　348
明史三百三十二卷目錄四卷　(清)張廷玉等撰　清光緒十年(1884)上海同文書局石印本　一百十一冊　缺二卷(九十八至九十九)

340000－1847－0000212　349
明史三百三十二卷目錄四卷　(清)張廷玉等撰　清光緒二十八年(1902)武林竹簡齋石印本　二十四冊

340000－1847－0000213　32
明史稿三百十卷　(清)王鴻緒撰　清雍正元年(1723)敬慎堂刻本　八十冊

340000－1847－0000214　33
明史稿三百十卷　(清)王鴻緒撰　清雍正元年(1723)敬慎堂刻本　二十四冊　存二百二十七卷(五十八至二百八十四)

340000－1847－0000215　350
資治通鑑二百九十四卷附釋文辨誤十二卷　(宋)司馬光撰　(元)胡三省音註　清同治七年(1868)江蘇書局刻本　一百冊

340000－1847－0000216　351
資治通鑑二百九十四卷　(宋)司馬光撰　(元)胡三省音註　清光緒十四年(1888)上海蜚英館石印本　三十六冊

340000－1847－0000217　352
資治通鑑補二百九十四卷　(清)嚴衍撰　清光緒二年(1876)武進思補樓木活字印本　八十冊

340000－1847－0000218　353
資治通鑑補二百九十四卷　(清)嚴衍撰　清光緒二年(1876)武進思補樓木活字印本　八十冊

340000－1847－0000219　354
續資治通鑑二百二十卷　(清)畢沅撰　清同治八年(1869)江蘇書局刻本　六十冊

340000－1847－0000220　355
續資治通鑑二百二十卷　(清)畢沅撰　清光緒十四年(1888)上海蜚英館石印本　二十冊

340000－1847－0000221　356
御批歷代通鑑輯覽一百二十卷　(清)傅恒等修　清同治十年(1871)刻朱墨套印本　六十冊　缺七卷(一百一至一百三、一百十二至一百十三、一百十六至一百十七)

340000－1847－0000222　357
御批歷代通鑑輯覽一百二十卷　(清)傅恒等修　清同治十三年(1874)湖南書局刻本　七十四冊　缺十二卷(三十三、四十七至四十八、八十三至八十四、八十七至八十九、九十三至九十四、一百七至一百八)

340000－1847－0000223　358
御批歷代通鑑輯覽一百二十卷　(清)傅恒等修　清光緒二十八年(1902)上海寶善書局石印本　二十冊

340000－1847－0000224　359
資治通鑑目錄三十卷　(宋)司馬光撰　清同治八年(1869)江蘇書局刻本　十冊

340000－1847－0000225　360

資治通鑑目錄三十卷　(宋)司馬光撰　清光緒十四年(1888)上海蜚英館石印本　四册

340000－1847－0000226　361

御批資治通鑑綱目前編十八卷舉要三卷外紀一卷　(宋)金履祥撰　(明)陳仁錫集刊　清光緒十三年(1887)上海同文書局石印本　四册

340000－1847－0000227　362

御批資治通鑑綱目五十九卷首一卷　(宋)朱熹撰　清光緒石印本　十四册

340000－1847－0000228　363

資治通鑑綱目前編二十五卷　(宋)金履祥撰　(明)陳仁錫評　**資治通鑒綱目正編五十九卷**　(宋)朱熹撰　(明)陳仁錫評　清同治三年(1864)漁古山房刻本　九十四册

340000－1847－0000229　381

御撰資治通鑑綱目三編二十卷　(清)張廷玉等編纂　清刻本　四册

340000－1847－0000230　364

續資治通鑑綱目二十七卷首一卷　(明)商輅等撰　清同治三年(1864)漁古山房刻本　三十一册

340000－1847－0000231　365

御批續資治通鑑綱目二十七卷　(明)商輅等撰　清光緒十三年(1887)上海同文書局石印本　五册　缺四卷(一至四)

340000－1847－0000232　366

御撰資治通鑑綱目三編四十卷　(清)朱珪等修　清同治江西書局刻本　十二册

340000－1847－0000233　367

資治通鑑外紀十卷目錄五卷　(宋)劉恕編　(清)胡克家補　清嘉慶十六年(1811)璜川吳氏刻本　七册　缺五卷(目錄五卷)

340000－1847－0000234　368

資治通鑑外紀十卷目錄五卷　(宋)劉恕編　(清)胡克家補　清同治十年(1871)江蘇書局刻本　十册

340000－1847－0000235　35

通鑑紀事本末四十二卷　(宋)袁樞撰　明崇禎十五年(1642)張溥刻本　四十一册　缺一卷(二十二)

340000－1847－0000236　34

通鑑紀事本末前編十二卷　(明)沈朝陽纂編　明萬曆鬱岡山房刻本　八册

340000－1847－0000237　370

資治通鑑地理今釋十六卷　(清)吳熙載撰　清光緒八年(1882)江蘇書局刻本　三册

340000－1847－0000238　372

重訂王鳳洲先生編鑑會纂四十六卷　(明)王世貞撰　清坊刻本　四十八册

340000－1847－0000239　373

尺木堂綱鑑易知錄一百七卷　(清)周靜專　(清)吳楚財　(清)周星若輯　清學庫山房刻本　四十六册

340000－1847－0000240　36

明朝紀事本末八十卷　(清)谷應泰撰　清順治十五年(1658)刻本　二十四册

340000－1847－0000241　395

明史紀事本末八十卷　(清)谷應泰撰　清同治十三年(1874)江西書局刻本　二十册

340000－1847－0000242　382

明紀六十卷　(清)陳鶴撰　清同治十年(1871)江蘇書局刻本　二十册

340000－1847－0000243　374

竹書紀年十二卷首二卷　(南朝梁)沈約註　(清)徐文靖補箋　清光緒三年(1877)浙江書局刻本　四册

340000－1847－0000244　375

廿四史分類輯要□□卷　清刻本　一册　存一卷(五)

340000－1847－0000245　37

廿二史紀事約編八卷　(清)吳綏撰　清乾隆十四年(1749)清畏堂刻本　八册

340000－1847－0000246　38
二十一史約編不分卷補前後三編　（清）鄭元慶撰　清康熙三十六年（1697）漁古山房刻本　八冊

340000－1847－0000247　376
紀元編三卷　（清）李兆洛編　清刻本　三冊

340000－1847－0000248　378
歷代帝王年表十四卷　（清）齊召南撰　（清）阮福補　**帝王廟謚諱譜**　（清）陸費墀撰　清道光四年（1824）小琅嬛僊館刻本　三冊

340000－1847－0000249　379
歷代帝王年表三卷　（清）齊召南撰　清粵雅堂刻本　三冊

340000－1847－0000250　384
東華録三十二卷　（清）蔣良騏撰　清琉璃廠半松居士木活字印本　五冊

340000－1847－0000251　386
東華録三十二卷　（清）蔣良騏撰　清琉璃廠半松居士鉛印本　八冊

340000－1847－0000252　387
東華全録四百二十五卷　王先謙編　清刻本　一百五十八冊　缺二卷（乾隆一百十一至一百十二）

340000－1847－0000253　388
東華續録一百二十卷（乾隆朝）　王先謙編　清刻本　四十七冊

340000－1847－0000254　389
東華續録五十卷（嘉慶朝）　王先謙編　清刻本　二十冊

340000－1847－0000255　390
東華全録六十卷（道光朝）　王先謙編　清刻本　十八冊

340000－1847－0000256　391
東華續録六十九卷（咸豐朝）　潘頤福編　清光緒十三年（1887）欽文書局刻本　二十四冊

340000－1847－0000257　392
東華續録二百二十卷（光緒朝）　朱壽朋編　清刻本　一冊　存四卷（十八至二十一）

340000－1847－0000258　394
四裔編年表四卷　（清）李鳳苞編　（美國）林樂加　（清）嚴良勛譯　清同治刻本　四冊

340000－1847－0000259　397
聖武記十四卷　（清）魏源撰　清刻本　十二冊

340000－1847－0000260　398
聖武記十四卷　（清）魏源撰　清光緒申報館鉛印本　四冊　缺八卷（四、七、九至十四）

340000－1847－0000261　399
洋務經濟通考十六卷　（清）應祖錫　（清）韓卿甫纂　清光緒二十七年（1901）鴻寶齋石印本　十二冊

340000－1847－0000262　400
印刷局問答不分卷　（清）張孝謙問　（日本）得能通昌答　（清）權量譯述　清光緒二十九年（1903）北洋官報局鉛印本　一冊

340000－1847－0000263　401
中東戰紀本末八卷首一卷末一卷　（美國）林樂知注譯　清光緒二十二年（1896）上海广學會鉛印本　十一冊　缺一卷（三）

340000－1847－0000264　407
淮軍水陸戰紀十六卷　（清）鮑叔衡撰　清光緒十一年（1885）京都同文堂石印本　二冊

340000－1847－0000265　409
淮軍平捻記十二卷　（清）周世澄撰　清光緒刻本　四冊

340000－1847－0000266　412
路史四十七卷　（宋）羅泌纂　（宋）羅苹註　清同治四年（1865）刻本　十六冊

340000－1847－0000267　413
危言四卷　（清）湯震撰　清光緒十六年（1890）石印本　四冊

340000－1847－0000268　415
中國度支考不分卷　（英）哲美森編　（美國）林樂知譯　清光緒二十三年（1897）上海圖書

集成局石印本　一册

340000－1847－0000269　416
池北偶談二十六卷　（清）王士禛注　清光緒二十二年（1896）上海慎記書局石印本　八册

340000－1847－0000270　423
唐陸宣公奏議讀本四卷首一卷附制誥　（唐）陸贄撰　（清）汪銘謙選輯　（清）馬傳庚評點　清宣統元年（1909）据會稽馬氏藏本石印本　二册

340000－1847－0000271　424
包孝肅奏議十卷附本傳　（宋）包拯注　清嘉慶刻本　二册

340000－1847－0000272　425
聖諭十六條附律易解不分卷　（清）夏炘輯　清廣仁堂刻本　一册

340000－1847－0000273　426
聖諭廣訓一卷　清光緒十二年（1886）廣仁堂刻本　二册

340000－1847－0000274　427
聖祖仁皇帝庭訓格言不分卷　（清）世宗胤禛編　清刻本　一册

340000－1847－0000275　428
怡賢親王疏鈔不分卷　清道光三年（1823）刻本　一册

340000－1847－0000276　429
劉文莊公奏議八卷　朱孔彰編　清末鉛印本　八册

340000－1847－0000277　431
李肅毅伯奏議二十卷　（清）李鴻章撰　（清）章鴻鈞　（清）吳汝綸編　清光緒石印本　十二册　缺八卷（一至二、四、七、十二、十四至十五、十八）

340000－1847－0000278　490
欽定學政全書八十六卷　（清）王杰等纂　清嘉慶刻本　二十四册

340000－1847－0000279　1312
欽定學政全書八十六卷　（清）王杰等纂　清嘉慶刻本　二十四册

340000－1847－0000280　432
南皮張宫保政書十二卷　（清）張之洞撰　清光緒二十七年（1901）上海圖書集成印書局石印本　六册

340000－1847－0000281　433
奏定學堂章程不分卷　（清）張百熙　（清）張之洞撰　清末學校司排印局鉛印本　五册

340000－1847－0000282　434
現行鄉約選要二卷首一卷　清刻本　一册

340000－1847－0000283　435
普天忠憤十四卷　（清）魯陽生編　清末石印本　四册　存四卷（一、八至十）

340000－1847－0000284　436
危言二卷　（清）邵作舟著　清光緒二十四年（1898）上海商務印書館鉛印本　二册

340000－1847－0000285　440
宋元學案一百卷首一卷　（清）黄宗羲著　（清）全祖望修定　清光緒五年（1879）長沙之寄廬刻本　三十九册　缺一卷（十一）

340000－1847－0000286　441
明儒學案六十二卷　（清）黄宗羲著　（清）全祖望修定　清光緒十四年（1888）南昌縣學刻本　三十二册

340000－1847－0000287　442
明儒學案節鈔不分卷　清末鉛印本　一册

340000－1847－0000288　443
學案小識十五卷　（清）唐鑒著　清光緒十年（1884）刻本　十二册

340000－1847－0000289　444
國朝先正事略六十卷　（清）李元度纂　清同治八年（1869）小瑯環館刻本　二十四册

340000－1847－0000290　445
國朝先正事略六十卷　（清）李元度纂　清光緒十三年（1887）上海點石齋石印本　八册

340000－1847－0000291　1310

國朝先正事略六十卷　(清)李元度纂　清光緒十三年(1887)上海點石齋石印本　八册

340000－1847－0000292　446
國朝先正事略六十卷　(清)李元度纂　清光緒二十七年(1901)上海千頃堂石印本　五册　存二十六卷(一至二十六)

340000－1847－0000293　447
國朝先正事略續編三十卷　(清)李元度纂　清光緒二十六年(1900)石印本　二册

340000－1847－0000294　450
典故列女傳四卷　(明)解縉著　清嘉慶七年(1802)掃葉山房刻本　四册

340000－1847－0000295　385
貳臣傳十二卷逆臣傳四卷　清琉璃廠半松居士鉛印本　三册

340000－1847－0000296　452
貳臣傳十二卷　清琉璃廠半松居士鉛印本　五册　缺四卷(九至十二)

340000－1847－0000297　39
朱子年譜四卷考異四卷附録二卷　(清)王懋竑纂　清乾隆白田草堂刻本　四册

340000－1847－0000298　40
朱子年譜四卷考異四卷附録二卷　(清)王懋竑纂　清乾隆白田草堂刻本　三册　缺二卷(朱子年譜三至四)

340000－1847－0000299　41
四先生年譜四卷　清乾隆十年(1745)刻本　二册

340000－1847－0000300　455
濂洛關閩六先生傳不分卷本朝從祀三先生傳不分卷　(清)羅惇衍編　清刻本　一册

340000－1847－0000301　456
古品節録六卷　(清)松筠編　清道光二年(1822)刻本　六册

340000－1847－0000302　459
歷代名臣言行録二十四卷首一卷　(清)朱桓編　清光緒二十六年(1900)湖南書局刻本　二十四册

340000－1847－0000303　460
歷代名臣言行録二十四卷首一卷　(清)朱桓編　清末朱氏煥文書局石印本　五册　缺十卷(一至七、十二至十四)

340000－1847－0000304　461
求闕齋弟子記三十二卷　(清)王定安著　清光緒二年(1876)龍文齋刻本　十六册

340000－1847－0000305　462
劉銘傳行述不分卷　清刻本　一册

340000－1847－0000306　465
史姓韻編六十四卷　(清)汪輝祖輯　清光緒中西書局石印本　四册

340000－1847－0000307　473
周漁璜先生年譜不分卷　(清)陳田編　清同治聽詩齋刻本　一册

340000－1847－0000308　478
羅忠節公年譜二卷　清同治二年(1863)長沙刻本　一册

340000－1847－0000309　481
病榻夢痕録二卷　(清)汪輝祖著　(清)方宗誠輯　清光緒中江蘇書局刻本　二册

340000－1847－0000310　482
病榻夢痕録節要二卷　(清)汪輝祖著　(清)方宗誠輯　清光緒九年(1883)廣仁堂刻本　一册

340000－1847－0000311　483
夢痕録餘不分卷　清刻本　一册

340000－1847－0000312　42
史記鈔九十一卷　(明)茅坤選編　(明)閔振業補輯　明泰昌元年(1620)閔振業刻朱墨套印本　十二册

340000－1847－0000313　43
安危註四卷　(明)吳甡論輯　明刻本　四册

340000－1847－0000314　44
通典二百卷　(唐)杜佑著　清刻本　四十册

340000－1847－0000315　484
六安徐氏重修宗譜三卷首一卷　清道光二十六年(1846)述德堂刻朱墨套印本　三冊

340000－1847－0000316　485
入蜀記六卷　(宋)陸遊著　清刻本　一冊

340000－1847－0000317　486
恒齋日記二卷　(清)于弼清著　(清)劉莊輯　清光緒九年(1883)廣仁堂刻本　一冊

340000－1847－0000318　1311
恒齋日記二卷　(清)于弼清著　(清)劉莊輯　清光緒九年(1883)廣仁堂刻本　一冊

340000－1847－0000319　488
蜀輶日記四卷　(清)陶澍著　清光緒七年(1881)江州官舍刻本　二冊

340000－1847－0000320　86
二十三科小題與巧集不分卷　(清)李岱雲　(清)李兆恆評選　清康熙四十六年(1707)青雲堂刻本　十四冊

340000－1847－0000321　1187
試律青雲集不分卷　(清)楊逢春　(清)蕭應櫆輯　(清)吳廷藻補註　清道光十七年(1837)刻本　四冊

340000－1847－0000322　1188
青雲集補註六卷　(清)楊逢春　(清)蕭應櫆輯　(清)吳廷藻補註　清光緒十七年(1891)刻本　四冊

340000－1847－0000323　1189
養雲山館試帖四卷　(清)許球著　(清)王榮紱注　清同治七年(1868)刻本　四冊

340000－1847－0000324　1190
試帖紫雲仙琯八卷　(清)高敏輯　清道光十一年(1831)遂初堂刻本　三冊

340000－1847－0000325　491
紫雲仙館試帖二集八卷　(清)高敏輯　清道光十一年(1831)遂初堂刻本　二冊　存四卷(一至四)

340000－1847－0000326　492
有正味齋試帖詩註四卷　(清)麒穀人著　清刻本　一冊

340000－1847－0000327　493
近科考卷選雋初編不分卷　(清)王者瑞編　清道光二十年(1840)起鳳堂刻本　三冊

340000－1847－0000328　494
考卷雋快新編二卷附二編二卷三編二卷　(清)翁心存編　清道光二十年(1840)眺遠樓刻本　六冊

340000－1847－0000329　495
直省考卷清雅全集不分卷　(清)何梅軒編　清咸豐四年(1854)同文堂刻本　二十冊

340000－1847－0000330　496
檉華館試帖彙鈔輯注十卷　(清)路德編　清道光九年(1829)刻本　五冊

340000－1847－0000331　497
李氏五種合刊二十七卷　(清)李兆洛輯　清光緒十四年(1888)掃葉山房刻本　十冊

340000－1847－0000332　498
讀史方輿紀要一百三十卷圖四卷　(清)顧祖禹輯纂　清光緒二十五年(1899)慎記書局石印本　三十二冊

340000－1847－0000333　499
天下郡國利病書一百三十卷　(清)顧炎武輯　清光緒二十五年(1899)慎記書局石印本　二十四冊

340000－1847－0000334　501
歷代輿地沿革險要圖不分卷　楊守敬　饒敦秩繪　清光緒五年(1879)東湖饒氏刻三色套印本　一冊

340000－1847－0000335　46
禹貢錐指二十卷禹貢圖一卷　(清)胡渭纂　清康熙四十四年(1705)漱六軒刻本　十冊

340000－1847－0000336　502
大清一統志五百卷　(清)蔣廷錫總編　清光緒二十三年(1897)杭州竹簡齋石印本　六十冊

340000－1847－0000337　503
大清一統志四百二十四卷目錄一卷　(清)和珅等撰　清光緒二十七年(1901)上海寶善齋石印本　六十冊

340000－1847－0000338　47
乾隆府廳州縣圖志五十卷　(清)洪亮吉纂　清乾隆五十三年(1788)洪氏刻本　十一冊　缺三卷(一至三)

340000－1847－0000339　507
洛陽伽藍記五卷附集證一卷　(北魏)楊衒之纂　清道光十四年(1834)錢塘吳氏刻本　一冊

340000－1847－0000340　506
深州風土記二十二卷　(清)吳汝綸著　清光緒二十六年(1900)文瑞書院刻本　六冊

340000－1847－0000341　544
六安芹宮譜二卷　清光緒三十四年(1908)刻本　四冊

340000－1847－0000342　550
類腋□□卷　(清)姚培謙集　清刻本　十冊　存十一卷(六至十六)

340000－1847－0000343　551
康輶紀行十六卷姚氏先德傳六卷中復堂遺稿六卷　(清)姚瑩撰　清刻本　八冊　存十一卷(康輶紀行六至十六)

340000－1847－0000344　553
錦城紀略三卷　(清)倪望重撰　清光緒二十四年(1898)刻本　一冊

340000－1847－0000345　557
黑龍江述略六卷　(清)徐宗亮撰　清光緒十五年(1889)刻本　二冊

340000－1847－0000346　559
太平寰宇記二百卷目錄二卷　(宋)樂史撰　清刻本　三十六冊

340000－1847－0000347　562
水經註四十卷　(北魏)酈道元撰　清刻本　一冊　存三卷(二十至二十二)

340000－1847－0000348　560
山海經存九卷　(清)汪紱釋　清光緒二十一年(1895)石印本　四冊

340000－1847－0000349　563
歷代河防統纂□□卷　(清)陳璜輯　清末石印本　三冊　存二十二卷(七至二十八)

340000－1847－0000350　564
水道提綱二十八卷　(清)齊召南編　清光緒霞城精舍刻本　八冊

340000－1847－0000351　571
直隸河渠志不分卷　(清)陳儀撰　清道光四年(1824)刻本　一冊

340000－1847－0000352　565
水利營田圖說不分卷　清道光四年(1824)刻本　二冊

340000－1847－0000353　566
畿輔水道管見不分卷畿輔水利私議不分卷　(清)吳邦慶撰　清道光四年(1824)刻本　一冊

340000－1847－0000354　567
畿輔水利輯覽不分卷　清道光三年(1823)刻本　一冊

340000－1847－0000355　575
陳學士文鈔不分卷　(清)陳儀撰　清道光四年(1824)刻本　一冊

340000－1847－0000356　568
畿輔水利義不分卷　清光緒二年(1876)三山林氏刻本　二冊

340000－1847－0000357　569
安瀾紀要二卷　(清)徐端撰　清刻本　二冊

340000－1847－0000358　570
迴瀾紀要二卷　(清)徐端撰　清道光二十三年(1843)刻本　二冊

340000－1847－0000359　574
莫愁湖志二卷　(清)馬士圖輯注　清光緒八年(1882)刻本　二冊

340000－1847－0000360　578
泰山小史不分卷　（明）蕭協中著　清乾隆五十四年（1789）刻本　一冊

340000－1847－0000361　581
武夷山志二十四卷首一卷　（清）董天工編　清道光二十六年（1846）五夫尺木軒刻本　八冊

340000－1847－0000362　582
華嶽志八卷首一卷　（清）李榕蔭纂輯　清道光十一年（1831）刻光緒九年（1883）補刻本　四冊

340000－1847－0000363　584
南遊記不分卷　（清）孫嘉淦著　清嘉慶刻本　一冊

340000－1847－0000364　587
東省與俄交界道路表不分卷　（清）聶士成著　清末石印本　一冊

340000－1847－0000365　590
三省邊防備覽十八卷　（清）嚴如熤撰　清道光十年（1830）刻本　十二冊

340000－1847－0000366　591
洋防輯要二十四卷　（清）嚴如熤撰　清道光十八年（1838）刻本　十二冊

340000－1847－0000367　592
光緒乙巳年交涉要覽上篇二卷下篇三卷　（清）北洋洋務局纂輯　清光緒三十一年（1905）鉛印本　四冊　缺一卷（下篇一）

340000－1847－0000368　594
清朝與各國條約不分卷　清刻本　十三冊

340000－1847－0000369　595
通商約章類纂三十五卷　（清）李翰章等纂輯　清光緒十二年（1886）天津官書局刻本　二十冊

340000－1847－0000370　597
五洲各國政治考八卷續編一卷　（清）錢恂輯　清光緒二十七年（1901）石印本　十二冊

340000－1847－0000371　598
五洲各國政治考八卷續編一卷　（清）錢恂輯　清光緒二十七年（1901）刻本　八冊

340000－1847－0000372　599
五大洲政治通考四十八卷　（清）急先務齋主人等輯　清光緒二十七年（1901）石印本　十二冊

340000－1847－0000373　600
瀛環志略十卷　（清）徐繼畬著　清同治四年（1865）刻本　六冊

340000－1847－0000374　601
校正瀛環志略七卷續集二卷補遺一卷　（清）徐繼畬著　清光緒二十九年（1903）上海有用書齋石印本　六冊

340000－1847－0000375　602
歐洲東方交涉記十二卷　（英國）麥高爾輯著　（美國）林樂知　（清）瞿昂來譯　清光緒六年（1880）刻本　二冊

340000－1847－0000376　603
東藩紀要十二卷　（清）薛培榕撰　清光緒六年（1880）申報館鉛印本　四冊

340000－1847－0000377　604
東洋史要二卷　（日本）桑原騭藏著　樊炳清譯　清光緒二十五年（1899）上海東文學社石印本　二冊

340000－1847－0000378　605
日本新史攬要七卷　（日本）石村貞一編　（清）游瀛主人譯　清光緒元年（1875）石印本　七冊

340000－1847－0000379　607
普法戰紀二十卷　（清）王韜撰　（清）張宗良口譯　清光緒二十一年（1895）弢園王氏刻本　十冊

340000－1847－0000380　608
文獻通考三百四十八卷首一卷　（元）馬端臨著　清咸豐九年（1859）崇仁謝氏刻本　一百二十冊

340000－1847－0000381　610

欽定大清會典一百卷 (清)崑岡等修 清光緒石印本 六冊

340000－1847－0000382 609
欽定大清會典一百卷 (清)崑岡等修 清光緒二十七年(1901)上海文林石印本 五冊 缺十八卷(八十三至一百)

340000－1847－0000383 611
文廟通考六卷首一卷 (清)牛樹梅輯 清同治十年(1871)浙江書局刻本 二冊

340000－1847－0000384 612
文廟祀位不分卷 清同治八年(1869)楚北崇文書局刻本 一冊

340000－1847－0000385 613
文廟丁祭譜不分卷 清同治七年(1868)江蘇書局刻本 一冊

340000－1847－0000386 614
吾學錄初編二十四卷 (清)吳榮光撰 清光緒寶善書局石印本 四冊

340000－1847－0000387 615
吾學錄初編二十四卷 (清)吳榮光撰 清道光二十九年(1849)刻本 八冊

340000－1847－0000388 616
吾學錄初編二十四卷 (清)吳榮光撰 清同治九年(1870)江蘇書局刻本 六冊

340000－1847－0000389 617
皇朝謚彙考五卷 (清)劉長華輯 清光緒元年(1875)錦雲閣刻本 一冊

340000－1847－0000390 618
盛京典制備考八卷首一卷 (清)特忍安撰 (清)崇厚增輯 清光緒四年(1878)盛京軍督署刻本 六冊

340000－1847－0000391 619
莅政摘要二卷 (清)陸隴其輯 清光緒八年(1882)廣仁堂刻本 一冊

340000－1847－0000392 620
荒政輯要九卷首一卷 (清)汪志伊纂 清嘉慶十一年(1806)刻本 二冊

340000－1847－0000393 621
校郊廬抗議不分卷 (清)馮桂芬著 清光緒九年(1883)廣仁堂刻本 一冊

340000－1847－0000394 622
風憲忠告不分卷廟堂忠告不分卷 (元)張養浩著 清味菜廬木活字印本 一冊

340000－1847－0000395 623
康濟譜二十五卷首一卷 (明)潘遊龍輯著 清同治刻本 十六冊

340000－1847－0000396 624
時務要覽八卷 (清)朱克敬編 清光緒二十一年(1895)萬選樓刻本 四冊

340000－1847－0000397 625
文學興國策二卷 (美國)林樂知譯 清光緒二十二年(1896)圖書集成局鉛印本 二冊

340000－1847－0000398 626
富國養民策十六章 清光緒十二年(1886)刻本 一冊

340000－1847－0000399 628
律例便覽八卷 (清)蔡雲峰等原輯 (清)江清驥等增輯 清光緒二十二年(1896)上海書局石印本 六冊

340000－1847－0000400 629
秋審比較彙案二卷 清光緒五年(1879)刻本 一冊

340000－1847－0000401 630
駁案新編三十二卷 (清)全士潮等纂輯 清光緒十年(1884)上海掃葉山房刻本 二十三冊 缺一卷(十二)

340000－1847－0000402 631
駁案續編七卷 (清)全士潮等纂輯 清光緒十年(1884)上海掃葉山房刻本 六冊

340000－1847－0000403 634
歷科狀元策不分卷 (清)□□輯 清同治刻本 一冊

340000－1847－0000404 635
歷科狀元策不分卷 (清)□□輯 清光緒刻

本　一册

340000－1847－0000405　636
欽定狀元策不分卷　（清）□□輯　清光緒刻本　一册

340000－1847－0000406　1313
欽定狀元策不分卷　（清）□□輯　清光緒刻本　一册

340000－1847－0000407　637
歷科朝元卷不分卷　（清）□□輯　清光緒刻本　一册

340000－1847－0000408　644
井礦工程三卷　（英國）白爾捺輯　（英國）傅蘭雅口譯　（清）趙元益筆述　清刻本　二册

340000－1847－0000409　48
金石錄三十卷　（宋）趙明誠編著　清乾隆雅雨堂刻本　四册

340000－1847－0000410　650
兩罍軒彝器圖釋十二卷　（清）吳雲著　清同治十一年(1872)刻本　六册

340000－1847－0000411　651
張叔未解元所藏金石文字不分卷　（清）嚴荄編　清光緒嚴氏鶴緣齋影印本　二册

340000－1847－0000412　652
隨軒金石文字不分卷　（清）徐渭仁摹　清道光二十三年(1843)莆館刻本　四册

340000－1847－0000413　49
印典八卷　（清）朱象賢編　清康熙六十一年(1722)就閒堂刻本　四册

340000－1847－0000414　654
古泉匯六十四卷　（清）李佐賢編　清同治三年(1864)刻本　二十册

340000－1847－0000415　658
歷代史論八卷　（明）張溥撰　清刻本　七册　缺一卷(一)

340000－1847－0000416　659
歷代史論一編四卷　（明）張溥著　清光緒九年(1883)刻本　二册

340000－1847－0000417　660
廿二劄記三十六卷　（清）趙翼撰　清光緒二十五年(1899)上海千頃堂石印本　六册

340000－1847－0000418　661
十七史商榷一百卷首一卷　（清）王鳴盛撰　清光緒十九年(1893)廣雅書局刻本　二十册

340000－1847－0000419　662
讀史大略六十卷　（清）沙張白著　清咸豐七年(1857)恭壽堂刻本　十二册

340000－1847－0000420　663
古文雅正十四卷　（清）蔡世遠選評　清同治七年(1868)湘鄉曾氏刻本　八册

340000－1847－0000421　665
史通削繁四卷　（清）紀昀撰附　（清）浦起龍註刪　清道光十三年(1833)兩廣節署刻朱墨套印本　四册

340000－1847－0000422　666
船山史論五十二卷　（清）王夫之撰　清光緒二十六年(1900)湖南益友書局刻本　二十册

340000－1847－0000423　667
春秋世論五卷　（清）王夫之撰　清光緒二十六年(1900)湖南益友書局刻本　二册

340000－1847－0000424　668
續春秋左氏傳博議二卷　（清）王夫之撰　清光緒二十六年(1900)湖南益友書局刻本　二册

340000－1847－0000425　669
王船山經史論八種七十三卷　（清）王夫之撰　清光緒二十七年(1901)簡青書局石印本　十二册　缺十八卷(讀通鑒論十三至三十)

340000－1847－0000426　670
讀通鑒論三十卷　（清）王夫之撰　清光緒二十五年(1899)申昌書莊石印本　六册

340000－1847－0000427　671
宋論十五卷　（清）王夫之撰　清光緒二十五年(1899)申昌書莊石印本　二册

340000－1847－0000428　672

讀通鑒論三十卷　(清)王夫之撰　清光緒二十七年(1901)簡青書局石印本　二冊　存二卷(一至二)

340000－1847－0000429　674

通鑒論三卷附稽古錄論一卷　(宋)司馬光撰　清光緒二十四年(1898)菁華閣刻本　六冊

340000－1847－0000430　675

評鑒闡要十二卷　清光緒十年(1884)皖省聚文書店刻本　六冊

340000－1847－0000431　676

增評加批歷史綱鑒補三十九卷首一卷　(明)王世貞　(明)袁黄編纂　清末上海富強齋公校石印本　二冊　存七卷(五至八、三十七至三十九)

340000－1847－0000432　677

三蘇策論□□卷　(宋)蘇軾著　清石印本　一冊　存一卷(四)

340000－1847－0000433　678

增廣古今人物論三十六卷　(明)鄭元直編　清光緒二十八年(1902)墨耨山房石印本　十冊

340000－1847－0000434　679

書目答問不分卷　(清)張之洞撰　清光緒五年(1879)刻本　二冊

340000－1847－0000435　680

書目答問不分卷　(清)張之洞撰　清光緒十四年(1888)蜚英館石印本　二冊

340000－1847－0000436　685

四庫全書簡明目錄二十卷　清京都善成堂刻本　七冊　存六卷(一至六)

340000－1847－0000437　687

彙刻書目初編十卷　(清)顧修輯　(清)李文田校注　**彙刻書目補編一卷**　(清)陳光明輯　清光緒元年(1875)陳氏無夢園刻本　十一冊

340000－1847－0000438　688

彙刻書目不分卷　(清)朱氏增訂　清光緒十二年(1886)上海福瀛書局刻本　二十冊

340000－1847－0000439　689

續彙刻書目十二卷補遺一卷　(清)傅雲龍輯　清光緒二年(1876)刻本　十三冊

340000－1847－0000440　696

四書反省錄八卷　(清)李顒撰　清嘉慶二十二年(1817)浙江書局刻本　四冊

340000－1847－0000441　697

四書反省錄八卷　(清)李顒撰　清嘉慶二十二年(1817)浙江書局刻本　三冊　缺二卷(一至二)

340000－1847－0000442　698

大學衍義四十三卷　(宋)真德秀撰　(清)陳宏謀纂輯　清同治十三年(1874)金陵書局刻本　八冊

340000－1847－0000443　700

大學衍義輯要六卷　(宋)真德秀撰　(清)陳宏謀纂輯　清道光二十二年(1842)寶恕堂刻本　四冊

340000－1847－0000444　14

大學衍義輯要一百六十卷　(明)丘濬撰　(明)陳仁錫評　明萬曆三十三年(1605)刻本　四十冊

340000－1847－0000445　699

大學衍義補輯要十二卷　(明)邱濬撰　(清)陳宏謀纂輯　清道光二十二年(1842)寶恕堂刻本　十二冊

340000－1847－0000446　701

荀子二十卷　(唐)楊倞　清光緒二年(1876)浙江書局刻本　六冊

340000－1847－0000447　50

中説十卷　(隋)王通纂　(宋)阮逸注　明刻本　二冊

340000－1847－0000448　742

文中子十卷　(隋)王通纂　(宋)阮逸注　清光緒二年(1876)浙江書局刻本　二冊

340000－1847－0000449　1314
文中子十卷　（隋）王通纂　（宋）阮逸注　清光緒二年（1876）浙江書局刻本　二册

340000－1847－0000450　702
揚子法言十三卷音義一卷　（漢）揚雄撰　（晉）李軌注　清光緒二年（1876）浙江書局刻本　二册

340000－1847－0000451　703
二程全書五十六卷　（宋）程頤　（宋）程顥著　清同治十年（1871）六安求我齋刻本　二十册

340000－1847－0000452　706
二程全書五十六卷　（宋）程頤　（宋）程顥著　清同治十年（1871）六安求我齋刻本　五册　存十三卷（遺書十二至二十二、周易傳二至三）

340000－1847－0000453　704
二程全書三十九卷　（宋）程頤　（宋）程顥著　清小瑯環山館刻本　十册

340000－1847－0000454　705
二程語録十八卷　（宋）朱熹編輯　清同治五年（1866）福州正誼書院刻本　五册

340000－1847－0000455　707
近思録十四卷考訂朱子世家一卷附校勘記　（清）江永集注　清同治八年（1869）刻本　四册

340000－1847－0000456　708
五子近思録十四卷　（清）施璜纂注　清英秀堂刻本　八册

340000－1847－0000457　709
五子近思録十四卷　（清）施璜纂注　清英秀堂刻本　十二册

340000－1847－0000458　710
五子近思録十四卷　（清）施璜纂注　清英秀堂刻本　六册

340000－1847－0000459　51
淵鑒齋御撰朱子全書六十六卷　（宋）朱熹著　（清）熊賜履　（清）李光地等輯　清康熙五十三年（1714）内府刻本　二十五册

340000－1847－0000460　998
晦庵先生朱文公文集一百卷續集十一卷别集十卷首二卷　（宋）朱熹撰　清同治十二年（1873）六安求我齋刻本　四十三册　缺二十五卷（五十九、六十二至六十三、七十一至七十四、七十七至九十二、九十六至九十七）

340000－1847－0000461　999
晦庵先生朱文公文集一百卷續集十一卷别集十卷首二卷　（宋）朱熹撰　清同治十二年（1873）六安求我齋刻本　十七册　存三十三卷（一至十五、二十二至二十三、三十至三十三、三十八、四十一至五十一）

340000－1847－0000462　52
朱子論定文抄二十卷　（清）吴震方輯　清康熙四十二年（1703）刻本　七册　缺四卷（三至四、十三至十四）

340000－1847－0000463　54
延平師弟子答問二卷附楊羅李朱四先生年譜一卷　（宋）李愿中述　（宋）朱熹輯　清乾隆十三年（1748）刻本　二册

340000－1847－0000464　53
性理吟一卷　（宋）朱熹纂　**後性理吟一卷**　（清）尤侗纂　**湘中草六卷**　（清）湯傳楹纂　清康熙刻本　一册

340000－1847－0000465　55
五種遺規十六卷　（清）陳宏謀輯　清乾隆培遠堂刻本　六册　存九卷（從政遺規一至四、訓俗遺規一至四、養正遺規補編一）

340000－1847－0000466　56
五種遺規十六卷　（清）陳宏謀輯　清乾隆培遠堂刻本　六册　存十三卷（從政遺規一至二、訓俗遺規一至五、養正遺規一至三、教女遺規一至三）

340000－1847－0000467　711
五種遺規十七卷　（清）陳宏謀輯　清道光十年（1830）培遠堂刻本　八册

340000－1847－0000468　712
五種遺規十七卷　(清)陳宏謀輯　清光緒五年(1879)江西書局刻本　十二册

340000－1847－0000469　713
東萊博議四卷　(宋)吕祖謙撰　清光緒二十七年(1901)上海同文局石印本　四册

340000－1847－0000470　714
御纂性理精義十二卷　(清)李光地等編　清刻本　六册

340000－1847－0000471　715
御纂性理精義十二卷　(清)李光地等編　清刻本　五册　缺一卷(一)

340000－1847－0000472　716
御纂性理精義十二卷　(清)李光地等編　清刻本　五册

340000－1847－0000473　717
孔子家語十卷　(三國魏)王肅注　清末上海同文書局石印本　四册

340000－1847－0000474　718
先儒論説不分卷　清光緒二十九年(1903)刻本　四册

340000－1847－0000475　719
儒門法語不分卷　(清)彭定求編　(清)湯金釗輯　清道光刻本　一册

340000－1847－0000476　720
儒林宗派十六卷　(清)萬斯同編　清宣統三年(1911)浙江圖書館刻本　二册

340000－1847－0000477　722
理學宗傳二十六卷　(清)孫奇逢輯　清光緒六年(1880)浙江書局刻本　十二册

340000－1847－0000478　723
廣三字經不分卷　(清)蕉軒氏著　**演教論語不分卷**　(清)高繼珩著　清光緒九年(1883)廣仁堂刻本　一册

340000－1847－0000479　724
程氏家塾讀書分年日程三卷　(元)程端禮述　清廣仁堂刻本　一册

340000－1847－0000480　725
思辨録輯要前集二十二卷後集十三卷　(明)陸世儀著　清光緒三年(1877)江蘇書局刻本　八册

340000－1847－0000481　726
吕語集萃四卷　(明)吕坤著　(清)陳宏謀評　清光緒上海文瑞樓石印本　一册

340000－1847－0000482　727
袁易齋先生圖民録四卷　(清)袁守定撰　清同治十二年(1873)刻本　二册

340000－1847－0000483　728
拙修集十卷　(清)吴廷棟撰　清同治十年(1871)六安求我齋刻本　四册

340000－1847－0000484　729
薛子條貫篇十三卷續篇十三卷　(明)薛瑄撰　(清)戴楫輯　清道光二十八年(1848)刻本　三册

340000－1847－0000485　730
藥言賸稿不分卷　(清)李惺撰　清坊刻本　一册

340000－1847－0000486　731
龍溪密諦不分卷　(清)李衷燦輯　清同治刻本　一册

340000－1847－0000487　733
小學集註六卷　(清)陳選集註　清刻本　一册　存三卷(四至六)

340000－1847－0000488　734
為學大指一卷　(日本)仁艮峰著　清光緒十年(1884)廣仁堂刻本　一册

340000－1847－0000489　736
姚江學辨二卷　(清)羅澤南著　清咸豐九年(1859)長沙刻本　二册

340000－1847－0000490　57
道德經二卷附老子考異一卷　(宋)蘇轍注　(明)凌稚隆批點　明吴興閔氏刻朱墨套印本　四册

340000－1847－0000491　737

老子道德經二卷 (晉)王弼注 (唐)陸德明釋文 清光緒元年(1875)浙江書局据華亭張氏本校刻本 一册

340000－1847－0000492 58
南華經十六卷 (晉)郭象注 (宋)劉辰翁點校 (宋)林希逸口義 明吳興閔氏刻四色套印本 十册

340000－1847－0000493 740
列子八卷 (晉)張湛注 清光緒二年(1876)浙江書局刻本 二册

340000－1847－0000494 743
孫子十家注十三卷遺説一卷敘録一卷 (清)孫星衍 (清)吳人驥校 清光緒十年(1884)皖城楊氏刻本 六册

340000－1847－0000495 747
讀史兵略十二卷 (清)胡林翼纂 清光緒二十七年(1901)上海富文書局石印本 八册

340000－1847－0000496 748
草廬經略十二卷 (□)□□撰 清道光至咸豐刻本 四册

340000－1847－0000497 751
車營扣答合編四卷 (明)孫文正撰 清同治八年(1869)濟美堂刻本 四册

340000－1847－0000498 752
攻守炮法一卷克虜伯腰箍炮説一卷克虜伯船炮操法一卷克虜伯炮架説一卷克虜伯螺繩炮架説一卷 (美國)金楷理口譯 (清)李鳳苞筆述 清末刻本 一册

340000－1847－0000499 753
營壘圖説不分卷 (比利時)伯里牙芒著 (美國)金楷理口譯 (清)李鳳苞筆述 清末刻本 一册

340000－1847－0000500 754
營城揭要二卷 (英國)儲意比著 (英國)傅蘭雅口譯 (清)徐壽筆述 清末刻本 二册

340000－1847－0000501 755
克虜伯炮彈造法二卷附圖 (美國)金楷理口譯 (清)李鳳苞筆述 清末刻本 三册

340000－1847－0000502 59
管子二十四卷 (唐)房玄齡注 (明)劉績增注 明萬曆七年(1579)刻本 六册

340000－1847－0000503 758
管子二十四卷 (唐)房玄齡注 (明)劉績增注 清光緒二年(1876)浙江書局刻本 六册

340000－1847－0000504 757
管子校正二十四卷 (清)戴望纂 清同治刻本 四册

340000－1847－0000505 60
韓非子二十卷 明刻本 四册

340000－1847－0000506 759
韓非子二十卷識誤三卷 (清)顧廣圻識誤 清光緒元年(1875)浙江書局刻本 六册

340000－1847－0000507 760
韓非子二十卷 清末掃葉山房石印本 四册 缺四卷(一至四)

340000－1847－0000508 762
公法會通十卷 (德國)步倫氏撰 (美國)丁韙良譯 清光緒六年(1880)上海美華書館鉛印本 五册

340000－1847－0000509 763
公法會通十卷 (德國)步倫氏撰 (美國)丁韙良譯 清光緒二十四年(1898)北洋書局鉛印本 五册

340000－1847－0000510 764
公法便覽四卷續一卷總論一卷 (英國)吳爾璽撰 (美國)丁韙良等譯 清光緒三年(1877)鉛印本 六册

340000－1847－0000511 765
法學通論十五章 (清)吳柏年講述 清光緒三十三年(1907)鉛印本 二册

340000－1847－0000512 766
明刑管見録一卷 (清)穆翰著 清光緒六年(1880)刻本 一册

340000－1847－0000513　767
讀律心得三卷　(清)劉衡纂輯　清光緒元年(1875)刻本　一册

340000－1847－0000514　768
槐鄉政績六卷　(清)沈衍慶著　清同治元年(1862)刻本　二册

340000－1847－0000515　769
全案不分卷　清光緒十三年(1887)刻本　一册

340000－1847－0000516　770
洗冤録詳義四卷摭遺二卷　(清)許槤編　(清)葛元煦摭遺　清光緒二十一年(1895)刻本　六册

340000－1847－0000517　771
從善堂先後成案二卷　清光緒刻本　二册

340000－1847－0000518　1315
從善堂先後成案二卷　清光緒刻本　一册

340000－1847－0000519　61
欽定授時通考七十八卷　(清)額爾泰等撰　清乾隆九年(1744)江西書局刻本　二十四册

340000－1847－0000520　772
蠶桑輯要三卷　(清)沈秉成著　**廣蠶桑説一卷**　(清)沈練著　清光緒元年(1875)江西書局刻本　一册

340000－1847－0000521　773
澤農要録六卷　(清)吳邦慶撰　清道光刻本　二册

340000－1847－0000522　72
秘傳花鏡六卷　(清)陳淏輯　清乾隆四十八年(1783)刻本　二册

340000－1847－0000523　774
潞水客談不分卷　(明)徐貞明著　清道光刻本　一册

340000－1847－0000524　775
增訂圖注本草備要附經絡歌訣湯頭歌訣　(清)汪昂著輯　清積慶堂刻本　二册

340000－1847－0000525　776
本經疏證十二卷本經續疏六卷本經序疏要八卷　(清)鄒澍著　清刻本　八册

340000－1847－0000526　777
醫方集解三卷　(清)汪昂著輯　清大文堂刻本　二册

340000－1847－0000527　778
太醫院增補青囊藥性賦直解附醫方捷徑二卷首一卷　清咸豐十一年(1861)刻本　一册　缺一卷(下)

340000－1847－0000528　779
策學備纂□□卷　清光緒十三年(1887)石印本　一册　存一卷(三)

340000－1847－0000529　780
新鐫校正指明算法□□卷　清刻本　一册　存一卷(下)

340000－1847－0000530　781
算式集要四卷　(英國)哈司韋輯　(英國)傅蘭雅口譯　(清)江衡筆述　清刻本　二册

340000－1847－0000531　782
代數通藝録十六卷　(清)方愷撰　清光緒十六年(1890)刻本　六册

340000－1847－0000532　783
勾股六術不分卷　(清)項名達著　清道光刻本　一册

340000－1847－0000533　784
微積溯源八卷　(英國)華里司輯　(英國)傅蘭雅口譯　(清)華蘅芳筆述　清刻本　六册

340000－1847－0000534　785
中西度量權衡表一卷　清光緒十七年(1891)刻本　一册

340000－1847－0000535　786
繪地法原不分卷　(美國)金楷理口譯　(清)王德均筆述　清刻本　一册

340000－1847－0000536　787
測候叢談四卷　(美國)金楷理口譯　(清)華蘅芳筆述　清刻本　二册

340000－1847－0000537　788
地理辨正五卷首一卷末一卷　(明)張心言著　清刻本　二冊

340000－1847－0000538　789
地理辨正五卷　(清)蔣平階補傳　清兩儀堂刻本　二冊

340000－1847－0000539　790
入地眼全書十卷　(宋)釋靜道著　清刻本　一冊　存二卷(五至六)

340000－1847－0000540　791
八宅明鏡二卷　清兩儀堂刻本　二冊

340000－1847－0000541　792
新刻星平合訂命學須知二卷附欽定萬年曆　(清)胡桓齡著　清兩儀堂刻本　二冊

340000－1847－0000542　793
卜筮正宗十四卷　(清)王洪緒輯　清刻本　四冊

340000－1847－0000543　794
初學小講秘訣□□卷　清刻本　一冊

340000－1847－0000544　795
新鐫神峰張先生通考闢謬命理正宗大全六卷　(清)張楠著輯　清大文堂刻本　六冊

340000－1847－0000545　796
新刊合併官板音義評註淵海子平五卷　(宋)徐升編　善成堂刻本　二冊

340000－1847－0000546　797
重鐫官板地理天機會元正篇體用括要三十五卷　(唐)卜則巍著　(明)顧乃德集　清光緒十四年(1888)學庫山房刻本　六冊

340000－1847－0000547　70
飛鴻堂印譜初集八卷二集八卷三集八卷四集八卷五集八卷　(清)汪啓淑鑒藏　清乾隆鈐印本　十八冊　缺四卷(初集一至二、二集三至四)

340000－1847－0000548　798
甌鉢羅室書畫過目考四卷首一卷末一卷　(清)李玉棻編　清光緒二十三年(1897)北京文奎樓刻本　四冊

340000－1847－0000549　811
芥子園畫傳□□卷　清末上海天寶書局石印本　一冊　存二卷(初集一至二)

340000－1847－0000550　815
虛齋名畫錄十六卷　龐元濟編　清宣統元年(1909)龐氏刻本　十六冊

340000－1847－0000551　829
古玉圖考不分卷　(清)吳大澂著　清光緒十五年(1889)上海同文書局石印本　二冊

340000－1847－0000552　73
省軒考古類編十二卷　(清)柴紹炳編　(清)姚培謙評　清乾隆二十三年(1758)刻本　四冊

340000－1847－0000553　74
藝林彙考五篇三十九卷　(清)沈自南輯　清乾隆十六年(1751)刻本　十二冊

340000－1847－0000554　831
墨子十六卷　(清)畢沅注　清光緒二年(1876)浙江書局刻本　四冊

340000－1847－0000555　833
鶡冠子三卷　(宋)陸佃解　(明)王宇等評　清刻本　一冊

340000－1847－0000556　834
淮南子二十一卷　(漢)劉安撰　(漢)高誘注　清光緒二年(1876)浙江書局刻本　八冊

340000－1847－0000557　62
呂氏春秋二十六卷　(秦)呂不韋撰　(漢)高誘訓解　明萬曆三十三年(1605)刻本　十二冊

340000－1847－0000558　63
白虎通德論二卷　(漢)班固纂集　明嘉靖元年(1522)刻本　二冊

340000－1847－0000559　64
顏氏家訓二卷　(北齊)顏之推撰　(清)朱軾評點　清康熙五十八年(1719)朱軾刻本　二冊

340000－1847－0000560　835
顏氏家訓二卷　（北齊）顏之推撰　清末上海鴻章書局石印本　一册

340000－1847－0000561　836
讀書舉要二卷　（清）楊希閔撰　清光緒八年（1882）津河廣仁堂刻本　一册

340000－1847－0000562　837
讀書做人譜不分卷　（清）龍炳垣輯　清光緒十年（1884）津河廣仁堂刻本　一册

340000－1847－0000563　838
人譜不分卷人譜類記二卷　（明）劉宗周撰　清同治七年（1868）戢山書院刻本　二册

340000－1847－0000564　839
佐治藥言不分卷續佐治藥言不分卷　（清）汪輝祖纂　清刻本　一册

340000－1847－0000565　840
困學紀聞注二十卷　（宋）王應麟撰　（清）翁元圻輯　清道光五年（1825）刻本　十二册

340000－1847－0000566　841
困學紀聞注二十卷　（宋）王應麟撰　（清）翁元圻輯　清光緒三年（1877）善成堂刻本　十六册

340000－1847－0000567　65
通雅五十二卷首三卷　（清）方以智著　清康熙五年（1666）浮山方氏此藏軒刻後印本　十四册

340000－1847－0000568　75
通俗編三十八卷　（清）瞿灝纂　清乾隆十六年（1751）無不宜齋刻本　十二册

340000－1847－0000569　842
執中藴義四卷　清光緒元年（1875）刻本　二册

340000－1847－0000570　843
菜根譚不分卷　（明）洪應明著　**婆羅館清語不分卷**　（明）屠隆偉著　清光緒十三年（1887）揚州藏經禪院刻本　一册

340000－1847－0000571　844
呂子節錄四卷附圖說　（明）呂坤著　（清）陳宏謀評　清光緒九年（1883）津河廣仁堂刻本　一册

340000－1847－0000572　845
呂子節錄四卷附圖說　（明）呂坤著　（清）陳宏謀評　清光緒九年（1883）津河廣仁堂刻本　二册

340000－1847－0000573　66
管城碩記三十卷　（清）徐文靖著　清乾隆九年（1744）刻本　九册

340000－1847－0000574　67
管城碩記三十卷　（清）徐文靖著　清乾隆九年（1744）刻本　九册

340000－1847－0000575　68
管城碩記三十卷　（清）徐文靖著　清乾隆九年（1744）刻本　八册　缺三卷（九至十一）

340000－1847－0000576　846
制義体要十九卷　（清）陳句山編　（清）孫衣安校補　清光緒三年（1877）湖北崇文書局刻本　四册

340000－1847－0000577　847
制義約選□□卷　清光緒九年（1883）著易堂鉛印本　三册　存三卷（初編下、二編下、補編上）

340000－1847－0000578　848
靈峽學則一卷　（清）薛于瑛著　清光緒七年（1881）津河廣仁堂刻本　一册

340000－1847－0000579　849
袁氏世範三卷　（宋）袁采撰　清光緒十年（1884）津河廣仁堂刻本　一册

340000－1847－0000580　1317
袁氏世範三卷　（宋）袁采撰　清光緒十年（1884）津河廣仁堂刻本　一册

340000－1847－0000581　850
經正錄一卷附楊園學規不分卷　（清）張履祥撰　清光緒元年（1875）刻本　一册

340000－1847－0000582　851

女學六卷　(清)藍鼎元編　清光緒九年(1883)津河廣仁堂刻本　二册

340000－1847－0000583　852
訓子語二卷　(清)張履祥撰　清光緒九年(1883)津河廣仁堂刻本　一册

340000－1847－0000584　1316
訓子語二卷　(清)張履祥撰　清光緒九年(1883)津河廣仁堂刻本　一册

340000－1847－0000585　854
人极衍義一卷　(清)羅澤南著　清咸豐九年(1859)長沙刻本　一册

340000－1847－0000586　855
竹葉亭雜記八卷　(清)姚元之撰　清光緒十九年(1893)刻本　二册

340000－1847－0000587　1318
竹葉亭雜記八卷　(清)姚元之撰　清光緒十九年(1893)刻本　二册

340000－1847－0000588　857
北溪先生字義二卷　(宋)陳淳撰　清光緒八年(1882)津河廣仁堂刻本　二册

340000－1847－0000589　858
志學編二卷　(清)余寅止編　清嘉慶十七年(1812)敬義堂刻本　二册

340000－1847－0000590　859
志學會約一卷困學錄一卷　(清)湯斌著　清光緒四年(1878)江蘇書局刻本　一册

340000－1847－0000591　861
聖學入門書三卷　(清)陳瑚著　清道光十四年(1834)味菜廬木活字印本　一册

340000－1847－0000592　860
聖學入門書三卷　(清)陳瑚著　清光緒十年(1884)津河廣仁堂刻本　一册

340000－1847－0000593　862
聰訓齋語一卷　(清)張英著　清光緒八年(1882)津河廣仁堂刻本　一册

340000－1847－0000594　863
輶軒語不分卷　(清)張之洞撰　清光緒二年(1876)刻本　二册

340000－1847－0000595　69
陔餘叢考四十三卷　(清)趙翼撰　清乾隆五十五年(1790)刻本　八册

340000－1847－0000596　864
俗言不分卷　(清)劉源著　清咸豐四年(1854)刻本　一册

340000－1847－0000597　865
捷課須知□□卷　(清)歐陽嵐編　清同文堂刻本　一册　存一卷(一)

340000－1847－0000598　866
鄉塾正誤二卷　(清)李江觀著　清光緒七年(1881)津河廣仁堂刻本　一册

340000－1847－0000599　867
藤香館啓蒙草不分卷　(清)薛時雨編　清梧竹山房刻本　一册

340000－1847－0000600　868
名學十三篇　(英國)穆勒約翰著　嚴復譯　清光緒三十一年(1905)金粟齋刻本　八册

340000－1847－0000601　869
名學八篇　(英國)穆勒約翰著　嚴復譯　清光緒三十一年(1905)金粟齋刻本　二册

340000－1847－0000602　871
東塾讀書記十五卷　(清)陳澧撰　清光緒刻本　四册

340000－1847－0000603　872
日知錄集釋三十二卷刊誤二卷續刊誤二卷　(清)顧炎武著　(清)黄汝成集釋并刊誤　清同治八年(1869)刻本　十六册

340000－1847－0000604　876
無邪堂答問五卷　(清)粤東書院諸生問　(清)朱一新答　清光緒二十二年(1896)上海鴻寶齋石印本　五册

340000－1847－0000605　878
定香亭筆談四卷　(清)阮元記　(清)吴文溥錄　清嘉慶五年(1800)刻本　四册

340000－1847－0000606　879
山居瑣言一卷　(清)王晉之撰　清光緒十年(1884)津河廣仁堂刻本　一册

340000－1847－0000607　880
養性閑筆語録摘要不分卷　(清)鄧厚庵著　清刻本　四册

340000－1847－0000608　882
意林五卷　(唐)馬總撰　清光緒三年(1877)湖北崇文書局刻本　二册

340000－1847－0000609　883
經餘必讀八卷　(清)錢樹棠等輯　清嘉慶十年(1805)刻本　四册

340000－1847－0000610　884
經餘必讀八卷經餘必讀續編八卷　(清)錢樹棠等輯　**經餘必讀三集四卷**　(清)趙在翰纂　清光緒二十年(1894)尚德堂刻本　六册

340000－1847－0000611　928
十子全書一百二十一卷　清光緒元年(1875)浙江書局刻本　四十册

340000－1847－0000612　76
清逸録二卷　(宋)陶穀撰　清康熙刻本　四册

340000－1847－0000613　942
老學庵筆記十卷　(宋)陸遊撰　清光緒三年(1877)湖北崇文書局刻本　二册

340000－1847－0000614　79
四大奇書第一種三國志一百二十回首一卷　(明)羅貫中著　(清)毛宗崗序　(清)金人瑞批評　清順治刻本　二十册

340000－1847－0000615　930
第一才子書一百二十回　(明)羅貫中著　(清)毛宗崗評　清咸豐三年(1853)善成堂刻朱墨套印本　二十册

340000－1847－0000616　78
寄園寄所寄十二卷　(清)趙吉士輯　清康熙三十四年(1695)刻本　十六册

340000－1847－0000617　77
東周列國全志二十三卷首一卷　(清)蔡元放評點　清乾隆刻本　二十四册

340000－1847－0000618　934
詳註聊齋志異圖詠十六卷　(清)蒲松齡著　(清)吕湛恩注　清光緒三十三年(1907)上海章福記書局石印本　一册　存四卷(一至四)

340000－1847－0000619　940
兩般秋雨盦隨筆八卷　(清)梁紹壬纂　清光緒十年(1884)吉華堂刻本　八册

340000－1847－0000620　941
兩般秋雨盦隨筆八卷　(清)梁紹壬纂　清文德堂刻本　四册

340000－1847－0000621　944
閱微草堂筆記二十四卷　(清)觀奕道人撰　清嘉慶五年(1800)北平盛氏望益書屋刻本　七册　缺七卷(七至十、二十二至二十四)

340000－1847－0000622　945
閱微草堂筆記二十四卷　(清)觀奕道人撰　清光緒十三年(1887)上海廣百宋齋石印本　四册

340000－1847－0000623　964
説鈴前集□□後集□□卷　清同治七年(1868)刻本　四册　存六卷(前集一至三,後集三至四、十二)

340000－1847－0000624　89
楚辭十七卷　(漢)劉向原輯　(漢)王逸增　明刻本　二册

340000－1847－0000625　90
楚辭八卷　(宋)朱熹集註　(明)古與堂增輯　明崇禎十年(1637)古與堂刻本　六册

340000－1847－0000626　967
楚辭集註八卷　(宋)朱熹集註　清聽雨齋刻本　六册

340000－1847－0000627　91
陶淵明文集　(晉)陶潛撰　清汲古閣仿蘇寫本　二册　存六卷(四至九)

340000－1847－0000628　970

陶淵明集八卷首一卷　（晉）陶潛撰　清光緒五年（1879）廣州翰墨園刻朱墨套印本　四册

340000－1847－0000629　973
諸葛武侯文集四卷附録一卷　（三國蜀）諸葛亮撰　清同治五年（1866）正誼堂刻本　二册

340000－1847－0000630　92
曹子建集十卷音義一卷　（三國魏）曹植撰　明刻本　二册

340000－1847－0000631　974
庾子山集十六卷首一卷　（北周）庾信撰　（清）倪璠注　清道光十九年（1839）刻本　八册

340000－1847－0000632　975
徐孝穆全集六卷　（南朝陳）徐陵撰　（清）吴兆宜注　清揚州藝古堂刻本　六册

340000－1847－0000633　93
李太白文集三十六卷　（唐）李白撰　（清）王琦輯注　清乾隆二十五年（1760）刻本　二十册

340000－1847－0000634　94
王摩詰詩集七卷　（唐）王維撰　（宋）劉辰翁評　明萬曆凌濛初刻朱墨套印本　二册　存四卷（一至四）

340000－1847－0000635　95
李頎集三卷　（唐）李頎撰　明嘉靖三十三年（1554）浮玉山房刻本　一册

340000－1847－0000636　96
王昌齡集二卷　（唐）王昌齡撰　明嘉靖三十三年（1554）浮玉山房刻本　一册

340000－1847－0000637　97
元氏長慶集六十卷　（唐）元稹撰　（明）馬元調編　**白氏長慶集七十一卷**　（唐）白居易撰　（明）馬元調編　明萬曆馬氏魚樂軒刻本　二十册

340000－1847－0000638　99
集千家注杜工部詩集二十卷杜工部文集二卷　（唐）杜甫撰　（元）高楚芳編　明萬曆許自昌刻本　七册　存二十一卷（詩集二至二十、文集二卷）

340000－1847－0000639　983
杜工部集二十卷　（唐）杜甫撰　（明）王世貞等評　清道光十四年（1834）芸葉盦刻五色套印本　八册

340000－1847－0000640　984
杜工部集二十卷首一卷　（唐）杜甫撰　（明）王世貞等評　清光緒二年（1876）粵東翰墨園刻五色套印本　十册

340000－1847－0000641　982
杜詩詳註二十五卷首一卷附諸家詠杜二卷　（唐）杜甫撰　（清）仇兆鰲輯注　清刻本　二十八册

340000－1847－0000642　100
唐皮日休文藪十卷　（唐）皮日休撰　明萬曆三十六年（1608）許自昌刻本　一册

340000－1847－0000643　101
李長吉歌詩四卷外詩集一卷　（唐）李賀撰　（宋）劉辰翁評　明吴興淩濛初刻朱墨套印本　二册

340000－1847－0000644　986
顔魯公文集三十卷首一卷　（唐）顔真卿撰　（清）黄本驥編　清道光二十五年（1845）刻本　十二册

340000－1847－0000645　987
李義山詩集三卷　（唐）李商隱撰　（清）宋鶴齡箋註　（清）沈厚塽輯評　清同治九年（1870）廣州刻三色套印本　六册

340000－1847－0000646　990
溫飛卿詩集九卷　（唐）溫庭筠撰　（明）曾益注　（清）顧予咸補註　清光緒八年（1882）錢塘汪氏刻本　四册

340000－1847－0000647　978
樊川詩集四卷别集一卷外集一卷附補遺　（唐）杜牧撰　（清）馮集梧注　清光緒十六年（1890）湖南書局刻本　四册

340000－1847－0000648　45
唐陸宣公輯二十二卷　(唐)陸贄撰　清雍正元年(1723)年龔堯刻本　六册

340000－1847－0000649　979
昌黎先生集四十卷外集十卷遺文一卷　(唐)韓愈撰　清同治八年(1869)江蘇書局重刻東雅堂本　十一册

340000－1847－0000650　997
雪心賦正解四卷　(唐)卜應天著　(宋)孟浩注　清刻本　一册　存三卷(二至四)

340000－1847－0000651　103
張子全書十四卷附錄一卷　(宋)張載撰　(宋)朱熹注　清康熙五十八年(1719)朱軾刻本　六册

340000－1847－0000652　1000
朱文公詩集十卷　(宋)朱熹撰　清道光六安徐啓山刻本　二册　缺四卷(七至十)

340000－1847－0000653　102
曾南豐先生文選二卷　(宋)曾鞏撰　(明)王慎中批點　明嘉靖陸穩刻本　四册

340000－1847－0000654　104
宋大家王文公文抄十六卷　(宋)王安石撰　(明)茅坤評　明萬曆七年(1579)茅一桂刻本　八册

340000－1847－0000655　105
臨川先生文選二十卷首一卷　(宋)王安石撰　(明)王民順選　明王民順刻本　六册

340000－1847－0000656　106
東坡先生全集七十二卷首一卷　(宋)蘇軾撰　明末刻本　二十四册

340000－1847－0000657　107
增刊校正王狀元集註分類東坡先生詩二十四卷　(宋)蘇軾撰　(宋)王十朋纂集　(宋)劉辰翁批點　元刻本　一册　存一卷(四)

340000－1847－0000658　108
欒城集十二卷欒城第三集十卷欒城應詔集十二卷　(宋)蘇轍著　明王執禮、顧天敘刻本　十册

340000－1847－0000659　109
劍南詩稿八十五卷　(宋)陸遊撰　明汲古閣仿宋刻本　四十册

340000－1847－0000660　1001
周濂溪先生全集十三卷　(宋)周濂溪撰　(清)張伯行編　清同治五年(1866)福州正誼堂刻本　四册

340000－1847－0000661　1003
白石道人詩集二卷集外詩一卷　(宋)姜夔撰　清宣統二年(1910)掃葉山房石印本　三册

340000－1847－0000662　1004
宋大家歐陽文忠公文抄三十二卷　(宋)歐陽修撰　(明)茅坤批評　明刻唐宋八家文抄本　六册

340000－1847－0000663　1008
余忠宣公青陽集六卷首一卷　(元)余闕撰　清同治四年(1865)皖江刻本　四册

340000－1847－0000664　1009
牧民忠告一卷　(元)張養浩著　清味菜廬木活字印本　一册

340000－1847－0000665　110
王陽明先生全集二十卷首一卷　(明)王守仁撰　(清)俞嶙重編　清康熙十二年(1673)刻本　三十二册

340000－1847－0000666　111
陽明先生文錄三卷　(明)王守仁撰　明刻本　二册

340000－1847－0000667　1010
震川先生集三十卷别集十卷附傳　(明)歸有光撰　清光緒六年(1880)常熟歸氏刻本　六册

340000－1847－0000668　1011
陳臥子先生安雅堂稿十五卷　(明)陳子龍撰　清宣統元年(1909)上海時中書局鉛印本　六册

340000－1847－0000669　1013

陸桴亭先生文集五卷 (明)陸桴亭撰 清光緒九年(1883)津河廣仁堂刻本 二冊

340000－1847－0000670 1014
張陽和文選三卷 (明)張元忭撰 清同治五年(1866)福州正誼堂刻本 一冊

340000－1847－0000671 1016
史忠正公集四卷首一卷末一卷 (明)史可法著 (清)史山清輯 清咸豐六年(1856)刻本 二冊

340000－1847－0000672 112
吳詩集覽二十卷談藪一卷 (清)吳偉業撰 (清)靳榮藩輯 清乾隆四十年(1775)刻本 二十冊

340000－1847－0000673 113
志寧堂全稿不分卷 (清)徐文靖著 清雍正十三年(1735)刻本 一冊

340000－1847－0000674 114
帶經堂集九十二卷 (清)王士禛著 (清)程哲編 清康熙五十一年(1712)七略書堂刻本 二十二冊

340000－1847－0000675 115
西堂全集三十四卷 (清)尤侗撰 清康熙二十三年(1684)刻本 八冊

340000－1847－0000676 116
沈歸愚全集六十七卷 (清)沈德潛著 清乾隆十六年(1751)教忠堂刻本 二十冊

340000－1847－0000677 117
栗山詩存十八卷唱酬紀勝一卷 (清)方學成撰 **讀黃合志一卷** (清)方學成 (清)許起昆 (清)吳開撰 清乾隆松華堂刻本 二冊

340000－1847－0000678 1017
望溪先生文集十八卷集外文十卷集外文補遺二卷年譜二卷 (清)方苞著 清咸豐元年(1851)刻本 十六冊

340000－1847－0000679 1019
望溪先生文集十八卷集外文十卷集外文補遺二卷年譜二卷 (清)方苞著 清咸豐元年(1851)刻本 十六冊

340000－1847－0000680 1020
望溪先生文集十八卷集外文十卷集外文補遺二卷年譜二卷 (清)方苞著 清咸豐元年(1851)刻本 十六冊

340000－1847－0000681 1021
望溪先生文集十八卷集外文十卷集外文補遺二卷年譜二卷 (清)方苞著 清咸豐元年(1851)刻本 十六冊

340000－1847－0000682 1321
望溪先生文集十八卷集外文十卷集外文補遺二卷年譜二卷 (清)方苞著 清咸豐元年(1851)刻本 十六冊

340000－1847－0000683 1018
望溪先生文集十八卷集外文十卷集外文補遺二卷年譜二卷 (清)方苞著 清咸豐元年(1851)刻本 七冊 存十五卷(文集二至十二、十八,集外文一,年譜二卷)

340000－1847－0000684 1022
方望溪文鈔六卷 (清)方苞著 清宣統二年(1910)國學扶輪社鉛印本 六冊

340000－1847－0000685 1023
綠野齋前後合集六卷 (清)劉鴻翱撰 清道光二十四年(1844)刻本 六冊

340000－1847－0000686 1024
三魚堂文集十二卷外集六卷附錄一卷 (清)陸隴其著 清刻本 八冊

340000－1847－0000687 1099
曝書亭集八十卷附葉兒樂府一卷 (清)朱彝尊著 清刻本 十一冊

340000－1847－0000688 1025
曝書亭集八十卷首一卷附錄一卷 (清)朱彝尊著 清光緒十五年(1889)刻本 十五冊

340000－1847－0000689 1026
棣華書屋詩集十卷 (清)程鈺著 清道光二十四年(1844)刻本 二冊

340000－1847－0000690 1042

翁山文外十六卷 (清)屈大均撰 清宣統二年(1910)上海國學扶輪社鉛印本 五冊

340000－1847－0000691 1044
翁山詩外二十卷 (清)屈大均撰 清宣統二年(1910)上海國學扶輪社鉛印本 十二冊

340000－1847－0000692 1045
隨園全集三十五卷 (清)袁枚撰 清刻本 六十三冊 缺十六卷(詩話補遺五至十、隨園隨筆九至十二、新喬諧一卷、紅豆村人詩稿一至五)

340000－1847－0000693 1047
王船山遺書三百二十三卷 (清)王夫之著 清同治四年(1865)金陵節署曾氏刻本 六十二冊 存一百三十六卷(周易内傳一至六、末一,周易大象解一、周易稗疏一至四、周易考異一,周易外傳一至七,書經稗疏一至四,尚書引義一至六,詩經稗疏一至四、考異一,詩廣傳一至五,禮記章句一至四十九,春秋家說一至三,春秋稗疏一至二,春秋世論一至五,續春秋左氏傳博議一至二,讀四書大全說一至十,四書稗疏一、考異一,說文廣義一至三,讀通鑒論一至十五,薑齋詩分體稿一至四、薑齋文集補遺一)

340000－1847－0000694 1048
船山詩草補遺□□卷 (清)王夫之撰 清刻本 一冊 存三卷(四至六)

340000－1847－0000695 1049
中復堂全集九十八卷 (清)姚瑩著 清同治六年(1867)安福縣署刻本 三十九冊 缺三卷(東溟文集四至六)

340000－1847－0000696 1051
戴東原集十二卷年譜一卷札記一卷 (清)戴震撰 清宣統二年(1910)渭南嚴氏成都刻本 六冊

340000－1847－0000697 1322
戴東原集十二卷年譜一卷札記一卷 (清)戴震撰 清宣統二年(1910)渭南嚴氏成都刻本 六冊

340000－1847－0000698 1053
馬徵君遺集六卷 (清)馬徵君著 清同治三年(1864)刻本 二冊

340000－1847－0000699 1054
中隱山房詩草七卷 (清)許頤撰 清咸豐元年(1851)刻本 一冊

340000－1847－0000700 1055
槐鄉遺稿六卷附錄一卷補一卷 (清)沈衍慶著 清同治元年(1862)刻本 二冊

340000－1847－0000701 1057
胡文忠公遺集十卷首一卷 (清)胡林翼著 清同治五年(1866)刻本 八冊

340000－1847－0000702 1058
胡文忠公遺集十卷首一卷 (清)胡林翼著 清同治五年(1866)刻本 七冊 缺一卷(首一卷)

340000－1847－0000703 1059
註釋水竹居賦不分卷 (清)盛觀潮著 清文奎樓刻本 二冊

340000－1847－0000704 1060
滋園粵游尺牘四卷 (清)劉家柱著 清同治刻本 二冊

340000－1847－0000705 1061
陳繼儒文集□□卷 (清)陳繼儒纂 清石印本 六冊 存二十九卷(珍珠船一至四、妮古錄一至四、群碎錄一、偃曝談餘一至二、枕譚一、狂夫之言一至五、香案牘一、書蕉一至二、筆記一至二、書畫史一、讀書鏡一至六)

340000－1847－0000706 1064
二曲全集二十六卷 (清)李顒著 清光緒二十四年(1898)荷花池刻本 十二冊

340000－1847－0000707 1067
繹雅堂詩錄二卷 (清)廖基瑜著 清宣統二年(1910)刻本 一冊

340000－1847－0000708 1068
翊翊齋遺書四卷 (清)馬翮飛撰 清道光十八年(1838)刻本 一冊

340000－1847－0000709　1069
何魯生先生遺文不分卷　(清)何莘鹿撰　清光緒二十二年(1896)刻本　一册

340000－1847－0000710　1070
海秋制藝後集不分卷　(清)湯鵬著　清道光十八年(1838)翼雲閣刻本　二册

340000－1847－0000711　1073
犢山文稿不分卷　(清)周鎬撰　清同治四年(1865)刻本　二册

340000－1847－0000712　1074
犢山文稿不分卷　(清)周鎬撰　清光緒二十年(1894)澹雅書局刻本　四册

340000－1847－0000713　1075
敦艮吉齋文鈔四卷　(清)徐子苓著　清光緒三十二年(1906)集虚草堂刻本　四册

340000－1847－0000714　1076
敦艮吉齋詩存二卷補遺一卷　(清)徐子苓著　清光緒三十二年(1906)集虚草堂刻本　一册　缺一卷(一)

340000－1847－0000715　1077
恒產瑣言一卷　(清)張英著　清光緒八年(1882)津河廣仁堂刻本　一册

340000－1847－0000716　1078
汪梅村先生文集十二卷外集一卷　(清)汪士鐸著　清刻本　一册　存四卷(文集十至十二、外集一卷)

340000－1847－0000717　1079
龍莊遺書□□卷　(清)汪輝祖纂　清江蘇書局刻本　一册　存三卷(一至三)

340000－1847－0000718　1080
漁笛小稿十卷　(清)朱昆田著　清康熙刻本　一册

340000－1847－0000719　1081
李文清公遺書八卷首一卷末二卷　(清)李棠階著　清光緒八年(1882)河北道署刻本　四册

340000－1847－0000720　1323
李文清公遺書八卷首一卷末二卷　(清)李棠階著　清光緒八年(1882)河北道署刻本　四册

340000－1847－0000721　1082
勵志錄二卷年譜二卷　(清)沈近思著　清同治十二年(1873)浙江書局刻本　二册

340000－1847－0000722　1083
敬孚類稿十六卷　(清)蕭穆撰　清光緒三十二年(1906)刻本　八册

340000－1847－0000723　1084
惜抱軒集八十八卷　(清)姚鼐著　清同治五年(1866)省心閣刻本　二十册

340000－1847－0000724　1085
惜抱軒集八十八卷　(清)姚鼐著　清同治五年(1866)省心閣刻本　十六册

340000－1847－0000725　1087
松厓詩鈔三十六卷刊誤一卷　(清)管幹珍著　清末鉛印本　一册　存八卷(松厓詩鈔二十六至三十二、刊誤一卷)

340000－1847－0000726　1088
洪北江文集四卷　(清)洪亮吉著　清宣統二年(1910)上海國學扶輪社鉛印本　二册

340000－1847－0000727　1089
註釋柏蘊皋先生全稿不分卷　(清)柏謙撰　(清)王鈞鰲編　清嘉慶十六年(1811)刻本　四册

340000－1847－0000728　1090
南山全集八卷　(清)宋潛虛著　清光緒十六年(1890)刻本　八册

340000－1847－0000729　1091
周太史鎬七卷附館課詩賦一卷　(清)周鎮南著　清憩雲書屋刻本　六册

340000－1847－0000730　1092
所好山房詩草不分卷　(清)章士馨著　清光緒十七年(1891)刻本　一册

340000－1847－0000731　1093
湯潛庵先生集二卷　(清)湯斌撰　清同治五

年(1866)福州正誼堂刻本　一册

340000－1847－0000732　925
夢東禪師遺集二卷　(清)夢東禪師著　清嘉慶刻本　一册

340000－1847－0000733　1094
古微堂内集三卷外集七卷　(清)魏源著　清光緒四年(1878)淮南書局刻本　四册

340000－1847－0000734　1095
甘泉鄉人稿二十四卷餘稿二卷　(清)錢泰吉撰　**年譜一卷**　(清)錢應溥撰　清光緒十一年(1885)刻本　六册

340000－1847－0000735　1096
人境廬詩草十一卷　(清)黄遵憲撰　清宣統三年(1911)嘉應黄氏鉛印本　四册

340000－1847－0000736　1328
人境廬詩草十一卷　(清)黄遵憲撰　清宣統三年(1911)嘉應黄氏鉛印本　四册

340000－1847－0000737　1100
輟耕吟稿五卷筆記一卷消暑錄一卷敦復堂文集二卷　(清)倪偉人撰　清光緒十六年(1890)刻本　三册

340000－1847－0000738　1101
陶文毅公全集六十四卷首一卷末一卷　(清)陶澍著　清道光二十年(1840)兩淮淮北士民刻本　三十二册

340000－1847－0000739　1102
秦子琴遺文不分卷　(清)秦桐林撰　清光緒二十年(1894)刻本　一册

340000－1847－0000740　1324
秦子琴遺文不分卷　(清)秦桐林撰　清光緒二十年(1894)刻本　一册

340000－1847－0000741　1103
柏堂集九十九卷　(清)方宗誠著　清光緒刻本　二十二册　缺九卷(前編一至五、後編十至十三)

340000－1847－0000742　1104
龔定盦全集十六卷　(清)龔自珍著　清光緒二十三年(1897)萬本書堂刻本　六册

340000－1847－0000743　1107
精刊龔定盦全集十六卷　(清)龔自珍著　清宣統元年(1909)上海國學扶輪社鉛印本　七册

340000－1847－0000744　1105
定盦初集十二卷　(清)龔自珍著　清同治七年(1868)刻本　四册

340000－1847－0000745　1106
定盦文集補編四卷　(清)龔自珍著　清光緒十二年(1886)朱氏刻本　二册

340000－1847－0000746　1108
曾文正公書札□□卷　(清)曾國藩撰　清末鉛印本　十七册　存二十二卷(五至二十六)

340000－1847－0000747　1109
曾文正公文鈔四卷奏議十卷首一卷末一卷　(清)曾國藩撰　清同治十二年(1873)上海醉六堂刻本　十五册　缺三卷(曾文正公文鈔二至三、奏議三)

340000－1847－0000748　1110
曾文正公詩鈔四卷　(清)曾國藩撰　清光緒二年(1876)上海醉六堂刻本　四册

340000－1847－0000749　1111
曾相六十壽文二卷　(清)李鴻章等撰　清光緒二年(1876)上海醉六堂刻本　四册

340000－1847－0000750　1113
斷鐵集詩文存二卷　(清)許炳勳著　清光緒三十三年(1907)鉛印本　一册

340000－1847－0000751　80
文選六十卷　(南朝梁)蕭統編　(唐)李善注　(清)何焯評點　清乾隆三十七年(1772)學庫山房刻本　十六册

340000－1847－0000752　1152
文選六十卷　(南朝梁)蕭統編　(唐)李善注　(清)胡克家考異　清末上海文瑞樓刻本　十六册

340000－1847－0000753　1153

文選六十卷　(南朝梁)蕭統編　(唐)李善注　清同治八年(1869)金陵書局刻本　十冊

340000－1847－0000754　81
樂府詩集一百卷　(宋)郭茂倩編　元至正元年(1341)集慶路儒學刻明修本　十冊　存二十八卷(四十八至七十五)

340000－1847－0000755　82
西山先生真文忠公文章正宗二十四卷　(宋)真德秀編　明嘉靖四十三年(1564)李豸、李磐刻本　十二冊

340000－1847－0000756　1154
古文苑二十一卷　(宋)章樵注　清光緒十二年(1886)江蘇書局刻本　四冊

340000－1847－0000757　83
明世文宗三十卷首一卷　(明)胡時化選輯　(明)陳仁錫訂正　明崇禎元年(1628)刻本　十七冊

340000－1847－0000758　1155
古文眉詮七十九卷　(清)陳榕門　(清)吳牧園鑒定　(清)浦起龍論次　清三吳書院刻本　二十二冊　存六十二卷(三至十八、二十二至二十七、三十二至五十四、五十八至六十、六十六至七十九)

340000－1847－0000759　1156
漢魏六朝百三名家集一百十八卷　(明)張溥編　清光緒十八年(1892)長沙謝氏翰墨山房刻本　一百二十冊

340000－1847－0000760　88
名文酌古集不分卷　(清)張鳳翼選編　清乾隆五十三年(1788)瑞芝閣刻本　一冊

340000－1847－0000761　1176
宋本唐人五十家小集　清光緒二十一年(1895)靈鶼閣刻本　十六冊

340000－1847－0000762　84
御選唐詩三十二卷目錄三卷　(清)聖祖玄燁輯　(清)陳廷敬等注　清康熙五十二年(1713)内府刻朱墨套印本　二十六冊

340000－1847－0000763　85
宋四六選二十四卷　(清)彭元瑞選　(清)曹振庸編　清乾隆四十一年(1776)刻本　四冊

340000－1847－0000764　1161
乾坤正氣集五百七十四卷首一卷　(清)姚瑩　(清)顧沅　(清)潘錫恩輯　清道光二十八年(1848)求是齋刻本　一百九十七冊　缺九卷(八十七至八十八、五百五十三至五百五十九)

340000－1847－0000765　919
國初名文精華註釋不分卷　(清)何桂軒選輯　清刻本　六冊

340000－1847－0000766　1162
皇朝經世文編一百二十卷　(清)賀長齡輯　清同治十二年(1873)雙峰書屋刻本　六十八冊　缺十八卷(十九至二十、二十六至二十九、一百六至一百十三、一百十七至一百二十)

340000－1847－0000767　1163
皇朝經世文編一百二十卷　(清)賀長齡輯　清光緒十三年(1887)上海廣百宋齋石印本　二十四冊

340000－1847－0000768　1164
皇朝經世文續編一百二十卷　(清)葛士濬選輯　清光緒十四年(1888)圖書集成局石印本　三十冊　缺六卷(一百二至一百四、一百七至一百九)

340000－1847－0000769　1166
皇朝經世文續編一百二十卷　(清)葛士濬選輯　清光緒十七年(1891)仿聚珍版石印本　三十二冊

340000－1847－0000770　1165
皇朝經世文續編一百二十卷　(清)葛士濬選輯　清光緒二十四年(1898)文盛書局石印本　二十冊

340000－1847－0000771　1167
皇朝經世文新編三十二卷　(清)麥仲華輯　清光緒二十八年(1902)上海書局石印本　十

二册

340000－1847－0000772　1168
皇朝經世文三編八十卷　(清)陳忠倚輯　清光緒二十八年(1902)龍文書局石印本　十六册

340000－1847－0000773　1169
皇朝經世文四編五十二卷　(清)何良棟輯　清光緒二十八年(1902)鴻寶書局石印本　十二册

340000－1847－0000774　1170
皇朝經世文新增時務續編四十八卷　(清)三畫堂主人輯　清光緒二十三年(1897)掃葉山房石印本　六册

340000－1847－0000775　1173
國朝文雅正所見集十六卷　(清)林有席評輯　清道光十年(1830)刻本　十二册

340000－1847－0000776　1178
今文大小題商十卷　(清)黄越　(清)汪壇編　清寶翰樓刻本　八册

340000－1847－0000777　1179
小題文府□□卷　不著撰者　清石印本　一册　存一卷(下孟)

340000－1847－0000778　1180
小題鳴鳳□□卷　不著撰者　清同治十年(1871)小蓬仙館刻本　三册　存四卷(一至四)

340000－1847－0000779　1181
蕙林軒小題□□卷　不著撰者　清刻本　三册

340000－1847－0000780　1182
懋齋小題時文不分卷　(清)來宗敏編　清道光七年(1827)刻本　二册

340000－1847－0000781　1183
增廣小題多寶船□□卷　清神海山房石印本　二册

340000－1847－0000782　1184
讀我書齋搭題文鈔不分卷　(清)唐李杜編　清同治四年(1865)安定堂刻本　二册

340000－1847－0000783　1185
課蒙引伸二卷　(清)唐李杜編　清咸豐十一年(1861)刻本　二册

340000－1847－0000784　1186
課蒙引伸二集二卷　(清)唐李杜編　清同治五年(1866)聚德堂刻本　二册

340000－1847－0000785　87
課士直解七卷　(清)陳宏謀著　清光緒廣仁堂刻本　四册

340000－1847－0000786　1191
關中書院課士賦第九集不分卷　清刻本　二册

340000－1847－0000787　1192
關中書院續課律賦附訓蒙草註釋不分卷　清來鹿堂刻本　一册

340000－1847－0000788　1193
館課賦鈔十卷　(清)翁心存　(清)林召棠　(清)龍瑛輯　清刻本　二十六册　缺一卷(一)

340000－1847－0000789　1196
辨志文會課藝初集六卷　(清)宋源翰輯　清光緒七年(1881)刻本　六册

340000－1847－0000790　1200
墨香書屋時文摘艷不分卷　(清)恩榮評定　(清)蕭萬堂編輯　清刻本　四册

340000－1847－0000791　1194
註釋明文必自集不分卷　(清)王惟梅選輯　清咸豐五年(1855)璜川吳氏刻本　四册

340000－1847－0000792　1195
吴柳堂先生誄文附輓聯不分卷　(清)傅嚴霖輯　清刻本　一册

340000－1847－0000793　1197
楹聯集錦八卷　清光緒五年(1879)刻本　一册　存四卷(一至四)

340000－1847－0000794　1199

合肥相國七十賜壽圖附壽言不分卷　清光緒八年(1882)海軍石印書局石印本　六冊

340000－1847－0000795　1201
註釋花樣賦鈔二卷　(清)屈塵庵選　清道光五年(1825)英德堂刻本　一冊　存一卷(下)

340000－1847－0000796　1202
律賦選青四卷　(唐)司空圖撰　**附唐二十四詩評一卷**　清刻本　一冊　存二卷(四、唐二十四詩評一卷)

340000－1847－0000797　1203
賦學正鵠十卷　(清)李元度編　清同治十年(1871)爽谿書院刻本　六冊

340000－1847－0000798　1210
賦學指南□□卷　(清)余丙照編　清刻本　一冊　存四卷(十至十三)

340000－1847－0000799　1204
文藝金鍼第十集不分卷　清刻本　一冊

340000－1847－0000800　1205
道生堂全稿初集三卷二集三卷　(清)鍾聲著　清光緒七年(1881)刻本　五冊　缺一卷(二集中)

340000－1847－0000801　1211
玉玲瓏四卷　(清)徐敬軒撰　清光緒十七年(1891)刻本　二冊

340000－1847－0000802　1212
樂府古題要解二卷　(唐)吳兢撰　(清)倪偉人輯補　清刻本　一冊

340000－1847－0000803　1213
歷代詩話八十卷　(明)吳景旭著　清吳興劉氏嘉業堂刻本　十六冊

340000－1847－0000804　122
文心雕龍十卷　(南朝梁)劉勰撰　(明)梅慶生音話　(明)楊升庵批點　明天啟二年(1622)聚錦堂刻本　八冊

340000－1847－0000805　1215
文心雕龍十卷　(南朝梁)劉勰撰　(清)黄叔琳注　(清)紀昀評　清光緒二十一年(1895)學庫山房刻本　四冊

340000－1847－0000806　1216
文心雕龍十卷　(南朝梁)劉勰撰　(清)黄叔琳注　(清)紀昀評　清末上海文瑞樓石印本　四冊

340000－1847－0000807　1218
古文辭類纂七十四卷　(清)姚鼐編　清康紹鏞刻本　十二冊

340000－1847－0000808　1220
續古文辭類纂三十四卷　王先謙編　清三味堂刻本　一冊　存三卷(八至十)

340000－1847－0000809　124
唐詩紀事八十一卷　(宋)計有功撰　明崇禎五年(1632)汲古閣刻本　三十二冊

340000－1847－0000810　123
全唐詩話三卷　(宋)尤袤撰　明正德二年(1507)刻本　三冊

340000－1847－0000811　1227
歷朝詞綜一百七卷　清光緒二十八年(1902)金匱浦氏重修本　二十二冊

340000－1847－0000812　1229
薇省詞鈔十卷附錄一卷　(清)況周儀撰錄　清光緒二十四年(1898)廣陵刻本　四冊

340000－1847－0000813　118
五家宮詞不分卷　(明)毛晉輯　明天啟五年(1625)緑君亭刻本　二冊

340000－1847－0000814　1234
白香詞譜箋四卷　(清)舒夢蘭輯　(清)謝朝徵箋　清光緒十一年(1885)刻本　二冊

340000－1847－0000815　119
詞律二十卷　(清)萬樹編　清康熙二十六年(1687)堆絮園刻本　八冊

340000－1847－0000816　1236
改良全圖綴白裘全傳十二集四十八卷　清末上海廣雅書局石印本　十二冊

340000－1847－0000817　1237

重訂綴白裘十二集四十八卷　清道光三年(1823)刻本　七册　存二十八卷(二集一至四、三集一至四、四集一至四、六集一至四、八集一至四、十集一至四、十一集一至四)

340000－1847－0000818　1238
桃花扇□□卷　(清)孔尚任著　清刻本　一册　存二卷(三至四)

340000－1847－0000819　120
紅雪樓九種曲　(清)蔣士銓填詞　(清)高文照題評　清乾隆三十六年(1771)刻本　六册

340000－1847－0000820　121
紅雪樓五種曲　(清)蔣士銓填詞　清乾隆三十六年(1771)刻本　四册

340000－1847－0000821　1251
玉獅堂傳奇十種十五卷附悲鳳曲一卷　(清)陳烺撰　清末据光緒十七年(1891)刻本石印本　十四册

340000－1847－0000822　885
太平御覽一千卷　(宋)李昉等編　清嘉慶二十三年(1818)歙縣鮑氏知不足齋刻本　一百十九册

340000－1847－0000823　886
太平御覽一千卷　(宋)李昉等編　清光緒十八年(1892)南海李氏刻本　八十册

340000－1847－0000824　887
太平廣記五百卷　(宋)李昉等輯　清乾隆五十一年(1786)黄晟刻本　四十五册　缺三十三卷(一百至一百十、一百二十二至一百四十三)

340000－1847－0000825　889
佩文韻府一百六卷韻府拾遺一百六卷　(清)張玉書等編　清刻本　八十册　缺十二卷(佩文韻府七、十四至二十四)

340000－1847－0000826　890
佩文韻府一百六卷韻府拾遺一百六卷　(清)張玉書等編　清光緒十八年(1892)上海鴻寶齋石印本　二百册

340000－1847－0000827　1327
佩文韻府一百六卷韻府拾遺一百六卷　(清)張玉書等編　清末掃葉山房石印本　三十六册　缺九十九卷(佩文韻府一至六十二、六十四至六十五、六十八至七十、七十四至七十七、八十二至八十四,韻府拾遺六至三十)

340000－1847－0000828　891
佩文韻府約編二十四卷　(清)鄧愷輯　清乾隆二十四年(1759)刻本　二十四册

340000－1847－0000829　892
御定駢字類編二百四十卷　(清)張廷玉等編　清刻本　一百二十册

340000－1847－0000830　893
詩賦駢字類珠八卷　(清)蕭熿編　清嘉慶十八年(1813)刻本　二册

340000－1847－0000831　896
小學紺珠十卷　(宋)王應麟撰　清刻本　三册

340000－1847－0000832　897
精選黄眉故事十卷　(明)鄧百拙彙編　清光緒三年(1877)刻本　五册　缺一卷(十)

340000－1847－0000833　898
增補注釋故事白眉十卷　(明)許以忠集　清光緒二年(1876)經濟堂刻本　六册

340000－1847－0000834　899
子史精華一百六十卷　(清)張廷玉等編　清刻本　三十七册　缺三卷(二十一至二十二、四十)

340000－1847－0000835　900
子史精華一百六十卷　(清)張廷玉等編　清光緒十二年(1886)上海同文書局石印本　八册

340000－1847－0000836　901
淵鑒類函不分卷　(清)張英等編　清光緒九年(1883)上海點石齋石印本　十册

340000－1847－0000837　902
小知錄十二卷　(清)陸鳳藻輯　清同治十二

年(1873)淮南書局刻本　四冊

340000－1847－0000838　904
鑄史駢言十二卷　(清)孫玉田編　清光緒二年(1876)刻本　四冊

340000－1847－0000839　905
西學通考三十六卷　清光緒二十八年(1902)上海書局石印本　十二冊

340000－1847－0000840　906
格致鏡原一百卷　(清)陳元龍撰　清光緒十四年(1888)上海大同書局石印本　十六冊

340000－1847－0000841　907
格致鏡原一百卷　(清)陳元龍撰　清光緒十四年(1888)上海大同書局石印本　十冊　存五十八卷(十一至十八、二十七至四十二、四十九至六十一、七十四至八十三、九十至一百)

340000－1847－0000842　908
經世史鏡二十卷　(清)宋宗元注　清光緒二十八年(1902)鉛印本　五冊

340000－1847－0000843　909
古事比五十二卷　(清)方中德輯著　清光緒十三年(1887)上海點石齋石印本　六冊

340000－1847－0000844　1320
古事比五十二卷　(清)方中德輯著　清光緒十三年(1887)上海點石齋石印本　六冊

340000－1847－0000845　910
干支集錦二十四卷　(清)秦嘉謨輯　清嘉慶二十年(1815)刻本　二冊

340000－1847－0000846　911
幼學求源三十三卷　(清)程登吉注　(清)鄒聖脈增　(清)董成注　清道光二十二年(1842)品蓮堂刻本　四冊

340000－1847－0000847　913
王先生十七史蒙求十六卷　(宋)王令撰　**李氏蒙求補註六卷**　(後唐)李瀚撰　(宋)徐子光注　(清)金三俊補註　清道光二十八年(1848)刻本　四冊

340000－1847－0000848　915
詩學含英十四卷　(清)劉文蔚輯　清松盛堂刻本　二冊

340000－1847－0000849　916
詩學含英□□卷　(清)劉文蔚輯　清大道堂刻本　一冊　存七卷(八至十四)

340000－1847－0000850　917
千金裘二十七卷　(清)蔣義彬纂　清嘉慶二十一年(1816)刻本　六冊

340000－1847－0000851　918
小題指南不分卷　清刻本　六冊

340000－1847－0000852　924
普通百科新大詞典不分卷　黃摩西編　清宣統三年(1911)鉛印本　十五冊

340000－1847－0000853　125
廣漢魏叢書七十六種　(明)程榮輯　(明)何允中增補　明萬曆二十年(1592)刻本　二十一冊　存二十七種

340000－1847－0000854　126
增訂漢魏叢書八十六種　(明)程榮輯　(明)何允中增補　(清)王謨增輯　清乾隆五十六年(1791)刻本　八十一冊

340000－1847－0000855　128
雅雨堂叢書十三種　(清)盧見曾編　清乾隆二十一年(1756)雅雨堂刻本　二十二冊

340000－1847－0000856　129
拜經堂叢書十種　(清)臧庸輯　清乾隆至嘉慶武進拜經堂刻本　十二冊　缺十二卷(拜經堂日記一至十二)

340000－1847－0000857　127
說鈴五十二卷　(清)吳震方輯　清康熙四十四年(1705)刻本　二十冊　缺前集天祿識餘下,後集冥報錄、現果隨錄

340000－1847－0000858　1289
平津館叢書　(清)孫星衍輯　清嘉慶蘭陵孫氏刻本　四冊　存八種

340000－1847－0000859　1290

談藝珠叢四十四卷　(清)王啓原輯　清光緒十一年(1885)刻本　十二册

340000－1847－0000860　1291

藝海珠塵八集一百六十三種　(清)吳省蘭輯　清嘉慶中吳氏聽彝堂刻本　五十九册　存一百四十八種

340000－1847－0000861　1300

玉海附刻十三種　(宋)王應麟撰　清初刻本　十六册　存十種

340000－1847－0000862　1281

玉函山房輯佚書五百九十四鍾　(清)馬國翰輯　清光緒九年(1883)長沙小瑯嬛館刻本　八十册

安徽省六安市金安區圖書館古籍普查登記目録

全國古籍普查登記目録

國家圖書館出版社
National Library of China Publishing House

#《安徽省六安市金安區圖書館古籍普查登記目録》

編委會

《安徽省六安市金安區圖書館古籍普查登記目録》

前　言

六安市金安區圖書館於1956年由六安縣圖書館轉入,1999年撤地設市,成立六安市金安區圖書館,是六安市金安區文化和旅游局下屬公益性全額財政撥款文化事業單位。本館館舍占地880多平方米,下設借書室、期刊閱覽室、公共電子閱覽室(全國文化信息資源共享工程縣級支中心)、古籍室、資料室、采編室和辦公室等科室。2005年被文化部評定爲國家三級圖書館。該館於2015年12月進行館舍拆遷,現在金安區第三辦公區四樓辦公,新館正在籌建中。

六安市金安區圖書館館藏古籍3800餘册,大多數集中在清至民國時期。古籍多數是抗戰時期,原安徽省立圖書館在遷移過程中,途徑六安時留存下來的,也有部分是愛心人士捐贈。

雖然我館古籍普查工作已順利完成,但通過此次普查也暴露出很多問題與不足。如館藏古籍種類較少,且年代主要集中在清至民國時期;缺乏專門的古籍保護人員,工作人員古籍保護知識較匱乏,古籍保存環境要求達不到標準等。針對上述情況,我館將在以後的工作中,明確方向,加强舉措,逐步改善,以便爲我館古籍保護營造更加科學合理的環境。

六安市金安區圖書館

2019年11月

340000－1813－0000001　1:00001
字彙十二卷首一卷末一卷　(明)梅膺祚音釋　清文秀堂刻本(卷一補配清大文堂刻本)　十二册　存十二卷(字彙十二卷)

340000－1813－0000002　1:00002
東萊博議四卷　(宋)呂祖謙撰　(清)馮泰松重刊　**增補虛字註釋一卷**　(清)馮泰松點定　清光緒二十五年(1899)申昌書莊石印本　四册

340000－1813－0000003　1:00003
七家詩詳註七卷　(清)張熙宇評選　(清)石暉甲箋注　清刻本　一册　存一卷(桐雲閣試律五下)

340000－1813－0000004　1:00004
醫宗必讀十卷　(明)李中梓著　(明)包時化參　(明)李廷芳訂　清刻本　一册　存一卷(四)

340000－1813－0000005　1:00005
濟陰綱目十四卷　(明)武之望　(明)金德生輯著　**保生碎事一卷**　(清)汪淇論定　清刻本　五册　存十一卷(濟陰綱目三至七、十至十四,保生碎事一卷)

340000－1813－0000006　1:00006
濟陰綱目十四卷　(明)武之望　(清)金德生輯著　清刻本　七册　存十一卷(二至十二)

340000－1813－0000007　1:00007
堪喜齋試貼輯註一卷　(清)許乃普著　(清)王祿書注釋　清光緒二年(1876)京師琉璃廠刻後七家詩選本　一册

340000－1813－0000008　1:00008
幼科鐵鏡六卷　(清)夏鼎撰　清光緒二十九年(1903)經元書室刻本　二册

340000－1813－0000009　1:00009
幼科鐵鏡六卷　(清)夏鼎撰　清光緒二十九年(1903)經元書室刻本　一册

340000－1813－0000010　1:00010
山谷詩鈔五卷　(宋)黃庭堅著　(清)姚鼐選本　清光緒八年(1882)刻本　二册

340000－1813－0000011　1:00011
字彙十二卷首一卷末一卷　(明)梅膺祚音釋　清經元堂刻本　十四册

340000－1813－0000012　1:00012
小兒藥證眞訣三卷　(宋)錢乙撰　清光緒二十五年(1899)廣雅書局刻武英殿聚珍版書本　一册

340000－1813－0000013　1:00013
詩經融註大全體要八卷　(清)高朝瓔定　(清)沈世楷輯　清刻本　四册

340000－1813－0000014　1:00014
附釋音毛詩注疏二十卷　(漢)毛亨撰　(漢)鄭元箋　(唐)孔穎達疏　**毛詩註疏校勘記二十卷**　(清)阮元撰　(清)盧宣旬摘錄　清同治十二年(1873)江西書局刻重刊宋本十三經注疏附校勘記本　二十四册

340000－1813－0000015　1:00015
御纂醫宗金鑑六十卷續編十四卷首一卷　(清)吳謙編修　清刻本　三十一册

340000－1813－0000016　1:00016
御纂醫宗金鑑十六卷首一卷　(清)吳謙編修　清刻本　八册　存十四卷(一至三、五至七、十至十六,首一卷)

340000－1813－0000017　1:00037
金石續編二十一卷首一卷　(清)陸耀遹纂　(清)陸增祥校訂　清光緒十九年(1893)上海寶善石印本　六册

340000－1813－0000018　1:00059
韻史二卷　(清)許遯翁著　**韻史補一卷**　(清)朱玉岑著　清光緒十三年(1887)上海廣百宋齋鉛印本　一册

340000－1813－0000019　1:00042
六安州志六十卷首一卷　(清)吳康霖纂　(清)李蔚修　清光緒三十年(1904)刻本　六册　存二十一卷(一至十四、五十五至六十,首一卷)

340000－1813－0000020　1:00420

隸書字法一卷　(明)陳紀書　(明)鄭漢音釋　清刻本　一冊

340000－1813－0000021　1:00017

史鑑節要便讀六卷　(清)鮑東里編輯　清同治七年(1868)刻本　二冊

340000－1813－0000022　1:00018

仁記局增訂課讀鑑畧妥註善本五卷　(明)李廷機著　清光緒三十一年(1905)寶慶勸學書舍刻本　二冊

340000－1813－0000023　1:00019

元豐九域志十卷　(宋)王存撰　清光緒二十五年(1899)廣雅書局刻武英殿聚珍版書本　六冊

340000－1813－0000024　1:00044

周易初學快觀六卷　(清)高賢輯注　(清)高述曾校訂　(清)高永麗等編　清光緒二十七年(1901)高述曾等刻本　六冊

340000－1813－0000025　1:00020

鍼灸大成十卷　(明)楊繼洲編著　(清)李月桂重訂　清嘉慶六年(1801)刻本　七冊　存七卷(一、四、六至十)

340000－1813－0000026　1:00021

唐陸宣公集二十二卷增輯一卷首一卷　(唐)陸贄撰　清光緒二年(1876)江蘇書局刻本　五冊　存十八卷(一至六、十三至二十二,增輯一卷,首一卷)

340000－1813－0000027　1:00022

寄傲山房塾課纂輯春秋備旨十二卷　(清)鄒聖脉纂輯　(清)鄒可庭編　清刻本　四冊

340000－1813－0000028　1:00023

春秋世論五卷　(清)王夫之譔　清光緒二十七年(1901)簡青齋書局石印本　一冊

340000－1813－0000029　1:00024

春秋家說三卷　(清)王夫之撰　清簡青齋書局石印本　二冊

340000－1813－0000030　1:00025

幼科鍼鏡六卷　(清)夏鼎撰　清刻本　一冊

340000－1813－0000031　1:00026

濟陰綱目十四卷　(清)武之望輯著　(清)張志聰訂正　(清)汪淇箋釋　**保生碎事一卷**　(清)汪淇論定　清刻本　八冊　存十二卷(濟陰綱目一至八、十二至十四,保生碎事一卷)

340000－1813－0000032　1:00029

御纂醫宗金鑑十六卷　(清)吳謙編修　清光緒三十二年(1906)有益齋石印本　三冊　存十卷(一至十)

340000－1813－0000033　1:00030

醫方湯頭歌括一卷　(清)汪昂編輯　(清)汪端較　清兩儀堂刻本　一冊

340000－1813－0000034　1:00027

新刊增補萬病回春原本八卷　(明)龔廷賢編　清刻本　八冊

340000－1813－0000035　1:00028

御纂醫宗金鑑九十卷　(清)吳謙編修　清刻本　十九冊　存三十八卷(一、五至七、九至十六、十九至二十五、三十九至四十一、五十一至五十九、七十六至七十七、八十二至八十六)

340000－1813－0000036　1:00031

御纂醫宗金鑑九十卷　(清)吳謙編修　清刻本　二十三冊　存五十六卷(四至十五、十八至十九、二十二至二十三、二十六至四十四、四十七至四十九、五十二至六十七、七十至七十一)

340000－1813－0000037　1:00045

歷代名臣言行錄二十四卷　(清)朱桓編輯　(清)潘永季校定　清光緒十二年(1886)上海錦章圖書局石印本　八冊

340000－1813－0000038　1:00032

農政全書六十卷　(明)徐光啟撰　清宣統元年(1909)上海求學齋局石印本　一冊　存七卷(一至七)

340000－1813－0000039　1:00043
聖武記十四卷　(清)魏源撰　清光緒四年(1878)上海申報館鉛印申報館叢書本　十册

340000－1813－0000040　1:00033
名賢手札八卷　(清)郭慶藩輯　清光緒二十四年(1898)滬城周月記書局石印本　二册

340000－1813－0000041　1:00034
山海經十八卷圖十八卷　(晉)郭璞傳　(清)郝懿行箋疏　清光緒還讀樓刻朱墨套印本　二册　存六卷(山海經三至五、圖三至五)

340000－1813－0000042　1:00035
曾文正公家書十卷　(清)曾國藩撰　清光緒鉛印本　二册　存二卷(九至十)

340000－1813－0000043　1:00036
畿輔安瀾志五十六卷　(清)王履泰纂　清光緒二十五年(1899)廣雅書局刻武英殿聚珍版書本　十五册　存三十三卷(永定河十卷、沙河一卷、滋河一卷、滹沱河四卷、衛河八卷、白河四卷、潮河一卷、大通河一卷、清河二卷、薊運河上)

340000－1813－0000044　1:00038
黄帝内經素問九卷　(清)張志聰集註　(清)莫承藝參訂　清刻本　十一册

340000－1813－0000045　1:00039
增訂本草備要六卷醫方集解六卷　(清)汪昂著輯　清乾隆五年(1740)芸生堂刻本　六册

340000－1813－0000046　1:00040
玉函山房輯佚書　(清)馬國翰輯　清同治十年(1871)濟南皇華館書局補刻本　八册

340000－1813－0000047　1:00041
四書朱子本義匯參四十三卷首四卷　(清)王步青輯　(清)王士鼇編　清刻本　十五册　存三十四卷(大學一至三、首一卷,中庸三至六,論語三至二十,孟子五至十一、十四)

340000－1813－0000048　1:00047
元憲集三十六卷　(宋)宋庠撰　清光緒二十五年(1899)廣雅書局刻武英殿聚珍版書本　六册

340000－1813－0000049　1:00049
大學衍義四十三卷　(宋)真德秀撰　清刻本　十册

340000－1813－0000050　1:00046
南澗甲乙稿二十二卷　(宋)韓元吉撰　**拾遺一卷**　(清)勞格輯目　(清)孫星華錄文　清光緒二十五年(1899)廣雅書局刻武英殿聚珍版書本　七册

340000－1813－0000051　1:00048
高州府志五十四卷首一卷末一卷　(清)楊霽等纂修　清光緒十六年(1890)高城聊經號刻本　二十四册

340000－1813－0000052　1:00050
春秋左傳杜注三十卷首一卷　(清)姚培謙學　清同治五年(1866)金陵書局刻本　八册　存二十五卷(一至十五、十九至二十七,首一卷)

340000－1813－0000053　1:00051
刪註脈訣規正二卷　(清)沈鏡刪註　(清)徐良臣餐補　清刻本　一册　存一卷(上)

340000－1813－0000054　1:00052
刪註脈訣規正二卷　(清)沈鏡刪註　清兩儀堂刻本　一册　存一卷(下)

340000－1813－0000055　1:00053
刪註脈訣規正二卷　(清)沈鏡刪註　清兩儀堂刻本　一册　存一卷(下)

340000－1813－0000056　1:00054
前漢書一百卷　(漢)班固撰　(唐)顔師古注　清光緒三十一年(1905)上海久敬齋石印本　十二册

340000－1813－0000057　1:00055
後漢書一百二十卷　(南朝宋)范曄撰　(唐)李賢注　清光緒三十一年(1905)上海久敬齋石印本　八册

340000－1813－0000058　1:00056
彙纂功過格十二卷末一卷　(清)陳錫嘏輯

清道光二十一年(1841)刻本　十冊

340000－1813－0000059　1∶00057
欣賞齋尺牘六卷　(清)曹仁鏡撰　清刻本　一冊　存二卷(三至四)

340000－1813－0000060　1∶00058
漁洋山人精華錄箋注十二卷首一卷註補一卷　(清)王士禎撰　(清)金榮箋注　(清)徐淮纂　清鳳翽堂刻本　十一冊

340000－1813－0000061　1∶00064
詩學含英十四卷　(清)劉文蔚輯　清刻本　二冊

340000－1813－0000062　1∶00060
廣博物志五十卷　(明)董斯張纂　(明)楊鶴等訂　清光緒五年(1879)學海堂刻本　二十四冊

340000－1813－0000063　1∶00061
東華續錄六十九卷(咸豐朝)　潘頤福編　清光緒十八年(1892)上海圖書集成印書局石印本　十六冊

340000－1813－0000064　1∶00062
南雅堂醫書全集四十種　(清)陳念祖著　清上海久敬齋書局石印本　十八冊

340000－1813－0000065　1∶00063
皇朝通典一百卷　(清)嵇璜等修　清光緒二十八年(1902)上海鴻寶書局石印本　八冊

340000－1813－0000066　1∶00067
拙軒集六卷　(金)王寂撰　清光緒二十五年(1899)廣雅書局刻武英殿聚珍版書本　一冊

340000－1813－0000067　1∶00065
詩學含英十四卷　(清)劉文蔚輯　清刻本　一冊　存七卷(一至七)

340000－1813－0000068　1∶00066
文選六十卷　(南朝梁)蕭統輯　(唐)李善注　清學庫山房刻本　十二冊

340000－1813－0000069　1∶00069
文苑英華辨證十卷首一卷　(宋)彭叔夏撰　**拾遺一卷**　(清)孫星華識　清光緒二十五年(1899)廣雅書局刻武英殿聚珍版書本　一冊

340000－1813－0000070　1∶00068
金淵集六卷　(元)仇遠撰　清光緒二十五年(1899)廣雅書局刻武英殿聚珍版書本　一冊

340000－1813－0000071　1∶00076
明本釋三卷　(宋)劉荀撰　清光緒二十五年(1899)廣雅書局刻武英殿聚珍版書本　一冊

340000－1813－0000072　1∶00070
圖註八十一難經辨真四卷　(戰國)秦越人著　(明)張世賢圖註　清兩儀堂刻本　一冊　存二卷(一至二)

340000－1813－0000073　1∶00071
圖註八十一難經辨真四卷　(戰國)秦越人著　(明)張世賢圖註　清兩儀堂刻本　二冊　存三卷(一至三)

340000－1813－0000074　1∶00072
圖註八十一難經辨真四卷　(戰國)秦越人著　(明)張世賢圖註　清刻本　一冊　存二卷(三至四)

340000－1813－0000075　1∶00073
刪註脈訣規正二卷　(清)沈鏡刪註　(清)徐良臣參補　清光緒二十三年(1897)湖南經綸元記刻本　二冊

340000－1813－0000076　1∶00074
三江分類校士錄十卷　題(清)慰記書莊主人輯　清光緒三十一年(1905)慰記書莊石印本　五冊　存五卷(一、四、六至七、十)

340000－1813－0000077　1∶00075
皇朝經世文續編一百二十卷　(清)葛士濬輯　清光緒二十八年(1902)天章書局石印本　二十冊

340000－1813－0000078　1∶00077
澗泉日記三卷　(宋)韓淲撰　清光緒二十五年(1899)廣雅書局刻武英殿聚珍版書本　一冊

340000－1813－0000079　1∶00078
攷古質疑六卷　(宋)葉大慶撰　清光緒二十

五年(1899)廣雅書局刻武英殿聚珍版書本 一册

340000－1813－0000080 1∶00079
誠齋易傳二十卷 (宋)楊萬里撰 清光緒二十五年(1899)廣雅書局刻武英殿聚珍版書本 五册

340000－1813－0000081 1∶00095
訂正東醫寶鑒十二卷 (朝鮮)許浚撰 清末上海廣益書局石印本 八册

340000－1813－0000082 1∶00081
六書分類十二卷 (清)傅世垚輯篆 清聽松閣刻本 四册 存四卷(五至六、八至九)

340000－1813－0000083 1∶00082
續春秋左氏傳博議二卷 (清)王夫之撰 清光緒二十八年(1902)上海書局石印本 二册

340000－1813－0000084 1∶00088
鐵網珊瑚二集不分卷 (清)沈鏡堂輯 清光緒十年(1884)刻本 二册

340000－1813－0000085 1∶00085
帝範四卷 (唐)太宗李世民撰 清光緒二十五年(1899)廣雅書局刻武英殿聚珍版書本 一册

340000－1813－0000086 1∶00083
千金裘二十七卷 (清)蔣義彬纂 清咸豐十年(1860)刻本 四册 存二十四卷(一至二十四)

340000－1813－0000087 1∶00084
千金裘二集二十六卷 (清)蔣義彬纂 清刻本 二册 存六卷(四至七、二十五至二十六)

340000－1813－0000088 1∶00087
鶡冠子三卷 (宋)陸佃解 清光緒二十五年(1899)廣雅書局刻武英殿聚珍版書本 一册

340000－1813－0000089 1∶00086
鐵網珊瑚初集不分卷 (清)周鴻藻等著 清光緒十年(1884)刻本 二册

340000－1813－0000090 1∶00089
鐵網珊瑚三集不分卷 (清)朱鴻儒著 清光緒十年(1884)刻本 一册

340000－1813－0000091 1∶00090
地理辨正疏五卷首一卷末一卷 (清)張心言述 清同治十一年(1872)刻本 三册

340000－1813－0000092 1∶00091
皇朝文獻通考三百卷 (清)嵇璜等編 清光緒二十八年(1902)上海鴻寶書局石印本 三十二册

340000－1813－0000093 1∶00100
塾課小題正鵠□□卷 (清)李傳敏鑒定 (清)李元度編輯 清光緒八年(1882)湖南書局刻本 九册 存九卷(初集一至二、二集二至三、三集一至五)

340000－1813－0000094 1∶00092
本草萬方鍼線八卷 (清)蔡烈先輯 清道光十五年(1835)務本堂刻本 四册

340000－1813－0000095 1∶00093
寶真齋法書贊二十八卷 (宋)岳珂撰 清光緒二十五年(1899)廣雅書局刻武英殿聚珍版書本 八册

340000－1813－0000096 1∶00099
尚書精義五十卷 (宋)黄倫撰 (清)劉定裕校訂 清刻本 十二册

340000－1813－0000097 1∶00094
書經體註大全合參六卷 (清)范翔鑒定 (清)張聖度訂 (清)錢希祥參 (宋)蔡沈集傳 清大文堂刻本 四册

340000－1813－0000098 1∶00080
禮記十卷 (元)陳澔集說 清刻本 十册

340000－1813－0000099 1∶00096
御纂醫宗金鑑十六卷 (清)吴謙編修 清刻本 十四册 存十四卷(二至十四、十六)

340000－1813－0000100 1∶00098
河朔訪古記三卷 (元)納新撰 清光緒二十五年(1899)廣雅書局刻武英殿聚珍版書本 一册

340000－1813－0000101　1：00097

本草備要四卷醫方湯頭歌括一卷經絡歌訣一卷續增日食菜物一卷醫方集解六卷　（清）汪昂輯　清刻本　三册　存八卷（本草備要二、四，醫方湯頭歌括一卷，經絡歌訣一卷，續增日食菜物一卷，醫方集解二、五至六）

340000－1813－0000102　1：00101

新鐫曆法總覽合節鰲頭通書十卷　（明）熊宗立曆法　（明）熊秉懋增補　清刻本　二册　存三卷（三至四、十）

340000－1813－0000103　1：00102

竹笑軒賦鈔初集二集　（清）孫清達編次　清同治六年（1867）刻本　二册

340000－1813－0000104　1：00103

新刊醫林狀元壽世保元十卷　（明）龔廷賢編　清經綸堂刻本　五册　存五卷（一、六至九）

340000－1813－0000105　1：00104

新刊醫林狀元壽世保元十卷　（明）龔廷賢編　清刻本　三册　存四卷（六至九）

340000－1813－0000106　1：00105

新刊醫林狀元壽世保元十卷　（明）龔廷賢編　清刻本　三册　存三卷（六至八）

340000－1813－0000107　1：00106

夢邵軒易經集解十二卷　（清）靳蒼護著　清光緒二十一年（1895）刻本　五册　存八卷（一至八）

340000－1813－0000108　1：00107

五經集解□□卷　（□）雪樵輯　清刻本　二册　存二卷（周易集解四、詩經集解五）

340000－1813－0000109　1：00108

康熙字典三十六卷檢字一卷辨似一卷等韻一卷備考一卷補遺一卷　（清）張玉書　（清）陳廷敬總閲　（清）凌紹雯等纂修　清光緒十六年（1890）上洋鴻寶齋石印本　五册　存二十五卷（子集三卷、丑集三卷、寅集三卷、卯集三卷、辰集三卷、未集三卷、申集三卷，檢字一卷，辨似一卷，等韻一卷，備考一卷）

340000－1813－0000110　1：00109

新刻小兒推拿方脈活嬰秘旨全書三卷　（明）龔廷賢述撰　（明）姚國禎補輯　清書林經國堂刻本　二册

340000－1813－0000111　1：00110

鄭志三卷　（三國魏）鄭小同撰　**鄭志校勘記一卷**　（清）孫星華識　**鄭志拾遺一卷**　王復輯　清光緒二十五年（1899）廣雅書局刻武英殿聚珍版書本　一册

340000－1813－0000112　1：00111

傅子五卷　（晉）傅玄撰　清光緒二十五年（1899）廣雅書局刻武英殿聚珍版書本　一册

340000－1813－0000113　1：00112

四書味根錄三十七卷首二卷　（清）金澂輯　清道光十七年（1837）刻本　十五册

340000－1813－0000114　1：00113

皇朝經世文編一百二十卷　（清）賀長齡輯　清石印本　十二册

340000－1813－0000115　1：00114

鼎鍥幼幼集成六卷　（清）陳復正輯訂　（清）周宗頤參定　清刻本　六册

340000－1813－0000116　1：00116

鴻寶齋攷正字彙二卷　（清）鴻寶齋書局編　清光緒二十年（1894）石印本　一册

340000－1813－0000117　1：00115

溫病條辨六卷首一卷　（清）吴瑭著　（清）汪瑟菴參訂　清上海錦章圖書局石印本　一册　存二卷（一、首一卷）

340000－1813－0000118　1：00118

孟子註疏解經十四卷附校勘記十四卷　（漢）趙岐注　（宋）孫奭疏並撰音義　清同治十二年（1873）江西書局刻重刊宋本十三經注疏附校勘記本　八册

340000－1813－0000119　1：00117

溫病條辨六卷首一卷　（清）吴瑭著　清刻本　三册

340000－1813－0000120　1：00119

任兆麟述記三卷 (清)任兆麟撰　清末石印本　二册　存二卷(一、三)

340000－1813－0000121　1:00120
御製數理精蘊上編五卷下編四十卷表八卷 (清)梅毂成編　清末石印本　九册　存二十八卷(下編八至三十,表一至二、五至七)

340000－1813－0000122　1:00121
張謇批選四書義六卷 (清)張謇撰　清光緒二十七年(1901)石印本　一册　存一卷(一)

340000－1813－0000123　1:00122
九朝東華錄一百九十五卷續錄二百三十卷 王先謙編　(清)周潤蕃　(清)周瀹蕃校　清光緒十年(1884)廣百宋齋石印本　七十五册

340000－1813－0000124　1:00123
欽定四庫全書總目二百卷 (清)紀昀等撰　清刻本　五十七册　存七十八卷(三十五至四十四、五十五至六十、六十二至六十五、七十九至八十、一百四至一百二十三、一百三十六至一百三十七、一百四十八至一百七十、一百九十至二百)

340000－1813－0000125　1:00124
籌濟編三十二卷首一卷 (清)楊景仁輯　清光緒五年(1879)江蘇書局刻本　八册

340000－1813－0000126　1:00125
史記一百三十卷 (漢)司馬遷撰　(宋)裴駰集解　清光緒三十一年(1905)上海久敬齋石印本　八册

340000－1813－0000127　1:00126
增註字類標韻六卷 (清)華綱鑒定　(清)范多玨重訂　清光緒二年(1876)刻本　二册

340000－1813－0000128　1:00127
漢學商兑三卷 (清)方東樹撰　清光緒十年(1884)六安涂氏求我齋刻本　二册

340000－1813－0000129　1:00128
子史精華一百六十卷 (清)允祿等撰　清刻本　四十五册　存一百五十卷(四至二十八、三十二至五十、五十五至一百六十)

340000－1813－0000130　1:00129
四書典制類聯音註三十三卷 (清)閻其淵輯　清光緒元年(1875)龍江書屋刻本　十册

340000－1813－0000131　1:00130
大清律例增修統纂集成四十卷督捕則例附纂二卷 (清)陶駿增修　(清)陶念霖增修　清光緒九年(1883)刻本　二十四册

340000－1813－0000132　1:00131
近科同館賦不分卷 (清)錢桂森等撰　清光緒二年(1876)刻本　四册

340000－1813－0000133　1:00132
隨園三十八種 (清)袁枚撰　清宣統二年(1910)上海鴻文書局石印本　三十二册

340000－1813－0000134　1:00133
海嶽軒叢刻九種十七卷 (清)杜俞撰　清光緒三十三年(1907)蘇省刷印總局鉛印本　十二册

340000－1813－0000135　1:00134
康熙字典三十六卷檢字一卷辨似一卷等韻一卷備考一卷補遺一卷 (清)張玉書　(清)陳廷敬總閲　(清)凌紹雯等纂修　清道光七年(1827)刻本　十五册　存十八卷(十一至二十八)

340000－1813－0000136　1:00135
康熙字典三十六卷檢字一卷辨似一卷等韻一卷備考一卷補遺一卷 (清)張玉書　(清)陳廷敬總閲　(清)凌紹雯等纂修　清光緒元年(1875)湖北崇文書局刻本　四十册

340000－1813－0000137　1:00136
經學輯要二十四卷 (清)吴潁炎輯　清光緒十三年(1887)上海點石齋石印本　二十册　存十三卷(五上下、六至十一、十六下、十七中下、十九上下、二十至二十一、二十四上中下)

340000－1813－0000138　1:00137
江西法政學堂講義不分卷 (清)鄭衍煒等編　清宣統元年(1909)助進刷印所鉛印本　九册

340000－1813－0000139　1:00138
策學備纂三十二卷首一卷　(清)蔡啟盛 (清)顧炎亮輯　清光緒十三年(1887)上海點石齋石印本　十九册

340000－1813－0000140　1:00143
古文輯註八卷　(清)朱西田編　清英秀堂刻本　三册　存六卷(一至六)

340000－1813－0000141　1:00139
幼學求源三十三卷　(清)程登吉著　(清)鄒聖脉增　(清)董成注　(清)饒步瀛等同訂　清大文堂刻本　四册

340000－1813－0000142　1:00140
血證論八卷　(清)唐宗海著　(清)鄧其章参校　清光緒三十四年(1908)上海千頃堂書局石印本　二册

340000－1813－0000143　1:00141
血證論八卷　(清)唐宗海著　(清)鄧其章参校　清光緒三十四年(1908)上海千頃堂書局石印本　二册

340000－1813－0000144　1:00142
讀通鑑論三十卷　(清)王夫之撰　清光緒二十七年(1901)簡青齋書局石印本　六册

340000－1813－0000145　1:00144
鼎鍥趙田了凡袁先生編纂古本歷史大方綱鑑補三十九卷首一卷　(宋)劉恕外紀　(宋)金履祥前編　(明)袁黄編纂　清光緒二十九年(1903)上海博文館石印本　十册

340000－1813－0000146　1:00146
唐書直筆四卷　(宋)吕夏卿撰　清光緒二十五年(1899)廣雅書局刻武英殿聚珍版書本　一册

340000－1813－0000147　1:00145
史論正鵠初集四卷二集四卷三集八卷四集八卷　(清)王樹敏評點　清光緒三十年(1904)上海久敬齋石印本　十四册　存十四卷(初集二,二集二至四,三集一、三至六、八,四集一至三、七)

340000－1813－0000148　1:00148
宋論十五卷　(清)王夫之譔　清光緒二十七年(1901)簡青書局石印本　二册　存二卷(一至二)

340000－1813－0000149　1:00147
三蘇策論十二卷　(宋)蘇洵等著　清光緒二十七年(1901)上洋石印書局石印本　四册

340000－1813－0000150　1:00149
三蘇策論十二卷　(宋)蘇洵等著　清光緒二十七年(1901)上海漢讀樓石印本　五册

340000－1813－0000151　1:00150
綱鑑會纂三十九卷首一卷　(明)王世貞編　清光緒二十五年(1899)上海著易堂石印本　十册

340000－1813－0000152　1:00151
御撰資治通鑒綱目三編六卷　(清)張廷玉等編次　清光緒二十五年(1899)上海著易堂石印本　二册

340000－1813－0000153　1:00201
八烈贈詩七卷　(清)胡壽椿輯　清同治四年(1865)後補齋刻本　一册

340000－1813－0000154　1:00200
周易外傳七卷　(清)王夫之撰　清光緒二十七年(1901)簡青書局石印王船山先生經史論八種本　二册

340000－1813－0000155　1:00152
欽定學政全書八十六卷首一卷　(清)童璜總纂　清刻本　十二册

340000－1813－0000156　1:00153
瘍醫大全四十卷　(清)顧世澄纂輯　清光緒二十年(1894)刻本　三十六册

340000－1813－0000157　1:00154
古唐詩合解四卷　(清)王堯衢注　清會友堂刻本　一册

340000－1813－0000158　1:00155
古唐詩合解十二卷　(清)王堯衢注　清刻本　一册　存三卷(五至七)

340000－1813－0000159　1：00156

古唐詩合解十二卷　（清）王堯衢注　清末李光明莊刻本　一册　存二卷（一至二）

340000－1813－0000160　1：00157

地球韻言四卷　（清）張士瀛撰　清光緒二十八年（1902）湘省益冡家學會刻本　二册

340000－1813－0000161　1：00158

增批直省闈墨六卷　（清）馮一梅　（清）劉鯤輯　清光緒三十年（1904）上海書局石印本　十册

340000－1813－0000162　1：00159

光緒癸卯恩科江南闈藝不分卷　（清）楊紹鑒定　清上海益智書局石印本　一册

340000－1813－0000163　1：00160

春秋集解十二卷　（宋）蘇轍撰　清刻本　二册

340000－1813－0000164　1：00161

皇朝通志一百二十六卷　（清）嵇璜等撰　清光緒二十八年（1902）上海鴻寶齋書局石印本　八册

340000－1813－0000165　1：00185

鄉會文府不二題不分卷　（□）□□輯　清石印本　三十一册

340000－1813－0000166　1：00163

曲江書屋新訂批註左傳快讀十八卷首一卷　（晉）杜預註　（唐）陸元明音義　（清）李紹崧選訂　清光緒二十三年（1897）經綸元記刻本　十六册

340000－1813－0000167　1：00164

盛世危言八卷　鄭觀應著　清光緒二十一年（1895）鉛印本　八册

340000－1813－0000168　1：00165

峽江圖攷一卷行川必要一卷　（清）江國璋撰　清光緒四年（1878）刻本　二册

340000－1813－0000169　1：00170

悦心集五卷　（清）世宗胤禛輯　清光緒二十五年（1899）廣雅書局刻武英殿聚珍版書本　一册

340000－1813－0000170　1：00189

鼎鍥趙田了凡袁先生編纂古本歷史大方綱鑑補三十九卷首一卷　（明）袁黄編纂　清刻本　七册　存七卷（四、七、九至十、十二、三十二、三十七）

340000－1813－0000171　1：00188

唐史論斷三卷　（宋）孫甫撰　**唐史論斷校勘記一卷**　（清）傅以禮識　**唐史論斷附錄一卷**　（清）張敦頤等書　清光緒二十五年（1899）廣雅書局刻武英殿聚珍版書本　一册

340000－1813－0000172　1：00166

增批直省闈墨十卷　（清）馮一梅　（清）劉鯤輯　清光緒三十年（1904）上海書局石印本　一册　存一卷（陝西甘肅部）

340000－1813－0000173　1：00162

尚書離句六卷　（清）錢在培輯解　清光緒三十三年（1907）詳隆書刻本　一册　存三卷（一至三）

340000－1813－0000174　1：00168

南陽集六卷　（宋）趙湘撰　**南陽集拾遺一卷**　（清）勞格輯　（清）孫星華錄文　清光緒二十五年（1899）廣雅書局刻武英殿聚珍版書本　一册

340000－1813－0000175　1：00186

陳修園醫書四十八種　（清）陳念祖著　清光緒三十一年（1905）上海文盛堂書局石印本　二十册　存四十六種一百二十四卷（神農本草經讀四卷、醫學三字經四卷、時方妙用四卷、時方歌括二卷、景岳新方砭四卷、女科要旨四卷、醫學實在易八卷、醫學從衆錄八卷、金匱要畧淺註十卷、金匱方歌括六卷、張仲景傷寒論原文淺註六卷、長沙方歌括六卷、靈素節要淺註十二卷、傷寒醫訣串解六卷、傷寒真方歌括六卷、十藥神書注解一卷、急救經驗良方一卷、經驗百病内外一卷、霍亂論二卷、咽喉脈證通論一卷、洞主仙師白喉治法忌表抉微一卷、救急喉疹要法一卷、喉痧正的一卷、太乙神鍼方一卷、救迷良方一卷、福幼編一卷、養生鏡一卷、瘧疾論三卷、增廣大生要旨一卷、保嬰要旨一卷、痢症三字訣一卷、春溫三字訣一卷、傷寒舌鑑一卷、王洪緒先生外科證治全生一卷、眼科捷徑一卷、引痘略一卷、婦科雜症一卷、戒煙說理一卷、達生編一卷、增補食物祕書一卷、局方發揮一卷、海藏瘢論萃英一卷、戒煙善後策一卷、濕熱條辨一卷、醫案三十一條一卷、脈訣一卷)

340000－1813－0000176　1∶00167
古文釋義新編八卷　(清)余誠評註　清刻本　三冊

340000－1813－0000177　1∶00169
遼史紀事本末四十卷首一卷金史紀事本末五十二卷首一卷　(清)李有棠編纂　清光緒十九年(1893)同文書局石印本　十冊

340000－1813－0000178　1∶00171
有正味齋試貼詳註二卷　(清)吳錫麒著　(清)吳掄　(清)吳敬恆注　清道光五年(1825)大文堂刻本　二冊

340000－1813－0000179　1∶00172
有正味齋試貼詳詩註六卷　(清)吳錫麒著　清孫洪琦孫洪瑞刻本　一冊　存三卷(四至六)

340000－1813－0000180　1∶00173
有正味齋律賦詳註二卷　(清)吳錫麒著　清刻本　一冊

340000－1813－0000181　1∶00174
四書人物類典串珠四十卷　(清)臧志仁編輯　清同治六年(1867)刻本　十冊

340000－1813－0000182　1∶00175
本草從新十八卷　(清)吳儀洛撰　清光緒二十年(1894)上海書局石印本　二冊　存八卷(一至八)

340000－1813－0000183　1∶00176
漁洋詩話二卷　(清)王士禎著　清宣統元年(1909)掃葉山房石印本　一冊

340000－1813－0000184　1∶00177
禮記十卷　(元)陳澔集說　清同治七年(1868)楚北崇文書局刻本　九冊　存九卷(一至九)

340000－1813－0000185　1∶00179
魏鄭公諫續錄二卷　(元)翟思忠撰　清光緒二十五年(1899)廣雅書局刻武英殿聚珍版書本　一冊

340000－1813－0000186　1∶00178
集說詮眞□□卷　(清)黃伯祿輯　清光緒十年(1884)上海慈母堂鉛印本　四冊

340000－1813－0000187　1∶00180
集說詮眞續編□□卷　(清)黃伯祿輯　清光緒十年(1884)上海慈母堂鉛印本　一冊

340000－1813－0000188　1∶00181
莊子內篇註四卷　(明)釋德清註　清光緒十四年(1888)金陵刻經處刻本　二冊

340000－1813－0000189　1∶00182
老子道德經解二卷首一卷觀老莊影響論一卷　(明)釋德清著　清光緒十二年(1886)金陵刻經處刻本　一冊　存一卷(二)

340000－1813－0000190　1∶00183
新唐書糾謬二十卷首一卷　(宋)吳縝纂　**校勘記二卷**　(清)孫星華識　清光緒二十五年(1899)廣雅書局刻武英殿聚珍版書本　三冊

340000－1813－0000191　1∶00184
五代史纂誤三卷　(宋)吳縝撰　清光緒二十五年(1899)廣雅書局刻武英殿聚珍版書本　一冊

340000－1813－0000192　1∶00187
御選明臣奏議四十卷　(清)高宗弘曆輯　清光緒二十五年(1899)廣雅書局刻武英殿聚珍版書本　十五冊

340000－1813－0000193　1∶00190
朝野類要五卷　(宋)趙升撰　清光緒二十五年(1899)廣雅書局刻武英殿聚珍版書本　一冊

340000－1813－0000194　1∶00191

易象意言一卷 （宋）蔡淵撰 **易學濫觴一卷** （元）黄澤撰 清光緒二十五年（1899）廣雅書局刻武英殿聚珍版書本 一册

340000－1813－0000195 1:00192
雲谷雜記四卷首一卷末一卷 （宋）張淏撰 清光緒二十五年（1899）廣雅書局刻武英殿聚珍版書本 一册

340000－1813－0000196 1:00193
欽定詩經樂譜全書三十卷欽定樂律正俗一卷 （清）鄒奕孝總纂 清光緒二十五年（1899）廣雅書局刻武英殿聚珍版書本 十八册

340000－1813－0000197 1:00194
春秋繁露十七卷附録一卷 （漢）董仲舒撰 **春秋繁露校勘記二卷** （清）孫星華識 清光緒二十五年（1899）廣雅書局刻武英殿聚珍版書本 三册

340000－1813－0000198 1:00195
增訂二論詳解四卷 （清）劉忠輯 清宣統元年（1909）上海鍊石齋書局石印本 四册

340000－1813－0000199 2:00053
羅忠節公小學韻語註釋一卷 （清）羅澤南著 清末石印本 一册

340000－1813－0000200 1:00196
太醫院增補青囊藥性賦直解六卷 （明）羅必煒訂 清閩書林楊能儒刻本 一册

340000－1813－0000201 1:00197
太醫院增補青囊藥性賦直解六卷 （明）羅必煒訂 清福建楊能儒刻本 一册 存三卷（四至六）

340000－1813－0000202 1:00198
十三經集字不分卷 （清）李鴻藻輯 清光緒六年（1880）刻本 一册

340000－1813－0000203 1:00199
禹貢説斷四卷 （宋）傅寅撰 清光緒二十五年（1899）廣雅書局刻武英殿聚珍版書本 二册 存二卷（一至二）

340000－1813－0000204 1:00202
華陽集四十卷 （宋）王珪撰 清光緒二十五年（1899）廣雅書局刻本 七册

340000－1813－0000205 1:00203
西漢會要七十卷 （宋）徐天麟撰 清光緒二十五年（1899）廣雅書局刻武英殿聚珍版書本 十册

340000－1813－0000206 1:00204
東漢會要四十卷 （宋）徐天麟撰 清光緒二十五年（1899）廣雅書局刻武英殿聚珍版書本 七册

340000－1813－0000207 1:00205
春秋釋例十五卷首一卷 （晉）杜預撰 **春秋釋例校勘記二卷** （清）孫星華識 清光緒二十五年（1899）廣雅書局刻武英殿聚珍版書本 九册

340000－1813－0000208 1:00206
攻媿集一百十二卷 （宋）樓鑰撰 **攻媿集拾遺一卷** （清）傅以禮識 清光緒二十五年（1899）廣雅書局刻武英殿聚珍版書本 二十三册

340000－1813－0000209 1:00207
大學衍義四十三卷 （宋）真德秀輯 （明）陳仁錫評 清同治十三年（1874）夔州府雲邑郭氏家塾刻本 十二册

340000－1813－0000210 1:00208
大學衍義補一百六十卷首一卷 （明）丘濬進呈 （明）陳仁錫評閲 清同治十三年（1874）夔州府雲邑郭氏家塾刻本 四十八册

340000－1813－0000211 1:00209
明史三百二十二卷目録四卷 （清）張廷玉等修 清光緒十年（1884）上海同文書局石印二十四史本 一百十二册

340000－1813－0000212 1:00210
金史一百三十五卷 （元）脱脱等修 清光緒十年（1884）上海同文書局石印二十四史本 二十四册

340000－1813－0000213 1:00211

遼史一百十六卷 (元)脱脱等修 清光緒十年(1884)上海同文書局石印二十四史本 八册

340000－1813－0000214 1:00212

魏書一百十四卷 (北齊)魏收撰 清光緒十年(1884)上海同文書局石印二十四史本 二十四册

340000－1813－0000215 1:00213

北史一百卷 (唐)李延壽撰 清光緒十年(1884)上海同文書局石印二十四史本 二十四册

340000－1813－0000216 1:00214

晉書一百三十卷 (唐)太宗李世民撰 **音義三卷** (唐)何超音義 清光緒十年(1884)上海同文書局石印二十四史本 三十册

340000－1813－0000217 1:00215

舊唐書二百卷 (後晉)劉昫撰 清光緒十年(1884)上海同文書局石印二十四史本 四十八册

340000－1813－0000218 1:00216

唐書二百二十五卷釋音二十五卷 (宋)歐陽修 (宋)宋祁撰 (宋)董衝釋音 清光緒十年(1884)上海同文書局影印二十四史本 四十五册 存二百十八卷(唐書三至六、二十五至一百五十二、一百五十九至二百二十五,釋音一至十九)

340000－1813－0000219 1:00219

南史八十卷 (唐)李延壽撰 清光緒十年(1884)上海同文書局石印二十四史本 二十册

340000－1813－0000220 1:00217

絳帖平六卷總錄一卷 (宋)姜夔撰 清光緒二十五年(1899)廣雅書局刻武英殿聚珍版書本 一册

340000－1813－0000221 1:00218

元史二百十卷目錄二卷 (明)宋濂修 (明)王禕等撰 清光緒十年(1884)上海同文書局石印二十四史本 五十册

340000－1813－0000222 1:00220

麟臺故事五卷末一卷 (宋)程俱撰 **拾遺二卷附考異一卷** (清)孫星華識 清光緒二十五年(1899)廣雅書局刻武英殿聚珍版書本 一册

340000－1813－0000223 1:00221

文獻通考三百四十八卷 (元)馬端臨著 清咸豐九年(1859)崇仁謝氏刻三通本 一百十六册

340000－1813－0000224 1:00222

通典二百卷 (唐)杜佑纂 清咸豐九年(1859)崇仁謝氏刻三通本 四十册 存一百八十二卷(十九至二百)

340000－1813－0000225 1:00223

通志二百卷 (宋)鄭樵撰 清咸豐九年(1859)崇仁謝氏刻三通本 五十六册 存六十七卷(一百三十四至二百)

340000－1813－0000226 1:00224

净德集三十八卷 (宋)吕陶撰 清光緒二十五年(1899)廣雅書局刻武英殿聚珍版書本 四册

340000－1813－0000227 1:00225

唐會要一百卷 (宋)王溥撰 清光緒二十五年(1899)廣雅書局刻武英殿聚珍版書本 二十八册

340000－1813－0000228 1:00226

欽定四庫全書總目二百卷首四卷 (清)紀昀等撰 清光緒二十五年(1899)廣雅書局刻武英殿聚珍版書本 六十七册

340000－1813－0000229 1:00227

前漢書一百卷 (漢)班固撰 (唐)顔師古注 清光緒十八年(1892)武林竹簡齋石印二十四史本 十二册

340000－1813－0000230 1:00228

後漢書一百二十卷 (南朝宋)范曄撰 (唐)李賢注 清光緒十八年(1892)武林竹簡齋石印二十四史本 八册

340000－1813－0000231　1:00229
欽定四庫全書考證一百卷　(清)王太岳等纂　清光緒二十五年(1899)廣雅書局刻武英殿聚珍版書本　五十六冊

340000－1813－0000232　1:00230
三國職官表三卷　(清)洪飴孫撰　清光緒十七年(1891)廣雅書局刻廣雅書局叢書本　三冊

340000－1813－0000233　1:00235
辨證奇聞十卷　(清)錢松著　清光緒七年(1881)刻本　四冊　存六卷(一至二、五至六、九至十)

340000－1813－0000234　1:00232
理學宗傳辨正十六卷附錄二卷　(清)劉廷詔撰　清同治十一年(1872)六安涂氏求我齋刻本　六冊

340000－1813－0000235　1:00231
存誠堂詩集二十五卷　(清)張英著　清光緒二十三年(1897)桐城張氏刻本　一冊　存二卷(一至二)

340000－1813－0000236　1:00233
孝經不分卷　(宋)朱熹刊誤　(明)陳仁錫　(明)陳選集註　清同治十三年(1874)刻本　一冊

340000－1813－0000237　1:00234
萬壽衢歌樂章六卷　(清)彭元瑞撰　清光緒二十五年(1899)廣雅書局刻武英殿聚珍版書本　一冊

340000－1813－0000238　1:00236
羊毛瘟疫新論一卷　(清)劉月汀撰　清光緒元年(1875)翠筠軒木活字印本　一冊

340000－1813－0000239　1:00240
[同治]六安州志六十卷首一卷　(清)吳康霖總纂　(清)李蔚　(清)王峻總修　清同治十一年(1872)刻本　四冊　存五卷(一、五十至五十二,首一卷)

340000－1813－0000240　1:00237
洋務備考十六卷　(□)□□撰　清光緒二十二年(1896)上海書局石印本　五冊　存十三卷(一至八、十二至十六)

340000－1813－0000241　1:00238
寄傲山房塾課新增幼學故事瓊林四卷首一卷　(清)程允升撰　(清)鄒聖脈增補　清務本堂刻本　二冊

340000－1813－0000242　1:00239
寄傲山房塾課新增幼學故事瓊林四卷　(清)程允升撰　(清)鄒聖脈增補　清刻本　一冊　存一卷(三)

340000－1813－0000243　1:00242
[同治]六安州志六十卷　(清)吳康霖總纂　(清)李蔚　(清)王俊總修　清同治十一年(1872)刻光緒二十一年(1895)補刻本　十一冊　存二十九卷(二至五、十四至二十、二十六至三十三、四十八至四十九、五十一至五十二、五十五至六十)

340000－1813－0000244　1:00241
禪門日誦不分卷　(□)□□撰　清光緒二十六年(1900)天甯寺刻本　一冊

340000－1813－0000245　1:00243
寄願堂四書玩註詳說四十卷　(清)冉覲祖輯　清寄願堂刻本　三十四冊　存三十二卷(大學一至二、中庸一至四、上論一至十、下論一至八、下孟一至八)

340000－1813－0000246　1:00244
古文析義十六卷　(清)林雲銘評注　清文選樓刻本　七冊　存十卷(五至十四)

340000－1813－0000247　1:00245
江左校士錄六卷　(清)李殿林選　清光緒二十九年(1903)上海桂記石印本　四冊　存四卷(一至四)

340000－1813－0000248　1:00246
中西匯通醫經精義二卷　(清)唐宗海著　(清)鄧其章參校　清光緒三十四年(1908)千頃堂書局石印中西匯通醫書五種本　二冊

340000－1813－0000249　1:00249

[光緒]霍山縣志十五卷　(清)秦達章修　(清)何國佑等纂　清光緒三十一年(1905)木活字印本　五册

340000－1813－0000250　1:00248

[光緒]霍山縣志十五卷　(清)秦達章修　(清)何國佑等纂　清光緒三十一年(1905)木活字印本　一册　存三卷(十三至至十五)

340000－1813－0000251　1:00247

中西匯通醫經精義二卷　(清)唐宗海著　(清)鄧其章参校　清光緒三十四年(1908)千頃堂書局石印中西匯通醫書五種本　一册　存一卷(上)

340000－1813－0000252　1:00250

試律清華二集四卷目録一卷　(清)蔣義彬輯　清道光二十二年(1842)積玉堂刻本　二册　存二卷(一至二)

340000－1813－0000253　1:00254

傷寒論淺註補正七卷首一卷　(漢)張仲景撰　(清)陳念祖注　(清)唐宗海補　清光緒三十四年(1908)千頃堂書局刻本　四册

340000－1813－0000254　1:00251

聊齋志異新評十六卷　(清)蒲松齡著　(清)王士正評　(清)但明倫新評　清末上海江左書林石印本　八册

340000－1813－0000255　1:00252

書經六卷　(宋)蔡沈集傳　清同治十三年(1874)湖南書局刻本　二册　存三卷(一至三)

340000－1813－0000256　1:00253

全本禮記體註大全合參十卷　(清)范紫登定　(清)徐旦參訂　(清)徐瑄補輯　(元)陳澔集説　清光緒二十一年(1895)澹雅書局刻本　九册　存九卷(一至五、七至十)

340000－1813－0000257　1:00255

傷寒論淺註補正七卷首一卷　(漢)張仲景撰　(清)陳念祖注　(清)唐宗海補　清光緒三十四年(1908)千頃堂書局刻本　四册

340000－1813－0000258　1:00262

御批歷代通鑑輯覽一百二十卷總目録一卷　(清)傅恒等編　清同治十三年(1874)文星書局刻本　四册　存十卷(一至二、四十七至四十九、五十一至五十二、一百六至一百七,總目録一卷)

340000－1813－0000259　1:00256

本草問答二卷　(清)唐宗海著　(清)張士讓參　清光緒三十四年(1908)千頃堂書局石印中西匯通醫書五種本　一册

340000－1813－0000260　1:00257

三國志六十五卷　(晉)陳壽撰　(南朝宋)裴松之注　清同治九年(1870)金陵書局刻二十四史本　十册

340000－1813－0000261　1:00258

七家詩選注釋七卷　(清)張昶注釋　(清)張熙宇輯評　清愛蓮堂刻本　四册

340000－1813－0000262　1:00259

湖海文傳七十五卷　(清)王昶輯　清刻本　十册　存四十卷(三十六至七十五)

340000－1813－0000263　1:00260

濟陰綱目十四卷　(明)武之望輯著　(清)張志聰訂正　(清)汪淇箋釋　(清)查望參閲　**保生碎事一卷**　(清)汪淇論定　清經綸堂刻本　五册

340000－1813－0000264　1:00261

二十四史九通政典類要合編三百二十卷　(清)黄書霖輯　清光緒二十八年(1902)約雅堂石印本　二十一册　存一百二十六卷(九至三十八、四十六至五十一、六十七至七十三、八十四至一百七、一百十至一百二十五、一百三十三至一百四十二、一百四十六至一百五十、一百五十三至一百五十七、一百六十一至一百六十四、二百三十四至二百三十六、二百四十至二百四十五、二百六十五至二百七十四)

340000－1813－0000265　1:00263

金匱要略淺註補正九卷　(漢)張仲景撰

(清)陳念祖注 (清)唐宗海補 清末千頃堂書局石印本 三冊

340000－1813－0000266 1:00264
金匱要略淺註補正九卷 (漢)張仲景撰 (清)陳念祖注 (清)唐宗海補 清末石印本 一冊 存三卷(七至九)

340000－1813－0000267 1:00265
周易程氏傳四卷 (宋)程頤撰 清刻本 三冊

340000－1813－0000268 1:00266
河南程氏遺書二十五卷附錄一卷 (宋)程頤 (宋)程顥撰 **目錄一卷** (宋)朱熹記 清同治十年(1871)六安涂氏求我齋刻本 三冊

340000－1813－0000269 1:00268
明史論四卷 (明)谷應泰論正 清刻本 一冊 存三卷(一至三)

340000－1813－0000270 1:00267
河南程氏文集十二卷遺文一卷附錄一卷 (宋)程顥 (宋)程頤撰 清刻本 二冊

340000－1813－0000271 1:00269
御纂醫宗金鑑九十卷 (清)吳謙編修 清刻本 五冊 存十一卷(十二至十五、二十一、二十八至二十九、五十五至五十六、七十一至七十二)

340000－1813－0000272 1:00271
增訂本草備要四卷 (清)汪昂撰 清兩儀堂刻本 四冊

340000－1813－0000273 1:00270
黃帝内經靈樞註證發微十卷 (明)馬蒔撰 清刻本 十冊 存九卷(二至十)

340000－1813－0000274 1:00276
四書便蒙十九卷 (宋)朱熹章句 清善成堂刻本 六冊

340000－1813－0000275 1:00272
新增對類□□卷 (□)□□撰 清刻本 一冊 存一卷(三)

340000－1813－0000276 1:00273
巧對錄四卷 (清)梁章鉅輯 清刻本 一冊

340000－1813－0000277 1:00274
評點春秋綱目左傳句解彙雋六卷 (清)韓菼重訂 清務本堂刻本 五冊 存五卷(一至三、五至六)

340000－1813－0000278 1:00275
春秋左傳五十卷 (晉)杜預註釋 (宋)林堯叟註釋 (唐)陸德明音義 (明)鍾惺等評點 清愛日堂刻本 六冊 存十三卷(一至二、二十至二十一、二十五至二十八、四十七至四十九、三十五至三十六)

340000－1813－0000279 1:00278
千字文釋義□□卷 (清)汪嘯尹纂輯 (清)孫謙益參注 清郁文堂刻本 一冊 存一卷(三)

340000－1813－0000280 1:00277
春秋左傳五十卷 (晉)杜預註釋 (宋)林堯叟註釋 (唐)陸德明音義 (明)鍾惺等評點 清刻本 六冊 存二十三卷(九至十三、二十至三十七)

340000－1813－0000281 1:00279
百家姓考略一卷 (清)王相箋注 清歙縣徐士業郁文堂刻本 一冊

340000－1813－0000282 1:00280
三字經一卷 (宋)王應麟撰 **神童詩一卷** (宋)汪洙撰 清刻本 一冊

340000－1813－0000283 1:00282
論語意原四卷 (宋)鄭汝諧撰 清光緒二十五年(1899)廣雅書局刻武英殿聚珍版書本 一冊

340000－1813－0000284 1:00281
醫宗說約四卷 (清)蔣示吉纂述 清會友堂刻本 四冊

340000－1813－0000285 1:00283
醫宗說約六卷 (清)蔣示吉纂述 清六也樓刻本 三冊 存三卷(二、五至六)

340000－1813－0000286 1:00284

醫宗說約六卷　(清)蔣示吉纂述　清刻本　二冊　存二卷(二、四)

340000－1813－0000287　1:00285
醫宗說約六卷　(清)蔣示吉纂述　清刻本　一冊　存一卷(二)

340000－1813－0000288　1:00286
醫宗說約六卷　(清)蔣示吉纂述　清刻本　一冊　存一卷(二)

340000－1813－0000289　1:00287
古文釋義新編八卷　(清)余誠評註　清刻本　一冊　存二卷(五至六)

340000－1813－0000290　1:00288
古文釋義新編八卷　(清)余誠評註　清刻本　一冊　存一卷(八)

340000－1813－0000291　1:00289
新訂四書補註備旨十卷　(明)鄧林著　(清)鄧煜編次　清刻本　一冊　存二卷(孟子一至二)

340000－1813－0000292　1:00290
孟子七卷　(宋)朱熹集註　清末李光明莊刻本　一冊　存二卷(六至七)

340000－1813－0000293　1:00291
寓意草一卷　(明)喻昌著　清光緒三十三年(1907)簡青齋書局石印本　一冊

340000－1813－0000294　1:00292
痘疹正宗二卷　(清)宋麟祥撰　清刻本　一冊

340000－1813－0000295　1:00293
小倉山房外集七卷　(清)袁枚著　清刻本　二冊　存六卷(一至六)

340000－1813－0000296　1:00298
孟子七卷　(宋)朱熹集註　清刻本　三冊

340000－1813－0000297　1:00299
增訂本草備要四卷　(清)汪昂著　清兩儀堂刻本　二冊　存三卷(一至三)

340000－1813－0000298　1:00294
宣講寶訓□□卷　(□)□□撰　清刻本　一冊　存一卷(三)

340000－1813－0000299　1:00295
清綺軒詞選十三卷　(清)夏秉衡選　清刻本　一冊　存三卷(一至三)

340000－1813－0000300　1:00300
增訂本草備要四卷　(清)汪昂著　清兩儀堂刻本　三冊

340000－1813－0000301　1:00296
增訂二論詳解四卷　(清)劉忠輯　清兩儀堂刻本　一冊　存二卷(一至二)

340000－1813－0000302　1:00297
二論詳解四卷　(清)劉忠輯　清金陵李光明莊刻本　一冊　存二卷(三至四)

340000－1813－0000303　1:00302
俚言不分卷　(清)劉士魁撰　清光緒二十九年(1903)濟寧刻本　一冊

340000－1813－0000304　1:00301
四書集註□□卷　(宋)朱熹章句　清刻本　四冊　存九卷(大學章句一卷、中庸一卷、孟子七卷)

340000－1813－0000305　1:00308
新刊醫林狀元壽世保元十卷　(明)龔廷賢編　清文富堂刻本　四冊　存四卷(一、四至五、七)

340000－1813－0000306　1:00303
本草問答二卷　(清)唐宗海著　(清)張士讓參　清光緒三十四年(1908)千頃堂書局石印本　一冊

340000－1813－0000307　1:00304
寄園寄所寄十二卷　(清)趙吉士輯　清刻本　一冊　存一卷(六)

340000－1813－0000308　1:00305
小學集註六卷　(明)陳選集註　清刻本　一冊　存二卷(五至六)

340000－1813－0000309　1:00306
重刊紀慎齋先生祈雨全書二卷　(清)紀大奎

撰　清同治六年(1867)刻本　一册

340000－1813－0000310　1:00307
新訂四書補註備旨十卷　(明)鄧林著　(清)鄧煜編次　清文富堂刻本　五册　存八卷(大學一卷、中庸一卷、論語三至四、孟子四卷)

340000－1813－0000311　1:00310
新刊醫林狀元壽世保元十卷　(明)龔廷賢編　清大文堂刻本　四册　存四卷(一至三、五)

340000－1813－0000312　1:00309
英果敏公行狀一卷　(清)國史館編　清光緒十一年(1885)刻本　一册

340000－1813－0000313　1:00312
新刊醫林狀元壽世保元十卷　(明)龔廷賢編　清大文堂刻本　一册　存二卷(一至二)

340000－1813－0000314　1:00313
曲江書屋新訂批註左傳快讀十八卷　(晉)杜預註　(唐)陸元明音義　(清)李紹崧選訂　清刻本　二册　存四卷(二至五)

340000－1813－0000315　1:00314
曲江書屋新訂批註左傳快讀十八卷　(晉)杜預註　(唐)陸元明音義　(清)李紹崧選訂　清乾隆至嘉慶善成堂刻本　一册　存一卷(十六)

340000－1813－0000316　1:00315
外科大成六卷　(清)祁坤輯著　清刻本　一册　存二卷(五至六)

340000－1813－0000317　1:00316
古鹽補留堂精校新增繪圖幼學故事瓊林四卷首一卷新增彙選應酬四卷　(明)程登吉撰　(清)鄒聖脈增補注釋　清光緒三十四年(1908)久敬齋石印本　三册

340000－1813－0000318　1:00317
新刊醫林狀元壽世保元十卷　(明)龔廷賢編　清文秀堂刻本　一册　存一卷(五)

340000－1813－0000319　1:00318
重鐫京扳太醫院分類青囊藥性賦二卷　(明)羅必煒校正　清道光元年(1821)刻本　二册

340000－1813－0000320　1:00319
寄嶽雲齋試體詩選詳註二卷　(清)張學蘇箋　(清)聶銑敏藁　清大文堂刻本　二册

340000－1813－0000321　1:00320
尚書引義六卷　(清)王夫之撰　清光緒簡青齋書局石印本　一册

340000－1813－0000322　1:00321
明文明不分卷　(清)路德選　清道光二十六年(1846)刻本　二册

340000－1813－0000323　1:00379
尚論後篇四卷　(明)俞昌著　清光緒簡青齋石印本　一册

340000－1813－0000324　1:00323
關中書院課士賦第九集不分卷　(清)劉源灝輯　清光緒二十四年(1898)刻本　一册

340000－1813－0000325　1:00324
醫宗說約六卷　(清)蔣示吉纂述　清末石印本　二册　存四卷(二至五)

340000－1813－0000326　1:00322
關中書院課士詩第八集二卷　(清)劉超等節錄　清刻本　二册

340000－1813－0000327　1:00325
御纂醫宗金鑑九十卷　(清)吳謙編修　清刻本　一册　存二卷(十五至十六)

340000－1813－0000328　1:00326
童子問路四卷　(清)鄭之琮輯　清刻本　一册　存二卷(三至四)

340000－1813－0000329　1:00327
御纂醫宗金鑑九十卷首一卷　(清)吳謙　(清)劉裕鐸總修　清文光堂刻本　一册　存二卷(一、首一卷)

340000－1813－0000330　2:00106
時務通考三十一卷　題(清)杞廬主人輯　清末石印本　一册　存一卷(一)

340000－1813－0000331　1:00422
本草備要四卷醫方湯頭歌括一卷經絡歌訣一卷續增日食菜物一卷醫方集解六卷　(清)汪昂輯　清刻本　三冊　存八卷(本草備要二、四,醫方湯頭歌括一卷,經絡歌訣一卷,續增日食菜物一卷,醫方集解二、五至六)

340000－1813－0000332　1:00311
尚論篇四卷首一卷　(明)喻昌著　清光緒簡青齋書局石印本　一冊

340000－1813－0000333　1:00328
廿一史約編不分卷　(清)鄭元慶述　(清)姚淳蕃等參訂　清刻本　六冊

340000－1813－0000334　1:00329
廿一史約編不分卷　(清)鄭元慶述　清刻本　六冊

340000－1813－0000335　1:00330
拳匪紀略八卷前編二卷後編二卷　(清)僑析生撰　清末石印本　五冊

340000－1813－0000336　1:00331
新刊外科正宗六卷　(明)陳實功纂著　清刻本　二冊　存二卷(三、六)

340000－1813－0000337　1:00332
青雲集分韻試帖詳註四卷　(清)楊逢春　(清)蕭應櫆輯　清刻本　一冊　存一卷(四)

340000－1813－0000338　1:00333
達生編三卷末一卷　題(清)亟齋居士撰　清同治十三年(1874)刻本　一冊

340000－1813－0000339　1:00334
分類字課圖説八卷　(□)□□撰　清末石印本　一冊　存一卷(三)

340000－1813－0000340　1:00336
女四書讀本四卷　(清)王相箋註　清宣統元年(1909)上海六藝書局石印本　二冊

340000－1813－0000341　1:00337
儀禮正義四十卷　(漢)鄭玄注　(清)楊大堉補　(清)胡培翬學　清刻本　二冊　存八卷(九至十二、二十一至二十四)

340000－1813－0000342　1:00339
御纂醫宗金鑑九十卷　(清)吴謙編修　清三讓堂刻本　一冊　存二卷(六至七)

340000－1813－0000343　1:00338
發蒙針度初集四卷　(清)王惟梅編次　(清)朱惟寅等參訂　清道光二十九年(1849)刻本　四冊

340000－1813－0000344　1:00340
文選六十卷　(南朝梁)蕭統撰　清乾隆海錄軒刻朱墨套印本　二冊　存九卷(二十二至二十六、四十二至四十五)

340000－1813－0000345　1:00341
四書貫解不分卷　朱良玉纂集　清三多齋刻本　四冊

340000－1813－0000346　1:00342
春秋左傳五十卷　(晉)杜預註　(宋)林堯叟補註　(唐)陸德明音義　(明)鍾惺等評點　清舊學山房刻本　一冊　存三卷(十五至十七)

340000－1813－0000347　1:00343
經餘必讀八卷　(清)錢樹棠等輯　清刻本　一冊　存二卷(一至二)

340000－1813－0000348　1:00398
歷代名臣言行錄二十四卷　(清)朱桓編輯　(清)潘永季校定　清光緒三十一年(1905)上海文盛堂書局石印本　一冊　存三卷(十二至十四)

340000－1813－0000349　1:00344
[光緒]重修安徽通志三百五十卷補遺十卷　(清)沈葆楨修　(清)何紹基　(清)楊沂孫纂　清光緒四年(1878)刻本　一冊　存三卷(五十三至五十五)

340000－1813－0000350　1:00345
評點春秋綱目左傳句解彙雋六卷　(清)韓菼重訂　清刻本　一冊　存一卷(一)

340000－1813－0000351　1:00346
小題四集參變二卷　(清)王步青評　(清)王

士驚編　清刻本　一冊　存一卷(一)

340000－1813－0000352　1:00347
四書味根錄□□卷　(清)金澂撰　清末石印本　一冊　存六卷(孟子一至五、首一卷)

340000－1813－0000353　1:00349
注解傷寒論十卷　(漢)張仲景述　(晉)王叔和撰次　(宋)成無已注解　(明)吳勉學閱　清刻本　一冊　存五卷(六至十)

340000－1813－0000354　1:00348
四書題鏡□□卷　(清)汪鯉翔撰　**四書味根錄□□卷**　(清)金澂撰　清末石印本　一冊　存四卷(四書味根錄一至四)

340000－1813－0000355　1:00350
舉業淵源一卷明文小題貫一卷　(清)樓㵐撰述　清刻本　三冊

340000－1813－0000356　1:00351
注解傷寒論十卷　(漢)張仲景述　(晉)王叔和撰次　(宋)成無已注解　(明)吳勉學閱　(明)徐鎔校　清刻本　三冊

340000－1813－0000357　1:00352
增訂三字鑑註釋一卷　(清)萬青銓增訂　清道光二十九年(1849)刻本　一冊

340000－1813－0000358　1:00353
史記菁華錄六卷　(清)姚苧田錄　清光緒七年(1881)刻本　一冊　存一卷(二)

340000－1813－0000359　1:00354
傷寒明理論四卷　(金)成無已撰　(明)吳勉學閱　清刻本　一冊

340000－1813－0000360　1:00355
新輯校正纂圖元亨療馬集六卷　(明)喻本元　(明)喻本亨撰　清光緒上海校經山房石印本　一冊　存二卷(五至六)

340000－1813－0000361　1:00356
四書人物類典串珠四十卷　(清)臧志仁編輯　清嘉慶六年(1801)刻本　五冊　存三十卷(一至十二、二十三至四十)

340000－1813－0000362　1:00357
古香齋新刻袖珍淵鑒類函四百五十卷　(清)張英等總裁　清同治至光緒南海孔氏刻古香齋袖珍十種本　二冊　存四卷(二百八十九至二百九十、二百九十二至二百九十三)

340000－1813－0000363　1:00358
精訂綱鑑廿四史通俗衍義二十六卷　(清)呂撫輯　清光緒十五年(1889)上海廣百宋齋鉛印本　一冊　存四卷(十八至二十一)

340000－1813－0000364　1:00359
都門彙纂不分卷　(清)楊靜亭編　清刻本　一冊

340000－1813－0000365　1:00360
皇朝五經彙解二百七十卷　題(清)抉經心室主人原纂　清光緒石印本　一冊　存九卷(一百三十六至一百四十四)

340000－1813－0000366　1:00361
寄傲山房塾課纂輯春秋備旨十二卷　(清)鄒聖脉纂輯　(清)鄒可庭編　清末鉛印本　一冊　存四卷(九至十二)

340000－1813－0000367　1:00362
策學備纂三十二卷首一卷　(清)蔡啟盛　(清)顧炎亮輯　清光緒十三年(1887)上海點石齋石印本　一冊　存一卷(二)

340000－1813－0000368　1:00363
蒲編堂訓蒙草不分卷　(清)路德撰　清道光二十三年(1843)來鹿堂刻本　一冊

340000－1813－0000369　1:00101
增全補歷法合節鰲頭通書十卷　(明)熊宗立撰　清刻本　三冊　存三卷(二、五至六)

340000－1813－0000370　1:00370
斷易金鑑三卷　(□)□□撰　清刻本　一冊　存一卷(二)

340000－1813－0000371　1:00365
醫學從眾錄八卷　(清)陳念祖著　(清)陳元犀參訂　清末石印本　一冊　存四卷(一至四)

340000－1813－0000372　1:00366

金匱要略淺註十卷首一卷　（漢）張仲景撰　（清）陳念祖集註　清末石印本　一冊　存五卷（一至四、首一卷）

340000－1813－0000373　1：00367
金匱要略淺註十卷　（漢）張仲景撰　（清）陳念祖集註　清末石印本　一冊　存五卷（一至五）

340000－1813－0000374　1：00368
張仲景傷寒論原文淺註六卷　（清）陳念祖集註　清末石印本　一冊

340000－1813－0000375　1：00400
醫門法律六卷　（清）喻昌著　清光緒上海簡青齋書局石印本　三冊

340000－1813－0000376　1：00369
漱芳軒合纂禮記體註四卷　（清）范翔參訂　清刻本　一冊　存一卷（三）

340000－1813－0000377　1：00380
大清律例集解四十卷附錄二卷　（清）沈之奇原註　（清）姚潤纂輯　（清）胡煕　（清）周廷杰增輯　清刻本　一冊　存一卷（二十二）

340000－1813－0000378　1：00371
書六卷　（宋）蔡沈集傳　清刻本　二冊　存三卷（四至六）

340000－1813－0000379　1：00372
重訂外科正宗十二卷　（明）陳實功著　清刻本　二冊　存四卷（五至八）

340000－1813－0000380　1：00373
康熙字典三十六卷檢字一卷辨似一卷等韻一卷備考一卷補遺一卷　（清）張玉書　（清）陳廷敬總閱　（清）凌紹雯等纂修　清刻本　四十冊

340000－1813－0000381　1：00374
全唐詩九百卷目錄　（清）彭定求等編　清刻本　五十一冊

340000－1813－0000382　1：00375
本草綱目五十二卷圖三卷　（明）李時珍編輯　清刻本　二十三冊　存二十九卷（卷一之上、卷三之上下、卷四之中下、十至十一、十三至十四、卷十七之上、卷十八之下、十九、二十二至二十七、三十四至三十八、四十七至五十、卷五十一之上，圖三卷）

340000－1813－0000383　1：00376
古文集一卷　（□）□□撰　清抄本　一冊

340000－1813－0000384　1：00377
詞賦二十篇　（清）□□撰　清青雲書屋抄本　一冊

340000－1813－0000385　1：00378
精選秘傳痘科集要二卷　（清）□□撰　清抄本　一冊

340000－1813－0000386　1：00381
河南程氏經說八卷　（宋）程頤　（宋）程顥撰　清同治十年（1871）六安涂氏求我齋刻本　二冊

340000－1813－0000387　1：00382
春秋辨體□□卷　（□）□□撰　清刻本　一冊　存一卷（四）

340000－1813－0000388　1：00383
後漢辨體一卷　（清）徐與喬輯評　清刻本　一冊

340000－1813－0000389　1：00384
史記辨體不分卷　（清）徐與喬評輯　清羽儀堂刻本　二冊

340000－1813－0000390　1：00385
太醫院增補青囊藥性賦直解十卷　（明）羅必煒訂　清光緒十四年（1888）閩書林楊能儒刻本（卷一至五補配楊能儒刻本，卷六補配李光明莊刻本）　一冊　存六卷（一至六）

340000－1813－0000391　1：00386
古唐詩合解十二卷　（清）王堯衢註　清光緒九年至十六年（1883－1890）令德堂刻本　一冊　存三卷（五至七）

340000－1813－0000392　1：00387
醫方湯頭歌括一卷經絡歌訣一卷　（清）汪昂編輯　清兩儀堂刻本　一冊

340000－1813－0000393　1：00388

蒙山學究語二卷　題（清）黄陵老人撰　清光緒三十三年（1907）姑蘇鉛印本　一册

340000－1813－0000394　1：00389

翰苑重校字學舉隅一卷　（清）龍光甸　（清）龍啟瑞增輯　清同治十一年（1872）金陵狀元閣刻本　一册

340000－1813－0000395　1：00390

周易兼義九卷　（三國魏）王弼　（晉）韓康伯注　（唐）孔穎達正義　**周易注疏校勘記九卷**　（清）阮元撰　（清）盧宣旬摘録　**經典釋文一卷**　（唐）陸德明撰　**經典釋文校勘記一卷**　（清）阮元撰　（清）盧宣旬摘録　清嘉慶二十年（1815）南昌府學刻重刊宋本十三經注疏附校勘記本　一册　存六卷（周易兼義八至九，周易注疏校勘記八至九，周易音義一卷，經典釋文校勘記一卷）

340000－1813－0000396　1：00391

附釋音周禮注疏四十二卷　（漢）鄭玄注　（唐）賈公彦疏　**周禮注疏校勘記四十二卷**　（清）阮元撰　（清）盧宣旬摘録　清嘉慶二十年（1815）南昌府學刻重刊宋本十三經注疏附校勘記本　一册　存六卷（附釋音周禮注疏十一至十三、周禮注疏校勘記十一至十三）

340000－1813－0000397　1：00392

河南程氏外書十二卷　（宋）程顥　（宋）程頤撰　（宋）朱熹輯　清同治十年（1871）六安涂氏求我齋刻本　一册

340000－1813－0000398　1：00393

增注韻蘭賦鈔初集□□卷　（□）□□撰　清刻本　二册　存一卷（上）

340000－1813－0000399　1：00394

河南程氏粹言二卷　（宋）楊時訂定　（宋）張栻編次　清同治十年（1871）六安涂氏求我齋刻本　一册

340000－1813－0000400　1：00395

卜法詳考四卷　（清）胡煦輯　清葆璞堂刻本　一册　存一卷（一）

340000－1813－0000401　1：00264

金匱要略淺註補正九卷　（漢）張仲景撰　（清）陳念祖注　清光緒三十四年（1908）千頃堂石印本　一册　存三卷（一至三）

340000－1813－0000402　1：00399

四書典制類聯三十三卷　（清）閻其淵編輯　清刻本　一册　存二卷（二十二至二十三）

340000－1813－0000403　2：00108

唐著寫信必讀二卷　（清）唐芸洲撰　清末上海姚文海書局石印本　一册　存一卷（二）

340000－1813－0000404　1：00396

［光緒］壽州志三十六卷首一卷末一卷　（清）曾道唯等纂修　清光緒十六年（1890）木活字印本　一册　存二卷（三十二至三十三）

340000－1813－0000405　1：00401

本草備要六卷醫方集解六卷　（清）汪昂著輯　（明）汪桓参閲　清刻本　一册　存二卷（本草備要四、醫方集解四）

340000－1813－0000406　1：00416

增補玉匣記二卷　（晉）許遜著　清咸豐十年（1860）刻本　一册　存一卷（上）

340000－1813－0000407　1：00418

景岳新方湯頭歌括二卷　（清）吴宏定輯　清刻本　一册　存一卷（下）

340000－1813－0000408　1：00417

古唐詩合解十二卷　（清）王堯衢註　清刻本　一册　存二卷（八至九）

340000－1813－0000409　1：00415

新鐫象吉備要通書□□卷　（清）□□撰　清末石印本　二册　存二卷（十至十一）

340000－1813－0000410　1：00414

四書人物類典串珠四十卷　（清）臧志仁編輯　清刻本　一册　存十卷（三十一至四十）

340000－1813－0000411　2：00117

長沙方歌括六卷　（清）陳念祖撰　清末石印本　一册　存五卷（二至六）

340000－1813－0000412　1：00364

命學須知二卷 （清）□□撰 清宣統石印本 一冊 存一卷（下）

340000－1813－0000413 1∶00402

康熙字典十二集 （清）張玉書 （清）陳廷敬總閱 （清）凌紹雯等纂修 清道光七年（1827）刻本 一冊 存一卷（戌集中）

340000－1813－0000414 1∶00404

陰符經一卷太上赤文帝君洞古經一卷 明正德元年（1506）寄傲山房抄本 一冊

340000－1813－0000415 1∶00403

新鍥雲林神彀四卷 （明）龔廷賢編著 清嘉慶抄本 二冊 存二卷（一、四）

340000－1813－0000416 1∶00405

古文觀止十二卷 （清）吴乘權 （清）吴大職選録 （清）吴興祚鑒定 清刻本 三冊 存六卷（三至四、九至十二）

340000－1813－0000417 2∶00124

薑園課蒙草初編一卷 （清）陳咸慶 （清）趙酉彝鑒定 （清）童琮編訂 （清）童鎔評註 清宣統二年（1910）上海書局石印本 一冊

340000－1813－0000418 2∶00126

汴圍濕襟録一卷 （明）白愚撰 清末石印本 一冊

340000－1813－0000419 1∶00409

奇經八脉攷一卷脉訣攷證一卷瀕湖脈學一卷 （明）李時珍撰輯 清刻本 一冊

340000－1813－0000420 1∶00407

新訂四書補註備旨十卷 （明）鄧林著 （清）杜定基增訂 （清）孫煜編次 清光緒三十年（1904）刻本 五冊

340000－1813－0000421 1∶00409

朱子集一百四卷 （宋）朱熹撰 清刻本 二十冊 存四十四卷（四至九、十二至二十三、二十八至二十九、三十七至四十二、五十一至五十二、六十一至六十五、六十八至七十二、七十七至七十九、八十四至八十六）

340000－1813－0000422 1∶00408

諸葛忠武侯文集一卷 （宋）張栻重修 清楊煥武刻本 一冊

340000－1813－0000423 1∶00410

六書通十卷 （明）閔齊伋撰 （清）畢弘述篆訂 清光緒四年（1878）繡谷留耕堂刻本 六冊

340000－1813－0000424 1∶00411

增訂本草備要六卷醫方集解三卷 （清）汪昂著輯 （明）汪桓參閱 清文淵堂刻本 二冊 存六卷（增訂本草備要六卷）

340000－1813－0000425 1∶00412

宋書一百卷 （南朝梁）沈約撰 明崇禎七年（1634）琴川毛氏汲古閣刻清順治八年（1651）補緝十七史本 一冊 存三卷（十三至十五）

340000－1813－0000426 1∶00413

隋書八十五卷 （唐）長孫無忌等撰 明崇禎八年（1635）琴川毛氏汲古閣刻清順治五年（1648）補刻十七史本 一冊 存六卷（二十六至三十一）

340000－1813－0000427 1∶00419

欽定全唐文一千卷 （清）董誥等編纂 清刻本 一冊 存三卷（八百八十四至八百八十六）

安徽省淮南市壽縣圖書館古籍普查登記目錄

全國古籍普查登記目錄

國家圖書館出版社
National Library of China Publishing House

《安徽省淮南市壽縣圖書館古籍普查登記目録》

編委會

主　　編：盛　磊

副 主 編：鄒　媛　張　麗

編　　委：曹傳明　魯　静　孫　兵

審　　校：彭　紅

《安徽省淮南市壽縣圖書館古籍普查登記目録》

前　言

安徽省古籍保護中心自 2007 年成立以來,多次派人前往基層古籍收藏單位,督導古籍普查與保護工作。壽縣是國家歷史文化名城,楚文化特色鮮明。壽縣圖書館由於種種客觀條件制約,一直未能申報古籍存藏。2018 年 3 月,縣文化和旅游局帶領縣館領導一行 4 人前往省圖書館,彙報壽縣圖書館藏有大量古籍,由於長期得不到妥善保存,蟲蛀破損情況嚴重,申請省古籍保護中心給予指導和幫助。2018 年 5 月 9 日,省古籍保護中心副主任、省圖書館副館長許松帶領省圖書館歷史文獻部 3 位業務人員前往壽縣圖書館實地開展古籍普查與保護工作調研。

2018 年 7 月,壽縣圖書館邀請古籍普查志願者在暑期到館協助完成全國古籍普查平臺登記。經全省古籍普查,發現我館藏有綫裝書 372 部 2028 册,其中明内府刻本《新編古今事文類聚前集》六十卷《後集》五十卷僅浙江圖書館有藏,當屬"鎮館之寶"。然而,這批珍貴古籍損壞嚴重,在報告主管局之後,館領導認爲搶救修復刻不容緩,立刻聯繫有關方面研究修復事宜。2018 年 8 月,享譽中國古籍修復界的資深專家潘美娣和中國古籍保護協會的部分專家學者先後莅臨壽縣,對壽縣圖書館的古籍保護提出了技術性的建議和意見。2019 年 7 月,壽縣圖書館的 6 部 22 册古籍被護送到安徽省圖書館委托修復。這是壽縣圖書館對古籍保護做出的一次重要貢獻。

壽縣圖書館編輯組

2019 年 12 月

340000－1807－0000001　002088

隨園詩話補遺十卷　(清)倉山居士(袁枚)著　清刻本　一冊　存五卷(六至十)

340000－1807－0000002　000241

史記一百三十卷　(漢)司馬遷撰　(南朝宋)裴駰集解　清光緒四年(1878)金陵書局刻二十四史本　一冊　存十一卷(五十三至六十三)

340000－1807－0000003　002085

傷寒明理論四卷　(宋)成無己撰　(明)吳勉學閲　(明)徐鎔校　清刻本　一冊

340000－1807－0000004　002083

明夷待訪録一卷　(明)黄宗羲著　(清)黄承乙校梓　清石印本　一冊

340000－1807－0000005　000786－000788，000077

輿地廣記三十八卷　(宋)歐陽忞撰　**校勘輿地廣記劄記二卷**　(清)黄丕烈撰　清光緒六年(1880)金陵書局刻本　四冊

340000－1807－0000006　002086

樊川詩集四卷　(唐)杜牧撰　(清)馮集梧注　清光緒十六年(1890)湘南書局刻本　一冊　存一卷(一)

340000－1807－0000007　000874

印人傳三卷　(清)周亮工撰　(清)葉舟　(清)葉銘校刊　**續印人傳八卷**　(清)汪啟淑撰　(清)葉銘　(清)葉舟校刊　**再續印人小傳八卷補遺一卷**　(清)葉舟　(清)葉銘輯　清宣統二年(1910)西泠印社鉛印本　八冊

340000－1807－0000008　001778

三家醫案合刻三種三卷　(清)吳金壽纂　清道光十一年(1831)笠澤吳氏貯春僊館刻本　一冊　存一卷(葉天士醫案一卷)

340000－1807－0000009　001786－001789

華陽國志十二卷　(晉)常璩撰　**補華陽國志三州郡縣目録一卷**　(清)廖寅撰　清嘉慶十九年(1814)廖寅題襟館刻本　四冊

340000－1807－0000010　002145

白香山詩後集十七卷別集一卷補遺二卷　(唐)白居易撰　(清)汪立名編訂　清康熙四十二年(1703)汪氏一隅草堂刻本　一冊

340000－1807－0000011　001785

時務報六十九期　梁啟超撰　清光緒二十四年(1898)石印本　一冊　存一期(五十九)

340000－1807－0000012　001779－001780

宣德鼎彝譜八卷　(明)吕震等編　清光緒九年(1883)鉛印本　二冊

340000－1807－0000013　001784

白喉忌表抉微一卷　(清)耐修子録　清光緒元年(1875)刻本　一冊

340000－1807－0000014　001764

亦政堂重修考古圖十卷　(宋)吕大臨撰　(清)黄曉峰鑒定　明萬曆三十一年(1603)吳萬化寶古堂刻清乾隆十八年(1753)天都黄晟重修本　一冊　存三卷(一至三)

340000－1807－0000015　001021－001022

爾雅蒙求二卷　(清)李拔式撰　清嘉慶三年(1798)刻本　二冊

340000－1807－0000016　001649

字學舉隅不分卷　(清)黄本驥輯　清光緒十七年(1891)上海鴻寶齋石印本　一冊

340000－1807－0000017　001450

唐六如先生畫譜三卷　(明)唐寅輯　(明)何大成校　清刻本　一冊

340000－1807－0000018　001455

昭明文選集成六十卷首二卷　(南朝梁)蕭統撰　(清)方廷珪評點　(清)張孔尹校刻　(清)周大有　(清)周大中校　清倣範軒刻本　一冊　存二卷(二十六至二十七)

340000－1807－0000019　001781

陰騭文圖證一卷　(清)張廷濟録　(清)費丹旭繪圖　(清)許光清集證　(清)許光治繕寫　(清)蔣光煦校刊　清待鶴齋刻本　一冊

340000－1807－0000020　001657－001658

茂林賦鈔一卷二集一卷　(清)吳學洙編輯　清同治八年(1869)一正堂刻本　二冊

340000－1807－0000021　000824－000825
書經六卷末一卷　(宋)蔡沈集傳　清刻本　二冊　缺四卷(一至三、末一卷)

340000－1807－0000022　000135－000136
新刻校正大字李東垣先生珍珠囊二卷　(元)李杲編輯　清敬慎堂刻本　二冊

340000－1807－0000023　001096
明季稗史彙編十六種二十七卷　(清)留雲居士輯　清光緒二十二年(1896)上海圖書集成局鉛印本　一冊　存四卷(烈皇小識五至八)

340000－1807－0000024　001097－001100
明季稗史彙編十六種二十七卷　(清)留雲居士輯　清光緒二十二年(1896)上海圖書集成局鉛印本　四冊　缺十三卷(烈皇小識一至七、嘉定屠城紀略一、也是錄一、江南聞見錄一、賜姓始末一、東明聞見錄一、吳耿尚孔四王合傳一)

340000－1807－0000025　001837
婦人集一卷　(清)陳維崧撰　(清)昌褒注
婦人集補一卷　(清)冒丹書撰　清道光二十六年(1846)刻海山仙館叢書本　一冊

340000－1807－0000026　000739
皇朝輿地畧一卷　(清)六承如編　清刻本　一冊

340000－1807－0000027　000078
芥子園畫傳初集六卷　(清)王概撰　清刻本　一冊　存一卷(三)

340000－1807－0000028　001354
幼科鐵鏡六卷　(清)夏鼎著　(清)夏鐸等參　清光緒二十一年(1895)新寧劉氏刻本　一冊

340000－1807－0000029　000366
注解傷寒論十卷　(漢)張仲景(張機)述　(晉)王叔和撰次　(金)成無己注解　(明)吳勉學閱　(明)徐鎔校　清刻本　一冊

340000－1807－0000030　001656
江上吟一卷琴士先生遺槀一卷　(清)黄典五撰　清光緒二年(1876)退一步齋刻本　一冊

340000－1807－0000031　001760－001761
小滄浪詩話四卷　(清)張變承纂　清咸豐九年(1859)古汲郡賀氏刻本　二冊

340000－1807－0000032　000397
增補本草備要八卷　(清)汪昂撰　清石印本　一冊　缺一卷(一)

340000－1807－0000033　001962
繪圖針灸易學二卷　(清)李守先著　(清)孫萬山等校　(清)許翀　(清)萬少峯繪圖　清石印本　一冊　存一卷(下)

340000－1807－0000034　000664
歷代名臣言行錄二十四卷　(清)朱桓輯　清刻本　一冊　存二卷(十四至十五)

340000－1807－0000035　001987－001988
皇朝經世文編一百二十卷　(清)賀長齡輯　清刻本　二冊　存六卷(五十六至六十一)

340000－1807－0000036　000188－000190
史略八十七卷　(清)朱坤輯　清光緒十九年(1893)宏文閣鉛印本　三冊　存四十四卷(一至十二、二十五至四十、六十一至七十六)

340000－1807－0000037　000364－000365
農書二十二卷　(元)王禎撰　清石印本　二冊

340000－1807－0000038　002123－002138
新編古今事文類聚前集六十卷後集五十卷(宋)祝穆編　**外集十五卷**　(元)富大用編　明內府刻本　十六冊　存二十六卷(前集一至二、七至二十,後集三十至三十三,外集十至十五)

340000－1807－0000039　001815－001836
尚友錄二十二卷增補一卷補遺一卷　(明)廖用賢編纂　(清)張伯琮補輯　(清)張坦讓參訂　(清)張任鄭　(清)張任郎校正　清刻本　二十二冊

340000－1807－0000040　001397－001401
讀史方輿紀要一百三十卷　(清)顧祖禹輯　清刻本　五冊　存十卷(一至十)

340000－1807－0000041　001451－001452
歷代名人小簡二卷　(清)吳曾祺編纂　清宣統二年(1910)上海商務印書館鉛印本　二冊

340000－1807－0000042　001456－001458
杜工部集二十卷　(唐)杜甫撰　(清)錢謙益箋註　清康熙六年(1667)季氏靜思堂刻本　三冊　存九卷(一至三、九至十一、十八至二十)

340000－1807－0000043　001496－001497
存誠堂詩集二十五卷應制詩五卷　(清)張英著　清光緒二十三年(1897)桐城張氏刻本　二冊　存八卷(存誠堂詩集十三至十七、應制詩三至五)

340000－1807－0000044　000818－000823
書經集註六卷　(宋)蔡沈撰　清光緒十八年(1892)寶善堂刻本　六冊

340000－1807－0000045　001762
古文約選十一卷　(清)允禮選　(清)方苞編　清雍正十一年(1733)刻本　一冊　存一卷(韓文約選一卷)

340000－1807－0000046　000079－000080
亦政堂重修宣和博古圖錄三十卷　(宋)王黼編纂　明萬曆三十一年(1603)吳萬化寶古堂刻清乾隆十八年(1753)天都黃晟重修本　二冊　存六卷(八至十、二十四至二十六)

340000－1807－0000047　001804－001814
尚友錄二十二卷補遺一卷　(明)廖用賢編纂　(清)張伯琮補輯　清上海著易堂鉛印本　十一冊　缺一卷(一)

340000－1807－0000048　001355－001366
庾子山集十六卷總釋一卷　(北周)庾信撰　(清)倪璠註釋　清刻本　十二冊

340000－1807－0000049　000833－000848
海國圖志一百卷　(清)魏源撰　**海國圖志續集二十五卷首一卷**　(英國)麥高爾著　(美國)林樂知　(清)瞿昂來譯　清光緒二十四年(1898)文賢閣石印本　十六冊

340000－1807－0000050　001373－001375
說文解字三十卷　(清)段玉裁注　清石印本　三冊　存七卷(四至十)

340000－1807－0000051　002103－002119
陳修園醫書二十一種九十六卷　(清)陳念祖著　清光緒十八年(1892)上海圖書集成印書局鉛印本　十七冊　缺四卷(時方妙用一至四)

340000－1807－0000052　000580
欽定古今圖書集成一萬卷目錄四十卷　(清)蔣廷錫　(清)陳夢雷等輯　清鉛印本　一冊　存五卷(藝術典七百五十五至七百五十九)

340000－1807－0000053　000650
東華錄三十二卷　(清)蔣良騏撰　清刻本　一冊　存四卷(九至十二)

340000－1807－0000054　002120
時方歌括二卷　(清)陳念祖著　清光緒十八年(1892)上海圖書集成印書局鉛印本　一冊

340000－1807－0000055　000778－000785
駢雅訓纂七卷首一卷　(明)朱謀㙔撰　(清)魏茂林訓纂　清光緒七年(1881)成都淪雅齋刻本　八冊

340000－1807－0000056　001839－001842
溫飛卿詩集七卷別集一卷集外詩一卷　(唐)溫庭筠撰　(明)曾益謙原注　(清)顧予咸補注　(清)顧嗣立重校　清康熙三十六年(1697)顧氏秀野艸堂刻本　四冊

340000－1807－0000057　001983
經學輯要二十四卷　(清)吳潁炎輯　清光緒十三年(1887)點石齋石印本　一冊　存一卷(二十四下)

340000－1807－0000058　001537
性天真境一卷　(清)黃正元注　清刻本　一冊

340000－1807－0000059　001968－001970

寶繪錄二十卷　（明）張泰階評定　清刻本　三册　存九卷（一至九）

340000－1807－0000060　001466

大乘起信論一卷　（印度）馬鳴菩薩造　（南朝梁）釋真諦譯　清光緒二十四年（1898）金陵刻經處刻本　一册

340000－1807－0000061　001680－001707

天下郡國利病書一百二十卷　（清）顧炎武輯　（清）龍萬育訂　清光緒二十七年（1901）圖書集成印書局鉛印本　二十八册

340000－1807－0000062　001759

石鼓文音訓考正一卷　（元）潘迪音訓　（清）馮承輝考正　（清）查埔校正　（清）潘端變校字　清光緒十九年（1893）簹溪刻本　一册

340000－1807－0000063　000492－000507

廣輿記二十四卷增訂廣輿記提要一卷　（清）蔡方炳增輯　清嘉慶七年（1802）刻本　十六册

340000－1807－0000064　001467－001468

圖註八十一難經辨真四卷　（戰國）秦越人著　（明）張世賢圖注　（清）沈鏡重校　**删註脈訣規正二卷**　（清）沈鏡撰　清愛日堂刻本　二册　存三卷（圖註八十一難經辨真一至二、删註脈訣規正下）

340000－1807－0000065　001469

傷寒擇要敲爻歌一卷　（清）王公楷鑒定　（清）李承綸訂正　（清）魏敏琪校閲　清光緒十四年（1888）刻本　一册

340000－1807－0000066　001088－001095

西學通考三十六卷　（清）胡兆鸞輯　清石印本　八册　缺十卷（一至三、九至十五）

340000－1807－0000067　000793

千字文釋義一卷　（清）汪嘯尹纂輯　（清）孫謙益參注　清李光明莊刻本　一册

340000－1807－0000068　000875－000878

李氏音鑑六卷　（清）李汝珍撰　清嘉慶十五年（1810）寶善堂刻本　四册

340000－1807－0000069　001498－001503

古文觀止十二卷　（清）吳留村（吳興祚）鑒定　（清）吳乘權　（清）吳大職手錄　清光緒二十九年（1903）善成堂刻本　六册

340000－1807－0000070　002099

詞選二卷附錄一卷　（清）張惠言錄　清同治六年（1867）刻本　一册

340000－1807－0000071　001665

四分比丘尼戒本一卷　（後秦）釋佛陀耶舍（後秦）釋竺佛念譯　清光緒二十一年（1895）金陵刻經處刻本　一册

340000－1807－0000072　002006

瀛寰全志七編　謝洪賚編　清光緒三十三年（1907）上海商務印書館鉛印本　一册

340000－1807－0000073　001531－001533

輶軒使者絕代語釋别國方言十三卷首一卷（漢）揚雄撰　（晉）郭璞注　**續方言二卷**（清）杭世駿纂輯　**續方言補一卷**　（清）程際盛補纂　清光緒十七年（1891）思賢講舍刻本　三册

340000－1807－0000074　001774－001777

中日戰輯六卷　（清）王炳耀輯　清光緒二十二年（1896）上海書局石印本　四册

340000－1807－0000075　001646－001647

枕中書一卷　（晉）葛洪著　**佛國記一卷**（晉）釋法顯撰　**伽藍記五卷**　（北魏）楊衒之著　**三輔黄圖六卷**　（漢）亡名氏撰　清乾隆五十六年（1791）金谿王氏刻增訂漢魏叢書本　二册　缺二卷（三輔黄圖五至六）

340000－1807－0000076　001767－001773

增廣詩句題解彙編四卷新編詩句題解續集一卷　（□）□□撰　清光緒十九年（1893）上海蜚英館石印本　七册

340000－1807－0000077　000648

五經合纂大成四十四卷　（清）同文書局主人輯　清光緒十一年（1885）上海同文書局石印

本　一册

340000－1807－0000078　001076
星算補遺八卷　(清)董毓琦撰　清同治五年(1866)髀算山房刻本　一册　存三卷(一至三)

340000－1807－0000079　001878－001901
東周列國志二十三卷一百八回　(清)蔡奡評點　清刻本　二十四册

340000－1807－0000080　001085
楚辭辯證二卷　(宋)朱熹撰　清光緒二十二年(1896)新化三味堂刻本　一册

340000－1807－0000081　001086
湘雪軒詩四卷　(清)孫克依著　(清)孫裕祖　(清)孫邁祖較錄　清光緒十六年(1890)淮南孫氏刻本　一册　存二卷(一至二)

340000－1807－0000082　000181－000182
尺木堂明鑑易知錄十五卷　(清)朱國標鈔　(清)吳乘權等輯　清光緒三十四年(1908)上海廣益書局鉛印本　二册

340000－1807－0000083　001662
續漢志三十卷　(晉)司馬彪撰　(南朝梁)劉昭注補　清同治八年(1869)金陵書局刻二十四史本　一册　存三卷(一至三)

340000－1807－0000084　000067
板橋詩鈔三卷詞鈔一卷　(清)鄭燮著　清刻本　一册

340000－1807－0000085　000159
聊齋誌異新評十六卷　(清)蒲松齡著　(清)王士正評　(清)但明倫新評　清刻朱墨套印本　一册　存一卷(三)

340000－1807－0000086　000052－000053
九朝野記四卷　(明)祝允明撰　清宣統三年(1911)時中書局鉛印本　二册

340000－1807－0000087　000649
寄嶽雲齋試體詩選詳註二卷寄嶽雲齋與及門論試帖一卷　(清)張學蘇箋　(清)聶銑敏槁　(清)王茂松等校　清味經堂刻本　一册

340000－1807－0000088　000426－000435
[安徽壽縣]王氏宗譜十卷　(清)王錦元等纂修　清光緒十八年(1892)同慶堂刻本　十册

340000－1807－0000089　000130
草窗詞二卷詞補二卷　(宋)周密撰　**題草窗詞後一卷**　(宋)毛翊撰　清咸豐十一年(1861)刻曼陀羅華閣叢書本　一册　缺一卷(草窗詞上)

340000－1807－0000090　000075－000076
説文新附考六卷續一卷　(清)鈕樹玉撰　清同治十三年(1874)湖北崇文書局刻本　一册

340000－1807－0000091　000083－000084
説文引經考證七卷互異説一卷　(清)陳瑑學　(清)徐郙參校　清同治十三年(1874)湖北崇文書局刻本　一册

340000－1807－0000092　001460－001465
重鐫本草醫方合編十二卷　(清)汪昂著輯　清光緒二十六年(1900)新化三味堂刻本　六册

340000－1807－0000093　001016－001017
漢簡箋正七卷　(宋)郭忠恕撰　(清)鄭珍箋正　清光緒十五年(1889)廣雅書局刻本　二册

340000－1807－0000094　001522－001527
禮記十卷　(元)陳澔集説　清同治五年(1866)金陵書局刻十三經讀本本　六册

340000－1807－0000095　002140
示後述不分卷　(清)郭寶昌撰　清抄本　一册

340000－1807－0000096　000244－000343
資治通鑒二百九十四卷　(宋)司馬光撰　(元)胡三省音註　**通鑑釋文辯誤十二卷**　(元)胡三省撰　清嘉慶二十一年(1816)鄱陽胡氏刻本　一百册

340000－1807－0000097　000171
史忠正公集四卷首一卷末一卷　(明)史可法撰　清同治七年(1868)楚醴景萊書室刻本

一册　存二卷(一、首一卷)

340000－1807－0000098　001917－001920
北齊書五十卷　(唐)李百藥撰　清同治十三年(1874)金陵書局刻二十四史本　四册

340000－1807－0000099　000774－000776
絕妙好詞箋七卷附續鈔二卷　(宋)周密編　(清)查為仁　(清)厲鶚箋　清同治十一年(1872)會稽章氏刻本　三册

340000－1807－0000100　000879－000883
瀛環志畧十卷　(清)徐繼畬輯著　(清)陳慶偕　(清)鹿澤長条訂　(清)霍明高採譯　清道光二十八年(1848)刻本　五册　缺一卷(三)

340000－1807－0000101　000777
續詞選二卷　(清)董毅錄　清刻本　一册

340000－1807－0000102　000141－000147
御纂醫宗金鑑九十卷　(清)吳謙　(明)劉裕鐸總修　清刻本　七册　存九卷(四至六、八、十六至十八、八十四至八十五)

340000－1807－0000103　000183－000184
蕉庵琴譜四卷　(清)秦維瀚撰　清光緒三年(1877)刻本　二册　存二卷(一至二)

340000－1807－0000104　000480－000491
故唐律疏議三十卷　(唐)長孫無忌等撰　清光緒十六年(1890)京師刻本　十二册

340000－1807－0000105　000206－000221
日知錄集釋三十二卷刊誤二卷續刊誤二卷　(清)顧炎武撰　(清)黃汝成集釋　清同治十一年(1872)湖北崇文書局刻本　十六册

340000－1807－0000106　000367－000372
紅豆樹館書畫記八卷　(清)陶樑輯　清光緒八年(1882)吳趨潘氏韡園刻本　六册

340000－1807－0000107　001514－001521
癸巳存稿十五卷　(清)俞正燮撰　清光緒十年(1884)刻本　八册

340000－1807－0000108　000172－000175
元朝秘史十五卷　(元)□□撰　(清)李文田注　清光緒二十二年(1896)桐廬袁氏刻漸西村舍彙刊本　四册

340000－1807－0000109　000068－000073
歷代名臣言行錄二十四卷首一卷　(清)朱桓編輯　(清)潘永季校定　(清)李節齋重校　清光緒二十九年(1903)京都博文齋石印本　六册　缺六卷(十九至二十四)

340000－1807－0000110　001926－001935
魏書一百十四卷　(北齊)魏收撰　清同治十一年(1872)金陵書局刻二十四史本　十册　存六十五卷(一至六十五)

340000－1807－0000111　000627－000642
佩文齋書畫譜一百卷　(清)孫嶽頒等纂　清光緒九年(1883)上海同文書局石印本　十六册

340000－1807－0000112　000055
疑雨集四卷　(清)王彥泓撰　清宣統二年(1910)上海掃葉山房石印本　一册　存二卷(一至二)

340000－1807－0000113　001454
小倉山房文集三十五卷　(清)袁枚撰　清刻本　一册　存二卷(三至四)

340000－1807－0000114　001536
天弢閣詩抄四卷　(清)李寶翰著　清木活字印本　一册　存二卷(三至四)

340000－1807－0000115　001539－001540
望溪先生文集十八卷外文十卷補遺二卷　(清)方苞撰　(清)戴鈞衡編校　清咸豐二年(1852)桐城戴鈞衡刻本　二册　存七卷(文集五至七、外文九至十、補遺二卷)

340000－1807－0000116　001902－001910
增像全圖東周列國志二十七卷首一卷　(清)蔡昇評點　清光緒二十一年(1895)上海文盛書局石印本　九册　存十六卷(一至八、十一至十四、十九至二十一,首一卷)

340000－1807－0000117　001973－001979
洴澼百金方十四卷　(清)惠麓酒民編次

(清)杯月居士重訂　清刻本　七册　缺一卷(一)

340000－1807－0000118　001626－001627
呂氏春秋二十六卷　(秦)呂不韋撰　(漢)高誘注　清刻本　二册　存八卷(十至十七)

340000－1807－0000119　001708－001723
文選六十卷　(南朝梁)蕭統撰　(唐)李善注　清宣統三年(1911)上海會文堂書局石印本　十六册

340000－1807－0000120　001961
御纂醫宗金鑑外科十六卷　(清)吳謙　(清)劉裕鐸修　清石印本　一册

340000－1807－0000121　001958
增補醫方一盤珠全集十卷首一卷　(清)洪金鼎纂　清石印本　一册

340000－1807－0000122　000134
藏山閣集二十四卷　(清)錢秉鐙(錢澄之)撰　(清)龍潭室主(龐樹柏)　(清)瑤樓居士(汪德淵)校刊　清光緒三十四年(1908)龍潭室鉛印本　一册　存六卷(一至六)

340000－1807－0000123　000160－000161
秘傳花鏡六卷　(清)陳淏子訂輯　清石印本　二册　存二卷(三、五)

340000－1807－0000124　000066
增評加批金玉緣圖說十六卷首一卷一百二十回　(清)曹霑撰　清石印本　一册　存二卷(九至十)

340000－1807－0000125　000395
文通十卷　(清)馬建忠撰　清石印本　一册　存一卷(七)

340000－1807－0000126　000387－000390
述均十卷　(清)夏燮撰　清咸豐五年(1855)番陽官廨刻本　四册

340000－1807－0000127　001023
資治通鑒二百九十四卷　(宋)司馬光編集　(宋)胡三省音註　清刻本　一册　存三十一卷(一百三十六至一百五十二、一百六十二至一百七十五)

340000－1807－0000128　001434
臨證指南醫案八卷　(清)葉桂著　(清)華南田校　清石印本　一册　存一卷(六)

340000－1807－0000129　000093－000098
校正增廣驗方新編二十四卷　(清)鮑相璈編　(清)李龍訂訛　清光緒十八年(1892)上海鴻寶齋石印本　六册

340000－1807－0000130　000811－000815
困學紀聞注二十卷首一卷　(宋)王應麟撰　(清)翁元圻注　清光緒十三年(1887)上海同文書局石印本　五册　存十七卷(一至十六、首一卷)

340000－1807－0000131　000581－00585
孔氏家語十卷　(三國魏)王肅注　清光緒上海同文書局石印本　五册

340000－1807－0000132　000596－000605
東華錄三十二卷　(清)蔣良騏纂修　清刻本　十册

340000－1807－0000133　000798
倚香閣詩鈔一卷　(清)俞鏡秋撰　**浣薇軒夢餘吟草一卷**　(清)李恆撰　清光緒三十一年(1905)石印本　一册

340000－1807－0000134　000799
漢魏音四卷　(清)洪亮吉學　(清)洪用懃校字　清光緒三年(1877)授經堂刻本　一册

340000－1807－0000135　001666－001671
康熙字典十二集三十六卷檢字一卷辨似一卷等韻一卷補遺一卷備考一卷　(清)張玉書等編　清光緒十六年(1890)上海同文書局石印本　六册

340000－1807－0000136　001911－001912
東周列國全志八卷一百八回　(清)蔡奡評點　清石印本　二册　存四卷(三至六)

340000－1807－0000137　001470－001481
經典釋文三十卷　(唐)陸德明撰　**經典釋文序錄考證三十卷**　(清)盧文弨輯　清光緒十

五年(1889)湖南書局刻本　十二册

340000－1807－0000138　001742－001752
御批歷代通鑑輯覽一百二十卷　(清)高宗弘曆撰　(清)楊述曾等輯　清通元書局石印本　十一册　缺六十九卷(一至三十三、四十四至四十八、七十二至八十五、九十一至九十四、一百八至一百二十)

340000－1807－0000139　001645
還魂記一卷　(北齊)顔之推著　**神異經一卷十洲記一卷**　(漢)東方朔　**洞冥記四卷**　(漢)郭憲著　清刻本　一册

340000－1807－0000140　001660
增訂策學考古類編十二卷　(元)柴紹炳纂　(清)姚培謙評　(明)陳世增　(明)張景星訂　清刻本　一册　存三卷(七至九)

340000－1807－0000141　000440－000451
陶齋藏石記四十四卷藏磚記二卷　(清)端方撰　清宣統元年(1909)石印本　十二册

340000－1807－0000142　001659
分類尺牘三十卷　(清)徐士俊集　清石印本　一册　存八卷(二十三至三十)

340000－1807－0000143　001757
增像全圖三國演義十六卷　(明)羅本撰　(清)毛宗岡評　清天寶書局石印本　一册　存二卷(九至十)

340000－1807－0000144　001644
搜神記八卷　(晉)幹寶撰　**搜神後記二卷**　(晉)陶潛著　清刻本　一册

340000－1807－0000145　002059－002082
御定全唐詩錄一百卷　(清)徐倬　(清)徐元定校　清刻本　二十四册

340000－1807－0000146　001634－001643
禮記十卷　(元)陳澔撰　清李光明莊刻本　十册

340000－1807－0000147　002019－002050
藕香零拾三十九種一百一卷　繆荃孫輯　清光緒二十一年至宣統二年(1895－1910)刻本　三十二册

340000－1807－0000148　001844－001867
説文通訓定聲十八卷分部檢韻一卷　(清)朱駿聲紀錄　(清)朱鏡蓉參訂　**説雅十九篇古今韻準一卷**　(清)朱駿聲紀錄　**皇清敕授文林郎國子監博士銜揀選知縣揚州府學教授允倩府君行述一卷**　朱孔彰述　清道光二十八年(1848)刻同治九年(1870)朱孔彰補刻本　二十四册

340000－1807－0000149　001913－001916
增評加批歷史綱鑑補三十九卷首一卷　(宋)司馬光通鑑　(宋)朱熹綱目　(明)王世貞　(明)袁黄編纂　清上海富強齋石印本　四册　存十三卷(二十七至三十九)

340000－1807－0000150　000452－000463
金索六卷首一卷石索六卷　(清)馮雲鵬　(清)馮雲鵷輯　清道光元年(1821)刻本　十二册

340000－1807－0000151　001994－001996
歷代名人書劄二卷　吴曾祺編　清宣統二年(1910)上海商務印書館鉛印本　三册

340000－1807－0000152　000185
左李曾彭手劄四卷　(清)□□撰　**恪靖侯左相手劄一卷**　(清)左宗棠撰　**肅毅伯李傳相手劄一卷**　(清)李鴻章撰　**威毅伯曾宫保手劄一卷**　(清)曾國藩撰　**宫保彭尚書手劄一卷**　(清)彭□□撰　清光緒十年(1884)岵瞻堂刻本　一册

340000－1807－0000153　000187
白雲山人詩草二卷文草一卷　(清)陳桂著　清同治十年(1871)刻本　一册

340000－1807－0000154　001581－001620
康熙字典十二集三十六卷等韻一卷檢字一卷辨似一卷備考一卷補遺一卷　(清)張玉書　(清)陳廷敬總閲　(清)淩紹雯等纂修　清道光七年(1827)刻本　四十册

340000－1807－0000155　001541－001620
康熙字典十二集三十六卷等韻一卷檢字一卷

辨似一卷備考一卷補遺一卷 (清)張玉書 (清)陳廷敬總閱 (清)淩紹雯等纂修 清道光七年(1827)刻本 四十冊

340000－1807－0000156 000001－000044
綱鑑會纂三十九卷首一卷 (明)王世貞編 **御撰資治通鑑綱目三編二十卷** (清)張廷玉等輯 清大文堂刻本 四十四冊

340000－1807－0000157 000398－000425
康熙字典十二集三十六卷等韻一卷檢字一卷辨似一卷備考一卷補遺一卷 (清)張玉書 (清)陳廷敬總閱 (清)淩紹雯等纂修 清刻本 二十八冊 缺十二卷(申集上中下、酉集上中下、戌集上中下、亥集上中下)

340000－1807－0000158 000436－000439
國粹學報□□期 (清)國粹學報館編 清宣統元年(1909)鉛印本 四冊 存四期(五十四至五十五、五十七至五十八)

340000－1807－0000159 000129
皇朝直省輿地全圖不分卷 (清)□□編 清光緒二十一年(1895)石印本 一冊

340000－1807－0000160 000228－000240
增選小題真珠船初集不分卷 (□)□□編 清光緒十二年(1886)上海點石齋石印本 十三冊

340000－1807－0000161 000224－000227
增選小題真珠船續集 (□)□□編 清光緒十二年(1886)上海點石齋石印本 四冊

340000－1807－0000162 000396
曾道唯唱酬詩集一卷 (清)曾道唯編 清刻本 一冊

340000－1807－0000163 000198－000205
唐人三家集二十八卷 (清)秦恩復輯 清宣統三年(1911)影印本 八冊

340000－1807－0000164 001740－001741
重刊校正笠澤叢書四卷補遺一卷續補遺一卷 (唐)陸龜蒙著 清刻本 二冊

340000－1807－0000165 000741
理想小說極樂世界十二卷 (日本)矢野文雄著 (清)披雪洞主譯 清光緒二十九年(1903)上海廣智書局鉛印本 一冊

340000－1807－0000166 001087
四朝詩史甲集七卷 (清)孫雄輯 清宣統刻本 一冊

340000－1807－0000167 002141
琴譜不分卷 (清)濮賢惄學 清同治十年(1871)眠綠山房鈔本 一冊

340000－1807－0000168 001402－001433
讀史方輿紀要一百三十卷方輿全圖總說五卷 (清)顧祖禹撰 清光緒二十七年(1901)圖書集成局鉛印本 三十二冊

340000－1807－0000169 001018
西廂詩二卷 (清)嘉禾散人點定 清嘉慶八年(1803)刻本 一冊 存一卷(上)

340000－1807－0000170 000696－000702
金魚緣二十卷 (清)孫德英撰 清石印本 七冊 缺二卷(一至二)

340000－1807－0000171 000884－000923
尺木堂綱鑑易知錄九十二卷 (清)吳乘權等輯 **御撰資治通鑑綱目三編二十卷** (□)□□撰 清刻本 四十一冊

340000－1807－0000172 000726－000727
欽定四庫全書簡明目錄二十卷 (清)紀昀等纂修 清刻本 二冊 存十卷(六至十、十六至二十)

340000－1807－0000173 000728－000729
分韻詩賦題解統編一百六卷 (清)王曾景編 清石印本 二冊 存十七卷(十至十九、二十至二十六)

340000－1807－0000174 001008－001015
春秋左傳詁二十卷 (清)洪亮吉學 清光緒四年(1878)授經堂刻本 八冊

340000－1807－0000175 001198－001229
文獻通考三百四十八卷 (元)馬端臨著 **欽定通考考證三卷** (清)□□撰 清光緒二十

八年(1902)上海鴻寶書局石印本　三十二册

340000－1807－0000176　001101－001120
十國春秋一百十六卷　(清)吳任臣撰　(清)牛奐閱　(清)周昂重校　清刻本　二十册

340000－1807－0000177　001230－001241
通典二百卷　(唐)杜佑纂　**欽定通典考證**　(清)□□撰　清光緒二十八年(1902)上海鴻寶書局石印本　十二册

340000－1807－0000178　001346－001353
欽定續通典一百五十卷　(清)嵇璜等纂修　清光緒二十八年(1902)上海鴻寶書局石印九通本　七册

340000－1807－0000179　000182－001189
皇朝通志一百二十六卷　(清)嵇璜等修　清光緒二十八年(1902)上海鴻寶齋書局石印本　八册

340000－1807－0000180　001242－001281
通志二百卷　(宋)鄭樵撰　**欽定通志考證三卷**　(□)□□撰　清光緒二十八年(1902)上海鴻寶書局石印本　四十册

340000－1807－0000181　001306－001345
欽定續通志六百四十卷　(清)嵇璜等撰　清光緒石印本　三十九册

340000－1807－0000182　001190－001197
皇朝通典一百卷　(清)嵇璜等修　清光緒二十八年(1902)上海鴻寶書局石印本　八册

340000－1807－0000183　001282－001305
欽定續文獻通考二百五十卷　(清)紀昀總纂　(清)嵇璜等總裁　(清)曹仁虎　(清)蔡廷衡等纂修　清光緒石印本　二十四册

340000－1807－0000184　000932－000939
[光緒]鳳臺縣志二十卷首一卷　(清)李師沆　(清)石成之纂修　清光緒十八年(1892)豫章洪貴三木活字印本　八册

340000－1807－0000185　000651－000656
金石萃編一百六十卷　(清)王昶撰　清石印本　六册　缺七十六卷(一至七十六)

340000－1807－0000186　001150－001181
皇朝文獻通考三百卷　(清)嵇璜等修　清光緒二十八年(1902)上海鴻寶書局石印本　三十二册

340000－1807－0000187　001135－001149
壽州志三十六卷首一卷末一卷　(清)曾道唯等纂修　清光緒木活字印本　十五册　缺三卷(一至二、首一卷)

340000－1807－0000188　001121－001134
[光緒]壽州志三十六卷首一卷末一卷　(清)曾道唯等纂修　清光緒木活字印本　十四册　缺二卷(二十六至二十七)

340000－1807－0000189　001981－001982
西學大成十二編五十五卷　(清)王西清輯　清石印本　二册　存十四卷(卯編史學一至十、酉編電學一至四)

340000－1807－0000190　001971－001972
衛生鴻寶六卷　(明)祝補齋撰　清上海埽葉山房石印本　二册　存三卷(二至四)

340000－1807－0000191　000849－000866
皇朝經世文編一百二十卷　(清)賀長齡輯　清刻本　十八册　存二十六卷(十七至十八、三十、三十三至四十七、一百十二、一百十四至一百二十)

340000－1807－0000192　000802－000810
攈古錄金文三卷　(清)吳式芬輯　清光緒二十一年(1895)吳重憙刻本　九册

340000－1807－0000193　001376－001380
漢書一百卷　(漢)班固撰　清同治八年(1869)金陵書局刻二十四史本　五册　存十五卷(二十至二十五、二十七至二十九、三十九至四十四)

淮北師範大學圖書館古籍普查登記目録

全國古籍普查登記目録

國家圖書館出版社
National Library of China Publishing House

《淮北師範大學圖書館古籍普查登記目録》

編委會

《淮北師範大學圖書館古籍普查登記目録》

前　言

淮北師範大學圖書館館藏古籍 327 部 4058 册，主要是明、清時期的文獻。2017 年，依據“全國中華古籍保護計劃”，在安徽省古籍保護中心的指導下，淮北師範大學圖書館對所藏古籍進行普查，并編製古籍總目。

我們對古籍庫所藏古籍量核對之後，將書的分類、題名卷數、著者姓名、所屬朝代、著作方式、版本、版式、裝幀、序跋的記載情況登記著録到古籍普查平臺中。并根據每部書的版本情況，如所屬朝代、出版方式（木板刻本、活字本、鉛印本等）等確定古籍等級，并附上相關書影作爲版本考證依據。還要根據書的破損情況，做出定損判斷，以便更好地完成接下來的修復工作。

古籍庫藏書量大，要先對每一部書進行整體上的確認，然後按照著録要求著録數據，著録時要認真、仔細，保證數據的準確性，避免錯誤發生。因此工作量大，難度也大，爲了確保順利完成，工作人員每天上班時都是高度集中，充分利用時間，認真做好每一項著録工作。經過長期的堅持與努力，工作人員將每一部書所要求的著録數據都在保正準確性的同時一一著録完成。

我們在普查的基礎上編寫了《淮北師範大學圖書館古籍總目》。除了最基本的書目外，著者的創作意圖，著作的主題、類屬，版本情况都要明確。從一部文獻的類屬出發，依據主題内容、版本，説明其來源、流傳情况，作出總體的評價。而同一類文獻的比較，從二級類如詩類中文獻的分析，説明此類文獻在詩學研究中的作用。再通過與相鄰的二級類如禮、書、易類中文獻的聯繫與區别的分析，上升到一級類經部文獻總體狀况的説明，確定所藏經部文獻在經學研究中的價值與地位。由此總目包括書名、著者、類屬、版本事項（分爲出版時、出版地、出版者、版刻和版次）、提要五部分内容。

普查完成之後，依據古籍破損等級的確定情况，對破損等級高、急需修復的古籍記録名目，逐本檢查破損的位置，把卷、頁記録下來。然後是破損的原因，如蟲蛀、水漬等，也逐一記録下來。破損詳情記録完備之後，再按順序整理成册。依據記録詳情，一部一册修復。主要是在破損的位置，用柔韌的宣紙做襯墊黏貼固定，延長它的保存與使用壽命。外封破損嚴重的，用宣紙做雙層封面，增强封内内容的保護度。目前破損登記、黏貼、縫訂、紙張剪裁由館員分工合作，有序完成。已修復古籍 75 部 210 册。接續的工作仍在進行，力求把所有破損古籍一一修復完整，提高淮北師範大學所存古籍整體的保存品質與使用壽命。

淮北師範大學圖書館的古籍普查工作經過了長時間的努力與不斷積纍得以最終完成。其中不免有疏漏之處,敬請讀者和專家學者批評指正!

淮北師範大學圖書館

2019 年 5 月

340000－1851－0000001　130058－130064
甘泉鄉人稿二十四卷　(清)錢泰吉撰　清同治三年(1864)刻本　七册

340000－1851－0000002　115701－115702
蓮子居詩話四卷　(清)吴衡照撰　清道光十二年(1832)汪氏振綺堂刻本　二册

340000－1851－0000003　113283－113288
校定困學紀聞三箋二十卷　(宋)王應麟撰　(清)閻百詩等仝校　清刻本　六册

340000－1851－0000004　110113－22
子史精華　(清)允祿等纂修　清光緒十三年(1887)海積書局石印本　十册

340000－1851－0000005　110131－50
北堂書鈔　(□)□□撰　清光緒刻本　二十册

340000－1851－0000006　110154－61
朔方備乘六十八卷首十二卷　(清)何秋濤纂　清光緒七年(1881)石印本　八册

340000－1851－0000007　113203－3206
御製數理精藴上編五卷　(清)梅瑴成撰　清刻本　四册

340000－1851－0000008　110209－212
酉陽雜俎二十卷續十卷　(唐)段成式撰　清光緒元年(1875)湖北崇文書局刻本　四册

340000－1851－0000009　110228－355
資治通鑑綱目五十九卷　(宋)朱熹撰　(明)陳仁錫評　清嘉慶九年(1804)蘇州聚文堂刻本　二十八册

340000－1851－0000010　110221－224
李太白文集三十卷　(唐)李白撰　清康熙五十六年(1717)吴縣繆曰芑刻本　四册

340000－1851－0000011　110412－16
禮記集注十卷　(元)陳澔著　明刻本　五册

340000－1851－0000012　110459－82
欽定詩經傳説彙纂二十一卷首二卷　(清)聖祖玄燁定　(清)張廷玉等校　清雍正刻本　六册

340000－1851－0000013　110543－54
王右丞集二十八卷首一卷末一卷　(唐)王維撰　(清)趙殿成注　清乾隆元年(1736)仁和趙氏刻本　十二册

340000－1851－0000014　112017－20
玉臺新詠箋注十卷　(南朝陳)徐陵編　(清)吴兆宜原注　(清)程琰删補　清乾隆三十九年(1774)刻本　四册

340000－1851－0000015　113011－70
大學衍義四十三卷　(宋)真德秀注　(明)陳仁錫評閲　**大學衍義補一百六十卷**　(明)丘睿撰　(明)陳仁錫評　明崇禎五年(1632)陳仁錫刻本　六十册

340000－1851－0000016　113269－72
增訂南九宫曲譜二十一卷附録一卷　(明)沈璟輯　(明)龍驤校　明末刻本　四册

340000－1851－0000017　113538－113543
康熙甲子史館新刊古今通韻十二卷　(清)毛奇齡撰　清康熙二十四年(1685)刻本　六册

340000－1851－0000018　114117－114132
水經注釋四十卷附録二卷水經注箋刊誤十二卷　(清)趙一清撰　清乾隆五十九年(1794)東潛趙氏小山堂刻本　十六册

340000－1851－0000019　114981－92
音學五書三十八卷　(清)顧炎武撰　清康熙刻本　十二册

340000－1851－0000020　115419－20
大戴禮記十三卷　(漢)戴德撰　(北周)盧辯注　清乾隆二十三年(1758)德州盧氏刻雅雨堂叢書本　二册

340000－1851－0000021　114551－4598
古文淵鑒六十四卷　(清)聖祖玄燁選　清康熙内府刻四色套印本　四十八册

340000－1851－0000022　116169－72
六朝文絜四卷　(清)許梿評選　清道光五年(1825)蘇州賓石齋刻朱墨套印本　四册

340000－1851－0000023　117031－117050

新增說文韻府群玉二十卷　（元）陰時夫編輯　（元）陰中大編注　（明）王元貞校正　明萬曆刻本　二十册

340000－1851－0000024　121717－836
十三經注疏三百三十三卷　（□）□□輯　明崇禎毛氏汲古閣刻本　一百十九册

340000－1851－0000025　129683－88
莊子因六卷　（清）林雲銘評述　清康熙二十七年（1688）刻本　六册

340000－1851－0000026　129756－59
鄉黨圖考十卷　（清）江永撰　清乾隆刻本　四册

340000－1851－0000027　130682－761
漢魏叢書七十六種一百六十卷　（明）何允牛輯　明萬曆二十年（1592）刻本　八十册

340000－1851－0000028　135652－67
格致鏡原一百卷　（清）陳元龍撰　清雍正十三年（1735）刻本　十六册

340000－1851－0000029　135736
空青館詞稿三卷　（清）邊浴禮撰　清道光十八年（1838）刻本　一册

340000－1851－0000030　113163－113166
一切經音義二十五卷　（唐）釋玄應撰　（清）莊炘等校　清刻本　四册

340000－1851－0000031　142595
地勢略解一卷　（美國）李安德著　清光緒十九年（1893）鉛印本　一册

340000－1851－0000032　138660
誠一堂琴談二卷　（清）程允基輯　清誠一堂刻本　一册　存一卷（一）

340000－1851－0000033　138748－51
飴山文集十二卷附錄一卷　（清）趙執信撰　清乾隆刻本　四册

340000－1851－0000034　138756－58
輶軒使者絕代語釋别國方言十三卷　（漢）楊雄紀　（晉）郭璞解　（明）吳琯校刊　明嘉靖三十九年（1560）刻本　三册

340000－1851－0000035　129738－47
二十二史劄記三十六卷　（清）趙翼撰　清光緒二十年（1894）刻廣雅書局叢書本　十册

340000－1851－0000036　138752－55
讀書錄十一卷　（明）薛瑄撰　明萬曆二十七年（1599）刻本　四册

340000－1851－0000037　116381－116386
芝龕記六卷　（清）董榕撰　清光緒十五年（1889）刻本　六册

340000－1851－0000038　138759－66
唐詩掞藻八卷　（清）高士奇輯　清康熙三十二年（1693））刻本　八册

340000－1851－0000039　143238－42
淮南鴻烈解二十一卷　（漢）劉安著　（漢）高誘注　（明）江一鸞訂　明萬曆二十二年（1594）吳郡張氏刻本　五册

340000－1851－0000040　128266－69
二申野錄八卷　（清）孫之騄輯　清同治六年（1867）吟香館刻本　四册

340000－1851－0000041　117531－117550
春秋大事表五十卷輿圖一卷附錄一卷　（清）顧棟高集傳　清乾隆十三年（1748）萬卷樓刻本　二十册

340000－1851－0000042　120991
春秋世論五卷　（清）王夫之撰　清道光二十二年（1842）湘潭王氏刻船山遺書本　一册

340000－1851－0000043　113927－113928
春秋左傳杜注三十卷　（清）姚培謙撰　清道光五年（1825）龐氏刻本　十二册

340000－1851－0000044　146822－837
春秋左繡三十卷　（晉）杜預撰　清光緒二十四年（1898）刻本　十六册

340000－1851－0000045　142993－142994
未灰齋文集八卷　（清）徐鼒著　清咸豐刻本　二册　存五卷（一至五）

340000－1851－0000046　114814－114819
樊山集二十八卷　樊增祥撰　清光緒十九年

(1893)渭南縣署刻本　六册

340000－1851－0000047　143861
春秋經傳日月考一卷　(清)鄒伯奇考訂　清光緒二十七年(1901)正學堂刻朱印本　一册

340000－1851－0000048　147012
老子衍一卷　(清)王夫之撰　清同治四年(1865)金陵曾氏刻本　一册

340000－1851－0000049　146802－813
十三經札記二十二卷　(清)朱亦棟撰　清光緒四年(1878)刻本　十二册

340000－1851－0000050　147112
老子章義一卷　(清)吳鼐撰　清同治九年(1870)桐城吳氏邗上刻本　一册

340000－1851－0000051　136911
春華集二卷　(清)龍元任撰　清光緒十九年(1893)刻本　一册

340000－1851－0000052　116893－116894
十六國宫詞二卷　(清)周昇撰　清道光十九年(1839)櫻西書屋刻本　二册

340000－1851－0000053　122743－48
柏梘山房文集三十一卷　(清)梅曾亮撰　清光緒二十七年(1901)刻本　六册

340000－1851－0000054　128818
十洲春語三卷　(清)二石生撰　清光緒三年(1877)上海申報館鉛印本　一册

340000－1851－0000055　117777－117780
老子翼八卷　(明)焦竑輯　清光緒二十一年(1895)浙西村舍刻本　四册

340000－1851－0000056　111025－28
鞏溪詩話十卷　(宋)黄徹撰　清乾隆中武英殿聚珍版書本　四册　存八卷(一至八)

340000－1851－0000057　131114－117
硃批增注七家詩選七卷　(清)張熙宇輯　清咸豐七年(1857)刻本　四册

340000－1851－0000058　147932－47
爾雅郭注義疏三十二卷　(清)郝懿行疏　清咸豐六年(1856)文瑞樓刻本　十六册

340000－1851－0000059　130803－06
柳南詩鈔十卷文鈔六卷　(清)王應奎撰　清刻本　四册

340000－1851－0000060　130293－130302
西泠五布衣遺著三十一卷　(清)丁丙輯　清同治、光緒間錢唐丁氏當歸草堂刻本　十册　存二十卷(一至二十)

340000－1851－0000061　114844
七經小傳三卷　(宋)劉敞撰　清乾隆十六年(1751)水西劉氏刻公是遺書本　一册

340000－1851－0000062　111014
西河詞話一卷　(清)毛奇齡撰　清宣統三年(1911)上海文瑞樓石印本　一册

340000－1851－0000063　111015
西河詩話一卷西河雜箋一卷　(清)毛奇齡撰　清宣統三年(1911)上海文瑞樓石印本　一册

340000－1851－0000064　110356－67
八旗文經五十六卷作者考三卷敘錄一卷　(清)盛昱　(清)楊鍾羲輯　清光緒二十七年(1901)武昌刻本　十二册

340000－1851－0000065　114811
二家試帖二卷二家詠古詩一卷　(清)張之洞　樊增祥編　清光緒二十七年(1901)刻本　一册

340000－1851－0000066　129401－402
南宋雜事詩七卷　(清)沈嘉轍輯　清同治十二年(1873)淮南書局刻本　二册

340000－1851－0000067　114869－114870
西夏紀事本末三十六卷　(清)張鑑撰　清光緒十四年(1888)上洋書業公所崇德堂鉛印本　二册

340000－1851－0000068　113005
人壽金鑑二十二卷　(清)程得齡輯　清光緒元年(1875)湖北崇文書院刻本　六册

340000－1851－0000069　130321－130344

西堂雜組一集八卷二集八卷三集八卷　(清)尤侗撰　清刻本　二十四册

340000－1851－0000070　110074－110077
重訂西青散記八卷　(清)史震林訂　(清)裴玠校梓　清光緒四年(1878)鉛印本　四册

340000－1851－0000071　128349－8356
南漢書十八卷南漢文字略四卷南漢叢録二卷　(清)梁廷枏撰　清道光十年(1830)刻本　八册

340000－1851－0000072　135689－135711
西清續金監甲編十六卷　(□)□□撰　清宣統二年(1910)涵芬樓影印本　二十三册

340000－1851－0000073　113171－74
人境盧詩草十一卷　(清)黄遵憲撰　清宣統三年(1911)鉛印本　四册

340000－1851－0000074　130481
人範六卷　(清)蔣元輯　清光緒二十七年(1901)刻廣雅書局叢書本　一册

340000－1851－0000075　120871－120876
雲林别墅繡像妥註第六才子書六卷首一卷　(清)金人瑞批　(清)鄒聖脉注　清刻本　四册

340000－1851－0000076　129512－519
九華山志十卷首一卷末一卷　(清)周贇纂　清光緒二十六年(1900)刻本　八册

340000－1851－0000077　114641－4650
南豐先生元豐類稿五十卷增附集外文二卷續附行狀碑志哀挽一卷　(宋)曾鞏撰　清康熙五十六年(1717)長州顧松齡刻本　十册

340000－1851－0000078　131122－24
荒政輯要九卷　(清)汪志伊纂　清道光二十九年(1849)尚義堂刻本　三册

340000－1851－0000079　138677
西湖竹枝集二卷　(元)楊維禎撰　清光緒七年(1881)錢塘丁氏刻本　一册

340000－1851－0000080　129588－91
荔雨軒文集六卷續集二卷詩集三卷　(清)華冀綸撰　清光緒九年(1883)梁溪華氏刻本　四册

340000－1851－0000081　110368－110377
西漢會要七十卷　(宋)徐天麟撰　清光緒十年(1884)江蘇書局刻本　十册

340000－1851－0000082　129437－47
冒氏叢書　(清)冒廣生編　清宣統三年(1911)刻本　十一册

340000－1851－0000083　131119
西礦山房詩録二卷　(清)蔡復午撰　清光緒二十八年(1902)石印本　一册

340000－1851－0000084　114715－16
註釋拜月亭記二卷附繡像　(元)羅懋登注釋　清宣統元年(1909)貴池劉氏暖紅室刻本　二册

340000－1851－0000085　135772－75
文心雕龍輯注十卷　(清)黄叔琳注　清乾隆刻本　四册　存八卷(一至八)

340000－1851－0000086　111495－111526
重修甯國府志三十六卷首一卷末一卷　(清)洪亮吉等纂修　清咸豐九年(1859)影印本　三十二册

340000－1851－0000087　116099－106
重訂古文釋義新編八卷　(清)余誠評註　清光緒二十八年(1902)三義堂刻本　八册

340000－1851－0000088　128850－55
三魚堂文集十二卷　(清)陸隴其撰　清宣統三年(1911)上海掃叶山房石印本　六册

340000－1851－0000089　143670－75
三魚堂文集十二卷　(清)陸稼書撰　清宣統掃叶山房刻本　六册

340000－1851－0000090　124920－21
段氏說文注訂八卷　(清)鈕樹玉著　清同治五年(1866)碧螺山館刻本　二册　存四卷(一至四)

340000－1851－0000091　114860
三藩紀事本末二十二卷　(清)楊陸榮編輯

清光緒十四年(1888)鉛印本　一冊

340000－1851－0000092　148178－98
皇清經解一百九十卷　(清)阮元輯　清光緒十一年(1885)上海點石齋石印本　二十一冊

340000－1851－0000093　112139－112498
皇清經解一千四百卷　(清)阮元編　清道光九年(1829)廣東學海堂刻本　三百六十冊

340000－1851－0000094　128763－92
士禮居黄氏叢書　(清)黄丕烈輯　清嘉慶、道光間黄氏士禮居刻本　三十冊

340000－1851－0000095　112499－2772
皇清經解續編　王先謙編　清光緒十二年(1886)江陰南菁書院刻本　二百七十四冊

340000－1851－0000096　147976－148000
皇朝五經匯解二百七十卷　題(清)扶經心室主人輯　清光緒十四年(1888)鴻文書局石印本　二十五冊

340000－1851－0000097　147726－73
皇朝文獻通考三百卷　(清)曹仁虎撰　清光緒二十七年(1901)上海圖書集成局鉛印本　四十八冊

340000－1851－0000098　147654－665
皇朝通志二十六卷　(清)曹仁虎輯　清光緒二十七年(1901)上海圖書集成局鉛印本　十二冊

340000－1851－0000099　147601－12
皇朝通典一百卷　(清)曹仁虎輯　清光緒二十七年(1901)上海圖書集成局鉛印本　十二冊

340000－1851－0000100　116733－116756
皇朝經世文編一百二十卷　(清)賀長齡輯　清光緒十六年(1890)廣百宋齋鉛印本　二十四冊

340000－1851－0000101　116757－80
皇朝經世文續編一百二十卷　(清)盛康輯　清光緒二十四年(1898)上海宏文閣鉛印本　二十四冊

340000－1851－0000102　147149－50
皇朝謚法考五卷續編一卷　(清)鮑康輯　清同治三年(1864)刻本　二冊

340000－1851－0000103　148241
皇朝總述二卷　(清)吳越材撰　清光緒二十九年(1903)上海書局石印本　一冊

340000－1851－0000104　125110－114
泉志新編二十卷附嘉陰簃論泉絕句一卷　(清)張麗瀛編　清咸豐五年(1855)刻本　五冊

340000－1851－0000105　147009
禹貢川澤考二卷　(清)桂文燦撰　清光緒十二年(1886)廣州利華印務局鉛印本　一冊

340000－1851－0000106　130455
禹貢班義述三卷漢麋水入尚龍溪考一卷　(清)成蓉鏡撰　清光緒十四年(1888)刻廣雅書局叢書本　一冊

340000－1851－0000107　130096－107
後紅樓夢三十回二十四卷　(清)逍遙子撰　清刻本　十二冊

340000－1851－0000108　130488
後漢書注補正八卷　(清)周壽昌學　清光緒長沙周氏小對竹軒刻思益堂史學三種本　一冊　存一卷(一)

340000－1851－0000109　147349－54
後漢書注補正八卷三國志注證遺四卷　(清)周壽昌撰　清光緒長沙周氏小對竹軒刻思益堂史學三種本　六冊

340000－1851－0000110　130472
後漢書辨疑十一卷　(清)錢大昭撰　清光緒十四年(1888)刻廣雅書局叢書本　二冊

340000－1851－0000111　147013－147014
列子八卷附釋文二卷　(晉)張湛注　清嘉慶十八年(1813)蕭山陳氏湖海樓刻本　二冊

340000－1851－0000112　142917－48
士禮居黄氏叢書　(清)黄丕烈輯　清光緒十三年(1887)上海蜚英館石印本　三十二冊

340000－1851－0000113　112993－996
增注七家詩彙鈔十六卷　(清)張熙宇注　清光緒十一年(1885)善成堂刻本　四册

340000－1851－0000114　117288－117290
繡像列仙傳四卷　題(清)還初道人輯　清光緒十三年(1887)掃葉山房刻本　四册

340000－1851－0000115　121399－1400
風俗通義二卷　(漢)應劭撰　**新書二卷**　(漢)賈誼撰　清光緒元年(1875)湖北崇文書局刻本　二册

340000－1851－0000116　115680
風箏誤二卷　(清)李漁撰　清末石印本　一册

340000－1851－0000117　116361－76
施注蘇詩四十二卷蘇詩續補遺二卷首一卷目録二卷　(宋)蘇軾撰　(清)施元之注　清大文堂刻本　十六册

340000－1851－0000118　130168－130171
存素堂詩稿十三卷文稿四卷　(清)錢寶琛撰　清同治七年(1868)刻本　四册

340000－1851－0000119　130484
前漢書注考證一卷　(清)何若瑤撰　清光緒二十年(1894)刻廣雅書局叢書本　一册

340000－1851－0000120　116281－6286
洗冤錄詳義四卷首一卷摭遺一卷補一卷　(清)許槤編校　清光緒十六年(1890)湖北官書處刻本　六册

340000－1851－0000121　147190
洛陽伽藍記五卷　(北魏)楊衒之撰　清光緒二年(1876)刻本　一册

340000－1851－0000122　148249
祖國女界文豪譜二卷　(清)咀雪子著　清宣統元年(1909)京華書局鉛印本　一册

340000－1851－0000123　117161－76
秘書廿一種九十四卷　(清)汪士漢編　清刻本　十六册

340000－1851－0000124　111021－024
屏麓草堂詩話十六卷　(清)莫友堂撰　清道光二十八年(1848)刻本　四册

340000－1851－0000125　111033－038
眉韻樓詩話八卷續編四卷　(清)孫雄撰　清光緒二十四年(1898)集成圖書公司鉛印本　六册

340000－1851－0000126　114235－4238
惜抱先生尺牘八卷　(清)姚鼐撰　清宣統元年(1909)小萬柳堂刻本　四册

340000－1851－0000127　146887－94
癸巳存稿十五卷　(清)俞正燮撰　清光緒十年(1884)刻本　八册

340000－1851－0000128　115715
百萼紅詞二卷　(清)吳肅撰　清光緒五年(1879)合肥張氏刻本　一册

340000－1851－0000129　147167－72
癸巳類稿十五卷　(清)俞正燮撰　清道光十三年(1833)求日益齋刻本　六册

340000－1851－0000130　117261－7269
紅雪樓九種曲十八卷　(清)蔣士銓撰　清刻本　九册

340000－1851－0000131　133618－133619
光緒己丑恩科鄉試十八省同年録四卷　(□)□□編　清光緒十五年(1889)刻本　二册

340000－1851－0000132　135987－990
紀元通考十二卷　(清)葉維庚撰　清道光八年(1828)鍾秀山房刻本　四册

340000－1851－0000133　142575－77
紀元編三卷末一卷　(清)李兆洛撰　清咸豐五年(1855)刻粤雅堂叢書本　三册

340000－1851－0000134　130276－291
紀文達公遺集十六卷　(清)紀昀撰　清嘉慶十七年(1812)刻本　十六册

340000－1851－0000135　130385－92
泰西新史攬要二十四卷　(英國)馬懇西著　清光緒二十六年(1900)廣雅書局刻本　八册

340000－1851－0000136　117967－7970
桐陰論畫二卷首一卷附錄一卷畫訣一卷　(清)秦祖永評述　清同治三年(1864)朱墨套印本　四册

340000－1851－0000137　121312－121317
桃花扇傳奇四卷　(清)孔尚任編　清刻本　六册

340000－1851－0000138　133542－545
桃花扇傳奇二卷　(清)孔尚任撰　清刻本　四册

340000－1851－0000139　133511
桃谿雪二卷　(清)黄燮清填詞　清道光二十七年(1847)刻本　一册

340000－1851－0000140　133704－133707
光緒丙午科優貢同年齒錄不分卷　(□)□□輯　清光緒三十二年(1906)文德齋刻本　四册

340000－1851－0000141　119023－26
格致古微五卷表一卷　(清)王仁俊述　清光緒二十二年(1896)刻本　四册

340000－1851－0000142　130262－263
校邠廬抗議四卷　(清)馮桂芬撰　清光緒九年(1883)廣仁堂刻本　二册

340000－1851－0000143　112795－112800
袁文合箋十六卷　(清)袁枚著　(清)王廣業箋　清光緒八年(1882)青箱塾刻本　六册

340000－1851－0000144　129770
莫愁湖志六卷　(清)馬士圖輯　清光緒十七年(1891)年刻本　一册

340000－1851－0000145　116173－116180
回文類聚十卷　(宋)桑世昌纂　清裕文堂刻本　八册

340000－1851－0000146　115777－115780
華陽國志十二卷　(晉)常璩撰　清嘉慶十九年(1814)廖氏題襟館刻本　四册

340000－1851－0000147　114840－4843
莊子故八卷　(清)馬其昶撰　清光緒二十年(1894)集虛草堂刻本　四册

340000－1851－0000148　147332
莊子集解八卷　王先謙編　清宣統元年(1909)上海掃葉山房石印本　二册

340000－1851－0000149　147774－817
文獻通考三百四十八卷　(元)馬端臨著　清光緒二十七年(1901)上海圖書集成局遵武英殿鉛印本　四十四册

340000－1851－0000150　147774－871
文獻通考三百四十八卷　(元)馬端臨著　清光緒二十七年(1901)上海圖書集成局鉛印本　四十四册

340000－1851－0000151　114845
夏小正通釋一卷　(清)梁章鉅集釋　清光緒十三年(1887)浙江書局刻本　一册

340000－1851－0000152　125201－125204
竹書紀年六卷附辨誤一卷考證一卷年表二卷圖四卷　(清)雷學淇校刊　清光緒九年(1883)刻本　四册

340000－1851－0000153　147133－34
夏小正集說四卷　(清)程鴻詔撰　清同治四年(1865)刻本　二册

340000－1851－0000154　120847－120848
竹葉亭雜記八卷　(清)姚元之撰　清光緒十九年(1893)刻本　二册

340000－1851－0000155　129681－82
晉書校勘記五卷　(清)周家祿撰　清光緒十四年(1888)刻廣雅書局叢書本　二册

340000－1851－0000156　110388－0403
唐人五十家小集三十二卷　(清)江標輯　清光緒二十一年(1895)元和江氏靈鶼閣影刻南宋書棚本　十六册

340000－1851－0000157　121066－1089
唐代叢書一百六十四種　(清)王文誥　(清)邵希曾輯　清嘉慶十一年(1806)刻本　二十四册

340000－1851－0000158　113111－3116

唐詩選六卷 王闓運輯 清光緒二年(1876)成都尊經堂書局刻本 六册

340000－1851－0000159 147062
唐語林八卷附校勘記 (宋)王讜撰 清光緒十五年(1889)上海鴻文書局據清錢氏本影印守山閣叢書本 一册

340000－1851－0000160 111615－622
朔方備乘六十八卷首十二卷附圖 (清)何秋濤撰 清光緒七年(1881)石印本 八册

340000－1851－0000161 121041－1064
涇川叢書四十四種五十五卷續七種二十七卷 (清)趙紹祖 (清)趙繩祖輯 清道光十二年(1832)涇縣趙氏古墨齋刻本 二十四册

340000－1851－0000162 110445－110450
書經集傳六卷首一卷 (宋)蔡沈集釋 清光緒十五年(1889)江南書局刻本 六册

340000－1851－0000163 111479－111494
涇縣志三十二卷 (清)李德淦 (清)周鶴立修 **涇縣續志九卷** (清)阮文藻修 清嘉慶十一年至道光五年(1806－1825)刻本 十六册

340000－1851－0000164 113011－70
大學衍義四十三卷 (宋)真德秀撰 **大學衍義補一百六十卷** (明)丘濬撰 明崇禎五年(1632)京都文錦堂刻本 六十册

340000－1851－0000165 130076－95
涉聞梓舊二十五種 (清)蔣生沐輯 清道光二十一年(1841)刻本 二十册

340000－1851－0000166 110455－58
大學衍義輯要六卷 (宋)真德秀撰 (清)陳宏謀纂輯 清道光二十二年(1842)寶恕堂刻本 四册

340000－1851－0000167 131353
浩然齋雅談三卷 (宋)周密撰 清乾隆刻武英殿聚珍版書本 一册

340000－1851－0000168 116055－6074
山谷内集二十卷外集十七卷別集二卷 (宋)黄庭堅撰 清光緒二十五年(1899)刻本 二十册

340000－1851－0000169 130315－320
海峰先生文十卷詩八卷 (清)劉大櫆撰 清同治十三年(1874)刻本 六册

340000－1851－0000170 130264－130275
悔餘庵集四十卷 (清)何栻撰 清同治四年(1865)鳩江戎幄刻本 十二册

340000－1851－0000171 117327－117330
書古微十二卷 (清)魏源著 清光緒四年(1878)淮南書局刻本 四册

340000－1851－0000172 147010－11
書目答問四卷 (清)張之洞撰 清光緒二十一年(1895)上海蜚英館石印本 二册

340000－1851－0000173 116333－116337
新刻書經備旨善本輯要六卷 (清)馬大猷輯 清光緒善成堂刻本 五册

340000－1851－0000174 120990
書經稗疏四卷 (清)王夫之撰 清道光二十二年(1842)湘潭王氏守遺經書屋刻本 四册

340000－1851－0000175 131121
陳文肅公年譜一卷 (清)陳輝祖等輯 清刻本 一册

340000－1851－0000176 128826－829
陳檢討集二十卷 (清)陳維崧撰 (清)程師恭注 清康熙三十三年(1694)刻本 四册

340000－1851－0000177 129768－69
通玄真經十二卷 (北周)辛釿撰 (唐)徐靈府注 清刻本 二册 存三卷(一至三)

340000－1851－0000178 147585－600
通典二百卷附考證 (唐)杜佑撰 清光緒二十七年(1901)上海圖書集成局鉛印本 十六册 存三十二卷(一至三十二)

340000－1851－0000179 121106－1109
通俗編十八卷 (清)翟灝撰 清光緒七年(1881)刻本 四册

340000－1851－0000180　142677－2686
通鑑前編舉要二十卷　(宋)金履祥編　(明)路進較輯　清同治八年(1869)昆山含經堂刻本　十冊

340000－1851－0000181　123349－123352
朱子年譜八卷　(明)王懋竑纂訂　清刻本　四冊

340000－1851－0000182　142556－59
通鑑紀事本末一百九十九卷　(宋)袁樞輯　清光緒二十八年(1902)上海捷記書局石印本　四冊

340000－1851－0000183　135482－87
冬心先生畫記五種　(清)金農撰　清刻本　六冊

340000－1851－0000184　114921－4944
通鑑紀事本末三十九卷　(宋)袁樞編　清光緒二十八年(1902)上海捷記書局石印本　二十四冊

340000－1851－0000185　130345－348
小倉山房外集八卷　(清)袁枚撰　清刻本　四冊

340000－1851－0000186　117471－117514
朱子集一百四卷目錄二卷　(宋)朱熹撰　清同治元年(1862)刻本　四十四冊

340000－1851－0000187　114725－114734
小腆紀年附攷二十卷　(清)徐鼒撰　清咸豐十一年(1861)刻本　十二冊

340000－1851－0000188　113117－138
納書楹曲譜正集三卷續集四卷外集二卷　(清)葉堂考訂　清乾隆五十七年(1792)納書楹刻本　二十二冊

340000－1851－0000189　115219－220
納蘭詞五卷補遺一卷　(清)納蘭性德撰　清光緒六年(1880)娛園刻本　一冊

340000－1851－0000190　130424－130425
行素齋雜記二卷　(清)李佳撰　清光緒二十七年(1901)湖南臬署刻本　二冊

340000－1851－0000191　147034－51
小腆紀傳六十五卷　(清)徐鼒撰　**補遺六卷**　(清)徐承禮撰　清光緒十四年(1888)金陵孫氏刻本　十八冊

340000－1851－0000192　130486
小爾雅訓纂六卷　(清)宋翔鳳撰　清光緒十六年(1890)刻廣雅書局叢書本　一冊

340000－1851－0000193　114949－114960
理學宗傳二十六卷　(清)孫奇逢撰　清光緒七年(1881)刻本　十二冊

340000－1851－0000194　115491－115510
小學考五十卷　(清)謝啟昆撰　清光緒十四年(1888)浙江書局刻本　二十冊

340000－1851－0000195　114961－4976
兼濟堂纂刻梅勿庵先生曆算全書二十九種七十四卷　(清)梅文鼎撰　清咸豐九年(1859)聞妙香室刻本　十六冊

340000－1851－0000196　114375－114474
全上古三代秦漢三國六朝文七百四十六卷　(清)嚴可均輯　清光緒二十年(1894)黄岡王氏刻本　一百冊

340000－1851－0000197　111001
梅村詩話一卷　(清)吳偉業撰　清宣統三年(1911)上海掃葉山房石印本　一冊

340000－1851－0000198　115689－5690
小學集註六卷　(宋)朱熹撰　清刻本　二冊

340000－1851－0000199　117300－117303
小學鉤沈十九卷　(清)任大椿輯　清光緒十年(1884)龍氏刻本　四冊

340000－1851－0000200　117221－232
黄黎洲遺書十種　(清)黄宗羲撰　清光緒三十一年(1905)杭州群學社石印本　十二冊

340000－1851－0000201　136110
黄鶴樓銘楹聯詩賦二卷　題(清)自修山人輯　清光緒四年(1878)刻本　一冊

340000－1851－0000202　111005
鞏溪詩話十卷　(宋)黄徹撰　清乾隆刻武英

殿聚珍版書本　一冊

340000－1851－0000203　117051－7110
硃批諭旨一百二十卷　(清)鄂爾泰　(清)張廷玉編　清光緒十三年(1887)上海點石齋影印本　六十冊

340000－1851－0000204　142860
名原二卷　(清)孫詒讓撰　清光緒三十一年(1905)刻本　一冊

340000－1851－0000205　129395－400
湘綺樓文集八卷詩集十四卷箋啟八卷　王闓運撰　清宣統二年(1910)上海國學扶輪社石印本　六冊

340000－1851－0000206　114713－4717
雪韻堂批點燕子箋二卷　(明)阮大鋮撰　清宣統元年(1909)夢鳳樓暖紅室刻本　二冊

340000－1851－0000207　110595－110618
王文成公全書三十八卷　(明)王守仁撰　清刻本　二十四冊

340000－1851－0000208　143666
排字九經直音前集一卷後集一卷　(清)陸心源輯　清光緒八年(1882)吳興陸氏刻十萬卷樓叢書本　一冊

340000－1851－0000209　143666
排字九經直音前集一卷後集一卷　(清)陸心源輯　清光緒八年(1882)吳興陸氏刻十萬卷樓叢書本　一冊

340000－1851－0000210　129722－737
虛齋名畫錄十六卷　(清)龐元濟撰　清宣統元年(1909)申江烏程龐氏刻本　十六冊

340000－1851－0000211　110543－110554
王右丞集二十八卷附錄二卷　(唐)王維撰　清乾隆元年(1736)刻本　十二冊

340000－1851－0000212　110417－110440
王陽明先生全集二十一卷首一卷　(明)王守仁撰　清刻本　二十四冊

340000－1851－0000213　128817
江仲瑜先生稿三卷　(清)江仲瑜撰　清光緒十年(1884)鉛印本　一冊

340000－1851－0000214　128682－128686
汲庵文存六卷　(清)楊象濟撰　清光緒六年(1880)刻本　五冊

340000－1851－0000215　117515－7520
國朝六家詩鈔十二卷　(清)劉執玉編　清嘉慶八年(1803)刻本　六冊

340000－1851－0000216　113175－3190
國朝文錄八十二卷　(清)姚椿輯　清光緒二十六年(1900)掃葉山房石印本　十六冊

340000－1851－0000217　147888－918
國朝先正事略六十卷　(清)李元度撰　清光緒二十八年(1902)益元書局刻本　三十一冊

340000－1851－0000218　146756－59
國朝先正事略六十卷　(清)李元度撰　清光緒十五年(1889)上海廣百宋齋鉛印本　八冊

340000－1851－0000219　117911－117918
池上草堂筆記八卷　(清)梁恭辰撰　清同治十二年(1873)刻本　八冊

340000－1851－0000220　129894－900
國朝書人輯略十一卷　(清)震鈞輯　清光緒三十四年(1908)金陵刻本　七冊

340000－1851－0000221　115638－115666
天下郡國利病書一百二十卷　(清)顧炎武輯　清光緒二十五年(1899)上海二林齊石印本　二十九冊

340000－1851－0000222　131352
國朝掌故講義一卷　(清)趙炳麟撰　清宣統元年(1909)木活字印本　一冊

340000－1851－0000223　114211－4212
國朝畫徵錄三卷續錄二卷　(清)張庚著　清光緒十三年(1887)掃葉山房刻本　二冊

340000－1851－0000224　128793－128812
安邦志二十卷　(清)□□撰　清道光二十九年(1849)刻本　二十冊

340000－1851－0000225　130766－71

國朝畫識十七卷墨香居畫識十卷　（清）馮金伯輯　清乾隆五十六年（1791）刻本　六冊

340000－1851－0000226　129888－893
國朝詩人徵略二編六十四卷　（清）張維屏輯　清道光二十二年（1842）刻本　六冊

340000－1851－0000227　115767－115776
元文類七十卷目錄三卷　（元）蘇天爵編　清光緒十五年（1889）江蘇書局刻本　十冊

340000－1851－0000228　114879－80
元史紀事本末二十七卷　（明）陳邦瞻撰　清光緒十四年（1888）上海崇德堂鉛印本　二冊

340000－1851－0000229　116818
字說一卷　（清）吳大澂撰　清光緒七年（1881）思賢講舍刻本　一冊

340000－1851－0000230　114475－114490
司馬溫公文集八十二卷附行狀　（宋）司馬光撰　清康熙四十七年（1708）蔣起龍刻本　十六冊

340000－1851－0000231　131320－39
梨州遺著彙刊　（清）黃宗羲撰　清宣統二年（1910）上海時中書局鉛印本　二十冊

340000－1851－0000232　143647－143654
杜工部集二十卷　（唐）杜甫撰　清宣統三年（1911）上海時中書局石印本　八冊

340000－1851－0000233　113631－113670
五代史記注七十四卷　（宋）歐陽修撰　（清）彭元瑞注　清道光八年（1828）刻本　四十冊

340000－1851－0000234　111823－111834
錢牧齋箋注杜詩二十卷首一卷　（唐）杜甫撰　清光緒十三年（1887）時中書局石印本　十二冊

340000－1851－0000235　116941－117030
五禮通考二百六十二卷首四卷　（清）秦蕙田編　清乾隆十八年（1753）味經窩刻本　九十冊

340000－1851－0000236　117991－117997
杜詩詳注二十五卷附編二卷　（唐）杜甫撰　清大文堂刻本　七冊

340000－1851－0000237　117689－117693
支那通史七卷　（日本）那珂通世編　清光緒二十五年（1899）東文學社石印本　五冊

340000－1851－0000238　111147－1258
船山遺書二百八十八卷　（清）王夫之撰　清同治二年至四年（1863－1865）曾氏金陵書局刻本　一百十二冊

340000－1851－0000239　116339－6352
望溪先生文集十八卷集外文十卷外文補遺二卷年譜二卷　（清）方苞撰　（清）戴鈞衡編　清咸豐元年（1851）刻本　十四冊

340000－1851－0000240　111357－111366
太平縣志十四卷首一卷　（清）勞文慶　（清）朱光綬修　清光緒八年（1882）刻本　十冊

340000－1851－0000241　122758－2761
章實齋先生遺書五卷　（清）章學誠撰　清宣統二年（1910）鉛印本　四冊

340000－1851－0000242　111993－112004
庾子山集十六卷　（北周）庾信撰　（清）倪璠注釋　清道光十九年（1839）刻本　十二冊

340000－1851－0000243　142605－44
康熙字典八十卷　（清）張玉書纂　清道光七年（1827）刻本　四十冊

340000－1851－0000244　122733－735
康對山先生文集十卷　（明）康對山撰　清乾隆二十六年（1761）刻本　六冊

340000－1851－0000245　128504－513
少室山房筆叢四十八卷　（明）朗應麟撰　清光緒二十二年（1896）廣雅書局刻本　十冊

340000－1851－0000246　113675－3680
剪燈餘話七卷　（明）李禎撰　清同治十年（1871）文盛堂刻本　六冊

340000－1851－0000247　113370－113379
日本圖志四十卷中東年表一卷　（清）黃遵憲編纂　清光緒二十四年（1898）浙江書局刻本　十冊

340000－1851－0000248　117146－117156
中州集十卷中州樂府一卷　（金）元好問編　清光緒七年（1881）讀書山房刻本　十一册

340000－1851－0000249　130114－119
中晚唐詩叩彈集十二卷續集二卷　（清）杜詔　（清）杜庭珠集　清康熙四十三年（1704）采山亭刻本　六册

340000－1851－0000250　125314－5317
清綺軒詞選十三卷　（清）夏秉衡編　（清）榮勳校　清光緒二十一年（1895）刻本　四册

340000－1851－0000251　116387－116392
輶軒使者絕代語釋别國方言箋疏十三卷　（清）錢繹撰集　清光緒十六年（1890）紅蝠山房刻本　六册

340000－1851－0000252　130471
毛詩天文考一卷　（清）洪亮吉撰　清光緒十七年（1891）刻廣雅書局叢書本　一册

340000－1851－0000253　116788
增補剔弊五方元音三卷　（清）趙培梓輯　清同治十三年（1874）刻本　一册

340000－1851－0000254　136028－31
毛詩本義十六卷　（宋）歐陽修集釋　清道光十四年（1834）刻本　四册

340000－1851－0000255　124994
毛詩草木鳥獸蟲魚疏四卷　（晉）陸機撰　清光緒十二年（1886）上海印書局鉛印本　一册

340000－1851－0000256　130459－70
毛詩傳箋通釋三十二卷　（清）馬瑞辰撰　清光緒十四年（1888）刻廣雅書局叢書本　十二册

340000－1851－0000257　128442－47
毛詩禮徵十卷　（清）包世榮撰　清道光八年（1828）刻本　二册

340000－1851－0000258　116895－116897
惜抱軒今體詩選十八卷　（清）姚鼐輯　清同治七年（1868）湘鄉曾氏刻本　三册

340000－1851－0000259　146814－21
寄園寄所寄十六卷　（清）趙吉士輯　清刻本　八册

340000－1851－0000260　121395－121396
六朝文絜箋注十二卷　（清）許槤評述　（清）黎經誥箋注　清光緒十五年（1889）枕溢書屋刻本　二册

340000－1851－0000261　143656－61
六朝四家全集十二卷　（清）胡鳳丹輯　清同治九年（1870）永唐胡氏退補齋刻本　六册

340000－1851－0000262　129756－59
鄉黨圖考十卷　（清）江永著　清乾隆刻本　四册

340000－1851－0000263　114945－114948
文心雕龍十三卷　（南朝梁）劉勰撰　（清）張松孫輯注　清乾隆五十六年（1791）刻增訂漢魏叢書本　四册

340000－1851－0000264　142950
文字蒙求二卷　（清）王筠著　清光緒三十年（1904）湖北高等小學堂學務處刻本　一册

340000－1851－0000265　113219－3221
繪像第七才子書琵琶記六卷　（元）高明撰　清刻本　三册

340000－1851－0000266　114854
文昌廟樂章一卷　（清）高宗弘曆撰　清刻本　一册

340000－1851－0000267　133512－13
文選拾遺八卷　（清）朱銘撰　清光緒十八年（1892）刻本　二册

340000－1851－0000268　129448－67
文獻通考二十四卷　（元）馬端臨著　清光緒十二年（1886）上海點石齋石印本　二十册

340000－1851－0000269　123272－3274
貳臣傳十二卷逆臣傳四卷　（清）國史館纂　清刻本　三册

340000－1851－0000270　117219－117220
猶軒使者絕代語釋别國方言十三卷續方言二卷　（清）戴震疏證　清刻本　二册

340000－1851－0000271　148001－64
植物名實圖考六十卷　(清)吳其濬撰　清道光二十八年(1848)刻本　六十四冊

340000－1851－0000272　121379－82
方言箋疏十三卷　(清)錢繹撰　清光緒十六年(1890)紅蝠山房刻本　六冊

340000－1851－0000273　130451－54
輶軒使者絕代語釋別國方言箋疏十三卷附校勘記十三卷　(清)錢繹撰　清光緒十六年(1890)刻廣雅書局叢書本　四冊

340000－1851－0000274　129650－657
堯峰文鈔四十卷　(清)汪琬撰　(清)林佶編　清宣統二年(1910)集成圖書公司石印本　八冊

340000－1851－0000275　111933－111934
壺天錄三卷　題(清)百一居士撰　清光緒七年(1881)上海申報館鉛印本　二冊

340000－1851－0000276　117157－117160
花甲閒談十六卷　(清)張維屏撰　清光緒十年(1884)同文書局石印本　四冊

340000－1851－0000277　116902
花笑詞二卷　(清)楊其光著　(清)陳步墀選　清宣統元年(1909)刻本　一冊

340000－1851－0000278　135508－13
万國史記十二卷　(日本)岡本監輔撰　清光緒二十七年(1901)上海掃葉山房石印本　六冊

340000－1851－0000279　133517
花萼吟傳奇二卷　(清)夏綸撰　清同治十一年(1872)刻本　一冊

340000－1851－0000280　133519
芙蓉碣傳奇二卷　(清)張雲驤撰　清光緒四年(1878)刻本　一冊

340000－1851－0000281　113289－3291
萬國通鑒四卷附圖一卷　(清)謝衛樓撰　清光緒八年(1882)刻本　六冊

340000－1851－0000282　110221－110224
李太白集三十卷　(唐)李白撰　清康熙五十六年(1717)吳縣繆曰芑刻本　四冊

340000－1851－0000283　115301－115400
李文忠公全集一百六十五卷首一卷　(清)李鴻章撰　(清)吳汝綸編　清光緒三十一年(1905)刻三十四年(1908)印本　一百冊

340000－1851－0000284　114826－114831
李文忠公朋僚函稿二十四卷　(清)吳汝綸編輯　清末鉛印本　六冊

340000－1851－0000285　148199－204
棗林雜俎六卷附錄一卷　(明)談遷撰　清宣統三年(1911)上海國學扶輪社鉛印張氏適園叢書本　六冊

340000－1851－0000286　110209－110212
酉陽雜俎二十卷續酉陽雜俎十卷　(唐)段成式撰　清光緒元年(1875)湖北崇文書局匯刻書本　四冊

340000－1851－0000287　116925－6940
援鶉堂筆記五十卷　(清)姚范撰　清道光十五年(1835)刻本　十六冊

340000－1851－0000288　143853
斁經筆記八卷　(清)陳倬撰　清刻本　一冊

340000－1851－0000289　122710－719
貴池二妙集五十一卷　劉世珩編　清光緒二十六年(1900)貴池劉氏唐石簃刻貴池先哲遺書本　十冊

340000－1851－0000290　143852
投壺儀節一卷　(明)汪禔撰　清光緒十四年(1888)刻觀自得齋叢書本　一冊

340000－1851－0000291　116309－6320
遏雲閣曲譜初集二十四卷　(清)王錫純輯　清光緒十九年(1893)刻本　十二冊

340000－1851－0000292　122749－122757
求古錄禮說十七卷　(清)金鶚撰　清光緒二年(1876)刻本　八冊

340000－1851－0000293　135720－24
無邪堂答問五卷　(清)朱一新撰　清光緒二

十一年(1895)刻廣雅書局叢書本　五冊

340000－1851－0000294　128881
吴梅村詞一卷　(清)吴偉業撰　清光緒十六年(1890)湖北官書處刻本　一冊

340000－1851－0000295　121110－121189
玉函山房輯佚書五百九十五種　(清)馬國翰輯　清光緒九年(1883)長沙娜嬛館刻本　八十冊

340000－1851－0000296　129431－129436
吴越所見書畫錄六卷　(清)陸時化輯　清宣統二年(1910)順德鄧氏刻本　六冊

340000－1851－0000297　116332
吴摯甫詩集不分卷　(清)吴摯甫撰　清宣統二年(1910)上海國學扶輪社石印本　一冊

340000－1851－0000298　130210－221
增廣古今人物論三十六卷　(清)鄭元直撰　清光緒二十八年(1902)墨耨山房石印本　十二冊

340000－1851－0000299　125115－18
增廣字學舉隅四卷　(清)裴鐵珊編　清同治十三年(1874)蘭州郡署刻本　四冊

340000－1851－0000300　117351－62
增廣尚友錄統編二十二卷　(明)廖用賓輯　清光緒二十八年(1902)鴻賓齋石印本　十二冊

340000－1851－0000301　114661－4668
甌北詩鈔二十卷　(清)趙翼撰　清刻本　八冊

340000－1851－0000302　117115－117118
甌北詩話十卷續詩話二卷　(清)趙翼撰　清宣統元年(1909)上海掃葉山房石印本　四冊

340000－1851－0000303　133620－23
甌香館集十三卷　(清)惲格著　(清)蔣光煦輯　清光緒元年(1875)湖北崇文書局刻本　四冊

340000－1851－0000304　125258－5281
歐陽文忠公全集一百五十三卷附錄五卷首一卷　(宋)歐陽修撰　清嘉慶二十四年(1819)刻本　二十四冊

340000－1851－0000305　111951－974
結水滸全傳七十卷末一卷　(清)俞萬春撰　清咸豐七年(1857)文聚堂刻本　二十四冊

340000－1851－0000306　114812－4813
樊山公牘三卷　樊增祥撰　清光緒二十年(1894)陝西渭南縣衙刻本　二冊

340000－1851－0000307　114820－114825
樊山批判十四卷判一卷　樊增祥撰　清光緒二十三年(1897)陝西渭南縣衙刻本　六冊

340000－1851－0000308　114651－114660
樊山政書二十卷　樊增祥撰　清宣統二年(1910)金陵湯明林鉛印本　十冊

340000－1851－0000309　121318－121321
樊南文集補編十二卷　(唐)李商隱撰　(清)錢振倫箋　(清)錢振常注　清同治五年(1866)望三益齋刻本　四冊

340000－1851－0000310　113332－113335
樊南文集詳注八卷　(清)馮浩注　清同治七年(1868)刻本　四冊

340000－1851－0000311　115441－115446
樊榭山房文集八卷詩集十卷續集十卷　(清)厲鶚撰　清光緒七年(1881)嶺南述軒刻本　六冊

340000－1851－0000312　115401－115410
震川先生集三十卷别集十卷　(明)歸有光撰　清光緒元年(1875)常熟歸氏刻本　十冊

340000－1851－0000313　136039
影宋本太平寰宇記補缺不分卷　(宋)樂史輯　清光緒九年(1883)影印本　一冊

340000－1851－0000314　143860
琱玉集□□卷　(□)□□撰　清光緒中黎氏日本東京使署據日本舊抄本影印古逸叢書本　一冊　存二卷(十二、十四)

340000－1851－0000315　117233－40
墨子閒詁十五卷目錄一卷附錄一卷後語二卷

（清）孫詒讓撰　清宣統二年（1910）刻本　八冊

340000－1851－0000316　128874
墨客揮犀十卷　（宋）彭乘撰　清刻本　一冊

340000－1851－0000317　129882－129887
篆字匯十二卷　（清）佟世男編　清刻本　六冊

340000－1851－0000318　124949－124968
儀禮正義四十卷　（清）胡培翬學　清道光五年（1825）蘇州湯晉苑局刻本　二十冊

340000－1851－0000319　130456
儀禮古今文異同疏證五卷　（清）徐養原撰　清光緒十七年（1891）刻廣雅書局叢書本　一冊

340000－1851－0000320　130457－130458
儀禮私箋八卷　（清）鄭珍撰　清光緒十七年（1891）刻廣雅書局叢書本　二冊

340000－1851－0000321　143856
儀禮釋宫一卷春秋傳説例一卷　（宋）李如圭撰　清乾隆四十四年（1779）武英殿聚珍版書本　一冊

340000－1851－0000322　128878－79
徵君孫先生年譜二卷　（清）湯斌等輯　清光緒十三年（1887）成都高氏繼善堂刻本　二冊

340000－1851－0000323　129705－721
餘姚縣志二十七卷首一卷末一卷　（清）孫德祖纂　清光緒二十五年（1899）刻本　十七冊

340000－1851－0000324　130180－81
劉氏遺書八卷　（清）劉臺拱撰　清光緒十五年（1889）刻廣雅書局叢書本　二冊

340000－1851－0000325　136038
澗泉日記三卷　（宋）韓淲撰　清乾隆中武英殿聚珍版書本　一冊

340000－1851－0000326　143664
審定風雅遺音二卷　（清）史榮撰　清光緒五年（1879）定州王氏謙德堂刻畿輔叢書本　一冊

340000－1851－0000327　118011－118018
履園叢話二十四卷　（清）錢泳撰　清同治九年（1870）刻本　八冊

安徽省蚌埠市圖書館古籍普查登記目録

全國古籍普查登記目録

國家圖書館出版社
National Library of China Publishing House

《安徽省蚌埠市圖書館古籍普查登記目録》

編委會

主　　編：丁　鋼

副 主 編：何俊濤　趙立軍　胡紅葉

編　　委：文　君　常貞祥　夏天楊　馬得樂　代漢長

楊　静　徐秀紅

審　　校：彭　紅

《安徽省蚌埠市圖書館古籍普查登記目録》

前　言

蚌埠市圖書館是皖北較具特色的綜合性公共圖書館，成立於1951年元月，其前身爲1949年9月成立的蚌埠市人民文化館圖書閱覽室。歷經近70年不斷發展壯大，館址幾經搬遷，館舍面積由初建時的90平方米，發展成爲目前的8100多平方米。

蚌埠市圖書館通過政府轉交、民間收集、書店采購、個人捐贈等主要途徑，積纍了大量古籍文獻。1986年以來，蚌埠市圖書館全面整理綫裝書籍，對古籍進行了財産登記，逐步建立了館藏古籍分類目録卡片，并購買了一批樟木櫃放置古籍。

2007年，根據國務院辦公廳《關於進一步加强古籍保護工作的意見》的文件精神，按照文化部《全國古籍保護試點工作方案》的要求，成立蚌埠市古籍保護工作組，主要工作是全面瞭解和掌握本館所藏古籍情况，并協助安徽省古籍保護中心做好古籍普查工作。

2011年，爲貫徹落實安徽省古籍保護中心關於啓動《中華古籍總目・安徽卷》的編纂任務。根據省古籍保護中心要求，按期完成《中華古籍總目・安徽卷》蚌埠市圖書館收藏古籍書目數據的整理、核對、編纂任務，在省館規定時間内將本館古籍書目數據上報省古籍保護中心，并通過省中心驗收。

2016年6月省圖書館確定蚌埠市圖書館爲"中華古籍普查文化志願服務行動"的合作單位。在本館古籍工作者的努力以及志願者的配合下，系統清點了古籍書庫的所有文獻，實現古籍文獻網上檢索，纍計完成999條古籍普查六項數據的登記工作。根據國家古籍保護中心和安徽省古籍保護中心的要求，删除民國本，最終統計館藏中文古籍共660部8938册，基本摸清館藏古籍的家底。

當下的普查登記工作衹是對古籍的索書號、題名卷數、著者、版本、册數、存（缺）卷的初步登記，所取得的數據難稱完備。但經過逐册清點、整理和登記，館藏古籍得到了一次較爲細緻的梳理，并在普查過程中，有兩部古籍入選首批《安徽省珍貴古籍名録》。

古籍編目工作是專業性很强的工作，需要扎實的文獻功底。由於工作人員水平有限，古籍編目經驗不足，疏漏之處在所難免，懇請古籍專家不吝指正。我們將在古籍專家的指導下，進一步規範古籍基礎工作，提高古籍整理水平，爲中華古籍保護事業盡微薄之力。

蚌埠市圖書館編輯組

2019年5月

340000－1804－0000001　經 1/1
宋本十三經注疏附校勘記四百十六卷　(清)阮元撰校勘記　(清)盧宣旬摘錄　清光緒十三年(1887)上海脈望仙館石印本　三十二冊

340000－1804－0000002　經 1/3－1
十三經集字摹本四卷摘錄一卷　(清)彭玉雯纂　(清)萬青銓校正　清刻本　八冊

340000－1804－0000003　經 1/3－2
十三經集字摹本不分卷　(清)彭玉雯纂　(清)萬青銓校正　清道光二十九年(1849)江右彭氏刻本　六冊

340000－1804－0000004　經 1/2
十三經策案二十二卷　(清)王謨彙輯　(清)喻祥麟編次　清刻本　六冊　存六卷(十一至十三、十五、十七、十九)

340000－1804－0000005　經 2/5
御纂周易折中二十二卷首一卷　(清)李光地等纂　清同治六年(1867)浙江書局刻御纂七經本　十冊

340000－1804－0000006　經 1/4
十三經古注　(明)金蟠訂　(明)葛鼒校訂　明永懷堂刻清印本　二十二冊　存十種一百五十三卷(儀禮一至五、周易四至九、禮記三十至四十九、書經二十卷、詩經二十卷、春秋左傳三十卷、春秋公羊傳二十八卷、春秋穀梁傳九至二十、爾雅十一卷、詩經附詩普一卷)

340000－1804－0000007　經 1/6
宋本十三經注疏附校勘記四百十六卷　(清)阮元撰校勘記　(清)盧宣旬摘錄　清光緒十三年(1887)上海脈望仙館石印本　四冊　存七十二卷(儀禮一至二十四、春秋公羊傳一至二十八、春秋穀梁傳一至二十)

340000－1804－0000008　經 2/1
易經三卷周易本義卦歌一卷圖說一卷　(□)□□撰　清李光明家刻本　三冊

340000－1804－0000009　經 1/5
玉函山房輯佚書　(清)馬國翰輯　清光緒十年(1884)楚南書局刻本　二十五冊　存一百七十二卷(費氏易一卷,費氏易林一卷,周易分野一卷,周易馬氏傳三卷,周易劉氏章句一卷,周易宋氏注一卷,周易荀氏注三卷,周易陸氏述三卷,周易王氏注二卷,周易王氏音二卷,周易何氏解一卷,周易董氏章句一卷,周易姚氏注一卷,周易翟氏義一卷,周易向氏義一卷,周易統略一卷,周易卦序論一卷,周易張氏義一卷,周易張氏集解一卷,周易干氏注三卷,周易王氏注一卷,周易蜀才注一卷,周易黃氏注一卷,周易徐氏音一卷,周易李氏音一卷,易象妙於見形論一卷,周易係辭桓氏注一卷,周易係辭荀氏注一卷,周易係辭明氏注一卷,周易沈氏要略一卷,周易劉氏義疏一卷,周易大義一卷,周易伏氏集解一卷,周易褚氏講疏一卷,周易周氏義疏一卷,周易張氏講疏一卷,周易何氏講疏一卷,周易姚氏注一卷,周易崔氏注一卷,周易傅氏注一卷,周易盧氏注一卷,周易王氏注一卷,周易王氏義一卷,周易朱氏義一卷,周易莊氏義一卷,周易侯氏注三卷,周易探元三卷,周易元義一卷,周易新論傳書一卷,周易新義一卷,易纂一卷,今文尚書一卷,古文尚書上,毛詩王氏注三至四,毛詩義一卷,毛詩奏事一卷,毛詩問難一卷,毛詩一卷,毛詩答雜問一卷,毛詩譜暢一卷,毛詩異同評上,周禮鄭司農解詁三至六,周官傳一卷,周禮鄭氏音一卷,周官禮干氏注一卷,周禮徐氏音一卷,周禮李氏音一卷,周禮聶氏音一卷,禮記馬氏注一卷,禮記盧氏注一卷,禮傳一卷,月令章句一卷,禮記徐氏音中、下,禮記劉氏音一卷,禮記略解一卷,禮記隱義一卷,石渠禮論一卷,魯禮志一卷,三禮圖一卷,問禮俗一卷,春秋大傳一卷,春秋決事一卷,公羊嚴氏春秋一卷,春秋公羊顏氏記一卷,春秋穀梁傳章句一卷,春秋穀梁傳說一卷,春秋左氏傳章句一卷,春秋牒例章句一卷,春秋左氏傳解詁上,論語孔氏訓六至十一,論語包氏章句二卷,論語周氏章句一卷,論語馬氏訓說二卷,論語鄭氏注十卷,論語孔子弟子目錄一卷,論語陳氏義說一卷,論語王氏說一卷,論語王氏義說一卷,論語周生氏義說一卷,論語釋疑一卷,論語譙氏注一卷,論語衛氏集注一卷,論語旨序一卷,論語繆氏說一卷,論語體例一卷,論語欒氏釋疑一卷,論語虞氏贊注一卷,論語虞氏釋一卷,論語李氏集注二卷,論語范氏注一卷,論語梁氏註釋一卷,論語袁氏注一卷,論語江氏集解二卷,論語殷氏解一卷,論語張氏注一卷,論語蔡氏注一卷,論語顏氏說一卷,論語琳公說一卷,論語沈氏訓注一卷,論語顧氏注一卷,論語梁武帝注一卷,論語太史氏集解一卷,論語褚氏義疏一卷,論語沈氏說一卷,論語熊氏說一卷,論語隱義注一卷,孟子章指二卷,篇叙一卷,孟子程氏章句一卷,孟子高氏章句一卷,孟子劉氏注一卷,目耕帖六至七、二十一)

340000－1804－0000010　經 2/3
易經八卷　(宋)程頤傳　清同治五年(1866)金陵書局刻十三經讀本本　二册

340000－1804－0000011　經 2/2
易經集注四卷筮儀一卷周易本義卦歌一卷圖說一卷　(□)□□撰　清刻本　二册

340000－1804－0000012　經 2/6
御纂周易折中二十二卷首一卷　(清)李光地等纂　清同治十年(1871)湖北崇文書局刻本　十二册

340000－1804－0000013　經 2/8
周易口訣義六卷　(唐)史徵撰　清刻本　二册　存四卷(三至六)

340000－1804－0000014　經 2/10
周易兼義九卷　(三國魏)王弼注　(晉)韓康伯注　(唐)孔穎達正義　**周易音義一卷**　(唐)陸德明撰　**周易注疏校勘記九卷周易釋文校勘記一卷**　(清)阮元撰　(清)盧宣旬摘錄　清嘉慶二十年(1815)江西南昌府學刻重刊宋本十三經註疏附校勘記道光六年(1826)重修本　五册

340000－1804－0000015　經 3/2
書六卷　(宋)蔡沈集傳　清光緒四年(1878)刻本　四册

340000－1804－0000016　經 2/9
周易四卷　(宋)朱熹本義　清刻本　二册　存三卷(二至四)

340000－1804－0000017　經 3/3
尚書古文疏證八卷　(清)閻若璩撰　(清)武億校　(清)吴人驥梓　**朱子古文書疑一卷**　(清)閻詠復輯　清嘉慶刻本　七册　缺二卷(尚書古文疏證一、二)

340000－1804－0000018　經 2/15
新刻來瞿唐先生易註十五卷首一卷末一卷　(明)來知德撰　(清)凌夫惇圈點　(清)高奣映校讎　清刻本　六册　存八卷(一至七、首一卷)

340000－1804－0000019　經 2/13
誠齋易傳二十卷　(宋)楊萬里撰　清刻本　八册

340000－1804－0000020　經 2/16
易經十二卷首一卷末一卷　(宋)朱熹本義　**音訓十二卷**　(清)吕祖謙撰　清同治四年(1865)金陵書局刻十三經讀本本　二册

340000－1804－0000021　經 3/4
書經增訂旁訓四卷　(□)□□撰　清李光明莊刻本　三册

340000－1804－0000022　經 2/14
楊氏誠齋先生易傳二十卷首一卷　(宋)楊萬里著　(宋)楊長孺校　清光緒二年(1876)刻本　六册

340000－1804－0000023　經 3/5
書經六卷首一卷末一卷　(宋)蔡沈集傳　清同治五年(1866)金陵書局刻十三經讀本本　四册

340000－1804－0000024　經 2/11
周易兼義二十卷　(三國魏)王弼注　(晉)韓康伯注　(唐)孔穎達正義　**周易音義一卷**　(唐)陸德明撰　**周易注疏校勘記九卷周易釋文校勘記一卷**　(清)阮元撰　(清)盧宣旬摘錄　清嘉慶二十年(1815)江西南昌府學刻同治十二年(1873)江西書局重修重刊宋本十三經註疏附校勘記本　六册

340000－1804－0000025　經 3/7

書六卷　（宋）蔡沈集傳　清光緒十三年(1887)掃葉山房刻本　四冊

340000－1804－0000026　經 2/17

周易十卷附考證　（三國魏）王弼注　（晉）韓康伯注　清光緒二年(1876)江南書局刻仿宋相臺五經附考證本　三冊

340000－1804－0000027　經 4/7

附釋音毛詩注疏七十卷　（漢）毛亨傳　（漢）鄭玄箋　（唐）陸德明音義　（唐）孔穎達疏　**毛詩註疏校勘記七十卷**　（清）阮元撰　（清）盧宣旬摘錄　清嘉慶二十年(1815)刻重刊宋本十三經註疏附校勘記本　四冊　存十卷(附釋音毛詩注疏十至十一、十三、十七至十八,毛詩註疏校勘記十至十一、十三、十七至十八)

340000－1804－0000028　經 4/17

詩毛氏傳疏三十卷　（清）陳奐撰　清刻本　四冊　存十一卷(二十至三十)

340000－1804－0000029　經 3/8

附釋音尚書注疏二十卷　（漢）孔安國傳　（唐）陸德明音義　（唐）孔穎達疏　**尚書注疏校勘記二十卷**　（清）阮元撰　（清）盧宣旬摘錄　清嘉慶二十年(1815)南昌府學刻同治十二年(1873)江西書局重修重刊宋本十三經註疏附校勘記本　六冊

340000－1804－0000030　經 4/1、經 4/6

附釋音毛詩註疏二十卷　（漢）毛亨傳　（漢）鄭玄箋　（唐）陸德明音義　（漢）孔穎達疏　**毛詩註疏校勘記七十卷**　（清）阮元撰　（清）盧宣旬摘錄　清嘉慶二十年(1815)刻重刊宋本十三經註疏附校勘記本　十六冊　存二十六卷(附釋音毛詩註疏八至二十、毛詩註疏校勘記八至二十)

340000－1804－0000031　經 4/14

詩毛氏傳疏三十卷　（清）陳奐撰　清光緒刻本　六冊　存十九卷(一至十九)

340000－1804－0000032　經 3/10

欽定書經傳說彙纂二十一卷首二卷書序一卷　（清）王項齡等撰　清同治十年(1871)湖北崇文書局刻本　十二冊

340000－1804－0000033　經 4/8

欽定詩經傳說彙纂二十一卷首二卷詩序二卷　（清）王鴻緒撰　清同治十年(1871)湖北崇文書局刻本　十八冊

340000－1804－0000034　經 3/11

欽定書經傳說彙纂二十一卷首二卷書序一卷　（清）王項齡等撰　清同治六年(1867)浙江書局刻御纂七經本　六冊　存十二卷(一至二、四至九、十五至十八)

340000－1804－0000035　經 4/16

御纂詩義折中二十卷　（清）傅恆等敕撰　清光緒十四年(1888)刻御纂七經本　六冊

340000－1804－0000036　經 3/12

附釋音尚書注疏二十卷　（漢）孔安國傳　（唐）陸德明音義　（唐）孔穎達疏　**尚書注疏校勘記二十卷**　（清）阮元撰　（清）盧宣旬摘錄　清嘉慶二十年(1815)南昌府學刻重刊宋本十三經注疏附挍勘記本　七冊

340000－1804－0000037　經 4/9

欽定詩經傳說彙纂二十一卷首二卷詩序二卷　（清）王鴻緒等撰　清刻御纂七經本　九冊　存十二卷(十至二十一)

340000－1804－0000038　經 4/13

毛詩注疏三十卷　（漢）毛亨傳　（漢）鄭玄箋　（唐）陸德明音義　（唐）孔穎達疏　**毛詩譜一卷**　（漢）鄭玄撰　（唐）孔穎達疏　清同治十年(1871)刻本　九冊　存二十卷(毛詩注疏一至三、九至二十五)

340000－1804－0000039　經 3/13

附釋音尚書註疏二十卷　（漢）孔安國傳　（唐）陸德明音義　（唐）孔穎達疏　**尚書註疏校勘記二十卷**　（清）阮元撰　（清）盧宣旬摘錄　清嘉慶二十年(1815)江西南昌府學刻重刊宋本十三經註疏附校勘記本　十冊

340000－1804－0000040　經 4/10

欽定詩經傳說彙纂二十一卷首二卷詩序二卷　（清）王鴻緒撰　清同治六年（1867）浙江書局刻御纂七經本　十六册

340000－1804－0000041　經 4/15
附釋音毛詩注疏七十卷　（漢）毛亨傳　（漢）鄭玄箋　（唐）陸德明音義　（唐）孔穎達疏　**毛詩註疏校勘記七十卷**　（清）阮元撰　（清）盧宣旬摘錄　清嘉慶二十年（1815）刻重刊宋本十三經註疏附校勘記本　七册　存二十卷（附釋音毛詩注疏五至九、十二、十四至十六、十九、毛詩註疏校勘記五至九、十二、十四至十六、十九）

340000－1804－0000042　經 51/7
欽定周官義疏四十八卷首一卷　（清）允祿等纂　清同治七年（1868）浙江書局刻御纂七經本　二十四册

340000－1804－0000043　經 4/11
毛詩傳義類一卷鄭氏箋攷徵一卷　（清）陳奐編　清咸豐八年至九年（1858－1859）刻本　一册

340000－1804－0000044　經 51/8
欽定周官義疏四十八卷首一卷　（清）允祿等撰　清同治十年（1871）湖北崇文書局刻本　二十八册

340000－1804－0000045　經 4/12
毛詩音四卷說一卷　（清）陳奐撰　清道光二十七年至咸豐元年（1847－1851）刻本　一册

340000－1804－0000046　經 51/2
附釋音周禮註疏四十二卷　（漢）鄭玄注　（唐）陸德明釋　（唐）賈公彥疏　**周禮注疏校勘記四十二卷**　（清）阮元撰　（清）盧宣旬摘錄　清嘉慶二十年（1815）南昌府學刻同治十二年（1873）江西書局重修重刊宋本十三經註疏附校勘記本　十八册

340000－1804－0000047　經 51/9
周禮注疏四十二卷附考證　（漢）鄭玄注　（唐）陸德明音義　（唐）賈公彥疏　清同治十年（1871）刻本　六册　存十八卷（一至六、十三至二十四）

340000－1804－0000048　經 52/1
欽定儀禮義疏四十八卷首二卷　（清）允祿等撰　清同治十年（1871）湖北崇文書局刻本　三十二册

340000－1804－0000049　經 51/10
周禮六卷　（漢）鄭玄注　（唐）陸德明音義　清同治清芬閣刻十三經讀本本　六册

340000－1804－0000050　經 51/11
附釋音周禮注疏四十二卷　（漢）鄭玄注　（唐）陸德明音義　（唐）賈公彥疏　**周禮注疏校勘記四十二卷**　（清）阮元撰　（清）盧宣旬摘錄　清嘉慶二十年（1815）南昌府學刻重刊宋本十三經注疏附校勘記本　二册　存四卷（附釋音周禮注疏三十九至四十、周禮注疏校勘記三十九至四十）

340000－1804－0000051　經 51/3
附釋音周禮註疏四十二卷　（漢）鄭玄注　（唐）陸德明釋　（唐）賈公彥撰　**周禮註疏校勘記四十二卷**　（清）阮元撰　（清）盧宣旬摘錄　清嘉慶二十年（1815）南昌府學刻重刊宋本十三經註疏附校勘記本　十四册

340000－1804－0000052　經 52/2
欽定儀禮義疏四十八卷首二卷　（清）允祿等撰　清刻御纂七經本　二十八册

340000－1804－0000053　經 62/1
監本附音春秋公羊注疏二十八卷　（漢）何休撰　（唐）陸德明音義　**校勘記二十八卷**　（清）阮元撰　（清）盧宣旬摘錄　清嘉慶二十年（1815）南昌府學刻同治十二年（1873）江西書局重修重刊宋本十三經註疏附校勘記本　八册

340000－1804－0000054　經 51/5
周官精義十二卷　（清）連斗山編次　清嘉慶七年（1802）刻本　六册

340000－1804－0000055　經 51/12
周禮折衷四卷　（宋）魏了翁著　清望三益齋刻本　二册

340000－1804－0000056　經 62/2
監本附音春秋公羊注疏二十八卷　(漢)何休撰　(唐)陸德明音義　(□)□□疏　**校勘記二十八卷**　(清)阮元撰　(清)盧宣旬摘錄　清嘉慶二十年(1815)江西南昌府學刻重刊宋本十三經注疏附校勘記本　十冊

340000－1804－0000057　經 52/3
儀禮正義四十卷　(漢)鄭玄注　(清)胡培翬學　(清)楊大堉補　清道光二十九年(1849)刻本　十五冊　存三十八卷(三至四十)

340000－1804－0000058　經 51/6
周禮六卷　(漢)鄭玄注　(唐)陸德明音義　清李光明莊刻本　六冊

340000－1804－0000059　經 53/1
欽定禮記義疏八十二卷首一卷　(清)允祿等撰　清同治十年(1871)湖北崇文書局刻御纂七經本　四十八冊

340000－1804－0000060　經 61/1
附釋音春秋左傳注疏六十卷　(晉)杜預注　(唐)陸德明釋　(唐)孔穎達疏　**春秋左傳注疏校勘記六十卷**　(清)阮元撰　(清)盧宣旬摘錄　清嘉慶二十年(1815)南昌府學刻同治十二年(1873)江西書局重修重刊宋本十三經註疏附校勘記本　二十四冊

340000－1804－0000061　經 52/5
欽定儀禮義疏四十八卷首二卷　(清)允祿等撰　清刻御纂七經本　二十冊　存三十八卷(一至三十六、首二卷)

340000－1804－0000062　經 62/3
監本附音春秋公羊注疏二十八卷　(漢)何休撰　(唐)陸德明音義　**校勘記二十八卷**　(清)阮元撰　(清)盧宣旬摘錄　清嘉慶二十年(1815)江西南昌府學刻重刊宋本十三經注疏附校勘記本　八冊

340000－1804－0000063　經 53/3
附釋音禮記注疏六十三卷　(漢)鄭玄注　(唐)陸德明釋　(唐)孔穎達疏　**禮記注疏校勘記六十三卷**　(清)阮元撰　(清)盧宣旬摘錄　清嘉慶二十年(1815)南昌府學刻同治十二年(1873)江西書局重修重刊宋本十三經註疏附校勘記本　二十四冊

340000－1804－0000064　經 61/2
附釋音春秋左傳注疏六十卷　(晉)杜預注　(唐)陸德明釋　(唐)孔穎達疏　**春秋左傳註疏校勘記六十卷**　(清)阮元撰　(清)盧宣旬摘錄　清嘉慶二十年(1815)南昌府學刻重刊宋本十三經注疏附校勘記本　二十三冊

340000－1804－0000065　經 52/6
儀禮注疏五十卷　(漢)鄭玄注　(唐)陸德明音義　(唐)賈公彥疏　**儀禮注疏校勘記五十卷**　(清)阮元撰　(清)盧宣旬摘錄　清同治十二年(1873)江西書局刻重刊宋本十三經注疏附校勘記本　六冊　存四十八卷(儀禮注疏一至二十四、儀禮注疏校勘記一至二十四)

340000－1804－0000066　經 53/5
附釋音禮記注疏六十三卷　(漢)鄭玄注　(唐)陸德明釋　(唐)孔穎達疏　**禮記注疏校勘記六十三卷**　(清)阮元撰　(清)盧宣旬摘錄　清嘉慶二十年(1815)南昌府學刻重刊宋本十三經註疏附校勘記本　二十二冊

340000－1804－0000067　經 61/3
左傳紀事本末五十三卷　(清)高士奇編輯　清鉛印本　三冊　存二十八卷(二十六至五十三)

340000－1804－0000068　經 52/7
儀禮韻言二卷　(清)檀萃纂　清光緒八年(1882)掃葉山房刻本　二冊

340000－1804－0000069　經 63/1
監本附音春秋穀梁注疏二十卷　(晉)范甯集解　(唐)陸德明音義　(唐)楊士勛疏　**穀梁注疏校勘記二十卷**　(清)阮元撰　(清)盧宣旬摘錄　清嘉慶二十年(1815)南昌府學刻重刊宋本十三經註疏附校勘記本　四冊

340000－1804－0000070　經 61/4
附釋音春秋左傳注疏六十卷　(晉)杜預注　(唐)陸德明釋　(唐)孔穎達疏　**春秋左傳注**

疏校勘記六十卷　(清)阮元撰　(清)盧宣旬摘録　清嘉慶二十年(1815)南昌府學刻重刊宋本十三經注疏附校勘記本　三十二册

340000－1804－0000071　經 52/9
儀禮十七卷　(漢)鄭玄注　(清)張爾岐句讀　清李光明莊刻本　六册

340000－1804－0000072　經 61/6
春秋左傳杜注三十卷首一卷　(清)姚培謙學　清刻本　六册　存十八卷(七至二十四)

340000－1804－0000073　經 52/8
儀禮注疏五十卷　(漢)鄭玄注　(唐)陸德明音義　(唐)賈公彦疏　**儀禮注疏校勘記五十卷**　(清)阮元撰　(清)盧宣旬摘録　清嘉慶二十年(1815)南昌府學刻重刊宋本十三經注疏附校勘記本　十五册　缺六卷(儀禮注疏十三至十五、儀禮注疏校勘記十三至十五)

340000－1804－0000074　經 63/2
監本附音春秋穀梁注疏二十卷　(晉)范甯集解　(唐)陸德明音義　(唐)楊士勛疏　**穀梁注疏校勘記二十卷**　(清)阮元撰　(清)盧宣旬摘録　清嘉慶二十年(1815)南昌府學刻重刊宋本十三經注疏附校勘記本　六册

340000－1804－0000075　經 64/2
欽定春秋傳説彙纂三十八卷首二卷　(清)王掞等撰　(清)張庭玉等校對　清同治十年(1871)湖北崇文書局刻御纂七經本　二十册

340000－1804－0000076　經 63/3
春秋穀梁傳十二卷　(唐)范甯集解　清光緒二十一年(1895)金陵書局刻本　二册

340000－1804－0000077　經 52/10
儀禮注疏五十卷　(漢)鄭玄注　(唐)陸德明音義　(唐)賈公彦疏　**儀禮注疏校勘記五十卷**　(清)阮元撰　(清)盧宣旬摘録　清嘉慶二十年(1815)南昌府學刻重刊宋本十三經注疏附校勘記本　十四册

340000－1804－0000078　經 7/1
孝經注疏九卷　(唐)玄宗李隆基注　(宋)邢昺校　**孝經注疏校勘記九卷**　(清)阮元撰　(清)盧宣旬摘録　清嘉慶二十年(1815)南昌府學刻同治十二年(1873)江西書局重修重刊宋本十三經注疏附校勘記本　二册

340000－1804－0000079　經 82/1
孟子字義疏證三卷　(清)戴震撰　清光緒三十一年(1905)排印本　二册

340000－1804－0000080　經 82/6
孟子七卷　(宋)朱熹集注　清李光明莊刻本　一册　存二卷(四至五)

340000－1804－0000081　經 64/3
欽定春秋傳説彙纂三十八卷首二卷　(清)王掞等撰　清同治九年(1870)浙江書局刻御纂七經本　二十册

340000－1804－0000082　經 81/1
論語注疏解經二十卷　(三國魏)何晏集解　(宋)邢昺疏　**論語注疏解經校勘記二十卷**　(清)阮元撰　(清)盧宣旬摘録　清嘉慶二十年(1815)南昌府學刻重刊宋本十三經注疏附校勘記本　六册

340000－1804－0000083　經 7/2
孝經注疏九卷　(唐)玄宗李隆基注　(宋)邢昺校　**孝經註疏校勘記九卷**　(清)阮元撰　(清)盧宣旬摘録　清嘉慶二十年(1815)南昌府學刻重刊宋本十三經注疏附校勘記本　一册

340000－1804－0000084　經 81/5
論語集注本義匯叅二十卷首一卷　(清)王步青撰　清乾隆十年(1745)敦復堂刻四書朱子本義匯參本　九册　存十八卷(三至二十)

340000－1804－0000085　經 82/2
孟子注疏解經十四卷　(宋)趙氏(趙岐)注　(漢)孫奭疏並撰音義　**孟子注疏校勘記十四卷**　(清)阮元撰　(清)盧宣旬摘録　清嘉慶二十年(1815)南昌府學刻同治十二年(1873)江西書局重修重刊宋本十三經注疏附校勘記本　六册

340000－1804－0000086　經 64/4
春秋經解十五卷　(宋)孫覺撰　清刻武英殿

聚珍版書本　八冊

340000－1804－0000087　經 81/2
論語注疏解經二十卷　(三國魏)何晏集解　(宋)邢昺疏　**論語注疏校勘記二十卷**　(清)阮元撰　(清)盧宣旬摘錄　清嘉慶二十年(1815)南昌府學刻同治十二年(1873)江西書局重修重刊宋本十三經注疏附校勘記本　四冊

340000－1804－0000088　經 64/5
春秋集註四十卷　(宋)高閌撰　清刻武英殿聚珍版書本　十冊

340000－1804－0000089　經 82/3
孟子注疏解經十四卷　(宋)趙氏(趙岐)注　(漢)孫奭疏並撰音義　**孟子注疏校勘記十四卷**　(清)阮元撰　(清)盧宣旬摘錄　清嘉慶二十年(1815)南昌府學刻重刊宋本十三經注疏附校勘記本　六冊

340000－1804－0000090　經 7/4
孝經注疏九卷附考證　(唐)玄宗李隆基注　(唐)陸德明音義　(宋)刑昺校　清同治十年(1871)刻十三經注疏附考證本　一冊

340000－1804－0000091　經 81/3
論語注疏解經二十卷　(三國魏)何晏集解　(宋)邢昺疏　**論語注疏校勘記二十卷**　(清)阮元撰　(清)盧宣旬摘錄　清嘉慶二十年(1815)南昌府學刻道光六年(1826)南昌府學重校重刊宋本十三經注疏附校勘記本　四冊

340000－1804－0000092　經 64/6
春秋集註四十卷　(宋)高閌撰　清刻武英殿聚珍版書本　一冊　存四卷(一至四)

340000－1804－0000093　經 82/4
國朝諸老先生孟子精義十四卷　(宋)朱熹撰　(清)鄧元重校定　清刻本　四冊

340000－1804－0000094　經 64/7
春秋攷十六卷　(宋)葉夢得撰　清乾隆四十二年(1777)福建刻道光遞修武英殿聚珍版書本　七冊

340000－1804－0000095　經 82/5
孟子七卷　(宋)朱熹集注　清刻本　三冊

340000－1804－0000096　經 81/4
論語注疏二十卷附考證　(三國魏)何晏集解　(唐)陸德明音義　(宋)邢昺疏　清同治十年(1871)刻十三經注疏附考證本　二冊　存九卷(六至十四)

340000－1804－0000097　經 82/7
孟子七卷　(宋)朱熹集注　清刻本　三冊

340000－1804－0000098　經 83/1
大學衍義四十三卷　(宋)真德秀撰　清光緒二十七年(1901)上海書局石印本　三冊　存十九卷(一至七、三十二至四十三)

340000－1804－0000099　經 90/1
皇清經解一千四百卷　(清)阮元等輯　清道光九年(1829)廣東學海堂刻本　三百四十九冊

340000－1804－0000100　經 85/3
四書釋地補一卷續補一卷又續補一卷三續補一卷　(清)閻若璩撰　(清)樊廷枚校補　清嘉慶二十一年(1816)梅陽海涵堂刻本　六冊

340000－1804－0000101　經 83/2
大學衍義四十三卷　(宋)真德秀撰　清同治十一年(1872)浙江書局刻本　十冊

340000－1804－0000102　經 81/7
新訂四書補註備旨十卷　(明)鄧林著　(清)鄧煜編次　(清)祁文友重校　(清)杜定基增訂　清石印本　二冊　存四卷(論語一至四)

340000－1804－0000103　經 911/1
爾雅注疏十一卷附考證　(晉)郭璞注　(唐)陸德明音義　(宋)邢昺疏　清同治十年(1871)刻十三經注疏附考證本　四冊

340000－1804－0000104　經 61/8
左繡三十卷首一卷　(清)馮李驊　(清)陸浩評輯　(清)范允斌　(清)沈乃文　(清)陸偲參評　(清)馮張孫等校輯　**春秋經傳集解三十卷首一卷**　(晉)杜預撰　(宋)林堯叟附

注　(唐)陸德明音義　(清)馮李驊增訂　清文立堂刻本　十四冊

340000－1804－0000105　經911/2
爾雅郭注義疏二十卷　(清)郝懿行學　清同治四年(1865)刻郝氏遺書本　八冊

340000－1804－0000106　經911/3
爾雅疏十卷　(宋)邢昺校定　**爾雅注疏校勘記十卷**　(清)阮元撰　(清)盧宣旬摘錄　清嘉慶二十年(1815)南昌府學刻重刊宋本十三經注疏附校勘記本　三冊

340000－1804－0000107　經912/4
康熙字典十二集三十六卷總目一卷檢字一卷辨似一卷等韻一卷補遺一卷備考一卷　(清)張玉書等纂修　清光緒十三年(1887)上海點石齋石印本　六冊

340000－1804－0000108　經913/2
史姓韻編六十四卷　(清)汪輝祖述　清同治九年(1870)金陵書局木活字印本　十二冊　存三十六卷(二十九至六十四)

340000－1804－0000109　經912/6
說文釋例二十卷　(清)王筠撰　清同治四年(1865)刻本　十冊

340000－1804－0000110　經913/3
小學韻語一卷　(清)羅澤南著　清光緒十五年(1889)刻本　一冊

340000－1804－0000111　經912/8
漢隸字源不分卷　(宋)婁機著　清光緒姚氏咫進齋刻本　六冊

340000－1804－0000112　經911/8
經籍籑詁一百六卷首一卷　(清)阮元撰　清嘉慶揚州阮氏琅嬛仙館刻本　五十冊　存八十卷(一至十七、二十至二十八、三十三至四十九、五十二至六十七、七十三至八十一、八十五至八十九、九十三至九十九)

340000－1804－0000113　經912/9
字彙十二集首一卷末一卷　(明)梅膺祚音釋　明刻本　十二冊

340000－1804－0000114　經90/3
皇清經解續編一千四百三十卷　王先謙輯　清光緒十四年(1888)南菁書院刻本　二百六十二冊　缺二百五十一卷(八十四至八十六、二百三十至二百三十四、二百八十一至二百八十四、五百二十五至五百二十九、六百九至六百三十四、八百十四至八百三十三、八百四十四至八百四十六、八百六十五至八百七十二、九百十六至九百二十、九百五十五至九百六十五、一千八十五至一千二百十、一千三百七十八至一千三百八十二、一千三百八十七至一千三百九十九、一千四百六至一千四百十、一千四百十九至一千四百三十)

340000－1804－0000115　經913/6
五方元音二卷　(清)樊騰鳳撰　(清)年希堯增補　清光緒四年(1878)刻本　四冊

340000－1804－0000116　經913/7
澤存堂五種五十卷　(清)張士俊輯　清光緒十四年(1888)上海蜚英館石印本　八冊

340000－1804－0000117　經90/5
尊經書院初集十二卷　王闓運輯　清光緒十四年(1888)刻本　八冊　缺五卷(一至二、六至八)

340000－1804－0000118　經912/10
說文解字十五卷　(漢)許慎記　(宋)徐鉉等校定　**說文通檢十四卷首一卷末一卷**　(清)黎永椿編　清同治十二年(1873)刻本　十冊

340000－1804－0000119　經911/10
經義述聞三十二卷　(清)王引之撰　清刻本　十二冊　存十七卷(九至二十五)

340000－1804－0000120　經911/9
廣雅疏證十卷　(清)王念孫撰　**博雅音十卷**　(隋)曹憲撰　(清)王念孫校　清光緒五年(1879)淮南書局刻本　八冊

340000－1804－0000121　經53/7
欽定禮記義疏八十二卷首一卷　(清)允祿等撰　清刻御纂七經本　十六冊　存六十八卷(十五至八十二)

340000－1804－0000122　經 53/8
禮記約編十卷　（清）汪基撰　（清）江永纂　清刻本　三册　存八卷（三至十）

340000－1804－0000123　經 912/11
字彙十二集首一卷末一卷　（明）梅膺祚音釋　清刻本　十册　缺二集（子集、巳集）

340000－1804－0000124　經 911/12
古文釋義新編八卷　（清）余誠評註　（清）余芝參閲　清刻本　一册　存一卷（二）

340000－1804－0000125　經 911/10－2
字典考證十二集三十六卷　（清）奕繪等輯　清道光十一年（1831）刻本　八册

340000－1804－0000126　經 53/10
禮記十卷　（元）陳澔撰　清李光明莊刻本　五册　存五卷（三、五至六、八、十）

340000－1804－0000127　經 53/11
全本禮記體注大全合參十卷　（清）范紫登定　（清）徐旦參訂　（清）徐瑄補輯　**禮記十卷**　（元）陳澔撰　清刻本　一册　存二卷（全本禮記體注大全三、禮記）

340000－1804－0000128　經 912/12
説文解字義證五十卷　（清）桂馥撰　清同治九年（1870）湖北崇文書局刻本　二十一册　存二十卷（一至九、十四至二十四）

340000－1804－0000129　經 53/12
禮記易讀二卷　（清）志遠堂主人輯　清光緒善成堂刻本　二册

340000－1804－0000130　經 911/13
仿刻相臺五經附考證　（宋）岳珂校　清光緒二年（1876）江南書局刻本　二十九册　缺十卷（周易附考證一至十）

340000－1804－0000131　經 53/13
禮記註疏六十三卷附考證　（漢）鄭玄注　（唐）陸德明音義　（唐）孔穎達疏　（清）鍾謙鈞校刊　清同治十年（1871）刻十三經注疏附考證本　三册　存十八卷（八至二十五）

340000－1804－0000132　史 12/3
史記一百三十卷　（漢）司馬遷撰　（南朝宋）裴駰注　清光緒四年（1878）金陵書局刻本　十六册

340000－1804－0000133　經 53/14
附釋音禮記註疏六十三卷　（漢）鄭玄注　（唐）陸德明音義　（唐）孔穎達疏　**校勘記六十三卷**　（清）阮元撰　（清）盧宣旬摘録　清嘉慶二十年（1815）南昌府學刻重刊宋本十三經注疏附校勘記本　三十二册

340000－1804－0000134　經 90/6
經義策論三種三卷　（清）孫葆田輯　清光緒二十八年（1902）南陽孫氏經潤樓刻本　四册

340000－1804－0000135　經 90/4
六經全圖六種十二卷　（清）牟欽元輯　清道光十一年（1831）刻本　一册

340000－1804－0000136　經 85/5
新訂四書補註備旨十卷　（明）鄧林著　（清）鄧煜編次　（清）祁文友重校　（清）杜定基增訂　清石印本　二册　存四卷（論語下三至四、孟子下三至四）

340000－1804－0000137　經 90/8
經典釋文三十卷　（唐）陸德明撰　**考證三十卷**　（清）盧文弨緝　清同治十三年（1874）成都尊經書院刻本　十册

340000－1804－0000138　經 912/16
六書分類十二卷首一卷　（清）傅世垚輯篆　清聽松閣刻本　四册　存四卷（八至十一）

340000－1804－0000139　經 912/17
説文辨疑一卷　（清）顧廣圻撰　清光緒三年（1877）湖北崇文書局刻本　一册

340000－1804－0000140　經 85/6
四書反身録八卷　（清）李顒撰　清道光十一年（1831）浙江書局刻本　四册

340000－1804－0000141　史 12/4
史記一百三十卷附考證　（漢）司馬遷撰　（南朝宋）裴駰集解　（唐）司馬貞索隱　（唐）張守節正義　清光緒十年（1884）上海同

文書局石印二十四史本　二十六冊

340000－1804－0000142　經912/18
說文引經考證七卷互異說一卷　(清)陳瑑撰　(清)徐鄦參校　清同治十三年(1874)湖北崇文書局刻本　二冊

340000－1804－0000143　經912/19
段氏說文注訂八卷　(清)鈕樹玉著　清同治十三年(1874)湖北崇文書局刻本　二冊

340000－1804－0000144　經912/20
說文新附攷六卷續考一卷　(清)鈕樹玉撰　清同治十三年(1874)湖北崇文書局刻本　二冊

340000－1804－0000145　史12/6
史記一百三十卷　(漢)司馬遷撰　**方望溪評點史記四卷**　(清)方望溪評點　清光緒二年(1876)武昌張氏刻本　十五冊

340000－1804－0000146　經912/22
欽定清漢對音字式一卷　(□)□□撰　清刻本　一冊

340000－1804－0000147　史13/1
十七史商榷一百卷　(清)王鳴盛撰　清光緒十九年(1893)廣雅書局刻本　十四冊

340000－1804－0000148　經85/8
四書集注十九卷　(宋)朱熹撰　清同治十二年(1873)金陵書局刻本　一冊　存二卷(大學一、中庸一)

340000－1804－0000149　史13/2
王先生十七史十六卷　(宋)王令撰　清道光二十八年(1848)刻本　六冊

340000－1804－0000150　經85/9
新訂四書補註備旨十卷　(明)鄧林著　(清)鄧煜編次　(清)祁文友重校　(清)杜定基增訂　清光緒三十年(1904)天津萃文魁刻本　八冊

340000－1804－0000151　史13/3
二十四史九通政典類要合編三百二十卷　(清)約雅堂主人輯　清光緒二十八年(1902)約雅堂石印本　五十五冊　存二百九十二卷(一至二百九十二)

340000－1804－0000152　史13/4
史姓韻編六十四卷　(清)汪輝祖輯　(清)馮祖憲重校　清光緒中西書局石印本　二冊　存三十卷(一至三十)

340000－1804－0000153　經85/11
四書本義匯參□□卷　(清)王步青撰　(清)王士鼇編　(清)王乃昀　(清)王維甸校　清石印本　三冊　存三卷(中庸、下論、中孟)

340000－1804－0000154　史12/7
史記一百三十卷　(漢)司馬遷撰　清石印二十四史本　十七冊　存八十七卷(二至七、十三至十九、二十三至二十六、四十至五十七、六十八至一百十五、一百二十七至一百三十)

340000－1804－0000155　史13/5
廿二史考異一百卷三史拾遺二卷　(清)錢大昕撰　清道光二十年(1840)潛研堂錢氏刻本　十七冊

340000－1804－0000156　經912/26
說文通訓定聲十八卷柬韻一卷說雅十九篇古今韻準一卷　(清)朱駿聲撰　(清)朱鏡蓉參訂　**行狀一卷**　朱孔彰撰　清道光二十八年(1848)刻同治九年(1870)朱孔彰補刻本　三十冊

340000－1804－0000157　史13/26
三國志六十五卷　(晉)陳壽撰　(南朝宋)裴松之注　清光緒十三年(1887)江南書局刻本　十二冊

340000－1804－0000158　經13/6
廿二史劄記三十六卷補遺一卷　(清)趙翼撰　清上海文瑞樓石印本　十二冊

340000－1804－0000159　經912/27
說文通訓定聲十八卷柬韻一卷說雅十九篇古今韻準一卷　(清)朱駿聲撰　(清)朱鏡蓉參訂　**行狀一卷**　朱孔彰撰　清道光二十八年(1848)刻同治九年(1870)朱孔彰補刻本　二十三冊

340000－1804－0000160　史13/19
後漢書九十卷　(南朝宋)范曄撰　(唐)李賢注　**續漢書三十卷**　(晉)司馬彪撰　(南朝梁)劉昭注補　清同治八年(1869)金陵書局刻二十四本　一冊　存六卷(後漢書二十六至三十一)

340000－1804－0000161　史13/7
漢書一百卷　(漢)班固著　(唐)顏師古注　清同治八年(1869)金陵書局刻二十四本　十六冊

340000－1804－0000162　經912/28
說文解字斠詮十四卷　(清)錢坫學　清光緒九年(1883)淮南書局刻本　六冊

340000－1804－0000163　史13/24
三國志六十五卷附考證　(晉)陳壽撰　(南朝宋)裴松之注　清同治十一年(1872)成都書局刻四史本　十四冊

340000－1804－0000164　經913/11
書六卷首一卷末一卷　(宋)蔡沈集傳　(元)鄒季友音釋　清同治五年(1866)望三益齋刻本　四冊

340000－1804－0000165　史13/9
前漢書一百卷　(漢)班固撰　(唐)顏師古注　清光緒三十四年(1908)上海圖書集成印書局鉛印二十四史本　十九冊　缺七卷(五十八至六十四)

340000－1804－0000166　經912/29
說文解字注三十二卷　(清)段玉裁注　清刻本　十五冊

340000－1804－0000167　史13/25
三國志六十五卷　(晉)陳壽撰　(南朝宋)裴松之注　清同治九年(1870)金陵書局刻二十四史本　八冊

340000－1804－0000168　史13/10
漢書一百卷　(漢)班固撰　(唐)顏師古注　清同治八年(1869)金陵書局刻二十四本　二十四冊

340000－1804－0000169　經912/30
六書通十卷　(明)閔齊伋撰　(清)畢弘述篆訂　(清)閔章　(清)程昌煒校　清光緒四年(1878)繡谷留耕堂刻本　五冊

340000－1804－0000170　史13/21
東漢會要四十卷　(宋)徐天麟撰　清光緒二十七年(1901)刻本　八冊

340000－1804－0000171　經912/31
康熙字典十二集三十六卷總目一卷檢字一卷辨似一卷備考一卷補遺一卷等韻一卷　(清)張玉書等撰　清刻本　十四冊　存十六卷(子集中、丑集中下、寅集上中、未集下、申集下、酉集上、戌集中、亥集下,總目一卷,檢字一卷,辨似一卷,備考一卷,補遺一卷,等韻一卷)

340000－1804－0000172　史13/11
前漢書一百卷　(漢)班固撰　(唐)顏師古注　清光緒十年(1884)上海同文書局石印二十四史本　十四冊　存三十七卷(一、十五至十八、二十至二十四、二十七至三十、五十一至五十四、六十七至七十、七十六至八十七、九十四、九十九至一百)

340000－1804－0000173　經912/32
康熙字典十二集三十六卷備考一卷補遺一卷　(清)張玉書等撰　清久敬齋石印本　二冊　存十一卷(酉集上中下、戌集上中下、亥集上中下,備考一卷,補遺一卷)

340000－1804－0000174　史13/43
魏書一百十四卷　(北齊)魏收撰　清同治十一年(1872)金陵書局刻二十四史本　十八冊　存一百二卷(一至六、十九至一百十四)

340000－1804－0000175　經912/33
說文繫傳校錄三十卷　(清)王筠撰　清咸豐七年(1857)刻王菉友九種本　二冊

340000－1804－0000176　史13/44
魏書一百十四卷　(北齊)魏收撰　清光緒石印二十四史本　十四冊　存六十四卷(五至十二、三十六至四十八、五十六至六十九、七

十五至九十四、一百六至一百十四）

340000－1804－0000177　史 13/13
後漢書九十卷　（南朝宋）范曄撰　（唐）李賢注　**續漢書三十卷**　（晉）司馬彪撰　（南朝梁）劉昭注補　清同治八年（1869）金陵書局刻二十四史本　十六册

340000－1804－0000178　史 13/13－2
後漢書九十卷　（南朝宋）范曄撰　（唐）李賢注　**續漢書三十卷**　（晉）司馬彪撰　（南朝梁）劉昭注補　清同治八年（1869）金陵書局刻二十四史本　十六册

340000－1804－0000179　史 13/31
晉書一百三十卷　（唐）太宗李世民撰　**音義三卷**　（唐）何超撰　清光緒十年（1884）上海同文書局石印二十四史本　二十三册　缺八卷（晉書一百二十六至一百三十、音義三卷）

340000－1804－0000180　史 13/61
南北史補志十四卷　（清）汪士鐸撰　清光緒四年（1878）淮南書局刻本　六册

340000－1804－0000181　史 13/51
周書五十卷　（唐）令狐德棻撰　清光緒三十四年（1908）上海集成圖書公司鉛印二十四史本　四册

340000－1804－0000182　史 13/14
後漢書九十卷　（南朝宋）范曄撰　（唐）李賢注　**續漢書三十卷**　（晉）司馬彪撰　（南朝梁）劉昭注補　清光緒十二年（1886）金陵書局刻本　十六册

340000－1804－0000183　史 13/16
後漢書九十卷　（南朝宋）范曄撰　（唐）李賢注　**續漢書三十卷**　（晉）司馬彪撰　（南朝梁）劉昭注補　清光緒三十四年（1908）上海集成圖書公司鉛印二十四史本　十六册

340000－1804－0000184　史 13/52
隋書八十五卷　（唐）魏徵　（唐）長孫無忌等撰　**考異八十五卷**　（清）薛壽校　清同治十年（1871）淮南書局刻二十四史本　十二册

340000－1804－0000185　史 13/62
南北史捃華八卷　（清）周嘉猷輯　清同治十一年（1872）南園寄社木活字印本　三册　缺二卷（三至四）

340000－1804－0000186　史 13/32
宋書一百卷　（南朝梁）沈約撰　清同治十一年（1872）金陵書局刻二十四史本　十二册　缺十二卷（十至二十一）

340000－1804－0000187　史 13/63
舊唐書二百卷　（五代）劉昫撰　清光緒三十四年（1908）上海集成圖書公司鉛印二十四史本　二十九册　缺十一卷（一百五十三至一百六十三）

340000－1804－0000188　史 13/54
隋書八十五卷　（唐）魏徵　（唐）長孫無忌等撰　清光緒十年（1884）上海同文書局石印二十四史本　二十册　缺十三卷（二十五至三十三、八十二至八十五）

340000－1804－0000189　史 13/20
後漢書九十卷　（南朝宋）范曄撰　（唐）李賢注　**續漢書三十卷**　（晉）司馬彪撰　（南朝梁）劉昭注補　清光緒十年（1884）上海同文書局石印二十四史本　十七册　缺四十三卷（後漢書十六至二十四、三十二至四十、四十九至六十五，續漢書六至十三）

340000－1804－0000190　史 13/55－1
隋書八十五卷　（唐）魏徵　（唐）長孫無忌等撰　**考異八十五卷**　（清）薛壽校　清光緒三十四年（1908）上海集成圖書公司鉛印二十四史本　十一册　缺十卷（隋書三十一至三十五、考異三十一至三十五）

340000－1804－0000191　史 13/71
舊五代史一百五十卷　（宋）薛居正等撰　清光緒十年（1884）上海同文書局石印二十四史本　二十四册

340000－1804－0000192　史 13/66
唐書二百二十五卷　（宋）歐陽修　（唐）宋祁等撰　清同治十二年（1873）浙江書局刻二十

四史本　四十册

340000－1804－0000193　史13/72
舊五代史一百五十卷附考證　（宋）薛居正等撰　清同治十一年（1872）湖北崇文書局刻二十四史本　十六册

340000－1804－0000194　史13/34
南齊書五十九卷　（南朝梁）蕭子顯撰　清同治十三年（1874）金陵書局刻二十四史本　六册

340000－1804－0000195　史13/55－2
隋書八十五卷　（唐）魏徵　（唐）長孫無忌等撰　清光緒三十四年（1908）上海集成圖書公司鉛印二十四史本　十二册

340000－1804－0000196　史13/74
五代史七十四卷　（宋）歐陽修撰　清光緒十年（1884）上海同文書局石印二十四史本　十册

340000－1804－0000197　史13/75
五代史七十四卷　（宋）歐陽修撰　清光緒三十四年（1908）上海集成圖書公司鉛印二十四史本　六册

340000－1804－0000198　史13/56
南史八十卷　（唐）李延壽撰　清同治十一年（1872）金陵書局刻二十四史本　十二册

340000－1804－0000199　史13/35
南齊書五十九卷　（南朝梁）蕭子顯撰　清光緒三十四年（1908）上海集成圖書公司鉛印二十四史本　六册

340000－1804－0000200　史13/36
梁書五十六卷　（唐）姚思廉撰　清同治十三年（1874）金陵書局刻二十四史本　六册

340000－1804－0000201　史13/58
北史一百卷　（唐）李延壽撰　清同治十一年（1872）金陵書局刻二十四史本　二十册

340000－1804－0000202　史13/76
五代會要三十卷　（宋）王溥撰　清刻本　五册

340000－1804－0000203　史13/73
二十四史　（□）□□編　清光緒三十四年（1908）上海集成圖書公司鉛印本　十三册　存二種一百六十四卷（舊五代史一至一百五十、五代史一至十四）

340000－1804－0000204　史13/57
南史八十卷　（唐）李延壽撰　清光緒十年（1884）上海同文書局石印二十四史本　十八册　缺八卷（十一至十八）

340000－1804－0000205　史13/38－2
梁書五十六卷　（唐）姚思廉撰　清光緒十年（1884）上海同文書局石印二十四史本　四册　存二十六卷（一至四、二十九至四十五、四十七至五十一）

340000－1804－0000206　史13/59
北史一百卷　（唐）李延壽撰　清光緒十年（1884）上海同文書局石印二十四史本　二十册　缺十九卷（三至十四、五十七至六十三）

340000－1804－0000207　史13/39
陳書三十六卷　（唐）姚思廉撰　清同治十一年（1872）金陵書局刻二十四史本　四册

340000－1804－0000208　史13/38
梁書五十六卷　（唐）姚思廉撰　清光緒三十四年（1908）上海集成圖書公司鉛印二十四史本　四册

340000－1804－0000209　史13/40
陳書三十六卷　（唐）姚思廉撰　清光緒十年（1884）上海同文書局石印二十四史本　六册

340000－1804－0000210　史13/60－1
北史一百卷　（唐）李延壽撰　清光緒三十四年（1908）上海集成圖書公司鉛印二十四史本　十六册

340000－1804－0000211　史13/30
晉書一百三十卷　（唐）太宗李世民撰　**音義三卷**　（唐）何超撰　清光緒三十四年（1908）上海集成圖書公司鉛印二十四史本　十六册

340000－1804－0000212　史13/85

遼史一百十六卷　(元)脱脱等撰　清光緒三十四年(1908)上海集成圖書公司鉛印二十四史本　八册

340000－1804－0000213　史13/60－2
北史一百卷　(唐)李延壽撰　清光緒三十四年(1908)上海集成圖書公司鉛印二十四史本　六册　存三十八卷(六至十一、十八至二十三、四十一至五十一、五十八至六十四、七十二至七十九)

340000－1804－0000214　史13/86
遼史拾遺補五卷　(清)楊復吉輯　清光緒三年(1877)江蘇書局刻本　二册

340000－1804－0000215　史13/79
宋史四百九十六卷　(元)脱脱等撰　清光緒元年(1875)浙江書局刻二十四史本　七十册　缺一百六十二卷(四十八至二百九)

340000－1804－0000216　史13/68
唐書二百二十五卷　(宋)歐陽修　(唐)宋祁等撰　**釋音二十五卷**　(宋)董衝撰　清光緒三十四年(1908)上海集成圖書公司鉛印二十四史本　三十二册

340000－1804－0000217　史13/29
晉書一百三十卷　(唐)太宗李世民撰　**音義三卷**　(唐)何超撰　清同治十年(1871)金陵書局刻二十四史本　二十册

340000－1804－0000218　史13/80
宋史四百九十六卷　(元)脱脱等撰　清光緒元年(1875)浙江書局刻二十四史本　一百册

340000－1804－0000219　史13/84
遼史一百十五卷　(元)脱脱等撰　清同治十二年(1873)江蘇書局刻二十四史本　十二册

340000－1804－0000220　史13/91
元史二百十卷　(明)宋濂等撰　清同治十三年(1874)江蘇書局刻二十四史本　三十七册　缺十二卷(一至十二)

340000－1804－0000221　史13/93
元史氏族表三卷　(清)錢大昕撰　清同治十三年(1874)江蘇書局刻二十四史本　二册

340000－1804－0000222　史13/102
明史三百三十二卷　(清)張廷玉等撰　清光緒三十四年(1908)上海集成圖書公司鉛印二十四史本　四十册

340000－1804－0000223　史2/1
資治通鑑綱目五十九卷首一卷續編二十七卷末一卷　(宋)朱熹撰　(明)陳仁錫評閲　清刻本　四十册　存三十三卷(資治通鑑綱目八至十二、十五至二十六、三十二至四十四，續編七至九)

340000－1804－0000224　史13/67
唐書二百二十五卷　(宋)歐陽修　(唐)宋祁等撰　**釋音二十五卷**　(宋)董衝撰　清光緒十年(1884)上海同文書局石印二十四史本　三十二册　存一百四十五卷(唐書一至十、二十五至三十、四十六至六十九、七十二至七十三、七十五至八十三、九十二至一百二、一百十五至一百三十八、一百四十六至一百八十五、一百九十八至二百十二、二百二十二至二百二十五)

340000－1804－0000225　史13/103
明史三百三十二卷　(清)張廷玉等撰　清光緒三十四年(1908)上海集成圖書公司鉛印二十四史本　十七册　存一百四十卷(十三至二十四、三十七至四十二、五十二至七十二、一百至一百二、一百六至一百二十三、一百三十六至一百四十八、一百六十一至一百七十二、一百八十二至一百八十九、一百九十九至二百十五、二百二十五至二百三十四、三百六至三百十八、三百二十六至三百三十二)

340000－1804－0000226　史13/104
明史三百三十二卷　(清)張廷玉等撰　清光緒十年(1884)上海同文書局石印二十四史本　六十九册　缺一百三十三卷(一至四、八十至一百五十四、一百五十九至一百七十七、二百十二至二百十四、二百三十一至二百三十四、二百三十八至二百四十、二百五十三至二百五十五、二百七十二至二百八十二、二百八

十九至二百九十七、三百十五至三百十六）

340000－1804－0000227　史 13/94
元史藝文志四卷　（清）錢大昕撰　清同治十三年（1874）江蘇書局刻二十四史本　一冊

340000－1804－0000228　史 2/2
御批資治通鑑綱目五十九卷首一卷　（宋）朱熹撰　**前篇十八卷首一卷舉要三卷**　（宋）金履祥撰　**御批續資治通鑒綱目二十七卷**　（明）商輅撰　清光緒二年至三年（1876－1877）刻本　七十五冊

340000－1804－0000229　史 13/95
欽定元史語解二十四卷　（清）高宗弘曆撰　清光緒四年（1878）江蘇書局刻遼金元三史語解本　六冊

340000－1804－0000230　史 13/81
宋史四百九十六卷　（元）脱脱等撰　清光緒三十四年（1908）上海集成圖書公司鉛印二十四史本　六十四冊

340000－1804－0000231　史 13/83
宋史四百九十六卷　（元）脱脱等撰　清光緒十年（1884）上海同文書局石印二十四史本　七十八冊　存三百八十七卷（一至三十五、四十八至七十二、八十三至八十四、一百至一百三十八、一百五十五至一百六十六、一百七十七至一百八十六、一百九十二至一百九十八、二百二十五至二百三十二、二百三十六至二百四十一、二百四十九至三百八十三、三百八十九至四百九十六）

340000－1804－0000232　史 2/4
御撰資治通鑑綱目三編四十卷　（清）朱珪等輯　清刻本　十二冊

340000－1804－0000233　史 2/5
資治通鑑綱目前編二十五卷　（宋）朱熹撰（明）陳仁錫評閱　清康熙四十年（1701）刻本　十冊

340000－1804－0000234　史 2/3
資治通鑑目錄三十卷　（宋）司馬光編　清同治八年（1869）江蘇書局刻資治通鑑彙刻本　十冊

340000－1804－0000235　史 13/107
國朝先正事略六十卷　（清）李元度纂　清同治五年（1866）循陔草堂刻本　二十四冊

340000－1804－0000236　史 13/92
元史二百十卷　（清）宋濂等撰　清光緒三十四年（1908）上海集成圖書公司鉛印二十四史本　二十四冊

340000－1804－0000237　史 13/82
宋史四百九十六卷　（元）脱脱等撰　清光緒三十四年（1908）上海集成圖書公司鉛印二十四史本　二十三冊　存一百七十三卷（四十八至六十二、七十一至七十六、一百十七至一百二十八、一百三十八至一百六十三、一百八十五至二百一、二百十五至二百十七、二百三十三至二百四十一、二百四十九至二百五十七、二百七十四至二百八十一、三百五至三百十三、三百二十二至三百二十九、三百三十九至三百四十七、三百六十八至三百七十七、三百八十七至三百九十七、四百十八至四百二十八、四百八十七至四百九十六）

340000－1804－0000238　史 13/96
元史二百十卷　（明）宋濂等撰　清光緒十年（1884）上海同文書局石印二十四史本　三十五冊　缺四十卷（十至十九、二十三至二十七、四十八至六十一、一百六十八至一百七十二、一百八十九至一百九十四）

340000－1804－0000239　史 13/106
國朝先正事略六十卷　（清）李元度纂　清刻本　十二冊　存二十七卷（六至二十一、二十六至三十二、五十二至五十五）

340000－1804－0000240　史 2/6
御批資治通鑒綱目前編十八卷首一卷　（宋）金履祥撰　清刻本　十冊

340000－1804－0000241　史 13/88
欽定遼史語解十卷　（清）高宗弘曆撰　清光緒四年（1878）江蘇書局刻遼金元三史語解本　二冊

340000－1804－0000242　史 2/7

御批歷代通鑑輯覽一百二十卷　(清)傅恒編纂　清光緒二十年(1894)湖南澹雅書局刻本　六十四册

340000－1804－0000243　史 13/85－2

遼史一百十六卷　(元)脱脱等撰　清光緒十年(1884)上海同文書局石印二十四史本　五册　存八十二卷(一至四十一、四十七至六十二、七十一至九十五)

340000－1804－0000244　史 13/87

遼史拾遺二十四卷　(清)厲鶚撰　清光緒元年(1875)江蘇書局刻二十四史本　八册

340000－1804－0000245　史 2/12

續資治通鑑二百二十卷　(清)畢沅輯　清德育堂刻本　六十四册

340000－1804－0000246　史 2/8

御批歷代通鑑輯覽一百二十卷　(清)高宗弘曆撰　(清)傅恒等編　清同治十三年(1874)文星書局刻朱墨套印本　四十八册

340000－1804－0000247　史 12/7－2

史記一百三十卷附考證　(漢)司馬遷撰　(南朝宋)裴駰集解　(唐)司馬貞索隱　(唐)張守節正義　清末石印本　一册　存七卷(八十六至九十二)

340000－1804－0000248　史 13/104－2

明史三百三十二卷　(清)張廷玉等撰　清光緒十年(1884)上海同文書局石印二十四史本　二十六册　存八十四卷(八十至八十一、八十六至一百八、一百十三至一百二十九、一百三十四至一百五十四、二百十二至二百十四、二百七十二至二百八十、二百八十九至二百九十七)

340000－1804－0000249　史 13/97

元史二百十卷　(清)宋濂等撰　清光緒三十四年(1908)上海集成圖書公司鉛印二十四史本　十七册　存一百七十六卷(三十五至二百十)

340000－1804－0000250　史 2/21

史鑑節要便讀六卷　(清)鮑東里編　清光緒二十八年(1902)刻本　二册

340000－1804－0000251　史 2/13

資治通鑑補二百九十四卷　(明)胡三省音註　(明)嚴衍補　(明)談允厚參　清光緒二年(1876)武進盛氏思補樓木活字印本　七十册　缺三十六卷(一百八十五至二百二十)

340000－1804－0000252　史 2/22

史鑑節要便讀六卷　(清)鮑東里編　清同治十三年(1874)刻本　二册

340000－1804－0000253　史 4/8

史鑑節要便讀四卷補編一卷　(清)鮑東里編　清同治二年(1863)鑄記書局石印本　四册

340000－1804－0000254　史 13/46

北齊書五十卷　(唐)李百藥撰　清同治十三年(1874)金陵書局刻二十四史本　四册

340000－1804－0000255　史 13/98

明史三百三十二卷　(清)張廷玉等撰　清光緒三年(1877)湖北崇文書局刻二十四史本　八十册

340000－1804－0000256　史 2/25

增評加批歷史綱鑑補三十九卷首一卷　(宋)司馬光撰　(宋)朱熹細目　(明)王世貞　(明)袁黃編　清光緒二十八年(1902)上海富強齋石印本　七册

340000－1804－0000257　史 4/5

宗聖志二十卷　(清)曾國荃重修　(清)王定安編輯　清光緒十六年(1890)金陵刻本　八册

340000－1804－0000258　史 13/47

北齊書五十卷　(唐)李百藥撰　清光緒三十四年(1908)上海集成圖書公司鉛印二十四史本　六册

340000－1804－0000259　史 4/3

史通通釋二十卷　(唐)劉知幾撰　(清)浦起龍釋　清廣州翰墨園刻本　八册

340000－1804－0000260　史 2/29

資治通鑑二百九十四卷　(宋)司馬光撰　(元)胡三生音註　清嘉慶二十一年(1816)鄱陽胡氏刻本　八十册　存二百四十二卷(一至六十一、九十三至二百七十三)

340000－1804－0000261　史 13/45
魏書一百十四卷　(北齊)魏收撰　清光緒三十四年(1908)上海集成圖書公司鉛印二十四史本　十六册

340000－1804－0000262　史 3/4
中東戰紀本末初編八卷　(美國)林樂知審訂　(清)蔡爾康纂　清光緒上海圖書集成局鉛印本　三册　存四卷(二至三、七至八)

340000－1804－0000263　史 2/15
資治通鑒二百九十四卷　(宋)司馬光撰　(元)胡三省音註　清嘉慶二十一年(1816)鄱陽胡氏刻本　七册　存二十一卷(六十一至六十三、一百六十至一百六十八、一百八十一至一百八十三、二百十一至二百十三、二百八十至二百八十二)

340000－1804－0000264　史 4/4
史通通釋二十卷　(唐)劉知幾撰　(清)浦起龍釋　清廣州翰墨園刻本　七册

340000－1804－0000265　史 2/30
資治通鑑綱目五十九卷首一卷　(宋)朱熹撰　**資治通鑑綱目前編十八卷首一卷舉要三卷**　(宋)金履祥撰　清光緒七年(1881)刻本　二册　存四卷(資治通鑑綱目二十、前編十至十二)

340000－1804－0000266　史 4/24
史姓韻編六十四卷　(清)汪輝祖撰　清同治九年(1870)金陵書局木活字印本　十二册　存二十八卷(一至二十八)

340000－1804－0000267　史 4/1－2
皇朝文獻通考輯要二十六卷　湯壽潛輯　清光緒通雅堂鉛印本　十册

340000－1804－0000268　史 2/14－5
尺木堂綱鑑易知錄九十二卷　(清)吳乘權等輯　清鉛印本　二册　存十四卷(四十至五十三)

340000－1804－0000269　史 4/11
增廣尚友錄統編二十二卷　(清)應祖錫輯　清光緒二十八年(1902)鴻寶齋石印本　六册　存十八卷(一至十八)

340000－1804－0000270　史 4/1－3
欽定續文獻通考輯要二十六卷　湯壽潛輯　清光緒通雅堂鉛印本　十册

340000－1804－0000271　史 13/49
周書五十卷　(唐)令狐德棻等撰　清同治十三年(1874)金陵書局刻二十四史本　四册

340000－1804－0000272　史 3/4－2
中東戰紀本末續編四卷　(美國)林樂知審訂　(清)蔡爾康纂　清光緒二十三年(1897)上海圖書集成局鉛印本　四册

340000－1804－0000273　史 4/12
十六國春秋一百卷　(北魏)崔鴻撰　(清)汪日桂重訂　清光緒十二年(1886)湖北官書處刻本　十二册

340000－1804－0000274　史 4/1
文獻通考輯要二十四卷　湯壽潛輯　清光緒通雅堂鉛印本　七册　存十六卷(五至十六、十九至二十二)

340000－1804－0000275　史 2/19
通鑑答問五卷　(宋)王應麟撰　清光緒九年(1883)浙江書局刻玉海本　二册

340000－1804－0000276　史 3/4－3
中東戰紀本末三編四卷　(美國)林樂知審訂　(清)蔡爾康錄　清光緒二十六年(1900)上海圖書集成局鉛印本　三册　缺一卷(四)

340000－1804－0000277　史 4/17－1
說郛續四十六卷　(明)陶珽輯　清順治刻本　十五册　存八卷(七至十四)

340000－1804－0000278　史 4/15
聖武記十四卷　(清)魏源撰　清道光二十六年(1846)邵陽魏源古微堂刻本　十二册

340000－1804－0000279　史 8/14

列國政要一百三十二卷首一卷　(清)戴鴻慈　(清)端方輯　清光緒三十三年(1907)石印本　三十二册

340000－1804－0000280　史2/16
資治通鑑二百九十四卷辨誤十二卷　(宋)司馬光撰　清同治十年(1871)湖北崇文書局刻本　八十九册　存二百六十七卷(資治通鑑一至三十九、七十九至二百九十四,辨誤十二卷)

340000－1804－0000281　史4/2
史通削繁四卷　(唐)劉知幾撰　(清)紀昀削繁　(清)浦起龍注　清道光十三年(1833)兩廣節署刻朱墨套印本　四册

340000－1804－0000282　史5/2
歷代名臣言行錄二十四卷　(清)朱恒編輯　(清)潘永季校定　(清)許時庚重校　清同治三年(1864)文瑞樓石印本　六册　存十卷(一至五、八至十二)

340000－1804－0000283　史5/1
安徽全省同官錄四卷　(清)□□編　清光緒三十年(1904)安徽藩經歷司鉛印本　四册

340000－1804－0000284　史2/17
了凡綱鑑補三十九卷首一卷　(明)袁黄編纂　清光緒二十九年(1903)益元書局刻本　三十四册

340000－1804－0000285　史2/20
御撰資治通鑒綱目三編二十卷　(清)張廷玉等輯　**綱鑒會纂三十九卷首一卷**　(明)王世貞編　清刻本　十八册　存二十八卷(御撰資治通鑒綱目一至四、十五至二十,綱鑒會纂二十至二十一、二十四至三十九)

340000－1804－0000286　史2/32
御批歷代通鑑輯覽一百二十卷　(清)傅恆等編　清光緒三十年(1904)上海商務印書館鉛印本　一册　存五卷(一至五)

340000－1804－0000287　史5/1－1
安徽同官錄四卷　(清)□□編　清光緒三十三年(1907)安徽藩經歷司鉛印本　四册

340000－1804－0000288　史8/2
浮溪集三十二卷　(宋)汪藻撰　清道光二十七年(1847)本活字印本　八册

340000－1804－0000289　史5/1－2
安徽同官錄四卷　(清)□□編　清光緒安徽藩經歷司鉛印本　一册　存一卷(四)

340000－1804－0000290　史8/19
東華錄三十二卷　(清)蔣良騏撰　清刻本　六册

340000－1804－0000291　史4/17
戰國策三十三卷札記三卷　(漢)劉向撰　(漢)高誘注　清同治八年(1869)湖北崇文書局刻本　五册

340000－1804－0000292　史8/20
公法總論不分卷　(英國)羅柏村著　(英國)傅蘭雅　(清)汪振聲譯　清鉛印本　一册

340000－1804－0000293　史2/31
尺木堂明鑑易知錄十五卷　(清)吳乘權等輯　清石印本　二册　存七卷(五至十一)

340000－1804－0000294　史4/16
國語二十一卷　(三國吳)韋昭解　**劄記一卷**　(清)黃丕烈撰　**明道本考異四卷**　(清)汪遠孫撰　清同治八年(1869)湖北崇文書局刻本　五册

340000－1804－0000295　史5/3
歷代名臣言行錄二十四卷　(清)朱桓編輯　(清)潘永季校定　清嘉慶十四年(1809)刻本　三十六册

340000－1804－0000296　史4/18
切問齋文鈔三十卷　(清)陸燿輯　清道光五年(1825)刻本　十二册

340000－1804－0000297　史2/34
御撰資治通鑑綱目三編六卷御批通鑑輯覽補一卷　(清)張廷玉　(清)王會汾等編　清石印本　一册

340000－1804－0000298　史8/3
理財學精義四章　(日本)田尻稻次郎著　王

秀點譯　清光緒二十九年(1903)上海商務印書館鉛印本　一冊

340000－1804－0000299　史 4/19
戰國策三十三卷札記三卷　(漢)劉向撰　(漢)高誘注　清同治八年(1869)湖北崇文書局刻本　五冊

340000－1804－0000300　史 8/4
財政四綱四卷　(清)錢恂撰　清光緒二十七年(1901)鉛印本　一冊

340000－1804－0000301　史 4/20
述學内篇三卷補遺一卷外篇一卷別錄一卷　(清)汪中撰　清同治八年(1869)揚州書局刻本　二冊

340000－1804－0000302　史 5/1－3
安徽宦浙同官錄□□卷　(清)□□編　清光緒刻朱墨套印本　二冊

340000－1804－0000303　史 8/5
增修河東鹽法備覽八卷首一卷　(清)江人鏡等修　(清)張元鼎等纂　清光緒八年(1882)刻本　三冊　存三卷(二至四)

340000－1804－0000304　史 8/23
學部奏咨輯要四卷　(清)學部總務司案牘科輯　清末總務司案牘科鉛印本　一冊　存一卷(二)

340000－1804－0000305　史 5/5
歷代循吏傳八卷　(清)朱軾　(清)蔡世遠訂　(清)張福昶分纂　清光緒二十三年(1897)刻本　二冊　存四卷(五至八)

340000－1804－0000306　史 8/6
敕修河東鹽法志十二卷　(清)覺羅石麟纂　(清)朱一鳳輯　清刻本　八冊

340000－1804－0000307　史 8/16
吾學錄初編二十四卷　(清)吳榮光述　(清)黄本驥編次　清道光二十九年(1849)刻本　三冊　存十三卷(五至十三、二十一至二十四)

340000－1804－0000308　史 13/90
金史一百三十五卷　(元)脫脫等撰　清同治十三年(1874)江蘇書局刻二十四史本　二十冊

340000－1804－0000309　史 3/7
通鑑紀事本末二百三十九卷　(宋)袁樞編輯　(明)張溥論正　清光緒十四年(1888)上洋書業公所崇德堂石印本　一冊　存六卷(一至六)

340000－1804－0000310　史 8/24
鄂國金陀續編三十卷　(宋)岳珂編次　清光緒九年(1883)浙江書局刻本　六冊

340000－1804－0000311　史 5/5－1
歷代名儒傳八卷　(清)朱軾　(清)蔡世遠訂　(清)李清植分纂　清刻本　一冊　存二卷(五至六)

340000－1804－0000312　史 3/7－2
通鑑紀事本末二百三十九卷　(宋)袁樞編輯　(明)張溥論正　清刻本　一冊　存九卷(六十九至七十七)

340000－1804－0000313　史 8/30
胡文忠公遺集八十六卷首一卷　(清)胡林翼撰　(清)鄭敦謹　(清)曾國荃纂輯　清刻本　十七冊　存五十一卷(四至六、十三至三十一、三十八至五十三、六十三至六十六、七十二至七十五、八十二至八十六)

340000－1804－0000314　史 8/17
牧令書輯要十卷　(清)徐棟編　(清)丁日昌選評　清同治七年(1868)江蘇書局刻本　十冊

340000－1804－0000315　史 8/29
例學新編十六卷　(清)楊士驤輯　清光緒三十二年(1906)上海明溥書局石印本　十冊　缺二卷(十三至十四)

340000－1804－0000316　史 8/32
法國律例不分卷　(法國)畢利翰譯　(清)時雨化筆述　清光緒二十四年(1898)石印本　十一冊

340000－1804－0000317　史 8/12
求己録三卷　(清)蘆涇遯士編　清光緒二十六年(1900)求是書院刻本　三册

340000－1804－0000318　史 8/8
大清律例增修統纂集成四十卷督捕則例附纂二卷　(清)姚潤輯　(清)胡璋增修　清同治十二年(1873)刻本　十八册　存三十四卷(一至二十二、三十一至四十,督捕則例附纂二卷)

340000－1804－0000319　史 8/33
大清宣統新法令不分卷　商務印書館編譯所編　清宣統三年(1911)上海商務印書館鉛印本　二十册

340000－1804－0000320　史 8/26
病榻夢痕録二卷録餘一卷　(清)汪輝祖撰　清同治十一年(1872)刻本　三册

340000－1804－0000321　史 8/13
曾文正公奏稿三十六卷　(清)曾國藩撰　清刻本　十一册　存十一卷(十九至二十七、二十九至三十)

340000－1804－0000322　史 8/33－1
大清宣統新法令不分卷　商務印書館編譯所編　清宣統三年(1911)上海商務印書館鉛印本　十册

340000－1804－0000323　史 8/9
讀法圖存四卷　(清)邵繩清繪編　清刻本　三册　存三卷(二至四)

340000－1804－0000324　史 8/34－1
欽定大清會典一百卷　(清)崑岡等修　(清)吳樹梅等纂　清光緒三十四年(1908)商務印書館石印本　十册

340000－1804－0000325　史 8/34
欽定大清會典事例一千二百二十卷　(清)崑岡等修　(清)吳樹梅等纂　清光緒三十四年(1908)商務印書館石印本　一百五十册

340000－1804－0000326　史 92/7
[元豐]九域志十卷　(宋)王存等撰　清光緒八年(1882)金陵書局刻本　四册

340000－1804－0000327　史 92/1
[同治]畿輔通志三百卷首一卷　(清)李鴻章　(清)張樹聲總纂　(清)黃彭年鑑修　(清)錢鼎銘等撰　清光緒十年(1884)刻本　二百四十册

340000－1804－0000328　史 8/11
御選明臣奏議四十卷　(清)高宗弘曆輯　清刻本　十六册

340000－1804－0000329　史 8/35
欽定學政全書八十六卷首一卷　(清)童璜等纂　清刻本　二十册　缺四卷(六至九)

340000－1804－0000330　史 5/10
歷代名儒傳八卷首一卷　(清)朱軾　(清)蔡世遠訂　(清)李清植分纂　清光緒二十三年(1897)刻本　三册　存七卷(一至四、七至八,首一卷)

340000－1804－0000331　史 5/16
歷代循吏傳八卷　(清)朱軾　(清)蔡世遠訂　(清)張福昶分纂　清光緒二十三年(1897)刻本　一册　存四卷(一至四)

340000－1804－0000332　史 8/36
時務通攷三十一卷　(清)杞廬主人等編　清光緒二十三年(1897)點石齋石印本　十九册

340000－1804－0000333　史 5/11
歷代帝王年表十四卷　(清)齊召南編　(清)阮福續編　**帝王廟謚年諱譜一卷**　(清)陸費墀撰　清同治二年(1863)武林葉敦怡堂刻本　四册

340000－1804－0000334　史 8/37
唐陸宣公集二十四卷　(唐)陸贄撰　(清)耆英編訂　(清)文晟　(清)華廷傑校勘　清道光二十七年(1847)刻本　八册

340000－1804－0000335　史 92/2
[光緒]滁州志十二卷首一卷末一卷　(清)熊祖詒纂　清光緒二十三年(1897)木活字印本　十册

340000－1804－0000336　史 8/38
唐陸宣公集二十二卷首一卷　（唐）陸贄撰　清光緒六年（1880）江蘇書局刻本　六册

340000－1804－0000337　史 8/44
誠齋文節先生錦繡策二卷　（宋）楊萬里撰　清乾隆五十九年（1794）刻本　一册

340000－1804－0000338　史 5/112
國朝詩人徵略六十卷　（清）張維屏輯　清道光十年（1830）廣東超華齋刻本　十册

340000－1804－0000339　史 8/45
中外時務經濟文編六種　（清）薛福成撰　清光緒石印本　一册　存二卷（四集三至四）

340000－1804－0000340　史 8/40
十一朝東華約錄二百三十卷　（清）王祖顯等編　清光緒二十七年（1901）石印本　二十四册

340000－1804－0000341　史 8/46
胡文忠公遺集八十六卷首一卷　（清）胡林翼撰　（清）鄭敦謹　（清）曾國荃纂輯　清鉛印本　二册　存十八卷（六十九至八十六）

340000－1804－0000342　史 5/13
歷代名儒傳八卷首一卷歷代名臣傳三十五卷首一卷歷代循吏傳八卷　（清）朱軾　（清）蔡世遠訂　清同治刻本　二十三册　缺三卷（歷代名臣傳十一至十三）

340000－1804－0000343　史 8/56
欽定續文獻通考輯要二十六卷　湯壽潛輯　清光緒通雅堂鉛印本　一册　存五卷（十一至十五）

340000－1804－0000344　史 92/8
元和郡縣圖誌四十卷　（唐）李吉甫撰　**補志九卷**　（清）嚴觀輯　清光緒六年至八年（1880－1882）金陵書局刻本　十册　缺六卷（十九至二十、二十三至二十四、三十五至三十六）

340000－1804－0000345　史 92/25
竹堂寺志一卷補一卷　（清）釋真鑑纂　清宣統鉛印本　一册

340000－1804－0000346　史 8/47－1
皇朝經世文新增續編一百二十卷　（清）葛士濬輯　清光緒二十三年（1897）上海掃葉山房鉛印本　十九册　存一百十卷（一至一百十）

340000－1804－0000347　史 8/57
八賢手札不分卷　（清）郭慶藩編　清光緒三十四年（1908）上洋海左書局石印本　一册

340000－1804－0000348　史 94/1
欽定四庫全書考證一百卷　（清）王太岳等纂　清道光十年（1830）刻本　七十六册　缺二十二卷（十二至二十三、六十四至七十三）

340000－1804－0000349　史 93/28
大觀亭志六卷首一卷末一卷　（清）李國模纂　清宣統三年（1911）合肥李氏慎餘堂木活字印本　四册

340000－1804－0000350　史 8/47－4
皇朝經世文新增時務續編四十八卷　（清）葛士濬輯　**洋務續編八卷**　（清）甘韓輯　清光緒二十三年（1897）掃葉山房鉛印本　五册　存四十三卷（皇朝經世文新增時務續編一至四十、洋務續編一至三）

340000－1804－0000351　史 92/16
水經注四十卷　（北魏）酈道元撰　清刻本　十六册

340000－1804－0000352　史 8/58
欽定吏部處分則例五十二卷　（清）清吏部編　清刻本　一册　存二卷（十九至二十）

340000－1804－0000353　史 92/31
莫愁湖志六卷首一卷　（清）馬士圖輯　清光緒八年（1882）刻本　二册

340000－1804－0000354　史 8/47－2
皇朝經世文編一百二十卷　（清）賀長齡輯　清鉛印本　九册　存四十五卷（四十至五十三、九十至一百二十）

340000－1804－0000355　史 8/59
新編樊山批牘精華□□卷　樊增祥撰　清鉛

印本　一册　存三卷(二十二至二十四)

340000－1804－0000356　史92/15
西湖志四十八卷　(清)李衛　(清)程元章等纂　清光緒四年(1878)浙江書局刻本　十六册　存三十九卷(一至九、十四至十五、十八至三十一、三十五至四十八)

340000－1804－0000357　史8/47－3
皇朝經世文新編二十一卷　麥仲華輯　清末石印本　二十一册　存十九卷(一中下、二、五下、六至二十一)

340000－1804－0000358　史8/60
删除律例不分卷　(清)沈家本等編　清光緒鉛印本　一册

340000－1804－0000359　史8/47－5
皇朝經世文續編一百二十卷　(清)葛士濬輯　清光緒十四年(1888)圖書集成局鉛印本　二十五册　存九十三卷(一至三十九、六十五至一百四、一百七至一百二十)

340000－1804－0000360　史4/19－2
國語二十一卷　(三國吳)韋昭解　**劄記一卷**　(清)黄丕烈撰　**明道本考異四卷**　(清)汪遠孫撰　清同治八年(1869)湖北崇文書局刻本　五册

340000－1804－0000361　史92/20
[光緒]亳州志二十卷首一卷　(清)鍾泰修　(清)宗能徵等纂　清光緒二十年(1894)木活字印本　十四册

340000－1804－0000362　史8/47－6
皇朝經世文續編一百二十卷　(清)葛士濬輯　清光緒二十三年(1897)上海圖書集成印書局鉛印本　二十四册

340000－1804－0000363　史92/32
環遊地球新錄四卷　(清)李圭撰　清刻本　三册　存三卷(二至四)

340000－1804－0000364　史92/35
[光緒]益都縣志五十四卷首一卷　(清)張承燮等修　(清)孫文楷校補　清光緒三十三年(1907)益都官舍刻本　十六册

340000－1804－0000365　史8/49
習是編二卷　(清)屈成霖編　清刻本　二册　存一卷(下)

340000－1804－0000366　史92/33
皇朝輿地水道源流五卷　(清)胡宣慶纂編　清光緒十七年(1891)長沙胡氏刻本　一册

340000－1804－0000367　史8/50
約章成案匯覽甲篇十卷約章成案匯覽乙篇四十二卷　(清)北洋洋務局編　清末石印本　十三册　存十六卷(甲篇二、五至十,乙篇十至十三上下、十四下、十五至十七、十八上下)

340000－1804－0000368　史92/37
歷代輿地沿革險要圖說不分卷　楊守敬饒郭秩撰　清光緒二十四年(1898)石印本　一册

340000－1804－0000369　史92/36
補元和郡縣志四十七鎮圖說不分卷　(清)麗鴻書訂　清光緒三十一年(1905)學務處鉛印本　一册

340000－1804－0000370　史93/3
寰宇訪碑錄十二卷　(清)孫星衍　(清)邢澍撰　(清)朱記榮校刊　**補寰宇訪碑錄五卷**　(清)沈樹鏞覆勘　(清)朱記榮較訂　清嘉慶七年(1802)刻光緒十二年(1886)增刻本　八册

340000－1804－0000371　史92/41
歷代地理志韻編今釋二十卷　(清)李兆洛輯　清同治十年(1871)刻本　七册

340000－1804－0000372　史92/41－1
皇朝輿地韻編二卷　(清)李兆洛輯　清刻本　一册

340000－1804－0000373　史94/22
欽定四庫全書簡明目錄二十卷　(清)紀昀等編　清刻本　十二册

340000－1804－0000374　史92/41－2
歷代地理沿革圖不分卷　(清)六嚴繪　(清)馬徵麟增輯　清同治十年(1871)金陵刻本

一冊

340000－1804－0000375　史92/41－3
紀元總載三卷末一卷　(清)李兆洛輯　清同治十年(1871)合肥李氏刻本　一冊

340000－1804－0000376　史93/5
兩浙金石志十八卷　(清)阮元編録　清光緒浙江書局刻本　十二冊

340000－1804－0000377　史93/13
潛研堂全書　(清)錢大昕撰　清乾隆至嘉慶刻道光二十年(1840)錢師光重修印本　四冊　存二種二十卷(潛研堂金石文跋尾六卷、又續六卷,潛研堂金石文目録八卷)

340000－1804－0000378　史92/42
光緒鳳陽府志二十一卷　(清)馮煦等修　(清)魏家驊等纂　清光緒三十四年(1908)木活字印本　二十四冊

340000－1804－0000379　史9242－2
光緒鳳陽府志二十一卷　(清)馮煦等修　(清)魏家驊等纂　清光緒三十四年(1908)木活字印本　二十一冊

340000－1804－0000380　史93/14
潛研堂全書　(清)錢大昕撰　清乾隆至嘉慶刻道光二十年(1840)錢師光重修印本　七冊　存十一種三十五卷(三史拾遺三至五,諸史拾遺五卷,元史藝文志四卷,元史氏族表三卷,通鑑注辯正二卷,洪文惠公年譜一卷,洪文敏公年譜一卷,陸放翁先生年譜一卷,深寧先生年譜一卷,弇州山人年譜一卷,潛研堂金石文跋尾六卷、續七卷)

340000－1804－0000381　史93/10
語石十卷　葉昌熾撰　清宣統元年(1909)刻本　四冊

340000－1804－0000382　子6/1－2
植物名實圖考長編二十二卷　(清)吳其濬著　(清)陸應穀校刊　清刻本　二十一冊　缺一卷(五)

340000－1804－0000383　史92/48
琉球國志略十六卷首一卷　(清)周煌輯　清光緒十九年(1893)刻本　六冊

340000－1804－0000384　史93/2
積古齋鐘鼎彝器款識十卷　(清)阮元編　清刻本　六冊

340000－1804－0000385　史95
日本國志四十卷首一卷　(清)黃遵憲編　清光緒二十四年(1898)浙江書局刻本　九冊　缺四卷(九至十二)

340000－1804－0000386　史95/4
萬國通史續編十卷　(英國)李思倫白輯譯　(清)曹曾涵編　清光緒三十年(1904)上海廣學會鉛印本　十冊

340000－1804－0000387　史93/6
西清古鑑四十卷錢録十六卷　(清)梁詩正等編纂　清刻本　二十四冊

340000－1804－0000388　史94/10
欽定四庫全書總目二百卷首一卷　(清)紀昀等纂　清刻本　九十三冊　缺四十三卷(一至二、七至八、十七至十八、二十七至二十八、三十一至三十二、四十至四十三、四十七至五十、六十一至六十二、六十五至六十六、七十四至八十、八十三至八十四、九十五至九十六、九十九至一百一、一百五至一百九、一百十二、一百十六)

340000－1804－0000389　史95/5
史外三十二卷　(清)汪有典纂　清刻本　十二冊

340000－1804－0000390　史93/7
金石萃編一百六十卷　(清)王昶撰　清同治十年(1871)刻本　十六冊　存四十卷(五至十一、十七至二十七、三十一至三十三、四十至四十一、一百十四至一百二十三、一百五十四至一百六十)

340000－1804－0000391　史95/2
大清中外壹統輿圖三十卷首一卷中一卷　(清)胡林翼　(清)嚴樹森等纂　(清)鄒世詒　(清)晏啟鎮編　清同治二年(1863)湖北

撫署刻本　三十二冊

340000－1804－0000392　史 95/11

英俄印度交涉書一卷續編一卷　(英國)馬文撰　(英國)羅亨利　(清)瞿昂來譯　清刻本　一冊

340000－1804－0000393　史 95/6

俄國新志八卷　(英國)陔勒低撰　(英國)傅蘭雅　(清)潘松譯　清光緒二十四年(1898)上海製造總局刻本　三冊

340000－1804－0000394　子 2/4

朱子論學切要語二卷　(清)王懋竑輯　清光緒九年(1883)刻本　一冊

340000－1804－0000395　子 1/1

子書百家一百種五百二卷　(清)崇文書局輯　清光緒元年(1875)湖北崇文書局刻本　五十九冊　存二百八十九卷(孔子家語一至五,墨子十六卷,尹文子一卷,愼子一卷,公孫龍子一卷,鬼谷子一卷,鶡冠子三,呂氏春秋二十六卷,淮南鴻烈解二十一卷,管子十二至二十四,晏子春秋八卷,商子五卷,鄧子一卷,尸子二卷,韓非子二十卷,齊民要術十卷,太玄經十卷,易林四卷,鬻子一卷,計倪子一卷,於陵子一卷,子華子二卷,劉子二卷,顔氏家訓二卷,論衡三十卷,白虎通四卷,風俗通義十卷,獨斷一卷,牟子一卷,古今注三卷,聱隅子二卷,懶真子五卷,廣成子解一卷,叔苴子六卷、外編二卷,郁離子一卷,空同子一卷,海沂子五卷,燕丹子三卷,玉泉子一卷,金華子二卷,神異經一卷,海内十洲記一卷,洞冥記四卷,穆天子傳六卷,拾遺記十卷,搜神記二卷,搜神後記十卷,博物志十卷,續博物志十卷,述異記二卷)

340000－1804－0000396　史 95/3

日本維新三十年史十二編附錄一卷　(日本)重野安繹著　(清)上海廣智書局譯　清光緒二十八年(1902)上海廣智書局鉛印本　六冊

340000－1804－0000397　史 95/13

原富部戊二卷　(英國)斯密亞丹撰　嚴復譯　清光緒二十八年(1902)南洋公學譯書院鉛印本　一冊　存一卷(上)

340000－1804－0000398　子 2/6

課子隨筆節鈔六卷　(清)張又渠輯　(清)徐桐節　(清)夏用九鈔　(清)黄貽輯　(清)李如松參訂　清光緒十四年(1888)刻本　一冊　存二卷(一至二)

340000－1804－0000399　史 95/14

世界地理志七卷　(日本)中村五六編纂　(日本)頓野廣太郎修補　(日本)樋田保熙譯　清光緒二十八年(1902)金粟齋譯書社鉛印本　一冊　存四卷(丙、丁、戊、己)

340000－1804－0000400　史 95/10

歐羅巴通史四卷　(日本)箕作元八　(日本)峰岸米造纂　(清)徐有成　(清)胡景伊　(清)唐人傑譯　清光緒二十六年(1900)上海東亞譯書會鉛印本　四冊

340000－1804－0000401　子 2/12

淵鑒齋御纂朱子全書六十六卷　(清)李光地等撰　清刻本　二十五冊

340000－1804－0000402　史 95/7

十九世紀外交史十七卷總論一卷　(日本)平田久著　張相譯　清光緒二十八年(1902)史學齋刻本　四冊

340000－1804－0000403　子 2/5

荀子二十卷　(唐)楊倞注　清嘉慶九年(1804)寶慶經綸堂刻本　六冊

340000－1804－0000404　史 94/19

融堂書解二十卷　(宋)錢時撰　清刻武英殿聚珍版書本　六冊

340000－1804－0000405　史 95/15

各國統系考不分卷　(清)金為輯　清上海著易堂鉛印本　一冊

340000－1804－0000406　史 94/20

欽定四庫全書簡明目錄二十卷　(清)紀昀等編　清光緒十四年(1888)漱六山莊石印本　四冊

340000－1804－0000407　史 95/16

腓尼西亞史七章　(日本)北村三郎編著　趙必振譯　清光緒二十九年(1903)廣智書局鉛印本　一冊

340000－1804－0000408　史 95/8
日本地理志十一卷　(日本)中村五六編纂　(日本)頓野廣太郎修補　王國維譯　清光緒二十七年(1901)金粟齋鉛印本　一冊

340000－1804－0000409　子 2/7
項氏家説十卷附録二卷　(宋)項安世撰　清道光十年(1830)刻本　二冊　存八卷(一至八)

340000－1804－0000410　史 95/9
萬國史綱目八卷　(日本)重野安繹著　清光緒二十八年(1902)東京勸學會鉛印本　八冊

340000－1804－0000411　子 1/4
二十五子彙函二十五種　(清)鴻文書局輯　清光緒十九年(1893)鴻文書局石印本　十六冊

340000－1804－0000412　子 5/2
日本陸軍學校章程彙編不分卷　孟森譯述　(日本)稻村新六校訂　清光緒南洋公學譯書院鉛印本　二冊

340000－1804－0000413　子 5/7
日本憲兵制不分卷　孟森譯述　(日本)稻村新六校訂　(清)鄭孝檉覆校　清光緒南洋公學譯書院鉛印本　一冊

340000－1804－0000414　史 94/20－2
欽定四庫全書總目二百卷首一卷　(清)紀昀等纂　**四庫未收書目提要五卷**　(清)阮元撰　清光緒十四年(1888)上海漱六山莊石印本　二十冊

340000－1804－0000415　子 5/8
步兵部隊教練書不分卷　(日本)戶山學校輯　(日本)稻村新六輯補　孟森譯述　清光緒南洋公學譯書院鉛印本　一冊

340000－1804－0000416　子 5/9
步兵各個教練書不分卷　(日本)軍事教育會編　(日本)稻村新六補　孟森譯　清光緒南洋公學譯書院鉛印本　一冊

340000－1804－0000417　子 6/5
農學報九十三卷　(清)□□編　清光緒二十三年(1897)石印本　八冊

340000－1804－0000418　子 5/10
野外要務令二卷　(日本)陸軍省編　盧永銘譯述　(日本)稻村新六校訂　清光緒南洋公學譯書院鉛印本　四冊

340000－1804－0000419　子 2/15
了凡四訓不分卷　(明)袁了凡撰　清光緒刻本　一冊

340000－1804－0000420　子 5/5
武備新書十種　(清)廖壽豐輯　清刻本　四冊

340000－1804－0000421　子 5/11
戰術學三卷　(日本)細田謙藏譯述　(日本)稻村新六參訂　清光緒南洋公學譯書院鉛印本　一冊　存一卷(一)

340000－1804－0000422　子 2/2
荀子二十卷首一卷　(唐)楊倞注　王先謙集解　清光緒十七年(1891)刻本　六冊

340000－1804－0000423　子 5/12
步兵操典不分卷　(日本)陸軍省編　孟森譯　清光緒二十七年(1901)南洋公學譯書院鉛印本　一冊

340000－1804－0000424　子 6/3
意大利蠶書十五卷　(意大利)丹吐魯著　(英國)傅蘭雅　(英國)傅紹蘭口譯　汪振聲筆述　(清)趙元益校録　清光緒二十四年(1898)江南製造局鉛印本　一冊

340000－1804－0000425　子 2/16
訓俗遺規四卷　(清)陳宏謀編輯　清刻本　一冊　存一卷(二)

340000－1804－0000426　子 5/3
礮法舉隅一卷　(清)丁乃文述　清光緒五年(1879)金陵算學局刻本　一冊

340000－1804－0000427　史 94/10－2
欽定四庫全書總目二百卷首一卷　（清）紀昀等纂　清刻本　一册　存三卷（十五至十七）

340000－1804－0000428　子 7/1
溫熱經緯五卷　（清）王士雄撰　清同治十三年（1874）湖北崇文書局刻本　四册

340000－1804－0000429　子 5/13
步兵工作教範不分卷　（日本）陸軍省編　樊炳清譯　**騎兵斥候答問一卷**　（日本）陸軍教導團撰　王鴻年譯述　清光緒南洋公學譯書院鉛印本　一册

340000－1804－0000430　子 2/19
程氏家塾讀書分年日程三卷綱領一卷　（元）程端禮述　清同治七年（1868）湖北崇文書局刻本　二册

340000－1804－0000431　子 7/3
御纂醫宗金鑑十六卷　（清）吳謙撰　清光緒九年（1883）上海掃葉山房刻本　十二册

340000－1804－0000432　子 2/25
修身教科書不分卷　（清）商務印書館編譯所編纂　清光緒三十四年（1908）上海商務印書館鉛印本　一册

340000－1804－0000433　子 3/2
莊子集釋十卷　（戰國）莊周撰　（清）郭慶藩輯　清光緒思賢書局刻本　三册　存四卷（七至十）

340000－1804－0000434　子 5/14
步兵戰鬬射擊教練書二卷　（日本）陸軍戶山學校撰　（日本）山根虎之助譯　（日本）稻村新六校訂　清光緒南洋公學譯書院鉛印本　二册

340000－1804－0000435　子 5/15
步兵射擊教範四卷　（日本）陸軍省撰　（日本）山根虎之助譯　（日本）稻村新六校訂　清光緒南洋公學譯書院鉛印本　二册

340000－1804－0000436　子 8/2
測候叢談四卷　（美國）金楷理口譯　（清）華蘅芳筆述　清刻本　二册

340000－1804－0000437　子 6/1
植物名實圖考三十八卷　（清）吳其濬著　清刻本（有圖）　三十八册

340000－1804－0000438　子 5/16
軍隊内務書二十六章　（日本）陸軍省撰　楊志洵譯述　（日本）稻村新六校訂　清光緒南洋公學譯書院鉛印本　一册

340000－1804－0000439　子 5/17
日本軍隊給與法三卷　孟森　楊志洵譯述　（日本）稻村新六參訂　（清）鄭孝檉覆校　清光緒南洋公學譯書院鉛印本　二册

340000－1804－0000440　子 8/1
月令粹編二十四卷首一卷圖說一卷　（清）秦嘉謨撰　清刻本　八册

340000－1804－0000441　子 5/18
作戰糧食給養法概意二卷　（日本）陸軍經理學校撰　楊志洵譯述　（日本）稻村新六校訂　（清）鄭孝檉覆校　清光緒南洋公學譯書院鉛印本　一册

340000－1804－0000442　子 7/5
增訂本草備要四卷經絡圖說一卷湯頭歌訣一卷　（清）汪昂撰　清光緒二十四年（1898）刻本　四册

340000－1804－0000443　子 7/6
醫門法律六卷　（清）喻昌撰　清光緒三十一年（1905）新化三味書局刻本　六册

340000－1804－0000444　子 90/11
國朝畫識十七卷　（清）馮金伯纂輯　（清）吳晉參訂　清乾隆刻道光十一年（1831）增修本　八册

340000－1804－0000445　子 8/3
西算新法直解八卷　（清）馮桂芬　（清）陳瑒撰　清同治四年（1865）刻本　二册

340000－1804－0000446　子 2/21
聖諭像解二十卷　（清）梁延年編輯　清光緒二十八年（1902）江蘇撫署刻本　十册

340000－1804－0000447　子 7/7
本草綱目五十二卷首二卷圖三卷　(明)李時珍編輯　**本草萬方鍼線八卷**　(清)蔡烈先輯　**本草綱目拾遺十卷**　(清)趙學敏輯　清光緒上海錦章圖書局石印本　十四冊

340000－1804－0000448　子 8/4
西算備旨二卷　(□)□□撰　清光緒二十三年(1897)同文館鉛印本　二冊

340000－1804－0000449　子 90/3
寶真齋法書贊二十八卷　(宋)岳珂撰　清刻本　十冊

340000－1804－0000450　子 90/13
隸辨八卷　(清)顧藹吉撰　清同治十二年(1873)刻本　八冊

340000－1804－0000451　子 7/8
補註黄帝内經素問二十四卷遺篇一卷靈樞十二卷　(唐)啟玄子(王冰)注　(宋)林億　(宋)高保衡校　清光緒三年(1877)浙江書局刻本　十冊

340000－1804－0000452　子 3/5
文中子中說十卷　(隋)王通撰　(宋)阮逸注　清刻本　二冊

340000－1804－0000453　子 4/1
韓非子集解二十卷首一卷　(戰國)韓非撰　(清)王先慎集解　清光緒二十二年(1896)刻本　二冊

340000－1804－0000454　子 7/9
黄帝内經素問九卷　(清)張志聰注　清刻本　八冊

340000－1804－0000455　子 4/2
管子二十四卷　(春秋)管仲著　(唐)房玄齡注　(明)劉績補　清光緒二年(1876)浙江書局刻本　六冊

340000－1804－0000456　子 90/14
益智圖二卷續圖不分卷燕幾圖不分卷　(清)童葉庚著　清光緒四年(1878)睫巢石印本　六冊

340000－1804－0000457　子 8/5
算法須知一卷代數須知一卷三角須知一卷曲線須知一卷微積須知一卷　(英國)傅蘭雅著　(清)華蘅芳輯　清光緒十三年至十四年(1887－1888)刻本　二冊

340000－1804－0000458　子 90/21
墨香居書識十卷　(清)馮金伯撰　清刻本　四冊

340000－1804－0000459　子 8/6
測圓海鏡細草十二卷　(清)李冶撰　清光緒二年(1876)同文館鉛印本　四冊

340000－1804－0000460　子 90/7
宜振書室印存不分卷　席素謙纂　清宣統三年(1911)鈐印本　四冊

340000－1804－0000461　子 7/12
南雅堂醫書全集　(清)陳念祖著　清鑄記書局石印本　二十二冊　存四十八種一百十五卷(張仲景傷寒論原文淺注六卷、十藥神書註解一卷、急救經驗良方一卷、霍亂論二卷、景岳新方砭四卷、女科要旨四卷、急救喉痧要法一卷、喉痧正的一卷、春溫三字訣一卷、濕熱條辨一卷、溫熱贅言一卷、瘧疾論三卷、達生編二卷、長沙方歌括六卷、秘本眼科捷徑一卷、傷寒舌鑑一卷、咽喉脈證通論一卷、洞主仙師白喉治法忌表抉微一卷、平辨脈法歌括一卷、本經便讀一卷、名醫別錄一卷、局方發揮一卷、醫壘元戎一卷、靈素節要淺注十二卷、醫學實在易八卷、時方妙用四卷、時方歌括二卷、顱顖經二卷、醫法心傳一卷、古今醫論一卷、易氏醫按一卷、羅氏醫案一卷、脈訣一卷、養生鏡一卷、醫學論一卷、婦科難癥一卷、引痘略一卷、救述良方一卷、太乙神鍼方一卷、刺瘵捷法一卷、醫學徒眾錄八卷、金匱要略淺注十卷、金匱方歌括六卷、神農本草四卷、福幼編一卷、增廣保嬰要旨一卷、本草古今論一卷、增補食物秘書一卷)

340000－1804－0000462　子 90/30
詩品印譜四卷　翁壽虞篆刻　清宣統元年(1909)鈐印本　四冊

340000－1804－0000463　子 90/15
點石齋叢畫十卷　(清)尊聞閣主人(蔡爾康)輯　清光緒上海點石齋石印本　四冊　存七卷(四至十)

340000－1804－0000464　子 90/8
清河書畫舫十二集　(明)張丑輯　清光緒十四年(1888)刻本　六冊　存七集(子集、丑集、寅集、卯集、辰集、巳集、申集)

340000－1804－0000465　子 8/8
三統術衍三卷　(清)錢大昕撰　清嘉慶六年(1801)刻本　一冊　存二卷(一至二)

340000－1804－0000466　子 90/9
黄龍士先生棋譜一卷　(清)鄧元鏸集　清光緒十三年(1887)鴻章書局石印本　一冊

340000－1804－0000467　子 90/16
對山印稿八卷　(清)楊夔篆　(清)楊令旭　(清)楊令暐注　(清)楊森編輯　清道光六年(1826)嗜鈔書齋刻鈐印本　八冊

340000－1804－0000468　子 90/28
淳化秘閣法帖考正十卷附二卷　(清)王澍詳定　清刻本　三冊　存九卷(四至十、附二卷)

340000－1804－0000469　子 90/31
芥子園畫傳三集　(清)王概摹　清光緒十六年(1890)鴻寶齋石印本　一冊　存一集(二)

340000－1804－0000470　子 92/11
勸戒三録六卷四録六卷五録六卷六録六卷七録六卷八録六卷九録六卷　(清)梁恭辰撰　清刻本　十四冊　缺三卷(三録四至六)

340000－1804－0000471　子 92/25
增廣尺牘句解初集二卷二集二卷增補音郡音義百家姓一卷增補重訂音義千字文一卷　(清)□□編　清宣統元年(1909)石印本　四冊

340000－1804－0000472　子 92/2
日知録集釋三十二卷刊誤二卷續刊誤二卷　(清)顧炎武撰　(清)黄汝成集釋　清同治十一年(1872)湖北崇文書局刻本　十六冊

340000－1804－0000473　子 92/26
學林十卷　(宋)王觀國撰　清道光十年(1830)刻本　八冊

340000－1804－0000474　子 92/27
甕牖閒評八卷　(宋)袁文撰　清道光二十七年(1847)刻本　二冊

340000－1804－0000475　子 90/32
香山寺碑言箴不分卷　(清)汪士鋐書　清拓本　一冊

340000－1804－0000476　子 92/3
日知録集釋三十二卷刊誤二卷續刊誤二卷　(清)顧炎武撰　(清)黄汝成集釋　(清)黄汝成撰　清同治十一年(1872)湖北崇文書局刻本　十三冊　缺七卷(二十二至二十八)

340000－1804－0000477　子 7/21
新刻纂圖療馬集四卷　(明)喻本元　(明)喻本亨著　清光緒三十二年(1906)刻本　三冊

340000－1804－0000478　子 92/28
名學八篇　(英國)穆勒約翰撰　嚴復譯　清光緒二十八年(1902)金粟齋鉛印本　二冊

340000－1804－0000479　子 92/4
先儒趙子言行録二卷　(清)陳廷吉鑒定　(清)陳廷鈞纂述　(清)陳廷儒校編　清同治九年(1870)楚北崇文書局刻本　一冊　存一卷(上)

340000－1804－0000480　子 92/12
古今僞書考一卷　(清)姚際恒著　清光緒十八年(1892)浙江書局刻本　一冊

340000－1804－0000481　子 7/13
周澂之校刻醫學叢書十二種　(清)周學海輯　清光緒十七年(1891)刻本　二十八冊

340000－1804－0000482　子 92/5
猗覺寮雜記二卷　(宋)朱翌撰　清木活字印本　二冊

340000－1804－0000483　子 90/36
魏魯郡太守張府君清頌之碑不分卷　(□)

□□撰　清拓本　一冊

340000－1804－0000484　子92/21
日本學校源流不分卷　(美國)路義思撰　(美國)衛理口譯　(清)范熙庸筆述　清光緒二十五年(1899)江南製造局刻本　一冊

340000－1804－0000485　子92/14
輿地廣記三十八卷　(宋)歐陽忞撰　**校勘輿地廣記札記**　(清)黄丕烈撰　清光緒六年(1880)金陵書局刻本　四冊

340000－1804－0000486　子92/9
得一錄八卷首一卷　(清)余治編　清光緒十一年(1885)寶善堂刻本　四冊　存四卷(一至四)

340000－1804－0000487　子90/12
增廣試帖玉芙蓉五卷續二卷　(清)鴻寶齋主人編　清光緒十五年(1889)上海積山書局石印本　六冊　缺一卷(續一)

340000－1804－0000488　子93/2
新編日用涓吉奇門五總龜四卷　(明)池撰　**煙波釣叟歌一卷**　(宋)趙普撰　清善成堂刻本　四冊

340000－1804－0000489　子92/10
墨壯漫錄十卷　(宋)張邦基撰　清刻本　一冊　存五卷(三至七)

340000－1804－0000490　子92/13
輿地廣記三十八卷　(宋)歐陽忞撰　清刻本　八冊

340000－1804－0000491　子94/1
聖年廣益十二編首一編　(法國)馮秉正譯述　清刻本　十二冊　存七編(一至三、七至九,首一編)

340000－1804－0000492　子92/20
泰西事物叢考八卷　(清)上海徐匯報館教士譯　清光緒二十九年(1903)鴻寶齋石印本　二冊　存三卷(一至三)

340000－1804－0000493　子92/19
小方壺齋輿地叢鈔十二帙補編十二帙再補編十二帙　(清)王錫祺輯　清光緒十七年至二十三年(1891－1897)上海著易堂鉛印本　十三冊　存二帙(小方壺齋輿地叢鈔一、十一)

340000－1804－0000494　子92/18
禹貢説斷四卷　(宋)傅寅撰　清刻本　四冊

340000－1804－0000495　子94/5
顯靈聖牌約考兩卷　徐勱撰　清光緒十四年(1888)上海慈母堂鉛印本　一冊

340000－1804－0000496　子92/14
説郛續四十六卷　(明)陶珽輯　清順治刻本　二十九冊　存十四卷(一至十四)

340000－1804－0000497　子91/1
佩文齋廣群芳譜一百卷　(明)王象晉原編　(清)汪灝等重編　清刻本　三十冊

340000－1804－0000498　子93/7
性理三解八卷　(明)韓邦奇著　清刻本　二冊　存二卷(一、五)

340000－1804－0000499　子95/1
子史精華一百六十卷　(清)允祿　(清)韻禮等撰　清雍正五年(1727)刻本　十冊　存四十九卷(一至四十九)

340000－1804－0000500　集1/25
文章遊戲初編八卷　(清)繆艮輯　清道光五年(1825)文聚堂刻本　一冊

340000－1804－0000501　集1/31
蛟川文選樓精校新增繪圖幼學故事瓊林四卷首一卷　(清)程允升撰　(清)鄒聖脈增補　(清)鄒可庭　謝梅林參訂　(清)王壽彭重校　清光緒三十一年(1905)上海文瑞樓石印本　一冊

340000－1804－0000502　集1/1
漢魏六朝一百三家集一百三種　(明)張溥輯　清光緒十八年(1892)善化章經濟堂刻本　七十九冊　缺三卷(三十八至四十)

340000－1804－0000503　集1/25－2
文章遊戲三編八卷　(清)繆良輯　清道光五年(1825)文聚堂刻本　二冊

340000－1804－0000504　集 1/25－3

文章遊戲四編八卷　(清)繆艮輯　清道光五年(1825)文聚堂刻本　二冊

340000－1804－0000505　集 1/11

有正味齋詩集十六卷　(清)吳錫麒撰　清刻本　四冊

340000－1804－0000506　子 95/3

古文辭類纂七十四卷　(清)姚鼐編　清同治八年(1869)江蘇書局刻本　十二冊

340000－1804－0000507　集 1/12

有正味齋詞集八卷　(清)吳錫麒撰　清刻本　二冊

340000－1804－0000508　集 1/13

有正味齋外集五卷　(清)吳錫麒撰　清刻本　一冊

340000－1804－0000509　子 95/4

古文淵鑒六十四卷　(清)徐乾學等編注　清康熙二十四年(1685)内府刻五色套印本　二十四冊

340000－1804－0000510　集 1/3

盤洲文集八十卷末一卷　(宋)洪皓撰　**校記一卷**　(清)洪汝濂撰　清光緒十年(1884)涇縣藤谿洪氏刻本　十二冊

340000－1804－0000511　集 1/34

椒陵賦鈔一卷　(清)金廷訢等著　(清)吳棠輯　清同治十三年(1874)錦城葿署刻本　三冊

340000－1804－0000512　集 1/33

駢體文鈔三十一卷　(清)李兆洛編　清刻本　三冊　存十二卷(四至十、十九至二十三)

340000－1804－0000513　集 1/5

文選六十卷　(南朝梁)蕭統撰　(唐)李善注　清光緒元年(1875)刻本　十二冊

340000－1804－0000514　子 95/5

佩文韻府一百六卷拾遺一百六卷　(清)張玉書等纂　清光緒二十四年(1898)上海點石齋石印本　二十二冊　存一百四十四卷(佩文韻府一至七十六、拾遺一至六十八)

340000－1804－0000515　集 3/5－2

庾子山集十六卷　(北周)庾信撰　(清)倪璠注釋　清刻本　六冊　存十一卷(六至十六)

340000－1804－0000516　集 1/21

王刊四種　(清)王引之　(清)王念孫撰　清道光七年(1827)京師西江米巷壽藤書屋刻本　二十冊　存二十九卷(經義述聞一至八、二十六至三十二,經傳釋詞一至十,讀書雜誌九至十,讀書雜誌餘編上、下)

340000－1804－0000517　集 1/14

古文析義十六卷　(清)林雲銘評注　(清)葉世宸　(清)林沅校　清刻本　一冊　存一卷(十三)

340000－1804－0000518　子 95/4

古文淵鑒六十四卷　(清)徐乾學等編注　清康熙二十四年(1685)内府刻五色套印本　二十三冊

340000－1804－0000519　子 95/6

新增說文韻府群玉二十卷　(元)陰時夫輯　(元)陰中夫注　(明)王元貞校正　清刻本　二十冊

340000－1804－0000520　集 1/34－2

椒陵賦鈔一卷　(清)金廷訢等著　(清)吳棠輯　清同治十三年(1874)錦城葿署刻本　三冊

340000－1804－0000521　集 1/34－3

椒陵賦鈔一卷　(清)金廷訢等著　(清)吳棠輯　清同治十三年(1874)錦城葿署刻本　三冊

340000－1804－0000522　集 1/7

滁泗賦存一卷續編一卷　(清)吳棠編　清同治十三年(1874)錦城葿署刻本　二冊

340000－1804－0000523　子 95/14

目耕帖三十一卷　(清)馬國翰撰　清刻本　三冊　存三卷(八、十九至二十)

340000－1804－0000524　集 1/27

十八家詩鈔二十八卷 （清）曾國藩纂 （清）李鴻章審訂 （清）王定安較 清同治十三年(1874)傳忠書局刻本 十五冊 存十五卷(一至十五)

340000－1804－0000525 集1/9
湘學報類編不分卷 （清）湘督學使署編 清光緒二十四年(1898)湘督學使署刻本 十冊

340000－1804－0000526 集1/29
八家四六文注八卷首一卷 （清）孫星衍著 （清）許貞幹注 清光緒十七年(1891)刻本 十冊

340000－1804－0000527 子95/13
續古文辭類纂二十八卷 （清）黎庶昌纂 清光緒二十一年(1895)金陵狀元閣刻本 十二冊

340000－1804－0000528 集1/10
有正味齋駢體文二十四卷 （清）吳錫麒撰 清刻本 四冊

340000－1804－0000529 集1/35
忠雅堂評選四六法海八卷 （清）蔣士銓評選 清同治十年(1871)刻朱墨套印本 八冊

340000－1804－0000530 集1/30
恥不逮齋集三卷首一卷附一卷補一卷 （清）熊其英撰 清刻本 三冊 存四卷(二至三、附一卷、補一卷)

340000－1804－0000531 子95/11
古文淵鑒六十四卷 （清）徐乾學等編注 清同治十二年(1873)浙江書局刻本 三十二冊

340000－1804－0000532 集1/30－2
蘇林詩賸一卷 （清）熊其光撰 清刻本 一冊

340000－1804－0000533 集1/19
小題三萬選不分卷 （清）求是齋主人編 清光緒十八年(1892)上洋袖海山房書局石印本 二十七冊

340000－1804－0000534 集1/52
重刻文選六十卷 （南朝梁）蕭統輯 （唐）李善注 清羊城翰墨園刻朱墨套印本 九冊 存三十五卷(一至十九、四十一至五十六)

340000－1804－0000535 集1/41
唐詩金粉十卷 （清）沈炳震輯 （清）沈華錦校 清刻本 四冊 存八卷(二至九)

340000－1804－0000536 集1/51
吳詩集覽二十卷 （清）吳偉業撰 清刻本 十五冊

340000－1804－0000537 集1/36
御選唐宋詩醇四十七卷目錄二卷 （清）高宗弘曆選 清光緒七年(1881)浙江書局刻本 二十冊

340000－1804－0000538 集1/44
古文分編集評二十二卷 （清）于光華編輯 （清）于在衡裁定 清務本堂刻本 十八冊

340000－1804－0000539 子1/45
雞跖賦續刻二十八卷擬古兩卷 （清）應泰泉輯 清同治十三年(1874)蘭言室刻本 七冊 存二十四卷(一至二十四)

340000－1804－0000540 集3/13
恥堂存稿八卷 （宋）高斯得撰 清同治八年(1869)刻本 四冊

340000－1804－0000541 集1/37
人鏡集五十四卷 （清）孟雲峰輯 清咸豐元年(1851)章邱孟氏刻本 二十冊

340000－1804－0000542 集3/14
龍文鞭影四卷 （明）蕭良有纂輯 （明）楊臣諍增訂 （明）李恩綬校補 清刻本 二冊

340000－1804－0000543 集1/48
狀元閣三才略不分卷 （清）蔣德鈞輯 清李光明莊刻本 一冊

340000－1804－0000544 集3/2
太師誠意伯劉文成公集二十卷 （明）劉基撰 清刻本 六冊 存十卷(一至十)

340000－1804－0000545 集1/49
石梁賦鈔不分卷 （清）吳棠輯 清刻本 八冊

340000－1804－0000546　集 1/50
五周先生集六種　(清)冒廣生輯　清刻本　一冊

340000－1804－0000547　集 3/21
柏梘山房文集十六卷文續集一卷駢體文二卷詩集十卷　(清)梅曾亮撰　清末鉛印本　六冊

340000－1804－0000548　集 3/5
庾子山集十六卷本傳一卷總釋一卷　(北周)庾信撰　(清)倪璠注釋　**年譜一卷**　(清)倪璠編　清道光十九年(1839)刻本　十冊

340000－1804－0000549　集 1/38
角山樓增補類腋六十七卷　(清)姚培謙　(清)張卿雲撰　(清)趙克宜增輯　清角山樓刻本　六冊　存十六卷(物部三至十、十三至十四、十八至二十,人部八至十)

340000－1804－0000550　集 3/32
拙軒集六卷　(金)王寂撰　清刻本　二冊

340000－1804－0000551　集 3/33
楹聯錄存三卷　(清)俞樾撰　清刻本　一冊

340000－1804－0000552　集 3/24
居易初集三卷　(清)經元善撰　清光緒二十七年(1901)葡國濠鏡大駁臺鉛印本　二冊　存二卷(一至二)

340000－1804－0000553　集 3/26
時文軌範不分卷　(清)陳兆崙評選　(清)吳尊盤增定　清惜分陰齋刻本　二冊

340000－1804－0000554　集 3/25
時文軌範不分卷　(清)陳兆崙評選　清同治六年(1867)南皮張氏刻本　四冊

340000－1804－0000555　集 3/27
韓集點勘四卷　(清)陳景雲撰　清同治九年(1870)江蘇書局刻本　二冊

340000－1804－0000556　集 3/37
徐孝穆全集六卷　(清)吳兆宜箋注　清揚州藝古堂刻本　一冊　存二卷(五至六)

340000－1804－0000557　集 3/16
震川先生集三十卷別集十卷　(明)歸有光著　(清)歸莊較勘　(清)歸玠編輯　清光緒六年(1880)常熟歸氏刻本　十六冊

340000－1804－0000558　集 3/39
止堂集十八卷　(宋)彭龜年撰　清刻本　四冊

340000－1804－0000559　集 1/39
格致彙編不分卷　(英國)傅蘭雅輯　清光緒十六年(1890)上海格致書室鉛印本　十六冊

340000－1804－0000560　集 1/40
初唐四傑文集二十一卷　(唐)王勃等著　清光緒五年(1879)淮南書局刻本　四冊

340000－1804－0000561　集 3/40
南澗甲乙稿二十二卷　(宋)韓元吉撰　清刻本　九冊

340000－1804－0000562　集 3/17
潛研堂文集五十卷　(清)錢大昕撰　清刻本　九冊

340000－1804－0000563　集 3/19
楊文節公詩集四十二卷　(宋)楊萬里撰　(清)彭淑校訂　(清)陳霖等校　清乾隆六十年(1795)刻本　十冊　缺五卷(九至十三)

340000－1804－0000564　集 1/20
楊文節公文集四十二卷首一卷末一卷　(宋)楊萬里撰　(清)彭淑校訂　(清)陳霖等校　清乾隆五十九年(1794)刻本　十三冊

340000－1804－0000565　集 3/50
讀書雜誌八十二卷　(清)王念孫撰　清刻本　五冊　存三卷(五至六、九)

340000－1804－0000566　集 3/28
攻媿集一百十二卷　(宋)樓鑰撰　清刻武英殿聚珍版書本　二冊　存六卷(六十五至七十)

340000－1804－0000567　集 3/59
讀書雜誌八十二卷餘編二卷　(清)王念孫撰　清同治九年(1870)金陵書局刻本　二十四冊

340000－1804－0000568　集 3/43
山谷內集詩注二十卷外集詩注十七卷別集詩注二卷　(宋)黃庭堅撰　(宋)任淵　(宋)史容　(宋)史季溫注　清刻道光十年至二十七年(1830－1847)遞修武英殿聚珍版書本　十四冊

340000－1804－0000569　集 3/73
章泉稿五卷　(宋)趙蕃撰　清刻本　二冊

340000－1804－0000570　集 3/29
陶山集十六卷　(宋)陸佃撰　清刻道光十年(1830)遞修武英殿聚珍版書本　四冊

340000－1804－0000571　集 3/74
彭城集四十卷　(宋)劉攽撰　清刻道光十年至二十七年(1830－1847)遞修武英殿聚珍版書本　三冊　存十二卷(一至十二)

340000－1804－0000572　集 3/77
袁文箋正十六卷　(清)袁枚撰　(清)石韞玉箋　清光緒十二年(1886)步月山房刻本　八冊

340000－1804－0000573　集 3/126
綿津山人詩集二十七卷　(清)宋犖撰　清康熙刻本　四冊

340000－1804－0000574　集 3/44
茗柯文編四編五卷　(清)張惠言著　清光緒七年(1881)刻本　二冊

340000－1804－0000575　集 3/54
戴東原集十二卷　(清)戴震著　**年譜一卷札記一卷**　(清)段玉裁撰　清宣統二年(1910)刻本　六冊

340000－1804－0000576　集 3/47
東塾讀書記二十五卷　(清)陳澧撰　清刻本　三冊　存六卷(十至十二、十五至十六、二十一)

340000－1804－0000577　集 3/46
敬齋古今黈八卷　(元)李冶撰　清刻本　三冊

340000－1804－0000578　史 13/22
漢書評林一百卷　(漢)班固撰　(唐)顏師古注　(明)凌稚隆校刊　清刻本　三十六冊　缺十一卷(五十一至五十六、六十二至六十三、七十六至七十八)

340000－1804－0000579　集 3/63－3
曾文正公家書十卷　(清)曾國藩撰　清刻本　三冊　存三卷(一、三至四)

340000－1804－0000580　集 3/48
篤素堂集鈔三卷　(清)張英撰　清光緒十七年(1891)江蘇書局刻本　二冊

340000－1804－0000581　集 3/64
曾文正公家書十卷　(清)曾國藩撰　清刻本　一冊　存一卷(五)

340000－1804－0000582　集 3/49
後山詩十二卷　(宋)陳師道撰　(宋)任淵注　清刻本　四冊

340000－1804－0000583　叢 16
雅雨堂藏書　(清)盧見曾輯　清乾隆二十一年(1756)德州盧氏刻本　二十冊　存十一種一百十九卷(鄭氏周易三卷,周易爻辰圖一卷,周易乾鑿度二卷,尚書大傳四卷、補遺一卷、續補遺一卷、考異一卷,大戴禮記十三卷,戰國策三十三卷,匡謬正俗八卷,摭言十五卷,北夢瑣言二十卷,封氏聞見記十卷,文昌雜錄六卷、補遺一卷)

340000－1804－0000584　集 3/68
望溪先生全集三十二卷　(清)方苞撰　(清)戴鈞衡編　清咸豐元年(1851)桐城戴氏刻本　十六冊

340000－1804－0000585　叢 16－2
戰國策三十三卷　(漢)高誘注　清乾隆二十一年(1756)雅雨堂刻本　六冊

340000－1804－0000586　集 3/81
潛研堂詩集十卷續集十卷　(清)錢大昕撰　清刻本　五冊

340000－1804－0000587　集 3/84
太師誠意伯劉文成公集二十卷首一卷　(明)

劉基撰　清刻本　十冊

340000－1804－0000588　集3/58
切問齋集十二卷首一卷　（清）陸耀撰　清光緒十八年（1892）江蘇書局刻本　四冊　缺四卷（二至五）

340000－1804－0000589　集3/73－1
石梁賦鈔不分卷　（清）吳棠輯　清光緒二十一年（1895）錦城節署名刻本　一冊

340000－1804－0000590　集3/69
梁谿先生文集一百八十卷　（宋）李綱著　清刻本　三十冊　存一百五十卷（一至一百五十）

340000－1804－0000591　集3/91
安陽集五十卷　（宋）韓琦撰　**忠獻魏王家傳十卷別錄三卷**　（宋）王巖叟撰　**遺事一卷**　（宋）強至編　（清）黃邦寧重修　清乾隆四年（1739）書錦堂刻三十五年（1770）同安黃邦寧增修本　十冊

340000－1804－0000592　集3/85
昌黎先生集四十卷　（唐）韓愈著　清同治八年（1869）江蘇書局刻本　六冊　存十六卷（一至十六）

340000－1804－0000593　集3/86
朱文公校昌黎先生文集四十卷外集十卷　（唐）韓愈撰　（宋）朱熹考異　明萬曆朱崇沐刻本　十冊　缺十一卷（十八至二十一、三十至三十六）

340000－1804－0000594　集1/8
國朝駢體正宗十二卷　（清）曾燠輯　清嘉慶十一年（1806）賞雨茆屋刻本　六冊

340000－1804－0000595　集3/102
茂林詩存三十一卷　（清）吳文炳手錄　（清）彭邦畯填諱　清道光十一年（1831）刻本　五冊

340000－1804－0000596　子95/8
佩文韻府一百六卷拾遺一百六卷　（清）張玉書等閱　（清）蔡升元等纂修兼校勘　清刻本　一百五冊　缺三十七卷（佩文韻府三十八、拾遺一至三十六）

340000－1804－0000597　集3/88
昌黎先生集四十卷　（唐）韓愈著　清同治八年（1869）江蘇書局刻本　九冊

340000－1804－0000598　集3/104
客山堂稿三卷　（清）毛藻撰　清同治六年（1867）刻本　六冊

340000－1804－0000599　集3/89
昌黎先生集四十卷　（唐）韓愈著　清同治八年（1869）江蘇書局刻本　八冊　缺四卷（九至十二）

340000－1804－0000600　子2/13
五種遺規　（清）陳宏謀輯　清乾隆培遠堂刻本　十一冊　缺一卷（訓俗遺規二）

340000－1804－0000601　集3/92
公是集五十四卷　（宋）劉敞撰　清刻本　十三冊

340000－1804－0000602　集3/105
十駕齋養新錄二十卷餘錄三卷　（清）錢大昕撰　清刻本　四冊

340000－1804－0000603　集3/106
新刻張太岳先生詩集四十七卷　（明）張居正著　（明）雷思霈　（明）馬啟圖校　清刻本　十六冊

340000－1804－0000604　集3/95
柯山集五十卷　（宋）張耒撰　清刻本　一冊　存五卷（四十六至五十）

340000－1804－0000605　子95/7
廣博物志五十卷　（明）董斯張纂　（明）楊鶴訂　明萬曆四十五年（1617）高暉堂刻本　二十四冊

340000－1804－0000606　集3/94
文恭集四十卷　（宋）胡宿撰　清刻本　一冊　存五卷（三十六至四十）

340000－1804－0000607　集3/112
庾子山集十六卷本傳一卷總釋一卷　（北周）

庾信撰　(清)倪璠注釋　**年譜一卷**　(清)倪璠編　清光緒二十年(1894)春儒雅堂刻本　十一冊

340000－1804－0000608　集3/108
鄂國金佗稡編二十八卷　(宋)岳珂編　清光緒九年(1883)浙江書局刻本　六冊

340000－1804－0000609　集3/96
景文集六十二卷　(宋)宋祁撰　清道光八年(1828)南海吳榮光刻本　一冊　存三卷(六十至六十二)

340000－1804－0000610　集3/109
蒙齋集二十卷　(宋)袁甫撰　清刻本　八冊

340000－1804－0000611　史13/89
金史一百三十五卷　(元)脱脱等修　清光緒十年(1884)上海同文書局石印二十四史本　十一冊　存六十一卷(四至四十二、四十八至六十二、六十九至七十五)

340000－1804－0000612　史92/13
西湖志四十八卷　(清)李衛　(清)程元章總裁　(清)王紘　(清)張若震參訂　(清)王鈞　(清)顧濟美提調　(清)秦炌　(清)謝棠　(清)孔毓鉉協理　(清)傅王露等纂修　清初刻本　十八冊　存四十四卷(一至四十四)

340000－1804－0000613　集1/7(2)
滁泗賦存一卷續編一卷　(清)吳棠編　清同治十三年(1874)錦城茚署刻本　二冊

340000－1804－0000614　集1/7(3)
滁泗賦存續編一卷　(清)吳棠編　清同治十三年(1874)錦城茚署刻本　一冊

340000－1804－0000615　史4/27
十九世紀大勢略論不分卷　(日本)加藤弘之著　(□)養浩齋主人輯譯　清光緒二十八年(1902)上海廣智書局鉛印史學小叢書本　一冊

340000－1804－0000616　史13/33
宋書一百卷　(南朝梁)沈約撰　清光緒十年(1884)上海同文書局石印二十四史本　十六冊　缺三十五卷(一至四、十六至二十一、二十七至二十九、四十九至五十五、六十二至七十一、八十至八十四)

340000－1804－0000617　子5/4
養兵秘訣後編八章　(日本)倉辻明俊著　清末鉛印本　一冊

340000－1804－0000618　史8/10
大清律例增修統纂集成四十卷督捕則例附纂二卷　(清)沈之奇注　(清)姚潤纂　(清)任則珊輯　清鉛印本　十八冊　存三十四卷(九至四十、督捕則例附纂二卷)

340000－1804－0000619　子92/29
增注秋水軒尺牘四卷　(清)許思湄著　(清)婁世瑞注　(清)寄虹軒主人輯　清石印本　一冊　存二卷(三至四)

340000－1804－0000620　史13/64
舊唐書二百卷　(五代)劉昫等撰　清光緒十年(1884)上海同文書局石印二十四史本　三十五冊　存一百四十五卷(四至三十七、四十六至五十、五十五至五十八、六十四至七十八、九十二至九十七、一百三至一百十七、一百二十四至一百三十一、一百三十六至一百八十二、一百八十七至一百九十四、一百九十八至二百)

340000－1804－0000621　史13/50
周書五十卷　(唐)令狐德棻等撰　清光緒十年(1884)上海同文書局石印二十四史本　六冊　存三十五卷(九至十五、二十三至五十)

340000－1804－0000622　史13/48
北齊書五十卷　(隋)李百藥撰　清光緒十年(1884)上海同文書局石印二十四史本　五冊　存二十九卷(十三至二十二、三十二至五十)

340000－1804－0000623　史13/41
陳書三十六卷　(唐)姚思廉撰　清光緒三十四年(1908)上海集成圖書公司鉛印二十四史本　四冊

340000－1804－0000624　史 92/19

南昌縣志□□卷　(清)□□纂　清刻本　一冊　存二卷(二十七至二十八)

340000－1804－0000625　史 92/18

婺源縣志□□卷　(清)□□纂　清刻本　四冊　存八卷(二十、二十三至二十九)

340000－1804－0000626　叢 14

懷豳雜俎叢書十二種　徐乃昌輯　清宣統南陵徐氏刻本　十冊

340000－1804－0000627　叢 12

知不足齋叢書　(清)鮑廷博輯　(清)鮑志祖續輯　清同治十一年(1872)刻本　一百七十冊　存一百三十八種五百九十五卷(公是先生弟子記一卷,經筵玉音問答一卷,碧溪詩話十卷,獨醒雜志十卷、附錄一卷,梁谿漫志十卷、附錄一卷,赤雅三卷,諸史然疑一卷,榕城詩話三卷,猗覺寮雜記二卷,南濠詩話一卷,麓堂詩話一卷,石墨鐫華八卷,孫子算經三卷,五曹算經五卷,釣磯立談一卷、附錄一卷,洛陽搢紳舊聞記五卷,四朝見聞錄五卷、附錄一卷,金石史二卷,閒者軒帖考一卷,清虛雜著三卷、補闕一卷,補漢兵志一卷,臨漢隱居詩話一卷,滹南詩話三卷,歸潛志十四卷、附錄一卷,黃孝子紀程二卷、附錄一卷,虎口餘生記一卷,玉壺清話十卷,愧郯錄十五卷,金樓子六卷,鐵圍山叢談六卷,農書一卷,蠶書一卷,於潛令樓公進耕織二圖詩一卷、附錄一卷,湛淵靜語二卷,責備餘談二卷、附錄一卷,續孟子二卷,伸蒙子三卷,麟角集一卷、附錄一卷,蘭亭考十二卷、附羣公帖跋一卷,蘭亭續考二卷,石刻鋪敘二卷、附錄一卷,江西詩社宗派圖錄一卷、附江西詩派小序一卷,萬柳溪邊舊話一卷,詩傳注疏三卷,顏氏家訓七卷、考附攷證一卷,江南餘載二卷,五國故事二卷,故宮遺錄一卷,伯牙琴一卷、續補一卷,石湖詞一卷、補遺一卷、附和石湖詞一卷,花外集一卷,昌武段氏詩義指南一卷,酒經三卷,鬼董五卷,墨史三卷,龔安節先生畫訣一卷,畫筌一卷,今水經一卷、表一卷,佐治藥言一卷、續一卷,相臺書塾刊正九經三傳沿革例一卷,元真子三卷,翰苑羣書二卷,朝野類要五卷,碧血錄二卷、附周端孝先生血疏貼黃冊一卷,逍遙集一卷,百正集三卷,張子野詞二卷、補遺二卷,貞居詞一卷、補遺一卷,籟紀一卷,潛虛一卷、附潛虛發微論一卷,袁氏世範三卷、附集事詩鑒一卷,集事詩鑒一卷,天水冰山錄不分卷、附錄一卷、附鈐山堂書畫記一卷,新唐書糾謬二十卷、附錄一卷,修唐書史臣表一卷,洞霄圖志六卷,聱隅子歔欷瑣微論二卷,世緯二卷、附錄一卷,皇宋書錄三卷,宣和奉使高麗圖經四十卷、附錄一卷,武林舊事十卷、附錄一卷,錢塘先賢傳贊一卷、附錄一卷,五代史纂誤三卷,嶺外代答十卷,南窗紀談一卷,蘇沈内翰良方十卷,浦陽人物記二卷,宜州乙酉家乘一卷,吳船錄二卷,清波雜誌十二卷、別志三卷,蜀難敘略一卷,灤山集三卷、補遺一卷、附錄一卷,頤菴居士集二卷,文苑英華辯證十卷,馮汝言詩紀匡謬一卷,西塘集耆舊續聞十卷,山房隨筆一卷,勿菴曆算書目一卷,黃山領要錄二卷,測圓海鏡細草十二卷,蘆浦筆記十卷,五代史記纂誤補四卷,孝經鄭註一卷、附補證一卷,孝經鄭氏解輯一卷,益古演段三卷,弧矢算術細草一卷,五總志一卷,黃氏日抄古今紀要逸編一卷,粵行紀事三卷,滇黔土司婚禮記一卷,鄭所南先生文集一卷,重彫足本鑒誡錄十卷,侯鯖錄八卷,松窗百說一卷,北軒筆記一卷,讀易別錄三卷,古今僞書考一卷,趙待制遺稾一卷,灤京雜詠二卷,吹劍錄外集一卷,宋舊宮人詩詞一卷,竹譜詳錄一至三、六至七,書學捷要二卷,履齋示兒編二十三卷、附校補一卷、覆校一卷,霽山先生集五卷、首一卷、拾遺一卷,道命錄十卷,曲洧舊聞十卷,字通一卷,透簾細草一卷,續古摘奇算法一卷,丁巨算法一卷,緝古算經三卷,梧溪集七卷,困覺齋雜錄一卷,樂府補題一卷,洞霄詩集十四卷,丙寅北行日譜一卷,澠水燕談錄十卷,碧雞漫志五卷)

340000－1804－0000628　叢 13

武英殿聚珍版叢書　(清)紀昀　(清)陸錫熊總纂　(清)翁方綱編修　清同治十三年

(1874)江西書局刻本　一百十一冊　存四十六種三百六十九卷(陶山集十六卷,郭氏傳家易說十一卷,涑水記聞十六卷,南陽集六卷,學易集八卷,直齊書錄解題二十二卷,拙軒集六卷,金淵集六卷,文苑英華辨證十卷,歲寒堂詩話二卷,砻溪詩話十卷,浩然齋雅談三卷,蒙齋集二十卷,茶山集八卷,水經注四十卷,欽定武英殿聚珍版程式一卷,漢宮舊儀二卷、補遺一卷,鄴中記一卷,嶺表錄異三卷,麟臺故事五卷,傅子一卷,帝範四卷,公是弟子記四卷,明本釋三卷,絜齋集二十四卷,文恭集四十卷,後山詩十二卷,易象意言一卷,易偉十二卷,禹貢指南四卷,融堂書解二十卷,續呂氏家塾讀詩記三卷,絜齋毛詩經筵講義四卷,儀禮識誤三卷,儀禮釋宮一卷,春秋傳說例一卷,春秋辨疑四卷,鄭志三卷,農桑輯要七卷,孫子算經三卷,海島算經一卷,五曹算經五卷,夏侯陽算經三卷,五經算術二卷,墨法集要一卷,雲谷雜紀四卷、首一卷、末一卷)

340000－1804－0000629　集3/118
杜詩鏡銓二十卷　(唐)杜甫撰　(清)楊倫輯　**讀書堂杜工部文集註解二卷**　(清)張溍評註　清同治十一年(1872)望三益齋刻本　十二冊

340000－1804－0000630　集3/113
重訂李義山詩集箋注三卷集外詩箋注一卷　(唐)李商隱撰　(清)朱鶴齡箋注　(清)程夢星刪補　清乾隆十一年(1746)東柯草堂刻本　四冊

340000－1804－0000631　史92/49
[乾隆]曲阜縣志一百卷　(清)潘相纂修　清乾隆三十九年(1774)刻本　十冊

340000－1804－0000632　叢18/2
公穀選二卷　(清)儲欣編　清乾隆三十八年(1773)刻本　一冊

340000－1804－0000633　叢18/1
唐宋八大家類選十四卷　(清)儲欣評　清乾隆三十八年(1773)刻本　十冊

340000－1804－0000634　子6/4
農學叢書七集　(清)上海農學會編譯　清光緒石印本　十四冊

340000－1804－0000635　史13/35－1
南齊書五十九卷　(南朝梁)蕭子顯撰　清光緒十年(1884)上海同文書局石印二十四史本　一冊　存六卷(十四至十九)

340000－1804－0000636　史8/39
唐陸宣公奏議□□卷　(唐)陸贄撰　清刻本　一冊　存四卷(三至六)

340000－1804－0000637　集3/121
杜詩詳註二十五卷　(清)仇兆鰲輯　清刻本　一冊　存三卷(十六至十八)

340000－1804－0000638　集3/122
杜詩補注一卷　(清)仇兆鰲注　清刻本　一冊

340000－1804－0000639　子95/9－2
淵鑑類函四百五十卷　(清)張英等纂　清康熙刻本　十八冊　存五十九卷(十一至十三、五十三至八十三、二百六十五至二百七十三、二百七十七至二百八十二、二百八十六至二百九十五)

340000－1804－0000640　子92/16
景岳全書六十四卷　(明)張介賓著　清康熙四十九年(1710)榮寶堂刻本　二十四冊

340000－1804－0000641　子95/9
淵鑑類函四百五十卷目錄四卷　(清)張英等纂　清康熙刻本　一百三十三冊

340000－1804－0000642　集3/125
漁洋山人精華錄箋注十二卷補注一卷年譜一卷附錄一卷　(清)王士禛撰　(清)金榮注　(清)徐淮輯　**年譜一卷**　(□)□□撰　清康熙吳縣金氏鳳翽堂刻本　六冊

340000－1804－0000643　子2/1
新刻洗心輯要二卷　(清)徐文弼輯　清聚盛堂刻本　一冊

340000－1804－0000644　叢15

二思堂叢書 （清）梁章鉅編 清光緒元年(1875)刻本 十四冊 存五種五十卷(退菴隨筆二十二卷、南省公餘錄八卷、古格言十二卷、閩川閨秀詩話四卷、農侯雜占四卷)

340000－1804－0000645 集 4/13
繪圖綴白裘十二集四十八卷 題(清)玩花主人輯 (清)錢德蒼增輯 清光緒三十四年(1908)上海廣雅書局石印本 十二冊

340000－1804－0000646 叢 6
崇文書局叢書 （清）崇文書局輯 清光緒三年(1877)崇文書局刻本 五十九冊 存二十六種二百三十四卷(韓詩外傳十卷,春秋繁露十七卷,周書十卷,尚書大傳四卷,左傳舊疏考證八卷,楚辭集註八卷、辯證二卷,離騷集傳一卷,離騷草木疏四卷,離騷二卷,水經注四十卷,今水經一卷,九經三傳沿革例一卷,隋經籍志考證十三卷,淮南天文訓補註二卷,刊謬正俗八卷,闕史二卷,鑑誡錄十卷,高士傳三卷,古列女傳八卷,酉陽雜俎二十卷、續集十卷,涑水記聞五至十六,世說新語六卷,老學庵筆記十卷,意林五卷,文心雕龍十卷,人譜續編一卷、類記六卷)

340000－1804－0000647 叢 3
西學富彊叢書 （清）張蔭桓輯 清光緒二十二年(1896)小倉山房石印本 二十四冊 存十七種九十三卷(各國交涉公法論十六卷、英國水師律例四卷、井礦工程三卷、開煤要法十二卷、冶金錄二卷、銀礦指南二卷、金石識別十二卷、汽機必以十二卷、汽機新制八卷、鍊石編三卷、海塘輯要十卷、行軍鐵路工程三卷、造管之法一卷、垸髹致美一卷、電學鍍金一卷、造玻璃法二卷、鐵船針向一卷)

340000－1804－0000648 集 3/119
杜工部集二十卷首一卷 （唐）杜甫撰 （明）王世貞等評 清光緒二年(1876)粵東翰墨園刻五色套印本 十冊

340000－1804－0000649 集 5/12
洗冤錄詳義四卷首一卷 （清）許槤編 **洗冤錄摭遺二卷摭遺補一卷** （清）葛元煦撰 清光緒三年(1877)刻本 四冊

340000－1804－0000650 叢 14
如皋冒氏叢書 冒廣生輯 清光緒至民國如皋冒氏刻本 十九冊 存二十五種七十二卷(樸巢文選四卷,如皋冒氏詩略十四卷,如皋冒氏詞略一卷,冒巢民先生年譜一卷,鑄錯軒詩輯一卷,雲郎小史一卷,小三吾亭詩十二卷,婦人集注一卷,婦人集補一卷,葚原詩說四卷,冠柳集一卷,小三吾亭詞集三卷,哥窯譜一卷,青田石考一卷,戲言一卷,莽鏡釋文一卷,小三吾亭文甲集一卷,淮關小志一卷,謝康樂集拾遺一卷,謝康樂集校勘記一卷,謝康樂詩一卷,前後元夕宴集二卷,枕幹錄一卷、附一卷,永嘉高僧碑傳集八卷,巢民文集七卷)

340000－1804－0000651 集 3/123
文心雕龍十卷 （南朝梁）劉勰撰 清道光十三年(1833)刻本 四冊

340000－1804－0000652 叢 11
知不足齋叢書 （清）鮑廷博撰 清道光二年(1822)刻光緒八年(1882)印本 二百二十二冊 存一百七十六種七百四十八卷(御覽闕史二卷,古文孝經孔氏傳一卷,寓簡十卷、附錄一卷,兩漢刊誤補遺十卷、附錄一卷,涉史隨筆一卷,客杭日記一卷,韻石齋筆談二卷,七頌堂識小錄一卷,公是先生弟子記一卷,經筵玉音問答一卷,砻溪詩話十卷,獨醒雜志十卷、附錄一卷,梁谿漫志十卷、附錄一卷,赤雅三卷,諸史然疑一卷,榕城詩話三卷,入蜀記六卷,猗覺寮雜記二卷,對牀夜話五卷,歸田詩話三卷,南濠詩話一卷,麓堂詩話一卷,石墨鐫華八卷,孫子算經三卷,五曹算經五卷,釣磯立談一卷、附錄一卷,洛陽搢紳舊聞記五卷,四朝見聞錄五卷、附錄一卷,金石史二卷,閒者軒帖考一卷,清虛雜著三卷、補闕一卷,補漢兵志一卷,臨漢隱居詩話一卷,滹南詩話三卷,歸潛志十四卷、附錄一卷,黃孝子紀程二卷、附錄一卷,虎口餘生記一卷,澹生堂藏書約一卷、附流通古書約一卷,苦瓜和尚畫語錄一卷,玉壺清話十卷,愧郯錄十五卷,碧雞漫志五卷,離騷草木疏四卷,游宦紀聞十卷,金樓子六卷,鐵圍山叢談六卷,農書一卷,蠶書一卷,於潛令樓公進耕織二圖詩一卷、附錄一卷,湛淵靜語二卷,責備餘談二卷、附錄一卷,續孟子二卷,伸蒙子三卷,麟角集一卷、附錄一卷,蘭亭考十二卷、附羣公帖跋一卷,蘭亭續考二卷,石刻鋪敘二卷、附錄一卷,江西詩社宗派圖錄一卷、附江西詩派小序一卷,萬柳溪邊舊話一卷,詩傳注疏三卷,顏氏家訓七卷、考附攷證一卷,江南餘載二卷,五國故事二卷,故宮遺錄一卷,伯牙琴一卷、續補一卷,石湖詞一卷、補遺一卷、附和石湖詞一卷,花外集一卷,昌武段氏詩義指南一卷,離騷集傳一卷,慶元黨禁一卷,酒經三卷,鬼董五卷,墨史三卷,龔安節先生畫訣一卷,畫筌一卷,今水經一卷、表一卷,佐治藥言一卷、續一卷,相臺書塾刊正九經三傳沿革例一卷,元真子三卷,翰苑羣書二卷,朝野類要五卷,碧血錄二卷、附周端孝先生血疏貼黃冊一卷,逍遙集一卷,百正集三卷,張子野詞二卷、補遺二卷,貞居詞一卷、補遺一卷,籟紀一卷,潛虛一卷、附潛虛發微論一卷,袁氏世範三卷、附集事詩鑒一卷,天水冰山錄不分卷、附錄一卷、附鈐山堂書畫記一卷,新唐書糾謬二十卷、附錄一卷,修唐書史臣表一卷,洞霄圖志六卷,聱隅子歔欷瑣微論二卷,世緯二卷、附錄一卷,皇宋書錄三卷、外篇一卷,宣和奉使高麗圖經四十卷、附錄一卷,武林舊事十卷、附錄一卷,錢塘先賢傳贊一卷、附錄一卷,五代史纂誤三卷,嶺外代答十卷,南窗紀談一卷,蘇沈內翰良方十卷,浦陽人物記二卷,宜州乙酉家乘一卷,吳船錄二卷,清波雜誌十二卷、別志三卷,蜀難敘略一卷,灊山集三卷、補遺一卷、附錄一卷,頤菴居士集二卷,文苑英華辯證十卷,馮汝言詩紀匡謬一卷,西塘集耆舊續聞十卷,山房隨筆一卷,勿菴曆算書目一卷,黃山領要錄二卷,世善堂藏書目錄二卷,測圓海鏡細草十二卷,蘆浦筆記十卷,五代史記纂誤補四卷,山靜居畫論二卷,茗香詩論一卷,孝經鄭註一卷、附補證一卷,孝經鄭氏解輯一卷,益古演段三卷,弧矢算術細草一卷,五總志一卷,黃氏日抄古今紀要逸編一卷,粵行紀事三卷,滇黔土司婚禮記一卷,鄭所南先生文集一卷,重彫足本鑒誡錄十卷,侯鯖錄八卷,松窗百說一卷,北軒筆記一卷,藏海詩話一卷,晝墁集八卷、補遺一卷,吳禮部詩話一卷,讀易別錄三卷,古今偽書考一卷,石湖紀行三錄附桂海虞衡志一卷,庶齋老學叢談三卷,湛淵遺稾三卷、補一卷,趙待制遺稾一卷,灤京雜詠二卷,陽春集一卷,草窗詞二卷、補二卷,吹劍錄外集一卷,宋遺民錄十五卷,天地間集一卷,宋舊宮人詩詞一卷,竹譜詳錄七卷,書學捷要二卷,履齋示兒編二十三卷、附校補一卷、覆校一卷,霽山先生集五卷、首一卷、拾遺一卷,道命錄十卷,曲洧舊聞十卷,字通一卷,透簾細草一卷,續古摘奇算法一卷,丁巨算法一卷,緝古算經三卷,雲林石譜三卷、附緺雲石圖記一卷,梧溪集七卷,困覺齋雜錄一卷,克庵先生尊德性齋小集三卷,塵史三卷,全唐詩逸三卷,中吳紀聞六卷,樂府補題一卷,蛻巖詞二卷,洞霄詩集十四卷,丙寅北行日譜一卷,夢梁錄二十卷,論語集解義疏十卷,江淮異人錄一卷,山居新話一卷)

340000－1804－0000653　叢 5

蒙學叢書十二卷　(清)汪鍾霖輯　清石印本　四冊

340000－1804－0000654　集 5/25

東周列國全志二十三卷一百八回　(清)蔡奡評　清刻本　六冊

340000－1804－0000655　集 3/116

讀書堂杜工部詩集註解二十卷文集註解二卷　(唐)杜甫撰　(清)張溍注　清讀書堂刻本　十二冊

340000－1804－0000656　集 3/110

新刻重校增補圓機活法詩學全書二十四卷　(明)王世貞校正　(明)蔣先庚重訂　清刻本　十冊

340000－1804－0000657　集 3/117

杜詩詳註二十五卷　(清)仇兆鰲撰　清刻本　十九冊　缺三卷(二十三至二十五)

340000－1804－0000658　叢 1/17

古今圖書集成一萬卷　（清）陳夢雷　（清）蔣廷錫等編　清光緒鉛印本　三冊　存二十卷（經籍典四百六十九至四百七十四、禮儀典一百八十七至一百九十二、職方典一百十至一百十七）

340000－1804－0000659　子 92/13

説郛一百二十卷　（明）陶宗儀輯　明末刻清順治三年（1646）李際期宛委山堂印本　一百十六冊　缺二十六卷（十七至二十三、三十三、三十六、四十二、五十二至五十八、六十至六十二、六十四、八十一、八十三、九十八、一百一、一百三）

340000－1804－0000660　史 8/51

文獻通考三百四十八卷　（元）馬端臨著　明末刻本　五十六冊　存一百九十五卷（一至二十五、七十四至一百八十三、二百五十七至二百八十七、三百二十至三百四十八）

安徽省蚌埠市博物館古籍普查登記目録

全國古籍普查登記目録

國家圖書館出版社
National Library of China Publishing House

《安徽省蚌埠市博物館古籍普查登記目録》

編委會

主　　編：季　永

副 主 編：王　磊　陳新宇

編　　委：陳　卓　唐曉婷　袁夢茹　徐　皓　董凡凡

審　　校：曹冬生

《安徽省蚌埠市博物館古籍普查登記目録》

前　言

蚌埠市博物館成立於1974年，是蚌埠市文化廣電新聞出版局（旅游局）下屬事業單位，承擔着蚌埠市文物的保護、管理、研究及展示等職能。在雙墩文化、大禹文化、明文化、淮河流域古代文明等方面均取得了一定的學術研究成果，在省内外具有一定的影響。蚌埠市博物館是一座以展示蚌埠古代歷史、近現代城市發展史以及淮河歷史文化爲主題的綜合性博物館，爲國家一級博物館。

蚌埠市博物館館藏豐富，種類齊全，現有各類文物藏品一萬餘件，既有數十萬年前的古生物化石、七千多年前的新石器時代遺址出土的豐富遺物，也有進入歷史文明時期各個朝代的陶瓷器、青銅器、玉器、書畫及古籍善本等。其中珍貴文物1520件（套）、一級文物81件（套）、二級文物98件（套）、三級文物1341件（套）。

2017年，根據國家古籍保護中心和安徽省古籍保護中心的工作部署與要求，我館專門組織人員對古籍普查工作進行了學習，并於10月底安排專人對本館的古籍書目進行整理，包括分類、編目、建檔、定級、定損等。同時，根據《全國古籍普查工作方案》的要求，我館認真填寫了《古籍普查檔案表》并逐册上傳至全國古籍普查平臺。經過此次普查，確定我館共有古籍書目7部38册，其中3件（套）爲定級書目。

雖然，我館古籍普查工作已順利完成，但通過此次普查也暴露出很多問題與不足。如館藏古籍數量較少，且年代主要集中在清至民國時期；缺少專門的古籍保護人員，工作人員古籍保護知識匱乏；未闢有專門的庫房，古籍保存環境相對複雜等。針對於此，我館將在以後的工作中，找准方向，逐步改善，從而爲古籍保護營造更加和諧的環境。

蚌埠市博物館

2019年6月

340000－1887－0000001　2∶1467

事類賦三十卷　（宋）吳淑撰注　（明）華麟祥校刊　清刻本　四册

340000－1887－0000002　2∶1470

金壺精萃五卷　（清）郝在田撰　清光緒二年(1876)京師松竹齋刻本　二册

340000－1887－0000003　2∶1471

山谷題跋二卷　（宋）黄庭堅撰　清又賞齋刻本　二册

340000－1887－0000004　2∶1474

寶翰樓增訂四體書法二卷　（清）□□撰　清嘉慶二十四年(1819)刻本　一册

340000－1887－0000005　2∶1475

大清光緒三十四年時憲書一卷　（清）欽天監輯　清光緒三十四年(1908)刻本　一册

340000－1887－0000006　2∶1472

寶刻叢編二十卷　（宋）陳思輯　清海豐吳式芬刻本　八册

340000－1887－0000007　2∶1473

第一才子書六十卷　（清）羅貫中撰　清咸豐刻本　二十册

安徽省蚌埠市懷遠縣圖書館

古籍普查登記目録

全國古籍普查登記目録

國家圖書館出版社
National Library of China Publishing House

《安徽省蚌埠市懷遠縣圖書館古籍普查登記目録》

編委會

主　　編：嵇曉明

副 主 編：楊　旭

編　　委：楊　旭　金　晨　年慶蘭　年　燕

審　　校：鍾姝娟

《安徽省蚌埠市懷遠縣圖書館古籍普查登記目録》

前　言

懷遠地處淮河中游,縣城南倚荆山,東臨淮河,北瀕渦河;歷史悠久,人才薈萃。漢代經學大師桓榮、桓郁父子,明代開國元勛常遇春、花榮等,皆爲懷遠人士。

民國十八年(1929),國民縣政府創辦民衆教育館,1949 年縣人民政府接管後改稱人民文化館,内設圖書室,1959 年文化館圖書室分出,成立懷遠縣圖書館。1961 年因經費不足,復行并入文化館。1980 年 5 月,懷遠縣圖書館正式單獨成立;1982 年 10 月,進山路新館建成并正式對外開放。自建館以來,在努力做好開放、接待工作的同時,在古籍文獻的收藏、整理、保護方面亦做了力所能及的工作,特别是老館長王明康先生在這一方面做了全身心的投入,搜集、搶救、整理、歸類、著録等一系列工作相應展開,通過其日積月纍的不懈努力及對我們的傳、幫、帶作用,使得我館擁有古籍文獻 86 部 832 册。大部分爲史部書籍,其中:《最樂編》五卷,明崇禎刻本;《文獻通考》三百四十八卷,明刻本;《漢書》一百卷,明崇禎十五年(1642)琴川毛氏汲古閣刻十七史本;《資治通鑑綱目》五十九卷及《資治通鑑綱目前編》二十五卷,明刻本;《北史》一百卷,明崇禎十二年(1639)琴川毛氏汲古閣刻十七史本;《梁書》五十六卷,明崇禎六年(1633)琴川毛氏汲古閣刻十七史本;《元史紀事本末》二十七卷,明萬曆刻本等文獻均爲珍貴古籍文獻。此外,我館還收藏了其他部類的珍貴古籍文獻,如清乾隆刻本《蘇文忠公詩合註》五十卷首一卷、清雍正七年(1729)葆璞堂刻本《周易函書約註》十八卷、清乾隆五十九年(1794)石門馬氏大酉山房刻本《龍威秘書》等。2012 年,我館專門定製了古籍文獻錦盒,對古籍進行分編收納,加强了保護。全國古籍普查登記工作是“中華古籍保護計劃”的首要任務,是全面開展古籍搶救、保護和利用工作的基礎,也是有史以來第一次由政府組織、收藏單位參加最多的全國性古籍普查登記工作。2017 年 3 月,在省古籍保護中心的指導及幫助下,至 7 月底,我館的古籍普查工作終得全面完成。期間通過與省館古籍部老師的不斷交流、溝通,學習了很多古籍文獻方面的專業知識。亦期望國家館及省館借此契機多舉辦培訓學習,不斷提高縣級圖書館古籍文獻工作者的專業知識和技能。

懷遠縣圖書館

2020 年 3 月

前言

340000－1810－0000001　00619
念一史彈詞一卷　(清)楊銘之撰　清抄本　一冊

340000－1810－0000002　00615－00618
朱子年譜四卷考異四卷附錄二卷　(清)王懋竑纂　清乾隆十七年(1752)寶應王氏白田草堂刻本　四冊

340000－1810－0000003　00610－00614
龍威秘書　(清)馬俊良輯　清乾隆五十九年(1794)石門馬氏大酉山房刻本　五冊　存四十一種四十三卷

340000－1810－0000004　00605－00609
最樂編五卷　(明)魏大中撰　(明)高道淳輯　明崇禎刻本　五冊

340000－1810－0000005　00595－00604
資治通鑑綱目前編二十五卷　(明)南軒撰　(明)陳仁錫評閱　明刻本　十冊

340000－1810－0000006　00585－00594
周易函書約註十八卷　(清)胡煦纂　清雍正七年(1729)葆璞堂刻本　十冊

340000－1810－0000007　00583－00584
麗體金膏八卷　(清)馬俊良輯　清乾隆五十九年(1794)石門馬氏大酉山房刻龍威秘書本　二冊　存二卷(六至七)

340000－1810－0000008　00543－00582
康熙字典十二集三十六卷等韻一卷辨似一卷備考一卷補遺一卷　(清)張玉書等纂修　(清)奕繪等重修　清道光七年(1827)刻本　四十冊

340000－1810－0000009　00509－00524
漢書一百二十卷　(漢)班固撰　(唐)顏師古注　清光緒十三年(1887)金陵書局刻本　十六冊

340000－1810－0000010　00496－00508
後漢書一百卷　(南朝宋)范曄撰　(唐)李賢注　**續漢書志三十卷**　(晉)司馬彪撰　(南朝梁)劉昭注　清光緒十三年(1887)金陵書局刻本　十三冊　缺七卷(六十八至七十四)

340000－1810－0000011　00447－00495
宋史四百九十六卷　(元)脱脱等撰　清刻本　四十九冊　存一百八十二卷(二百十五至三百九十六)

340000－1810－0000012　00410－00446
元史二百十卷　(明)宋濂等修　清刻本　三十七冊　存一百九十五卷(四至九十九、一百十二至二百十)

340000－1810－0000013　00360－00409
明史三百三十二卷　(清)張廷玉等纂修　清光緒三年(1877)湖北崇文書局刻二十四史本　五十冊　存二百十四卷(一至二百十四)

340000－1810－0000014　00302－00359
明史三百三十二卷　(清)張廷玉等纂修　清刻本　五十八冊　存二百十卷(一至三十三、六十三至八十六、一百十三至一百二十八、一百三十三至二百六十三、二百八十三至二百八十五、三百十三至三百十五)

340000－1810－0000015　00286－00301
史記一百三十卷　(漢)司馬遷撰　(南朝宋)裴駰集解　清光緒四年(1878)金陵書局刻二十四史本　十六冊

340000－1810－0000016　00261－00285
尺木堂綱鑑易知錄九十二卷　(清)吳乘權等輯　清刻本　二十五冊　缺二卷(一至二)

340000－1810－0000017　00246－00260
金史一百三十五卷　(元)脱脱等修　清同治十三年(1874)江蘇書局刻二十四史本　十五冊　存一百一卷(一至八十八、一百二至一百七、一百二十九至一百三十五)

340000－1810－0000018　00221－00245
康熙字典十二集三十六卷等韻一卷備考一卷　(清)張玉書等纂修　清啟元堂刻本　二十五冊　缺十一卷(子集上中下、丑集上中下、寅集上、卯集上、未集上、申集上中)

340000－1810－0000019　00220

書經集傳六卷首一卷末一卷　(宋)蔡沈集傳　清李光明莊刻本　一冊　存二卷(一、首一卷)

340000－1810－0000020　00218
尚書離句六卷　(清)錢在培輯解　清李光明莊刻本　一冊　存三卷(一至三)

340000－1810－0000021　00202－00217
春秋左傳五十卷綱目一卷提要一卷列國圖說一卷　(晉)杜預註釋　(宋)林堯叟補註　(唐)陸德明音義　(明)鍾惺等評點　清刻本　十六冊

340000－1810－0000022　00190－00201
隋書八十五卷　(唐)魏徵撰　清同治十年(1871)淮南書局刻二十四史本　十二冊

340000－1810－0000023　00170－00189
資治通鑑綱目五十九卷　(宋)朱熹撰　(明)陳仁錫評閱　明刻本　二十冊　存十六卷(二十至二十八、三十七至四十三)

340000－1810－0000024　00166－00169
遼史一百十五卷附考證　(元)脫脫等修　清同治十二年(1873)江蘇書局刻二十四史本　四冊　存三十四卷(一至十八、三十一至四十六)

340000－1810－0000025　00162－00165
三國志六十五卷　(晉)陳壽撰　(南朝宋)裴松之注　清同治九年(1870)金陵書局刻二十四史本　四冊　存二十八卷(魏書一至五、十二至十七、二十五至三十,吳書十至二十)

340000－1810－0000026　00158－00161
周書五十卷　(唐)令狐德棻等撰　清同治十三年(1874)金陵書局刻二十四史本　四冊

340000－1810－0000027　00141－00157
宋史紀事本末一百九卷　(明)馮琦原編　(明)張溥論正　清刻本　十七冊　存八十八卷(二十二至一百九)

340000－1810－0000028　00140
書法三昧不分卷　(晉)王羲之書　清拓本　一冊

340000－1810－0000029　00139
唐孫過庭書譜不分卷　(唐)孫過庭撰　(清)蔣舒岩臨　清光緒蔣舒岩摹寫本　一冊

340000－1810－0000030　00137
孟晉齋文集五卷　(清)顧壽禎輯　清刻本　一冊　存二卷(四至五)

340000－1810－0000031　00136
鋤月山房詩存不分卷　(清)楊振之撰　清光緒二十年(1894)上海鴻寶齋石印本　一冊

340000－1810－0000032　00134
大雲山房文稿二集四卷　(清)惲敬著　清刻本　一冊　存一卷(二)

340000－1810－0000033　00926－00947
續資治通鑑綱目二十七卷　(明)商輅等撰　清刻本　二十二冊　缺二卷(十、十六)

340000－1810－0000034　00124－00133
莊子南華真經十卷　(晉)郭象注　清光緒十一年(1885)傳忠書局刻本　十冊

340000－1810－0000035　00120－00123
管窺輯要八十卷　(清)黃鼎纂定　清刻本　四冊　存七卷(七十三至七十九)

340000－1810－0000036　00119
孟子集註大全十四卷　(清)陸隴其輯　清康熙四十一年(1702)三魚堂刻四書集註大全本　一冊　存二卷(七至八)

340000－1810－0000037　00118
增補四書精繡圖像人物備考十二卷　(明)陳仁錫增定　清致和堂刻本　一冊　存一卷(一)

340000－1810－0000038　00062－00117
錢陟園考訂資治通鑑綱目全書五十九卷首一卷　(清)錢選考訂　(清)沈鎬校　(清)錢鵬　(清)錢鳴編次　清光緒八年(1882)滬瀆惜物軒刻本　五十六冊　缺四卷(十四至十六、四十七)

340000－1810－0000039　00060－00061

文獻通考紀要二卷　不著撰者　清刻本　二冊

340000－1810－0000040　00001－00059
文獻通考三百四十八卷　(元)馬端臨著　明刻本　五十九冊　存一百八十六卷(二十二至四十四、五十至七十一、一百二十四至一百八十一、二百二十七至三百九)

340000－1810－0000041　00918－00921
御撰資治通鑑綱目三編二十卷　(清)張廷玉等輯　清刻本　四冊

340000－1810－0000042　00888－00917
御批歷代通鑑輯覽一百二十卷　(清)高宗弘曆撰　(清)楊述曾等輯　清刻本　三十冊　存五十八卷(四十二至九十九)

340000－1810－0000043　00876－00887
南史八十卷　(唐)李延壽撰　明崇禎十三年(1640)琴川毛氏汲古閣刻清順治十一年(1654)補輯十七史本　十二冊

340000－1810－0000044　00859－00875
魏書一百十四卷　(北齊)魏收撰　清同治十一年(1872)金陵書局刻二十四史本　十七冊　存一百七卷(一至一百五、一百十二、一百十四)

340000－1810－0000045　00849－00858
漢書一百卷　(漢)班固撰　(唐)顔師古注　明崇禎十五年(1642)琴川毛氏汲古閣刻清順治十二年(1655)補輯十七史本　十冊　存三十六卷(一至三十六)

340000－1810－0000046　00845－00848
北齊書五十卷　(唐)李百藥撰　清同治十三年(1874)金陵書局刻二十四史本　四冊

340000－1810－0000047　00842
御批歷代通鑑輯覽一百二十卷　(清)高宗弘曆撰　(清)楊述曾等輯　清刻本　一冊　存一卷(四十四)

340000－1810－0000048　00841
臨安府志序言不分卷　(清)江濬源撰　清刻本　一冊

340000－1810－0000049　00836－00840
通鑑紀事本末前編十二卷　(明)沈朝陽撰　明刻本　五冊　存六卷(七至十二)

340000－1810－0000050　00835
懷遠縣鄉土志不分卷　(□)澤之記　清末民國抄本　一冊

340000－1810－0000051　00834
懷遠縣志不分卷　(□)□□抄　清末民國抄本　一冊

340000－1810－0000052　00827－00833
[嘉慶]懷遠縣志二十八卷　(清)倪思淳主修　(清)孫讓纂修　清嘉慶二十四年(1819)刻本　七冊

340000－1810－0000053　00825－00826
元史紀事本末二十七卷　(明)陳邦瞻原編　(明)張溥論正　明萬曆刻本　二冊　存十一卷(一至十一)

340000－1810－0000054　00821－00824
儀禮十七卷附監本正誤一卷石本誤字一卷　(漢)鄭玄注　(清)張爾岐句讀　清同治七年(1868)金陵書局刻十三經讀本本　四冊　存十七卷(儀禮十七卷)

340000－1810－0000055　00811－00820
北史一百卷　(唐)李延壽撰　明崇禎十二年(1639)琴川毛氏汲古閣刻清順治十年(1653)補輯十七史本　十冊　存四十七卷(一至四十七)

340000－1810－0000056　00808－00810
合訂本草備要不分卷合訂醫方集解六卷　(清)汪昂著　清忠信堂刻本　三冊　存三卷(合訂醫方集解一、三、五)

340000－1810－0000057　00804－00807
增删算法統宗十一卷　(明)程大位原編　(清)梅穀成增删　清光緒三年(1877)江南機器製造局刻本　四冊

340000－1810－0000058　00803

山海經十八卷圖一卷　（晉）郭璞注　清光緒十六年(1890)學庫山房刻本　一冊　存十八卷(山海經十八卷)

340000－1810－0000059　00801－00802
說文解字注十五卷　（清）段玉裁撰　清道光九年(1829)廣東學海堂刻皇清經解本　二冊　存一卷(十二)

340000－1810－0000060　00800
子史精華一百六十卷　（清）允祿　（清）允禮監脩　（清）吳襄等纂修　清刻本　一冊　存四卷(九十四至九十七)

340000－1810－0000061　00797－00799
重訂增補陶朱公致富全書四卷　（清）石巖逸叟增定　清刻本　三冊

340000－1810－0000062　00796
受子譜選二卷首一卷　（清）李汝珍輯　清嘉慶二十二年(1817)刻本　一冊　存一卷(首一卷)

340000－1810－0000063　00795
東華錄三十二卷　（清）蔣良騏編　清刻本　一冊　存三卷(二十五至二十七)

340000－1810－0000064　00794
通鑑紀事本末二百三十九卷　（宋）袁樞編輯　（明）張溥論正　清石印本　一冊　存十二卷(三十一至四十二)

340000－1810－0000065　00793
傳家必讀不分卷　（清）王正朋輯　清咸豐十年(1860)刻本　一冊

340000－1810－0000066　00791－00792
爾雅註疏十一卷　（晉）郭璞注　（宋）邢昺疏　清刻本　二冊

340000－1810－0000067　00790
新鐫增補重訂解學士詩集一卷　（明）解縉撰　張子房歸山詩一卷　不著撰者　清光緒九經堂刻本　一冊

340000－1810－0000068　00781－00788
御批歷代通鑑輯覽一百二十卷　（清）高宗弘曆撰　（清）傅恆等總裁　清鉛印本　八冊　存二十六卷(四至二十九)

340000－1810－0000069　00762－00769
白芙堂算學叢書　（清）丁取忠輯　清光緒二十四年(1898)上海鴻文書局石印本　八冊

340000－1810－0000070　00757
聊齋志異新評十六卷　（清）蒲松齡著　（清）王士正評　（清）但明倫新評　清光緒十五年(1889)二酉堂刻朱墨套印本　一冊　存一卷(十四)

340000－1810－0000071　00754－00756
善成堂重訂古文釋義新編八卷　（清）余誠評註　清善成堂刻本　三冊　存三卷(五至六、八)

340000－1810－0000072　00750－00753
五代史校勘札記七十三卷　（清）劉光蕡輯校　清光緒十七年(1891)陝甘味經書院刻本　四冊

340000－1810－0000073　00748－00749
匋雅二卷　（清）陳瀏撰　清石印本　二冊

340000－1810－0000074　00746－00747
典故列女傳四卷　（明）解縉撰　清松盛堂刻本　二冊

340000－1810－0000075　00745
小腆紀傳六十五卷　（清）徐鼒撰　清刻本　一冊　存四卷(五十三至五十六)

340000－1810－0000076　00744
養蒙金鑑二卷　（清）林之望編輯　（清）沈錫慶刪定　（清）瞿廷韶校刊　清刻本　一冊　存一卷(下)

340000－1810－0000077　00733－00743
歷代名臣言行錄二十四卷　（清）朱桓編輯　清光緒十六年(1890)廣百宋齋鉛印本　十一冊　缺二卷(三至四)

340000－1810－0000078　00726－00732
歷代名臣言行錄二十四卷　（清）朱桓輯錄　清文瑞樓石印本　七冊　存九卷(九至十、十

八至二十四）

340000－1810－0000079　00713
皖志便覽六卷　（清）李應玨著　清官紙印刷局鉛印本　一冊

340000－1810－0000080　00711－00712
莫愁湖志六卷首一卷　（清）馬士圖著　清光緒八年（1882）刻本　二冊

340000－1810－0000081　00707－00710
蘇文忠公詩合註五十卷首一卷　（宋）蘇軾撰　（清）馮應榴輯注　清乾隆五十八年（1793）桐鄉馮氏踵息齋刻同治九年（1870）補修本　四冊　存七卷（一至六、首一卷）

340000－1810－0000082　00704－00706
古唐詩合解十二卷　（清）王堯衢注　清善成堂刻本　三冊

340000－1810－0000083　00670－00675
梁書五十六卷　（唐）姚思廉撰　明崇禎六年（1633）琴川毛氏汲古閣刻清順治七年（1650）補輯十七史本　六冊

340000－1810－0000084　00644－00647
唐語林八卷　（清）王讜撰　清嘉慶十三年（1808）海虞張氏刻墨海金壺本　四冊

340000－1810－0000085　00640－00641
墨海金壺　（清）張海鵬輯　清嘉慶海虞張氏刻本　二冊　存六種

340000－1810－0000086　00620－00631
通鑑紀事本末四十二卷　（宋）袁樞撰　明刻本　十二冊　存十二卷（十五至十八、二十三至三十）

滁州學院圖書館
古籍普查登記目録

全國古籍普查登記目録

國家圖書館出版社
National Library of China Publishing House

《滁州學院圖書館古籍普查登記目録》

編委會

《滁州學院圖書館古籍普查登記目録》

前　言

滁州學院位於皖東江淮之間，學校所在地滁州市，素有"金陵鎖鑰、江淮保障"之稱。學校前身是創建於1950年的滁州師範學校。歷經滁縣師範學校、安徽師範大學滁縣教學點（分校）辦學階段；1980年更名爲滁州師範專科學校；2004年5月升格爲滁州學院。2017年順利通過教育部本科教學工作審核評估。

滁州學院圖書館館藏紙質圖書129萬册，電子圖書142.75萬種，但古籍藏量有限，共計25种799册。其中清乾隆以前的古籍有1种120册。這些古籍都是從原滁州師專繼承而來，後來也陸陸續續采購過一些綫裝書，但大多是近現代影印本。由於圖書館缺乏古籍方面的專業人才，這些館藏古籍很長一段時間都是無序地堆放在書架上。

爲了響應國家古籍保護中心和安徽省古籍保護中心的號召，自2008年下半年開始，我館特意安排一人負責古籍整理工作，并派遣該同志參加了於2009年9月12日至10月28日在安徽省圖書館舉辦的第十期全國古籍普查培訓班。這一階段做的主要工作就是區分真正的古籍和影印本的綫裝書，對古籍進行整理編目，著録卡片目録，并按經、史、子、集、叢順序重新排架。此外，圖書館還采購了專門的古籍保存書架和相關設備，從多方面改善了古籍保護的環境。2017年11月，我館又派兩名同志參加在安徽農業大學圖書館舉辦的古籍普查培訓，他們回來後又對館藏古籍進行詳細梳理，緊接著就把整理出來的數據上傳到全國古籍普查平臺。當然，我們後期還有許多工作要做，例如民國時期綫裝書整理編目、古籍的加工利用等等。

我館的古籍普查工作基本符合安徽省古籍保護中心的要求，當然也存在一些不足，比如古籍方面人才缺乏、古籍編目經驗尚淺、古籍保護經費不足等。若本書有疏漏之處，還望各位古籍專家同仁批評指正。

滁州學院圖書館
2019年11月

340000 - 1855 - 0000001　集 000110 - 集 000133
東坡先生編年詩五十卷　(宋)蘇軾撰　(清)查慎行補註　(清)查開校刊　**東坡先生年表一卷**　(清)查慎行撰　清乾隆二十六年(1761)查開香雨齋刻本　二十四冊

340000 - 1855 - 0000002　集 000243 - 集 000252
文信國公集二十卷首一卷　(宋)文天祥撰　清同治七年(1868)楚醴景萊書室刻本　十冊

340000 - 1855 - 0000003　子 000019
六藝綱目二卷六書發原一卷字原一卷　(元)舒天民撰　(元)舒恭注　(元)趙宜中附注　**重刊六藝綱目札記一卷**　(清)管禮耕校録　清光緒七年(1881)汪氏籀書誃刻本　一冊

340000 - 1855 - 0000004　集 000142 - 集 000162
廬陵歐陽文忠公全集一百五十三卷附録五卷首一卷目録一卷　(宋)歐陽修撰　(清)歐陽衡校刊　清嘉慶二十四年(1819)歐陽衡校刻本　二十一冊　存七十九卷(六十六至一百十四、一百二十七至一百五十三,附録一,首一卷,目録一卷)

340000 - 1855 - 0000005　集 000134 - 集 000141
唐詩繹三十卷　(清)楊逢春輯　清乾隆三十九年(1774)刻本　八冊

340000 - 1855 - 0000006　集 000253 - 集 000264
蘇文忠公詩集五十卷目録二卷　(宋)蘇軾撰　(清)紀昀評點　清同治八年(1869)韞玉山房朱墨套印本　十二冊

340000 - 1855 - 0000007　集 000265 - 集 000272
杜工部集二十卷首一卷　(唐)杜甫撰　(明)王世貞等評述　清光緒二年(1876)粵東翰墨園五色套印本　八冊

340000 - 1855 - 0000008　集 000364 - 集 000371
王氏漁洋詩鈔十二卷　(清)王士禛撰　清宣統二年(1910)時中書局影印本　八冊

340000 - 1855 - 0000009　集 000382 - 集 000385
六朝文絜箋注十二卷　(清)黎經誥箋注　清光緒十五年(1889)枕溢書屋刻本　四冊

340000 - 1855 - 0000010　史 000001 - 史 000390
二十四史三千二百二十九卷　不著撰者　清光緒三十三年(1907)上海華商集成圖書公司鉛印本　三百九十冊

340000 - 1855 - 0000011　集 000322 - 集 000337
山谷詩集注二十卷　(宋)黄庭堅撰　(宋)任淵註　**山谷外集詩註十七卷**　(宋)黄庭堅撰　(宋)史容註　**山谷別集詩註二卷**　(宋)黄庭堅撰　(宋)史季溫註　清光緒二十一年至二十五年(1895 - 1899)刻本　十六冊

340000 - 1855 - 0000012　新學 000001 - 新學 000004
群學肄言十六卷　(英國)斯賓塞爾造論　(清)嚴復翻譯　清光緒二十九年(1903)上海文明書局鉛印本　四冊

340000 - 1855 - 0000013　集 000358 - 集 000363
湛園未定稿六卷　(清)姜宸英撰　清宣統二年(1910)石印本　六冊

340000 - 1855 - 0000014　集 000372 - 集 000381
宋范文正忠宣二公全集四十八卷　(清)范時崇輯　清宣統二年(1910)刻本　十冊

340000 - 1855 - 0000015　集 000279 - 集 000284
王子安集註二十卷首一卷末一卷　(唐)王勃撰　(清)蔣清翊補註　清光緒九年(1883)吳縣蔣氏雙唐碑館刻本　六冊

340000 - 1855 - 0000016　經 000001 - 000004

書古微十二卷　(清)魏源撰　清光緒四年(1878)淮南書局刻本　四冊

340000 – 1855 – 0000017　子 000013 – 子 000018

池北偶談二十六卷　(清)王士禛著　(清)王廷掄校　清宣統二年(1910)上海震東學社石印本　六冊

340000 – 1855 – 0000018　集 000001 – 集 000109

全唐詩九百卷目錄十二卷　(清)曹寅等編　清康熙四十六年(1707)刻本　一百二十冊　缺一百四卷(六十四至一百四十六、八百七至八百十五、八百八十九至九百)

340000 – 1855 – 0000019　子 000001 – 000012

重刻添補傳家寶俚言新本初集八卷二集八卷三集八卷四集八卷　(清)石成金撰　清石印本　十二冊

340000 – 1855 – 0000020　集 000163 – 集 000242

三蘇全集二百五卷　(清)弓翊清編　清道光七年至十二年(1827 – 1832)眉州三蘇祠刻本　八十冊

340000 – 1855 – 0000021　集 000273 – 集 000278

震川先生集三十卷別集十卷　(明)歸有光著　(明)歸莊校勘　(明)歸玠編輯　清光緒六年(1880)常熟歸氏刻本　六冊

340000 – 1855 – 0000022　集 000285 – 集 000314

古香齋新刻袖珍御選古文淵鑒六十四卷　(清)徐乾學等輯注　清光緒十年至十一年(1884 – 1885)南海孔氏刻古香齋袖珍十種本　三十冊

340000 – 1855 – 0000023　集 000315 – 集 000317

唐詩三百首註釋六卷　(清)孫洙編　(清)章燮注　清光緒十年(1884)湖南經濟書局刻本　三冊

340000 – 1855 – 0000024　集 000318 – 集 000321

隨園詩話十六卷補遺十卷　(清)袁牧著　清光緒十八年(1892)鉛印隨園三十八種本　四冊

340000 – 1855 – 0000025　集 000338 – 集 000343

古文詞略二十卷　(清)梅曾亮輯　清光緒二十五年(1899)成都志古堂刻本　六冊

阜陽師範大學圖書館古籍普查登記目録

全國古籍普查登記目録

國家圖書館出版社
National Library of China Publishing House

《阜陽師範大學圖書館古籍普查登記目録》

編委會

主　　編： 王申紅　姚江龍

副 主 編： 李冬燕　劉小鵬　蔣自奎

編　　委： 王申紅　姚江龍　李冬燕　劉小鵬

蔣自奎　李宏偉　苗　寧

審　　校： 葛小禾

《阜陽師範大學圖書館古籍普查登記目録》

前　言

阜陽師範大學坐落在中原經濟區東部門户城市、皖西北重鎮——阜陽。阜陽古稱汝陰、順昌、潁州，這裏鍾靈毓秀、人文薈萃，歷史文化源遠流長，具有深厚的人文底藴。

阜陽師範大學圖書館始建於 1956 年，是皖西北主要古籍收藏機構。2018 年底完成館藏 634 部 14691 册的綫裝書普查，其中明清時期古籍 374 部 8037 册，涵蓋了經史子集叢各個部類，具有較高的歷史文化價值。大型的叢書、類書主要有《古今圖書集成》《海山仙館叢書》等。古籍善本主要有明嘉靖三十七年（1558）余應陽敬賢堂刻本《新刊群書攷正性理大全》七十卷、明萬曆十九年（1591）丁元薦刻本《莊子南華真經》十卷、明天啓五年（1625）長洲陳仁錫刻本《資治通鑑》二百九十四卷，清康熙年間《歷代賦鈔》七十二卷、《孝經衍義》一百卷《首》二卷、《白香山詩長慶集》二十卷《後集》十七卷《别集》一卷《補遺》二卷、《淵鑑類函》四百五十卷《目録》四卷，雍正年間《香祖筆記》十二卷、《子史精華》一百六十卷；清抄本（據明嘉靖十行本精抄）《唐四家詩》三十二卷、清南陵劉氏稿本《説文》十四卷《首》一卷等。

阜陽師範大學圖書館收藏的古籍門類比較齊全、内容豐富、保存完整，具有重要的研究與收藏價值，也具有較高的歷史文化價值，已成爲我館獨具特色的文獻資源。

阜陽師範大學圖書館編委會

2020 年 3 月

340000－1850－0000001　1：00001－1：00160
重刊宋本十三經注疏附校勘記十三種　(清)阮元校勘　(清)盧宣旬摘錄　(清)瑞麟　(清)鄧廷枏重刊　清同治十年(1871)廣東書局刻本(周培之題識)　一百六十冊

340000－1850－0000002　1：00161－1：00280
重刊宋本十三經注疏附校勘記十三種　(清)阮元校勘　(清)盧宣旬摘錄　(清)瑞麟重刊　清同治十年(1871)廣東書局刻光緒菊坡精舍印本(民國宋澄題跋)　一百二十冊

340000－1850－0000003　1：00281－1：00304
皇清經解一百九十卷首一卷　(清)阮元輯　(清)點石齋主人編　清光緒十四年(1888)上海點石齋石印本　二十四冊

340000－1850－0000004　1：00305－1：00307
易經八卷　(宋)程頤傳　清光緒九年(1883)江南書局刻本　三冊

340000－1850－0000005　1：00308－1：00309
易經十二卷首一卷末一卷　(宋)朱熹本義　**音訓十二卷**　(宋)呂祖謙著　清光緒十九年(1893)江南書局刻本　二冊

340000－1850－0000006　1：00310－1：00316
周易傳義音訓八卷首一卷末一卷　(宋)程頤傳　(宋)朱熹本義　(宋)呂祖謙音訓　清光緒十五年(1889)江南書局刻本　七冊

340000－1850－0000007　1：00318－1：00321
書經六卷首一卷末一卷　(宋)蔡沈集傳　清光緒七年(1881)金陵書局刻本　四冊

340000－1850－0000008　1：00322－1：00325
書經六卷首一卷末一卷　(宋)蔡沈集傳　清光緒七年(1881)金陵書局刻本　四冊

340000－1850－0000009　1：00326－1：00329
書六卷　(宋)蔡沈集傳　清光緒十一年(1885)金陵奎壁齋刻本　四冊

340000－1850－0000010　1：00327
易學啓蒙不分卷　(宋)朱熹撰　清咸豐六年(1856)蒲陽祝氏刻本　一冊

340000－1850－0000011　1：00330－1：00335
尚書古文疏證八卷　(清)閻若璩撰　**朱子古文書疑一卷**　(清)閻詠復輯　清乾隆十年(1745)眷西堂刻同治六年(1867)汪氏振綺堂補刻本　六冊

340000－1850－0000012　1：00340－1：00355
欽定書經圖說五十卷　(清)孫家鼐等纂修　清光緒三十一年(1905)石印本　十六冊

340000－1850－0000013　1：00360
尚書大傳七卷　(漢)伏生撰　(漢)鄭玄注　王闓運補注　清光緒刻靈鶼閣叢書本　一冊

340000－1850－0000014　1：00361－1：00364
詩經八卷　(宋)朱熹集傳　清光緒元年(1875)湖北崇文書局刻本　四冊

340000－1850－0000015　1：00365－1：00369
詩經八卷　(宋)朱熹集傳　清光緒二十二年(1896)金陵書局刻本　五冊

340000－1850－0000016　1：00370－1：00374
詩經八卷詩序辨說一卷　(宋)朱熹集傳　清光緒七年(1881)金陵書局刻本　五冊

340000－1850－0000017　1：00381－1：00384
毛詩訂詁八卷附錄二卷　(清)顧棟高著　清光緒二十二年(1896)江蘇書局刻本　四冊

340000－1850－0000018　1：00385－1：00392
新增詩經補注備旨精萃八卷首一卷　(清)鄒聖脈纂輯　清光緒十四年(1888)刻本　八冊

340000－1850－0000019　1：00393－1：00396
詩經融註大全體要八卷　(清)高朝瓔定　(清)沈世楷輯　(清)沈存仁条　(清)高景屺商　(清)高景陳校　清光緒二十六年(1900)成文堂刻本　四冊

340000－1850－0000020　1：00397－1：00398
毛詩品物圖攷七卷　(日本)岡元鳳纂輯　清光緒十二年(1886)上海積山書局石印本　二冊

340000－1850－0000021　1：00409－1：00410
周禮政要二卷　(清)孫詒讓著　清光緒二十

八年(1902)瑞安普通學堂鉛印本　二冊

340000－1850－0000022　1:00417－1:00432
儀禮經傳通解三十七卷　(宋)朱熹撰　清末樂善堂刻本　十六冊

340000－1850－0000023　1:00433－1:00442
禮記十卷　(元)陳澔集說　清同治五年(1866)江蘇金陵書局刻十三經讀本本　十冊

340000－1850－0000024　1:00433－1:00442
禮記十卷　(元)陳澔集說　清光緒十九年(1893)江南書局刻本　十冊

340000－1850－0000025　1:00443－1:00451
禮記十卷　(元)陳澔撰　清清溪李氏涿州衙刻本　九冊　存九卷(一至六、八至十)

340000－1850－0000026　1:00470－1:00473
大戴禮記補注十三卷序錄一卷　(清)阮元注　清同治十三年(1874)淮南書局刻本　四冊

340000－1850－0000027　1:00482－1:00491
春秋左傳杜注三十卷首一卷　(清)姚培謙撰　清光緒九年(1883)江南書局刻本　十冊

340000－1850－0000028　1:00492－1:00501
春秋左傳杜注三十卷首一卷　(清)姚培謙撰　清光緒九年(1883)江南書局刻本　十冊

340000－1850－0000029　1:00519－1:00522
春秋公羊傳十一卷　(漢)何休撰　(唐)陸德明音義　清光緒十二年(1886)湖北官書處刻本　四冊

340000－1850－0000030　1:00523－1:00526
春秋穀梁傳十二卷　(晉)范甯集解　(唐)陸德明音義　清光緒十二年(1886)湖北官書處刻本　四冊

340000－1850－0000031　1:00527－1:00534
穀梁春秋經傳古義疏十一卷　(清)廖平撰　清光緒二十六年(1900)日新書局刻本　八冊

340000－1850－0000032　1:00535－1:00546
春秋會義二十六卷　(宋)杜諤撰　清光緒十八年(1892)榮成孫氏山淵閣刻本　十二冊

340000－1850－0000033　1:00571－1:00582
經典釋文三十卷　(唐)陸德明撰　**考證三十卷**　(清)盧文弨撰　清同治八年(1869)湖北崇文書局刻本　十二冊

340000－1850－0000034　1:00680－1:00687
澤存堂五種　(清)張士俊輯　清光緒十四年(1888)上海蜚英館石印本　八冊

340000－1850－0000035　1:00688－1:00691
古微書三十六卷　(明)孫穀著錄　清光緒二十一年(1895)鴻文書局石印本　四冊

340000－1850－0000036　1:00692－1:00696
孟子注疏解經十四卷　(漢)趙岐注　(宋)孫奭疏　**孟子音義二卷**　(宋)孫奭撰　**孟子注疏校勘記十四卷**　(清)阮元撰　清同治十年(1871)長沙尊經閣刻十三經注疏附校勘記本　五冊

340000－1850－0000037　1:00700－1:00703
松陽講義十二卷　(清)陸隴其著　清光緒十三年(1887)固始張氏刻本　四冊

340000－1850－0000038　1:00708－1:00713
四書集注十九卷　(宋)朱熹撰　清光緒八年(1882)金陵書局刻本　六冊

340000－1850－0000039　1:00714－1:00719
四書集注十九卷　(宋)朱熹撰　清光緒二十年(1894)金陵書局刻本　六冊

340000－1850－0000040　1:00720－1:00727
四書釋文十九卷音義辨一卷疑字辨一卷字辨一卷句辨一卷　(宋)朱熹撰　(清)何焯訂　清光緒十四年(1888)天津文美齋刻本　八冊

340000－1850－0000041　1:00728
讀孟子劄記二卷　(清)李光地撰　清刻本　一冊

340000－1850－0000042　1:00729－1:00730
爾雅直音二卷　(清)孫偘輯　清光緒六年(1880)福山王氏刻天壤閣叢書本　二冊

340000－1850－0000043　1:00733－1:00740
爾雅郭注義疏二十卷　(清)郝懿行撰　清同

治四年(1865)刻郝氏遺書本　八冊

340000－1850－0000044　1:00741－1:00748
爾雅郭注義疏二十卷　(清)郝懿行撰　清同治四年(1865)刻郝氏遺書本　八冊

340000－1850－0000045　1:00752－1:00759
廣雅疏證十卷　(清)王念孫撰　**博雅音十卷**　(隋)曹憲撰　(清)王念孫校　清光緒五年(1879)淮南書局刻本　八冊

340000－1850－0000046　1:00760－1:00767
廣雅疏證十卷博雅音十卷　(清)王念孫學　清嘉慶元年(1796)刻本　八冊

340000－1850－0000047　1:00768－1:00831
經籍纂詁一百六卷首一卷　(清)阮元撰集　清嘉慶揚州阮氏瑯嬛仙館刻本　六十四冊

340000－1850－0000048　1:00844
正字略定本一卷　(清)王筠撰　清道光二十五年(1845)刻本　一冊

340000－1850－0000049　1:00845－1:00848
正俗備用字解四卷附一卷補遺一卷　(清)王兆琛撰　清咸豐五年(1855)刻本　四冊

340000－1850－0000050　1:00853－1:00855
漢隸字源五卷碑目一卷附字一卷　(宋)婁機輯　明末毛氏汲古閣刻本　三冊

340000－1850－0000051　1:00860－1:00885
說文通訓定聲十八卷分部檢韻一卷　(清)朱駿聲紀錄　(清)朱鏡蓉參訂　**說雅十九篇古今韻準一卷**　(清)朱駿聲紀錄　**皇清敕授文林郎國子監博士銜揀選知縣揚州府學教授允倩府君行述一卷**　朱孔彰述　清道光二十八年(1848)刻同治九年(1870)朱孔彰補刻本　二十六冊

340000－1850－0000052　1:00886－1:00909
說文通訓定聲十八卷分部檢韻一卷　朱駿聲紀錄　(清)朱鏡蓉參訂　**說雅十九篇古今韻準一卷**　(清)朱駿聲紀錄　**皇清敕授文林郎國子監博士銜揀選知縣揚州府學教授允倩府君行述一卷**　朱孔彰述　清道光二十八年(1848)刻同治九年(1870)朱孔彰補刻本　二十四冊

340000－1850－0000053　1:00924－1:00935
說文解字句讀三十卷補正三十卷　(漢)許慎記　(清)王筠撰集　(清)陳山嵋　(清)陳慶鏞訂正　(清)蔣其崘書篆　清同治四年(1865)刻本　十二冊

340000－1850－0000054　1:00936－1:00947
說文古本考十四卷　(清)沈濤纂　清光緒十年(1884)吳縣潘氏滂喜齋刻本　十二冊

340000－1850－0000055　1:00948－1:00979
說文解字義證五十卷　(清)桂馥撰　(清)丁艮善編　清同治九年(1870)湖北崇文書局刻本　三十二冊

340000－1850－0000056　1:00980－1:00981
說文繫傳校錄三十卷　(清)王筠撰　(清)劉燿椿参訂　(清)宋翔南等仝校　清咸豐七年(1857)刻王菉友九種本　二冊

340000－1850－0000057　1:00982－1:00994
說文釋例二十卷　(清)王筠撰　清道光十七年(1837)刻本　十三冊

340000－1850－0000058　1:01020－1:01023
苗氏說文四種四十六卷　(清)苗夔撰　清道光、咸豐壽陽祁氏漢磚亭刻本　四冊

340000－1850－0000059　1:01094
文字蒙求四卷　(清)王筠纂集　清道光十八年(1838)刻本　一冊

340000－1850－0000060　1:01099－1:01138
康熙字典十二集三十六卷等韻一卷檢字一卷辨似一卷備考一卷補遺一卷　(清)張玉書　(清)陳廷敬總閱　(清)凌紹雯等纂修　清道光七年(1827)刻本　四十冊

340000－1850－0000061　1:01139－1:1144
康熙字典三十六卷備考一卷補遺一卷　(清)張玉書　(清)陳廷敬總閱　(清)凌紹雯等纂修　清光緒十六年(1890)上海鴻文書局石印本　六冊

340000－1850－0000062　1:01148－1:01154
古今文字通釋十四卷　（清）呂世宜述　（清）莊中正校　（清）林維源校刊　清光緒五年（1879）龍溪林維源刻本　七冊

340000－1850－0000063　1:01155－1:01158
經韻集字析解二卷　（清）熊守謙参訂　（清）彭良敞集注　清道光十年（1830）灤源書院刻本　四冊

340000－1850－0000064　1:01175
群經字類二卷　（清）王念孫纂　清石印本　一冊

340000－1850－0000065　1:01201－1:01212
四音釋義十二卷　（清）鄭長庚輯　清道光十八年（1838）崇德堂刻本　十二冊

340000－1850－0000066　1:01213－1:01214
四聲切韻表三卷首一卷末一卷　（清）江永慎修編　（清）汪曰楨補正　清光緒三年（1877）烏程汪氏刻荔牆叢刻本　二冊

340000－1850－0000067　1:01220－1:01223
李氏音鑑六卷　（清）李汝珍撰　清光緒十四年（1888）木樨山房刻本　四冊

340000－1850－0000068　1:01240－1:01245
韻詁五卷韻詁補遺三卷　（清）方濬頤輯　清光緒四年（1878）淮南書局刻本　六冊

340000－1850－0000069　1:01255－1:01256
易經十二卷首一卷末一卷　（宋）朱熹本義　**音訓十二卷**　（宋）呂祖謙著　清同治四年（1865）金陵書局刻十三經讀本本　三冊

340000－1850－0000070　1:01257－1:01260
新刻書經備旨善本輯要六卷　（清）馬大猷輯　清光緒善成堂刻本　四冊

340000－1850－0000071　1:01261－1:01264
東萊博議續編二卷　（宋）呂祖謙評　（宋）蔡文子註　（清）徐樹屏考異　清光緒二十四年（1898）上海石印本　四冊

340000－1850－0000072　1:01265－3:01266
選集漢印分韻二卷　（清）謝雲生摹錄　清嘉慶二年（1797）漱藝堂刻本　二冊

340000－1850－0000073　1:01267－3:01268
續集漢印分韻二卷　（清）謝雲生纂摹　清嘉慶八年（1803）漱藝堂刻本　二冊

340000－1850－0000074　1:01269－2:01270
白虎通二卷　（漢）班固纂　（清）汪士漢校　清嘉慶四年（1799）金陵味經堂刻本　二冊

340000－1850－0000075　2:00001－2:00020
史記一百三十卷　（漢）司馬遷撰　（南朝宋）裴駰集解　（唐）司馬貞索隱　（唐）張守節正義　清同治五年至九年（1866－1870）金陵書局刻本　二十冊

340000－1850－0000076　2:00021－2:00039
史記一百三十卷附方望溪評點史記四卷　（漢）司馬遷撰　（清）方苞評　清光緒二年（1876）武昌張氏刻本　十九冊　存一百二十七卷（一至一百二十三、方望溪評點史記四卷）

340000－1850－0000077　2:00040－2:00071
前漢書補注一百卷首一卷　（漢）班固撰　（唐）顔師古注　王先謙補注　清光緒二十六年（1900）長沙王氏刻本　三十二冊

340000－1850－0000078　2:00072－2:00076
漢書辨疑二十二卷後漢書辨疑九卷　（清）錢大昭撰　清光緒十三年（1887）廣雅書局刻廣雅書局叢書本　五冊　存二十二卷（漢書辨疑二十二卷）

340000－1850－0000079　2:00077－2:00084
三國志六十五卷　（晉）陳壽撰　（南朝宋）裴松之注　清同治九年（1870）金陵書局刻本　八冊　存五十七卷（魏志一至三十、吴志一至二十、蜀志九至十五）

340000－1850－0000080　2:00135－2:00138
南唐書三十卷　（宋）馬令編　（清）蔣國祥輯　清同治十三年（1874）盱南三餘書屋補刻本　四冊

340000－1850－0000081　2:00139－2:00222

明史二百三十二卷　（清）張廷玉等總裁　（清）孫嘉淦等纂修　清刻本（佚名題記）　八十四冊

340000－1850－0000082　2:00355－2:00366
綱鑑會纂三十九卷首一卷　（明）王世貞編　清光緒二十八年（1902）上海醉六堂石印本　十二冊

340000－1850－0000083　2:00367－2:00394
新刊趙田了凡袁先生編纂古本歷史大方綱鑑補三十九卷首一卷　（明）袁黄編纂　清同治五年（1866）大文堂刻本　二十九冊　缺二卷（四至五）

340000－1850－0000084　2:00395－2:00354
續資治通鑑二百二十卷　（清）畢沅撰　清嘉慶六年（1801）馮氏刻同治六年（1867）永康應氏補刻江蘇書局印本　六十冊

340000－1850－0000085　2:00495－2:00542
御批歷代通鑑輯覽一百二十卷　（清）傅恒等總裁　（清）楊述曾纂修　清同治十年（1871）浙江書局朱墨套印本　四十八冊

340000－1850－0000086　2:00543－2:00574
繹史一百六十卷世系圖一卷年表一卷　（清）馬驌撰　清光緒十五年（1889）金匱浦氏刻本　三十二冊

340000－1850－0000087　2:00575－2:00590
路史四十七卷　（宋）羅泌纂　（宋）羅蘋注　清光緒二年（1876）紅杏山房刻本　十六冊

340000－1850－0000088　2:00591－2:00592
逸周書十卷　（晉）孔晁注　（清）盧文弨校刊　清乾隆五十一年（1786）刻抱經堂叢書本　二冊

340000－1850－0000089　2:00593－2:00596
國語校注本三種　（清）汪遠孫撰　清道光二十六年（1846）錢塘汪氏刻振綺堂遺書本　六冊

340000－1850－0000090　2:00593－2:00596
國語二十一卷　（三國吳）韋昭解　（宋）宋庠補音　清聚盛堂刻本　四冊

340000－1850－0000091　2:00603－2:00606
華陽國志十二卷　（晉）常璩撰　**補華陽國志三州郡縣目錄一卷**　（清）廖寅撰　清嘉慶十九年（1814）廖寅題襟館刻本　四冊

340000－1850－0000092　2:00608－2:00643
痛史二十二種　樂天居士編　清宣統三年至民國三年（1911－1914）商務印書館初版、再版、三版鉛印本　三十六冊

340000－1850－0000093　2:00707－2:00721
林文忠公政書三十七卷　（清）林則徐撰　清光緒十一年（1885）刻本　十五冊

340000－1850－0000094　2:00762－2:00763
練川名人畫像四卷坿二卷續編三卷　（清）程祖慶編次　清道光二十九年（1849）嘉定程氏刻本　二冊

340000－1850－0000095　2:00766－2:00769
國朝漢學師承記八卷附記一卷附宋學淵源記二卷附記一卷國朝經師經義一卷　（清）江藩纂　清光緒九年（1883）山西書局刻本　四冊

340000－1850－0000096　2:00776－2:00781
史記菁華錄六卷　（清）姚苧田輯　清道光四年（1824）姚氏扶荔山房刻朱墨套印本　六冊

340000－1850－0000097　2:00782－2:00809
天下郡國利病書一百二十卷　（清）顧炎武輯　（清）龍萬育訂　清光緒二十七年（1901）圖書集成局鉛印本　二十八冊

340000－1850－0000098　2:00810－2:00837
讀史方輿紀要一百三十卷　（清）顧祖禹輯著　（清）何瑞瀛校刊　（清）浦錫齡校字　清光緒二十七年（1901）圖書集成局鉛印本　二十八冊

340000－1850－0000099　2:00838－2:00841
方輿全圖總說五卷　（清）顧祖禹輯　（清）浦錫齡校訂　清光緒二十七年（1901）圖書集成局鉛印本　四冊

340000－1850－0000100　2:00862－2:00883

欽定歷代職官表七十二卷　(清)紀昀等纂　清光緒二十二年(1896)廣雅書局刻本　二十二册

340000－1850－0000101　2:00931－2:00950

文獻通考二十四卷首一卷　(元)馬端臨著　清光緒十一年(1885)上海點石齋石印本　二十册

340000－1850－0000102　2:00983－2:00988

欽定大清會典一百卷首一卷　(清)崑岡等編　清光緒石印本　六册

340000－1850－0000103　2:00989－2:01088

欽定大清會典事例一千二百二十卷目錄八卷首一卷欽定大清會典一百卷首一卷　(清)崑岡總修　(清)吳中欽等纂修　清光緒三十四年(1908)上海商務印書館石印本　一百册

340000－1850－0000104　2:01209－2:01240

列國政要一百三十三卷首一卷　(清)戴鴻慈　(清)端方輯　清光緒三十三年(1907)石印本　三十二册

340000－1850－0000105　2:01262

書目答問五卷別錄一卷國朝箸述諸家姓名略一卷　(清)張之洞著　清宣統元年(1909)掃葉山房石印本　一册

340000－1850－0000106　2:01303－2:01334

欽定四庫全書總目二百卷首一卷　(清)紀昀等纂　清宣統二年(1910)存古齋石印本　三十二册　存一百九十五卷(一至一百九十四、首一卷)

340000－1850－0000107　2:01371

藏書紀事詩六卷　葉昌熾撰　清光緒二十三年(1897)長沙學使署刻靈鶼閣叢書本　一册　缺五卷(二至六)

340000－1850－0000108　2:01388－2:01389

金石文字記六卷　(清)顧炎武撰　清刻本　二册

340000－1850－0000109　2:01400－2:01423

金石萃編一百六十卷金石續編二十一卷　(清)王昶撰　清光緒十九年(1893)鴻寶齋石印本　二十四册

340000－1850－0000110　2:01433－2:01440

史學叢書四十三種　(清)□□輯　清光緒二十五年(1899)上海文瀾書局石印本　三十二册

340000－1850－0000111　2:01441－2:01444

史通削繁四卷　(清)紀昀撰　清道光十三年(1833)兩廣節署朱墨套印本　四册

340000－1850－0000112　2:01451－2:01458

文史通義八卷校讎通義三卷　(清)章學誠著　清光緒二十四年(1898)經文書局刻本　八册

340000－1850－0000113　2:01460－2:01478

新輯分類史論大成十九卷　(清)行素生編　清光緒二十八年(1902)上海醉六堂石印本　十九册

340000－1850－0000114　2:01479

經籍舉要一卷附錄一卷　(清)龍啟瑞撰　(清)袁昶增訂　清光緒十九年(1893)桐廬袁氏中江講院刻漸西村舍彙刊本　一册

340000－1850－0000115　2:01480

經籍舉要一卷附錄一卷　(清)龍啟瑞識　清光緒十九年(1893)桐廬袁氏中江講院刻本　一册

340000－1850－0000116　2:01480－2:01678

九通九種　(清)□□輯　清光緒二十八年(1902)上海鴻寶書局石印本　一百九十九册

340000－1850－0000117　2:01679－2:01680

洛陽城內伽藍記五卷　(北魏)楊衒之撰　清嘉慶刻廣漢魏叢書本　二册

340000－1850－0000118　2:01681－3:01688

史通通釋二十卷附錄一卷　(清)浦起龍釋　(清)方懋福等參釋　(清)浦錫齡重校　清光緒二十年(1894)上海積山書局石印本　八册

340000－1850－0000119　3:00001－3:00080

二十二子　(清)浙江書局輯　清光緒浙江書

局刻本　三十六册

340000－1850－0000120　3:00081－3:00188
子書百家　(清)湖北崇文書局輯　清光緒元年(1875)湖北崇文書局刻民國元年(1912)鄂官書處補刻彙印本　一百八册　缺五卷(孔子家語一至五)

340000－1850－0000121　3:00189－3:00297
子書百家　(清)湖北崇文書局輯　清光緒元年(1875)湖北崇文書局刻民國元年(1912)鄂官書處補刻彙印本　一百九册　缺五卷(孔子家語一至五)

340000－1850－0000122　3:00322－3:00326
孔氏家語十卷　(三國魏)王肅注　清光緒十八年(1892)掃葉山房刻本　五册

340000－1850－0000123　3:00327－3:00332
荀子二十卷首一卷　(周)荀況撰　(唐)楊倞注　王先謙集解　清光緒十七年(1891)刻本　六册

340000－1850－0000124　3:00333－3:00334
鹽鐵論十卷附校勘小識一卷　(漢)桓寬撰　清光緒十七年(1891)思賢講舍刻本　二册

340000－1850－0000125　3:00335－3:00336
鹽鐵論十卷　(漢)桓寬撰　**校勘小識一卷**　王先謙撰　清光緒十七年(1891)思賢講舍刻本　二册

340000－1850－0000126　3:00337－3:00338
揚子法言十三卷音義一卷　(漢)揚雄撰　(晉)李軌注　清嘉慶二十三年(1818)江都秦氏石研齋刻本　二册

340000－1850－0000127　3:00339－3:00340
揚子法言十三卷音義一卷　(漢)揚雄撰　(晉)李軌注　清嘉慶二十三年(1818)江都秦氏石研齋刻本　二册

340000－1850－0000128　3:00341
揚子法言一卷方言十三卷　(漢)楊雄撰　(晉)郭璞解　清光緒元年(1875)湖北崇文書局刻子書百家本　一册

340000－1850－0000129　3:00342
中說十卷　(隋)王通撰　(宋)阮逸注　清嘉慶九年(1804)寶慶經綸堂刻本　一册

340000－1850－0000130　3:00343－3:00346
中說十卷　(隋)王通撰　(宋)阮逸注　清道光十六年(1836)敬忍堂刻本　四册

340000－1850－0000131　3:00347
中說十卷　(隋)王通撰　(宋)阮逸注　清光緒十六年(1890)貴陽陳氏刻本　一册

340000－1850－0000132　3:00365－3:00404
朱子集一百四卷目録二卷補遺一卷　(宋)朱熹著　(清)朱振鐸編輯　清咸豐十年至同治元年(1860－1862)浙江紫霞洲祠堂刻本　四十册

340000－1850－0000133　3:00405－3:00444
朱子集一百四卷目録二卷補遺一卷　(宋)朱熹著　(清)朱振鐸編輯　清咸豐十年至同治元年(1860－1862)浙江紫霞洲祠堂刻本　四十册　缺一卷(補遺一卷)

340000－1850－0000134　3:00445－3:00446
小學六卷　(清)陳選集註　高愈纂註　(清)王炳瀛參訂　**為學大指一卷**　(清)倭仁輯　清同治四年(1865)錦江書院刻本　二册

340000－1850－0000135　3:00447
明夷待訪録一卷　(清)黃宗羲撰　清光緒五年(1879)餘姚黃氏五桂樓刻黃梨洲先生遺書本　一册

340000－1850－0000136　3:00448－3:00451
千頃閣重訂幼學須知句解四卷首一卷　(清)程登吉撰　(清)錢元龍校刊　清道光二十七年(1847)慈溪養正堂刻本　四册

340000－1850－0000137　3:00452－3:00455
寄傲山房塾課新增幼學故事瓊林四卷首一卷　(清)程登吉撰　(清)鄒聖脈增補　(清)謝梅林　(清)鄒可庭參訂　清光緒二十二年(1896)寶書堂刻本　四册

340000－1850－0000138　3:00456－3:00459

寄傲山房塾課新增幼學故事瓊林四卷首一卷 (清)陳允升撰 清光緒二年(1876)二酉堂刻本 四冊

340000－1850－0000139 3:00460－3:00463
朱子原訂近思錄十四卷 (清)江永集注 (清)王鼎校次 清光緒十五年(1889)刻本 四冊

340000－1850－0000140 3:00464－3:00467
浮邱子十二卷 (清)湯鵬撰 清同治四年(1865)刻本 四冊

340000－1850－0000141 3:00468－3:00471
近思錄十四卷 (宋)朱熹撰 (清)陳沆補註 清光緒刻本 四冊

340000－1850－0000142 3:00472－3:00477
近思錄集注十四卷 (宋)朱熹 (宋)吕祖謙撰 (清)江永集注 清光緒元年(1875)香山何璟刻本 六冊

340000－1850－0000143 3:00478－3:00479
近思錄集解十四卷 (宋)朱熹撰 (宋)葉采集解 清光緒十年(1884)津河廣仁堂刻本 二冊

340000－1850－0000144 3:00480－3:00485
韓非子集解二十卷首一卷 (清)王先慎集解 清光緒二十二年(1896)刻本 六冊

340000－1850－0000145 3:00486－3:00497
補註黃帝内經素問二十四卷附黃帝内經靈樞十二卷 (唐)啟玄子(王冰)注 (宋)林億等校 **黄帝内經素問遺篇一卷** (宋)劉溫舒撰 清光緒三年(1877)浙江書局刻本 十二冊

340000－1850－0000146 3:00498－3:00505
書畫鑑影二十四卷 (清)李佐賢編輯 清同治十年(1871)利津李氏刻本 八冊

340000－1850－0000147 3:00506－3:00529
歷代畫史彙傳七十二卷首一卷引証書目一卷總目三卷附錄二卷 (清)彭蘊燦編 清光緒五年(1879)京都善成堂書鋪刻本 二十四冊

340000－1850－0000148 3:00540
唐拓柳書金剛經不分卷 (唐)柳公權書 清光緒北洋官報局石印本 一冊

340000－1850－0000149 3:00551－3:00554
甌鉢羅室書畫過目考四卷 (清)李玉棻編輯 清光緒二十三年(1897)京都隆福寺文奎堂刻本 四冊

340000－1850－0000150 3:00601－3:00602
桐陰論畫三卷桐陰畫訣一卷續桐陰論畫一卷 (清)秦祖永著 清同治三年(1864)朱墨套印本 二冊 存三卷(桐陰論畫下、桐陰畫訣一卷、續桐陰論畫一卷)

340000－1850－0000151 3:00623
友石山房印存不分卷 (清)崔英文藏並編 清光緒八年(1882)鈐印本 一冊

340000－1850－0000152 3:00629－3:00632
篆學叢書三十種 (清)顧湘校刊 清光緒十四年(1888)虞山飛鴻延年室後印刻本 四冊 存七卷(說篆一、印辨一、印述一、印箋說一、六書緣起一、古今印制一、續印人傳八)

340000－1850－0000153 3:00633－3:00636
墨子十六卷篇目考一卷 (周)墨翟撰 (清)畢沅校注 清光緒二年(1876)浙江書局刻二十二子本 四冊

340000－1850－0000154 3:00637
鬼谷子陶宏景注三卷附錄一卷 (周)鬼谷子撰 (晉)陶宏景注 清嘉慶十年(1805)江都秦氏刻石研齋四種本 一冊

340000－1850－0000155 3:00638－3:00645
墨子閒詁十五卷目錄一卷附錄一卷後語二卷 (清)孫詒讓撰 清光緒二十一年(1895)蘇州毛上珍木活字印本 八冊

340000－1850－0000156 3:00646－3:00653
墨子閒詁十五卷目錄一卷附錄一卷後語二卷 (清)孫詒讓撰 (清)王景義校 清宣統二年(1910)瑞安孫氏刻本 八冊

340000－1850－0000157 3:00654－3:00657

呂氏春秋二十六卷 (秦)呂不韋撰 清光緒元年(1875)湖北崇文書局刻子書百家本 四冊 缺七卷(二十至二十六)

340000－1850－0000158 3:00658－3:00661
淮南鴻烈解二十一卷 (漢)劉安編 清光緒元年(1875)湖北崇文書局刻子書百家本 四冊

340000－1850－0000159 3:00668－3:00675
池北偶談二十六卷 (清)王士禎著 (清)廷掄校 清光緒二十年(1894)桐陰山館刻本 八冊

340000－1850－0000160 3:00676－3:00689
小知錄十二卷 (清)陸鳳藻輯 清同治十二年(1873)淮南書局刻本 四冊

340000－1850－0000161 3:00690－3:00695
地山印稿五卷 (清)金鏐篆刻 清乾隆二十八年(1763)鈐印本 六冊

340000－1850－0000162 3:00760－3:00783
讀書雜誌八十二卷餘編二卷 (清)王念孫撰 清同治九年(1870)金陵書局刻本 二十四冊

340000－1850－0000163 3:00784－3:00793
人生必讀書十二卷首一卷末一卷附二卷 (清)鄒祖堂輯 (清)鄒鐘俊重校 清道光二十九年(1849)鐫光緒九年(1883)刻本 十冊

340000－1850－0000164 3:00794－3:00797
潛書二卷 (清)唐甄著 (清)王聞遠編 清光緒九年(1883)中江李氏刻本 四冊

340000－1850－0000165 3:00798－3:00801
隨園隨筆二十八卷 (清)袁枚著 清嘉慶十三年(1808)刻隨園三十種本 四冊

340000－1850－0000166 3:00802－3:00811
盛世危言五卷續編三卷外編二卷 (清)鄭觀應輯著 清光緒二十二年(1896)上海書局石印本 十冊

340000－1850－0000167 3:00816－3:00817
東塾讀書記十五卷 (清)陳澧撰 清刻本 二冊 存九卷(一至九)

340000－1850－0000168 3:00822－3:00832
稱謂錄三十二卷 (清)梁章鉅撰 (清)梁恭辰校刊 清光緒十年(1884)杭省買景文齋刻本 十一冊 存二十九卷(四至三十二)

340000－1850－0000169 3:00864－3:00873
少室山房筆叢四十八卷附詩藪内編六卷詩藪外編四卷詩藪雜編六卷 (明)胡應麟撰 清光緒二十二年(1896)廣雅書局刻本 十冊

340000－1850－0000170 3:00917－3:00918
茶餘客話十二卷 (清)阮葵生撰 (清)戴璐選 清乾隆五十九年(1794)阮鍾琦刻本 二冊

340000－1850－0000171 3:01174－3:01175
博物志十卷 (晉)張華撰 **續博物志十卷** (宋)李石撰 清光緒元年(1875)湖北崇文書局刻本 二冊

340000－1850－0000172 3:01176－3:01181
酉陽雜俎前集二十卷續集十卷 (唐)段成式撰 清光緒二年(1876)五鳳樓刻本 六冊

340000－1850－0000173 3:01182－3:01185
正法華經十卷 (西晉)竺法護譯 清宣統元年(1909)石印本 四冊

340000－1850－0000174 3:01187－3:01210
法苑珠林一百卷 (唐)釋道世撰 清道光七年(1827)燕園蔣氏刻本 二十四冊

340000－1850－0000175 3:01211－3:01213
大佛頂如來密因修證了義諸菩薩萬行首楞嚴經十卷 (唐)釋般剌密帝 (唐)釋彌伽釋伽譯 (唐)房融筆受 清光緒元年(1875)刻本 三冊

340000－1850－0000176 3:01214－3:01219
翻譯名義集二十卷 (宋)釋法雲編 清光緒四年(1878)蒯氏帶耕草堂刻本 六冊

340000－1850－0000177 3:01233－3:01234
莊子集解八卷 王先謙撰 清宣統元年(1909)思賢書局刻本 二冊

340000－1850－0000178　3：01235－3：01236
莊子集解八卷　王先謙撰　清宣統元年(1909)思賢書局刻本　二冊

340000－1850－0000179　3：01239－3：01250
郎潛紀聞十四卷　(清)陳康祺著　清光緒六年(1880)刻舊雨草堂叢書本　四冊

340000－1850－0000180　3：01251－3：01270
聖學格物通一百卷　(明)湛若水撰　清同治五年(1866)資政堂刻本　二十冊

340000－1850－0000181　3：01271－3：01278
管子二十四卷　(唐)房玄齡注　(明)劉績補　清光緒二年(1876)浙江書局刻二十二子本　八冊

340000－1850－0000182　3：01279
善吾盧印譜不分卷　(清)金銓篆刻　清光緒鈐印本　一冊

340000－1850－0000183　3：01280－2：01289
宋拓淳化閣帖不分卷　(宋)王著選　清宣統元年(1909)潘祖純跋本石印本　十冊

340000－1850－0000184　4：00005
司空詩品註釋一卷　(唐)司空圖撰　清芸香書屋刻本　一冊

340000－1850－0000185　4：00005－4：00008
楚辭十七卷　(漢)王逸章句　(宋)洪興祖補注　清同治十一年(1872)金陵書局刻本　四冊

340000－1850－0000186　4：00009－4：00011
楚辭集註八卷離騷草木疏四卷　(宋)朱熹集注　清光緒三年(1877)湖北崇文書局刻本　三冊

340000－1850－0000187　4：00012－4：00016
蔡中郎集十卷外紀一卷外集四卷末一卷　(漢)蔡邕撰　清光緒十六年(1890)番禺陶氏愛廬刻本　五冊

340000－1850－0000188　4：00025－4：00028
庾子山全集十卷　(北周)庾信撰　(清)吳兆宜注　清吳郡寶翰樓刻本　四冊

340000－1850－0000189　4：00039－4：00049
杜詩鏡銓二十卷註解二卷　(唐)杜甫撰　(清)楊倫輯　清同治十一年(1872)刻本　十冊

340000－1850－0000190　4：00050－4：00053
王摩詰詩集七卷孟浩然詩集二卷　(唐)王維　(唐)孟浩然撰　(宋)劉辰翁　(明)顧璘評　(明)李夢陽參　清光緒五年(1879)巴陵方氏碧琳瑯館刻朱墨套印本　四冊

340000－1850－0000191　4：00082－4：00085
昌黎先生詩集注十一卷　(唐)韓愈撰　(清)朱彝尊　(清)何焯評　(清)顧嗣立刪補　清光緒九年(1883)廣州翰墨園刻三色套印本　四冊

340000－1850－0000192　4：00086－4：00089
昌黎先生詩集注十一卷　(唐)韓愈撰　(清)朱彝尊　(清)何焯評　(清)顧嗣立刪補　清道光十六年(1836)膺德堂刻朱墨套印本　四冊

340000－1850－0000193　4：00117－4：00124
讀杜心解六卷首二卷　(清)浦起龍編　(清)王聯曾等校　(清)浦起麟等參讀　清雍正三年(1725)前碉浦氏寧我齋刻本　八冊

340000－1850－0000194　4：00125－4：00136
讀杜心解六卷首二卷　(清)浦起龍編　(清)王聯曾等校　(清)浦起麟等參讀　清雍正三年(1725)前碉浦氏寧我齋刻本　十二冊

340000－1850－0000195　4：00137
林和靖詩集四卷拾遺一卷　(宋)林逋撰　清同治十二年(1873)長洲朱氏刻本　一冊

340000－1850－0000196　4：00138－4：00161
歐陽文忠公全集一百五十三卷首一卷附錄五卷　(宋)歐陽修撰　清光緒十九年(1893)湖南澹雅書局刻本　二十四冊

340000－1850－0000197　4：00162－4：00185
歐陽文忠公全集一百五十三卷首一卷附錄五卷　(宋)歐陽修撰　清嘉慶二十四年(1819)歐陽衡刻本　二十四冊

340000－1850－0000198　4:00198－4:00213
王臨川全集一百卷目錄二卷　(宋)王安石撰　清光緒九年(1883)聽香館刻本　十六冊

340000－1850－0000199　4:00215－4:00262
東坡集四十卷後集二十卷奏議十五卷外制集三卷内制集十卷樂語一卷應詔集十卷續集十二卷　(宋)蘇軾撰　**校記二卷**　繆荃孫撰　**東坡先生年譜一卷**　(宋)王宗稷撰　清宣統元年(1909)端方寶華盦刻本　四十八冊

340000－1850－0000200　4:00265－4:00287
施註蘇詩四十二卷總目二卷續補遺二卷　(宋)蘇軾撰　(清)施元之等注　(清)宋犖　(清)張榕端閱定　(清)顧嗣立等刪補　**王注正譌一卷東坡先生年譜一卷**　(清)王宗稷編　(清)邵長蘅重訂　清末上海文瑞樓石印本　二十三冊

340000－1850－0000201　4:00288－4:00303
施註蘇詩四十二卷總目二卷續補遺二卷　(宋)蘇軾撰　(清)施元之等注　(清)宋犖　(清)張榕端閱定　(清)顧嗣立等刪補　**王注正譌一卷東坡先生年譜一卷**　(清)王宗稷編　(清)邵長蘅重訂　清光緒二十九年(1903)大梁王氏澤古山房刻本　十六冊

340000－1850－0000202　4:00304－4:00323
山谷詩集註内集二十卷外集十七卷别集二卷　(宋)黄庭堅撰　(宋)史容註　清光緒二十六年(1900)義寧陳氏四覺草堂刻本　二十冊

340000－1850－0000203　4:00324－4:00329
淮海集十七卷後集二卷詞一卷　(宋)秦觀撰　**淮海集補遺一卷考證一卷**　(清)王敬之纂輯　清道光二十一年(1841)刻本　六冊

340000－1850－0000204　4:00330－4:00339
龍川文集三十卷附錄二卷辨譌考異二卷　(宋)陳亮撰　(清)胡鳳丹考異　清光緒元年(1875)湖北崇文書局刻本　十冊

340000－1850－0000205　4:00344－4:00351
元遺山詩集箋注十四卷附錄一卷補載一卷　(金)元好問撰　(元)張德輝類次　(清)施國祁箋注　清宣統三年(1911)掃葉山房石印本　八冊

340000－1850－0000206　4:00360－4:00369
太師誠意伯劉文成公集二十卷首一卷　(明)劉基撰　(清)彭始摶等鑒定　(清)張策等校訂　(清)張天鵬等參閲　清光緒二十六年(1900)浙江書局刻本　十冊

340000－1850－0000207　4:00382－4:00393
陽明先生集要三編三種　(明)王陽明撰　(清)施邦曜評輯　清光緒三十二年(1906)鉛印本　十二冊

340000－1850－0000208　4:00426－4:00437
震川大全集三十卷别集十卷餘集八卷補集八卷先太僕評點史記例意一卷論文章體則一卷　(明)歸有光撰　清宣統二年(1910)國學扶輪社石印本　十二冊

340000－1850－0000209　4:00438－4:00449
震川大全集三十卷别集十卷補編十二卷　(明)歸有光著　(清)蕭國琛考訂　(清)王振國　(清)王守謙校　清道光二十三年(1843)南昌府學刻廬陵王氏宜遠堂本　十二冊

340000－1850－0000210　4:00450－4:00465
明張文忠公全集四十六卷　(明)張居正撰　(清)張振綱　(清)劉瀚總校　(清)田楨等校　**附錄二卷**　(清)田楨編輯　(清)張時偉校字　清光緒二十七年(1901)紅藤碧樹山館刻本　十六冊

340000－1850－0000211　4:00470－4:00477
高子遺書十二卷附錄一卷　(明)高攀龍撰　(明)陳龍正編定　(明)高世泰訂正　**高忠憲公年譜一卷**　(明)華允誠述　清光緒二年(1876)無錫東林書院刻本　八冊

340000－1850－0000212　4:00480－4:00483
滄溟先生集十四卷附錄一卷　(明)李攀龍撰　清光緒二十一年(1895)長沙張氏湘雨樓刻本　四冊

340000－1850－0000213　4:00484－4:00507

牧齋全集一百六十三卷 (清)錢謙益撰 (清)錢曾箋注 清宣統二年(1910)邃漢齋鉛印本 二十四册 存七十八卷(初學集一至四十六、七十九至一百十)

340000－1850－0000214 4:00508－4:00511
錢牧齋文鈔不分卷 (清)錢謙益撰 清宣統元年(1909)上海國學扶輪社鉛印本 四册

340000－1850－0000215 4:00512－4:00514
亭林文集六卷餘集一卷 (清)顧炎武撰 清光緒山隱居刻本 三册 缺一卷(餘集一卷)

340000－1850－0000216 4:00525－4:00528
小倉山房詩鈔三十一卷補遺一卷附録一卷 (清)袁枚撰 清懷德堂刻本 四册

340000－1850－0000217 4:00529－4:00531
戴南山文鈔六卷首一卷 (清)戴名世撰 清宣統二年(1910)上海國學扶輪社鉛印本 三册

340000－1850－0000218 4:00532－4:00549
望溪先生文集十八卷望溪先生集外文十卷集外文補遺二卷年譜二卷 (清)方苞撰 (清)戴鈞衡編 清咸豐元年(1851)桐城戴鈞衡刻道光二十七年(1847)增補本 十八册

340000－1850－0000219 4:00550－4:00557
望溪先生文集十八卷望溪先生集外文十卷集外文補遺二卷年譜二卷 (清)方苞撰 (清)戴鈞衡編 (清)蘇惇元輯 清道光二十年(1840)六安學署刻本 八册 缺十六卷(望溪先生文集一至十六)

340000－1850－0000220 4:00558－4:00584
鮚埼亭集三十八卷首一卷經史問答十卷鮚埼亭集外編五十卷 (清)全祖望譔 (清)史夢蛟校 **全氏世譜一卷年譜一卷** (清)董秉純撰 清嘉慶九年(1804)姚江借樹山房刻同治十一年(1872)印本 二十七册

340000－1850－0000221 4:00585－4:00592
海峰文集八卷詩集十一卷 (清)劉大櫆著 (清)歐陽霖 (清)高肇麟校 清同治十三年(1874)桐城劉繼刻本 八册

340000－1850－0000222 4:00593－4:00596
潛研堂文集五十卷詩集十卷詩續集十卷 (清)錢大昕撰 清嘉慶十一年(1806)長沙龍氏家塾刻嘉定錢氏潛研堂全書本 四册 缺五十卷(潛研堂文集五十卷)

340000－1850－0000223 4:00620－4:00627
道古堂文集四十八卷詩集二十六卷外文集一卷集外詩一卷軼事一卷 (清)杭世駿撰 清光緒十四年(1888)泉塘汪氏振綺堂補刻本 十六册

340000－1850－0000224 4:00620－4:00627
大雲山房文稿初集四卷二集四卷 (清)惲敬撰 清光緒十四年(1888)官書處刻本 八册

340000－1850－0000225 4:00632－4:00633
姚惜抱先生尺牘八卷 (清)姚鼐撰 清宣統元年(1909)小萬柳堂刻本 二册

340000－1850－0000226 4:00634－4:00640
惜抱軒文集十六卷後集十卷筆記八卷法帖題跋三卷外集一卷 (清)姚鼐撰 清嘉慶江寧劉文奎刻本 七册

340000－1850－0000227 4:00641－4:00642
樊南文集詳注八卷 (清)馮浩注 清乾隆四十五年(1780)德聚堂刻同治七年(1868)補修本 四册

340000－1850－0000228 4:00643－4:00646
畏齋文集四卷 (清)龔元玠撰 清刻本 四册

340000－1850－0000229 4:00647－4:00650
兩當軒詩鈔十四卷悔存詞鈔二卷 (清)黄景仁撰 (清)趙希璜校 清嘉慶二十二年(1817)長寧趙希璜刻本 四册

340000－1850－0000230 4:00651－4:00672
研經室集一集十四卷二集八卷三集五卷四集二卷詩十一卷續集十一卷再續集六卷外集五卷 (清)阮元撰 清道光三年(1823)文選樓刻本 二十二册 缺五卷(外集五卷)

340000－1850－0000231 4:00673－4:00682

養一齋文集二十卷　(清)李兆洛撰　清光緒四年(1878)刻本　十册

340000－1850－0000232　4:00687－4:00814
曾文正公全集十三種　(清)曾國藩撰　(清)李瀚章輯　清同治至光緒傳忠書局刻本　一百二十八册

340000－1850－0000233　4:00827－4:00926
李文忠公全集一百六十五卷首一卷　(清)李鴻章撰　(清)吳汝綸編錄　清光緒三十四年(1908)金陵刻本　一百册

340000－1850－0000234　4:00927－4:01013
李文忠公全集一百六十五卷首一卷　(清)李鴻章撰　(清)吳汝綸編錄　清光緒三十四年(1908)金陵刻本　八十七册　缺一卷(首一卷)

340000－1850－0000235　4:01014－4:01018
蘇盦文錄二卷駢文錄五卷詩錄八卷詞錄一卷　(清)楊葆光撰　清光緒九年(1883)杭州刻本　五册

340000－1850－0000236　4:01019－4:01023
庸盦筆記六卷　(清)薛福成撰　清光緒二十三年至二十四年(1897－1898)蕭山陳光淞刻本　五册　存五卷(二至六)

340000－1850－0000237　4:01024－4:01029
庸盦全集二十一卷　(清)薛福成撰　清光緒二十三年(1897)上海醉六堂石印本　六册　存五卷(庸庵文編四、續編二、外編四、海外文編一至二)

340000－1850－0000238　4:01030－4:01041
庸盦全集二十一卷　(清)薛福成撰　清光緒二十三年(1897)上海醉六堂石印本　十八册

340000－1850－0000239　4:01050－4:01061
湘綺樓全集三十卷　王闓運撰　清宣統二年(1910)上海國學扶輪社石印本　十二册

340000－1850－0000240　4:01070－4:01189
板橋詩抄一卷詞抄一卷小唱一卷題畫一卷家書一卷　(清)鄭燮著　清影印本　三册

340000－1850－0000241　4:01110－4:01129
飲冰室壬寅文集十六卷癸卯文集四卷　梁啓超著　清光緒二十九年(1903)日本東京新智學社石印本　二十册

340000－1850－0000242　4:01185－4:01284
漢魏六朝百三名家集一百十八卷　(明)張溥輯　清光緒十八年(1892)善化章經濟堂刻本　一百册

340000－1850－0000243　4:01185－4:01284
漢魏六朝百三名家集一百十八卷　(明)張溥輯　清光緒十八年(1892)長沙謝氏翰墨山房刻本　九十九册　缺一卷(賈長沙集一)

340000－1850－0000244　4:01285－4:01402
漢魏六朝百三名家集一百十八卷　(明)張溥輯　清光緒三年(1877)滇南唐友耕刻本　一百十八册　缺二卷(魏文帝集一至二)

340000－1850－0000245　4:01502－4:01503
六朝文絜四卷　(清)許槤編　清光緒三年(1877)讀有用書齋朱墨套印本　二册

340000－1850－0000246　4:01508－4:01539
全唐詩三十二卷　(清)曹寅等輯　清光緒十三年(1887)上海同文書局石印本　三十八册

340000－1850－0000247　4:01595－4:01598
七十家賦鈔六卷　(清)張惠言輯　清光緒四年(1878)宏達堂刻本　四册

340000－1850－0000248　4:01615－4:01618
七家文鈔七卷　(清)陸繼輅輯　清道光元年(1821)刻本　四册

340000－1850－0000249　4:01619
女兒書輯八種　(清)張承燮輯　清光緒二十六年(1900)膠州聽雨何時軒刻東聽雨堂刊書本　一册

340000－1850－0000250　4:01620－4:01719
涵芬樓古今文鈔一百卷　吳曾祺纂　清宣統二年(1910)上海商務印書館鉛印本　一百册

340000－1850－0000251　4:01722－4:01745
文選六十卷　(南朝梁)蕭統輯　(唐)李善注

(清)胡克家校刊　**文選考異十卷**　(清)胡克家撰　清同治八年(1869)萬本儀廣州萃文堂刻本　二十四册

340000－1850－0000252　4:01751－4:01762
文選旁證四十六卷　(清)梁章鉅撰　清光緒八年(1882)吳下刻本　十二册

340000－1850－0000253　4:01765－4:01780
樂府詩集一百卷目錄二卷　(宋)郭茂倩編　清同治十三年(1874)湖北崇文書局刻本　十六册

340000－1850－0000254　4:01781－4:01792
古文辭類纂七十四卷　(清)姚鼐輯　清合河康氏家塾刻本　十二册

340000－1850－0000255　4:01793－4:01804
續古文辭類纂二十八卷　(清)黎庶昌纂　清光緒十六年(1890)金陵書局刻本　十二册

340000－1850－0000256　4:01893－4:01916
駢文類纂四十六卷　王先謙輯　清光緒二十八年(1902)思賢書局刻本　二十四册

340000－1850－0000257　4:01919－4:01934
湖海文傳七十五卷　(清)王昶輯　清道光十七年(1837)經訓堂刻同治五年(1866)印本　十六册

340000－1850－0000258　4:02104－4:02111
韞山堂文集八卷詩集十六卷　(清)管世銘著　清光緒二十年(1894)讀雪山房刻本　二册

340000－1850－0000259　4:02120－4:02121
廣陵詩事十卷　(清)阮元撰　清光緒十六年(1890)京師揚州會館刻嘉慶六年(1801)浙江節署本　二册

340000－1850－0000260　4:02122－4:02129
甌北詩鈔二十卷　(清)趙翼撰　(清)趙廷賢校字　清乾隆五十六年(1791)湛貽堂刻本　八册

340000－1850－0000261　4:02130－4:02135
甌北詩鈔二十卷　(清)趙翼撰　(清)趙廷賢校字　清乾隆五十六年(1791)湛貽堂刻本　六册

340000－1850－0000262　4:02152－4:02153
宋四家詞選不分卷　(清)周濟輯　清光緒三十四年(1908)鉛印本　二册

340000－1850－0000263　4:02162
蕙風詞話五卷詞二卷　(清)況周頤撰　清光緒刻惜陰堂叢書本　一册　缺四卷(蕙風詞話四至五、詞二卷)

340000－1850－0000264　4:02163－4:02166
白雨齋詞話八卷詞存一卷詞抄一卷　(清)陳廷焯著　清光緒二十年(1894)刻本　四册

340000－1850－0000265　4:02173－4:02174
牡丹亭還魂記二卷　(明)湯顯祖編　清光緒十二年(1886)同文書局石印本　二册

340000－1850－0000266　4:02182－4:02183
陳眉公批評琵琶記二卷釋義琵琶記二卷　(明)高明撰　(明)陳繼儒評　清宣統二年(1910)貴池劉氏暖紅室刻本　二册

340000－1850－0000267　4:02184－4:02193
笠翁十種曲　(清)湖上笠翁撰　清刻本　十册

340000－1850－0000268　4:02198－4:02208
杜詩鏡銓二十卷註解二卷　(唐)杜甫撰　(清)楊倫輯　清同治十一年(1872)刻本　十一册　缺一卷(註解二)

340000－1850－0000269　4:02209－4:02218
昌黎先生集四十卷外集十卷遺文一卷　(唐)韓愈撰　(唐)李漢編　**朱子校昌黎先生集傳一卷**　(□)□□撰　清同治八年(1869)江蘇書局刻本　十册

340000－1850－0000270　4:02219
司空詩品註釋一卷　(唐)司空圖撰　清光緒元年(1875)掃葉山房刻本　一册

340000－1850－0000271　4:02220－4:02243
文選十二卷　(南朝梁)蕭統輯　(明)張鳳翼纂註　明金閶葉敬溪刻本　二十四册

340000－1850－0000272　4:02244－4:02253

重刊校正唐荊川先生文集十二卷外集三卷補遺五卷附録一卷 (明)唐順之撰 清光緒三十年(1904)江南書局刻本 十册

340000－1850－0000273 4:00254－4:00257
桃花扇四卷首一卷 (清)雲亭山人(孔尚任)編 清光緒二十一年(1895)蘭雪堂刻本 四册 缺一卷(首一卷)

340000－1850－0000274 4:00258－4:00277
四大奇書第一種五十一卷百二十回 (明)羅貫中(羅本)撰 (清)金聖歎(金人瑞)批 (清)毛宗崗評 (清)邵梧岡參訂 清文成堂刻本 二十册

340000－1850－0000275 5:00001－5:00016
初學記三十卷 (唐)徐堅等輯 **校勘三十卷** (清)黄加焜等校刊 清光緒十四年(1888)黄氏藴石齋刻藴石齋叢書本 十六册

340000－1850－0000276 5:00017－5:00064
淵鑑類函四百五十卷目録四卷 (清)張英等總裁 (清)徐秉義等分纂 (清)蔡升元等校勘 (清)沈涵等校録 (清)吳科等收掌 清光緒十三年(1887)上海同文書局石印本 四十八册

340000－1850－0000277 5:00097－5:000194
佩文韻府一百六卷 (清)張玉書等彙閲 (清)蔡升元等纂修兼校勘 清嶺南潘氏海山仙館刻本 九十八册

340000－1850－0000278 5:00195－5:000254
佩文韻府一百六卷 (清)張玉書等彙閲 (清)蔡升元等纂修兼校勘 **韻府拾遺一百六卷** (清)張廷玉等校勘 (清)汪灝等纂修 清光緒十二年(1886)上海同文書局石印本 六十册

340000－1850－0000279 5:00255－5:000454
佩文韻府一百六卷 (清)張玉書等彙閲 (清)蔡升元等纂修兼校勘 **韻府拾遺一百六卷** (清)張廷玉等校勘 (清)汪灝等纂修 清光緒十八年(1892)上海鴻寶齋石印本 二百册

340000－1850－0000280 5:00455－5:000514
佩文韻府一百六卷 (清)張玉書等彙閲 (清)蔡升元等纂修兼校勘 **韻府拾遺一百六卷** (清)張廷玉等校勘 (清)汪灝等纂修 清光緒十二年(1886)上海同文書局石印本 六十册

340000－1850－0000281 5:01842－5:01863
欽定古今圖書集成經濟彙編樂律典一百三十六卷 (清)陳夢雷輯 (清)蔣廷錫校訂 清光緒十年至十四年(1884－1888)上海圖書集成書局鉛印本 二十二册

340000－1850－0000282 5:04524－5:04763
知不足齋叢書一百九十四種 (清)鮑廷博輯 清乾隆至道光長塘鮑氏刻本 二百四十册

340000－1850－0000283 5:04764－5:04782
知不足齋叢書一百九十四種 (清)鮑廷博輯 清乾隆至道光長塘鮑氏刻本 二百四十册

340000－1850－0000284 5:04783－5:04974
正誼堂全書六十八種 (清)張伯行輯 (清)左宗棠等重校刊 (清)楊浚等總校 (清)鄭開等原校 清同治五年(1866)福州正誼書局刻八年至九年(1869－1870)正誼書院增補光緒十三年(1887)續增本 一百九十二册

340000－1850－0000285 5:04975－5:05084
海山仙館叢書五十六種 (清)潘仕成輯 清道光、咸豐間番禺潘氏刻光緒補刻本 一百十册 缺七十九卷(一切經音義五至二十五、青藤書屋文集一至二十七、漁隱叢話後集一至十六、尺牘新鈔十二卷、測量法義一卷、測量異同一卷、勾股義一卷)

340000－1850－0000286 5:05085－5:05087
海山仙館叢書五十六種 (清)潘仕成輯 清道光、咸豐間番禺潘氏刻光緒補刻本 三册 存十五卷(酌中志十六至二十四、慎守要録一至六)

340000－1850－0000287 5:05264－5:05295
藕香零拾三十九種 繆荃孫輯 清光緒二十二年至宣統二年(1896－1910)刻民國元年

(1912)印本　三十二冊

340000－1850－0000288　5:05296－5:05341
靈鶼閣叢書五十六種　(清)江標輯　清光緒二十一年至二十三年(1895－1897)元和江標湖南使院刻本　四十六冊

340000－1850－0000289　5:05756－5:05815
陸放翁全集六種　(宋)陸遊撰　明末海虞毛氏汲古閣刻清毛扆增刻張氏詩禮堂印本　六十冊

340000－1850－0000290　5:05816－5:05934
船山遺書五十七種　(清)王夫之譔　清同治四年(1865)湘鄉曾國荃金陵刻本　一百十九冊

340000－1850－0000291　5:05935－5:05950
惜抱軒全集十種　(清)姚鼐撰　清同治五年(1866)省心閣刻本　十六冊

340000－1850－0000292　5:05951－5:05962
黃梨洲遺書十種　(清)黃宗羲著　清光緒三十一年(1905)杭州群學社石印本　十二冊

340000－1850－0000293　5:05963－5:05970
亭林遺書十種　(清)顧炎武撰　清蓬瀛閣刻本　八冊

340000－1850－0000294　5:05971－5:05979
二程全書七種　(宋)程顥　(宋)程頤撰　(宋)朱熹輯　清光緒三十四年(1908)澹雅局刻本　九冊

340000－1850－0000295　6:00001－6:00008
遺山先生詩集二十卷　(金)元好問撰　明崇禎十一年(1638)海虞毛氏汲古閣刻元人十種詩本　八冊

340000－1850－0000296　6:00009－6:00032
新刊群書攷正性理大全七十卷　(明)胡廣等纂修　(明)林孜正評　明嘉靖三十七年(1558)余應陽敬賢堂刻本(清周乙亭批跋)　二十四冊

340000－1850－0000297　6:00033－6:00036
船山詩草二十卷　(清)張問陶撰　清嘉慶二十年(1815)刻本　八冊

340000－1850－0000298　6:00041－6:00042
陸士龍文集十卷　(晉)陸雲著　(明)汪士賢校　明刻本　二冊

340000－1850－0000299　6:00043－6:00052
太師誠意伯劉文成公集二十卷首一卷　(明)劉基撰　清康熙劉元奇刻雍正萬里補刻乾隆括芝南田果育堂印本　十冊

340000－1850－0000300　6:00053－6:00054
亭林詩集五卷　(清)顧炎武撰　清康熙刻本　二冊

340000－1850－0000301　6:00055－6:00086
帶經堂集九十二卷　(清)王士禛撰　(清)程哲校編　清康熙四十九年至五十年(1710－1711)新安歙縣程哲七略書堂刻乾隆十二年(1747)黃晟揚州修訂後印本　三十二冊

340000－1850－0000302　6:00087－6:00118
帶經堂集九十二卷　(清)王士禛撰　(清)程哲校編　清康熙四十九年至五十年(1710－1711)新安歙縣程哲七略書堂刻乾隆十二年(1747)黃晟揚州修訂初印本　三十二冊

340000－1850－0000303　6:00119
南海集二卷　(清)王士禛撰　清康熙新安程氏七略書堂刻本　一冊

340000－1850－0000304　6:00120－6:00139
東坡先生編年詩五十卷　(宋)蘇軾撰　(清)查慎行補註　(清)查開校刊　**東坡先生年表一卷**　清乾隆二十六年(1761)海寧查氏香雨齋刻本　二十冊

340000－1850－0000305　6:00140－6:00149
范文正公集首一卷文集二十卷別集四卷政府奏議二卷尺牘三卷言行拾遺事錄四卷鄱陽遺事錄一卷遺蹟一卷義莊規矩一卷褒賢集五卷補編五卷　(宋)范仲淹撰　**年譜一卷年譜補遺一卷**　(宋)樓鑰編　清康熙四十六年(1707)蘇州范氏歲寒堂刻范文正公忠宣公全集本　十冊

340000－1850－0000306　6∶00150－6∶00159
范文正公集首一卷文集二十卷別集四卷政府奏議二卷尺牘三卷言行拾遺事錄四卷鄱陽遺事錄一卷遺蹟一卷義莊規矩一卷褒賢集五卷補編五卷　(宋)范仲淹撰　**年譜一卷年譜補遺一卷**　(宋)樓鑰編　清康熙四十六年(1707)蘇州范氏歲寒堂刻范文正公忠宣公全集本　十冊

340000－1850－0000307　6∶00160－6∶00179
黃詩全集五十八卷　(宋)黃庭堅撰　(宋)任淵　(宋)史容注　清乾隆五十三年(1788)樹經堂刻本　二十冊

340000－1850－0000308　6∶00180－6∶00206
楊文節公文集四十二卷首一卷末一卷楊文節公詩集四十二卷錦繡策二卷　(宋)楊萬里撰　(清)彭淑校訂　(清)陳霖等校　清乾隆五十九年至六十年(1794－1795)帶經軒刻本　二十七冊

340000－1850－0000309　6∶00207－6∶00214
重刻黃文節山谷先生文集三十卷　(宋)黃庭堅撰　(明)方沆校　(明)王鳳翔梓　(明)黃華陽訂　明萬曆王鳳翔光啟堂刻清振鄴堂遞修本　八冊

340000－1850－0000310　6∶00215－6∶00226
白香山詩長慶集二十卷後集十七卷別集一卷補遺二卷　(唐)白居易撰　(清)汪立名編訂　**舊唐書本傳一卷**　**白香山年譜一卷**　(清)汪立名撰　**白香山年譜舊本一卷**　(宋)陳振孫撰　清康熙四十一年至四十二年(1702－1703)古歙汪立名一隅草堂刻本　十二冊

340000－1850－0000311　6∶00227－6∶00246
杜詩詳註二十五卷首一卷附編二卷補註一卷　(唐)杜甫撰　(清)仇兆鰲輯注　清康熙三十二年(1693)刻本　十四冊

340000－1850－0000312　6∶00261－6∶00274
杜詩詳註二十五卷首一卷附編二卷補註一卷　(唐)杜甫撰　(清)仇兆鰲輯註　清康熙三十二年(1693)大文堂刻本　十四冊

340000－1850－0000313　6∶00275－6∶00288
李太白文集三十六卷　(唐)李白撰　(清)王琦輯註　清乾隆二十四年(1759)聚錦堂刻本　十四冊　缺三卷(二十七至二十八、三十六)

340000－1850－0000314　6∶00289－6∶00292
溫飛卿詩集九卷　(唐)溫庭筠撰　(明)曾益原注　(清)顧予咸補注　(清)顧嗣立重校　清康熙三十六年(1697)長洲顧氏秀野草堂刻本　四冊

340000－1850－0000315　6∶00293
楚辭燈四卷　(清)林雲銘論述　(清)林沅校　清康熙三十六年(1697)刻本　一冊

340000－1850－0000316　6∶00294－6∶00299
楚辭十九卷　(戰國)屈原撰　(明)陸時雍疏　**楚辭條例一卷**　(明)陸時雍識　**讀楚辭語一卷**　(明)陸時雍識　**屈原傳**　(漢)司馬遷撰　(明)張煥如閱　**附錄楚辭雜論一卷**　清康熙四十四年(1705)有文堂刻本　六冊

340000－1850－0000317　6∶00300－6∶00309
歷代賦鈔七十二卷　(清)趙維烈編　清康熙二十四年(1685)一經樓刻本　十冊

340000－1850－0000318　6∶00310－6∶00317
新刊五百家注音辨昌黎先生文集四十卷　(唐)韓愈撰　清康熙四十九年(1710)刻本　八冊

340000－1850－0000319　6∶00334－6∶00341
漁隱叢話前集六十卷後集四十卷　(宋)胡仔纂集　清乾隆五年至六年(1740－1741)楊佑啟耘經樓刻本　八冊

340000－1850－0000320　6∶00348－6∶00353
桃花扇傳奇二卷　(清)孔尚任編　清刻本　六冊

340000－1850－0000321　6∶00348－6∶00353
桃花扇傳奇二卷四十齣續一齣　(清)雲亭山人(孔尚任)編　清康熙至雍正西園刻本　六冊

340000－1850－0000322　6:00354－6:00361
麗體金膏八卷　(清)馬俊良輯　清乾隆五十九年(1794)石門馬氏大酉山房刻龍威秘書本　八冊

340000－1850－0000323　6:00362－6:00373
水心文集二十九卷　(宋)葉適撰　明刻本　十二冊

340000－1850－0000324　6:00385－6:00390
欽定國朝詩別裁集三十二卷　(清)沈德潛纂評　清乾隆二十六年(1761)刻本　十一冊

340000－1850－0000325　6:00385－6:00390
唐四家詩三十二卷　(唐)王維等撰　清抄本　六冊

340000－1850－0000326　6:00391－6:00400
重訂唐詩別裁集二十卷　(清)沈德潛選　(清)沈種松校字　清乾隆二十八年(1763)長洲沈德潛教忠堂刻本　十冊

340000－1850－0000327　6:00401－6:00420
文選六十卷　(南朝梁)蕭統輯　(唐)李善注　(清)胡克家校刊　**文選考異十卷**　(清)胡克家撰　清嘉慶十四年(1809)鄱陽胡克家初刻初印本　二十冊

340000－1850－0000328　6:00445－6:00456
六經圖二十四卷　(清)鄭之橋編輯　清乾隆九年(1744)述堂刻本　十二冊

340000－1850－0000329　6:00457－6:00640
重刊宋本十三經註疏附校勘記十三種　(清)阮元校勘　(清)盧宣旬摘錄　清嘉慶二十年(1815)江西南昌府學刻本　一百八十四冊

340000－1850－0000330　6:00643－6:00646
大戴禮記十三卷　(漢)戴德撰　(北周)盧辯注　清乾隆二十五年(1760)刻本　二冊

340000－1850－0000331　6:00643－6:00646
毛詩古音考五卷　(明)陳第輯　清乾隆二十七年(1762)崇本山堂刻本　四冊

340000－1850－0000332　6:00647－6:00654
說文十四卷首一卷　(五代)徐鍇著　清南陵劉氏稿本　八冊

340000－1850－0000333　6:00655－6:00657
大廣益會玉篇三十卷　(南朝梁)顧野王撰　(唐)孫強增字　(宋)陳彭年等重修　清康熙四十三年(1704)吳郡張氏刻澤存堂五種本　三冊

340000－1850－0000334　6:00658－6:00659
輶軒使者絕代語釋別國方言十三卷　(漢)揚雄撰　(晉)郭璞注　清刻本　二冊

340000－1850－0000335　6:00660－6:00661
屈宋古音義三卷　(明)陳第著　(明)焦竑閱　(清)徐時作重訂　清乾隆三十二年(1767)徐時作刻本　二冊

340000－1850－0000336　6:00662－6:00666
宋重修廣韻五卷　(宋)陳彭年等修　清康熙四十五年(1706)曹氏揚州使院刻本　五冊

340000－1850－0000337　6:00667－6:00696
孝經衍義一百卷首二卷　(清)葉方藹等纂修　清康熙二十九年(1690)刻本　三十冊

340000－1850－0000338　6:00697－6:00776
龍威秘書一百七十七種　(清)馬俊良輯　清乾隆五十九年(1794)石門馬氏大酉山房刻本　八十冊

340000－1850－0000339　6:00807－6:00877
增訂漢魏叢書九十六種　(清)王謨輯　清乾隆五十六年(1791)金谿王氏刻本(淮南子卷一至三以清刻本配補)　七十一冊　缺四十四卷(孔叢子一至二、新語一至二、新書一至十、新序一至十、說苑一至二十)

340000－1850－0000340　6:00878－6:01053
增訂漢魏叢書九十六種　(清)王謨輯　清乾隆五十六年(1791)金谿王氏刻本(淮南子卷一至三以清刻本配補)　一百七十六冊

340000－1850－0000341　6:01054－6:01085
歐陽文忠公文集三十五卷首一卷末一卷詩集六卷　(宋)歐陽修撰　清康熙四十九年(1710)彭期刻本　三十二冊

340000－1850－0000342　6:01085－6:01088
桐城吴先生全書七種　(清)吴汝綸撰　吴闓生編次　清光緒三十年(1904)桐城吴氏初刻初印本(吴闓生題記)　四冊　存一種五卷(文集一至四、詩集一)

340000－1850－0000343　6:01090－6:01229
淵鑑類函四百五十卷目錄四卷　(清)張英等總裁　(清)徐秉義等分纂　(清)蔡升元等校勘　(清)沈涵等校錄　(清)吴科等收掌　清康熙四十九年(1710)刻本　一百四十冊

340000－1850－0000344　6:01230－6:01261
子史精華一百六十卷　(清)允祿等監修　(清)張廷玉等校對　吴襄等纂修　清雍正五年(1727)刻本　三十二冊

340000－1850－0000345　6:01262－6:0123
御撰資治通鑑綱目三編二十卷　(清)張廷玉等編　清刻本　二冊

340000－1850－0000346　6:01264－6:0125
竹書紀年統箋十二卷　(南朝梁)沈約附注　(清)徐文靖統箋　(清)馬陽　(清)崔萬烜校訂　**竹書紀年前編一卷**　(清)徐文靖補箋　(清)馬陽　(清)崔萬烜校訂　清乾隆十五年(1750)刻本　二冊　存七卷(竹書紀年統箋一至六、竹書紀年前編一卷)

340000－1850－0000347　6:01266－6:01373
資治通鑑二百九十四卷　(宋)司馬光編集　(元)胡三省音註　(明)陳仁錫評閲　**通鑑釋文辯誤十二卷**　(元)胡三省輯著　(明)陳仁錫訂校　明天啓五年(1625)長洲陳仁錫刻本(卷七十六至七十七、二百九十四為抄配,卷二百九十三葉二十五至三十為抄補)　一百八冊

340000－1850－0000348　6:01373－6:01378
香祖筆記十二卷　(清)王士禛撰　清康熙刻雍正印本　六冊

340000－1850－0000349　6:013780－6:01389
水經注不分卷　(北魏)酈道元注　清乾隆戴震刻本　十冊

340000－1850－0000350　6:01390－6:01421
繹史一百六十卷世系圖一卷年表一卷　(清)馬驌撰　清康熙刻本　三十二冊

340000－1850－0000351　6:01422－6:01441
十六國春秋一百卷　(北魏)崔鴻撰　(清)汪日桂重訂　清乾隆竹素山房刻本　二十冊

340000－1850－0000352　6:01442－6:01451
福惠全書三十二卷　(清)黄六鴻著　清康熙三十三年(1694)刻本　十冊

340000－1850－0000353　6:01452－6:01455
莊子解三卷　(清)吴世尚注　(清)湯奠邦參訂　清康熙五十四年(1715)光裕堂刻本　四冊

340000－1850－0000354　6:01456－6:01457
莊子南華真經十卷　(周)莊周撰　明萬曆十九年(1591)丁元薦刻本　二冊

340000－1850－0000355　6:01458－6:01499
佩文齋廣群芳譜一百卷目錄二卷　(清)汪灝等編　清康熙四十七年(1708)內府刻本　四十二冊

340000－1850－0000356　6:01500－6:01542
佩文齋廣群芳譜一百卷目錄二卷　(清)汪灝編　清康熙四十七年(1708)刻本　四十三冊

340000－1850－0000357　6:01543－6:01553
清河書畫舫十二卷　(明)張丑造　清乾隆二十八年(1763)池北草堂刻本　十一冊　缺一卷(十)

340000－1850－0000358　6:01560－6:01569
丹鉛總錄二十七卷　(明)楊慎著　(明)陳愷校　清乾隆五十九年(1794)大順堂刻本　十冊

340000－1850－0000359　6:01570－6:01581
陔餘叢考四十三卷　(清)趙翼撰　清乾隆五十六年(1791)湛貽堂刻本　十二冊

340000－1850－0000360　6:01582－6:01587
觚賸八卷續編四卷　(清)鈕琇撰　清康熙臨野堂刻本　十冊　存八卷(觚賸八卷)

340000－1850－0000361　6：01589－6：01603
日知録三十二卷　(清)顧炎武撰　清康熙三十四年(1695)吴江潘氏遂初堂刻本　十五册　存三十卷(一至三十)

340000－1850－0000362　6：01604－6：01612
日知録三十二卷　(清)顧炎武撰　清康熙三十四年(1695)吴江潘氏遂初堂刻本　十册　存三十卷(一至三十)

340000－1850－0000363　6：01669－6：01672
小學集註六卷題辭一卷　(宋)朱熹撰　清京都文成堂刻本　四册

340000－1850－0000364　6：01673－6：01703
正字通十二集　(清)廖文英輯　**字彙舊本首卷**　(明)梅膺祚音釋　清康熙三畏堂刻本　三十一册　缺一卷(亥集下)

340000－1850－0000365　6：01704－6：01707
韓非子二十卷　(明)吴勉學校　明萬曆吴勉學刻二十子本　四册

340000－1850－0000366　6：01707－6：01718
遏雲閣曲譜初集不分卷　(清)王錫純輯　(清)李秀雲拍正　清光緒十九年(1893)著易堂鉛印本　十二册

340000－1850－0000367　6：01707－6：01726
杜詩詳註二十五卷首一卷附編二卷補註一卷　(唐)杜甫撰　(清)仇兆鰲輯註　清康熙刻本　二十册

340000－1850－0000368　6：01709－6：01715
庾子山集十六卷總釋一卷　(北周)庾信撰　(清)倪璠注　清刻本　九册　存十四卷(庾子山集一至十四)

340000－1850－0000369　6：01716－6：01787
經義考三百卷目錄二卷　(清)朱彝尊撰　(清)李濤　(清)朱昆田校　**經義考總目録二卷**　(清)盧見曾編　清康熙刻乾隆二十年(1755)盧見曾續刻四十二年(1777)汪汝瑮補刻本　七十二册

340000－1850－0000370　6：01727－1730
蔡中郎文集十卷外傳一卷　(漢)蔡邕傳　明萬曆二年(1574)徐子器刻本　四册

340000－1850－0000371　6：01728－6：01729
爾雅直音二卷　(清)孫偘輯　清光緒九年(1883)成都膺詁經塾刻本　二册

340000－1850－0000372　6：01730－6：01737
二程全書七種　(宋)程顥　(宋)程頤撰　(宋)朱熹輯　清光緒三十四年(1908)澹雅局刻本　八册　存五十三卷(遺書一至二十五、附録一卷,外書一至十二,明道先生文集一至五,伊川先生文集一至八、附録一至二)

340000－1850－0000373　6：01788－6：01791
蔡中郎集六卷補遺一卷　(漢)蔡邕著　(清)劉嗣奇校　清雍正五年(1727)刻本　四册

340000－1850－0000374　6：01792－6：02391
二十四史　(清)弘晝等校刊　清光緒十年(1884)上海同文書局石印本　六百册

安徽省阜陽市圖書館古籍普查登記目録

全國古籍普查登記目録

國家圖書館出版社
National Library of China Publishing House

《安徽省阜陽市圖書館古籍普查登記目録》

編委會

《安徽省阜陽市圖書館古籍普查登記目録》

前　言

阜陽市圖書館是阜陽市文化旅游體育局直屬的文化事業單位，由原阜陽縣圖書館（建於1956年）和原阜陽市圖書館（建於1976年）於1993年合并而成。現有建築面積2000平方米，平均每年辦理借閱證4000多個，接待讀者11萬人次，解答各類咨詢2000餘條，編製科技信息快報6期。阜陽市所轄地域廣大，歷史悠久，人口衆多，歷史文獻、地方文獻種類繁多，數量龐大。爲響應“中華古籍保護計劃”，更好地發揮歷史文獻、地方文獻服務經濟社會發展的作用，2011年，阜陽市圖書館成立歷史文獻部，旨在系統收録本地從古至今的地方資料，包括政治、經濟、文化、教育、歷史、地理、風土人情、人物傳記、物産資源、名勝古迹等諸多方面内容，尤其注重收録本地的出版物和原籍本地區及曾在本地區活動過的有較大影響和知名度的地方學者的著述及其手稿。

由於我館歷史文獻部成立較晚，基礎薄弱，歷史文獻資料數目嚴重不足。因此，自成立以來，歷史文獻部把加大歷史文獻搜集力度，儘快提高歷史文獻的數量作爲日常工作的一項重要内容。首先，加大徵集力度。對非正式出版單位和收藏有歷史文獻的單位和個人，我部采用上級單位發函、上門訪求等方式徵集歷史文獻資料。第二，接受社會捐贈，采取多項措施，加强歷史文獻捐贈工作的開展。第三，完善呈繳制度，向政府相關部門提交申請，争取政府的認同、重視和支持，完善相關制度規定，切實改善呈繳制度的執行狀況。

同時，在做好搜集工作的基礎上，我館對珍藏和搜集而來的文獻進行采集整理，在此基礎上進行加工、編目，并加以保護。

2017年3月，“中華古籍普查文化志願服務行動”在安徽啓動。在安徽省圖書館的指導下，阜陽市圖書館密切配合，此次古籍普查活動順利完成，基本摸清我館所存古籍現狀。我館共收藏古籍211部1981册，具有以下特色：

一、館藏一批清同治至光緒年間，由上海江南製造總局刊刻或鉛印的書籍，保存完好。内容多爲介紹西方科技知識，由外國人口譯，清朝人筆述。

二、古籍來源豐富，不少古書有鈐印，可判斷其來源。史部部分書籍中鈐有“子駿暫有”豎長方陽文鈐印，可知此類書籍原爲“子駿”所藏。而爲數不少古籍封面有方形紅底黑字印迹，題爲“阜陽正堂劉諭/聚星學堂書籍/各宜愛惜珍藏/如有污毁遺失/一律查照賠償/光緒甲辰夏月穀旦”，可知此類書籍原爲聚星學堂劉諭所有。此外，還有一部分書籍具有“清穎學堂”豎長方陽文鈐印,原爲“清穎學堂”藏書。

三、保存相對完好,品相甚好,蟲蛀、絮化的現象較少。隨着古籍普查和保護的進行,我館的工作取得了階段性的成果,在欣慰的同時,每一位參與者也深深感受到我館在古籍保護工作中面臨的問題,如古籍保護部門成立時間較晚,基礎薄弱等。古籍的普查、保護和修復是一項艱苦、困難的工作,需要工作人員具有認真、細緻的工作態度和敬業、負責的工作精神。要想做好此項工作并非易事,必須在充足的時間裏,采用統一、科學的標準,由經驗豐富、責任心强、肯於吃苦、樂於奉獻、熟悉館藏的同志做此項工作。儘管編者對於館藏古籍的編目整理力求精益求精,但囿於水平有限,難免有疏漏之處,請專家、同仁不吝賜教,我館將不勝榮幸,努力提高古籍保護水平,爲中華古籍保護事業和中華優秀傳統文化的傳承貢獻微薄之力。

阜陽市圖書館編委會

2020 年 3 月

340000－1830－0000001　03645－03660
史記一百三十卷　（漢）司馬遷撰　（南朝宋）裴駰集解　清光緒四年（1878）金陵書局刻二十四史本　十六册

340000－1830－0000002　03628－03643
後漢書一百卷　（南朝宋）范曄撰　（唐）李賢注　**續漢書志三十卷**　（晉）司馬彪撰　（南朝梁）劉昭著　清光緒十三年（1887）金陵書局刻本　十六册

340000－1830－0000003　03607－03626
魏書一百十四卷　（北齊）魏收撰　清同治十一年（1872）金陵書局刻二十四史本　二十册

340000－1830－0000004　03595－03606
遼史一百十五卷附考證　（元）托克托等修　清同治十二年（1873）江蘇書局刻二十四史本　十二册

340000－1830－0000005　03495－03594
宋史四百九十六卷目錄三卷　（元）脱脱等撰　清光緒元年（1875）浙江書局刻二十四史本　一百册

340000－1830－0000006　03490－03494
周書五十卷　（唐）令狐德棻等撰　清同治十三年（1874）金陵書局刻二十四史本　五册

340000－1830－0000007　03470－03489
北史一百卷　（唐）李延壽撰　清同治十一年（1872）金陵書局刻二十四史本　二十册

340000－1830－0000008　03423－03469
唐書二百二十五卷　（宋）歐陽修撰　（宋）宋祁撰　清同治十二年（1873）浙江書局刻二十四史本　四十七册　缺四卷（二百十七至二百二十）

340000－1830－0000009　03382－03421
康熙字典十二集三十六卷總目一卷檢字一卷辨似一卷等韻一卷備考一卷補遺一卷　（清）張玉書等纂　清刻本　四十册

340000－1830－0000010　03342－03381
康熙字典十二集三十六卷備考一卷補遺一卷等韻一卷總目一卷　（清）張玉書纂　清道光七年（1827）刻本　四十册

340000－1830－0000011　02082－02133
小方壺齋輿地叢鈔十二帙六十四卷　（清）王錫祺輯　清光緒十七年（1891）上海著易堂鉛印本　五十二册

340000－1830－0000012　03282－03341
明史三百三十二卷　（明）張廷玉等修　清光緒三年（1877）湖北崇文書局刻二十四史本　六十册　缺四卷（三百二十九至三百三十二）

340000－1830－0000013　03262－03281
金史一百三十五卷欽定金國語解一卷　（元）托克托等修　清同治十三年（1874）江蘇書局刻二十四史本　二十册

340000－1830－0000014　03250－03261
南史八十卷　（唐）李延壽撰　清同治十一年（1872）金陵書局刻二十四史本　十二册

340000－1830－0000015　02134－02173
舊唐書二百卷　（五代）劉昫撰　清同治十一年（1872）浙江書局刻本　四十册

340000－1830－0000016　03247－03249
梁書五十六卷　（唐）姚思廉撰　清同治十三年（1874）金陵書局刻二十四史本　三册　存三十五卷（一至三十五）

340000－1830－0000017　03231－03246
隋書八十五卷　（唐）魏徵等撰　（清）郭夔校　清同治十年（1871）淮南書局刻二十四史本　十六册

340000－1830－0000018　01522－01529
三國志六十五卷　（晉）陳壽撰　（南朝宋）裴松之注　清光緒十三年（1887）江南書局刻本　八册

340000－1830－0000019　02174－02188
宋書一百卷　（南朝梁）沈約撰　清同治十一年（1872）金陵書局刻二十四史本　十五册　缺七卷（六十三至六十九）

340000－1830－0000020　01506－01521

舊五代史一百五十卷附考證 （宋）薛居正等撰 清同治十一年(1872)湖北崇文書局刻二十四史本 十六册

340000－1830－0000021 03227－03230
陳書三十六卷 （唐）姚思廉撰 清同治十一年(1872)金陵書局刻二十四史本 四册

340000－1830－0000022 01500－01505
南齊書五十九卷 （南朝梁）蕭子顯撰 清同治十三年(1874)金陵書局刻二十四史本 六册

340000－1830－0000023 01480－01499
晉書一百三十卷 （唐）太宗李世民撰 **音義三卷** （唐）何超撰 清同治十年(1871)金陵書局刻二十四史本 二十册

340000－1830－0000024 02189－02208
漢書一百二十卷 （漢）班固撰 （唐）顔師古注 清同治十二年(1873)韓江書局刻本 二十册

340000－1830－0000025 01472－01479
五代史七十四卷 （宋）歐陽修撰 （宋）徐無黨注 清同治十一年(1872)湖北崇文書局刻二十四史本 八册

340000－1830－0000026 03178－03226
元史二百十卷附考證 （明）宋濂等撰 清同治十三年(1874)江蘇書局刻二十四史本 四十九册 缺三卷(一至三)

340000－1830－0000027 01529－01531
俄國新志八卷 （英國）陔勒低撰 （英國）傅蘭雅 （清）潘松譯 清光緒二十四年(1898)江南机器製造總局刻本 三册

340000－1830－0000028 01741－01742
物體遇熱改易記四卷 （英國）瓦特斯輯 （英國）傅蘭雅口譯 （清）徐壽筆述 （清）趙元益校録 清光緒二十五年(1899)江南機器製造總局刻本 二册

340000－1830－0000029 03176－03177
形學備旨十卷 （美國）狄考文選譯 （清）鄒立文筆述 （清）劉永錫參閲 清光緒三十年(1904)上海美華書館鉛印本 二册

340000－1830－0000030 02209－02210
形學備旨十卷 （美國）狄考文選譯 （清）鄒立文筆述 （清）劉永錫參閲 清光緒三十年(1904)上海美華書館鉛印本 二册

340000－1830－0000031 02211
形學備旨十卷 （美國）狄考文選譯 （清）鄒立文筆述 （清）劉永錫參閲 清光緒三十年(1904)上海美華書館鉛印本 一册 缺一卷(四)

340000－1830－0000032 02212－02213
形學備旨十卷 （美國）狄考文選譯 （清）鄒立文筆述 （清）劉永錫參閲 清光緒三十年(1904)上海美華書館鉛印本 二册 缺二卷(三至四)

340000－1830－0000033 03174－03175
形學備旨十卷 （美國）狄考文選譯 （清）鄒立文筆述 （清）劉永錫參閲 清光緒三十年(1904)上海美華書館鉛印本 二册 缺一卷(四)

340000－1830－0000034 01532－01537
考工記要十七卷附圖一卷 （英國）瑪體生著 （英國）傅蘭雅譯 （清）鍾天緯譯 汪振聲校訂 清光緒江南机器製造總局刻本 六册 缺五卷(八至十二)

340000－1830－0000035 01459－01460
形學備旨十卷 （美國）狄考文選譯 （清）鄒立文筆述 （清）劉永錫參閲 清光緒三十年(1904)上海美華書館鉛印本 二册

340000－1830－0000036 01457－01458
形學備旨十卷 （美國）狄考文選譯 （清）鄒立文筆述 （清）劉永錫參閲 清光緒三十年(1904)上海美華書館鉛印本 二册 存五卷(一至二、八至十)

340000－1830－0000037 02079－02080
法規大全不分卷 （清）劉崇杰等譯校 清光緒三十三年(1907)上海商務印書館鉛印本

二冊　存第七類、第二十三類第二章

340000－1830－0000038　01456
左傳紺珠二卷　（清）王武沂纂輯　（清）蕭士麟補輯　清咸豐元年(1851)刻本　一冊

340000－1830－0000039　01538－01543
考試司機七卷首一卷　（英國）托爾那著　（英國）傅蘭雅口譯　（清）徐華封筆述　清光緒江南機器製造總局刻本　六冊　缺一卷（五）

340000－1830－0000040　01448－01449
慶祝表文二卷　不著撰者　清宣統元年(1909)刻本　二冊

340000－1830－0000041　01544－01545
井礦工程三卷　（英國）白爾捺輯　（英國）傅蘭雅口譯　（清）趙元益筆述　清光緒江南機器製造總局刻本　二冊

340000－1830－0000042　01426－01447
讀史方輿紀要一百三十卷方輿全圖總說五卷　（清）顧祖禹輯著　清光緒二十七年(1901)上海圖書集成印書局鉛印本　二十二冊　缺四十卷（六至九、四十二至四十五、七十九至八十八、九十六至一百五、一百二十四至一百三十，方輿全圖總說五卷）

340000－1830－0000043　02214－02220
文獻通考三百四十八卷　（元）馬端臨著　清光緒二十二年(1896)浙江書局刻本　七冊　存十六卷（一至十六）

340000－1830－0000044　01410－01425
天下郡國利病書一百二十卷　（清）顧炎武輯　清光緒二十七年(1901)上海圖書集成印書局鉛印本　十六冊　存六十五卷（十一至十四、十九至二十八、四十至四十三、五十三至五十八、六十五至八十七、九十七至九十九、一百二至一百六、一百十一至一百二十）

340000－1830－0000045　01388－01409
皇朝經世文統編一百七卷　（清）邵之棠輯　清光緒二十七年(1901)上海寶善齋石印本　二十二冊　存四十三卷（七至十五、十七、二十至二十二、二十七至三十、三十七至四十二、四十六、四十八至五十四、五十七至五十八、六十、六十六至六十八、七十至七十五）

340000－1830－0000046　02221－02223
皇朝文獻通考三百卷　（清）嵇璜等纂　清光緒八年(1882)浙江書局刻本　三冊　存七卷（一百六十四至一百六十八、一百七十至一百七十一）

340000－1830－0000047　02224－02227
邁堂文略四卷　（清）李祖陶撰　清同治七年(1868)敖陽尚友樓刻本　四冊

340000－1830－0000048　01385－01387
御撰資治通鑑綱目三編二十卷　（清）張廷玉等撰　清刻本　三冊

340000－1830－0000049　01546－01550
鑄金論六卷　（英國）司布勒村著　（英國）傅蘭雅口譯　汪振聲筆述　清光緒二十八年(1902)江南機器製造總局刻本　五冊

340000－1830－0000050　01362－01384
資治通鑑二百九十四卷　（宋）司馬光編集　（元）胡三省音注　（明）陳仁錫評閱　清刻本　二十三冊　存七十一卷（三十六至三十八、五十一至五十三、九十一至一百六、一百十三至一百十五、一百四十二至一百四十七、一百七十二至一百八十四、一百八十九至一百九十一、二百五十四至二百六十二、二百八十至二百九十四）

340000－1830－0000051　02081
英國水師律例四卷　（英國）德麟　（英國）極福德纂　（清）舒高第　（清）鄭昌棪譯　清光緒三年(1877)石印本　一冊

340000－1830－0000052　03173
英國水師律例四卷　（英國）德麟　（英國）極福德纂　（清）舒高第　（清）鄭昌棪譯　清光緒三年(1877)石印本　一冊

340000－1830－0000053　01355－01361
資治通鑑綱目正編五十九卷　（宋）朱熹撰　（明）陳仁錫評閱　清刻本　七冊　存十六卷

（四至六、十一至十二、十五至二十五）

340000－1830－0000054　02228－02231

附釋音禮記注疏十二卷校勘記十二卷　（漢）鄭玄注　（唐）孔穎達疏　（唐）陸德明釋文　清光緒十三年（1887）上海點石齋石印本　四册

340000－1830－0000055　02232－02234

附釋音周禮註疏六卷校勘記六卷　（漢）鄭玄注　（唐）賈公彦疏　（唐）陸德明釋文　清光緒十三年（1887）上海點石齋石印本　三册

340000－1830－0000056　01339－01354

通志二百卷　（宋）鄭樵撰　清光緒二十二年（1896）浙江書局刻本　十六册　存十八卷（三十六至三十七、四十一、七十一至七十六、七十九至八十、九十二、一百三十、一百五十二、一百五十四、一百六十六、一百七十三至一百七十四）

340000－1830－0000057　01335－01338

通典二百卷附考證一卷　（唐）杜佑纂　清光緒二十二年（1896）浙江書局刻本　四册　存十六卷（十六至十九、一百六十九至一百八十）

340000－1830－0000058　01326－01334

欽定續通典一百五十卷　（清）嵇璜等撰　清光緒十二年（1886）浙江書局刻本　九册　存三十二卷（一至七、十七至二十五、二十九至三十一、四十七至五十、五十七至六十五）

340000－1830－0000059　02235

孟子注疏解經四卷校勘記四卷　（漢）趙岐注　（宋）孫奭疏　清光緒十三年（1887）上海點石齋石印本　一册

340000－1830－0000060　01288－01325

欽定續通志六百四十卷　（清）嵇璜等撰　清光緒十二年（1886）浙江書局刻本　三十八册　存一百二十卷（一至二、十三至三十三、六十八至六十九、一百一至一百三、一百三十八至一百三十九、一百七十六至一百八十六、一百九十七至二百、二百七至二百十五、二百三十四至二百三十八、二百五十至二百五十三、二百七十八至二百八十、二百九十二至二百九十八、三百四十九至三百五十一、三百五十六至三百六十一、三百六十七至三百七十一、三百七十八至三百七十九、四百十三至四百十九、五百十三至五百十五、五百十七至五百二十五、五百三十八至五百四十、五百六十八至五百七十一、六百十一至六百十五）

340000－1830－0000061　02423－02429

讀通鑑論十卷　（清）王夫之撰　清光緒二十九年（1903）上海官書局石鉛印本　七册　缺一卷（七）

340000－1830－0000062　01286－01287

方輿全圖總説五卷　（清）顧祖禹輯　清光緒二十七年（1901）上海圖書集成局石印本　二册　存三卷（一、四至五）

340000－1830－0000063　01279－01285

李文忠公奏稿八十卷　（清）李鴻章撰　（清）吴汝綸編録　清光緒三十一年至三十四年（1905－1908）金陵刻李文忠公全集本　七册　存七卷（八、十、十三、五十三至五十四、六十六、七十二）

340000－1830－0000064　01263－01278

尺木堂綱鑑易知録九十二卷明鑑易知録十五卷　（清）吴乘權等輯　清光緒二十七年（1901）上海商務印書館鉛印本　十六册

340000－1830－0000065　01254－01262

物理學上編四卷中編四卷下編四卷　（日本）飯盛挺造編纂　（日本）籐田豐八譯　（日本）丹波敬三　（日本）柴田承桂校補　（清）王季烈重編　清光緒二十六年至二十九年（1900－1903）江南製造局刻本　九册　存八卷（物理學上編四卷，中編一、三，下編一至二）

340000－1830－0000066　01253

物理學上編四卷中編四卷下編四卷　（日本）飯盛挺造編纂　（日本）籐田豐八譯　（日本）丹波敬三　（日本）柴田承桂校補　（清）王季烈重編　清光緒二十六年至二十九年（1900－1903）江南製造局刻本　一册　存一卷（下

編二)

340000－1830－0000067　01243－01252

續資治通鑑綱目二十七卷　(明)商輅等纂修　(明)陳仁錫評閲　清刻本　十册　存十一卷(一至二、八至十、十四至十五、十九、二十三至二十五)

340000－1830－0000068　01198－01242

資治通鑑綱目五十九卷　(宋)朱熹撰　(明)陳仁錫評閲　清刻本　四十五册　存三十六卷(一至二、四至五、六至九、十一至十六、十八下、十九至二十一、二十七至三十七、四十一、四十四、四十七、五十四至五十五、五十七至五十八)

340000－1830－0000069　02446－02449

明紀六十卷　(清)陳鶴纂　(清)陳克家參訂　清光緒二十八年(1902)上海積山書局石印本　四册　缺八卷(五十三至六十)

340000－1830－0000070　01551

銀礦指南一卷　(美國)亞倫著　(英國)傅蘭雅口譯　(清)應祖錫筆述　清光緒十七年(1891)江南機器製造總局刻本　一册

340000－1830－0000071　01552

汽機必以十二卷附一卷　(英國)蒲而捺譔　(英國)傅蘭雅口譯　(清)徐建寅筆述　清光緒江南機器製造總局刻本　一册　存一卷(附一卷)

340000－1830－0000072　01553－01555

農物土質論三卷　(美國)金福蘭格令希蘭撰　(美國)衛理口譯　(清)范熙庸筆述　清光緒二十六年(1900)江南機器製造總局刻本　三册

340000－1830－0000073　01556

農學初級一卷　(英國)旦爾恒理著　(英國)秀耀春口譯　(清)范熙庸筆述　清光緒二十四年(1898)江南機器製造總局刻本　一册

340000－1830－0000074　01557

電氣鍍金略法一卷　(英國)華特纂　(英國)傅蘭雅口譯　(清)周郇筆述　清光緒江南機器製造總局刻本　一册

340000－1830－0000075　01558

航海章程一卷航海章程初級記錄一卷　(美國)弗蘭克林纂　(清)鳳儀口譯　(清)徐家寶筆述　清光緒江南機器製造總局刻本　一册

340000－1830－0000076　01559

農務要書簡明目錄一卷　(英國)傅蘭雅口譯　(清)王樹善筆述　清光緒二十七年(1901)江南機器製造總局刻本　一册

340000－1830－0000077　01560

鐵路紀要三卷　(美國)柯理集　(清)潘松譯　(清)章壽彝校　清光緒江南機器製造總局刻本　一册

340000－1830－0000078　01561

英俄印度交涉書一卷　(英國)馬文著　(英國)羅亨利　(清)瞿昂來譯稿　清光緒江南機器製造總局刻本　一册

340000－1830－0000079　03172

農務化學問答二卷　(英國)仲斯敦著　(英國)秀耀春口譯　(清)范熙庸筆述　清光緒二十五年(1899)江南製造總局刻本　一册　存一卷(上)

340000－1830－0000080　03165

繪地法原一卷表一卷圖一卷　(美國)金楷理口譯　(清)王德均筆述　清光緒江南機器製造總局刻江南製造局叢書本　一册

340000－1830－0000081　03160－03164

讀史大略六十卷首一卷　(清)沙張白著　**小沙子史略一卷**　(清)沙晉撰　清光緒三十年(1904)石印本　五册　缺十五卷(十三至二十七)

340000－1830－0000082　03159

華克理財學課本不分卷　(美國)華克著　顔惠慶譯述　清光緒二十九年(1903)上海商務印書館鉛印本　一册　存上編

340000－1830－0000083　01153－01158

節本禮記十卷　(清)汪基節鈔　(清)江永校纂　清宣統二年(1910)上海章福記石印本　六冊

340000－1830－0000084　03158
京師大學堂中國地理講義一卷首一卷　(清)鄒代鈞撰　**京師大學堂經濟學講義一卷**　(日本)杉榮三郎編　清鉛印本　一冊

340000－1830－0000085　03152－03157
朱子語類一百四十卷　(宋)朱熹撰　清同治十一年(1872)刻本　六冊　存十四卷(二十二至二十三、二十八至三十五、三十九至四十、五十九至六十)

340000－1830－0000086　03147－03151
教務紀略四卷首一卷末一卷　(清)李剛已輯　清光緒三十一年(1905)南洋官報局刻本　五冊

340000－1830－0000087　01126
勸學篇二卷　(清)張之洞撰　清末上海鴻文書局石印本　一冊

340000－1830－0000088　03135
濟急法一卷　(英國)舍白辣撰　(英國)秀耀春口譯　(清)趙元益筆述　清光緒二十九年(1903)江南製造局刻本　一冊

340000－1830－0000089　03121
東方時局論略一卷　(高麗)鄧鏗著　清光緒十五年(1889)江南製造局鉛印江南製造局叢書本　一冊

340000－1830－0000090　03120
列國陸軍制九卷　(美國)歐潑鄧著　(美國)林樂知　(清)瞿昂來同譯　清光緒江南製造局刻江南製造局叢書本　一冊　存一卷(日本)

340000－1830－0000091　03119
營壘圖說一卷　(比利時)伯里牙芒著　(美國)金楷理口譯　(清)李鳳苞筆述　清光緒江南製造局刻江南製造局叢書本　一冊

340000－1830－0000092　03116－03118
行海要術四卷　(美國)金楷理口譯　(清)李鳳苞筆述　清光緒江南製造局刻江南製造局叢書本　三冊

340000－1830－0000093　01562－01563
光學二卷　(英國)田大里輯　(美國)金楷理口譯　(清)趙元益筆述　**視學諸器圖說一卷**　(美國)金楷理口譯　(清)趙元益筆述　清光緒江南機器製造總局刻本　二冊

340000－1830－0000094　01564－01565
歐洲東方交涉記十二卷　(英國)麥高爾輯著　(美國)林樂知　(清)瞿昂來同譯　清光緒六年(1880)江南機器製造總局刻本　二冊

340000－1830－0000095　01568－01569
營城揭要二卷　(英國)儲意比撰　(英國)傅蘭雅口譯　(清)徐壽筆述　清光緒江南製造總局刻本　二冊

340000－1830－0000096　02418－02419
子史精華三十卷　(清)允祿等編　清光緒九年(1883)上海點石齋石印本　二冊

340000－1830－0000097　02363－02364
北齊書五十卷　(唐)李百藥撰　清同治十三年(1874)金陵書局刻二十四史本　二冊　存二十八卷(十一至三十八)

340000－1830－0000098　02396－02417
資治通鑑二百九十四卷附釋文辨誤十二卷　(宋)司馬光編集　(元)胡三省注　清光緒二十八年(1902)上海積山書局石印本　二十二冊　缺八十九卷(十一至二十、三十一至五十、七十一至八十、一百二十一至一百三十、二百四十一至二百四十九、二百五十九至二百七十六,釋文辨誤十二卷)

340000－1830－0000099　02380－02385
資治通鑑外紀十卷目錄五卷　(宋)劉恕編集　(清)胡克家注補　清同治十年(1871)江蘇書局刻二十四史本　六冊　存八卷(三至七、目錄三至五)

340000－1830－0000100　01566－01567
埏紘外乘二十五卷補遺一卷續編一卷　(美

國)林樂知　嚴良勛同譯　清光緒二十七年(1901)江南機器製造總局刻本　二冊　存七卷(十一至十七)

340000－1830－0000101　02386－02395
續資治通鑒二百二十卷　(清)畢沅編集　清末石印本　十冊　存一百卷(三十一至八十、一百六十一至一百七十、一百八十一至二百二十)

340000－1830－0000102　02236
監本附音春秋穀梁注疏四卷校勘記四卷　(晉)范甯集解　(唐)楊士勛疏　清光緒十三年(1887)上海點石齋石印本　一冊

340000－1830－0000103　02237－02238
儀禮注疏八卷校勘記八卷　(漢)鄭玄注　(唐)賈公彥疏　(唐)陸德明音義　清光緒十三年(1887)上海點石齋石印本　二冊

340000－1830－0000104　02239－02241
附釋音春秋左傳注疏十二卷　(晉)杜預注　(唐)孔穎達疏　(唐)陸德明音義　清光緒十三年(1887)上海點石齋石印本　三冊　存九卷(四至十二)

340000－1830－0000105　02247
十三經註疏校勘記識語四卷　(清)汪文臺撰　清光緒十三年(1887)上海點石齋石印本　一冊

340000－1830－0000106　02242
論語注疏解經四卷校勘記四卷　(三國魏)何晏集解　(宋)邢昺疏　**孝經注疏二卷校勘記二卷**　(唐)玄宗李隆基注　(宋)邢昺校　清光緒十三年(1887)上海點石齋石印本　一冊

340000－1830－0000107　02243
監本附音春秋公羊注疏四卷　(漢)何休注　(唐)陸德明音義　清光緒十三年(1887)上海點石齋石印本　一冊　存二卷(三至四)

340000－1830－0000108　01016－01022
大清律例統纂集成四十卷　(清)沈之奇原註　(清)姚潤纂輯　(清)彭年　(清)任則珊重輯　清刻本　七冊　存十三卷(四、十一至十五、二十六、二十九至三十二、三十六至三十七)

340000－1830－0000109　01012－01014
新鐫分類評註文武合編百子金丹十卷　(清)郭偉選註　(清)王星聚校訂　(清)郭中吉編次　清刻本　三冊　存五卷(一至三、七至八)

340000－1830－0000110　01005－01011
駁案新編三十二卷續編七卷　(清)全士潮等輯　清刻本　七冊　存十一卷(新編六至七、十三至十四、二十四至二十五,續編一至二、四至六)

340000－1830－0000111　01001－01004
御纂醫宗金鑑九十卷首一卷　(清)吳謙等修　清刻本　四冊　存十一卷(二十九至三十二、三十五至三十六、四十至四十一、四十六至四十八)

340000－1830－0000112　00987－00990
英字指南六卷　(清)楊勳輯譯　清求志草堂鉛印本　四冊　缺二卷(一、五)

340000－1830－0000113　02244－02246
附釋音毛詩注疏八卷附校勘記八卷　(漢)毛亨傳　(漢)鄭玄箋　(唐)陸德明音義　(唐)孔穎達疏　清光緒十三年(1887)上海點石齋石印本　三冊

340000－1830－0000114　01570－01571
水雷秘要五卷　(英國)史理孟纂　(清)舒高第口譯　(清)鄭昌棪筆述　清光緒江南機器製造總局刻本　二冊　存二卷(四至五)

340000－1830－0000115　02367－02370
則古昔齋算學十三種二十四卷　(清)李善蘭撰　清同治六年(1867)金陵刻本　四冊　存十五卷(方圓一卷、弧矢二卷、對數二卷、垛積比類四卷、四元解二卷、火器一卷、變法一卷、回求一卷、或問一卷)

340000－1830－0000116　02365－02366
皇朝通典一百卷　(清)嵇璜等纂修　清刻本　二冊　存四卷(四十二至四十四、五十二)

340000－1830－0000117　00896

國朝先正事略六十卷　（清）李元度纂　清末漢讀樓石印本　一冊　存五卷（六至十）

340000－1830－0000118　01572

煉金新語不分卷附圖　（英國）奥斯吞撰（清）舒高第　（清）鄭昌棪譯　清光緒江南機器製造總局鉛印本　一冊

340000－1830－0000119　00896

造洋漆法一卷　（日本）田原良純著　（日本）藤田豐八譯　汪振聲參校　清光緒二十九年（1903）江南製造局刻本　一冊

340000－1830－0000120　01573

取濾火油法一卷　（美國）日得烏特著　（英國）秀耀春　（美國）衛理譯　汪振聲述　清光緒二十六年（1900）江南機器製造總局刻本　一冊

340000－1830－0000121　01627

簡易庵算稿四卷　（清）劉彝程撰　（清）丁國鈞等校　清光緒二十六年（1900）江南機器製造總局刻本　一冊　存二卷（一至二）

340000－1830－0000122　01574－01576

化學考質八卷附表一卷　（德國）富裏西尼烏司撰　（英國）傅蘭雅口譯　（清）徐壽筆述　清光緒江南機器製造總局刻本　三冊　存四卷（一至二、四至五）

340000－1830－0000123　01577

冶金録三卷　（美國）阿發滿撰　（英國）傅蘭雅口譯　（清）趙元益筆述　清光緒江南機器製造總局刻本　一冊　存一卷（上）

340000－1830－0000124　01578－01583

内科理法前編六卷後編六卷又後編十卷附編一卷　（英國）虎伯撰　（英國）茄合　（英國）哈萊參訂　（清）舒高第口譯　（清）趙元益筆述　清光緒江南機器製造總局刻本　六冊　存十三卷（前編四至六，後編六卷，又後編一、五至七）

340000－1830－0000125　02248

附釋音尚書注疏二十卷　（漢）孔安國傳（唐）陸德明音義　（唐）孔穎達疏　**尚書注疏校勘記二十卷**　（清）阮元撰　（清）盧宣旬摘録　清嘉慶二十年（1815）南昌府學刻重刊宋本十三經註疏附校勘記本　一冊　存四卷（附釋音尚書注疏十三至十四、尚書注疏校勘記十三至十四）

340000－1830－0000126　00862－00863

詩韻類錦十二卷　（清）郭化霖編　清刻本二冊　存二卷（二、十一）

340000－1830－0000127　00832－00843

金元明八大家文選五十三卷　（清）李祖陶輯　清道光二十五年（1845）刻本　十二冊　存二十九卷（元遺山先生文選三至五、姚牧菴先生文選三至五、吴草廬先生文選一至六、虞道園文選一至五、宋景濂文選一至二、陽明先生文選三至七、唐荊川文選一至二、歸震川先生文選四至六）

340000－1830－0000128　00828－00831

夷堅志甲集二十卷乙集二十卷丙集二十卷丁集二十卷　（宋）洪邁撰　清刻本　四冊　存二十七卷（乙集十四至二十、丙集二十卷）

340000－1830－0000129　00822－00827

昭代叢書戊集續編四十三卷　（清）楊復吉輯　**昭代叢書戊集續編補七卷**　（清）沈楙悳輯　清道光十三年（1833）吴江沈氏世楷堂刻本　六冊　存十三卷（續編十五至二十五、續編補六至七）

340000－1830－0000130　00821

明本排字九經直音二卷補遺一卷　（宋）□□撰　清光緒七年（1881）歸安陸氏刻十萬卷樓叢書本　一冊　存一卷（補遺一卷）

340000－1830－0000131　00820

墨藪一卷　（唐）韋續撰　清光緒十四年（1888）歸安陸氏刻十萬卷樓叢書本　一冊

340000－1830－0000132　00819

續考古圖五卷　（宋）呂大臨撰　**考古圖釋文一卷**　（宋）趙九成撰　清刻本　一冊　存二卷（續考古圖五、考古圖釋文一卷）

340000－1830－0000133　00818
雲煙過眼錄二卷　（元）周密撰　清光緒十三年（1887）歸安陸氏刻十萬卷樓叢書本　一冊

340000－1830－0000134　00817
三麻撮要一卷　（宋）□□撰　清光緒十四年（1888）歸安陸氏刻十萬卷樓叢書本　一冊

340000－1830－0000135　00144
大清搢紳全書一卷　不著撰者　清光緒十六年（1890）榮錄堂刻本　一冊

340000－1830－0000136　00142
雜表文一卷　不著撰者　清光緒二十九年（1903）金陵一得齋刻本　一冊

340000－1830－0000137　00143
雜表文一卷　不著撰者　清光緒二十九年（1903）金陵一得齋刻本　一冊

340000－1830－0000138　00801－00802
章太炎文鈔四卷　（清）章絳著　**譚復生文鈔二卷**　（清）譚嗣同著　清宣統二年（1910）上海國學扶輪社鉛印本　二冊　存二卷（章太炎文鈔一、三）

340000－1830－0000139　02981
疆園課蒙草初編一卷二編一卷　（清）童琮編訂　（清）童鎔評註　清光緒三十一年（1905）石印本　一冊

340000－1830－0000140　02972
泰西寓言一卷　（清）張學海講解　清光緒二十七年（1901）刻本　一冊

340000－1830－0000141　02971
泰西寓言一卷　（清）張學海講解　清光緒二十七年（1901）刻本　一冊

340000－1830－0000142　02970
泰西寓言一卷　（清）張學海講解　清光緒二十七年（1901）刻本　一冊

340000－1830－0000143　02969
泰西寓言一卷　（清）張學海講解　清光緒二十七年（1901）刻本　一冊

340000－1830－0000144　02968
泰西寓言一卷　（清）張學海講解　清光緒二十七年（1901）刻本　一冊

340000－1830－0000145　00070
天演論二卷　（英國）赫胥黎造論　嚴復譯　清光緒鉛印本　一冊　存一卷（上）

340000－1830－0000146　00069
文選六十卷　（南朝梁）蕭統輯　（唐）李善注　清刻本　一冊　存三卷（十至十二）

340000－1830－0000147　00068
漱芳齋合纂禮記體註四卷　（清）范翔參訂　清同治五年（1866）刻本　一冊　存一卷（一）

340000－1830－0000148　00067
傳家寶初集八卷二集八卷三集八卷四集八卷　（清）石成金訂集　清末鉛印本　一冊　存二卷（二集五至六）

340000－1830－0000149　02891－02893
幾何原本十五卷　（意大利）利瑪竇口譯　（明）徐光啟筆受　（清）李善蘭續　清光緒江南製造局刻本　三冊　存三卷（五至六、十上中）

340000－1830－0000150　00066
直省闈墨五卷　（清）京師大學堂評選　清光緒三十年（1904）上海煥文書局石印本　一冊　存一卷（五）

340000－1830－0000151　02889－02890
製機理法八卷　（英國）覺顯祿斯著　（英國）傅蘭雅口譯　（清）華備鈺筆述　清光緒二十五年（1899）江南製造局刻江南製造局叢書本　二冊　存四卷（三至六）

340000－1830－0000152　00065
詩學含英十四卷　（清）劉文尉輯　清味經堂刻本　一冊　存二卷（一至二）

340000－1830－0000153　02887－02888
中俄界約斠注七卷首一卷　（清）錢恂撰　清光緒二十年（1894）上海醉六堂刻本　二冊

340000－1830－0000154　00064
化學求數十五卷附表一卷　（德國）富里西尼

烏司著　(英國)傅蘭雅口譯　(清)徐壽筆述　清末石印本　一册　存三卷(一至三)

340000－1830－0000155　02884－02886
各國交涉便法論六卷　(英國)費利摩羅巴德著　(英國)傅蘭雅譯　(清)錢國祥校　清光緒江南製造局鉛印本　三册　存三卷(四至六)

340000－1830－0000156　02882－02883
臨陣管見九卷　(美國)斯拉弗司撰　(美國)金楷理口譯　(清)趙元益筆述　清同治十二年(1873)江南製造總局刻江南製造局叢書本　二册　存五卷(一至三、八至九)

340000－1830－0000157　00063
珍珠囊指掌補遺藥性賦四卷　(金)李杲編輯　清末鉛印本　一册　存二卷(三至四)

340000－1830－0000158　02880－02881
各國交涉公法論初集四卷二集四卷三集八卷　(英國)費利摩羅巴德著　(英國)傅蘭雅口譯　(清)俞世爵筆述　汪振聲校正　(清)錢國祥覆校　清光緒二十四年(1898)江南機器製造總局鉛印本　二册　存二卷(初集四、三集八)

340000－1830－0000159　02879
通物電光四卷　(美國)莫耳登撰　(英國)傅蘭雅口譯　(清)王孝烈筆述　清光緒二十五年(1899)江南製造局刻江南製造局叢書本　一册

340000－1830－0000160　00062
石林居士建康集八卷　(宋)葉夢得著　清道光二十四年(1844)刻本　一册　存二卷(三至四)

340000－1830－0000161　02874－02878
施註蘇詩四十二卷　(宋)蘇軾撰　(宋)施元之注　(清)顧嗣立等刪補　清刻本　五册　存十七卷(四至十、十五至二十、三十九至四十二)

340000－1830－0000162　00061
平定粵匪紀略十八卷附記四卷　(清)杜文瀾撰　清刻本　一册　存六卷(十七至十八、附記四卷)

340000－1830－0000163　02871－02873
臨陣傷科捷要四卷　(英國)帕脱編　(清)舒高第　(清)鄭昌棪譯　清光緒江南製造局鉛印江南製造局叢書本　三册　存三卷(一至三)

340000－1830－0000164　02867－02870
列國歲計政要十二卷首一卷　(英國)麥丁富得力編纂　(美國)林樂知口譯　(清)鄭昌棪筆述　清光緒元年(1875)江南製造局刻江南製造局叢書本　四册　存七卷(四至六、九至十二)

340000－1830－0000165　02866
製羼金法二卷　(日本)橋本奇策著　(清)王季點譯　清光緒二十七年(1901)上海製造局刻本　一册　存一卷(一)

340000－1830－0000166　02865
鑄錢工藝三卷圖一卷　(英國)傅蘭雅　(清)鍾天緯同譯　清光緒江南製造局鉛印江南製造局叢書本　一册　存二卷(鑄錢工藝三、圖一卷)

340000－1830－0000167　02865
相地探金石法四卷　(英國)喝爾勃特喀格司著　(清)王如聃譯　清光緒江南製造局刻江南製造局叢書本　一册　存一卷(二)

340000－1830－0000168　02864
代數術二十五卷首一卷　(英國)華里司輯　(英國)傅蘭雅口譯　(清)華蘅芳筆述　清同治十二年(1873)江南製造局刻江南製造局叢書本　一册　存五卷(十八至二十二)

340000－1830－0000169　02863
御風要術三卷　(英國)白爾特撰　(日耳曼)金楷理口譯　(清)華蘅芳筆述　清光緒江南製造局刻江南製造局叢書本　一册　存一卷(三)

340000－1830－0000170　02862
防海新論十八卷　(美國)希里哈撰　(英國)

傅蘭雅口譯　(清)華蘅芳筆述　清同治十二年(1873)江南製造局刻江南製造局叢書本　一冊　存二卷(六至七)

340000－1830－0000171　02861
勾股六術一卷　(清)項名達撰　清光緒江南製造局刻江南製造局叢書本　一冊

340000－1830－0000172　02857－02860
增刪算法統宗十一卷　(明)程大位編集　(清)梅穀成增刪　(清)梅玕成校字　清光緒三年(1877)江南機械製造局刻江南制造局叢書本　四冊　缺一卷(八)

340000－1830－0000173　02792－02802
格致課藝全編十三卷續集四卷　(清)王韜輯　清光緒二十九年(1903)上海書局石印本　十一冊　缺五卷(格致課藝全編一、六至七，續集一至二)

340000－1830－0000174　02717
皇朝通典一百卷　(清)嵇璜等纂修　清鉛印本　一冊　存二十卷(一至二十)

340000－1830－0000175　02716
欽定續通典一百五十卷　不著撰者　清鉛印本　一冊　存二十二卷(一百二十八至一百四十九)

340000－1830－0000176　03499－01139
文選集腋二卷　(清)胥斌纂輯　清刻本　一冊

340000－1830－0000177　02688－02692
皇朝經世文續新編三十卷　(清)儲桂山輯　清石印本　五冊　存十一卷(五至六、十五至十八、二十一至二十二、二十七至二十九)

340000－1830－0000178　00053－00059
海國圖志一百卷　(清)魏源撰　清光緒二十八年(1902)文賢閣石印本　七冊　存四十二卷(一至十一、三十四至四十六、七十七至八十六、九十三至一百)

340000－1830－0000179　02677－02687
皇朝經世文統編一百二十卷　(清)慎記書局輯　清石印本　十一冊　存二十五卷(三至六、七十八至七十九、八十一至八十三、九十一至一百一、一百三至一百七)

340000－1830－0000180　02671－02676
皇朝經世文新編三十二卷　(清)麥仲華輯　清光緒二十七年(1901)上海書局石印本　六冊　存十卷(五至六、十三至十四、二十七至三十二)

340000－1830－0000181　00051－00052
海國圖志續集二十五卷　(英國)麥高爾著　(美國)林樂知　(清)瞿昂來譯　清光緒二十一年(1895)上海書局石印本　二冊

340000－1830－0000182　00048
寄園寄所寄十二卷　(清)趙吉士撰　清刻本　一冊　存一卷(九)

340000－1830－0000183　02670
歷代名臣言行錄二十四卷　(清)朱桓編輯　(清)潘永季校定　(清)邱與久重校　清光緒十二年(1886)石印本　一冊　存三卷(一至三)

340000－1830－0000184　00041－00047
新政策論講義淵海四十八卷　(清)顧少逸輯　清光緒石印本　七冊　存十四卷(九至十、十五至十六、二十三至二十四、三十一至三十四、三十九至四十、四十五至四十六)

340000－1830－0000185　00038－00040
曾文正公家書十卷　(清)曾國藩撰　清光緒二十七年(1901)上海經香閣石印本　三冊　存六卷(一至四、七至八)

340000－1830－0000186　00037
養雲山館試帖四卷　(清)許珠著　(清)王榮紱注釋　(清)徐景軾　(清)汪廷儒參訂　清刻本　一冊　存一卷(四)

340000－1830－0000187　00036
格言聯璧一卷　(清)金纓輯　清刻本　一冊

340000－1830－0000188　02669
校正治家良言彙編十六卷　(清)胡達源著

(清)胡林翼校字　清光緒二十年(1894)上海觀瀾閣石印本　一冊　存八卷(一至八)

340000－1830－0000189　02662－02668

事類統編九十三卷首一卷　(清)林敬昭校　清刻本　七冊　存二十二卷(七十二至九十三)

340000－1830－0000190　02661

試帖玉芙蓉集四卷　(清)同文書局主人選輯　清光緒十年(1884)上海同文書局石印本　一冊　存一卷(三)

340000－1830－0000191　00035

增補重訂千家詩注解二卷　(宋)謝枋得選　(清)王相注　**諸名家自壽詩一卷**　(清)王相選輯　清河南寶仁堂刻本　一冊

340000－1830－0000192　00032－00034

三蘇策論十二卷　(宋)蘇洵等著　清光緒二十七年(1901)上海書局石印本　三冊　存六卷(一至二、五至六、九至十)

340000－1830－0000193　02660

教要序論一卷　(比利時)南懷仁述　清同治六年(1867)刻本　一冊

340000－1830－0000194　00031

分類詳註飲香尺牘四卷首一卷　(清)飲香居士編　(清)慵隱子箋釋　清刻本　一冊　存一卷(三)

340000－1830－0000195　02653－02659

化學鑑原六卷續編二十四補編六卷考質六卷　(清)上海璣衡堂輯　清光緒二十二年(1896)小倉山房石印本　七冊　缺八卷(化學鑑原一至三、補編四至五、考質一至三上)

340000－1830－0000196　00029

前敵須知四卷　(英國)克利賴著　(清)舒高第　(清)鄭昌棪譯　清光緒江南製造總局鉛印本　一冊　存一卷(四)

340000－1830－0000197　02639

工程致富論略十三卷工程致富圖一卷　(英國)瑪體生著　(英國)傅蘭雅　(清)鍾天緯譯　清光緒二十二年(1896)小倉山房石印本　一冊　存六卷(工程致富論略九至十三、工程致富圖一卷)

340000－1830－0000198　02650－02652

時務通考三十一卷　(清)杞廬主人輯　清光緒二十三年至二十七年(1897－1901)上海點石齋石印本　三冊　存三卷(十二至十三、十七)

340000－1830－0000199　02649

續金瓶梅六十四回十二卷　(清)紫陽道人編　清刻本　一冊　存一卷(六)

340000－1830－0000200　00026

高等學生練字帖一卷　不著撰者　清刻本　一冊

340000－1830－0000201　02648

天下地職分紀志四卷　(清)□□編　清光緒十六年(1890)榮錄堂刻本　一冊　存一卷(貞)

340000－1830－0000202　02579－02638

富強叢書　(清)袁俊德輯　清光緒二十五年(1899)小倉山房石印本　六十冊

340000－1830－0000203　02642－02647

新政真詮六編七卷書前序一卷後總序一卷　(清)何啟　(清)胡禮垣撰　清光緒二十七年(1901)吳雲記廣譯書局鉛印本　七冊　缺二卷(書前序一卷、後總序一卷)

340000－1830－0000204　02641

通鑑擥要正編十九卷　(清)張景星　(清)姚培謙錄　清同治十二年(1873)刻本　一冊　存二卷(四至五)

340000－1830－0000205　00003－00019

國朝文錄初編八十二卷續編六十五卷附四卷　(清)李祖陶輯　清道光十九年(1839)瑞州府鳳儀書院刻本　十七冊　存四十二卷(鮚埼亭集文錄四卷、朱文端公文集二卷、海峯先生文錄二卷、潛研堂文錄二卷、惜抱軒先生文選二卷、紀文達公文錄二卷、趙忠義公文錄二卷、白田草堂文錄一卷、梅莊文錄一卷、海崖文錄一卷、四知堂文錄一卷、孺廬先生文錄一卷、雙桂堂文錄二卷、松泉文錄一卷、集虛齋文錄一卷、歸愚文錄一卷、果堂文錄一卷、培遠堂文錄一卷、香國集文錄一卷、小倉山房文錄二卷、尊聞居士集二卷、叢桂堂文錄一卷、梅崖居士集文錄二卷、經韻樓集文錄二卷、更生齋文錄一卷、存吾文集錄二卷、遂雅堂文錄一卷)

340000－1830－0000206　02640

新政應試必讀六卷　(清)顧厚焜選　清光緒二十九年(1903)石印本　一冊　存一卷(六)

340000－1830－0000207　00368－00781

欽定古今圖書集成一萬卷目錄三十二卷　(清)蔣廷錫　(清)陳夢雷等輯　清光緒三十年(1904)上海圖書集成鉛版印書局鉛印本　四百十四冊　存二千九百四十九卷(職方典二十九至三十三、七十五至八十二、九十七至一百三、一百四至一百二十四、一百八十六至一百九十一、二百九十一至二百九十七、三百四至三百十、三百二十五至三百三十九、三百九十八至四百十三、四百二十一至四百四十九、四百二十七至四百六十二、四百七十七至四百九十八、五百十五至五百三十四、五百五十六至五百九十五、六百二至六百八、六百十六至六百二十九、六百四十四至六百六十三、六百七十九至七百三、七百十三至七百二十六、七百三十五至七百五十、七百六十至七百七十四、七百八十四至七百九十二、八百一至八百八十八、八百九十六至九百十二、九百三十至九百四十二、九百七十九至九百九十六、一千四至一千三十三、一千七十一至一千八十三、一千九十一至一千一百三十二、一千一百六十五至一千一百九十五、一千二百二至一千二百二十六、一千二百八十至一千三百七、一千三百十五至一千三百二十七、一千三百三十五至一千三百四十、一千三百四十八至一千三百六十二、一千三百七十至一千三百八十四、一千三百九十三至一千四百、一千四百七至一千四百三十四、一千四百四十二至一千四百六十五、一千四百七十二至一千四百七十八,閨媛典十二至七十、一百二十一至一百二十六、一百三十三至一百五十八、一百七十一至一百七十六、一百八十二至二百十五、二百二十三至二百四十九,山川典一百三十八至一百四十三、一百五十八至一百七十、一百七十七至二百二、二百九十至三百十、三百十六至三百二十,氏族典一至四十一、八十九至一百一、一百八至一百二十、一百七十五至二百十四、二百四十至二百四十六、二百六十至二百六十五、二百七十四至二百八十、二百八十七至二百九十二、四百八十五至四百九十九、五百十六至五百二十四、五百三十三至六百十四,戎政典一至六十一、六十八至九十六、一百三至一百八、二百十三至三百,交誼典一至十三、二十六至四十二、五十至五十四、六十一至七十二、七十七至九十、九十八至一百三、一百十六至一百二十、一百六十四至一百六十七,藝術典二百四十六至二百五十一、二百七十五至二百八十、五百六十五至五百八十八、六百二十七至六百三十三、六百五十二至六百五十六、六百六十八至六百八十二、六百八十七至六百九十一、七百三十六至七百四十八、七百五十五至七百五十九、七百七十三至七百七十九、七百八十六至七百九十一、七百九十八至八百二十四,禮儀典一百六十八至一百九十二、二百五至二百三十四、二百六十八至二百八十七、二百九十四至三百二十八、三百四十二至三百四十八,官常典一至一百八、一百十六至二百四十八、二百六十五至三百九、三百四十三至三百五十九、三百六十七至四百、五百四十至五百四十五、六百八十五至六百九十,曆法典三十六至四十、六十三至八十四,皇極典一至十七、二十八至三十八、五十六至六十八、一百一至一百六、一百三十二至一百三十七、一百六十六至一百七十二,禽蟲典九十八至一百三、一百十七至一百二十二、一百二十六至一百三十二、一百四十至一百四十五、一百五十三至一百七十一、一百七十七至一百八十一,神異典九十八至一百八、一百二十五至一百三十五、一百四十八至一百五十三、一百六十至一百六十四、一百八十一至一百八十七、一百九十四至二百五、二百十、二百十三至二百二十六、二百三十九至二百五十六、二百六十三至二百八十、二百八十四至二百八十六、二百九十三至三百十二，考工典一百十七至一百二十九、二百十至二百十七、二百二十五至二百四十六，學行典一百二十二至一百二十八、一百八十四至一百九十四，坤輿點九十九至一百三，祥刑典一至五、十二至十七、二十三至三十一、三十八至六十一、七十五至八十，經籍典八十至八十九、九十五至一百十五、一百八十至一百八十四、二百四十五至二百五十一、二百八十五至六百十六、三百二十九至三百三十八、三百六十八至三百八十五，邊裔典三十至三十五、五十二至六十四，草木典七至十八、二十九至四十三、五十五至五十九、六十六至七十六、八十三至八十八）

340000－1830－0000208　00232－00367

欽定古今圖書集成一萬卷目錄三十二卷

（清）蔣廷錫　（清）陳夢雷等輯　清光緒三十年（1904）上海圖書集成鉛版印書局鉛印本　一百三十六册　存一千六十五卷（氏族典十四至二十七、九十五至一百一、二百四十七至二百五十九、三百十四至三百二十七、三百八十五至三百九十、三百九十七至四百四、四百五十六至四百六十三、四百七十四至四百九十九、五百八至五百三十二、五百五十至五百六十八，戎政典五十一至五十八、六十八至七十三、八十至八十四、一百二十一至一百二十六、一百九十八至二百二、二百二十三至二百三十九、二百九十五至三百，閨媛典十六至十八、三十四至三十九、八十一至八十五、一百六十五至一百七十六、二百八十五至二百九十一、二百九十九至三百五、三百四十八至三百五十四、三百五十五至三百六十一，官常典四十三至四十八、一百七十八至一百八十二、一百四十九至二百五十七、三百三十二至三百四十六、三百七十四至三百八十、四百一至四百七、四百十五至四百二十一、四百八十至四百九十二、五百九十九至六百四、六百六十六至六百七十八、七百七十三至七百七十七，藝術典三百五至三百十、二百九十三至二百九十八、四百三十二至四百三十六、五百十七至五百二十二，食貨典一至一百、四十至五十七、八十三至八十八、一百十二至一百十七、二百十至二百十五、二百七十九至二百八十五、三百七至三百十四，選舉典五十五至六十六、一百二十一至一百二十七，皇極典三十三至三十八、五十一至五十五、八十二至九十四、一百五十二至一百五十八、一百七十三至一百七十八、一百九十九至二百十一，交誼典一至十三、二十六至三十七、八十三至九十，銓衡典六至十一、五十二至五十六，神異典六十至六十五，草木典一至六，學行典一百四十二至一百四十八、二百四十六至二百五十三、二百六十七至二百七十二，坤輿點十七至二十一、八十至九十、一百二十至一百二十五，曆法典十二至十六、五十五至五十八，考工典五十四至五十八，祥刑典六至十一、一百八至一百十一、一百三十九至一百四十五，樂律典二十五至二十八，經籍典四百六十二至四百六十八、四百八十一至四百八十五，職方典二十二至二十八、五十九至六十三、九十一至九十六、一百十至一百二十四、二百六十九至二百七十六、二百九十一至二百九十七、四百六至四百十三、五百六十三至五百六十九、五百七十七至五百八十二、六百二至六百八、七百三至七百十二、八百九至八百十七、八百七十四至八百八十、九百七十九至九百八十八、一千二十至一千二十六、一千六十四至一千七十、一千四至一千十九、一千一百三十三至一千一百四十四、一千一百八十九至一千一百九十五、一千二百四十六至一千二百五十九、一千二百六十六至一千二百七十二、一千三百八至一千三百二十、一千三百四十八至一千三百五十四、一千三百七十七至一千三百八十四、一千四百一至一千四百六、一千四百二十八至一千四百四十一、一千四百六十至一千四百六十五）

340000－1830－0000209　02561－02578

西國近事彙編　（美國）金凱里口譯　（清）姚棻筆述　清同治十二年至光緒二十四年（1873－1898）上海機器製造局鉛印本　十八

冊　存十八卷(同治十二年二、四;光緒三年三至四,五年二、四,八年四,九年一,十年二至三,十四年四,十七年四,十八年一,二十三年二至三,二十四年二至四)

340000－1830－0000210　00145

四書古註九種羣義彙解□□卷　不著撰者　清末石印本　一冊　存五卷(論語正義十三至十七)

340000－1830－0000211　00050

四書味根錄十四卷　(清)金澄撰　清末石印本　一冊　存四卷(八至十一)

安徽省阜陽市博物館古籍普查登記目録

全國古籍普查登記目録

國家圖書館出版社
National Library of China Publishing House

《安徽省阜陽市博物館古籍普查登記目録》

編委會

主　　編： 劉建生

副 主 編： 楊玉彬　黄海燕

編　　委： 韓　朝　高麗萍　魏　漢　李　軍　李　遠

高　影　楊東園

審　　校： 曹冬生

《安徽省阜陽市博物館古籍普查登記目録》

前　言

阜陽市博物館是國家二級博物館,新館位於城南雙清灣,建築面積3.9萬平方米,其中展陳面積1.14萬平方米。館藏文物12.6萬件,其中一級文物64件(套)、二級文物316件(套)、三級文物2303件(套)。館藏有青銅器類、陶瓷器類、玉器類、書畫類、絲織品類、漆木器類、金銀器類、石刻類等,以戰國虎鈕淳于、阜陽雙古堆漢簡、西漢鎏金座玉杯、"劉氏去王氏持"銘新莽鏡、南北朝鉛質哀銘等藏品文物尤爲珍貴。

"阜陽雙古堆漢簡"是阜陽西漢汝陰侯墓出土簡牘材料的簡稱,1977年安徽省文物工作隊等單位在發掘阜陽"雙古堆"1號墓時,發現并清理出這批簡牘。根據墓葬出土器物紀年及"女陰家丞"銘文,知該墓是西漢第二代汝陰侯夏侯竈夫妻合葬墓。簡牘原在墓葬椁室東邊箱的漆笥内,因墓葬早期被盗,椁板塌毀被擠壓成塊狀,受到嚴重破壞。簡牘出土後,國家文物局古文獻研究室、阜陽地區博物館進行了長達十年的揭剥分離、整理研究,目前已整理出《詩經》《周易》《蒼頡篇》《萬物》《刑德》《春秋事語》《儒家者言》等20餘種,均係秦漢之際的珍貴典籍。如《詩經》殘簡180餘片,基本展現了古老《詩經》的原始風貌,是我國現存最早的《詩經》古本;《蒼頡篇》殘簡120餘片,包括《蒼頡》《爰曆》《博學》三篇,是此書亡佚千年後最重要的一次發現;《周易》殘簡700餘片,其中經文1110字、卜辭2009字,屬西漢初年珍貴的占卜用書;《萬物》殘簡130餘片,内容與早期醫藥衛生、物理、物性有關;《莊子雜篇》殘簡約20片,是目前所能見到的最早《莊子雜篇》古本;《楚辭》殘存2片,共9字,是兩千多年前《楚辭》的最早寫本;《年表》《大事記》共230餘片,係漢初諸侯王國史官編撰,内容有王、公、侯、伯紀年;《儒家者言》章題木牘1塊,正、背面共寫了47個章題,是記載孔子及其弟子言行的文字;《春秋事語》章題木牘1塊,正、背面文字共40個章題,内容與春秋戰國故事相關;《刑德》153片,内容涉及刑、皇德以及青龍、白虎、勾陳、玄武等星辰運行;另有《行氣》42片。漢代文獻流傳於世者極少,阜陽簡的出土對考察秦漢時期的歷史、語言、文字及書法藝術的發展源流等提供了重要的實物資料。

2007年,"中華古籍保護計劃"全國啓動,本館積極參加《國家珍貴古籍名録》簡帛類的申報工作,館藏西漢汝陰侯墓出土簡牘5226片,其中《詩經》《周易》《蒼頡篇》《春秋事語》《儒家者言》等13部由國務院公布入選《國家珍貴古籍名録》,受到文保界的重視和新聞媒體的宣傳報導。

劉建生

2021年7月

340000－1885－0000001　17∶1∶1—752
周易　西漢竹簡　七百五十二枚

340000－1885－0000002　17∶1∶1—753
詩經　西漢竹簡　一百八十二枚

340000－1885－0000003　17∶1∶1—754
春秋事語　西漢木牘　一枚

340000－1885－0000004　17∶1∶1—755
年表　西漢竹簡　二百十七枚

340000－1885－0000005　17∶1∶1—756
大事記　西漢竹簡　二十枚

340000－1885－0000006　17∶1∶1—757
蒼頡篇　西漢竹簡　一百二十四枚　存五百四十一字

340000－1885－0000007　17∶1∶1—758
儒家者言　西漢木牘　一枚

340000－1885－0000008　17∶1∶1—759
楚辭　西漢竹簡　二枚

340000－1885－0000009　17∶1∶1—760
刑德　西漢竹簡　一百五十三枚　存一百五十三枚（甲種八十四枚、乙種六十九枚）

340000－1885－0000010　17∶1∶1—761
萬物　西漢竹簡　一百三十二枚

340000－1885－0000011　17∶1∶1—762
莊子雜篇　西漢初竹簡　八枚

340000－1885－0000012　17∶1∶1—763
相狗經　西漢初竹簡　四十一枚

340000－1885－0000013　17∶1∶1—764
行氣　西漢竹簡　四十二枚

安徽省阜陽市潁上縣圖書館古籍普查登記目録

全國古籍普查登記目録

國家圖書館出版社
National Library of China Publishing House

《安徽省阜陽市潁上縣圖書館古籍普查登記目録》

編委會

《安徽省阜陽市潁上縣圖書館古籍普查登記目録》

前　言

潁上縣，隸屬安徽省阜陽市，歷史悠久，早在三千多年前的西周時期就建立邑治，周爲“慎邑”，秦置“慎縣”，隋大業二年(606)改稱“潁上”。

潁上縣圖書館始建於1979年，現位於城北新區政務廣場公園西側，建築面積7200平方米(含南關少兒圖書館600平方米)，館藏圖書20多萬册，學科門類齊全，皖北地方文獻最富特色。

2007年“中華古籍保護計劃”啓動以來，根據國家古籍保護中心和安徽省古籍保護中心的工作部署與要求，我館積極開展古籍普查工作。2010年新館開館之際，將保存的60册古籍及民國時期文獻送到省圖書館歷史文獻部，請專業人員修復。2017年3月，安徽省古籍保護中心委派常虚懷副主任、金鑫老師到館進行古籍普查專項督導，共清點、整理并登記録入全國古籍普查平臺4部27册。

館藏古籍雖少，但也是潁上歷史遺存，我們將妥善保護，爲下一步開展民國時期文獻的保護打下堅實的基礎。

潁上縣圖書館

2020年3月

340000－4803－0000001　G0001－G0009

王臨川全集一百卷　（宋）王安石撰　清光緒九年（1883）聽香館刻本　九冊　存六十九卷（一至六、二十三至六十一、七十七至一百）

340000－4803－0000002　G0010－G0012

史記菁華錄六卷　（清）姚苧田摘錄　清光緒二十三年（1897）湖南維新局刻本　三冊　存三卷（三至四、六）

340000－4803－0000003　G0013－G0022

文選六十卷　（南朝梁）蕭統編　（唐）李善注　清同治八年（1869）金陵書局刻本　十冊

340000－4803－0000004　G0023－G0027

潁上縣志十二卷首一卷　（清）都寵錫等修（清）李道章等纂　清光緒三年（1877）刻本　五冊　存六卷（六至十一）

安徽省亳州市譙城區圖書館古籍普查登記目録

全國古籍普查登記目録

國家圖書館出版社
National Library of China Publishing House

《安徽省亳州市譙城區圖書館古籍普查登記目録》

編委會

《安徽省亳州市譙城區圖書館古籍普查登記目録》

前　言

亳州市譙城區圖書館事業有着悠久的歷史和文化傳承，早在 1941 年前後，亳州市就開展公共圖書借閱活動，但無專業圖書館，當時的通俗教育館與民衆教育館均設圖書借閱處。在書籍方面除接收柳湖書院部分綫裝書外，又從上海購買新書數百册，并購《萬有文庫》1 套，供讀者借閱。

建國初，縣文化館設有圖書室。1956 年 8 月 1 日，在文化館圖書室的基礎上創建亳縣圖書館，館址在白布大街南頭路東。1979 年，安徽省文物局圖書處和縣聯合撥款興建一座總面積爲 600 平方米的 3 層圖書閲覽樓。至 1986 年底，有職工 14 人、藏書 6.5 萬册，訂有報刊 500 餘種；年圖書流通量 4 萬人次、4.2 萬册。1986 年 3 月，國務院批復"撤銷亳縣，設立亳州市（縣級）"，1987 年 6 月 4 日，亳州市正式成立。亳縣圖書館更名爲亳州市圖書館。

2000 年，地級亳州市設立，原亳州市圖書館變更爲亳州市譙城區圖書館。現亳州市譙城區圖書館位於譙城區白布大街 98 號，藏書 14.5 萬册，訂有報刊 500 種，年流通量 24 萬人次、38 萬册，辦理各類借書證 1.3 萬個。

譙城區圖書館在古籍收藏保護及兒童閲覽工作方面頗有特色，在兒童圖書文化方面曾多次受到國家級嘉獎。在古典文獻的收藏方面也建樹頗豐，經過多年的努力積纍，譙城區圖書館古籍文獻已初步形成一定規模，其中不乏一些海内外珍本。

古代典籍是人類文明的結晶和文化傳承的瑰寶，譙城區圖書館一直重視對於古籍的保護工作，相關的整理工作也一直在進行，從未間斷。我館多次積極組織人員進行古籍相關專業知識的培訓，啓動古籍保護整理的優化工作，積極對古籍進行整理、分類，并單獨進行保存、保護。2017 年根據上級單位的指導，我館對館藏古籍進行"逐册清點"，啓動館藏古籍的登記工作。

根據本次普查統計，我館共有古籍 258 部 940 册，分别就古籍的題名、著者、版本、存卷等具體信息進行分類登記，進而形成本次古籍普查登記數據。

通過本次登記，我館摸清了館藏古籍文獻家底，特别對文獻的完殘程度、版本狀况有了清晰的了解，爲下一步工作打下良好的基礎。誠然，在古籍文獻的保護工作方面，還有相當長的路要走，還有很多的不足需要完善，我館也將一如既往地扎實推進下一步的工作。

亳州市譙城區圖書館

2020 年 3 月

340000－1835－0000001　00001－00003
漱芳軒合纂禮記體註四卷　(清)范翔参訂　清刻本　三册　存三卷(一、三至四)

340000－1835－0000002　00004－00007
五經典要註釋五卷總目一卷　(清)袁壯行纂註　(清)袁時行編輯　清刻本　四册　存四卷(三至五、總目一卷)

340000－1835－0000003　00008
瘟疫條辨摘要一卷　(清)吕田集録　清同治十年(1871)刻本　一册

340000－1835－0000004　00009－00020
御纂醫宗金鑒□□卷　(清)吴謙等輯　清刻本　十二册　存十六卷(一至十六)

340000－1835－0000005　00021－00047
胡文忠公遺集八十六卷首一卷　(清)胡林翼撰　(清)鄭敦謹　(清)曾國荃編輯　清同治六年(1867)刻本　二十七册　存七十七卷(二至七、十四至八十四)

340000－1835－0000006　00048
外科樞要一卷　(明)薛己撰　清道光十六年(1836)刻本　一册

340000－1835－0000007　00049－00052
士材三書八卷　(明)李中梓著述　(清)尤乘增補　清康熙善成堂刻本　四册

340000－1835－0000008　00053
醫方捷徑指南全書二卷　(明)王完顯輯　清同元堂刻本　一册

340000－1835－0000009　00054
疹科一卷　(明)吕坤輯　明萬曆刻清同治、光緒間修補印本　一册

340000－1835－0000010　00055－00056
瘟疫論補註二卷　(明)吴有性著　(清)鄭重光補註　清光緒六年(1880)刻本　二册

340000－1835－0000011　00057－00062
大清現行刑律三十六卷首一卷附二卷　(清)沈家本等纂修　清宣統二年(1910)鉛印本　六册　存二十一卷(三至十、十六至二十八)

340000－1835－0000012　00138
武備輯要六卷　不著撰者　清道光十二年(1832)刻本　一册

340000－1835－0000013　00139－00147
歷代名臣言行録二十四卷首一卷　(清)朱桓編輯　(清)潘永季校訂　(清)邱興久重校　清光緒十二年(1886)石印本　九册

340000－1835－0000014　00148－00153
歷代名臣言行録二十四卷首一卷　(清)朱桓編輯　清光緒二十六年(1900)石印本　六册　存十九卷(一至十一、十五至十九、二十二至二十四)

340000－1835－0000015　00154
鼎鍥上筮鬼谷源流斷易天機大全三卷首一卷　(戰國)鬼谷子著　清善成堂刻本　一册

340000－1835－0000016　00155－00156
傷寒附翼二卷　(清)柯琴編　清刻本　二册

340000－1835－0000017　00157
理數合解三卷　(清)北海老人著　清光緒十七年(1891)刻本　一册

340000－1835－0000018　00158
慎疾芻言一卷　(清)徐大椿撰　清道光十八年(1838)刻本　一册

340000－1835－0000019　00159
神仙通鑑摘録十四卷　(清)春帆先生彙輯　清宣統元年(1909)萬全堂刻本　一册　存一卷(一)

340000－1835－0000020　00160－00162
聞士堂明文小題傳薪□□卷　(清)臧岳評釋　(清)藴乾校字　清刻本　三册　存二卷(上論、下孟)

340000－1835－0000021　00164－00168
論語集註本義匯參二十卷首一卷　(清)王步青輯　(清)王士鼇編　清刻本　五册　存十六卷(一至十五、首一卷)

340000－1835－0000022　00169
長沙方歌括六卷　(清)陳念祖著　(清)陳蔚

古注　(清)陳靈石參訂　清刻本　一册

340000－1835－0000023　00170－00176
御案詩經備旨八卷　(清)鄒聖脈纂輯　清刻本　七册

340000－1835－0000024　00177－00181
本草醫方合編□□卷　(清)汪昂著輯　清刻本　五册　存三十二卷(醫方集解上三至六、中一至七、下一至八、附餘一至三,增訂本草備要二至十一)

340000－1835－0000025　00182－00185
御案春秋左傳經解備旨十二卷首一卷　(清)鄒聖脈纂輯　(清)鄒可庭編次　(清)鄒景鴻校訂　清刻本　四册　存九卷(一至二、六至九、十一至十二,首一卷)

340000－1835－0000026　00186－00187
傷寒明理論四卷　(金)成無己撰　清刻本　二册

340000－1835－0000027　00188－00193
寄傲山房塾課纂輯禮記全文備旨十一卷　(清)鄒聖脈纂輯　(清)鄒廷猷編次　清刻本　六册

340000－1835－0000028　00194
達生編三卷　(清)亟齋居士撰　清乾隆四十五年(1780)刻本　一册

340000－1835－0000029　00195
白喉治法摘要一卷急救良方一卷　不著撰者　清末鉛印本　一册

340000－1835－0000030　00196－00201
寄傲山房塾課纂輯書經備旨蔡註捷錄七卷首一卷　(清)鄒聖脈纂輯　(清)鄒廷猷編次　清刻本　六册

340000－1835－0000031　00202－00207
溫病條辯六卷首一卷　(清)吳瑭撰　清嘉慶十七年(1812)寧波群玉山房刻本　六册

340000－1835－0000032　00208－00213
寄傲山房塾課纂輯御案易經備旨七卷　(清)鄒聖脈纂輯　(清)鄒廷猷編次　清光緒五年(1879)刻本　六册

340000－1835－0000033　00214
素問靈樞類纂約註三卷　(清)汪昂著輯　(清)汪端等校訂　清刻本　一册　存一卷(下)

340000－1835－0000034　00215
卜筮正宗十四卷　(清)王洪緒註　清刻本　一册　存四卷(八至十一)

340000－1835－0000035　00216
廣事類賦四十卷　(清)華希閔著　(清)鄒兆升參　清刻本　一册　存四卷(十三至十六)

340000－1835－0000036　00217
醫方湯頭歌括一卷　(清)汪昂編輯　(清)汪端校勘　清刻本　一册

340000－1835－0000037　00218
李翁醫記二卷　(清)焦循撰　清刻本　一册

340000－1835－0000038　00219
明文鈔□□卷　(清)高嵣集評　清刻本　一册　存一卷(論語一)

340000－1835－0000039　00220
醫方湯頭歌括一卷　(清)汪昂編輯　(清)汪端校勘　清刻本　一册

340000－1835－0000040　00221
明文明不分卷　(明)路德選　清刻本　一册

340000－1835－0000041　00222
醫方湯頭歌括二卷　(清)汪昂編輯　清刻本　二册

340000－1835－0000042　00223－00230
海國圖志一百卷　(清)魏源重輯　清刻本　八册　存二十一卷(二十二至二十四、二十八至三十九、四十至四十一、九十三至九十六)

340000－1835－0000043　00231－00237
御批資治通鑒綱目前編十八卷首一卷舉要三卷　(元)金履祥撰　清光緒二年(1876)刻本　七册

340000－1835－0000044　00238－00240

祕傳花鏡六卷圖一卷　(清)陳淏子輯　清刻本　三冊　存四卷(一、五至六,圖一卷)

340000－1835－0000045　00241－00244
傷寒論註四卷附翼二卷　(漢)張機撰　(清)柯琴編註　清乾隆二十年(1755)刻本　四冊　存四卷(傷寒論註四卷)

340000－1835－0000046　00246－00247
陽宅三要四卷　(明)趙廷棟著　清光緒九年(1883)聚錦堂刻本　二冊

340000－1835－0000047　00248－00249
古文雅正十四卷　(清)蔡世遠選評　清光緒二十八年(1902)湘鄉曾氏刻本　二冊　存三卷(一至三)

340000－1835－0000048　00250
摭唾瀝一卷　(清)周寸知撰　清宣統三年(1911)刻本　一冊

340000－1835－0000049　00251
蒲編堂訓蒙草一卷　(清)路德撰　清刻本　一冊

340000－1835－0000050　00252－00256
四書貫解□□卷　(清)朱良玉纂　清刻本　五冊　存六卷(大學一卷、中庸一卷、孟子三卷、下論一卷)

340000－1835－0000051　00257
慶祝表文不分卷　不著撰者　清光緒三十一年(1905)刻本　一冊

340000－1835－0000052　00258－00262
新編直指算法統宗十二卷　(明)程大位補編　清道光十六年(1836)刻本　五冊　存十卷(一至十)

340000－1835－0000053　00263－00268
批點大學衍義四十三卷　(宋)真德秀彙輯　(明)陳仁錫評閱　清光緒三十一年(1905)石印本　六冊

340000－1835－0000054　00269
小題五集精詣二卷　(清)王步青等撰　清刻本　一冊　存一卷(下)

340000－1835－0000055　00270
小題二集式法二卷　(清)尹明廷等撰　清刻本　一冊　存一卷(下)

340000－1835－0000056　00279－00282
容城三賢文集十二卷　(清)張斐然等輯　清光緒刻本　四冊　存五卷(孫奇逢文集一至二、四,楊繼盛文集一至二)

340000－1835－0000057　00283－00286
古唐詩合解十二卷　(清)王堯衢註　清刻本　四冊

340000－1835－0000058　00287－00289
傳家寶二集人事通八卷　(清)石成金撰集　清刻本　三冊　存三卷(一、五、七)

340000－1835－0000059　00290－00292
古唐詩合解十二卷　(清)王堯衢註　清刻本　三冊

340000－1835－0000060　00293－00294
古唐詩合解十二卷　(清)王堯衢註　清刻本　二冊　存四卷(一至二、十一至十二)

340000－1835－0000061　00295
秘要編一卷　(清)崧陽老人著　清宣統元年(1909)刻本　一冊

340000－1835－0000062　00296
十王寶卷一卷　不著撰者　清刻本　一冊

340000－1835－0000063　00297
陸清獻公宰嘉訓俗不分卷　(清)陸隴其著　清刻本　一冊

340000－1835－0000064　00298
關聖帝君覺世真經一卷　不著撰者　清刻本　一冊

340000－1835－0000065　00299
報母血盆經一卷　不著撰者　清光緒三十一年(1905)刻本　一冊

340000－1835－0000066　00300
廣野歸原寶筏不分卷　(清)浩然祖師著　清光緒二十四年(1898)刻本　一冊

340000－1835－0000067　00301

五代史七十四卷附考證　(宋)歐陽修撰　清光緒中圖書集成局排印二十四史本　一冊　存三十一卷(四十四至七十四)

340000－1835－0000068　00302

元史二百一十卷　(明)宋濂等修　清光緒中圖書集成局排印二十四史本　一冊　存十三卷(九十三至一百五)

340000－1835－0000069　00303

重刊破迷宗旨原本一卷　題(清)儒童老人撰　清咸豐十年(1860)刻本　一冊

340000－1835－0000070　00304

唐書二百二十五卷　(明)歐陽修等撰　清末石印本　一冊　存十九卷(一百五十三至一百七十一)

340000－1835－0000071　00305－00306

東萊博義四卷　(宋)呂祖謙撰　(清)張文炳評點　清刻本　二冊　存二卷(二、四)

340000－1835－0000072　00307－00309

火龍經二集三卷　(明)劉基補著　(明)毛希秉彙輯　清刻本　三冊

340000－1835－0000073　00310－00311

書經六卷　(宋)蔡沈集傳　清刻本　二冊　存四卷(二至三、五至六)

340000－1835－0000074　00312

應用戰法一卷　(清)賀忠良著　清抄本　一冊

340000－1835－0000075　00313－00314

火龍經三卷　(三國蜀)諸葛亮著　清刻本　二冊

340000－1835－0000076　00315

火龍經三集二卷　(明)茅元儀彙輯　(明)諸葛光榮校　清刻本　一冊

340000－1835－0000077　00316

女四書四卷　(明)王相箋注　清刻本　一冊

340000－1835－0000078　00317

冷髯詩鈔一卷　(清)陳獬撰　清刻本　一冊

340000－1835－0000079　00602－00603

閣學公文稿拾遺一卷　(清)袁保齡撰　清宣統三年(1911)清芬閣鉛印項城袁氏家集本　二冊

340000－1835－0000080　00732－00735

大清律例彙輯便覽四十卷　(清)刑部輯　清刻本　四冊　存八卷(四、九至十、十六至十七、三十八至四十)

340000－1835－0000081　00766

歷科房考酌雅集不分卷　(清)夏之蓉編　清刻本　一冊

340000－1835－0000082　00767

新刻校正大字李東垣先生珍珠囊二卷　(金)李杲撰　清刻本　一冊

340000－1835－0000083　00769

我法集註釋四卷　(清)紀昀撰　(清)魏景文註釋　清刻本　一冊　存二卷(三至四)

340000－1835－0000084　00768

景岳新方歌括不分卷　(清)吳辰燦等纂　清石印本　一冊

340000－1835－0000085　00730－00731

格致彙編　(英國)傅蘭雅編　清光緒上海格致書室鉛印本　二冊　存二卷(西國漂染棉布論、照相略法)

340000－1835－0000086　00716－00729

御製文第三集□□卷　(清)聖祖玄燁撰　清刻本　十四冊　存二十八卷(二十一至四十六、四十九至五十)

340000－1835－0000087　00715

來生福彈詞□□卷　(清)錢黎民補填　清石印本　一冊　存一卷(七)

340000－1835－0000088　00500

書經六卷　(宋)蔡沈集傳　清刻本　一冊　存二卷(二至三)

340000－1835－0000089　00562

太上老君說常清靜經一卷　不著撰者　清光緒十三年(1887)刻本　一冊

340000－1835－0000090　00770
達摩寶卷一卷　不著撰者　清光緒九年(1883)金陵一得齋刻本　一册

340000－1835－0000091　00772－00773
圖註八十一難經辨真四卷　(戰國)扁鵲著　(明)張世賢圖註　清刻本　二册

340000－1835－0000092　00571
孟子七卷　(宋)朱熹集註　清刻本　一册　存二卷(一至二)

340000－1835－0000093　00774－00777
唐詩三百首註疏六卷　(清)蘅塘退士編　(清)章爕注　**唐詩三百首續選一卷**　(清)于慶元等編　清文奎堂刻本　四册

340000－1835－0000094　00778
論語十卷　(宋)朱熹集註　清刻本　一册　存三卷(八至十)

340000－1835－0000095　00779
二論詳解四卷　(清)劉忠輯　清刻本　一册　存一卷(三)

340000－1835－0000096　00780－00785
公羊穀梁春秋合編附註疏纂十二卷　(漢)何休學　(晋)范甯集解　(唐)楊士勛疏　(明)朱泰禎纂述　清刻本　六册

340000－1835－0000097　00789
桂芳齋重訂古文釋義新編八卷　(清)余誠評注　清刻本　一册　存二卷(一至二)

340000－1835－0000098　00788
時務報　不著撰者　清光緒二十四年(1898)鉛印本　一册　存一册(六十五)

340000－1835－0000099　00786－00787
經國堂重訂古文釋義新編八卷　(清)余誠評註　清刻本　二册　存三卷(三至四、六)

340000－1835－0000100　00791－00792
古文釋義新編八卷　(清)余誠評註　清刻本　二册　存四卷(一至二、七至八)

340000－1835－0000101　00798
中議公事實紀略一卷　(清)清芬閣編　清宣統三年(1911)清芬閣鉛印項城袁氏家集本　一册

340000－1835－0000102　00797
古文輯註八卷　(清)朱良玉編訂　清刻本　一册　存一卷(五)

340000－1835－0000103　00790
泰山堂重訂古文釋義新編八卷　(清)余誠評註　清刻本　一册　存一卷(三)

340000－1835－0000104　00572
四書字解不分卷　不著撰者　清刻本　一册

340000－1835－0000105　00796
感應篇新註一卷　不著撰者　清刻本　一册

340000－1835－0000106　00795
感應篇新註一卷　不著撰者　清刻本　一册　存七十三頁(五十九至一百三十一)

340000－1835－0000107　00794
新鐫紹聞堂精選古文覺斯廣集八卷　(清)過珙評選　(清)過奕詰　(清)過奕讚編次　清刻本　一册　存一卷(三)

340000－1835－0000108　00736－00765
大清律例增修統纂集成四十卷　(清)刑部輯　(清)陶駿等增修　清光緒刻本　三十册

340000－1835－0000109　00793
使徒行傳一卷　(希臘)路加撰　清宣統二年(1910)銅活字印本　一册

340000－1835－0000110　00808
詩學含英十四卷　(清)劉文蔚輯　(清)向焄增　清刻本　一册　存七卷(八至十四)

340000－1835－0000111　00771
達摩寶卷一卷　不著撰者　清刻本　一册

340000－1835－0000112　00807
幼科錶鏡六卷　(清)夏鼎撰　清刻本　一册

340000－1835－0000113　00806
四聲便覽四卷　(清)余六師編　清刻本　一册　存一卷(三)

340000－1835－0000114　00805

醫方捷徑二卷　(清)羅必煒校正　清上海校經山房石印本　一册　存一卷(下)

340000－1835－0000115　00804
新刻校正買賣蒙古同文雜字一卷　不著撰者　清刻本　一册

340000－1835－0000116　00802－00803
元亨療馬集六卷附駝經一卷　(明)喻本元　(明)喻本亨集　(明)袁希濂校　清經元堂刻本　二册　存三卷(一至三)

340000－1835－0000117　00801
試律青雲集四卷　(清)楊逢春輯　(清)沈品三等註　清刻本　一册　存一卷(四)

340000－1835－0000118　00800
評選環溪草堂醫案三卷　(清)王泰林著　(清)柳寶詒評選　清石印本　一册　存二卷(上、中)

340000－1835－0000119　00799
溫病條辨六卷首一卷　(清)吳瑭著　清上海廣益書局石印本　一册　存三卷(一至二、首一卷)

340000－1835－0000120　00833－00834
寄嶽雲齋試帖詳註四卷　(清)聶銑敏撰　(清)張學蘇箋　清刻本　二册　存二卷(二、四)

340000－1835－0000121　00818
銀海精微四卷　(唐)孫思邈原輯　(清)周亮節較正　清刻本　一册

340000－1835－0000122　00817
脉理求真□□卷　(清)黄宫綉纂　清石印本　一册　存一卷(十二)

340000－1835－0000123　00815－00816
增補幼幼集成六卷　(清)陳復正輯定　清末上海章福記書局石印本　二册　存二卷(五至六)

340000－1835－0000124　00814
重刊引痘方書一卷　(清)邱熺輯　清光緒二十五年(1899)李新田刻本　一册

340000－1835－0000125　00813
衍慶編二卷　(清)莊大椿述　清刻本　一册

340000－1835－0000126　00812
洞主仙師白喉治法忌表抉微一卷　(清)耐修子輯　清光緒三十三年(1907)刻本　一册

340000－1835－0000127　00811
新刊繡像牛馬經六卷　(明)俞本元撰　(明)俞本亨撰　清刻本　一册　存二卷(三至四)

340000－1835－0000128　00810
時疫白喉方一卷　(清)張紹修著　清光緒五年(1879)刻本　一册

340000－1835－0000129　00809
佛說大乘金剛經因果論□□卷　(清)靈靈子(劉本修)註　清刻本　一册　存一卷(二)

340000－1835－0000130　00860
教女遺規三卷　(清)陳弘謀編輯　清刻本　一册

340000－1835－0000131　00823－00824
增訂胎產秘書三卷　(清)何榮撰　清刻本　二册

340000－1835－0000132　00858－00859
大學衍義四十三卷　(宋)真德秀彙輯　清刻本　二册　存十卷(十八至二十二、三十四至三十八)

340000－1835－0000133　00854－00857
刑案匯覽六十卷首一卷末一卷拾遺備考一卷　(清)祝慶祺編　清道光十四年(1834)棠樾慎思堂刻本　四册　存四卷(一至三、首一卷)

340000－1835－0000134　00853
經義約選一卷　(清)王錫蕃編輯　清光緒刻本　一册

340000－1835－0000135　00821－00822
筆花醫鏡四卷　(清)江涵暾著　清光緒十一年(1885)刻本　二册

340000－1835－0000136　00846－00852
[光緒]亳州志二十卷首一卷　(清)鍾泰等纂

修　清光緒二十年(1894)木活字印本　七冊　存九卷(二至五、八至九、十七、十九至二十)

340000－1835－0000137　00820
針灸大成十卷　(明)楊繼洲撰　(清)李月桂重訂　清善成堂刻本　一冊　存一卷(一)

340000－1835－0000138　00819
傷寒論正誤集註大全十卷　(清)諶瑋著　(清)陳郊倩編次　清明彰堂刻本　一冊　存一卷(一)

340000－1835－0000139　00835－00845
呂新吾先生去僞齋文集十卷　(明)呂坤著　清康熙十三年(1674)呂氏繩其居刻本　十一冊

340000－1835－0000140　00830－00832
醫宗必讀五卷首一卷　(明)李中梓著　清盛德堂刻本　三冊　存四卷(一至三、首一卷)

340000－1835－0000141　00884－00919
佩文韻府一百六卷拾遺一百六卷　(清)張玉書等編　(清)張廷玉等拾遺　清光緒十二年(1886)上海同文書局石印本　三十六冊　存五十九卷(佩文韻府一至三、七、十四至二十、三十一至四十八、五十二至五十四、六十至六十三、六十六、六十八至七十三、七十六至八十二、九十至九十二、九十五至九十六、九十九、一百四至一百六)

340000－1835－0000142　00829
珍珠囊指掌補遺藥性賦四卷　(金)李杲編輯　清刻本　一冊　存二卷(三至四)

340000－1835－0000143　00825－00828
醫學心悟五卷附外科十法一卷　(清)程國彭著　清刻本　四冊

340000－1835－0000144　00438
醫學集成四卷　(清)劉士廉纂輯　(清)李培郁校正　清三光堂刻本　一冊　存一卷(二)

340000－1835－0000145　00879－00883
經學不厭精五卷　(德國)花之安編　清光緒二十二年(1896)上海美華書館鉛印本　五冊　存二卷(一至二)

340000－1835－0000146　00449
御批歷代通鑒輯覽一百二十卷　(清)傅恆等修　清末石印本　一冊　存七卷(七十一至七十七)

340000－1835－0000147　00520
史記菁華錄六卷　(清)姚苧田摘錄　清石印本　一冊　存一卷(二)

340000－1835－0000148　00861－00878
西遊原旨二十四卷首一卷　(明)吳承恩撰　(清)悟元老人注　清刻本　十八冊　存十八卷(一至五、七至九、十一、十三、十六至十八、二十至二十四)

340000－1835－0000149　00578－00589
四書人物類典串珠四十卷　(清)臧志仁編輯　清刻本　十二冊

340000－1835－0000150　00945
卜筮正宗十四卷　(清)王洪緒註　清刻本　一冊　存四卷(四至七)

340000－1835－0000151　00944
三元總錄三卷　(明)柳洪泉著　清上海錦章圖書局石印本　一冊　存二卷(中、下)

340000－1835－0000152　00503
書經體註大全合參六卷　(宋)蔡沈集傳　(清)錢希祥纂輯　清刻本　一冊　存一卷(四)

340000－1835－0000153　00940－00943
覺世風雅集四卷　(清)一了山人編輯　**醒夢齋雲水集四卷**　(清)一了山人撰　清宣統元年(1909)萬全堂刻本　四冊

340000－1835－0000154　00502
書經體註大全合參六卷　(宋)蔡沈集傳　(清)錢希祥纂輯　清刻本　一冊　存一卷(四)

340000－1835－0000155　00929－00939
御撰資治通鑒綱目三編四十卷　(清)和珅等

纂　清光緒六年(1880)刻本　十一冊　存三十七卷(一至十四、十八至四十)

340000－1835－0000156　00921－00928
太上感應篇圖說八卷首一卷　(清)黄正元輯　(清)毛金蘭增補　清光緒十七年(1891)刻本　八冊

340000－1835－0000157　00920
本朝文讀本不分卷　(清)袁枚撰　清刻本　一冊

340000－1835－0000158　00275
小題二集式法二卷　(清)王鏊等撰　清刻本　二冊

340000－1835－0000159　00277－00278
小題四集參變二卷　(清)王步青評　(清)王士鰲編　清刻本　二冊

340000－1835－0000160　00274
小題五集精詣二卷　(清)王步青等撰　清刻本　一冊　存一卷(下)

340000－1835－0000161　00714
新刻劍嘯閣批評東漢演義傳十卷　(明)謝詔撰　(明)鍾惺評　清刻本　一冊　存二卷(三至四)

340000－1835－0000162　00563
呂祖師編年詩集年譜七卷　(清)火西月述　清刻本　一冊　存二卷(一至二)

340000－1835－0000163　00712－00713
紫蘋館詩鈔續卷一卷　(清)王永年撰　清光緒三十三年(1907)鉛印本　二冊

340000－1835－0000164　00271－00273
小題正鵠全集三卷　(清)李元度編輯　(清)李元吉等校訂　清光緒八年(1882)文昌書局刻本　三冊

340000－1835－0000165　00711
玉山老人講論八章不分卷　(清)玉山老人注　清刻本　一冊

340000－1835－0000166　00709－00710
通關文二卷　(清)劉一明著　清道光二年(1822)刻本　二冊

340000－1835－0000167　00561
太上演說救劫消災靈感灶王法懺一卷　不著撰者　清光緒二年(1876)刻本　一冊

340000－1835－0000168　00707－00708
柏蔭軒約選杜詩五律串解二卷　(清)周作淵撰　清乾隆五十五年(1790)文鳥堂年刻本　二冊

340000－1835－0000169　00569
環地福分類字課圖說八卷　(清)趙金壽編　清石印本　一冊　存一卷(六)

340000－1835－0000170　00601
秘要編一卷　(清)崧陽老人著　清宣統元年(1909)刻本　一冊

340000－1835－0000171　00573－00577
學源堂合纂四書體註十九卷　(宋)朱熹集注　(清)范翔參訂　清刻本　五冊

340000－1835－0000172　00600
岳武穆王拳譜不分卷　不著撰者　清抄本　一冊

340000－1835－0000173　00599
暗室燈注解二卷首二卷　不著撰者　清刻本　一冊

340000－1835－0000174　00594
今文分法小題嘉言□□卷　(清)杜定基評選　清刻本　一冊　存一卷(五)

340000－1835－0000175　00593
庚辰集五卷　(清)紀昀編　清刻本　一冊　存一卷(一)

340000－1835－0000176　00592
評點春秋綱目左傳句解彙雋六卷　(清)韓菼重訂　清刻本　一冊　存一卷(五)

340000－1835－0000177　00504－00505
書經體註大全合參六卷　(宋)蔡沈集傳　(清)錢希祥纂輯　清刻本　二冊　存二卷(四至五)

340000－1835－0000178　00591
評點春秋綱目句解左傳彙雋六卷　（清）韓菼重訂　清刻本　一冊　存一卷（六）

340000－1835－0000179　00501
書經體註大全合參六卷　（宋）蔡沈集傳（清）錢希祥纂輯　清刻本　一冊　存一卷（四）

340000－1835－0000180　00568
玉山老人講論八章不分卷　（清）玉山老人注　清刻本　一冊

340000－1835－0000181　00397
新訂四書補註備旨十卷　（明）鄧林著　（清）鄧煜編次　（清）杜定基增訂　清寶興堂刻本　一冊　存一卷（孟子四）

340000－1835－0000182　00522－00523
禮記十卷　（元）陳澔集說　清李光明莊刻本　二冊　存二卷（九至十）

340000－1835－0000183　00395－00396
新訂四書補註備旨十卷　（明）鄧林著　（清）鄧煜編次　（清）杜定基增訂　清刻本　二冊　存二卷（上論一、下孟三）

340000－1835－0000184　00394
新訂四書補註備旨十卷　（明）鄧林著　（清）鄧煜編次　（清）杜定基增訂　清務本堂刻本　一冊　存二卷（上孟一至二）

340000－1835－0000185　00564－00566
尚史七十卷　（清）李鍇纂　清刻本　三冊　存六卷（世家十二，列傳一、十五至十八）

340000－1835－0000186　00542－00544
綱鑑擇言十卷　（清）司徒修選輯　（清）李嘉樹補註　清光緒十六年（1890）刻本　三冊　存八卷（一至八）

340000－1835－0000187　00393
新訂四書補註備旨十卷　（明）鄧林著　（清）鄧煜編次　（清）杜定基增訂　清務本書莊刻本　一冊　存二卷（上論一至二）

340000－1835－0000188　00567
東周列國全志二十三卷一百八回　（清）蔡奡評點　清刻本　一冊　存一卷（二十二）

340000－1835－0000189　00521
全本禮記體註十卷　（清）范紫登定　（清）徐旦參訂　（清）徐瑄補輯　清刻本　一冊　存一卷（四）

340000－1835－0000190　00508－00519
史記一百三十卷　（漢）司馬遷撰　清刻本　十二冊　存四十三卷（六至十四、十六至十九、二十二至三十、三十四至三十八、四十一至四十三、七十二至七十九、一百六至一百十）

340000－1835－0000191　00495
御案詩經備旨八卷　（清）鄒聖脈纂輯　（清）鄒廷猷編次　清善成堂刻本　一冊　存二卷（二至三）

340000－1835－0000192　00473－00477
御纂詩義折中二十卷　（清）高宗弘曆纂　清刻本　五冊　存十卷（七至十四、十九至二十）

340000－1835－0000193　00430－00433
爾雅註疏十一卷　（晉）郭璞注　（宋）邢昺疏　清兩儀堂刻本　四冊

340000－1835－0000194　00468－00472
御纂詩義折中二十卷　（清）高宗弘曆纂　清刻本　五冊　存九卷（十至十六、十九至二十）

340000－1835－0000195　00464－00467
虎鈐經二十卷　（宋）許洞撰　清刻本　四冊

340000－1835－0000196　00462－00463
御纂詩義折中二十卷　（清）高宗弘曆纂　清刻本　二冊　存二卷（四、十）

340000－1835－0000197　00426－00429
爾雅註疏十一卷　（晉）郭璞注　（宋）邢昺疏　清大文堂刻本　四冊　存七卷（一至五、八至九）

340000－1835－0000198　00447－00448

歷代帝王統系大略一卷歷代名將事略二卷 (清)北洋武備研究所編 清光緒北洋武備研究所木活字印本 二册 存二卷(歷代帝王統系大略一卷、歷代名將事略下)

340000－1835－0000199 00421－00425
爾雅註疏十一卷 (晉)郭璞注 (宋)邢昺疏 清嘉慶七年(1802)刻本 五册 存九卷(一至九)

340000－1835－0000200 00420
爾雅三卷 (晉)郭璞注 清刻本 一册 存一卷(下)

340000－1835－0000201 00413
希賢錄二卷 (清)彭玉麟輯 清光緒九年(1883)刻本 一册

340000－1835－0000202 00404－00412
路史前紀九卷後紀十三卷餘論十卷發揮六卷國名記七卷 (宋)羅泌撰 (宋)羅苹注 清嘉慶十三年(1808)刻本 九册 存三十二卷(路史前紀九卷,後紀十三卷,餘論一至三、七至十,國名記甲至丙)

340000－1835－0000203 00403
采真彙稿四卷 (清)檀萃著 (清)曾力行箋註 (清)周芬佩評 (清)陳德新參閲 清刻本 一册 存一卷(一)

340000－1835－0000204 00391－00392
新訂四書補註備旨十卷 (明)鄧林著 (清)鄧煜編次 (清)杜定基增訂 清薈玉堂刻本 二册 存三卷(孟子一至三)

340000－1835－0000205 00400－00402
古文眉詮七十九卷首一卷 (清)浦起龍論次 清刻本 三册 存十一卷(十六至二十六)

340000－1835－0000206 00390
新訂四書補註備旨十卷 (明)鄧林著 (清)鄧煜編次 (清)杜定基增訂 清石印本 一册 存二卷(論語一至二)

340000－1835－0000207 00386－00389
新訂四書補註備旨十卷 (明)鄧林著 (清)杜定基增訂 清刻本 四册 存四卷(大學一、論語三、孟子三至四)

340000－1835－0000208 00384－00385
新訂四書補註備旨十卷 (明)鄧林著 (清)鄧煜編次 (清)杜定基增訂 清刻本 二册 存三卷(孟子一至二、四)

340000－1835－0000209 00381－00383
新訂四書補註備旨十卷 (明)鄧林著 (清)鄧煜編次 (清)杜定基增訂 清刻本 三册 存四卷(孟子四卷)

340000－1835－0000210 00377－00380
增訂二論詳解四卷 (清)劉忠輯 清宣統元年(1909)上海章福記書莊石印本 四册

340000－1835－0000211 00376
小題易讀不分卷 (清)史鑑輯 清咸豐十年(1860)刻本 一册

340000－1835－0000212 00372－00375
讀書作文譜十二卷父師善誘法二卷 (清)唐彪輯著 清光緒二十八年(1902)刻本 四册

340000－1835－0000213 00345
五方元音二卷 (明)樊騰鳳編 (清)年希堯增補 清光緒石印本 一册

340000－1835－0000214 00342－00344
南齊書五十九卷 (南朝梁)蕭子顯撰 清同治十三年(1874)金陵書局刻本 三册 存二十三卷(一至二十三)

340000－1835－0000215 00341
抄存印譜不分卷 不著撰者 清嘉慶刻二十四年(1819)刻本 一册

340000－1835－0000216 00321－00340
李文忠公全集一百六十五卷首一卷 (清)李鴻章撰 清光緒三十一年(1905)刻本 二十册 存三十六卷(朋僚函稿一至十二、十七至十八,電稿七、十五、二十四至二十五,奏稿一至二、二十三至二十八、三十六至三十七、五十八、六十一至六十二、七十二至七十三、七十六至七十七,譯署函稿十五)

340000－1835－0000217　00320
泗虹合志十九卷　(清)方瑞蘭監修　清光緒十四年(1888)刻本　一冊　存二卷(一至二)

340000－1835－0000218　00683
隸辨八卷　(清)顧藹吉撰　清刻本　一冊　存一卷(五)

340000－1835－0000219　00545
史鑒節要便讀六卷　(清)鮑東里編　清刻本　一冊　存一卷(六)

340000－1835－0000220　00524－00539
御批資治通鑑綱目全書一百九卷　(清)宋犖等編　(清)聖祖玄燁批點　清刻本　十六冊　存二十卷(一、三至五、十一、十七至二十五、二十八至三十三)

340000－1835－0000221　00691－00706
新輯時務匯通一百八卷　(清)李作棟輯　清光緒二十九年(1903)上海崇新書局石印本　十六冊　存五十九卷(五十至一百八)

340000－1835－0000222　00684－00690
尺木堂綱鑑易知錄二十卷　(清)吳乘權等輯　清石印本　七冊　存十八卷(三至二十)

340000－1835－0000223　00540－00541
御撰資治通鑒綱目三編二十卷　(清)張廷玉等編　清石印本　二冊　存四卷(一至四)

340000－1835－0000224　00673－00682
針灸大成十卷　(明)楊繼洲撰　清光緒元年(1875)經國堂刻本　十冊

340000－1835－0000225　00668－00672
左繡三十卷首一卷春秋經傳集解三十卷首一卷　(清)馮李驊　(清)陸浩評輯　(晉)杜預注　清刻本　五冊　存二十卷(左繡二至三、六至九、十一至十四,春秋經傳集解二至三、六至九、十一至十四)

340000－1835－0000226　00660－00667
繪像第六才子書西廂記八卷　(元)王實甫撰　(清)金人瑞評　清刻本　八冊

340000－1835－0000227　00648－00659
大六壬大全十三卷　(清)郭御青校訂　清光緒十三年(1887)刻本　十二冊

340000－1835－0000228　00643－00647
救偏瑣言五卷　(清)費啟泰著　清刻本　五冊

340000－1835－0000229　00635－00642
批點唐宋八家鈔八卷　(清)高嵣集評　清道光十五年(1835)刻本　八冊

340000－1835－0000230　00629－00634
醫學心悟五卷附外科十法一卷　(清)程國彭著　清刻本　六冊　不是

340000－1835－0000231　00625－00628
司馬溫公稽古錄二十卷附校勘記一卷　(宋)司馬光撰　(清)梁元熹校刊　清光緒五年(1879)江蘇書局刻本　四冊

340000－1835－0000232　00612－00624
分類補註李太白詩二十五卷年譜一卷　(唐)李白撰　(宋)楊齊賢集注　(元)蕭士贇補注　明嘉靖二十五年(1546)玉几山人刻本　十三冊　存二十二卷(二至二十、二十三至二十五)

340000－1835－0000233　00546－00560
宋元通鑒一百五十七卷　(明)薛應旂編集　(明)陳仁錫評閱　明天啟六年(1626)刻本　十五冊　存一百五卷(一至十五、三十五至四十六、五十五至六十四、九十至一百五十七)

340000－1835－0000234　00610－00611
八銘堂塾鈔初集六卷二集六卷附論文　(清)吳懋政編　清光緒十四年(1888)學庫山房刻本　二冊　存三卷(二集大學、中庸、下論)

340000－1835－0000235　00570
曲江書屋新訂批注左傳快讀十八卷首一卷　(晉)杜預原註　(清)李紹崧選訂　清光緒二十四年(1898)刻本　一冊　存二卷(一、首一卷)

340000－1835－0000236　00496－00499
書經六卷　(宋)蔡沈集傳　清刻本　四冊

340000－1835－0000237　00609
修真指南衍說一卷　(清)雲帆記　清光緒三年(1877)刻本　一册

340000－1835－0000238　00608
關聖帝君覺世真經一卷忠孝真經一卷　不著撰者　清雲文齋刻本　一册

340000－1835－0000239　00478－00485
御纂詩義折中二十卷　(清)高宗弘曆纂　清刻本　八册　缺四卷(三至四、十三至十四)

340000－1835－0000240　00507
字學舉隅一卷　(清)龍啟瑞編　清光緒五年(1879)刻本　一册

340000－1835－0000241　00491－00494
詩經體註大全合參八卷　(清)高朝瓔定　(清)沈世楷輯　清刻本　四册

340000－1835－0000242　00506
字學舉隅一卷　(清)龍啟瑞編　清刻本　一册

340000－1835－0000243　00606－00607
學部官報　(清)學部編　清光緒三十三年(1907)鉛印本　二册　存二期(十三至十四)

340000－1835－0000244　00114－00137
康熙字典十二集三十六卷總目一卷檢字一卷辨似一卷等韻一卷備考一卷補遺一卷　(清)張玉書等纂修　清刻本　二十四册　存二十七卷(丑集中、寅集中下、卯集上中下、辰集上中下、巳集中下、午集上中下、未集中、申集上下、酉集上、戌集下、亥集中下,總目一卷,檢字一卷,辨似一卷,等韻一卷,備考一卷,補遺一卷)

340000－1835－0000245　00488－00490
詩經體註大全合參八卷　(清)高朝瓔定　(清)沈世楷輯　清刻本　三册　存六卷(三至八)

340000－1835－0000246　00486－00487
詩經體註大全合參八卷　(清)高朝瓔定　(清)沈世楷輯　清刻本　二册　存四卷(五至八)

340000－1835－0000247　00604－00605
古唐詩合解十二卷　(清)王堯衢註　清刻本　二册

340000－1835－0000248　00110－00113
康熙字典十二集三十六卷總目一卷檢字一卷辨似一卷等韻一卷備考一卷補遺一卷　(清)張玉書等纂修　清刻本　四册　存四卷(卯集上、戌集中下、亥集下)

340000－1835－0000249　00590
字典不分卷　不著撰者　清刻本　一册

340000－1835－0000250　00450－00461
御纂詩義折中二十卷　(清)高宗弘曆纂　清刻本　十二册　存十四卷(三至六、九、十一至十五、十七至二十)

340000－1835－0000251　00439－00446
藝海珠塵金集　(清)吳省蘭輯　清嘉慶南匯吳氏聽彝堂刻本　八册

340000－1835－0000252　00434－00437
瘟疫明辨四卷末一卷　(清)戴天章撰　清乾隆十六年(1751)刻本　四册

340000－1835－0000253　00414－00419
重訂外科正宗十二卷　(明)陳實功撰　(清)張鷟翼重訂　清刻本　六册

340000－1835－0000254　00398－00399
尚書離句六卷　(清)錢在培輯解　(清)劉梅垞鑒定　清大啓堂刻本　二册

340000－1835－0000255　00084－00109
康熙字典十二集三十六卷總目一卷檢字一卷辨似一卷等韻一卷備考一卷補遺一卷　(清)張玉書等纂修　清道光七年(1827)刻本　二十六册　存二十六卷(子集中下、丑集上中下、寅集上下、辰集下、巳集上中下、午集上中、未集上中下、申集上中下、酉集下中、戌集上中、亥集上,總目一卷,等韻一卷)

340000－1835－0000256　00346－00371
鼎鍥趙田了凡袁先生編纂古本歷史大方綱鑒

補三十九卷首一卷 （宋）劉恕外紀 （元）金履祥前編 （明）袁黄編纂 清光緒三十年(1904)維新書局刻本 二十六册

340000－1835－0000257 00318－00319

禮記心典傳本三卷 （清）胡瑶光纂 清刻本 二册 存二卷(上、中)

340000－1835－0000258 00063－00083

康熙字典十二集三十六卷總目一卷檢字一卷辨似一卷等韻一卷備考一卷補遺一卷 （清）張玉書等纂修 清刻本 二十一册 存二十二卷(子集上中、卯集上、辰集上中、午集下、未集中下、申集中下、酉集上中下、戌集上中下、亥集上，總目一卷，檢字一卷，辨似一卷，備考一卷，補遺一卷)

宿州學院圖書館古籍普查登記目録

全國古籍普查登記目録

國家圖書館出版社
National Library of China Publishing House

《宿州學院圖書館古籍普查登記目録》

編委會

主　　編：馬　偉

編　　委：馬　偉　周　博

審　　校：鍾姝娟

《宿州學院圖書館古籍普查登記目録》

前　言

宿州學院圖書館的前身是創辦於 1949 年的皖北宿縣專區師範學校圖書室，藏書由宿縣行署調劑各文化、教育部門的圖書資料組成，其中有部分綫裝古書。

1949 年之後，學校又購買了部分古籍，并接受了本校教職工、本地各界人士的贈書、獻書，以及議價購買的綫裝古本書。圖書室改名爲圖書館。自 1983 年學校升格更名爲宿州師範專科學校、2004 年升格更名爲宿州學院以來，圖書館有計劃地添置了以中文、歷史專業和地方文獻爲主的古版圖書。

經過多年的積纍，宿州學院圖書館古籍文獻已形成規模，其中清乾隆五年(1740)刻本一函四册的《老子元翼》二卷《考異》一卷《附録》一卷在國内具有極高的版本價值。

宿州學院圖書館對館藏古籍的整理從未間斷，自 1949 年建館以來，就對古籍文獻進行了財産登記。2007 年"中華古籍保護計劃"啓動，根據國家古籍保護中心《全國古籍普查工作方案》部署與要求，宿州學院圖書館制訂了"目驗原書，逐册清點"的登記工作方針，制訂"以館藏古籍普查登記爲抓手，進一步摸清家底"的工作目標。2017 年 12 月，根據安徽省古籍保護中心的要求，組織專門隊伍，系統清點了古籍書庫所有文獻，并編輯了簡目，實現古籍文獻網上檢索，纍計完成 23 條古籍普查六項數據的登記工作，基本摸清了館藏古籍的家底。

不可否認，當下的普查登記工作衹是對古籍的索書號、題名卷數、著者、版本、册數、存缺卷的初步登記，所取得的數據難稱完備，但經過逐册清點、整理和登記，館藏古籍得到了一次較爲細緻的梳理，爲下一階段的保護利用打下良好基礎。

在此稿交付出版之際，我們既有欣喜之情，又有惶恐之感。古籍編目工作是專業性强的基礎性工作，需要扎實的文獻功底和奉獻精神，雖然我們用力也勤，怎耐水平有限，疏漏之處恐在所難免，祈方家不吝指正。我們將以此爲契機，進一步規範古籍基礎工作，進一步提高古籍整理的水準。

隨着古籍保護工作的持續推進，我們的古籍普查取得了階段性的成果，每一位參與者都倍感欣慰，同時也深切感受到困難和問題依然不少，諸如工作人員古籍文獻基礎薄弱，古籍編目經驗不足，歷史欠賬太多，修復人才短缺，古籍保護的後續投入和保障機制亟需完善，等等。因此，下一階段的工作中還要繼續努力，一方面擴大宣傳，爲争取外部環境支撑，獲得學校持續投入、上級主管部門的重視和財政支持而努力；另一方面加强古籍隊伍建設,尤其在古籍版本鑒定、文獻細節考訂和具體編目等方面培養訓練有素的古籍專業人才,爲民族優秀文化的承傳流播、中華古籍保護事業的薪火相續而勤勉以力。

《宿州學院圖書館古籍普查登記目録》編委會

2019年12月

340000－1854－0000001　28149－28160，28167－28172　集部/別集類/清別集
牧齋全集一百十卷　（清）錢謙益撰　（清）錢曾箋注　清宣統二年（1910）邃漢齋鉛印本　十八冊　存七十八卷（初學集一至四十六、七十九至一百十）

340000－1854－0000002　29679－29681　集部/別集類/明別集
楊忠愍公集五卷首一卷末一卷　（明）楊繼盛撰　清同治七年（1868）刻本　三冊

340000－1854－0000003　29661－29664　集部/別集類/漢魏六朝別集
諸葛武侯集四卷首一卷　（三國蜀）諸葛亮撰　（清）朱璘輯　清同治七年（1868）楚醴景萊書室刻本　四冊

340000－1854－0000004　29546－29553　史部/紀傳類/正史之屬
後漢書一百二十卷　（南朝宋）范曄撰　（唐）李賢注　清光緒三十一年（1905）上海久敬齋石印本　八冊

340000－1854－0000005　29620－29625　子部/法家類
韓非子二十卷　（戰國）韓非著　（□）□□注　**韓非子識誤三卷**　（清）顧廣圻撰　清光緒元年（1875）浙江書局刻二十二子本　六冊

340000－1854－0000006　28107－28108　集部/詩文評類
曹集銓評十卷　（清）丁晏纂　清同治十一年（1872）金陵書局刻本　二冊

340000－1854－0000007　28088－28093　集部/總集類/選集之屬/通代
續古文苑二十卷　（清）孫星衍撰　清光緒九年（1883）江蘇書局刻本　六冊

340000－1854－0000008　28084－28087　集部/總集類/選集之屬/通代
古文苑二十一卷　（宋）章樵注　清光緒十二年（1886）江蘇書局刻本　四冊

340000－1854－0000009　51113－51118　經部/四書類
掃葉山房四書體注合講十九卷　（清）翁復編　清光緒五年（1879）掃葉山房刻本　六冊　存十七卷（論語十卷、孟子七卷）

340000－1854－0000010　127995－128010　史部/紀傳類/正史之屬
史記一百三十卷　（漢）司馬遷撰　（南朝宋）裴駰集解　（唐）司馬貞索隱　清光緒四年（1878）金陵書局刻二十四史本　十六冊

340000－1854－0000011　29665－29668　集部/別集類/宋別集
文信國公集二十卷首一卷　（宋）文天祥撰　清同治七年（1868）楚醴景萊書室刻本　十四冊

340000－1854－0000012　000001－000030　經部/春秋左傳類/傳說之屬
附釋音春秋左傳注疏六十卷　（晉）杜預注　（唐）陸德明音義　（唐）孔穎達疏　**春秋左傳注疏校勘記六十卷**　（清）阮元撰　（清）盧宣旬摘錄　清同治十二年（1873）江西書局刻重刊宋本十三經註疏附校勘記本　三十冊　存一百十六卷（附釋音春秋左傳注疏一至十一、十四至六十，春秋左傳注疏校勘記一至十一、十四至六十）

340000－1854－0000013　000031　集部/別集類/清別集
漢上消閒社主詩鈔二卷　宦應清撰　清宣統二年（1910）漢上振華印書館鉛印本　一冊

340000－1854－0000014　29682－29684　集部/別集類/明別集
史忠正公集四卷首一卷末一卷　（明）史可法撰　清同治七年（1868）楚醴景萊書室刻本　三冊

340000－1854－0000015　127953－127964　史部/紀傳類/正史之屬
史記一百三十卷　（漢）司馬遷撰　（南朝宋）裴駰集解　（唐）司馬貞索隱　（唐）張守節正義　清光緒十四年（1888）上海蜚英館石印本　十二冊

340000－1854－0000016　51123－51124　經部/四書類/論語之屬/傳說
論語註疏解經十卷　（三國魏）何晏集解（宋）邢昺疏　**札記一卷**　劉世珩撰　清光緒三十年至三十三年（1904－1907）貴池劉氏玉海堂刻貴池劉氏玉海堂景宋叢書本　二冊

340000－1854－0000017　51119－51122　子部/道家類
老子元翼二卷考異一卷附錄一卷　（明）焦竑原輯　清乾隆五年（1740）刻本　四冊

340000－1854－0000018　28074－28077　集部/別集類/清別集
兩當軒詩鈔十四卷悔存詞鈔二卷　（清）黃景仁撰　（清）趙希璜校　清嘉慶二十二年（1817）長寧趙希璜刻本　四冊

340000－1854－0000019　000032－000040　史部/地理類/方志之屬/郡縣志
[光緒]宿州志三十六卷附宿州志全圖　（清）何慶釗主修　（清）丁遜之等纂　清光緒十五年（1889）刻本　九冊　存二十卷（六至十六、十九至二十五、二十八至三十九）

340000－1854－0000020　28080－28082　經部/四書類/孟子之屬/傳說
孟子集注七卷孟子序說一卷　（宋）朱熹撰　清李光明莊刻本　三冊

340000－1854－0000021　000041　經部/春秋公羊傳類/傳說之屬
監本春秋公羊注疏二十八卷　（漢）何休注疏　清刻本　一冊　存三卷（二十至二十二）

340000－1854－0000022　28069　集部/詩文評類/詩評之屬
詩韻集成十卷　（清）余照輯　清李光明莊刻本　一冊　存六卷（五至十）

340000－1854－0000023　000042　經部/儀禮類/傳說之屬
朱子儀禮經傳通解六十九卷　（清）梁萬方考訂　清刻本　一冊　存一卷（一）

安徽省宿州市埇橋區圖書館古籍普查登記目録

全國古籍普查登記目録

國家圖書館出版社
National Library of China Publishing House

《安徽省宿州市埇橋區圖書館古籍普查登記目録》

編委會

主　　編：周長龍　張　波

副 主 編：武雲培

編　　委：周長龍　張　波　武雲培　高　路

審　　校：石　梅

《安徽省宿州市埇橋區圖書館古籍普查登記目録》

前 言

我館成立於1950年,前身爲宿縣圖書館,後并入宿縣文化館作爲圖書室,1978年從文化館分離,成爲獨立建制的宿縣圖書館,經縣市合并後更名爲宿州市埇橋區圖書館。在70年的發展歷程中,幾代圖書館人通過收集、采購、接受捐贈等途徑積纍了寶貴的古籍文獻館藏,雖然因場館搬遷等原因略有損失,但已初步形成了現有的規模和部類體系。由於缺乏古籍研究的專業人員,這批館藏古籍一直未曾整理登記形成目録。2018年底,在安徽省古籍保護中心的支援和幫助下,我館完成了400餘册綫裝書的分編著録,在全國古籍普查平臺上提交了普查數據,爲下一步的古籍保護工作打下了良好的基礎。

我館是宿州地區較爲重要的古籍收藏機構,經普查審校,共有古籍8種44册,多爲史志典籍和前賢詩文,版本主要是清代刻書,包括清同治刻本《十八家詩抄》二十八卷、清刻本《春秋左傳》五十卷、《四書近指》二十卷等,其中《金陵百詠》一卷《附録》一卷爲足本完帙,較爲珍貴。宿州古稱埇城,是唐代大詩人白居易的第二故鄉,他曾作《埇橋舊業》,詩云:"别業埇城北,抛來二十春。改移新徑路,變换舊村鄰。有税田疇薄,無官弟侄貧。田園何用問,强半屬他人。"白居易,字樂天,號香山居士,11歲時隨父落住宿州城北濉河與沱河三岔口交匯處的東林草堂,16歲時寫下千古名篇《賦得古原草送别》,即在"宿州八景"之一的符離曉渡所題。館藏清康熙四十一年至四十二年(1702—1703)古歙汪立名一隅草堂刊刻的《白香山詩長慶集》四十卷《附録》一卷是白居易詩文集代表作,也是宿州地區重要的地方文獻珍籍。

"不積跬步無以至千里,不積小流無以成江海。"前人的徵集成果,奠定了我館今天古籍保護工作的基礎。通過古籍普查,我們更加深刻地體會到古籍保護的意義和發展方向。隨著國家對古籍保護工作的重視,我館也更加注重培養古籍專業人員,加大了宿州地方文獻古籍的徵集力度。《古籍普查登記目録》的出版是對皖北地區古籍保護工作的有益推進,爲今後開發、整理和利用地方文獻打下了堅實的基礎。

宿州市埇橋區圖書館

2021年7月

340000－1831－0000001　01

禮記十卷　(元)陳澔撰　清光緒金陵李光明莊刻本　九冊　缺一卷(一)

340000－1831－0000002　02

春秋左傳五十卷　(晉)杜預　(宋)林堯叟注　(唐)陸德明音義　(明)鍾惺　(明)孫鑛　(明)韓範評點　清光緒金陵李光明莊刻本　十六冊

340000－1831－0000003　03

四書近指二十卷　(清)孫奇逢批定　(清)孫世玟校　清同治三年(1864)容城孫世玟刻本　一冊　存二卷(一至二)

340000－1831－0000004　08

御批歷代通鑑輯覽一百十六卷明唐桂二王本末四卷　(清)傅恒輯　清光緒二十四年(1898)上洋圖書集成局鉛印本　三冊　存十五卷(一至五、十六至二十五)

340000－1831－0000005　04

金陵百詠一卷附錄一卷　(宋)曾極撰　**金陵雜興一卷附錄一卷**　(宋)蘇泂撰　清道光二十年(1840)金陵吳繼曾雙梧軒刻本　一冊

340000－1831－0000006　05

白香山詩長慶集四十卷目錄一卷　(唐)白居易撰　(清)汪立名編訂　**舊唐書本傳一卷　白香山年譜一卷**　(清)汪立名撰　**白香山年譜舊本一卷**　(宋)陳振孫撰　清康熙四十一年至四十二年(1702－1703)古歙汪立名一隅草堂刻本　五冊　缺九卷(十一至十五、二十一至二十四)

340000－1831－0000007　09

十八家詩鈔二十八卷　(清)曾國藩纂　(清)李鴻章審訂　(清)王定安校　清光緒十四年(1888)鴻文書局鉛印本　八冊　缺十卷(五至八、十七至十九、二十三至二十五)

340000－1831－0000008　06

十八家詩鈔二十八卷　(清)曾國藩纂　(清)李鴻章審訂　(清)王定安校　(清)黃維申襄校　清同治十三年(1874)湖南傳忠書局刻本　一冊　存一卷(七)

安徽省宿州市蕭縣圖書館古籍普查登記目録

全國古籍普查登記目録

國家圖書館出版社
National Library of China Publishing House

《安徽省宿州市蕭縣圖書館古籍普查登記目録》

編委會

主　　編：陳朝暉

副 主 編：肖　莉

編　　委：孟祥虎　杜愛俠　萬麗芳　胡淑芳

楊　青　周迎春

審　　校：葛小禾

《安徽省宿州市蕭縣圖書館古籍普查登記目録》

前　言

蕭縣圖書館始建於1953年,館舍面積800平方米,在職職工10人,建立以社科類圖書爲主的藏書體系,館藏總量11萬册,有閱覽座席80個,是全縣唯一的公共圖書館,承載著爲全縣經濟建設和社會發展提供服務的使命,1993年被文化部授予三級圖書館。

館藏綫裝書39部355册,其中清康熙至乾隆間刻書有6部48册。入目古籍共21部210册,大部分爲清代刻本,四部粗備,集部最多,書品較爲完好。2020年,在安徽省古籍保護中心的幫助下,整理分編了全部綫裝書,在全國古籍普查平台完成登記,古籍管理制度初步建立。下一步計劃籌建新館,加大古籍保護力度,建立獨立的綫裝書庫,改善古籍存藏條件,針對本館古籍開發與利用,發掘館藏古籍價值。

蕭縣圖書館致力於"提高圖書館社會效益,加强圖書館服務能力,拓展圖書館服務範圍,提高圖書館服務水平"爲具體奮鬥目標,牢固樹立"以人爲本""以讀者服務爲中心"的服務理念,全心全意爲全社會讀者服務。

蕭縣圖書館編委會

2020年5月

340000－1811－0000001　善1：001－005
十種唐詩選十七卷　（清）王士禛删纂　清康熙三十一年（1692）刻王漁洋遺書本　五册

340000－1811－0000002　善2：006
唐賢三昧集三卷　（清）王士禛編　清康熙刻王漁洋遺書本　一册

340000－1811－0000003　善3：007－027
笠翁一家言全集十六卷　（清）李漁著　清雍正八年（1730）芥子園刻本　二十一册　缺二卷（三至四）

340000－1811－0000004　善4：028－043
御選唐宋文醇五十八卷　（清）高宗弘曆輯　清乾隆三年（1738）刻本　十六册　缺十二卷（三十五至四十六）

340000－1811－0000005　善5：044
元詩選六卷附總論一卷補遺一卷　（清）顧奎光選輯　（清）陶瀚　（清）陶玉禾參評　清乾隆十六年（1751）刻本　一册　存一卷（一）

340000－1811－0000006　善6：045－048
水經注四十卷　（漢）桑欽撰　（北魏）酈道元注　清乾隆十八年（1753）天都黄晟槐蔭草堂刻山水二經合刻本　四册

340000－1811－0000007　善7：049－050
陶淵明集八卷首一卷末一卷　（晉）陶潛撰　清刻四色套印本　二册

340000－1811－0000008　經1：001－003
附釋音毛詩注疏八卷附校勘記八卷　（漢）毛亨傳　（漢）鄭玄箋　（唐）陸德明音義　（唐）孔穎達疏　（清）阮元校勘　（清）盧宣旬摘錄　清光緒十三年（1887）上海點石齋石印重刊宋本十三經注疏附校勘記本　三册

340000－1811－0000009　經2：004－009
康熙字典十二集三十六卷檢字一卷辨似一卷等韻一卷備考一卷補遺一卷　（清）張玉書等纂　清光緒三十年（1904）上海文星書局石印本　六册

340000－1811－0000010　史1：001－055
御批歷代通鑑輯覽一百二十卷　（清）傅恆等編　（清）楊述曾纂修　（清）高宗弘曆批點　清光緒二十五年（1899）新化三味書室刻本　五十五册　缺十卷（三十三至三十六、四十一至四十二、五十五至五十六、一百十五至一百十六）

340000－1811－0000011　子1：001
紅樓真夢傳奇八折　（清）子厂填曲　（清）螾盧制譜　清光緒八年（1882）鉛印本　一册

340000－1811－0000012　集1：001－012
杜詩鏡銓二十卷註解二卷　（清）楊倫編輯　清同治十一年（1872）吴氏望三益齋刻本　十二册

340000－1811－0000013　集2：013－024
昌黎先生全集五十六卷　（唐）韓愈撰　（唐）李漢編　（清）陳景雲點勘　清宣統二年（1910）掃葉山房石印本　十二册

340000－1811－0000014　集3：025－044
山谷集三十九卷　（宋）黄庭堅著　清光緒二十六年（1900）義甯陳氏四覺草堂刻本　二十册

340000－1811－0000015　集4：045－056
續古文辭類纂二十八卷　王先謙輯　清光緒二十一年（1895）金陵狀元閣刻本　十二册

340000－1811－0000016　集5：056－058
古文觀止十二卷　（清）吴乘權　（清）吴大職手錄　清宣統元年（1909）上海文瑞樓石印本　三册

340000－1811－0000017　集6：059－070
古文辭類纂七十五卷　（清）姚鼐纂　清光緒二十七年（1901）滁州李氏求要堂刻本　十二册

340000－1811－0000018　集7：071－077
唐宋八大家類選十四卷　（清）儲欣評　（清）儲芝參述　（清）周恭壽　（清）周廷杰重校　清光緒九年（1883）刻本　八册

340000－1811－0000019　集8：078－079

六朝文絜四卷　(清)許槤評選　(清)朱鈞校　清道光五年(1825)享金寶石齋刻本　二册

340000－1811－0000020　集9:080－085

唐四家詩集四種　(清)胡鳳丹輯　清同治九年(1870)永康胡氏退補齋刻本　六册

340000－1811－0000021　集10:086－093

翰文堂詳訂古文評註全集十卷　(清)過珙 (清)黄越選評　清翰文堂刻本　八册　存八卷(三至十)

《安徽中醫藥大學圖書館古籍普查登記目録》
書名筆畫字頭索引

二畫

三畫

四畫

五畫

六畫

七畫

八畫

九畫

十畫

十一畫

十二畫

十三畫

十四畫

十五畫

十六畫

十七畫

十八畫

十九畫

二十畫

二十一畫

二十四畫

《安徽中醫藥大學圖書館古籍普查登記目録》
書名筆畫索引

二畫

三畫

四畫

五畫

六畫

七畫

八畫

九畫

十畫

十一畫

十二畫

十三畫

十四畫

十五畫

十六畫

十七畫

十八畫

十九畫

二十畫

二十一畫

二十四畫

《合肥工業大學圖書館古籍普查登記目録》
書名筆畫字頭索引

二畫

三畫

四畫

五畫

六畫

七畫

八畫

九畫

十畫

十一畫

十二畫

十三畫

十四畫

十五畫

十六畫

十七畫

十八畫

十九畫

二十一畫

二十二畫

《合肥工業大學圖書館古籍普查登記目録》
書名筆畫索引

二畫

三畫

四畫

五畫

六畫

七畫

八畫

九畫

十畫

十一畫

十二畫

十三畫

十四畫

十五畫

十六畫

十七畫

十八畫

十九畫

二十一畫

二十二畫

《安徽省社會科學院圖書館古籍普查登記目録》
書名筆畫字頭索引

二畫

三畫

四畫

五畫

六畫

七畫

八畫

九畫

十畫

十一畫

十二畫

十三畫

十四畫

十五畫

十六畫

十七畫

十九畫

二十一畫

二十二畫

二十三畫

《安徽省社會科學院圖書館古籍普查登記目録》
書名筆畫索引

二畫

三畫

四畫

五畫

六畫

七畫

八畫

九畫

十畫

十一畫

十二畫

十三畫

十四畫

十五畫

十六畫

十七畫

十九畫

二十一畫

二十二畫

二十三畫

#《安徽農業大學圖書館古籍普查登記目録》
書名筆畫字頭索引

二畫

三畫

四畫

五畫

六畫

七畫

八畫

九畫

十畫

十一畫

十二畫

十三畫

十四畫

十五畫

十六畫

十七畫

十九畫

二十畫

二十二畫

二十四畫

《安徽農業大學圖書館古籍普查登記目録》
書名筆畫索引

二畫

三畫

四畫

五畫

六畫

七畫

八畫

九畫

十畫

十一畫

十二畫

十三畫

十四畫

十五畫

十六畫

十七畫

十九畫

二十畫

二十二畫

二十四畫

《合肥師範學院圖書館古籍普查登記目録》
書名筆畫字頭索引

七畫

八畫

九畫

十畫

十一畫

十二畫

十三畫

十四畫

十五畫

十六畫

十七畫

十八畫

十九畫

二十畫

二十一畫

二十二畫

二十三畫

二十四畫

二十五畫

《合肥師範學院圖書館古籍普查登記目録》
書名筆畫索引

一畫

二畫

三畫

四畫

五畫

六畫

七畫

八畫

九畫

十畫

十一畫

十二畫

十三畫

十四畫

十五畫

十六畫

十七畫

十八畫

十九畫

二十畫

二十一畫

二十二畫

二十三畫

二十四畫

二十五畫

《合肥學院圖書館古籍普查登記目録》
書名筆畫字頭索引

二畫

四畫

五畫

八畫

九畫

十一畫

十四畫

十五畫

十七畫

二十一畫

《合肥學院圖書館古籍普查登記目録》
書名筆畫索引

二畫

四畫

五畫

八畫

九畫

十一畫

十四畫

十五畫

十七畫

二十一畫

《安徽省合肥市圖書館古籍普查登記目録》
書名筆畫字頭索引

二畫

三畫

四畫

五畫

六畫

七畫

八畫

十七畫

十八畫

十九畫

二十一畫

二十二畫

二十四畫

《安徽省合肥市圖書館古籍普查登記目録》
書名筆畫索引

二畫

三畫

四畫

五畫

六畫

七畫

八畫

九畫

十畫

十一畫

十二畫

十三畫

十四畫

十五畫

十六畫

十七畫

十八畫

十九畫

二十一畫

二十二畫

二十四畫

《安徽省合肥市巢湖市圖書館古籍普查登記目録》
書名筆畫字頭索引

二畫

三畫

四畫

五畫

六畫

七畫

八畫

九畫

十一畫

十二畫

十三畫

十四畫

十五畫

十六畫

《安徽省合肥市巢湖市圖書館古籍普查登記目録》
書名筆畫索引

二畫

三畫

四畫

五畫

六畫

七畫

八畫

九畫

十一畫

十二畫

十三畫

十四畫

十五畫

十六畫

《安徽省合肥市肥西縣圖書館古籍普查登記目録》
書名筆畫字頭索引

二畫

三畫

四畫

五畫

六畫

七畫

八畫

九畫

十畫

十一畫

十二畫

十三畫

十四畫

十五畫

十六畫

十七畫

十八畫

十九畫

二十一畫

二十二畫

二十四畫

《安徽省合肥市肥西縣圖書館古籍普查登記目録》
書名筆畫索引

二畫

三畫

四畫

五畫

六畫

七畫

八畫

九畫

十畫

十一畫

十二畫

十三畫

十四畫

十五畫

十六畫

十七畫

十八畫

十九畫

二十一畫

二十二畫

二十四畫

《安徽省合肥市廬江縣圖書館古籍普查登記目録》
書名筆畫字頭索引

四畫

五畫

七畫

八畫

九畫

十四畫

十五畫

十七畫

十九畫

《安徽省合肥市廬江縣圖書館古籍普查登記目録》
書名筆畫索引

四畫

五畫

七畫

八畫

九畫

十四畫

十五畫

十七畫

十九畫

《皖西學院圖書館古籍普查登記目録》
書名筆畫字頭索引

二畫

三畫

四畫

五畫

六畫

七畫

八畫

九畫

十畫

十一畫

十二畫

十三畫

十四畫

十五畫

十六畫

十七畫

十八畫

十九畫

二十畫

二十一畫

二十二畫

二十三畫

二十四畫

《皖西學院圖書館古籍普查登記目録》
書名筆畫索引

二畫

三畫

四畫

五畫

六畫

七畫

八畫

九畫

十畫

十一畫

十二畫

十三畫

十四畫

十五畫

十六畫

十七畫

十八畫

十九畫

二十畫

二十一畫

二十二畫

二十三畫

二十四畫

《安徽省六安市金安區圖書館古籍普查登記目録》書名筆畫字頭索引

二畫

三畫

四畫

五畫

六畫

七畫

八畫

九畫

十畫

十一畫

十二畫

十三畫

十四畫

十五畫

十六畫

十七畫

十八畫

十九畫

二十畫

二十一畫

二十二畫

二十三畫

《安徽省六安市金安區圖書館古籍普查登記目録》
書名筆畫索引

二畫

三畫

四畫

五畫

六畫

七畫

八畫

九畫

十畫

十一畫

十二畫

十三畫

十四畫

十五畫

十六畫

十七畫

十八畫

十九畫

二十畫

二十一畫

二十二畫

二十三畫

《安徽省淮南市壽縣圖書館古籍普查登記目録》
書名筆畫字頭索引

二畫

三畫

四畫

五畫

六畫

七畫

八畫

九畫

十畫

十一畫

十二畫

十三畫

十四畫

十五畫

十六畫

十七畫

十八畫

十九畫

二十畫

二十一畫

二十二畫

《安徽省淮南市壽縣圖書館古籍普查登記目録》
書名筆畫索引

二畫

三畫

四畫

五畫

六畫

七畫

八畫

九畫

十畫

十一畫

十二畫

十三畫

十四畫

十五畫

十六畫

十七畫

十八畫

十九畫

二十畫

二十一畫

二十二畫

《淮北師範大學圖書館古籍普查登記目録》
書名筆畫字頭索引

一畫

二畫

三畫

四畫

五畫

六畫

七畫

八畫

九畫

十畫

十一畫

十二畫

十三畫

十四畫

十五畫

十六畫

《淮北師範大學圖書館古籍普查登記目録》
書名筆畫索引

一畫

二畫

三畫

四畫

五畫

六畫

七畫

八畫

九畫

十畫

十一畫

十二畫

十三畫

十四畫

十五畫

十六畫

十七畫

十九畫

二十二畫

《安徽省蚌埠市圖書館古籍普查登記目録》
書名筆畫字頭索引

二畫

三畫

四畫

五畫

六畫

七畫

八畫

九畫

十畫

十一畫

十二畫

十三畫

十四畫

十五畫

十六畫

十七畫

十八畫

十九畫

二十一畫

二十二畫

二十三畫

《安徽省蚌埠市圖書館古籍普查登記目録》
書名筆畫索引

二畫

三畫

四畫

五畫

六畫

七畫

八畫

九畫

十畫

十一畫

十二畫

十三畫

十四畫

十五畫

十六畫

十七畫

十八畫

十九畫

二十一畫

二十二畫

二十三畫

《安徽省蚌埠市博物館古籍普查登記目録》
書名筆畫字頭索引

《安徽省蚌埠市博物館古籍普查登記目録》
書名筆畫索引

三畫

八畫

十一畫

二十畫

《安徽省蚌埠市懷遠縣圖書館古籍普查登記目録》
書名筆畫字頭索引

三畫

四畫

五畫

六畫

七畫

八畫

九畫

十畫

十一畫

十二畫

十三畫

十四畫

十五畫

十六畫

十七畫

十九畫

二十一畫

《安徽省蚌埠市懷遠縣圖書館古籍普查登記目録》
書名筆畫索引

三畫

四畫

五畫

六畫

七畫

八畫

九畫

十畫

十一畫

十二畫

十三畫

十四畫

十五畫

十六畫

十七畫

十九畫

二十一畫

《滁州學院圖書館古籍普查登記目録》
書名筆畫字頭索引

二畫

三畫

四畫

五畫

六畫

七畫

八畫

九畫

十畫

十二畫

十三畫

十四畫

十五畫

十九畫

《滁州學院圖書館古籍普查登記目録》
書名筆畫索引

二畫

三畫

四畫

五畫

六畫

七畫

八畫

九畫

十畫

十二畫

十三畫

十四畫

十五畫

十九畫

《阜陽師範大學圖書館古籍普查登記目録》
書名筆畫字頭索引

二畫

三畫

四畫

五畫

六畫

七畫

八畫

九畫

十畫

十一畫

十二畫

十三畫

十四畫

十五畫

十六畫

十七畫

十八畫

十九畫

二十一畫

二十二畫

二十四畫

《阜陽師範大學圖書館古籍普查登記目録》
書名筆畫索引

二畫

三畫

四畫

五畫

六畫

七畫

八畫

九畫

十畫

十一畫

十二畫

十三畫

十四畫

十五畫

十六畫

十七畫

十八畫

十九畫

二十一畫

二十二畫

二十四畫

《安徽省阜陽市圖書館古籍普查登記目録》
書名筆畫字頭索引

二畫

三畫

四畫

五畫

六畫

七畫

八畫

九畫

十畫

十一畫

十二畫

十三畫

十四畫

十五畫

十六畫

十七畫

十八畫

十九畫

二十一畫

二十二畫

《安徽省阜陽市圖書館古籍普查登記目録》
書名筆畫索引

二畫

三畫

四畫

五畫

六畫

七畫

八畫

九畫

十畫

十一畫

十二畫

十三畫

十四畫

十五畫

十六畫

十七畫

十八畫

十九畫

二十一畫

二十二畫

《安徽省阜陽市博物館古籍普查登記目録》
書名筆畫字頭索引

三畫

六畫

八畫

九畫

十畫

十二畫

十三畫

十六畫

《安徽省阜陽市博物館古籍普查登記目録》
書名筆畫索引

三畫

六畫

八畫

九畫

十畫

十二畫

十三畫

十六畫

《安徽省阜陽市潁上縣圖書館古籍普查登記目録》
書名筆畫字頭索引

四畫

五畫

十五畫

《安徽省阜陽市潁上縣圖書館古籍普查登記目録》
書名筆畫索引

四畫

五畫

十五畫

《安徽省亳州市譙城區圖書館古籍普查登記目録》
書名筆畫字頭索引

二畫

三畫

四畫

五畫

六畫

七畫

八畫

九畫

十畫

十一畫

十二畫

十三畫

十四畫

十五畫

十六畫

十七畫

十八畫

十九畫

二十畫

二十二畫

《安徽省亳州市譙城區圖書館古籍普查登記目録》
書名筆畫索引

二畫

三畫

四畫

五畫

六畫

七畫

八畫

九畫

十畫

十一畫

十二畫

十三畫

十四畫

十五畫

十六畫

十七畫

十八畫

十九畫

二十畫

二十二畫

《宿州學院圖書館古籍普查登記目録》
書名筆畫字頭索引

四畫

五畫

六畫

七畫

八畫

九畫

十一畫

十三畫

十四畫

十五畫

十七畫

二十一畫

《宿州學院圖書館古籍普查登記目録》
書名筆畫索引

四畫

五畫

六畫

七畫

八畫

九畫

十一畫

十三畫

十四畫

十五畫

十七畫

二十一畫

《安徽省宿州市埇橋區圖書館古籍普查登記目録》
書名筆畫字頭索引

二畫

五畫

八畫

九畫

十二畫

十七畫

《安徽省宿州市埇橋區圖書館古籍普查登記目録》
書名筆畫索引

二畫

五畫

八畫

九畫

十二畫

十七畫

《安徽省宿州市蕭縣圖書館古籍普查登記目録》
書名筆畫字頭索引

二畫

三畫

四畫

五畫

七畫

八畫

九畫

十畫

十一畫

十二畫

十六畫

二十一畫

《安徽省宿州市蕭縣圖書館古籍普查登記目録》
書名筆畫索引

二畫

三畫

四畫

五畫

七畫

八畫

九畫

十畫

十一畫

十二畫

十六畫

二十一畫